D1825621

ISBN 978-0-364-25970-2
PIBN 10996823

Der

Ugrische Volksstamm

oder

Untersuchungen über die Ländergebiete am Ural
und am Kaukasus

in

historischer, geographischer und ethnographischer Beziehung

von

Ferdinand Heinr. Müller,

Doktor der Philosophie, Privatdocenten der Geschichte an der Universität zu
Berlin und correspondirendem Mitgliede der Gesellschaft für pommersche
Geschichte und Alterthumskunde zu Stettin.

Erster oder geographischer Theil.

Erste Abtheilung.

Berlin, 1837.
Verlag von Duncker und Humblot.

Sr. Königlichen Hoheit

dem Prinzen

August von Preußen

dem Kenner und Beförderer der historischen Wissenschaften

aus

Dankbarkeit und Ergebenheit gehorsamst gewidmet

von

dem Verfasser.

878571

Vorrede.

Indem ich hiermit den Anfang eines größern Werkes, welches vielleicht durch seinen Titel einiges Befremden erregen mag, der Oeffentlichkeit übergebe, halte ich es für nöthig etwas über die Veranlassung, den Zweck und den Umfang dieses Buches voraufzuschicken. Es war beim Studium der Geschichte der Völkerwanderung, daß ich auf diejenigen Völker geführt wurde, welche von den nördlichen Theilen des asiatischen Orients her mehrere Jahrhunderte lang so einflußreich in die europäische Geschichte eingegriffen haben; und da ich bei meiner Vorliebe für ethnographische Forschungen natürlich danach strebte zu erfahren, was es mit jenen Völkern für eine Bewandtniß habe und in welchem Verhältniß sie zu den sonst bekannten europäischen und asiatischen Völkergruppen ständen, sah ich mich durch die Schriften eines Thunmann und später durch die eines Jul. v. Klaproth auf die byzantinischen Autoren verwiesen. Unläugbar hat grade der letztere Forscher bei allen seinen sonstigen Mängeln das große Verdienst in der jüngsten Zeit von verschiedenen

Seiten her vieles für die Kenntniß der Geschichte, Geographie und Ethnographie auf bisher wenig bebauten Feldern
angeregt zu haben, und so fand auch ich seinen Untersuchungen folgend in jenen byzantinischen Geschichtsschrei-
bern in Verbindung mit den von den Arabern und andern
Morgenländern uns überlieferten und bis jetzt zugänglichen
Nachrichten einen großen Reichthum von Angaben aller
Art, welche auf die Geschichte der Völkerentwickelung Ost-
Europas und der asiatisch-europäischen Grenzgebiete ein
nicht unbedeutendes Licht werfen. Es mußte also der
Wunsch in mir entstehen, diesen verschiedenen Nachrichten
und Andeutungen über jene Völkergruppe nachzugehen, sie
zu einem Ganzen zu vereinigen, sie durch ihre Beziehung
zu einander in ein richtiges Verhältniß zu bringen und
durch ihre Beziehung auf die Geschichte der abendländischen und morgenländischen Völker für die Wissenschaft
erst fruchtbar zu machen.

Bei diesen dem Raume nach über ein sehr großes
Gebiet ausgedehnten Untersuchungen schien es mir zugleich
höchst nothwendig zu sein, der historisch-ethnographischen
Darstellung eine Darlegung des Entwickelungsschauplatzes
jener bezeichneten und mit ihnen sonst in Berührung stehenden Völker voraufgehen zu lassen. Aber indem ich zu
diesem Behufe die Schriften der russischen Akademiker näher
durchforschte, fand ich bald, daß hier mehr zu thun sei
als ich anfangs vermuthet hatte. Denn wenn schon in
historischer und ethnographischer Beziehung sich mir ein
wenig bebautes Feld eröffnete, so schien dies hier noch
weit mehr der Fall zu sein. Die Werke der ältern Akademiker wie von Pallas, Georgi, Gmelin, Falk, Gülden-
städt, Messerschmidt, Hermann, Rytschkow, Lepechin und

der jüngern Akademiker wie eines Lehrberg, Frähn, Sjögren,
welche in der That eine unerschöpfliche Fundgrube für die
Kenntniß jener Gebiete bilden, fand ich noch nirgends so
benutzt, wie es besonders für meinen Zweck nothwendig
war, und auf jeden Fall glaubte ich eine für mich wenigstens nicht unersprießliche Arbeit zu unternehmen, wenn
ich nach Anleitung jener Gewährsmänner es versuchte,
eine Darstellung der Naturverhältnisse jener weiten Gebiete in ihrer Beziehung zu der sich auf ihnen entwickeln-
den Menschheit zu geben. Auch darf ich nicht läugnen,
daß ich grade hierbei rücksichtlich der Entwickelung der
Völker, welche in jenen Naturformen gelebt haben, auf
mancherlei Verhältnisse wie vornehmlich die merkantilischen
geführt wurde, welche sich ohne diesen Gang meiner Untersuchungen mir nicht dargeboten haben würden. Indem
ich mir also erst den Grund und Boden für die historischen Untersuchungen erobern mußte, konnte es nicht
fehlen, daß bei der reichhaltigen Fülle von Naturerschei-
nungen auf jenem Gebiete und bei der Art und Weise
der Benutzung des geographischen Materials für historische
Zwecke, wie es hier versucht wird, die geographischen Untersuchungen so anwuchsen, daß es nicht nur nöthig wurde,
sie in einem besondern Theile erscheinen zu lassen, sondern
auch diesen noch wieder in zwei Abtheilungen zu zerspalten. Und doch glaube ich nur die wichtigsten Punkte
angedeutet oder nur in seinen Hauptzügen ein weites
Gebiet geschildert zu haben, welches man freilich häufig
für viel zu dürftig und einformig oder auch unwichtig
oder auch wohl gar für viel zu bekannt zu halten pflegt,
um viel beachtet werden zu dürfen, wo aber in der That
noch die größten Entdeckungen für die Geschichte der Völ-

ker und Staaten zu machen sind, und wo noch manche
Jahrhunderte hingehen werden, ehe seine verschiedenen
Theile nach ihrer wahren Natur und nach ihrem Einfluß
auf die Entwickelung der dortigen Völker erforscht sein
werden. Denn leider ist es ein nur allzu häufiges Vor-
urtheil, daß in der Geographie schon längst alles abgemacht
und fertig sei, wo doch die Kenntniß kaum erst ihren Anfang nimmt, und wo von einer Erkenntniß noch gar nicht
die Rede sein kann. Sollte diese Schrift etwas zur Vernichtung dieses Vorurtheiles beitragen können, so wäre
wenigstens ein nicht unwichtiger Nebenzweck derselben erreicht.

Was nun diesen geographischen Theil rücksichtlich
seines Inhaltes anbetrifft, so verdankt er im wesentlichen
den Schriften der russischen Akademiker sein Dasein, und
ich kann nicht verhehlen, daß ich bei der Benutzung der
Arbeiten jener Männer, der Resultate ihrer mühsamen
Reisen durch das weite russische Gebiet, nicht selten an
die große Fürstinn erinnert wurde, auf deren Geheiß sie
dieselben vollbrachten. Wie jene Kaiserinn durch ihren
Charakter, Regententugenden und eine glorreiche Regierung
als eine der ausgezeichnetsten Frauen dasteht, so ragt
dieselbe auch hervor durch ihre Liebe zur Wissenschaft und
Kunst. Welchen Antheil dieselbe persönlich an der Wissenschaft und vornehmlich an den historisch-geographischen
Studien genommen, und wie sehr sie dieselben auf alle
Weise befördert habe, ist häufig denen nicht bekannt,
welche die Resultate der Geistesarbeit anderer traditionell
überkommen haben, ohne zu wissen woher sie stammen, und
indem ich glaube durch diese Untersuchungen ein Recht zu
haben darauf aufmerksam machen zu können, empfinde ich

es als eine gewisse Genugthuung mit dieser erhabenen Frau eine gemeinsame Vaterstadt zu theilen. Was die Form oder Behandlungsweise dieses geographischen Theiles anbetrifft, so muß ich hier wieder dankbar des Meisters der geographischen Wissenschaft, des Herrn Professor Carl Ritter erwähnen, welchem ich einen großen Theil meiner Bildung zu verdanken nicht umhin kann zu bekennen, und dies giebt mir zu gleicher Zeit Veranlassung auf das Verhältniß hinzuweisen, in welchem diese Arbeit etwa zu dem früher im Jahre 1817 von jenem Verfasser über Ost- und West-Asien herausgegebenen Werke stehen würde.

Da diese Schrift bei der Darstellung der Naturgebiete von Ost-Europa über die europäischen Grenzen hinausgeht und in das asiatische Gebiet übergreift, so schließt sie sich häufig an die Lokalitäten an, wo in jenem Werke die Untersuchungen abgebrochen sind, und im Allgemeinen war es auch meine Absicht, wie es durch die Natur des darzustellenden Gegenstandes in historisch-ethnographischer Beziehung bedingt wurde, unmittelbar dort anzuknüpfen, die historisch-ethnographischen Fäden wieder aufzunehmen und nach Europa hinüberzuführen, und so von einem gewissen Standpunkte aus eine Vermittelung zwischen dem Orient und dem eigentlichen Abendlande in West-Europa in historischer und ethnographischer Beziehung zu geben. In wie fern mir dies gelungen sei, ohne im geringsten sonst beide Arbeiten in Vergleichung mit einander stellen zu wollen, wird erst bei der Fortsetzung und Vollendung dieses Werkes der Beurtheilung näher vorliegen. Daß ferner die wesentlichsten Untersuchungen dem europäischen Gebiete anheimfallen, und also dadurch, wie man mit Recht oder mit Unrecht zu sagen pflegt, an

Intereſſe gewinnen, liegt in der Natur der Sache, weil
der aſiatiſche Charakter und die aſiatiſchen Elemente eben
dort ausgehen und ein Ende nehmen, wo die Unterſuchungen
in jenem Werke abgebrochen worden ſind.

Indem ich aber von jenen occidentaliſch = aſiatiſchen
Grenzmarken aus den Völkerſteigen und Völkerwanderungen
nach dem Abendlande folgte, zeigten ſich mir gleich von
Anfang an die merkantiliſchen Intereſſen mit ihren Kara=
vanenſtraßen und ihrer Verbreitung der Produkte des
fernſten Oſtens und Südens als eins der hauptſächlich=
ſten Momente in der Lebensbethätigung der Völker. Welch
reger Verkehr in jenem nordiſchen Gebiete der alten Welt
einſt durch Jahrtauſende geherrſcht, wie derſelbe auf die
Völkerentwickelung eingewirkt, und ſeinen Einfluß weit
und breit nach Oſten, Süden und Weſten ausgedehnt
habe, welche Denkmale der Völkeranſiedlungen noch jetzt
häufig unbeachtet oder doch wenigſtens unbenutzt für die
Geſchichte des Völkerlebens daſelbſt angetroffen werden,
iſt zuerſt von einem Karamſin, Frähn und Sjögren her=
vorgehoben worden. Welch eine eigenthümliche Entwicke=
lung des geiſtigen und ſinnlichen Lebens ſich bei vielen
Stämmen der von uns beſonders zu betrachtenden Völ=
kergruppe dort ſich in frühern Zeiten gezeigt habe, wie bei
den wolgiſchen Bulgaren und Chaſaren mit ihren welt=
berühmten Emporien an der mittlern und untern Wolga,
welchen Einfluß ſie auf das Leben der europäiſchen Völker
ausgeübt und welche Nachwirkungen dieſelbe wie z. B.
auf die italiäniſchen Seeſtaaten gehabt habe, welcher Ver=
kehr der ſkandinaviſchen Germanen durch dieſe Gebiete
hindurch bis zum äußerſten Süden und Oſten einſt ſtatt=
gefunden und nach beiden Seiten zurückgewirkt habe, iſt

selten in dem Grade und dem Umfange, als es die Sache
erforderte, gewürdigt worden. Die Nothwendigkeit der
Erledigung aller dieser Fragen ist aber als ein Bedürfniß
der Wissenschaft schon früher von der Akademie der Wissenschaften zu Berlin ausgesprochen worden, und fordert demnach auf nach Kräften zur Lösung derselben beizutragen.

Was den Umfang der historisch-ethnographischen Untersuchungen der Zeit nach anbetrifft, so glaubte ich mit
Ausschließung der unsichern Scythen-Geschichten nur erst
da den Anfang machen zu können, wo bestimmtere Volks-
namen mit einem gewissen ethnographischen Gepräge uns
entgegentreten, und deshalb habe ich mit den Untersuchungen über die Alanen und Hunnen begonnen, von welchen
erstere schon in der bestimmtesten Beziehung zu der hier
zu behandelnden Völkergruppe stehen, und auf deren ethnographische Wichtigkeit zum erstenmale schon von Ritter
hingewiesen ist. Von den Zeiten der Völkerwanderung
an sollten dann diese Untersuchungen bis zu dem Zeitpunkt
hindurchgeführt werden, wo im Laufe des achtzehnten
Jahrhunderts die russische Herrschaft auf den asiatisch-
europäischen Grenzmarken fest begründet wurde. Aber
bei allen den mannigfaltigen Völkerstämmen und Völkergruppen, welche in dem Verlauf der Jahrhunderte in
jenem Gebiete nach und nach aufgetreten sind, wird immer
jener Volksstamm, von welchem der erste Anlaß zur sogenannten Völkerwanderung ausgegangen ist, den Mittelpunkt
der Untersuchungen abgeben, an welchen sich die über alle
andern mit ihnen näher oder ferner in Berührung stehenden anschließen sollen; so daß dessen Schicksale in seinem
Verhältnisse zu den slavischen, türkischen, mongolischen
und tatarischen Völkern durch die Zeiten der Wanderungen

der Mongolen und durch die des Reiches Kaptschak hindurch bis auf die Zeit der Zertrümmerung der tatarischen
Herrschaft in den asiatisch-europäischen Grenzgebieten zu
verfolgen wären. Uebrigens wird der Grund davon, daß
ich jenen Volksstamm mit dem Namen des ugrischen am
besten und richtigsten bezeichnen zu müssen glaubte, schon
aus dieser geographischen Grundlage gerechtfertigt erscheinen. Wenn nun auch manchem diese Untersuchungen über
solche, wie man gewöhnlich meint, ganz rohe und barba-
rische Stämme wenig ersprießliches und erfreuliches dar-
zubieten scheinen könnten, so wird, abgesehen von der
falschen Vorstellung davon, nur zu erwiedern sein, daß
an sich in der Wissenschaft alles einen gleichen Werth
habe und daß jedes einzelne Feld in der Wissenschaft als
Moment derselben in ihrer Totalität gleichen Anspruch
daraus mache erforscht und gewußt zu werden. Auch
beabsichtigte ich vornehmlich ein allgemeineres Interesse für
das minder berücksichtigte Studium der Ethnographie,
durch welche die historische und geographische Wissenschaft
erst in eine nähere Beziehung und Wechselwirkung mit
einander gesetzt werden und für welche erst in den letzten
Decennien von verschiedenen Seiten her eine ganz neue
Bahn gebrochen worden ist, zu erregen und zu befördern.
Ist es doch unläugbar, daß selbst die aller rohesten und
auf der niedrigsten Stufe der Entwickelung stehenden
Völker immer eine weit erhabenere und eblere Offenbarung
Gottes gewähren als die vollkommensten Naturgebilde in
aller ihrer Pracht und Herrlichkeit, und wenn man mit so
viel Eifer in den Naturwissenschaften Pflanzen, Steine
und dergleichen in der jüngsten Zeit erforscht hat, so
möchte es sich noch weit mehr belohnen, wie auch Klap-

roth an einer Stelle etwas ironisch darauf hinweiset, der
Erforschung der Völkerverhältnisse oder der Naturseite der
Geschichte seine Aufmerksamkeit zu schenken, ohne welche
die Geschichte selbst oder das geistige Leben der Völker
der rechten Haltung und Sicherheit entbehrt.

Uebrigens bin ich sehr weit davon entfernt zu meinen,
daß durch diese Arbeit schon etwas gewonnen sei, da ihre
Abfassung eigentlich nur ein wissenschaftliches Bedürfniß
für mich selbst war und ihre Veröffentlichung mehr durch
den Umstand veranlaßt wurde, Raum für weitere Untersuchungen zu gewinnen, als daß ich hoffen durfte der
Wissenschaft selbst einen großen Dienst erwiesen zu haben,
obschon ich wünschen muß, daß sie nicht ganz leer dabei
ausgegangen sein möge. Nur das Verdienst glaube ich
in Anspruch nehmen zu dürfen, auf ein bisher wenig
beachtetes und doch in so vielfacher Beziehung wichtiges
Feld, dessen Durchforschung mir seit mehreren Jahren die
genußreichsten Stunden meines wissenschaftlichen Lebens
gewährte, die Aufmerksamkeit hingelenkt und angedeutet
zu haben, wie durch das Zusammenfassen aller der verschiedenen historischen, ethnographischen und geographischen
Verhältnisse und durch die Beziehung der mannigfaltigsten
Völker in jenem Gebiete auf einander, wie z. B. der
Völker des Altai auf die des Ural, und der des nördlichen Ural wieder auf die des Kaukasus, sich dereinst die
wichtigsten Resultate für die Erkenntniß der Natur und
der Geschichte des Menschen ergeben werden. Auch werden ohne Zweifel dereinst tüchtigere Hände kommen, welche
mit größern Kräften und mit mehr Hülfsmitteln, als es
bei mir der Fall war, ausgerüstet, diesen Theil der Wissenschaft in dem von mir bezeichneten Umfange bearbeiten

und in seiner Bedeutung und Fruchtbarkeit für das allgemeine geistige Leben der Welt darstellen werden.

Wenn ich also dieses Werk, für welches es an eigentlichen Vorarbeiten fast gänzlich gebricht, nichts mehr oder
weniger als einen Versuch nennen kann und Nachsicht für
denselben in Anspruch nehme, so glaube ich doch bei Abfassung desselben gewissenhaft gearbeitet zu haben, um so
mehr als es durch mein eigenes Bedürfniß veranlaßt
wurde. Daß sich dennoch bei dem besten Willen Mängel,
Gebrechen und Irrthümer einschleichen, davon bin ich am
besten überzeugt, und als einen der Wissenschaft geleiste-
ten Dienst werde ich es dankbar anerkennen, wenn ich
darauf aufmerksam gemacht werde. Denn theils mochten
vielleicht meine Kräfte nicht dazu reichen, das ganze große
Gebiet, welches sich dem Raume und der Zeit nach so
weit ausdehnt, zu umfassen und alles einzelne, was häufig
von den verschiedensten Seiten zusammengesucht werden
mußte, gehörig zu übersehen, zu vergleichen und zu würdigen, theils auch stand mir immer nur ein gewisser Theil
von Hülfsmitteln und Quellen zu Gebote, während viele
andere Männer in beiderlei Beziehung reicher und günstiger
ausgestattet sein werden. Was die angeführten Gewährsmänner anbelangt, so kann ich abgesehen von sonstigen
Irrthümern oder auch Schreibfehlern, wie sie beim öftern
Umarbeiten und Umschreiben kaum zu vermeiden sind, für
die Richtigkeit der Citate und Angaben stehen, da ich
mir bewußt bin nichts blos von außerhalb überkommenes
aufgenommen zu haben ohne daß ich es selbst an Ort
und Stelle nachgesehen hätte, während ich den bei weitem
größten Theil mir aus den genannten Werken erst Schritt
vor Schritt erworben habe. Denn grade hier bei diesem

geographischen Theile schien es mir hauptsächlich darauf
anzukommen, das vielfach traditionell überkommene kritisch
durchzugehen und nachzuweisen, wo es ursprünglich her-
stamme, um dann später bei erweiterter Kenntniß der
Sachen die Sichtung zwischen dem falschen oder un-
brauchbaren auf der einen und dem richtigen auf der andern Seite desto leichter vornehmen zu können. Nicht
umhin kann ich hierbei zu bemerken, daß die Naturwissenschaften eigentlich nicht zu meinem Studienkreise gehören,
und daß ich also um so weniger die in diesem Buche
etwa vorkommenden Irrthümer verantworten möchte, als
ich nur solche Punkte aufgenommen habe, welche sich mir
beim Studium jener mehrmals genannten Schriften als
ganz besonders wichtig zur Charakteristik der hier in Betracht kommenden Naturgebiete dargeboten haben.

Ferner muß ich noch bemerken, daß ich der russischen
Sprache nicht kundig bin, daß ich also auch von allen
den Schriften, welche in jener Sprache über die Natur-
und Völkerverhältnisse jener Gebiete handeln, nicht habe
Gebrauch machen können, selbst wenn sie mir auch zu
Gebote gestanden hätten. Leider ist letzteres aber auch
mit manchen andern nicht in russischer Sprache in Rußland erschienenen Schriften der Fall, deren Benutzung
mir vielleicht bei Abfassung dieses Buches nicht unerheb-
liche Dienste geleistet haben möchte, und welche denen in
dieser Beziehung günstiger gestellten zur Berichtigung und
Vervollständigung des von mir mitgetheilten dienen werden Auch ist in dieser Beziehung der schwierige Punkt
wegen der Rechtschreibung der russischen Namen zu berühren, wo besonders rücksichtlich der Vokalisation mancherlei Verschiedenheiten stattfinden mögen, und wo ich

außer dem, was ich selbst zu erkennen im Stande wa
nur den verschiedenen Autoritäten habe folgen könne
Doch werden die Differenzen dabei schwerlich so gro
sein um Anstoß zu erregen.

Schließlich halte ich mich noch für verbunden dem
Herrn Verleger meinen Dank auszusprechen für die Be
reitwilligkeit, mit welcher derselbe das wissenschaftliche
Unternehmen zu fördern gesucht hat, und ich kann nur
wünschen, daß die allgemeinere Theilnahme daran demselben zur ferneren Aufmunterung gereichen möge. Sollten
keine anderweitigen Hindernisse eintreten, so wird die zweite
Abtheilung dieses Theiles oder der Schluß der geographischen Darstellung im nächsten Sommer erfolgen.

Berlin, im November 1836.

Inhaltsverzeichniß.

Einleitung.
S. 1 bis 16.

Erster Abschnitt.
Das Gebirgssystem des Ural.
S. 16 bis 215.

1) Der südliche Ural.
S. 22 bis 76.

**

Das Stromsystem des Ural oder Jaik.

Das große uralische Völkerthor.

Zweiter Abschnitt.
Der alginskische Bergzug und die Kirgisen-Steppe.
S. 215 bis 243.

Die Kirgisen oder Kirgis-Kaisacken.

Dritter Abschnitt.
Das Stromsystem des Irtisch und Obi.
S. 243 bis 320.

Das finnische Gebiet
S. 459 bis 481.

Die Bewohner des finnischen Gebietes
S. 481 bis 516.

1) Die Finnländer.

2) Die Lappen.

Das finnische Gebiet
S. 459 bis 481.

Die weit ausgedehnten Ebenen, welche sich auf der Grenz=
mark von Asien und Europa von dem Hochlande der Mongo=
len im äußersten Osten bis zu den Karpathen im äußersten
Westen um die Gestade des kaspischen und schwarzen Meeres
ausbreiten, sind sowohl in geographischer Beziehung durch ihre
eigenthümlichen Naturverhältnisse wie in historischer Beziehung
durch das mannigfache Völkerleben in ihnen von gleicher Wich=
tigkeit. Diese große Niederung der alten Welt war seit alten
Zeiten der Tummelplatz von Völkern, welche für die Geschichte
des Orients ebenso einflußreich gewesen sind, als für die Ge=
schichte des europäischen Abendlandes; sie bildet die Schaubühne
der Völkerwanderungen, welche zur Zeit des sinkenden Welt=
reiches der Römer den Zustand der Kulturwelt völlig umge=
staltet haben. Germanische, slavische und hunnische Völker=
schaften drängten hier einander im wilden Gewühl von Osten
nach Westen fort, und gründeten hier im Kampfe mit einander
mächtige Reiche, die in dem allgemeinen Gedränge der Völker
eben so schnell wieder zerfielen, wie sie gegründet und ausge=
breitet worden waren. Die Völker germanischen Stammes
verschwanden frühzeitig von diesem Schauplatz seit ihrer Ver=
breitung über West=Europa und ihrer Einwanderung in die
römischen Provinzen, auch die Völker slavischen Stammes, den
Germanen folgend, verloren sich zum Theil aus diesen Ebenen,
und blieben nur mehr westwärts in ihnen einheimisch, aber die
Völker hunnischen Stammes, die mit zu den Urfassen dieser
Gebiete gehören, sind hier immer die vorherrschenden geblieben,
wenn auch einzelne Zweige dieses weit verbreiteten Stammes
sich bis nach den Gegenden von West=Europa ausgedehnt ha=
ben sollten. Noch jetzt gehören diese Völker zu den wichtig=

1

sten und zahlreichsten Insassen der Grenzlandschaften der beiden
Haupttheile der alten Welt, und spielen in ethnographischer
Beziehung noch immer eine Hauptrolle in dem modernen gro=
ßen Weltreiche, welches gleich dem alten Römerreiche so viele
Völkerindividualitäten in sich vereinigt. Wir verstehen nehmlich
unter dem Namen der hunnischen Völker diejenigen, welche
man gewöhnlich die finnischen Völker zu nennen pflegt, und
welche bei den Russen mit dem Namen der tschudischen be=
zeichnet, auch ugrische Völker genannt werden, aber wohl am
besten im allgemeinen mit dem Namen der uralischen Völ=
ker benannt werden möchten, obschon diese letztere Bezeichnungs=
weise mehr einen geographischen als einen historisch=ethnogra=
phischen Charakter hat. Denn die Landschaften des Ural sind
es, von welchen wenigstens den historisch beglaubigten Nach=
richten gemäß die verschiedenen Zweige dieses großen Völker=
stammes immer ausgegangen sind, wo sie den Grund zu den
mächtigen Herrschaften legten, die ihren Einfluß bis weit nach
Europa hineinerstreckten, und wo sie noch jetzt in der Haupt=
masse aufzufinden sind, so daß wir jene Gebiete doch als das
historisch gegebene Vaterland dieses Volksstammes betrachten
müssen, wenn auch andere Gegenden für eine vorgeschichtliche
Zeit darauf Ansprüche machen sollten. Gleich in dem ersten
Dämmerlichte der Geschichte des Nordens erscheint dieser merk=
würdige Stamm in den Sitzen, welche er noch jetzt einnimmt,
wenn gleich auch mehr zurückgedrängt und unterdrückt, aus=
gebreitet von dem skandinavischen Norden und den seereichen
Gegenden am baltischen Gestade, über die Landschaften am
weißen Meere, ostwärts über die Wolga Gebiete und die bei=
den Abhänge des Ural bis zum Irtisch und Obi Strom, ja
es leiten die Spuren desselben weit in das Innere von Asien
hinein bis in den Altai und auf der andern Seite bis in die
Alpenthäler des Kaukasus an den pontischen und kaspischen
Gestaden, — Beweise genug von den gewaltigen Stürmen,
welche diese Gebiete in frühen Zeiten einst durchtobt und ihre
Bewohner zersprengt haben müssen. Aber so zerstreut auch
alle finnischen Völker in dieser ungeheuern Ausdehnung leben,
so auffallend ist doch die Aehnlichkeit, die sie in der körper=

lichen Bildung, im Nationalcharakter, in der Sprache und in
den Sitten beibehalten haben. Eine so große Aehnlichkeit
scheint keinen Zweifel über die gemeinschaftliche Abstammung
aller dieser Völker übrig zu lassen, welches von denselben aber
das eigentliche Stammvolk ist, kann schwerlich entschieden
werden [1]). Denn der uralte und aus Tacitus bekannte Name
der Finnen, ist bei keinem dieser Stämme üblich, sondern sie
selbst nennen sich alle anders.

So ungewiß die eigentliche Stammbenennung der finni=
schen Völker ist, eben so dunkel ist auch ihr Ursprung und ihre
frühesten Schicksale. Zwar sagt der bekannte Geschichtschrei=
ber des Nordens [2]), keine dieser zum Theil uralten, zahlreichen
und weitverbreiteten Nationen habe, die Madscharen ausge=
nommen, jemals auf dem Schauplatze der Welt eine Rolle
gespielt, keine derselben habe jemals eine dauernde Selbststän=
digkeit errungen oder einen Eroberer gezeugt, sondern sie seien
sämmtlich, so weit die zuverlässige Geschichte reicht, die Beute
ihrer thätigern und kraftvollern Nachbarn gewesen; daher hät=
ten sie auch keine eigenen Jahrbücher, sondern ihre Geschichte
finde sich nur in den Annalen ihrer Ueberwinder. Indessen
jener Geschichtschreiber konnte zu seiner Zeit noch nicht erken=
nen, daß viele durch ihre Kriegsthaten und besonders durch
ihre merkantilische Thätigkeit weltberühmte Völker diesem Stam=
me angehörten, in welchem Falle er auch sein Urtheil mehr
beschränkt haben würde. Denn grade von diesen finnischen
Völkern sind die Hauptanstöße zu den Völkerbewegungen aus=
gegangen, welche man in Europa unter dem Namen der gro=
ßen Völkerwanderung zu begreifen pflegt. Auch nachdem im
Westen von Europa die Ruhe längst wiederhergestellt war und
sich neue politische Verhältnisse gebildet hatten, dauerte die
Bewegung im Osten von Europa, am Ural und an der Wolga,
noch über ein Jahrtausend fort, und wurde noch vermehrt

---

[1]) Heinr. Storch, historisch=statistisches Gemälde des russischen
Reiches. Riga 1797. VIII. 8. Th. I. S. 121.
[2]) A. L. Schlözer, allgemeine nordische Geschichte. Halle 1771,
4. S. 247.

1 *

durch die Einwanderung ganz neuer Völkerschaften aus dem
äußersten Osten von Asien, mit denen sich die Urbewohner der
uralischen Landschaften vielfach vermischten und so zur Ent=
stehung neuer Völker und Sprachen Veranlassung geben. Erst
am Ende des sechszehnten Jahrhunderts gelang es dem mit
jugendlicher Kraft sich erhebenden russischen Staate diesen
Geist der Unruhe an den Grenzen des Orients und Occidents
in der Gährung der historischen und ethnographischen Verhält=
nisse zu beschwören, und durch die Aufnahme der Völker jenes
Stammes in sein Inneres sowohl das Abendland für immer
von der Gefahr einer erneuten Völkerwanderung zu befreien,
als auch seine eigene Herrschaft siegreich bis in die Mitte des
morgenländischen Erdtheiles auszubreiten.

Gleich dem Halbinsellande Kleinasiens im Süden des
pontischen Meeres sind jene weiten Ebenen auf der Nordseite
desselben die Berührungsländer des Orients und Occidents
oder Asiens und Europas zu nennen, aber während dort die
Natur durch Meere und Meeresstraßen diesen Hauptgegensatz
der alten Welt scharf bestimmt hat, scheint derselbe hier, wo
Europa mit seiner größten Breite dem Kontinent des asiati=
schen Orients angeschlossen ist, minder scharf gezeichnet oder
ganz verwischt zu sein. Dennoch ist dieser Gegensatz auf die=
sem Gebiet von nicht geringerer Bedeutung für die Geschichte
des Mittelalters wie dort für die Geschichte des Alterthums.
Ja die Entstehung und Ausbreitung der **Namen für die bei=
den Haupttheile der alten Welt**, welche den Gegen=
satz von einem Morgenlande und Abendlande wesent=
lich in sich enthalten, wie man auch immer den Namen Asia
erklären mag, verweiset auf die Gebiete im Norden des ponti=
schen Meeres vornehmlich auf die Gegenden am Kaukasus [3]),
so daß dieser Gegensatz dort ursprünglich einheimisch war,
während er nur später an dem westlichsten Küstensaume von
Kleinasien in seiner Beziehung zu dem gegenüberliegenden griechi=

---

[3]) E. Ritter, die Vorhalle europäischer Völkergeschichten vor
Herodotus um den Kaukasus und an den Gestaden des Pontus. Ber=
lin 1820. 8. S. 298 bis 301. 456 bis 475.

schen Halbinsellande lokalisirt und fixirt worden ist. Wenn
schon der Gegensatz beider Namen an sich ein durchaus relati=
ver ist und sich daher in allen Theilen des orientalischen Erd=
theiles selbst wiederfindet, so zeigt sich derselbe doch hier auf
diesem Gebiet für das moderne Europa in dem großartigsten
Maaßstabe und auf die bestimmteste Weise, und nimmt man
Rücksicht auf die historischen und physikalischen Verhältnisse
beider Erdtheile, so ist er eben so wenig fließend und ver=
schwimmend zu nennen wie dieser Gegensatz zwischen Ostasien
und Westasien im Innern von Asien selbst. Die beiden Haupt=
lokalitäten in dem oben angegebenen Gebiete, an welche sich
für uns die Fixirung dieses Gegensatzes anschließt, wären der
Kaukasus, von wo aus sich wenigstens der Name Asia ver=
breitet hat, in sofern derselbe dort von je an bis auf diese
Stunde einheimisch gewesen ist, und der Ural. Ohne die
Beherrschung beider Gebirgssysteme von europäischer Seite
aus würden immer viele Thore geöffnet sein für wanderlustige
Völker, um nach Europa zu ziehen und die kultivirten Länder
zu überschwemmen, und ohne die Bewachung jener Eingänge
von Asia nach Europa könnte gewissermaßen das Schauspiel
der Völkerwanderung sich erneuern und könnten wenigstens
europäische Landschaften wieder in asiatisches Völkergebiet um=
gewandelt werden.

Mit der politischen Ausbildung der europäischen Völker
und mit der größern oder geringern Macht ihrer Staaten
mußten auch die Grenzen Europas sich erweitern oder ver=
engern. Vor dem Jahre 1000 nach Chr. Geb., kann man
sagen, hatte Europa noch keine bestimmten, oder doch keine
natürlichen Grenzen in Folge der Revolutionen, welche seit
dem Alterthum dort fortgedauert hatten; das flache Ost=Eu=
ropa war der Tummelplatz theils halb=asiatischer, theils ganz
asiatischer Völkerschaften. Finnische oder uralische Völker er=
füllten als Nachbarn der slavischen Stämme die weiten Räume
vom weißen Meere bis zum schwarzen Meere und bis zum Kau=
kasus, doch so daß auch schon einige türkische Völkerschaften,
die ersten Ankömmlinge dieses Stammes auf dem später soge=
nannten europäischen Boden sich zwischen sie eingedrängt hat=

ten. Erst im neunten und zehnten Jahrhundert fingen die
russischen Fürstenthümer an sich auszubilden, welche
seitdem immer die Grenzreiche gegen die asiatischen Völkerschaften geblieben sind. Sie entstanden im Stromgebiet des
obern Dnepr, der obern Wolga und der obern Weichsel. Die
Städte Nowgorod am Ilmen See, Wladimir am Bug, Kiew
am mittlern Dnepr und Tschernigow nebst Smolensk sind die
ältern Centralpunkte der russischen Herrschaft, und wenn auch
später der Mittelpunkt des Reiches nach Wladimir und Susdal nach dem festen Osten verlegt wurde, nachdem der Staat
durch Unterwerfung mehrerer halb-asiatischen Stämme schon
größere Kraft erlangt hatte, so reichten die Grenzen dieser
europäisch-russischen Herrschaft doch noch nicht bis zum mittlern Don und Wolga und waren vom Kaukasus und Ural
noch sehr fern. Ueber die Orte Woronesch, Tambow, Riäsan
und Nischnei Nowgorod an der Einmündung der Oka in die
Wolga läuft die Linie von Südwest nach Nordost, welche
die Grenze dieser Herrschaft ausmachte [4]) und damit auch die
Grenze von Europa und Asien. Bis zum dreizehnten Jahrhundert drangen die russischen Fürsten nicht weiter vor. Merkwürdig sind grade in dieser Gegend die in der neusten Zeit
wieder entdeckten Ueberreste einer alten Grenzlinie, welche,
wenn auch in ihrem gegenwärtigen Zustande erst aus einer
jüngern Zeit herrührend, sich wohl an ein ähnliches Werk der
frühern Zeit anschließen kann. Es ist dies die sogenannte sim-
birskische Linie, ein schützender Grenzwall des russischen
Staates gegen Südosten gegen die nomadischen Steppenbewohner zwischen der untern Wolga und Don, wie auch die
Römer ähnliche Erdwälle zur Vertheidigung in Dacien angelegt haben, welche gegen die Angriffe von Nomadenhorden
hinlänglichen Schutz gewährten. Der Zar Alexei Michailowitsch aus dem Hause Romanow, der mächtige Begründer
des neuen russischen Staates in der zweiten Hälfte des siebzehnten Jahrhunderts, soll jenen Wall errichtet haben von

---

[4]) Nicol. Karamsin, Geschichte des russischen Reiches. Riga
1820. 8. Th. l. S. 190 und Note 159. S. 378. 379.

Woronesch am obern Don bis zur Wolga bei Simbirsk, und noch jetzt läßt sich der Lauf desselben deutlich verfolgen [5]). Die Stadt Samara an der Wolga war schon im Jahre 1591 erbaut worden als Grenzfestung gegen die Einfälle der Baschkiren am südlichen Ural und der Kirgisen im Deltalande der Wolga, die Stadt Simbirsk wurde erst im Jahre 1648 unter der Regierung jenes Alexei angelegt. Am mehrsten wurden aber die Ostgrenzen Europas eingeschränkt durch die Einbrüche der Mongolen und der turktatarischen Völker im dreizehnten und vierzehnten Jahrhundert, welche Europa fast alles Land bis zu den Karpathen hin entrissen, und von denen Europa sich erst am Ende des achtzehnten Jahrhunderts völlig befreien konnte. Mehrere Jahrhunderte lang herrschten die Mongolen vom Altai bis zum Dnepr, und in dieser Zeit drangen asiatische Sprachen, Sitten und Gebräuche, und asiatische Religionen mit einer despotischen Verfassung zum Zweitenmal in Europa ein, und jede Spur einer Grenze zwischen Europa und Asien wurde auf ein halbes Jahrtausend verwischt. Der Großfürst Iwan Wasiljewitsch von Moskau am Ende des funfzehnten Jahrhunderts wurde zwar der erste Gründer der osteuropäischen Herrschaft, indem er den Mongolen den Gehorsam aufkündigte, aber erst sein Enkel Iwan II. beendigte die mehr als zweihundert jährigen Mongolen Kriege durch die Eroberung des Reiches Kasan im Jahre 1552. Erst seitdem breitete sich das den Asiaten überlegene politische Leben der europäischen Völker nebst dem Christenthum bis zum Ural aus, erst seitdem konnte auch dieses bis dahin nur fabelhaft gekannte Gebirge bekannt werden. Zu gleicher Zeit drang die europäische Politik auch gegen Südosten vor. Schon wenige Jahre

---

[5]) Erdmann, Reisen im Innern Rußlands. Leipzig 1825. 8. Th. II. 1 S. 49. Der russische Akademiker Lepechin berichtet auch, daß diese Vertheidigungslinie von Worpnesch, über Tambow und Pensa nach Simbirsk schon von Iwan Wasiljewitsch (doch wohl dem zweiten dieses Namens) angelegt worden sei. Lepechin, Reise durch verschiedene Provinzen des russisch. Reiches. Altenburg 1774. 4. Th. I. S. 69. Vergl. P. S. Pallas, Bemerkungen auf einer Reise durch Süd-Rußland. Leipzig 1799. 4. Th. I. S. 21.

nach dem Falle von Kasan wurde auch das Reich Astrachan
erobert, dadurch das alte für Europa so furchtbare Reich
Kaptschak zerstört und auch die Wolga von ihrer Quelle
bis zur Mündung an Europa zurückgegeben. Europäische
Herrschaft hatte sich also in Verbindung mit europäischer Bildung am Ende des sechszehnten Jahrhunderts rückwärts nach
Osten ausgebreitet bis zum Fuß der Ural Höhen, auf deren
anderen östlichen Seite aber noch eine fast ganze fremde, unbekannte Welt lag, und bis zum Delta der Wolga, von wo
das geübte Auge der Steppenbewohner schon die mit ewigem
Schnee bedeckten Riesengipfel des Kaukasus [6]) erspähen kann.
Indessen noch vor Ablauf des sechszehnten Jahrhunderts wurde
jener Grenzwall des Ural von flüchtigen Kosacken Schaaren
überstiegen, und indem sich daran die Entdeckung und Eroberung von Sibirien anschloß, mußten die Grenzen Europas gegen Asien in historischer und politischer Beziehung übergreifende
werden. Europa vergrößerte sich seitdem auf Kosten von Asien,
ohne jedoch nach einer andern Seite hin das ihm eigenthümliche Gebiet schon ganz gewonnen zu haben rücksichtlich der
pontischen und kaukasischen Länder. Die Wolga wurde erst
seit einem Jahrhundert ein wirklich europäischer Strom durch
Peter den Großen, seitdem sie durch ihn zuerst mit einer europäischen Flotte in dem Perser Kriege im Jahre 1722 beschifft
wurde. Dasselbe kriegerische Unternehmen des ersten russischen
Kaisers brachte Rußland auch wieder in Verkehr mit den Kaukasus Bewohnern, der zwar schon seit dem Falle der Tataren
Herrschaft in Rußland angeknüpft war, aber später wieder
hatte aufgegeben werden müssen. Denn seitdem der Ostpaß
des Kaukasus, der Paß von Derbend an den Gestaden des
kaspischen Meeres, auf jenem persischen Feldzuge zum Erstenmale von einem europäischen Heere durchsetzt worden war,
konnte man auch daran denken sich in dem kaukasischen Alpengebirgslande festzusetzen, und das war der erste Schritt zur
Sicherung Europas gegen die Uebermacht des anliegenden Asien.

------

[6]) Reineggs, historisch-topographische Beschreibung des Kaukasus,
herausgegeben von Schröder. Gotha 1796. 8. Th. I. S. 3.

Bald erweiterte sich auch Europa über die fruchtbaren Land=
schaften am schwarzen Meere, die nur von Nomaden von
turktatarischem Stamme durchschwärmt wurden, wodurch der
Boden selbst Nomadenland geworden war. Nur wenige Städte
fanden sich daselbst. Die Kaiserin Katharina II. brachte diese
Landschaften durch zwei Türken Kriege an sich vom Jahre
1768 bis 1774 und von 1787 bis 1792. Da verschwand mit
der Besitznahme Tauriens durch die Russen auch der letzte
Ueberrest der alten tatarischen Herrschaft in Rußland. Aber
der letzte Schritt für die Abgrenzung und Sicherstellung Eu=
ropas geschah durch die Besitznahme des Kaukafus. Schon
seit dem Jahre 1760 war von den Russen am Nordfuße des
Kaukafus die Festung Mosdok angelegt worden zur Beherr=
schung der kaukasischen Linie in der Kabarda, in dem Tscher=
kessen Lande am Kuban und Terek, sie wurde der Schlüssel
zu der Hauptpassage über den Kaukafus. Die von dort aus=
gehende Passage von Wladikaukas ist die stets gangbare Kom=
munikation durch die Mitte des Gebirges hindurch, es ist der
Weg, welcher den Russen die Herrschaft über Georgien am
Südfuße des Kaukafus eröffnet hat. Diese Festung wurde der
Mittelpunkt aller neuern Operationen zur Befestigung der
europäischen Herrschaft in diesen Ländern der noch ungebändig=
ten kaukasischen Völker. Mit dem Beginn dieses Jahrhun=
derts wurde auch das Königreich Georgien als Vermächtniß
des letzten Fürsten, unter dem Namen Grusien zur russischen
Provinz eingerichtet und so wurde die Nordseite des Kaukafus
oder die Provinz Kaukasien durch diese russischen Besitzungen
an der Südseite gesichert. Erst seitdem konnte die Unterwer=
fung der wilden kaukasischen Völker unter die europäische Herr=
schaft beginnen, auch hier wurden wie am Ural die Grenzen
Europas übergreifende rücksichtlich Asiens, und die Feststellung
der Grenzen Europas auf dem kaukasischen Alpenlande wurde
gegen die beiden großen Weltmächte Westasiens, gegen die
osmanische Pforte und gegen den persischen Hof zu Teheran,
durch mehrere glückliche Kriege befestigt, welche die siegreichen
russischen Waffen bis in das Herz des Hochlandes von Arme=
nien geführt haben.

Das Alpengebirge des Kaukasus bildet auf der Süd=
ostseite von Europa unstreitig die Grenzmark dieses Erdtheils
gegen Asien, und ist durch die gesammte Geschichte des Alter=
thums und Mittelalters hindurch als die Grenze des Orients
und Occidents betrachtet worden. Alle große Weltherrschaften
Westasiens, die der ältern Perser oder Achämeniden, der jün=
gern Perser oder Sassaniden, die der Araber unter den Om=
majaden und Abbassiden und die der türkischen Seldschucken
haben den Kaukasus, so wie er schon zu Herodots [1]) Zeit
Asien von Europa schied, als den großen Grenzstein ihrer Herr=
schaft gegen Nordwest betrachtet, bis erst in der letzten Hälfte
des Mittelalters durch die Mongolen Züge hier wie an vielen
andern Orten die von der Natur selbst gesetzten Barrieren
zwischen den Völkern und Ländern durchbrochen wurden. Der
Kaukasus bildet zugleich zwischen den beiden benachbarten Mee=
ren das erhabenste Vorgebirge von dem mächtigen west=asia=
tischen Hochlande Iran, und kann um so weniger von dem
orientalischen Erdtheile getrennt werden, als er eine ganz eigen=
thümliche Völkergruppe in sich beherbergt, welche eben so, wie
er selbst an der Schwelle beider Erdtheile steht, auf beide Erd=
theile gleichmäßig hinweiset ohne einem von beiden unmittelbar
anzugehören. Ja die an seinem Nordfuße ausgebreiteten
Steppenniederungen tragen trotz der sporadisch daselbst verbrei=
teten europäischen Kultur und trotz dem, daß europäische Bil=
dung schon den Hochrücken des Kaukasus überstiegen hat, noch
immer ein durchaus asiatisches Gepräge, wo in Folge der
Mongolen Wanderungen und der dort eigenthümlichen Ober=
flächenbildung der Erde turktatarische Stämme von muhame=
danischer Religion und mongolisch=kalmückische Stämme von
buddhistischer Religion das alte aus der asiatischen Heimath
mitgebrachte Nomadenleben bis heute noch immer fortsetzen.
Wenn also hier am Kaukasus im Widerspruch mit der neuern
historischen Entwickelung asiatischer Boden und asiatisches Le=
ben sich vor den Kaukasus hinzustellen und denselben gänzlich
von Europa abzuschneiden, und dem orientalischen Erdtheile

---

[1]) Herodot. IV. 40. 45.

Asien zu vindiciren scheint, so möchte diese Schwierigkeit am
Ural, dem zweiten großen Grenzstein des Occidents gegen den Orient, geringer erscheinen. Schon der große Naturforscher Simon Pallas [*]) bemerkt, daß der Ural die Naturgrenze von Europa sei, und wenn die Staatspolitik dies
nicht unbedingt anerkennt, indem die russische Staatsökonomie
auf die Begrenzung von Europa und Asien keinen Werth legt,
so wird dies doch durch den Gang der Völkerentwickelung
bestätigt und muß auf gewisse Weise auch vom Staate selbst
anerkannt werden. Die jetzt von der Regierung bestimmte
Grenzlinie zwischen dem asiatischen und europäischen Rußland
liegt auf der Ostseite des Ural und zieht dies Gebirge mit
zum europäischen Gebiet. Sie beginnt bei dem karischen Golfe
im Osten von der Waigaz Straße, läuft dann südwärts
hinab bis zum obern Ural Fluß bei der Festung Orskaja von
69° bis 51° N. B. Von Orskaja folgt diese Grenze dem
Ural Flusse bis zu seiner Einmündung in das kaspische Meer
bei dem Orte Gurjew von 51° bis 46° N. Br.; sie durchläuft so auf eine Strecke von 23 Breitengraden an 345 Meilen. Diese willkührlich gezogene Linie wurde aber dadurch
motivirt, daß sich im Verlauf der Zeit europäische Kultur von
dem Westfuße des Ural bis zu seiner Ostseite hinüberverbreitet
hatte. Der Bergbau in dem metallreichen mittlern Ural begann vornehmlich seit der Mitte des vorigen Jahrhunderts
aufzublühen, europäische Ansiedlungen und Bevölkerung mehr-
ten sich am Ural, und so wurden nähere Grenzbestimmungen
nothwendig gegen die östlichen Gebirgsbewohner. Von einer
sogenannten Naturgrenze innerhalb des Gebirges selbst, wie die
Wasserscheidelinie oder die Reihe der Hochgipfel des Gebirges,

---

[*]) P. S. Pallas, Reisen durch verschiedene Provinzen des russischen Reiches in den J. 1768 bis 1773. Petersburg 1773. 4. Th. I.
S. 365. Vergl. II. S. 312. So wurde es auch schon früher bestimmt
von dem schwedischen Gelehrten, Strahlenberg, welcher als russischer Kriegsgefangener während des nordischen Krieges zu Anfange des
achtzehnten Jahrhunderts dies Gebirge aus eigener Anschauung kennen
gelernt hatte; s. J. Ph. v. Strahlenberg, der nördliche und östliche Theil
von Europa und Asien. Stockholm 1730. 4. S. 105 und 106.

konnte hier nicht die Rede sein, sowohl wegen der herrschenden
Unkenntniß als auch der eigenthümlichen Natur des Gebirgszuges; man schob also die Grenzen der europäischen Provinzen
über das Gebirge hinaus und schloß das gesammte Gebirgs-
gebiet mit ein. So lange noch der Westfuß des Ural die
Grenze Europas bildete, waren die Gebirgsbewohner des Ural,
die Baschkiren von ursprünglich finnischem Stamme, welche
schon im Mittelalter [9]) als die Ursassen des Ural genannt
werden, das Grenzvolk der europäischen Völkerschaften in Ost-
Europa. Dieses Jäger- und Hirtenvolk der Baschkiren, auf
einer Mittelstufe zwischen einem nomadischen und seßhaften Leben stehend [10]), streifte im Sommer in den Waldungen des Ural
umher und lebte im Winter in Holzhütten. Dies Volk mußte
erst unterjocht werden, um die Grenzen der europäisch-russischen Provinzen über den Rücken des Ural zu führen. Dies
geschah während des achtzehnten Jahrhunderts, das friedliche
Hirtenvolk der Baschkiren mußte der europäischen Civilisation
weichen, und es konnte um so leichter geschehen, als weder
das Volk von einem wilden kriegerischen Charakter war, noch
auch durch die zahlreichen Bollwerke eines Alpenlandes, wie
etwa am Kaukasus, geschützt war. Die temporairen Sitze
der Baschkiren wurden von der russischen Regierung alle auf
die Ostseite des Ural zurückverlegt, wo Steppenboden sich ausbreitet, und die Westseite, wo die kornreichen Fluren sich ausbreiten, wurden für die festen Ansiedelungen der Europäer
bestimmt. Dieser letztere Umstand bildet nun den am meisten
charakteristischen Zug in der Unterscheidung des asiatischen und
europäischen Theiles jener weiten Niederungen, in welchen der
Ural als Grenzstein zwischen dem Orient und dem Abendlande
liegt. Es scheint nehmlich in der Urzeit eine äußerliche sichtbare Trennung durch Meeresscheidung zwischen dem
eigentlichen, mehr östlichen Orient und dem europäischen Abendlande dagewesen zu sein, wie noch sehr bemerkbare Spuren

---

[9]) J. R. Forster, Geschichte der Entdeckungen im Norden. Frankfurt 1784. 8. S. 131.

[10]) Pallas, Reisen durch verschiedene Prov. I. S. 446.

das frühere Dasein derselben beurkunden. Die ausgedehnten, tief eingesenkten Steppenländer um den kaspischen und aralischen See herum sind ehemals unstreitig ein großes Meerbecken gewesen, wovon jene beiden Seeen jetzt nur noch als die Ueberreste zu betrachten sind. Die ganze Region von den Stufenländern des Oxus an bis zum Ural hin zeigt die Spuren eines alten Meeresbodens, durchzogen von großen Einsenkungen, die mit zahlreichen Gruppen von Salzseeen erfüllt sind; es ist eine ungeheure Niederung, welche hier im Herzen der alten Welt nicht blos mit dem Spiegel des Meeres in gleichem Niveau liegen, sondern größtentheils weit unter denselben sich hinabsenken soll. Ueberall zeigt sich hier um jene beiden Binnenseeen herum ein gleichartiger salziger Steppenboden, bedeckt mit Meeressand, Kiesschutt, Salzseeen und Muschelbänken; es sind vollkommen horizontale Ebenen ohne Hügelland, ohne die der Vegetation günstige Erddecke, daher ohne Ackerboden [11]). Diese öde, unfruchtbare Steppennatur zieht sich westwärts fort bis zum Ostfuße des Ural und bis zum Wolga Delta, aber jenseit des Ural beginnt eine ganz andere Natur. Zwar ziehen sich auch da die weiten Ebenen und Niederungen bis tief in das westliche Europa hinein, aber einmal liegen diese cisuralischen Flächen doch alle schon einige hundert Fuß über dem Spiegel des Meeres, und dann zeigen sich hier überall, als Grund jener Erscheinung, Ueberlagerungen mannigfacher Erd- und Flötzdecken, Hügelbildungen und selbst niedrige plateauartige Flächen. Sie heben den europäischen Theil jener weiten Tiefebenen auf eine höhere Entwickelungsstufe des tellurischen Organismus, sie machen ihn zu einem quellreichen und fruchtbaren Ackerboden, und überall zeigen sich hier üppige Wiesen und mächtige Waldungen. Die cisuralischen Ebenen sind demnach von der Natur fruchtbare Kornlandschaften, sie sind ein Land der Ansiedlung der Völker, ein Land der festen Wohnsitze in Dorfschaften und Städten. Dagegen blieben die dichtanliegenden transuralischen Ebenen als Steppenboden immer der Sitz des Nomadenlebens, der Schauplatz größerer oder klei-

---

[11]) Erdmann, Reisen im Innern Rußlands. II. 1 S. 204.

nerer Völkerwanderungen. Wie dominirend diese Naturverhältnisse auf das Völkerleben sind, sieht man daraus, daß alle
nomadischen Völker West-Asiens, sobald sie in den Zeiten des
Mittelalters bis in die Fruchtebenen Ost-Europas jenseit der
Wolga vorgedrungen waren, sogleich das nomadische Leben
mit dem ansäßigen Leben vertauschten und Ackerbauer wurden. Schon Herodot [12]) nennt uns dort unter den nomadisirenden Scythen Stämmen die ackerbauenden Scythen am Tanais und Borysthenes oder Don und Dnepr, und jene Landschaften am Pontus waren die reichsten Kornkammern für die
alte hellenische Welt.

Will man den Ural, den Uferrand Europas in der Urzeit gegen das große west-asiatische Binnenmeer, auch nicht zu
den europäischen Gebirgssystemen zählen, so darf man ihn
noch weniger den asiatisch-orientalischen zugesellen, und man
muß ihn als das für sich bestehende Gebirgssystem betrachten,
welches nach langer Hemmung und Trennung, nachdem es der
europäischen Civilisation dienstbar geworden, seit einem Jahrhundert das verbindende Mittelglied der Bewohner beider Erdtheile geworden ist. Eben so ist der auf ihm einheimische, alte
finnische oder uralische Völkerstamm, der sich von seinen Höhen
aus nach beiden Seiten hinabverbreitete, nach seiner leiblichen
und geistigen Eigenthümlichkeit weder dem orientalischen noch
abendländischen Erdtheile angehörig, und bildet wie sein Heimathsland in anthropologischer, ethnographischer und historischer Beziehung das verbindende Mittelglied zwischen beiden
großen Welten.

Die Verbreitungs-Zone dieser finnischen oder uralischen
Völkerschaften, innerhalb welcher sie immer der Hauptmasse
nach einheimisch und herrschend geblieben sind, erstreckt sich
vom Ural aus nach drei Himmelsrichtungen nach Osten, Süden
und Westen. Nach Osten bis zu den sibirischen Strömen Irtisch und bis zum untern Obi, nach Süden bis zum Kaukasus
und bis zum schwarzen Meere, nach Westen bis zum weißen
und baltischen Meere. Nur Ausnahmsweise haben sie sich in

---

[12]) **Herodot. IV. 18.**

den mittelaltrigen Zeiten über dies Gebiet hinaus nach Westen hin verbreitet, und sobald sie den Dnepr überschritten, verließen sie ihr ursprüngliches Heimathsland und traten mit den eigentlich europäischen Völkern in Berührung.' Sie haben da zum Theil in der europäischen Entwickelungsgeschichte eine große Rolle gespielt, wenn gleich auch immer nur auf kurze Zeit, und sind entweder' spurlos verschwunden oder haben sich so mit verschiedenen andern Völkerstämmen amalgamirt, daß sie ihr ursprüngliches nationelles Gepräge ganz verloren haben.

Wenn wir uns nun mit dem Heimathslande dieser finnischen oder uralischen Völkerschaften, im weitern Sinne genommen, bekannt machen wollen, so treten uns in jenen weiten Ebenen auf der Grenze von Asien und Europa drei große charakteristische Naturformen entgegen, welche alle von dem größten Einfluß auf das Leben dieser so wie auch mancher andern Völker gewesen sind, nehmlich 1) das Gebirgssystem des Ural, die Urheimath jener ausgebreiteten Völkergruppe, 2) das Gebirgssystem des Kaukasus, welcher so sehr ein Sitz dieser Völker geworden ist, daß er in alter und neuer Zeit häufig für das Stammland derselben gegolten hat, und 3) das Stromsystem der Wolga, in der Mitte zwischen jenen beiden Gebirgssystemen gelegen, an deren Ufern die merkwürdigsten Kulturreiche dieser Völkergruppe aufblüheten und später die Doppelherrschaft errichtet wurde, welche auf geraume Zeit ganz Europa mit asiatischer Barbarei bedrohete. Als mehr untergeordnete Naturformen kommen für unsern Zweck noch in Betracht folgende Stromsysteme: 1) das des Irtisch und Obi 2) das der Dwina und 3) das des Dnepr und Don. Die Erkenntniß der eigenthümlichen Naturverhältnisse dieser Formen der Erdoberfläche muß nothwendig Aufschluß geben über das eigenthümliche Leben dieser Völker, welche die Stufe des Kindesalters der menschlichen Entwickelung eigentlich nicht überschreitend, wie es ja bei allen, auch den ausgebildetsten orientalischen Völkern des Alterthums und der neuern Zeit der Fall ist, immer unter dem Einfluß der Natur in ihrem religiösen, intellektuellen, politischen und merkantilischen Leben stehen geblieben sind. Auch gewinnt dieser Boden an den

Ufern der Wolga zwischen dem Ural und Kaukasus um so
mehr an Interesse und Wichtigkeit, als er mit einer Menge von
Monumenten der Vorzeit überdeckt ist, welche noch jetzt in
ihren größtentheils verwitterten Ueberresten, die Macht und
Bedeutsamkeit der ehemals in diesen Gegenden wohnenden und
herrschenden Völker beurkunden.

Erster Abschnitt.

Das Gebirgssystem des Ural.

Der uralische Gebirgszug, welcher sich zu beiden Seiten
des 75. Meridians von Norden nach Süden hinzieht, als eins
der wenigen Meridiangebirge der Erdoberfläche, bildet den
mächtigsten Grenzstein innerhalb der weiten Ebenen, die den
asiatischen mit dem europäischen Erdtheil verbinden und theilt
sie in die cisuralische und transuralische Hälfte. Durch seine
Länge, welche sich an 300 Meilen weit von Norden nach Süden ausdehnt, gehört der Ural zwar zu den bedeutendsten Gebirgen der Erde, aber seine Breite, welche überdies von Süden
gegen Norden zu allmählig abnimmt, ist minder bedeutend,
und wenn er das europäische Alpengebirge, so wie den Kaukasus in der Längenausdehnung zweimal übertrifft, so ist er
mit beiden nach seinen vertikalen Dimensionen gar nicht zu
vergleichen. Der Ural erreicht nirgends die Alpenhöhe, seine
höchsten Gipfel steigen nur etwas über 6000 Fuß empor, überragen also nicht viel die Region des Baumwuchses in jenen
beiden Gebirgen. Und offenbar war dies auch für die Wirthbarkeit dieses Gebirges durchaus nothwendig, da sonst dasselbe
bei seiner so hohen geographischen Breite, dem Polarkreise benachbart und ihn sogar durchsetzend, so wie auch den eisigen
Winden des nördlichen Asiens ausgesetzt, schwerlich der Sitz
der europäischen Kultur hätte werden und die Rolle hätte spielen
können, welche es jetzt als das Verbindungsglied zwischen
Europa und Asien einnimmt.

Name des Ural. Schon die Alten nennen uns in den weiten sarmatischen Ebenen die rhipäischen oder riphäischen Berge in dem Lande der Hyperboräer, und wenn wir auch behaupten müssen, daß den Alten jede genaue Kenntniß dieses ihnen so entlegenen Gebirgssystemes gemangelt habe, so konnte ihnen doch seit den Kaiserzeiten, und von da stammen auch erst die bestimmteren Nachrichten, mancherlei zukommen über die Lage und die Ausbreitung des südlichen Theiles desselben. Sind doch selbst bis jetzt nur diejenigen Theile dieses Gebirges näher bekannt geworden, welche bergmännisch bearbeitet werden und wo es auf den Hauptstraßen besucht wird, während der größere übrige Theil noch als unbekanntes Land bezeichnet werden muß. Die römischen Geographen Plinius [13]) und Mela [14]) verlegen diese riphäischen Berge an das äußerste Ende der Welt gegen Nordost in das Land des ewigen Schneefalles, der Kälte und der Finsterniß, in eine Gegend, welche unter dem Polarstern gelegen, wie Mela sagt, von der Natur selbst ausgestoßen und verwünscht sei. Der Tanais Fluß, der bei vielen Alten als Grenzstrom zwischen Asien und Europa galt, sollte auf diesen riphäischen Bergen entspringen. Genauer bestimmt die Lage dieser Berghöhen der spätere Marcianus [15]) nach Ptolemäus, welcher im Gegensatz gegen die bis dahin noch herrschenden Fabeln von dem dahinter liegenden schönen Hyperboräer Lande bemerkt, daß diese Berge mitten im Lande gelegen wären zwischen dem mäotischen See und dem sarmatischen d. h. nördlichen Ocean. Auch lernen wir aus dem Ptolemäus [16]) zu jener Zeit den Namen der rhym-

---

[13]) Plinius, hist. nat. IV, 26. Riphaei montes et assiduo nivis casu, pinnarum similitudine, Pterophoros appellata regio; pars mundi damnata a rerum natura et densa mersa caligine; neque in alio quam rigoris opere gelidisque aquilonis conceptaculis.

[14]) Mela III, 5. montes Riphaei sub ipso siderum cardine siti.

[15]) Marcianus Heracl. p. 56. bei Hudson geograph. graec. min. Oxon. 1698. 8. I. τὰ Ῥίπαια ὄρη κατὰ τὸν μεσόγειον μεταξὺ τῆς Μαιώτιδος λίμνης καὶ τοῦ Σαρματικοῦ ὠκεανοῦ κείμενα.

[16]) Mannert, Geographie der Griechen und Römer. Nürnberg 1795. 8. Th. IV. S. 484.

2

miſchen Berge (τὰ Ῥυμμικὰ ὄρη) als Bezeichnung der ſüd
lichen Berghöhen des Ural kennen. Der moderne Name Ural
ſtammt aus der tatariſchen Zeit, das tatariſche Wort „ural"
d. h. ein Gürtel bezeichnete dieſe Gebirgskette als das große
Gürtelgebirge zwiſchen der abendländiſchen und morgenländi=
ſchen Welt. Der Name trat alſo zuerſt auf unter den Dſchin=
giſchaniden, als die Mongolen an der Wolga ihr Lager auf=
ſchlugen, und von dort verbreitete ſich der Name durch die
tatariſchen Völkerſchaften nach Europa. Bei den noch jetzt in
Rußland einheimiſchen Tataren heißt das Gebirge ſtets Ural,
aber bei den einheimiſchen Baſchkiren heißt es Syrt, welches
Wort dieſelbe Bedeutung mit dem tatariſchen haben ſoll [17]).
Aber ehe jenes allgemein übliche tatariſche Wort ſich nach dem
Abendlande verbreitete, war der nördliche Theil dieſes Gebir=
ges ſchon unter einem andern Namen bei den ſlaviſchen Völ=
kern des öſtlichen Europa bekannt geworden, welcher auf die
älteſten ethnographiſchen Verhältniſſe dieſes Gebirges hinweiſet.
Die unternehmenden Handelsleute der alten Stadt Nowgorod
lernten hier bei ihren Zügen nach den Pelzmärkten des äußer=
ſten Nordens das jugriſche [18]) Gebirge (Jugorskoi=kamen oder
chrebet) kennen, in dem Lande Jugrien, der Urheimath der
Ugrier, und dort hat ſich der Name, an viele einzelne Lokali=
täten ſich anſchließend, immer erhalten, ſo daß man auch wohl
das ganze Gebirgsſyſtem das Ugriſche nennen könnte, wie man
den ganzen Volksſtamm nach dem Gebirge den Uraliſchen
nennt. Bei den Ruſſen führt der Ural einen entſprechenden
Namen mit dem der Tataren und Baſchkiren, ſie nennen ihn
Kammenoi=pojas d. h. Felſengürtel oder auch Welikoi Kam=
menoi=pojas den großen Felſengürtel, oder Semnoi=pojas d. h.
Erdgürtel [19]).

---

[17]) Hermann, mineralogiſche Beſchreibung des uraliſchen Erzge=
birges. Stettin 1789. 8. Th. 1. S. 4.

[18]) Fiſcher, ſibiriſche Geſchichte. Petersburg 1768. 8. Th. 1.
S. 178 und 214. Müller, Sammlung ruſſiſcher Geſchichte. Peters=
burg 1732. 8. Th. VI. S. 202.

[19]) Hermann, ſtatiſtiſche Schilderung von Rußland. Petersburg
1790. 8. S. 83.

Die waldigen Vorhöhen am Südende des Ural steigen unmittelbar am Flusse Ural auf unter dem 50° N. Br., also in gleicher Breite mit den Städten Kiew, Dresden und Brüssel, sie bilden dort ein erhabenes merkwürdiges Vorgebirge gegen die im Osten und Süden angelagerten weiten und tiefen Steppenebenen Asiens. Der Zug des Ural reicht von diesen südlichen Vorhöhen bis zum 69° N. Br., er zieht sich weit in die Polarregion hinein und ist in so fern ein polarisches Gebirge zu nennen. Gegen sein Nordende zu bildet er einen Klippenzug von niedern Höhen aus Kalksteinfelsen bestehend, welche nackt und waldlos und von keiner Erdhülle bedeckt sind. Das Nordende dieses Gebirgszuges ist ganz zertrümmert und zerspalten, die Waigaz Inseln selbst scheinen nur Trümmer dieser Gebirgsmasse zu sein, auch Nowaja Semla ist nach den ältern russischen Naturforschern[20] nur als eine maritime Fortsetzung des Ural zu betrachten, und diese Insel ragt bis zum 77° N. Br. gegen den Nordpol vor, so daß der gesammte Gebirgszug sich durch 27 Breitengrade erstrecken würde. Die Breite des Ural von Westen nach Osten ist sehr ungleich, ist aber unstreitig am bedeutendsten in seinen südlichen Theilen besonders unter dem 54° der Breite, dort beträgt sie an 40 Meilen zwischen dem 74° bis 79° O. L. oder zwischen den Städten Ufa, der alten Hauptstadt des Baschkiren Landes, im Westen und Petropaulowskoi im Osten; von da nimmt die Breite gegen Norden allmählig ab. Diese ganze Gebirgsmasse füllt einen Raum von 7 bis 8000 ☐ M. oder Dreiviertel von Deutschland, rechnet man aber alle umherliegenden Berglandschaften mit hinzu, so weit das Gebiet der Berg= und Hüttenwerke sich erstreckt, so erhält man ein Areal von 20,000 ☐ M., also fast noch einmal so groß wie Deutschland.

Das uralische Gebirgssystem zerfällt nach seinen Naturverhältnissen und nach den sich daran anschließenden ethnographischen Verhältnissen in drei große natürliche Gruppen[21],

---

[20] Hermann, mineral. Beschreibung I. S. 4.
[21] Hermann, mineral. Beschreibung I. S. 5 bis 7. Falk, topo=

2*

in eine ſüdliche, mittlere und nördliche. Man nennt ſie auc
nach ihren Hauptcharakteren den waldreichen, erzreiche
und wüſten Ural, und in ethnographiſcher Beziehung ſind ſ
zu bezeichnen als der baſchkiriſche, permiſche und woguliſche Ura

1) Der ſüdliche Ural, reicht vom 50 bis 55° N. Br., e
füllt das jetzige Gouvernement Orenburg. Es iſt dies der vo
den Baſchkiren bewohnte waldreiche Ural.

2) Der mittlere Ural, reicht vom 55 bis 61° N. Br.,
er füllt das Gouvernement Permien. Es iſt der durch ſeinen
Erzreichthum ausgezeichnete Ural.

3) Der nördliche Ural, reicht vom 61 bis 69° N. Br.
bis zum Meere; er liegt auf der Oſtſeite der beiden Gouver=
nements Wologda und Archangel, welche er von dem ſibiri=
ſchen Gouvernement Tobolsk abſcheidet. Es iſt der von den
Wogulen bevölkerte wüſte Ural.

Näher bekannt geworden ſind uns bis jetzt von dieſer
drei Gruppen nur die beiden ſüdlichen und vornehmlich di
mittlere, von welcher wegen des Erzreichthums auch die eigentl
liche Entdeckung des geſammten Gebirgsſyſtems von europäi
ſcher Seite ausging. Dort iſt der Ural am meiſten aufge=
ſchloſſen durch die Berg= und Hüttenwerke, und dies iſt nur
der kleinſte Theil des geſammten Syſtemes, indem ſich derſelbe
nur ungefähr 80 Meilen weit von Norden nach Süden aus=
dehnt. Dagegen iſt das ganze nördliche Drittheil, welches faſ
die Hälfte des ganzen Syſtemes einnimmt, wegen ſeiner Lage
innerhalb der polariſchen Region der Kultur ganz unfähig un
deshalb auch wenig erforſcht. Der Name des uraliſchen Erz
gebirges hat ſich aber wegen verwandter Naturverhältniſſ
auch auf den ſüdlichen Ural ausgedehnt. Daher ſagt Herman
der Bergwerks=Direktor zu Katharinenburg, welcher uns di
erſte genügende Beſchreibung dieſes Gebirges hinterlaſſen ha
das Land, das im weitern Sinne das uraliſche Erzgebirg
bildet, wird begrenzt im Süden vom Ural Fluſſe, im Weſte
von der Wolga, Kama und Wjätka, im Norden von de

---

graphiſche Beiträge zur Kenntniß des ruſſiſchen Reiches. Petersbu
1785. 4. Th. I. S. 218.

Soswa, einem Nebenfluß des Obi, und im Osten von der
Soswa, Tauda und Tobol. Bis zu diesen Flüssen reichen die
äußersten Aufschwemmungen dieses Gebirgssystemes, dieser
ganze Umfang wird auch kanzleimäßig zum uralischen Erzgebirge [22]) gerechnet. Es ist ein Gebiet von 20,000 □ M.
Dieses Erzgebirge im weitern Sinne, welches die Südhälfte
des gesammten Systemes einnehmend sich über 150 M. von
Norden nach Süden ausdehnt, wird in diesem Umfange nach
den drei Hauptpunkten des bergmännischen Betriebs in seine
drei Hauptquartiere getheilt, die jedoch mit den natürlichen
Abtheilungen genau zusammenfallen. Sie folgen von Süden
nach Norden als der orenburgische Ural nach der an seinem
Südfuße liegenden Stadt Orenburg benannt, bis zum 55 oder
56° N. Br., der katharinenburgische Ural bis zu 57½°
N. Br., und der werchoturische Ural bis zu 61° N. Br.,
beide benannt nach den an ihrem Ostfuße liegenden Städten
Katharinenburg und Werchoturie [23]). Grade dieses uralische
Erzgebirge ist es auch, welches auf eine eigenthümliche Weise
im Osten und Westen von zwei großen parallelen, aber in
entgegengesetzter Richtung laufenden Längenthälern begleitet
wird. Im Osten ist es die Thalsenkung des Tobol in der
Richtung von S. S. W. nach N. N. O., sich zum Wassersystem
des Irtisch erstreckend, welches der Tobol bei Tobolsk erreicht
unter 59° N. Br.; es ist dies das ursprüngliche alte Sibirien
und das Gebiet der sibirischen Chane. Im Westen ist es die
Thalsenkung der Kama in der Richtung von N. N. O. nach
S. S. W., sich zum Wassersystem der Wolga erstreckend,
welches die Kama bei Kasan erreicht unter 55° N. Br.; es
ist dies das alte berühmte Bjarmien [24]), wo nachmals sich
die Macht der Chane von Kasan erhob. Zu diesen beiden
großen Thalsenkungen ergießen sich die meisten wasserreichen
Quellströme des uralischen Erzgebirges hinab.

---

[22]) Hermann, mineral. Beschreibung I. S. 9.

[23]) Erdmann, Reisen im Innern von Rußland II. 2. S. 155.
und 156.

[24]) Erdmann, Reisen u. s. w. II. 2. S. 153.

1) Der südliche Ural.

Der südliche Ural wird vom Tobol Flusse gegen N. O.
umflossen, von dem Ural Flusse und seinem Nebenflusse dem
Jlek auf der Südseite, und dehnt sich nordwärts aus bis zu
den Quellen des kleinen Flusses Ufa, welcher sich durch die
Bjelaja in die Kama ergießt. Alle Anhöhen, welche noch auf
der Südseite des Jlek liegen, sind ganz unbedeutend, und
durchaus nicht als Bergketten zu betrachten. Dieser südliche
Theil des Ural steigt als ein breites, mächtiges, plateauartiges
Gebirge auf, dessen Steilabfall nach Süden und Osten um so
auffallender sein muß, als dort die tiefliegende, öde Steppe
der Kirgisen angelagert ist; dort ist bis auf diesen Augenblick
nur Nomadenland und die Heimath nomadisirender Völker gewesen. Aber gegen Westen verflacht sich dieser südliche Ural
in ein fruchtbares, schön bewaldetes Hügelland, das sich auch
hin und wieder noch zu ansehnlichen Höhen erhebt. Von den
vielen Flüssen, die es in tief eingeschnittenen Thälern durchströmen, sind die Ufa und Bjelaja mit ihren malerischen, mit
edlen Laubhölzern bewachsenen Thälern die bedeutendsten, und
die Gegend, welche von diesen beiden Flüssen, wie von zwei
Armen umschlossen wird, eine der schönsten im ganzen Ural.
Nur diese Theile des südlichen Ural sind Kulturlandschaften
und mit Ortschaften alter und neuer Zeit überdeckt. Doch ist
uns auch dieses ganze Gebiet noch nicht vollkommen aufgeschlossen. Die genauere Kenntniß der Russen im Ural reicht
südwärts nur bis Slatoust, welches unter dem 77° O. L.
und 55° N. Br., ein wenig nördlicher als die Stadt Ufa,
an der Quelle des Ai, eines linken Nebenflusses der Ufa, liegt.
Von Slatoust aus theilt sich der südliche Ural in drei Ketten[25]),
welche alle von N. O. nach S. W. anfangs parallel gehen
und allmählig divergiren. Die westliche und höchste Kette
erhebt sich in einzelnen langgezogenen Kuppen bis zu 3500 und
4000 F., deren jede einen besondern Namen trägt und einem

---

[25]) Peter Iwanowitsch Rytschkow, orenburgische Topographie bei
Büsching, Magazin für Historie und Geographie. Halle 1767. 4. Th. VII
S. 15 und 16.

ganzen Bergzuge gleiches Namens angehört, wie das der Fall
ist bej dem Jremel-Tau, Urenga-Tau, Jurma-Tau und Jaman-
Tau. Ein tiefes Thal, das Längenthal von Slatoust trennt
diese westliche Kette von der mittlern, weniger hohen Ural
Kette im engern Sinne, denn nur dieser wird von den Berg-
bewohnern der Name U r a l gegeben. Die östliche Kette ist
das granitische, an schönen Fossilien so reiche Ilmen Gebirge,
das sich an den Quellen des Miäs von der eigentlichen Ural-
Kette bei Slatoust abzweigt [26]). Die Ilmen Kette verliert
in ihrer südlichen Fortsetzung sehr an Höhe, die überhaupt
nicht bedeutend ist, und zieht sich östlich vom Ural Fluß von
Norden nach Süden in die Kirgisen Steppe hinein, nachdem
sie noch vorher vom Ui-Fluß, einem linken Zustrom des Totol
durchbrochen ist. Das in die Steppe auslaufende Ende dieser
Kette führt auch bei den Kirgisen [27]) den Namen Kitschik
Karatscha. Dieses Streichen nach Süden bewirkt zugleich,
daß zwischen ihr und dem eigentlichen Ural ein nach Süden
zu immer breiter werdendes Thal gebildet wird, das in eine
flache, öde Steppe ausgeht und von dem obern Laufe des Ural-
Flusses durchströmt wird. Die auf der andern Seite liegende,
westliche Kette erhebt sich am höchsten in dem von der Ufa
und Bjelaja umflossenen Gebiete, sie entspringen beide in dem
Längenthale von Slatoust, brechen durch enge, felsige Thäler
nach Westen hindurch, und vereinigen sich in entgegengesetzter
Richtung zusammenfließend am Westfuße jener Gebirgskette
bei der Stadt Ufa unter dem Parallel von Simbirsk. In
Süden der Bjelaja sinkt diese Westkette zu unbedeutenden Höhen
hinab, und zieht sich von den Zuflüssen der Sakmara durchschnitten, welche sich bei Orenburg in den Ural-Fluß ergießt,
nur als niedrige Erhebung fort mit höchstens 1800 F. über
Orenburg [28]).

---

[26]) E. Hofmann und G. v. Helmersen, geognostische Untersuchungen des Süd-Ural-Gebirges. Berlin 1831. 8. mit einer Charte vom
südlichen Ural. S. 2.

[27]) Erdmann, Reisen im Innern von Rußland II, 2 S. 156.

[28]) Hofmann und v. Helmersen, geognost. Untersuchungen
S. 3. und 4.

Die mittlere oder uralische Kette im engern Sinne ist wie die westliche selbst, stark bewaldet, und an den Abhängen sumpfig: sie läuft mit ihr parallel und erhebt sich in ihren höhern Punkten an 350 bis 380 Toil. über Orenburg oder etwas über 2000 F. Dieser Ural-Tau d. h. Gürtel-Gebirge bezeichnet daher bei den Baschkiren, wie schon Pallas bemerkt, den eigentlichen Hauptrücken des Gebirges, der sich von Norden her mit verschiedenen Benennungen, aber ununterbrochen nach Süden fortzieht, und die Gewässer der Wolga und des Tobol oder Obi von einander trennt. Diese hohe zusammenhängende Bergkette ist durchaus waldig, und trotz des felsigen Bodens so feucht, daß sich auf dem Rücken derselben ausgedehnte Sümpfe und Moräste verfinden [29]. Diese Wasserscheidehöhe im Ural geht hier in dem südlichen Theile zwischen den Quellen des Ui, Ruß und Jaik an der Ostseite hindurch, und denen der Ufa, Bjelaja, Ai und Sakmara auf der Westseite; sie ist nach Georgi's [30] Aussage oft nur an zehn Werste breit, ganz platt und mit Morästen bedeckt. Im Parallel der Festung Magnitnaja am obern Ural-Flusse ist dieser Ural-Tau mit der westlichen Gebirgskette durch einen breiten Querriegel verbunden, durch den das Längenthal von Slatoust geschlossen wird, und an dessen Südseite die Quellen der Sakmara nur in einer Höhe von 1800 F. liegen. Südlich von diesem Querriegel ändern beide Ketten ihr Streichen. Die östliche, von da an bekannt unter dem Namen Irendik erhebt sich östlich von dem See Tolkasch, dem Quellsee des Smalyk, eines westlichen Nebenflusses des Ural in schroffen Höhen von 448 Toif. oder 2688 F. über Orenburg. Aber in der südlichen Fortsetzung nimmt sie allmählig an Höhe ab, und verliert sich zuletzt westlich von Urtasymskaja in den Bergen der Sakmara. Dieser Bergknoten, das südlichste Ende des Ural-Tau, ist ein kleines Tafelland, auf dem man von den Festungen Orskaja und Guberlinskaja am Ural-Fluß im

---

sien durch verschied. Provinzen II. S. 72.
merkungen auf einer Reise im russischen Reiche in
Petersburg 1775. 4. Th. II. S. 744.

S. O. bis zur Bjelaja im N. W., und von dem untern Jk-
Fluße, einem nördlichen Nebenfluß der Sakmara im S. W.
bis zur Festung Tanalyzkaja an der Mündung des Tanalyk
in den Ural im N. O. keinen einzigen markirten Bergzug erblickt. Er besteht wie der übrige Ural-Tau aus Granitmassen[31]).
Die Tafelfläche senkt sich aber allmählig von Norden nach
Süden, denn sie hat an den Quellen der Kana, eines kleinen
östlichen Nebenflusses der Bjelaja, bei Kananikolskoi noch eine
Höhe von 300 Tois. oder 1800 F. über Orenburg, während
sie bei Guberlinskaja gegen den Winkel des Ural-Flusses zu
schon bis auf 100 Tois. oder 600 F. über Orenburg gesunken
ist. Von dem Orte Tanalyzkaja bis Orskaja, strömt der Ural-
Fluß an dem Ostfuße dieses Bergknotens hin und findet bei
dem letztern einen Durchbruch, einen Spalt, der von Osten
nach Westen das von Norden nach Süden streichende Gestein
quer durchschneidet, und er wendet sich in diesen hinein, nachdem ihm der Or durch einen eben solchen, nur weniger tiefen Durchbruch zugeflossen ist. Die Wiederholung dieser Erscheinung sieht man an der Sakmara, welche von Norden nach
Süden fließend die unbedeutende Höhe zwischen ihr und dem
Ural-Fluße nicht durchbricht, und sich nicht in den nahe gelegenen Strom ergießt, sondern auch durch einen tiefen Spalt
in einem felsigen, schluchtenreichen Thale nach Westen geht
und sich erst bei Orenburg mit dem Ural vereinigt[32]). Der
östliche und südliche vielfach zerrissene Abfall dieses Bergknotens
gegen den Winkel des Ural-Flusses wird von den Anwohnern
nach der benachbarten Stadt Guberlinskaja das guberlin-
kische Gebirge[33]) genannt. Die steilen Anhöhen und rauhen
Klüfte desselben wurden von den Russen[34]) erst im Jahre
1735 mit vieler Mühe durchsetzt bei der Anlegung von Orenburg. Im Südwesten liegen dem Bergknoten der Sakmara

---

[31]) Hermann, mineralogische Beschreibung II. S. 386.
[32]) Höfmann und v. Helmersen, geognost. Untersuchungen S. 5
und 6.
[33]) Pallas, Reisen durch verschied. Provinz. 1. S. 256.
[34]) Rytschkow, Orenburg. Topographie a. a. O. VII. S. 18, 19.

Die mittlere oder uralische Kette im engern Sinne ist wie die westliche felsig, stark bewaldet, und an den Abhängen sumpfig; sie läuft mit ihr parallel und erhebt sich in ihren höhern Punkten an 350 bis 380 Tois. über Orenburg oder etwas über 2000 F. Dieser Ural=Tau d. h. Gürtel=Gebirge bezeichnet daher bei den Baschkiren, wie schon Pallas bemerkt, den eigentlichen Hauptrücken des Gebirges, der sich von Norden her mit verschiedenen Wendungen, aber ununterbrochen nach Süden fortzieht, und die Gewässer der Wolga und des Tobol oder Obi von einander sondert. Diese hohe zusammenhängende Bergkette ist durchaus waldig, und trotz des felsigen Bodens so feucht, daß sich auf dem Rücken derselben ausgedehnte Sümpfe und Moräste vorfinden [29]). Diese Wasserscheidehöhe im Ural geht hier in dem südlichen Theile zwischen den Quellen des Ui, Miás und Jaik an der Ostseite hindurch, und denen der Ufa, Bjelaja, Ai und Sakmara auf der Westseite; sie ist nach Georgi's [30]) Aussage oft nur an zehn Werste breit, ganz platt und mit Morästen bedeckt. Im Parallel der Festung Magnitnaja am obern Ural=Flusse ist dieser Ural=Tau mit der westlichen Gebirgskette durch einen breiten Querriegel verbunden, durch den das Längenthal von Slatoust geschlossen wird, und an dessen Südseite die Quellen der Sakmara nur in einer Höhe von 1800 F. liegen. Südlich von diesem Querriegel ändern beide Ketten ihr Streichen. Die östliche, von da an bekannt unter dem Namen Jrendik erhebt sich östlich von dem See Tolkasch, dem Quellsee des Tanalyk, eines westlichen Nebenflusses des Ural in schroffen Höhen von 448 Tois. oder 2688 F. über Orenburg. Aber in ihrer südlichen Fortsetzung nimmt sie allmählig an Höhe ab, und verliert sich zuletzt westlich von Urtasymskaja in den Bergknoten der Sakmara. Dieser Bergknoten, das südlichste Ende des Ural=Tau, ist ein kleines Tafelland, auf dem man von den Festungen Orökaja und Guberlinskaja am Ural=Fluß im

---

[29]) Pallas, Reisen durch verschied. Provinzen II. S. 72.

[30]) Georgi, Bemerkungen auf einer Reise im russischen Reiche in den J. 1772 bis 1774. Petersburg 1775. 4. Th. II. S. 744.

S. O. bis zur Bjelaja im N. W., und von dem untern Jk-
Fluſſe, einem nördlichen Nebenfluß der Sakmara im S. W.
bis zur Feſtung Tanalykkaja an der Mündung des Tanalyk
in den Ural im N. O. keinen einzigen markirten Bergzug erblickt. Er beſteht wie der übrige Ural-Tau aus Granitmaſſen[31].
Die Tafelfläche ſenkt ſich aber allmählig von Norden nach
Süden, denn ſie hat an den Quellen der Kana, eines kleinen
öſtlichen Nebenfluſſes der Bjelaja, bei Kananikolskoi noch eine
Höhe von 300 Toiſ. oder 1800 F. über Orenburg, während
ſie bei Guberlinskaja gegen den Winkel des Ural-Fluſſes zu
ſchon bis auf 100 Toiſ. oder 600 F. über Orenburg geſunken
iſt. Von dem Orte Tanalykkaja bis Orskaja, ſtrömt der Ural-
Fluß an dem Oſtfuße dieſes Bergknotens hin und findet bei
dem letztern einen Durchbruch, einen Spalt, der von Oſten
nach Weſten das von Norden nach Süden ſtreichende Geſtein
quer durchſchneidet, und er wendet ſich in dieſen hinein, nachdem ihm der Or durch einen eben ſolchen, nur weniger tiefen Durchbruch zugefloſſen iſt. Die Wiederholung dieſer Erſcheinung ſieht man an der Sakmara, welche von Norden nach
Süden fließend die unbedeutende Höhe zwiſchen ihr und dem
Ural-Fluſſe nicht durchbricht, und ſich nicht in den nahe gelegenen Strom ergießt, ſondern auch durch einen tiefen Spalt
in einem felſigen, ſchluchtenreichen Thale nach Weſten geht
und ſich erſt bei Orenburg mit dem Ural vereinigt[32]. Der
öſtliche und ſüdliche vielfach zerriſſene Abfall dieſes Bergknotens
gegen den Winkel des Ural-Fluſſes wird von den Anwohnern
nach der benachbarten Stadt Guberlinskaja das guberlinskiſche Gebirge[33] genannt. Die ſteilen Anhöhen und rauhen
Klüfte deſſelben wurden von den Ruſſen[34] erſt im Jahre
1735 mit vieler Mühe durchſetzt bei der Anlegung von Orenburg. Im Südweſten liegen dem Bergknoten der Sakmara

---

[31] Hermann, mineralogiſche Beſchreibung II. S. 386.
[32] Hofmann und v. Helmerſen, geognoſt. Unterſuchungen S. 5
und 6.
[33] Pallas, Reiſen durch verſchied. Provinz. I. S. 256.
[34] Rytſchkow, Orenburg. Topographie a. a. O. VII. S. 18, 19.

flachhügelige, steppenartige Erhebungen von sehr geringer Höhe
vor, die sich allmählig nach Orenburg hinabsenken, welches
ungefähr im Niveau des Oceans liegt oder 300 Fuß über dem
Spiegel des kaspischen Meeres [35]).

Das gesammte uralische Gebirgssystem theilt mit vielen
andern Gebirgen die Erscheinung, daß weder die Gipfelerhebung mit der Massenerhebung zusammenfällt, noch auch daß
die Gipfelerhebung in die sogenannte Wasserscheidelinie hinein-
fällt. Die Gipfelerhebung des südlichen Ural oder der hohe
baschkirische Ural liegt daher dem eigentlichen Ural-Tau im
Westen vorgelagert. Denn dort findet sich eine ganze Reihe
erhabener Bergkuppen, welche den südlichen Ural dadurch zur
mächtigsten Gruppe des gesammten Systems machen. Sie
führen sämmtlich den Namen Tau in der turktatarischen
Sprache der Baschkiren [36]) statt des bei den türkischen Völkern üblichen Wortes Tag oder Dag d. h. Berg, Gebirge.
Unter allen Berghöhen gilt aber der Jremel-Tau oder Jr-
jämjäli-Tau nicht blos für den höchsten im Baschkiren Lande,
sondern auch für den bei den Baschkiren berühmtesten Berg
der ganzen Gegend. Seine Kuppe, welche zwischen den Quellen der Bjelaja und des Ural-Flusses liegt, soll von Osten
her schon an zwei Tagereisen weit zu sehen sein. Er erhebt
sich ungefähr zwanzig Meilen im Osten der Stadt Ufa [37]),
und zwar an der sogenannten nogaischen Straße.

Eigentlich besteht der Jremel aus drei verschiedenen Ber-

---

[35]) Nach v. Engelhardt's und Parrot's Nivellement (Reise durch
die Krim und den Kaukasus. Berlin 1815. II. 8.) liegt der Spiegel des
kaspischen Meeres 50 Toisen tiefer als der des schwarzen Meeres, und
die von Hofmann und v. Helmersen angegebenen Höhenmessungen
sind alle nach ihrer Erhebung über Orenburg bestimmt, a. a. O. S. 81
und 82.

[36]) Tau bezeichnet in der Sprache der Baschkiren eigentlich hohe
Berge oder ein abgesondertes Gebirge, so wie Arkasse einen langgestreckten felsigen Bergrücken, und Tasch oder Zar (Dschar) eine steil absturz-
zende Felswand oder ein hohes felsiges Ufer. Pallas, Reisen durch verschied. Provinzen II. S. 63.

[37]) Hermann, mineral. Beschreibung I. S. 11. Pallas, Reisen
durch verschied. Prov. II. S. 314.

gen, von welchen der mittlere diesen Namen im engern Sinne
führt. Er besteht aus Granit, sein Gipfel ist ganz flach,
wasserreich und sumpfig, wie es auf dem langgestreckten Ural=
Tau der Fall ist, und von dichten Waldungen umgeben. Auf
seiner Nordseite erhebt sich sein eigentlicher Gipfel, gleich einem
an hundert Faden hohen, mächtigen eingestürzten Bergklum=
pen. Aus den Sümpfen an seiner Südseite empfängt die
Bjelaja ihre Hauptnahrung, wie fast alle uralischen Bäche
und Flüsse aus hochgelegenen Sümpfen und Morästen ent=
springen. Der Gipfel des Berges ist beständig mit einem
dicken Nebel bedeckt, die anwohnenden Baschkiren versichern,
daß es auf ihm selten heitere Tage gebe, meistens zeige sich
Regenwetter oder auch Schneefall und selbst im Sommer.
Zwar erreicht er nicht die Region des ewigen Schnees [38]),
doch soll er an vielen Stellen seinen Schnee nie verlieren. Es
erhebt sich der Jremel=Tau an 753 Toisen oder 4518 F.
über Orenburg (nach Hofmann, oder 4450 engl. F. [39]) nach
Terlezki), hat also eine Höhe von ungefähr 4800 F. über dem
Spiegel des benachbarten kaspischen Meeres. Die mäßig ho=
hen Berge des Ural verlieren den Schnee schon Ende Mai,
aber die höchsten Berge wie der Jremel, Dschigalga und Ja=
man erst Ende Juni, und Anfang August fällt schon wieder
Schnee, so daß auf diesen Höhen nur eine vierwöchentliche
Sommerzeit während des July statt findet [40]). Wenn sich also
bei der sonstigen Verwandtschaft des Jremel=Tau mit der schlesi=
schen Schneekoppe der Höhe nach doch ein bedeutender Unter=
schied der klimatischen Verhältnisse zeigt, obschon ersterer nur
vier Breitengrade nördlicher gerückt ist als die Schneekoppe
(unter 51° N. Br.), so muß man den Grund davon theils
in der Umgebung von vielen andern kalten feuchten Berghöhen,
theils in der Stellung zu dem kalten Steppenboden des nord=

---

[38]) Lepechin, Tagebuch einer Reise durch verschiedene Provinzen des
russischen Reiches in den J. 1768 bis 1771. Altenburg 1774. 4. Th. II.
S. 88. und 89. Rytschkow, Orenburg. Topographie VII. S. 20.

[39]) Terlezki, über die Höhen des Ural, in v. Oldekop russ. Merkur.
Petersburg 1831. 8. Th. II. S. 154.

[40]) Georgi, Reisen II. S. 719.

westlichen Asiens suchen. Dennoch hat auch jene deutsche Berg=
höhe in einer weit mildern Umgebung ewigen Schnee in ihren
Schneegruben. Der mit dem Jremel in Verbindung stehende
Nachbar ist der Aweljäk, obschon viel niedriger, auf seinem
Rücken auch mit Sümpfen und Waldungen bedeckt. Hier ist
das beste Jagdrevier der Baschkiren, es finden sich daselbst
zahlreiche Bären, Hirsche und Elennthiere. Auch ihm entströ=
men mehrere Hauptquellbäche der Bjelaja, und überhaupt ist
diese Gegend des Ural mit dem quellreichen St. Gotthard [41])
des europäischen Alpengebirges zu vergleichen. In der Nähe
des Jremel auf seiner Westseite liegt der Dschigulga (oder
Dschigalga, Dschigalgi) Tau, an der sogenannten sibirischen
Straße [42]); er ist der zweite der höchsten Punkte des südlichen
Ural, und bei den baschkirischen Anwohnern nicht minder be=
rühmt. Er besteht wie die andern erhabenen Gipfel aus Gra=
nit mit einem plateauartigen an 300 Klafter breiten Rücken,
auf welchem sich drei an funfzig Faden hohe, kegelartig em=
porsteigende Felstrümmer als besondere Kuppen [43]) erheben.
Auch er ist den größern Theil des Jahres hindurch mit Schnee
bedeckt, erst Ende Juni verliert sich derselbe, jedoch nicht in
den Schluchten, und im August bedeckt er sich aufs neue [44]).
Der dritte der Hauptberge des südlichen Ural ist der Jaman
oder Jman=Tau d. h. der böse Berg. Er liegt im Süden
vom Jremel=Tau gleichfalls an der nogaischen Straße, und
hat eine ähnliche Natur mit den beiden vorigen [45]), er ist mit
Waldungen und Morästen bedeckt und sehr quellreich. Diese
hohen Berge sind die einzigen im südlichen Ural, wo nach
Pallas [46]) sich wilde Rennthiere aufhalten sollen.

Außer ihnen giebt es noch eine Menge anderer bei den
Baschkiren berühmter Berghöhen, so der Kalgan oder Kalkan=

---

[41]) Lepechin, Tagebuch II. S. 90.

[42]) Rytschkow, Orenb. Topogr. VII. S. 20.

[43]) Lepechin, Tagebuch II. S. 154. Georgi, Reisen II. S. 719.

[44]) Hermann, mineralog. Beschreibung I. S. 208, 209. Falk,
topograph. Beiträge I. S. 218.

[45]) Rytschkow, Orenb. Topogr. VII. S. 20.

[46]) Pallas, Reisen durch verschied. Prov. II. S. 30.

Tau [47]) an den Quellen des Ural-Flusses gelegen, ferner der Jura-Tau, Kosch-Tau und Juran-Tau, drei erhabene Berge, welche dicht neben einander an der obern Bjelaja liegen, und auf deren erstern sich eine Befestigung befindet, wo einst der Sitz eines nogaischen Chans [48]) gewesen sein soll. Als zwei der bedeutendsten Punkte werden im südlichen Ural noch genannt, der Urenga-Tau bei Slatoust an den Quellen des Ai, eines linken Nebenflusses der Ufa, welcher sich nach Terlezki [49]) 4000 engl. Fuß erhebt, und nördlich davon der Jurma-Tau an den Quellen der Ufa, welcher nach Terlezki 3781 engl. F. aufsteigt, nach Hofmann jedoch nur 2534 F. über Orenburg. Die Gründe oder Thäler zwischen diesen Bergen sind zum Theil Grassteppen, zum Theil Waldungen oder auch tiefe Moräste. Die Holzarten dieser Gebirgswaldungen sind Fichten, Birken, Espen, Lerchenbäume, hin und wieder auch Rüstern und Linden [50]), aber Eichen findet man hier eigentlich nicht. Es giebt zwar auch Eichenwälder auf der europäischen Seite des Ural an der obern Ufa [51]), aber das Holz ist wegen der Feuchtigkeit des Bodens schlecht und zur Zimmerarbeit untauglich. Dieser mehr europäische Baum kommt nur erst mehr westwärts an der Kama und Wolga vor, besonders in der Landschaft von Pensa im Südwesten von Kasan, wo auch Pallas [52]) auf die ausgedehnten Eichenwaldungen aufmerksam macht.

Alle Gewässer, welche in den zahlreichen Quellbächen dem südlichen Ural entströmen, sammeln sich in zwei Hauptrinnsale, durch welche diese Wasserfülle dem kaspischen Meere zugeführt wird. Sie sind der Jaik und die Bjelaja. Ersterer, der größere Strom, führt die Gewässer der südlichen und östlichen Gehänge des Ural unmittelbar ins kaspische Meer, letztere, der kleinere Strom, ist nur ein Nebenfluß der Kama, und führt

---

[47]) Hermann, mineral. Beschreibung I. S. 11.
[48]) Rytschkow, Orenburg. Topogr. VII. S. 21.
[49]) Terlezki bei Oldekop a. a. O. II. S. 155.
[50]) Georgi, Reisen II. S. 719.
[51]) Pallas, Reisen durch verschied. Prov. III. S. 473. Rußland in
[52]) Pallas, Bemerkungen auf einer Reise durch Süd- 25.
den J. 1793 und 1794. Leipzig 1799. 4. Th. I. S. 13, 15,

miſchen Berge (τὰ Ῥυμμικὰ ὄρη) als Bezeichnung der ſüd=
lichen Berghöhen des Ural kennen.   Der moderne Name Ural
ſtammt aus der tatariſchen Zeit, das tatariſche Wort „ural“
d. h. ein Gürtel bezeichnete dieſe Gebirgskette als das große
Gürtelgebirge zwiſchen der abendländiſchen und morgenländi=
ſchen Welt.   Der Name trat alſo zuerſt auf unter den Dſchin=
giſchaniden, als die Mongolen an der Wolga ihr Lager auf=
ſchlugen, und von dort verbreitete ſich der Name durch die
tatariſchen Völkerſchaften nach Europa.   Bei den noch jetzt in
Rußland einheimiſchen Tataren heißt das Gebirge ſtets Ural,
aber bei den einheimiſchen Baſchkiren heißt es Syrt, welches
Wort dieſelbe Bedeutung mit dem tatariſchen haben ſoll[17]).
Aber ehe jenes allgemein übliche tatariſche Wort ſich nach dem
Abendlande verbreitete, war der nördliche Theil dieſes Gebir=
ges ſchon unter einem andern Namen bei den ſlaviſchen Völ=
kern des öſtlichen Europa bekannt geworden, welcher auf die
älteſten ethnographiſchen Verhältniſſe dieſes Gebirges hinweiſet.
Die unternehmenden Handelsleute der alten Stadt Nowgorod
lernten hier bei ihren Zügen nach den Pelzmärkten des äußer=
ſten Nordens das jugriſche[18]) Gebirge (Jugorskoi=kamen oder
chrebet) kennen, in dem Lande Jugrien, der Urheimath der
Ugrier, und dort hat ſich der Name, an viele einzelne Lokali=
täten ſich anſchließend, immer erhalten, ſo daß man auch wohl
das ganze Gebirgsſyſtem das Ugriſche nennen könnte, wie man
den ganzen Volksſtamm nach dem Gebirge den Uraliſchen
nennt.   Bei den Ruſſen führt der Ural einen entſprechenden
Namen mit dem der Tataren und Baſchkiren, ſie nennen ihn
Kammenoi=pojas d. h. Felſengürtel oder auch Welikoi Kam=
menoi=pojas den großen Felſengürtel, oder Semnoi=pojas d. h.
Erdgürtel[19]).

---

[17]) Hermann, mineralogiſche Beſchreibung des uraliſchen Erzge=
birges. Stettin 1789. 8. Th. I. S. 4.

[18]) Fiſcher, ſibiriſche Geſchichte.   Petersburg 1768. 8. Th. I.
S. 178 und 214.   Müller, Sammlung ruſſiſcher Geſchichte. Peters=
burg 1732. 8. Th. VI. S. 202.

[19]) Hermann, ſtatiſtiſche Schilderung von Rußland. Petersburg
1790. 8. S. 83.

Die waldigen Vorhöhen am Südende des Ural steigen unmittelbar am Flusse Ural auf unter dem 50° N. Br., also in gleicher Breite mit den Städten Kiew, Dresden und Brüssel, sie bilden dort ein erhabenes merkwürdiges Vorgebirge gegen die im Osten und Süden angelagerten weiten und tiefen Steppenebenen Asiens. Der Zug des Ural reicht von diesen südlichen Vorhöhen bis zum 69° N. Br., er zieht sich weit in die Polarregion hinein und ist in so fern ein polarisches Gebirge zu nennen. Gegen sein Nordende zu bildet er einen Klippenzug von niedern Höhen aus Kalksteinfelsen bestehend, welche nackt und waldlos und von keiner Erdhülle bedeckt sind. Das Nordende dieses Gebirgszuges ist ganz zertrümmert und zerspalten, die Waigaz Inseln selbst scheinen nur Trümmer dieser Gebirgsmasse zu sein, auch Nowaja Semla ist nach den ältern russischen Naturforschern [20]) nur als eine maritime Fortsetzung des Ural zu betrachten, und diese Insel ragt bis zum 77° N. Br. gegen den Nordpol vor, so daß der gesammte Gebirgszug sich durch 27 Breitengrade erstrecken würde. Die Breite des Ural von Westen nach Osten ist sehr ungleich, ist aber unstreitig am bedeutendsten in seinen südlichen Theilen besonders unter dem 54° der Breite, dort beträgt sie an 40 Meilen zwischen dem 74° bis 79° O. L. oder zwischen den Städten Ufa, der alten Hauptstadt des Baschkiren Landes, im Westen und Petropaulowskoi im Osten; von da nimmt die Breite gegen Norden allmählig ab. Diese ganze Gebirgsmasse füllt einen Raum von 7 bis 8000 □ M. oder Dreiviertel von Deutschland, rechnet man aber alle umherliegenden Berglandschaften mit hinzu, so weit das Gebiet der Berg= und Hüttenwerke sich erstreckt, so erhält man ein Areal von 20,000 □ M., also fast noch einmal so groß wie Deutschland.

Das uralische Gebirgssystem zerfällt nach seinen Naturverhältnissen und nach den sich daran anschließenden ethnographischen Verhältnissen in drei große natürliche Gruppen [21]),

[20]) Hermann, mineral. Beschreibung I. S. 4.

[21]) Hermann, mineral. Beschreibung I. S. 5 bis 7. Falk, topo=

für die Hauptstadt des Baschkiren Landes. Doch blieb di
Landschaft Ufa bis zur Mitte des vorigen Jahrhunderts, bi
zur Errichtung der orenburgischen Linie, ein Theil des Lande
Kasan, und wurde erst 1744 mit zu dem neu errichteten Gou:
vernement Orenburg gezogen. Dies änderte sich später bei de
neuen Organisation des gesammten russischen Reiches durch
Katharina II. im Jahre 1775, wonach Ufa zum Mittelpunkte
dieses durch seine Lage gegen die angrenzenden räuberischen Kir:
gisen und Kalmücken so wichtigen Gouvernements ernannt
wurde. Man unterschied jedoch die beiden Landschaften (Oblasti)
von Ufa und Orenburg, und erst Kaiser Paul stellte das frühere
Gouvernement mit seinem politischen Mittelpunkte zu Orenburg,
im Jahre 1797 wieder her [60]). Ufa hat sich aber immer als
der bedeutendste Ort nach Orenburg in diesem Gebiete erhal:
ten. Die milden und fruchtbaren Thalebenen, welche sich von
der Stadt an um die untere Bjelaja ausbreiten westwärts bi
zur Kama, und welche nur von niedern Bergzügen oder sanf:
ten Hügelreihen [61]) durchsetzt werden, mußten diese Gegend
am Fuße des hohen Ural und im Rücken der öden Steppe
am ganzen Nordsaume des kaspischen Meeres, vornehmlich
bei seiner Stellung zwischen den alten Herrschersitzen Kasan
und Bulgar auf der einen und den Steppen der Kirgisen auf
der andern Seite, von wo stets die asiatischen erobernden No:
madenvölker einbrachen, in ethnographischer und politischer Be:
ziehung sehr wichtig machen. Denkmale der verschiedensten
Jahrhunderte finden sich daher hier auch gehäuft, aus der
alten Tschuden Zeit, aus der der Hunnen, Chasaren und Bul:
garen, welche hier nach einander die Herrschaft geführt haben,
und aus der tatarischen Zeit seit der Einwanderung der Mon:
golen und seit der Errichtung tatarischer Fürstenthümer an
der Wolga. Doch ist die Erforschung dieser Denkmale, welche
vornehmlich in Grabhügeln von verschiedener Größe, in Be:
festigungs= und Architekturwerken bestehen, und von welchen
sich erstere über die gesammte große Niederung beider Erdtheile

---

[60]) Georgi, geogr. Beschreibung II. 2. S. 498.
[61]) Pallas, Reisen durch verschied. Prov. II. S. 9.

Soswa, einem Nebenfluß des Obi, und im Osten von der Soswa, Tauda und Tobol. Bis zu diesen Flüssen reichen die äußersten Aufschwemmungen dieses Gebirgssystemes, dieser ganze Umfang wird auch kanzleimäßig zum uralischen Erzgebirge [22]) gerechnet. Es ist ein Gebiet von 20,000 □ M. Dieses Erzgebirge im weitern Sinne, welches die Südhälfte des gesammten Systemes einnehmend sich über 150 M. von Norden nach Süden ausdehnt, wird in diesem Umfange nach den drei Hauptpunkten des bergmännischen Betriebs in seine drei Hauptquartiere getheilt, die jedoch mit den natürlichen Abtheilungen genau zusammenfallen. Sie folgen von Süden nach Norden als der orenburgische Ural nach der an seinem Südfuße liegenden Stadt Orenburg benannt, bis zum 55 oder 56° N. Br., der katharinenburgische Ural bis zu 57½° N. Br., und der werchoturische Ural bis zu 61° N. Br., beide benannt nach den an ihrem Ostfuße liegenden Städten Katharinenburg und Werchoturie [23]). Grade dieses uralische Erzgebirge ist es auch, welches auf eine eigenthümliche Weise im Osten und Westen von zwei großen parallelen, aber in entgegengesetzter Richtung laufenden Längenthälern begleitet wird. Im Osten ist es die Thalsenkung des Tobol in der Richtung von S. S. W. nach N. N. O., sich zum Wassersystem des Irtisch erstreckend, welches der Tobol bei Tobolsk erreicht unter 59° N. Br.; es ist dies das ursprüngliche alte Sibirien und das Gebiet der sibirischen Chane. Im Westen ist es die Thalsenkung der Kama in der Richtung von N. N. O. nach S. S. W., sich zum Wassersystem der Wolga erstreckend, welches die Kama bei Kasan erreicht unter 55° N. Br.; es ist dies das alte berühmte Bjarmien [24]), wo nachmals sich die Macht der Chane von Kasan erhob. Zu diesen beiden großen Thalsenkungen ergießen sich die meisten wasserreichen Quellströme des uralischen Erzgebirges hinab.

---

[22]) Hermann, mineral. Beschreibung I. S. 9.
[23]) Erdmann, Reisen im Innern von Rußland II. 2. S. 155. und 156.
[24]) Erdmann, Reisen u. s. w. II. 2. S. 153.

1) Der südliche Ural.

Der südliche Ural wird vom Tobol Flusse gegen N. O. umflossen, von dem Ural Flusse und seinem Nebenflusse dem Jlek auf der Südseite, und dehnt sich nordwärts aus bis zu den Quellen des kleinen Flusses Ufa, welcher sich durch die Bjelaja in die Kama ergießt. Alle Anhöhen, welche noch auf der Südseite des Jlek liegen, sind ganz unbedeutend, und durchaus nicht als Bergketten zu betrachten. Dieser südliche Theil des Ural steigt als ein breites, mächtiges, plateauartiges Gebirge auf, dessen Steilabfall nach Süden und Osten um so auffallender sein muß, als dort die tiefliegende, öde Steppe der Kirgisen angelagert ist; dort ist bis auf diesen Augenblick nur Nomadenland und die Heimath nomadisirender Völker gewesen. Aber gegen Westen verflacht sich dieser südliche Ural in ein fruchtbares, schön bewaldetes Hügelland, das sich auch hin und wieder noch zu ansehnlichen Höhen erhebt. Von den vielen Flüssen, die es in tief eingeschnittenen Thälern durchströmen, sind die Ufa und Bjelaja mit ihren malerischen, mit edlen Laubhölzern bewachsenen Thälern die bedeutendsten, und die Gegend, welche von diesen beiden Flüssen, wie von zwei Armen umschlossen wird, eine der schönsten im ganzen Ural. Nur diese Theile des südlichen Ural sind Kulturlandschaften und mit Ortschaften alter und neuer Zeit überdeckt. Doch ist uns auch dieses ganze Gebiet noch nicht vollkommen aufgeschlossen. Die genauere Kenntniß der Russen im Ural reicht südwärts nur bis Slatouft, welches unter dem 77° O. L. und 55° N. Br., ein wenig nördlicher als die Stadt Ufa, an der Quelle des Ai, eines linken Nebenflusses der Ufa, liegt. Von Slatouft aus theilt sich der südliche Ural in drei Ketten[25]), welche alle von N. O. nach S. W. anfangs parallel gehen und allmählig divergiren. Die westliche und höchste Kette erhebt sich in einzelnen langgezogenen Kuppen bis zu 3500 und 4000 F., deren jede einen besondern Namen trägt und einem

---

[25]) Peter Iwanowitsch Rytschkow, orenburgische Topographie bei Büsching, Magazin für Historie und Geographie. Halle 1767. 4. Th. VII. S. 15 und 16.

ganzen Bergzuge gleiches Namens angehört, wie das der Fall
ist bei dem Iremel=Tau, Urenga=Tau, Jurma=Tau und Jaman=
Tau. Ein tiefes Thal, das Längenthal von Slatouſt trennt
dieſe weſtliche Kette von der mittlern, weniger hohen Ural
Kette im engern Sinne, denn nur dieſer wird von den Berg=
bewohnern der Name Ural gegeben. Die öſtliche Kette iſt
das granitiſche, an ſchönen Foſſilien ſo reiche Ilmen Gebirge,
das ſich an den Quellen des Miäs von der eigentlichen Ural=
Kette bei Slatouſt abzweigt [26]). Die Ilmen Kette verliert
in ihrer ſüdlichen Fortſetzung ſehr an Höhe, die überhaupt
nicht bedeutend iſt, und zieht ſich öſtlich vom Ural Fluß von
Norden nach Süden in die Kirgiſen Steppe hinein, nachdem
ſie noch vorher vom Ui=Fluß, einem linken Zuſtrom des Totol
durchbrochen iſt. Das in die Steppe auslaufende Ende dieſer
Kette führt auch bei den Kirgiſen [27]) den Namen Kitſchik
Karatſcha. Dieſes Streichen nach Süden bewirkt zugleich,
daß zwiſchen ihr und dem eigentlichen Ural ein nach Süden
zu immer breiter werdendes Thal gebildet wird, das in eine
flache, öde Steppe ausgeht und von dem obern Laufe des Ural=
Fluſſes durchſtrömt wird. Die auf der andern Seite liegende,
weſtliche Kette erhebt ſich am höchſten in dem von der Ufa
und Bjelaja umfloſſenen Gebiete, ſie entſpringen beide in dem
Längenthale von Slatouſt, brechen durch enge, felſige Thäler
nach Weſten hindurch, und vereinigen ſich in entgegengeſetzter
Richtung zuſammenfließend am Weſtfuße jener Gebirgskette
bei der Stadt Ufa unter dem Parallel von Simbirsk. In
Süden der Bjelaja ſinkt dieſe Weſtkette zu unbedeutenden Höhen
hinab, und zieht ſich von den Zuflüſſen der Sakmara durch=
ſchnitten, welche ſich bei Orenburg in den Ural=Fluß ergießt,
nur als niedrige Erhebung fort mit höchſtens 1800 F. über
Orenburg [28]).

---

[26]) E. Hofmann und G. v. Helmerſen, geognoſtiſche Unterſu=
chungen des Süd=Ural=Gebirges. Berlin 1831. 8. mit einer Charte vom
ſüdlichen Ural. S. 2.

[27]) Erdmann, Reiſen im Innern von Rußland II, 2 S. 156.

[28]) Hofmann und v. Helmerſen, geognoſt. Unterſuchungen
S. 3. und 4.

Die mittlere oder uralische Kette im engern Sinne ist wie
die westliche felsig, stark bewaldet, und an den Abhängen
sumpfig; sie läuft mit ihr parallel und erhebt sich in ihren
höhern Punkten an 350 bis 380 Tois. über Orenburg oder
etwas über 2000 F. Dieser Ural-Tau d. h. Gürtel-Gebirge bezeichnet daher bei den Baschkiren, wie schon Pallas
bemerkt, den eigentlichen Hauptrücken des Gebirges, der sich
von Norden her mit verschiedenen Wendungen, aber ununterbrochen nach Süden fortzieht, und die Gewässer der Wolga
und des Tobol oder Obi von einander sondert. Diese hohe
zusammenhängende Bergkette ist durchaus waldig, und trotz
des felsigen Bodens so feucht, daß sich auf dem Rücken derselben ausgedehnte Sümpfe und Moräste vorfinden [29]). Diese
Wasserscheidehöhe im Ural geht hier in dem südlichen Theile
zwischen den Quellen des Ui, Miâs und Jaik an der Ostseite
hindurch, und denen der Ufa, Bjelaja, Ai und Sakmara auf
der Westseite; sie ist nach Georgi's [30]) Aussage oft nur an
zehn Werste breit, ganz platt und mit Morästen bedeckt. Im
Parallel der Festung Magnitnaja am obern Ural-Flusse ist
dieser Ural-Tau mit der westlichen Gebirgskette durch einen
breiten Querriegel verbunden, durch den das Längenthal von
Slatoust geschlossen wird, und an dessen Südseite die Quellen
der Sakmara nur in einer Höhe von 1800 F. liegen. Südlich von diesem Querriegel ändern beide Ketten ihr Streichen.
Die östliche, von da an bekannt unter dem Namen Irendik
erhebt sich östlich von dem See Tolkasch, dem Quellsee des
Tanalyk, eines westlichen Nebenflusses des Ural in schroffen
Höhen von 448 Tois. oder 2688 F. über Orenburg. Aber in
ihrer südlichen Fortsetzung nimmt sie allmählig an Höhe ab,
und verliert sich zuletzt westlich von Urtasymskaja in den Bergknoten der Sakmara. Dieser Bergknoten, das südlichste Ende
des Ural-Tau, ist ein kleines Tafelland, auf dem man von
den Festungen Orskaja und Guberlinskaja am Ural-Fluß im

---

[29]) Pallas, Reisen durch verschied. Provinzen II. S. 72.

[30]) Georgi, Bemerkungen auf einer Reise im russischen Reiche in
den J. 1772 bis 1774. Petersburg 1775. 4. Th. II. S. 744.

S. O. bis zur Bjelaja im N. W., und von dem untern Jk=
Fluße, einem nördlichen Nebenfluß der Sakmara im S. W.
bis zur Festung Tanalyzkaja an der Mündung des Tanalyk
in den Ural im N. O. keinen einzigen markirten Bergzug er=
blickt. Er besteht wie der übrige Ural=Tau aus Granitmassen[31]).
Die Tafelfläche senkt sich aber allmählig von Norden nach
Süden, denn sie hat an den Quellen der Kana, eines kleinen
östlichen Nebenflusses der Bjelaja, bei Kananikolskoi noch eine
Höhe von 300 Tois. oder 1800 F. über Orenburg, während
sie bei Guberlinskaja gegen den Winkel des Ural=Flusses zu
schon bis auf 100 Tois. oder 600 F. über Orenburg gesunken
ist. Von dem Orte Tanalyzkaja bis Orskaja, strömt der Ural=
Fluß an dem Ostfuße dieses Bergknotens hin und findet bei
dem letztern einen Durchbruch, einen Spalt, der von Osten
nach Westen das von Norden nach Süden streichende Gestein
quer durchschneidet, und er wendet sich in diesen hinein, nach=
dem ihm der Or durch einen eben solchen, nur weniger tie=
fen Durchbruch zugeflossen ist. Die Wiederholung dieser Er=
scheinung sieht man an der Sakmara, welche von Norden nach
Süden fließend die unbedeutende Höhe zwischen ihr und dem
Ural=Fluße nicht durchbricht, und sich nicht in den nahe ge=
legenen Strom ergießt, sondern auch durch einen tiefen Spalt
in einem felsigen, schluchtenreichen Thale nach Westen geht
und sich erst bei Orenburg mit dem Ural vereinigt[32]). Der
östliche und südliche vielfach zerrissene Abfall dieses Bergknotens
gegen den Winkel des Ural=Flusses wird von den Anwohnern
nach der benachbarten Stadt Guberlinskaja das guberlins=
kische Gebirge[33]) genannt. Die steilen Anhöhen und rauhen
Klüfte desselben wurden von den Russen[34]) erst im Jahre
1735 mit vieler Mühe durchsetzt bei der Anlegung von Oren=
burg. Im Südwesten liegen dem Bergknoten der Sakmara

---

[31]) Hermann, mineralogische Beschreibung II. S. 386.
[32]) Hofmann und v. Helmersen, geognost. Untersuchungen S. 5
und 6.
[33]) Pallas, Reisen durch verschied. Provinz. I. S. 256.
[34]) Rytschkow, Orenburg. Topographie a. a. O. VII. S. 18, 19.

flachhüglige, ſteppenartige Erhebungen von ſehr geringer Höhe
vor, die ſich allmählig nach Orenburg hinabſenken, welches
ungefähr im Niveau des Oceans liegt oder 300 Fuß über dem
Spiegel des kaspiſchen Meeres [35]).

Das geſammte uraliſche Gebirgsſyſtem theilt mit vielen
andern Gebirgen die Erſcheinung, daß weder die Gipfelerhebung mit der Maſſenerhebung zuſammenfällt, noch auch daß
die Gipfelerhebung in die ſogenannte Waſſerſcheidelinie hinein-
fällt. Die Gipfelerhebung des ſüdlichen Ural oder der hohe
baſchkiriſche Ural liegt daher dem eigentlichen Ural-Tau im
Weſten vorgelagert. Denn dort findet ſich eine ganze Reihe
erhabener Bergkuppen, welche den ſüdlichen Ural dadurch zur
mächtigſten Gruppe des geſammten Syſtems machen. Sie
führen ſämmtlich den Namen Tau in der turktatariſchen
Sprache der Baſchkiren [36]) ſtatt des bei den türkiſchen Völkern üblichen Wortes Tag oder Dag d. h. Berg, Gebirge.
Unter allen Berghöhen gilt aber der Jremel-Tau oder Jr-
jämjäli-Tau nicht blos für den höchſten im Baſchkiren Lande,
ſondern auch für den bei den Baſchkiren berühmteſten Berg
der ganzen Gegend. Seine Kuppe, welche zwiſchen den Quellen der Bjelaja und des Ural-Fluſſes liegt, ſoll von Oſten
her ſchon an zwei Tagereiſen weit zu ſehen ſein. Er erhebt
ſich ungefähr zwanzig Meilen im Oſten der Stadt Ufa [37]),
und zwar an der ſogenannten nogaiſchen Straße.

Eigentlich beſteht der Jremel aus drei verſchiedenen Ber-

---

[35]) Nach v. Engelhardt's und Parrot's Nivellement (Reiſe durch
die Krim und den Kaukaſus. Berlin 1815. II. 8.) liegt der Spiegel des
kaspiſchen Meeres 50 Toiſen tiefer als der des ſchwarzen Meeres, und
die von Hofmann und v. Helmerſen angegebenen Höhenmeſſungen
ſind alle nach ihrer Erhebung über Orenburg beſtimmt, a. a. O. S. 81
und 82.

[36]) Tau bezeichnet in der Sprache der Baſchkiren eigentlich hohe
Berge oder ein abgeſondertes Gebirge, ſo wie Arkaſſe einen langgeſtreckten felſigen Bergrücken, und Taſch oder Zar (Dſchar) eine ſteil abſtürz-
zende Felswand oder ein hohes felſiges Ufer. Pallas, Reiſen durch verſchied. Provinzen II. S. 63.

[37]) Hermann, mineral. Beſchreibung I. S. 11. Pallas, Reiſen
durch verſchied. Prov. II. S. 314.

gen, von welchen der mittlere diesen Namen im engern Sinne führt. Er besteht aus Granit, sein Gipfel ist ganz flach, wasserreich und sumpfig, wie es auf dem langgestreckten Ural=Tau der Fall ist, und von dichten Waldungen umgeben. Auf seiner Nordseite erhebt sich sein eigentlicher Gipfel, gleich einem an hundert Faden hohen, mächtigen eingestürzten Bergklum= pen. Aus den Sümpfen an seiner Südseite empfängt die Bjelaja ihre Hauptnahrung, wie fast alle uralischen Bäche und Flüsse aus hochgelegenen Sümpfen und Morästen ent= springen. Der Gipfel des Berges ist beständig mit einem dicken Nebel bedeckt, die anwohnenden Baschkiren versichern, daß es auf ihm selten heitere Tage gebe, meistens zeige sich Regenwetter oder auch Schneefall und selbst im Sommer. Zwar erreicht er nicht die Region des ewigen Schnees [38]), doch soll er an vielen Stellen seinen Schnee nie verlieren. Es erhebt sich der Jremel=Tau an 753 Toisen oder 4518 F. über Orenburg (nach Hofmann, oder 4450 engl. F. [39]) nach Terlezki), hat also eine Höhe von ungefähr 4800 F. über dem Spiegel des benachbarten kaspischen Meeres. Die mäßig ho= hen Berge des Ural verlieren den Schnee schon Ende Mai, aber die höchsten Berge wie der Jremel, Dschigalga und Ja= man erst Ende Juni, und Anfang August fällt schon wieder Schnee, so daß auf diesen Höhen nur eine vierwöchentliche Sommerzeit während des July statt findet [40]). Wenn sich also bei der sonstigen Verwandtschaft des Jremel=Tau mit der schlesi= schen Schneekoppe der Höhe nach doch ein bedeutender Unter= schied der klimatischen Verhältnisse zeigt, obschon ersterer nur vier Breitengrade nördlicher gerückt ist als die Schneekoppe (unter 51° N. Br.), so muß man den Grund davon theils in der Umgebung von vielen andern kalten feuchten Berghöhen, theils in der Stellung zu dem kalten Steppenboden des nord=

---

[38]) Lepechin, Tagebuch einer Reise durch verschiedene Provinzen des russischen Reiches in den J. 1768 bis 1771. Altenburg 1774. 4. Th. II. S. 88. und 89. Rytschkow, Orenburg. Topographie VII. S. 20.

[39]) Terlezki, über die Höhen des Ural, in v. Oldekop russ. Merkur. Petersburg 1831. 8. Th. II. S. 154.

[40]) Georgi, Reisen II. S. 719.

westlichen Asiens suchen. Dennoch hat auch jene deutsche Berghöhe in einer weit mildern Umgebung ewigen Schnee in ihren
Schneegruben. Der mit dem Jremel in Verbindung stehende
Nachbar ist der Aweljäk, obschon viel niedriger, auf seinem
Rücken auch mit Sümpfen und Waldungen bedeckt. Hier ist
das beste Jagdrevier der Baschkiren, es finden sich daselbst
zahlreiche Bären, Hirsche und Elennthiere. Auch ihm entströmen mehrere Hauptquellbäche der Bjelaja, und überhaupt ist
diese Gegend des Ural mit dem quellreichen St. Gotthard [41])
des europäischen Alpengebirges zu vergleichen. In der Nähe
des Jremel auf seiner Westseite liegt der Dschigulga (oder
Dschigalga, Dschigalgi) Tau, an der sogenannten sibirischen
Straße [42]); er ist der zweite der höchsten Punkte des südlichen
Ural, und bei den baschkirischen Anwohnern nicht minder berühmt. Er besteht wie die andern erhabenen Gipfel aus Granit mit einem plateauartigen an 300 Klafter breiten Rücken,
auf welchem sich drei an funfzig Faden hohe, kegelartig em-
porsteigende Felstrümmer als besondere Kuppen [43]) erheben.
Auch er ist den größern Theil des Jahres hindurch mit Schnee
bedeckt, erst Ende Juni verliert sich derselbe, jedoch nicht in
den Schluchten, und im August bedeckt er sich aufs neue [44]).
Der dritte der Hauptberge des südlichen Ural ist der Jaman
oder Jman-Tau d. h. der böse Berg. Er liegt im Süden
vom Jremel-Tau gleichfalls an der nogaischen Straße, und
hat eine ähnliche Natur mit den beiden vorigen [45]), er ist mit
Waldungen und Morästen bedeckt und sehr quellreich. Diese
hohen Berge sind die einzigen im südlichen Ural, wo nach
Pallas [46]) sich wilde Rennthiere aufhalten sollen.

Außer ihnen giebt es noch eine Menge anderer bei den
Baschkiren berühmter Berghöhen, so der Kalgan oder Kalkan-

---

[41]) Lepechin, Tagebuch II. S. 90.

[42]) Rytschkow, Orenb. Topogr. VII. S. 20.

[43]) Lepechin, Tagebuch II. S. 154. Georgi, Reisen II. S. 719.

[44]) Hermann, mineralog. Beschreibung I. S. 208, 209. Falk,
topograph. Beiträge I. S. 218.

[45]) Rytschkow, Orenb. Topogr. VII. S. 20.

[46]) Pallas, Reisen durch verschied. Prov. II. S. 30.

Tau [47]) an den Quellen des Ural=Flusses gelegen, ferner der Tura=Tau, Kosch=Tau und Juran=Tau, drei erhabene Berge, welche dicht neben einander an der obern Bjelaja liegen, und auf deren erstern sich eine Befestigung befindet, wo einst der Sitz eines nogaischen Chans [48]) gewesen sein soll. Als zwei der bedeutendsten Punkte werden im südlichen Ural noch genannt, der Urenga=Tau bei Slatoust an den Quellen des Ai, eines linken Nebenflusses der Ufa, welcher sich nach Terlezki [49]) 4000 engl. Fuß erhebt, und nördlich davon der Jurma=Tau an den Quellen der Ufa, welcher nach Terlezki 3781 engl. F. aufsteigt, nach Hofmann jedoch nur 2534 F. über Orenburg. Die Gründe oder Thäler zwischen diesen Bergen sind zum Theil Grassteppen, zum Theil Waldungen oder auch tiefe Moräste. Die Holzarten dieser Gebirgswaldungen sind Fichten, Birken, Espen, Lerchenbäume, hin und wieder auch Rüstern und Linden [50]), aber Eichen findet man hier eigentlich nicht. Es giebt zwar auch Eichenwälder auf der europäischen Seite des Ural an der obern Ufa [51]), aber das Holz ist wegen der Feuchtigkeit des Bodens schlecht und zur Zimmerarbeit untauglich. Dieser mehr europäische Baum kommt nur erst mehr westwärts an der Kama und Wolga vor, besonders in der Landschaft von Pensa im Südwesten von Kasan, wo auch Pallas [52]) auf die ausgedehnten Eichenwaldungen aufmerksam macht.

Alle Gewässer, welche in den zahlreichen Quellbächen dem südlichen Ural entströmen, sammeln sich in zwei Hauptrinnsale, durch welche diese Wasserfülle dem kaspischen Meere zugeführt wird. Sie sind der Jaik und die Bjelaja. Ersterer, der größere Strom, führt die Gewässer der südlichen und östlichen Gehänge des Ural unmittelbar ins kaspische Meer, letztere, der kleinere Strom, ist nur ein Nebenfluß der Kama, und führt

---

[47]) Hermann, mineral. Beschreibung I. S. 11.
[48]) Rytschkow, Orenburg. Topogr. VII. S. 21.
[49]) Terlezki bei Oldekop a. a. O. II. S. 155.
[50]) Georgi, Reisen II. S. 719.
[51]) Pallas, Reisen durch verschied. Prov. III. S. 473.
[52]) Pallas, Bemerkungen auf einer Reise durch Süd=Rußland in den J. 1793 und 1794. Leipzig 1799. 4. Th. I. S. 13, 15, 25.

, die Gewässer der westlichen Gehänge mittelbar durch die Kama
und Wolga zu jenem Meere.

Die Bjelaja. Dieser wasserreiche Fluß entspringt aus
dreizehn Quellbächen [53]) auf dem erhabenen Jremel=Tau und
durchströmt anfangs in der Richtung gegen S. S. W. das
Längenthal von Slatoust. Seine Quellen liegen nur in der
mäßigen Höhe von 272 Toif. oder 1632 F. über Orenburg.
Die Bjelaja scheint sich gegen S. W. in den Jaik ergießen
zu wollen, eben dort, wo weiter gegen Süden die Sakmara
sich bei Orenburg mit demselben verbindet, aber plötzlich wendet
sie sich gegen Westen bei Wosnesenskoi, durchbricht in einem
engen Felsenthal die westliche hohe baschkirische Ural=Kette
unter 53° N. Br. und strömt sodann in entgegengesetzter Rich=
tung nach Norden an ihrem Westfuße hin, bis sie nach ihrer
Vereinigung mit der Ufa ihre Hauptdirektion gegen N. W.
annimmt. Obschon die Bjelaja in ihrem obern und mittlern
Laufe die erhabenste Bergkette des Ural umströmt, ist sie doch
ohne Wasserfälle [54]); dagegen wird die Wasserfarth auf ihr im
Sommer erschwert durch die vielen Inseln und Sandbänke in
ihrem untern Laufe, und nur im Frühjahr hat sie ein zwei
Faden hohes Wasser und stellenweise eine Breite von 100 bis
200 Faden [55]). Im Gebirge bestehen ihre Ufer zum Theil
aus hohen Kalksteinwänden, oder aus Gips= und Alabasterfel=
sen, wodurch das Wasser derselben eine weiße Farbe erhält
und wie Molken aussieht. Deshalb führt sie mit Recht den
slavischen Namen Bjelaja, die Weiße, und heißt eben so bei
den Baschkiren [56]) mit dem turktatarischen Worte Ak Jdel,
der weiße Fluß. Die kalkigen, kreideartigen Uferberge der
Bjelaja sind bekannt durch ihre unzähligen Schluchten und
Höhlen, welche sich übrigens am ganzen Ural entlang inner=

---

[53]) Lepechin, Tagebuch einer Reise II. S. 86.

[54]) Falk, topogr. Beiträge I. S. 193.

[55]) Rußland's Wasserverbindungen nach den verschiedenen Arron=
dissements. Riga 1833. 8. S. 113.

[56]) Rytschkow, Orenburg. Topogr. VII. S. 14, 163. Georgi,
geographisch=physikalische Beschreibung des russischen Reiches. Königs=
berg 1797. 8. Th. I. S. 282.

halb der Kalkformation finden. Die Ufa, der Hauptzufluß
der Bjelaja, welcher mit ihr inselartig den quellreichen urali=
schen St. Gotthard einschließt, umfließt denselben in völlig
entgegengesetzter Richtung nach Norden, Westen und Südwest.
Die Ufa entspringt auf dem sogenannten Karatasch d. h.
schwarzer Berg [57]), und zwar kommt sie von dort aus einem
kleinen See, dessen Niveau in einer Höhe von 2268 engl. F.
(nach Terlezki) liegt. Sie durchbricht die westliche hohe Ural=
Kette bei dem Orte Krasn=Usimsk unter $56\frac{1}{2}°$ N. Br., wo die
Längenachse ihrer Divergenz mit der Bjelaja durch diese erha=
bene Gebirgs=Kette auf eine Strecke von über funfzig Meilen
gebildet wird. Ihr Name scheint der einheimische zu sein, da
sie auch bei den Baschkiren Ufa Jdel genannt wird. Die Ufa
hat kein bedeutendes Gefälle, und auch nur im Frühjahr solche
Wasserfülle, um Barken zu tragen. Sie vereinigt sich mit
der Bjelaja bei der Stadt Ufa [58]) unter dem 55° N. Br. im
Parallel der Vereinigung der Kama mit der Wolga.

Die Stadt Ufa bildet den wichtigsten Punkt an dem
Westfuße des südlichen Ural. Die ganze Umgegend von Ufa
war ehemals ein Theil von dem großen tatarischen Chanate
Kasan, welches hier am Südfuße des Ural mit der zweiten
großen tatarischen Herrschaft an der Wolga mit dem Chanate
Astrachan zusammengrenzte. Die Baschkiren, die Urbewohner
dieser Gegend gehörten mit zu den Unterthanen der Chane
von Kasan, und nach der Unterwerfung von Kasan durch den
Zar Jwan II. Wasiljewitsch mußten auch sie russische Oberho=
heit anerkennen. Auf ihre Bitte wurde nun im Jahre 1573
die Stadt Ufa angelegt, damit sie dort ihren Tribut leichter
bezahlen könnten, und um ihnen als Schutzwehr gegen ihre
Feinde zu dienen. Sie wurde am rechten Ufer der Bjelaja
angelegt dicht unterhalb der Einmündung des gleichnamigen
Flusses und zwar auf der Stelle eines frühern, von den nogai=
schen Chanen [59]) bewohnten Ortes. Seitdem galt dieses Ufa

---

[57]) Rytschkow, Orenburg. Topogr. VII. S. 13.
[58]) Georgi, Beschreibung des russ. Reiches I. S. 284.
[59]) Rytschkow, Drenb. Topogr. VII. S. 163.

für die Hauptstadt des Baschkiren Landes. Doch blieb die
Landschaft Ufa bis zur Mitte des vorigen Jahrhunderts, bis
zur Errichtung der orenburgischen Linie, ein Theil des Landes
Kasan, und wurde erst 1744 mit zu dem neu errichteten Gou=
vernement Orenburg gezogen. Dies änderte sich später bei der
neuen Organisation des gesammten russischen Reiches durch
Katharina II. im Jahre 1775, wonach Ufa zum Mittelpunkte
dieses durch seine Lage gegen die angrenzenden räuberischen Kir=
gisen und Kalmücken so wichtigen Gouvernements ernannt
wurde. Man unterschied jedoch die beiden Landschaften (Oblasti)
von Ufa und Orenburg, und erst Kaiser Paul stellte das frühere
Gouvernement mit seinem politischen Mittelpunkte zu Orenburg
im Jahre 1797 wieder her ⁶⁰). Ufa hat sich aber immer als
der bedeutendste Ort nach Orenburg in diesem Gebiete erhal=
ten. Die milden und fruchtbaren Thalebenen, welche sich von
der Stadt an um die untere Bjelaja ausbreiten westwärts bis
zur Kama, und welche nur von niedern Bergzügen oder sanf=
ten Hügelreihen ⁶¹) durchsetzt werden, mußten diese Gegend
am Fuße des hohen Ural und im Rücken der öden Steppen
am ganzen Nordsaume des kaspischen Meeres, vornehmlich
bei seiner Stellung zwischen den alten Herrschersitzen Kasan
und Bulgar auf der einen und den Steppen der Kirgisen auf
der andern Seite, von wo stets die asiatischen erobernden No=
madenvölker einbrachen, in ethnographischer und politischer Be=
ziehung sehr wichtig machen. Denkmale der verschiedensten
Jahrhunderte finden sich daher hier auch gehäuft, aus der
alten Tschuden Zeit, aus der der Hunnen, Chasaren und Bul=
garen, welche hier nach einander die Herrschaft geführt haben,
und aus der tatarischen Zeit seit der Einwanderung der Mon=
golen und seit der Errichtung tatarischer Fürstenthümer an
der Wolga. Doch ist die Erforschung dieser Denkmale, welche
vornehmlich in Grabhügeln von verschiedener Größe, in Be=
festigungs= und Architekturwerken bestehen, und von welchen
sich erstere über die gesammte große Niederung beider Erdtheile

---

⁶⁰) Georgi, geogr. Beschreibung II. 2. S. 498.
⁶¹) Pallas, Reisen durch verschied. Prov. II. S. 9.

on den Waldai Höhen [62]) im Weſten in der Nähe von Petersburg bis zu den Altai-Höhen im Oſten [63]) an der chineſiſchen
Grenze [64]) ausbreiten, noch nicht weit genug gediehen, um überall die verſchiedenen Zeiten und verſchiedenen Völker, denen ſie
angehören, zu beſtimmen. Im allgemeinen iſt jedoch der Unterſchied der Denkmale aus den Zeiten vor und nach dem Ein-
bruche der Mongolen in das öſtliche Europa bei den meiſten
derſelben leicht zu erkennen, und wir bezeichnen ſie demnach
am beſten mit den ganz allgemeinen und daher unbeſtimmten
Namen der tſchudiſchen [65]) und tatariſchen Denkmale,
von welchen erſtere mehr den Urſaſſen der uraliſchen und wolgiſchen Gebiete, vornehmlich wohl den Völkern von finniſchem
Stamme zugehören, letztere dagegen mehr den ſeit dem Mittelalter hier einwandernden türkiſchen, turktatariſchen und mongoliſchen Völkern. Der merkwürdige Todtenkultus in der Auf-
häufung mächtiger Grabhügel war übrigens in der ältern
Zeit nicht einem beſondern Volke eigenthümlich, er iſt auch
nicht blos im Morgenlande zu Hauſe, ſondern auch im europäiſchen Abendlande; denn die ältern Hellenen kennen dieſen
Kultus (woran ſich noch die Polyandrien auf den Schlacht-
feldern wie bei Marathon [66]) und Thermopylä [67]) anreihen)
ſo gut wie die ſcythiſchen Barbaren an den Geſtaden des Pontus [68]), welche noch jetzt an dieſen Denkmälern reich ſind, obſchon die meiſten hier wohl erſt aus ſpäterer Zeit ſtammen.

---

[62]) Pallas, Reiſe durch Süd-Rußland I. S. 4 und 5.

[63]) Pallas, Reiſen durch verſch. Prov. III. S. 357 bis 361.

[64]) Nach Sievers erſtrecken ſich dieſe Grabmäler oſtwärts nach
Daurien bis zum 140° D. L. und von Norden nach Süden verfolgte er
ſie ſelbſt vom 58 bis zum 45° N. Br. Sievers, ſibiriſche Briefe bei
Pallas, neue nordiſche Beiträge. Petersburg 1796. 8. Th. VII. S. 343.

[65]) Neſtor, ruſſiſche Annalen, überſ. von A. L. Schlözer. Göttingen 1802. 8. Th. II. S. 40.

[66]) Pausanias I, 32. §. 3.

[67]) Strabo IX, 4.

[68]) Schlatter, Bruchſtücke einer Reiſe durch Süd-Rußland. St.
Gallen 1830. 8. S. 333.

l. l.

kann. Selbst bei Orenburg überbrückt sich der schnelle Ural alljährlich Ende October oder Anfang November mit Eis, und geht erst Mitte April wieder auf. Bis jetzt ist nur ein geringer Theil dieser Gegend angebaut, während die ein halbes hundert Meilen weiter gegen Norden gelegenen Ebenen von Ufa um die Bjelaja bei einem mildern Klima auf einem fruchtbaren Boden doch sichere Erndten gewähren. Die feuchten Höhen des südlichen Ural scheinen jene Gegend gleichsam zu schützen gegen den Andrang der eisigen Steppenweide Asiens im Winter und der glühend heißen Lüfte im Sommer, welche im mittlern Ural=Thale einen mehr ungehinderten Zugang haben. Die Bevölkerung der Umgegend von Orenburg besteht außer den hier einheimischen Baschkiren aus den orenburgischen Kosacken, aus Tataren und einigen getauften Kalmücken, welche zur Bewachung der Grenze gegen die Kirgisen dienen [105]). Die Gegend zeigt zahlreiche Reste des Alterthums in Grabhügeln und Grabgewölben.

3) Unterer Lauf. Er beginnt mit dem Austritt des Ural aus dem großen südlichen Querthale des uralischen Gebirges, wo der Fluß an der Einmündung des kleinen Steppenflüßchens Tschagan, welcher von Norden her von den Samara Höhen kommt, sich unter rechtem Winkel nach Süden wendet, um nun in grader Richtung von N. nach S., wie in seinem obern Laufe, die große Steppe am Nordsaum des kaspischen Meeres zu durchsetzen. Dieser untere Lauf dehnt sich in grader Linie von Uralskoi Gorodok bis Gurjew oder vom 51 bis 47° N. Br. noch an 60 Meilen weit aus. Schon bei Orenburg hat der Ural=Fluß das Niveau des Oceans erreicht, und nach der bedeutenden Senkung des großen Querthales von Orenburg zu schließen, da dieselbe von Orskaja bis zu jener Stadt schon über 300 F. beträgt, muß Uralsk an der Einmündung des Tschagan mit dem Spiegel des Ural=Flusses mindestens schon über 100 Fuß unter dem Niveau des Meeres liegen. Dennoch hat der Fluß auch in diesem untern Theile noch einen schnellen und reißenden Lauf, da er auf die kurze

---

[105]) Falk, topogr. Beiträge I. S. 186, 187.

man lange, mit hartgebrannten großen Ziegelsteinen ausge-
mauerte Behältnisse, worin die Leichname gelegen hatten. Die
Behältnisse sollen oft die gewöhnliche Länge übertreffen, und
nach der Aussage der Kosacken, welche sich mit der Durch-
wühlung der Gräber abgeben, soll man darin auch außerordentlich große Menschengebeine vorfinden. Alle Pfeile und
Waffen, und alte Geräthschaften, welche man in dieser Art
von Gräbern antrifft, sind von Kupfer, woraus erhellt, daß
es tschudische Denkmale sind, welche von dem uralten am
Ural einheimischen Kulturvolke der Tschuden herrühren. Zuweilen will man auch goldene Schmucksachen in ihnen gefunden haben [72]. Man trifft aber auch auf den Grabhügeln in
der Steppe an der obern Samara zahlreiche Steine mit menschlichen Gesichten oder in Menschengestalt roh ausgehauen, die
sogenannten Bolwani, welche immer gegen Osten gerichtet
sind. Nach Pallas Meinung [73]. können diese nur den nogaischen Tataren oder auch den Kirgisen angehören, deren Gräber ganz ähnlich sind, während die mit Ziegeln ausgemauerten,
in denen man nie eiserne Geräthe findet, einer ganz andern
ältern Nation zuzuschreiben sind. So wenig die Baschkiren,
wenigstens nicht in ihrem jüngern Zustande, an der Errichtung
dieser Denkmale Antheil haben, eben so wenig sind die zwischen
Ufa und Birsk, einem Städtchen an der untern Bjelaja, an
beiden Seiten dieses Flusses noch jetzt sichtbaren befestigten
Orte ein Werk derselben zu nennen. Ein eben solcher fester
Platz liegt vier Werst von der Stadt Ufa entfernt, an dem
gleichnamigen Flusse auf dem rechten bergigen Ufer. Die Hügel an diesem Flusse sind von tiefen und steilen Gründen gegen
die Niederung durchschnitten. An einer solchen steilen mit Gehölz ganz verwachsenen Erdkluft, durch welche sich ein kleiner
Bach zur Ufa hinabstürzt, befindet sich eine hohe felsige Landecke, welche nach allen Seiten schroff abgeschnitten und fast
unersteiglich ist. Auf dem flachen Rücken sieht man die ver-
fallenen Reste eines an zwanzig Faden weit über den Erdhals

---

[72] Pallas a. a. O. I. S. 217, 218, 220.
[73] Pallas a. a. O. II. S. 222, 223.

3 *

geführten Walles und Grabens mit einer Durchfahrt, und
überdies auf etwa dreißig Faden längs der oben erwähnten
Erdkluft hin eine aufgeworfene Brustwehr. Der eingeschlossene
Platz hat 200 Faden im Umfange, ist ganz von Holzung ent=
blößt, und zeigt einige bis auf den felsigen Boden gearbeitete
Gruben, die entweder alte Gewölbe sind oder auch entstanden,
weil man nach Schätzen grub. Weiter oberhalb an der Ufa [74]
sollen noch einige andere ähnliche Punkte sein. Bei den Russen
werden alle solche Ueberreste von befestigten Ortschaften der
Vorzeit mit dem Namen Gorodischtsche (das Deminutiv von
Gorod und Gorodok) bezeichnet. Westwärts von Ufa ergießt
sich der kleine Fluß Jk als ein wasserreicher Zustrom zur Kama
unterhalb der Bjelaja, und an ihm fand der jüngere Rytsch=
kow [75] bei seinen Forschungen nach diesen alten Denkmalen
in dem Wolga und Kama Gebiete sehr zahlreiche Tschuden
Schachte, wohl die südwestlichsten Denkmale dieser Art von
dem alten verschwundenen, bergbautreibenden Volke. Daß die=
ser alte Kultursitz der Tschuden an den Ufern der Bjelaja,
neben der großen Wanderstraße vom Orient zum Occident ge=
legen, vielfachen Völkerüberschwemmungen ausgesetzt war, in=
dem er theils als Standquartier der vorüberziehenden Völker,
theils als neu erworbene Heimath diente, liegt in der Natur
der Sache und wird durch die Geschichte [76] bestätigt. Unter
allen Einwanderern spielen aber hier unstreitig die Nogaier,
ein Volk von turktatarischem Stamme, die Hauptrolle, auch
scheint über sie die historische Erinnerung der Baschkiren nicht
hinauszugehen. Das Andenken dieses ehemals so mächtigen,
jetzt fast ganz in sich zertrümmerten Volkes hat sich noch in
vielen Spuren daselbst erhalten, so in der nach ihnen benann=
ten nogaischen Straße [77], an welcher auch der Jremel=Tau
gelegen ist. Das von Pallas genannte Gorodischtsche neben

---

[74]) Pallas a. a. O. II. S. 10.
[75]) Nicol. Rytschkow (Kapitain und Sohn des Staatsraths Peter
Iwanowitsch) Tagebuch einer Reise durch verschiedene Provinzen des rus=
sischen Reiches in den J. 1769 bis 1771. Leipzig 1774. 8. S. 71.
[76]) Pallas, Reisen durch versch. Prov. III. S. 223.
[77]) Storch, Gemälde des russischen Reiches I. S. 572.

der Stadt Ufa soll nach der Sage der Sitz eines mächtigen nogaischen [78]) Chanes gewesen sein. Grabhügel alter nogai= scher Fürsten fand Rytschkow an der Bjelaja [79]); und auf den die mittlere Bjelaja begleitenden Berghöhen entdeckte er an verschiedenen Punkten Ueberreste alter Ortschaften, welche mit Wällen umgeben immer auf der Höhe des Berges lagen, innerhalb jedoch keine Ruinen zeigten, sondern nur Hügel mit Aschenkrügen. Nach der Tradition der Baschkiren hätten dort nogaische Fürsten residirt, die aber wegen der häufigen Anfälle ihrer Nachbarn von dort weggezogen wären [80]). Besonders merkwürdig ist Aibaschewo Gorodischtsche bei dem Städtchen Birsk [81]) auf einem der erhabensten Punkte der Uferberge der Bjelaja, es ist durch die Natur gut befestigt, zeigt aber auch keine Ruinen, sondern nur Reste von irdenen Gefäßen. Am Flüßchen If liegen neben jenen Tschudenschachten nogaische Grabmäler, die aber nur aus Grabsteinen bestehen, und auf einem hohen Berge alte Befestigungen, welche einem nogaischen Fürsten [82]) zum Sitze gedient haben sollen. Nicht weit unter= halb der Ufa ergießt sich die Dioma als Hauptzustrom auf der linken Seite in die Bjelaja; sie kommt von dem plateau= artigen Bergrücken, welcher die Gewässer der Dioma, Bjelaja, Sakmara und Samara von einander scheidet, und ergießt sich gegen N. O. der Ufa entgegengesetzt zu ihrem Hauptstrom. Auch an ihr liegen einige vierzig bis funfzig Werst von Ufa entfernt bei den beiden tatarischen Dörfern Tirma und Kalmas mehrere alte aus Ziegeln erbaute Bethhäuser, welche von vielen ansehnlichen, mit arabischen Inschriften versehenen Leichensteinen umgeben sind; und auch hier, heißt es, soll der Sitz nogai= scher Chane gewesen sein [83]).

---

[78]) Georgi, geogr. Beschreibung II. 2. S. 522.
[79]) Rytschkow, Tagebuch, S. 133.
[80]) Rytschkow a. a. O. S. 148, 152, 156.
[81]) Rytschkow a. a. O. S. 158. Vergl. den Plan.
[82]) Rytschkow a. a. O. S. 76.
[83]) Rytschkow (Nic.) Tagebuch einer Reise in die Kirgis=Kaisacken= Steppe, bei Büsching a. a. O. VII. S. 473, 474.

welche die Insel Solotoi umfassen, und viele Sandbänke und
morastige Ufer haben. Sieben bis zehn Werst von der Mündung des bucharischen, östlichen Armes, Bucharka genannt,
welcher auch für den Schiffer der sicherste Ausfluß ist, liegt
der Ort Guriew, die stärkste und regelmäßigste unter allen
Festungen am untern Ural; sie liegt auf einem sumpfigen und
salzhaltigen Boden, und daher in einer sehr ungesunden Gegend, welche alljährlich unter Wasser gesetzt wird [114]). Der
Boden erträgt nicht die geringste Gartenkultur, und daher
leiden die Bewohner, die gänzlich aus Kosacken bestehen, Mangel an allen Lebensbedürfnissen [115]). Sie leben fast nur vom
Fischfang. Nach der Sage ist dies Städtchen von einem
russischen Kaufmann Michael Guriew der Fischerei wegen schon
zu der Zeit erbaut worden, als die an 50 W. oberhalb gelegene tatarische Stadt Saratschik noch ihren eigenen Herrn
hatte, an welchen dieser Kaufmann daher auch anfangs einen
Tribut zahlen mußte. Sobald er aber den Ort befestigt und
in genügenden Vertheidigungszustand gesetzt hatte, unterließ
er den Tribut und setzte sein Geschäft ungestört fort. Di[es]
war zur Zeit des Verfalls der Tataren Herrschaft [116]). Acht-
zehn Werst von der Mündung des Ural-Flusses in der See
liegt die Insel Kamennoi, sie besteht aus Lehmsand und Muscheln mit vielen Feuersteinen, und das Wasser zwischen ihr
und dem Festlande war ehemals so seicht, daß man bei Nordwind hindurchwaten konnte. Auch gab es früher daselbst noch
drei andere Inseln [117]), die nun aber verschwunden sind.
Wenn Lepechin [118]) dagegen bemerkt, daß die Ufer des Flusses alljährlich mehr verschlemmen und mit Schilf verwachsen,
so erhellt wenigstens, daß hier an der Nordspitze des kaspischen Meeres die flüssige und feste Form noch im Kampfe mit

---

[114]) Pallas, a. a. O. I. S. 425. Erdmann, Reisen II.
S. 206, 218.
[115]) Lepechin, Tagebuch I. S. 320.
[116]) Rytschkow, Orenburg. Topogr. VII. S. 76.
[117]) Erdmann, Reisen II. S. 207.
[118]) Lepechin, Tagebuch I. S. 322.

wie Zemarchus, dieſe Steppen am Nordſaume des kaspiſchen
Meeres durchſetzte, um ſich an das Hoflager des Mongolen
Chanes zu begeben, traf er hier den Fluß Jagag, den er in
zwölf Tagereiſen von der Wolga aus erreichte, und der von
Norden her aus dem Lande der Pascatir [88]) kommen ſollte.
Dieſe Namen Daich, Jagag oder Jaik bei den Ruſſen behielt
er bis zu dem großen Aufſtande der an ihm wohnenden jaikſchen Koſacken unter Pugatſchew, nach deſſen Unterdrückung
der Fluß auf Befehl der Kaiſerinn Katharina II, um das Andenken an dieſen gefährlichen Aufſtand ganz zu vernichten, im
Jahre 1775 den Namen Ural empfing [89]), wonach auch ſeine
ſlaviſchen Anwohner ſeitdem uraliſche Koſacken genannt wurden. Die Normaldirektion dieſes Fluſſes geht von Norden
nach Süden, aber durch das eigenthümliche Umbiegen deſſelben
nach Weſten in ſeinem mittlern Laufe iſt der untere Stromlauf
um ein halbes hundert Meilen mehr nach Weſten gerückt als
der obere. Das doppelte Umbiegen des Stromes unter rechten Winkeln bezeichnet zugleich die drei Haupttheile ſeines Laufes.

1) Oberer Lauf. Die Quellen des Ural liegen denen
der Bjelaja benachbart, nach Lepechin [90]) auf dem Karataſch
oder Karatau (ſchwarzer Berg), von wo auch der Ui-Fluß
gegen Oſten zum Tobol abfließt, oder nach Rytſchkow [91]) auf
dem Kalgan-Tau. Sie liegen in einer Höhe von 295 Toiſ.
oder 1770 F., alſo nur an anderthalb hundert Fuß höher als
die der Bjelaja. Sein oberer Lauf reicht in grader Richtung
von Norden nach Süden an 50 Meilen weit bis nach Orſk
an der Einmündung des Or in denſelben, es iſt ein großes
Längenthal des ſüdlichen Ural im Parallelismus mit der obern
Bjelaja, zwiſchen der Ilmen-Kette im Oſten und der Central-
Kette des eigentlichen Ural-Tau im Weſten. Bei dem Orte
Werch-Uralſk (ehemals Werch-Jaizk genannt) an ſeinem linken Ufer im hohen Gebirge, nur 150 Werſt von ſeinen Quel-

---

[88]) Forſter, Geſchichte der Entdeckungen im Norden S. 131.
[89]) Georgi, geograph. Beſchreibung I. S. 261.
[90]) Lepechin, Tagebuch einer Reiſe II. S. 95.
[91]) Rytſchkow, Orenburg. Topographie VII. S. 10, 13.

len, so wie der Name des Ortes auch von seiner Lage entnommen ist, liegt sein Spiegel nur noch in einer Höhe von 160 Tois. oder 960 F. über Orenburg, und daraus erhellt die heftige reißende Strömung desselben, wozu noch die eigenthümliche Erscheinung kommt, welche er mit der Wolga theilt, daß sein Deltaland an 330 Fuß tiefer als der Spiegel des Oceans liegt, wodurch sein Gesammtfall die Höhe von 2100 F. erhält. Dieses Gefäll ist hinreichend, um ihm die große Schnelligkeit zu geben. Von Werchuralsk beginnt schon die steppenartige, offene Thalsenkung, welche nach Süden zu immer breiter wird und sich stark geneigt zu den kaspischen Steppen hinabzieht. Bei der Festung Magnitnaja etwas unterhalb Werchuralsk hat das Niveau des Flusses nur noch eine Höhe von 123 Tois. oder 738 Fuß, und bei Orskaja am Südende dieses großen uralischen Längenthales nur 52 Tois. oder 312 F. über Orenburg. Neben Magnitnaja auf der östlichen oder kirgisischen Seite des Flusses erhebt sich nur wenige Werst von der Stadt der hohe Magnetberg oder Atatschi; er steigt an 1560 F. empor und besteht aus dem besten Eisenerz und Magnetstein [92]), auch sollen ehemals die Baschkiren dort Eisen geschmolzen haben. Zwischen Magnitnaja und Orskaja umströmt der Ural das Plateau der Sakmara und die wilden Berghöhen des guberlinskischen Gebirges, welche er von der Einmündung des Or an gegen Westen in einem Querthale durchsetzt. Die Festung Orsk oder Orskaja, eins der Hauptvertheidigungswerke am südlichen Ural, liegt am linken oder kirgisischen Ufer des Jaik auf einem Jaspisberge [93]) an der Einmündung des Or, welcher in seinem Querdurchbruch durch die östlichen uralischen Bergketten die Direktion des mittlern Ural-Laufes von O. nach W. bezeichnet. Ueberhaupt zeigt sich hier am südlichen Ural die größte Regelmäßigkeit in der Bildung der Längen- und Querthäler, welche sich immer unter vollkommen rechten Winkeln durchschneiden, wie es vornehmlich auch an der Sakmara erhellt.

---

[92]) Rytschkow a. a. O. VII. S. 21.
[93]) Pallas, Reisen durch verschied. Provinzen I. S. 260.

2) **Mittlerer Lauf.** Er erſtreckt ſich von Orskaja bis Uralsk in grader Diſtanz an 60 Meilen weit, aber mit einem etwas nach Norden gekrümmten Bogen. Er liegt unter dem 51°, N. Br. und bildet hier als das ſüdliche große Querthal durch den Südabfall des Ural zugleich die große Naturgrenze der uraliſchen Berghöhèn, gegen die Steppenſenkung am Nordſaum des kaſpiſchen Meeres. Orenburg, das große Emporium am Südfuß des Ural, liegt in der Mitte zwiſchen beiden Städten an der Spitze des vom Fluſſe gebildeten Bogens. Nach ſeinem Durchbruch durch das guberlinskiſche Gebirge auf eine Strecke von 60 Werſt geht ſein ganzer übriger Lauf bis zum kaſpiſchen Meer durch offene Steppe. Er hat nirgends Fälle oder Klippen, fließt ſchnell auf ſandigem Boden, macht nur wenige oder kleine Inſeln und hat eine ziemliche Tiefe. Schon von Wercharalsk an iſt er ſchiffbar, und könnte von Orenburg an bedeutende Fahrzeuge tragen, obſchon wegen Mangel an Baumaterial zu den Flußſchiffen und wegen anderer Urſachen die Schifffahrt auf ihm ſehr unbedeutend iſt [94]. Im Frühjahr wächſt er einen Faden hoch an, tritt aber nur an wenigen Stellen aus ſeinen Ufern, doch hat er an vielen Stellen ſeinen Lauf verändert. Er fließt in einer Niederung von einer Breite von ein bis fünf Werſten, und zu beiden Seiten erheben ſich die Steppen in einer Höhe von 10 bis 15 Faden mit ſteil abfallenden Uferrändern, die aus Thon, Kalk und Sandſteinlagern beſtehen. Die Niederung am Fluſſe ſelbſt iſt mit Erlen, Espen, Weiden und Linden bewachſen, zum Theil offene Wieſenfläche, doch wird ſie nicht überall überſchwemmt und bietet auch fruchtbaren Boden zur Ackerkultur und Gartenbau dar. In dieſer Niederung hat der Strom ſelbſt eine Breite von 10 bis 25 Faden oberhalb Orenburg [95], und im Durchſchnitt 70 bis 100 Faden unterhalb Orenburg. Der Ural iſt ſehr fiſchreich, ſein Waſſer gleicht dem der Wolga und wird wie dieſes von den kaſpiſchen Störarten ſehr geliebt, obſchon ſie durch die künſtlichen Hemmun-

---

[94] Rußlands Waſſerverbindungen S. 144.
[95] Falk, topogr. Beiträge I, S. 171, 172.

gen im Strom gehindert werden in den mittlern Lauf über Uralsk vorzudringen [96]). Die beiden Hauptzuflüsse des Ural, welche er zugleich in diesem mittlern Laufe empfängt, die Sak-mara auf der rechten nördlichen und der Jlek auf der lin-ken südlichen Seite, zeigen beide das bestimmte Gesetz der ura-lischen Thalbildung, indem sie beide auf eine geraume Strecke den Ural=Strom begleiten, so daß sie nur durch schmale Berg-züge von ihm geschieden sind, bis sie dieselben rechtwinklig durch-setzen um sich mit ihrem Hauptstrom zu vereinigen. Die Sak-mara fließt in einem ⅓ bis 2 Werst breiten Gestade mit einer Breite von 15 bis 20 Faden, durchströmt das große Quer-thal von Sakmarsk bis zu diesem Orte, um sich dann gegen Süden zum Ural zu wenden, den sie unterhalb Orenburg er-reicht. Der Jlek, der südliche Begleiter des mittlern Ural, das dritte große Querthal bildend, erreicht den Hauptstrom erst weiter unterhalb bei Jlezk oder Jlezkaja, einer uralischen Festung, welche dort im J. 1753 bei den ilezkischen Salzgru-ben angelegt wurde. 25 Werst über seiner Einmündung liegt auf seiner Nordseite der berühmte ilekische Steinsalzberg. Die Anlegung jener Festung wurde zugleich dadurch nöthig gemacht, daß sich die Kirgisen [97]) bei ihren Raubzügen nach den Ge-genden von Ufa dort gewöhnlich über den Fluß zu schleichen pflegten.

Orenburg bildet den wichtigsten und merkwürdigsten Punkt in diesem Gebiete. Sein Entstehen und Emporkommen bezeichnet die Begründung europäischer Herrschaft an dem gro-ßen uralischen Völkerthore, das von Asien nach Europa führt und dessen Schlüssel die Russen in Händen haben. Bis zum Anfange des achtzehnten Jahrhunderts war hier auf den Step-penterrassen am südlichen Ural trotz der Unterwerfung des Ka-sanischen Reiches und der Baschkiren von fester europäischer Herrschaft noch wenig die Rede, noch griffen hier die nomadi-schen Steppenbewohner immer über in die Sitze der anfäßi-gen Völker und bedrohten Europa. Dies änderte sich mit der

---

[96]) Georgi, geogr. Beschreibung I. S. 262.
[97]) Rytschkow, Orenburg. Topogr. VII. S. 78.

gänzlichen Umgeſtaltung des ruſſiſchen Staatslebens durch Pe=
ter den Großen, als nicht blos das geſammte Wolga=Gebiet
in den Kreis des europäiſchen Lebens hineingezogen wurde, ſon=
dern auch mehrere militäriſche und merkantiliſche Expeditionen
nach dem Innern von Aſien [98]) unternommen wurden. Peter
erkannte das Bedürfniß eines feſten Punktes in dieſer Gegend
ſowohl zum Schutze Europas, als auch zur Verbindung mit
den reichen Ländern Aſiens. Darum ſollte die Feſtung Oren=
burg nach Peters Abſicht, hier am mittlern Ural=Fluſſe der
ſichere Sitz des europäiſch=aſiatiſchen Handels werden und auch
dazu dienen, die benachbarten räuberiſchen Steppenvölker im
Zaum zu halten. Die Kaiſerin Anna Jwanowna beſtätigte
dieſen Entwurf ihres großen Vorgängers und Oheims im J.
1734, und da man nun an den Baſchkiren bei der Ausführung
dieſes Planes großen Widerſtand fand, ſo entſtand zunächſt
die orenburgiſche Linie [99]) im J. 1738, als deren
Hauptwaffenplatz Orenburg beſtimmt und zu deren Vertheidi=
gung und Bewachung die jaikſchen Koſacken in den verſchiede=
nen Punkten angeſiedelt wurden. Jene Feſtung wurde zunächſt
an der Eismündung des Or erbaut und empfing davon den
Namen. Später hielt man den Ort, wo Krasnojarsk mehr
abwärts am Jaik ſteht, für den Waffenplatz bequemer, aber
erſt im Jahre 1742 wurde der jetzige Ort am rechten Ural=
Ufer, drei Werſt über der Mündung der Sakmara, erwählt,
und ſo blieb der erſte Ort Orsk oder Orskaja Krepoſt, und
der zweite Krasnojarsk. Das jetzige Orenburg ſteht auf der
trockenen, hohen Steppe, welche hier dem Ural=Fluſſe ein
funfzehn Faden hohes aus rothem Sandſteinmergel beſtehendes
Ufer giebt. Nach Falks Bemerkung iſt dies die günſtigſte Lo=
kalität am Südfuße des Ural, wo auch ehemals der Sage
nach ein nogaiſcher Chan ſein Hoflager gehabt haben ſoll.
Orenburg iſt jetzt die Hauptſtadt des Gouvernements und
Hauptfeſtung und Waffenplatz der orenburgiſchen Linie. Sie
liegt 500 Werſt von Kaſan, 1200 W. von Moskau und eben

---

[98]) Storch, Gemälde des ruſſ. Reichs V. S. 40.
[99]) Falk, topogr. Beiträge I. S. 174.

so viel von Astrachan und 2000 W. von Petersburg [100]).
Orenburg ist die große Pforte zu nennen für den Kara=
wanenhandel zwischen Europa und Asien, und spielt
jetzt hier an der Naturgrenze beider Erdtheile dieselbe Rolle,
welche in frühern Jahrhunderten die wolgischen Handelsstädte
Atel und Bulgar gespielt haben. Peter des Großen Plan ist
hier durchgeführt worden und schon Pallas [101]) schilderte die
Stadt als das blühende Emporium für den Karavanenver=
kehr des Abendlandes mit dem Orient. Seit der Organisation
des Handelsverkehrs vornehmlich mit der Bucharei, dem Zwi=
schenlande zu Indien, ist derselbe immer im Zunehmen gewe=
sen, und das thätige Handelsvolk der Bucharen pflegte schon
damals diesen Marktort in Karavanen von 50 bis 100 Ka=
melen zu besuchen, so wie auch von hier die jüngsten Ent=
deckungsreisen der Russen nach dem centralen Asien ausgegan=
gen sind. Wie sehr aber der Verkehr seit dem Beginn dieses
Jahrhunderts zugenommen hat, ersieht man daraus, daß im
J. 1833 hier an 14 Karavanen mit über drittehalb Tausend
Kamelen eintrafen, während an 13 Karavanen mit ungefähr
5000 Kamelen und Lastpferden abgingen [102]). Der Handels=
verkehr selbst geschieht in dem sogenannten asiatischen Tausch=
hofe (Menownoi Dwor) in der kirgisischen Steppe, zwei Werste
von der Stadt gelegen, unter einer starken Bedeckung von
Miliz mit Kanonen und einem Kosackenlager; dort wohnt der
Zolldirektor, dort werden auch die Zollabgaben erhoben. Ohne
besondere Erlaubniß dürfen die Asiaten nicht in die Stadt
kommen, und wenn zur Winterszeit der Handel in dem Kauf=
hofe in der Stadt betrieben wird, so werden die Kirgisen, die
sich eingefunden haben, immer nur unter Eskorte in kleinen
Schaaren in und aus der Stadt gebracht. Der asiatische
Tauschhof ist ein steinernes Quadrat mit einem Thore für die
Orenburger und einem für die asiatischen Fremden, und hat

---

[100]) Falk, a. a. O. I. S. 182, 183. Rytschkow, Orenburg.
Topogr. V. S. 461, 462. VII. S. 70.

[101]) Pallas, Reisen durch verschiedene Provinzen I. S. 231 bis 235.

[102]) Schnitzler, la Russie, la Pologne et la Finlande, ta-
bleau stat. geogr. et hist. Paris 1835, 8, p. 705.

an der innern Seite zahlreiche Buden und Gewölbe mit Ar=
kaden, wo die verschiedenen Nationen ihre besondern Abthei=
lungen haben. Mitten auf dem Hofe steht ein kleines massives
Gebäude mit Gewölben, welches die bucharischen Karavanen
jährlich für eine bedeutende Geldsumme miethen, während der
Hofraum umher von den Kirgisen mit ihrem Vieh eingenom=
men wird [103]). Die bucharischen Karavanen bringen die kost=
baren indischen Waaren und die Edelsteine des turkestanischen
Alpengebirgslandes, welche sie gegen die europäischen Fabrikate
umtauschen; die Kirgisen bringen ihre zahlreichen Viehheerden,
besonders Schaafe und Pferde. Zwei Gegenstände der Aus=
fuhr verdienen aber einer besondern Erwähnung. Man bringt
nämlich häufig Goldadler (Falco Chrysaetus) auf den oren=
burgischen Markt, die von den Kirgisen zur Jagd gebraucht
und theuer bezahlt werden, und die Baschkiren und Kalmücken
führen selbstgezogene Kamele herbei, welche sie an die Bucha=
ren verhandeln, weil diese gewöhnlich schwerer beladen weg=
ziehen, als sie kommen. Ueberhaupt besteht der ganze Ver=
kehr in Tauschhandel, doch scheint das Uebergewicht der Aus=
fuhr aus Rußland beträchtlicher zu sein [104]), da die einge=
brachten Edelsteine und edlen Metalle unter den Tauschartikeln
mit begriffen werden.

Die ganze Umgegend von Orenburg ist eine erhabene,
offene, trockene Fläche, die aus einem magern, thonigen Step=
penboden besteht, und wo nur an den Flüssen etwas Gehölz
und fruchtbare Niederungen sich zeigen. Das Klima von Oren=
burg ist hart und rauh, die Luft aber im ganzen heiter und
gesund. Die Natur der angelagerten asiatischen Gebiete macht
sich in allen Erscheinungen geltend. Die Winterkälte ist sehr
strenge, die Sommer sind trocken und heiß, und daher ist die
Gegend von Orenburg zum Ackerbau nicht geeignet, selbst wenn
auch der Boden fruchtbarer und weniger mit Salz geschwän=
gert wäre. Ueberdies dauern die Nachtfröste noch spät im
Sommer fort, so daß auch die Obstbaumzucht nicht gedeihen

---

[103]) Georgi, geogr. Beschreibung II. 2. S. 534.
[104]) Storch, Gemälde des russischen Reiches VIII. S. 344 bis 351.

kann. Selbst bei Orenburg überbrückt sich der schnelle Ural
alljährlich Ende October oder Anfang November mit Eis, und
geht erst Mitte April wieder auf. Bis jetzt ist nur ein gerin=
ger Theil dieser Gegend angebaut, während die ein halbes
hundert Meilen weiter gegen Norden gelegenen Ebenen von
Ufa um die Bjelaja bei einem mildern Klima auf einem frucht=
baren Boden doch sichere Erndten gewähren. Die feuchten
Höhen des südlichen Ural scheinen jene Gegend gleichsam zu
schützen gegen den Andrang der eisigen Steppenweide Asiens
im Winter und der glühend heißen Lüfte im Sommer, welche
im mittlern Ural=Thale einen mehr ungehinderten Zugang ha=
ben. Die Bevölkerung der Umgegend von Orenburg besteht
außer den hier einheimischen Baschkiren aus den orenburgischen
Kosacken, aus Tataren und einigen getauften Kalmücken, welche
zur Bewachung der Grenze gegen die Kirgisen dienen [105]).
Die Gegend zeigt zahlreiche Reste des Alterthums in Grab=
hügeln und Grabgewölben.

3) Unterer Lauf. Er beginnt mit dem Austritt des
Ural aus dem großen südlichen Querthale des uralischen Ge=
birges, wo der Fluß an der Einmündung des kleinen Step=
penflüßchens Tschagan, welcher von Norden her von den Sa=
mara Höhen kommt, sich unter rechtem Winkel nach Süden
wendet, um nun in grader Richtung von N. nach S., wie in
seinem obern Laufe, die große Steppe am Nordsaum des kas=
pischen Meeres zu durchsetzen. Dieser untere Lauf dehnt sich
in grader Linie von Uralskoi Gorodok bis Gurjew oder vom
51 bis 47° N. Br. noch an 60 Meilen weit aus. Schon bei
Orenburg hat der Ural=Fluß das Niveau des Oceans erreicht,
und nach der bedeutenden Senkung des großen Querthales von
Orenburg zu schließen, da dieselbe von Orskaja bis zu jener
Stadt schon über 300 F. beträgt, muß Uralsk an der Ein=
mündung des Tschagan mit dem Spiegel des Ural=Flusses
mindestens schon über 100 Fuß unter dem Niveau des Meeres
liegen. Dennoch hat der Fluß auch in diesem untern Theile
noch einen schnellen und reißenden Lauf, da er auf die kurze

---

[105]) Falk, topogr. Beiträge I. S. 186, 187.

Strecke bis zum kaspischen Meere noch immer ein bedeutendes Gefäll hat. Gurriew an der Mündung des Ural-Flusses liegt 55 Toif. oder 330 F. (nach Hofmann) unter dem Niveau von Orenburg, und dadurch wird das Gefälle um eben so viel bereichert, als es sonst haben würde ohne den Eintritt in diese Steppensenkung. Durch sie zieht sich die tiefe Thalsenkung oder Stromrinne hindurch in einer Breite von einer halben bis drei Wersten, theils morastig, theils bewaldet und den Frühlings-Ueberschwemmungen des Flusses ausgesetzt. Zu beiden Seiten liegt der trockene Steppenboden, auf der Westseite die Kalmücken-Steppe, auf der Ostseite die Kirgisen-Steppe [106]), wo man nirgends feste europäische Wohnsitze findet, und wo nur an dem rechten Ufer des Flusses sich eine Festungslinie hinzieht. Der Ural-Fluß, der in seinem mittlern Laufe die Grenzmark zwischen dem ansäßigen und nomadischen Leben bezeichnet, reicht hier in seinem untern Laufe ganz in das asiatische Gebiet hinein.

Uralsk oder Uralskoi Gorodok (ehemals Jaizk genannt) am rechten Ural-Ufer ist der Hauptsitz der uralischen Kosacken, ihres Ataman und ihrer Aeltesten oder Starschinen. Diese früher sogenannten jaikschen Kosacken [107]) sind hier als die älteste europäische Kolonie am Südfuße des Ural von großer Wichtigkeit. Sie stammen ursprünglich von den donischen Kosacken, und bilden einen der zahlreichsten und mächtigsten Zweige dieses weit hin verbreiteten Volkes oder Kriegerstammes. Nach ihren Ueberlieferungen entstanden sie zu Anfang des funfzehnten Jahrhunderts durch einen unbeträchtlichen Haufen, der sich der Freibeuterei wegen nach dem kaspischen Meere zog und sich nachher an der Mündung des Jaik festsetzte. Durch tatarische Ueberläufer und Kriegsgefangene verstärkt, breitete sich die Kolonie bald weiter hinauf an den Ufern dieses Flusses aus, und als sie sich um die Mitte des siebzehnten Jahrhunderts dem Zar Michael Feodorowitsch freiwillig unterwarf [108]), war sie schon ein beträchtliches Volk,

---

[106]) Georgi, geogr. Beschreibung II. 3 S. 949.
[107]) Pallas, Reisen durch verschied. Provinzen I. S. 274 bis 278.
[108]) Rytschkow, Orenburg. Topogr. VII. S. 96, 101.

welches sich späterhin noch durch Auswanderungen von den donischen Kosacken vermehrte. Zu Anfange des achtzehnten Jahrhunderts bekamen sie von der russischen Regierung eine förmliche Einrichtung und die Erlaubniß, sich in ihren jetzigen Besitzungen anzusiedeln. Sie bildeten so ein merkwürdiges europäisches Kolonialvolk in der Mitte der drei Völkerstämme der Baschkiren, Kalmücken und Kirgisen, gegen deren Inkursionen in die Wolga Länder sie als Bollwerk dienen konnten. Sie erhielten auch mancherlei Vorrechte, wurden auf den Fuß der donischen Kosacken gesetzt, erhielten die freie ergiebige Fischerei auf dem Ural und die Vergünstigung ihr Salz aus den nahe gelegenen Salzseen sich unentgeltlich zu holen. Aber ihr Wohlstand machte sie übermüthig, sie widersetzten sich zuerst im Jahre 1772 einer von der Kaiserinn Katharina angeordneten Reform der irregulären Truppen, und wenn sie auch wieder zum Gehorsam gebracht wurden, so unterstützte ein großer Theil von ihnen die gleich darauf ausbrechende Rebellion des Pugatschew. Nach Wiederherstellung der Ruhe schenkte ihnen die Regierung zwar ihre Besitzungen und Vortheile wieder, aber ihr Name so wie der ihrer Hauptstadt wurden umgewandelt. Das Heer behielt zwar bis auf wenige Abänderungen seine frühere Verfassung, aber die Stadt Uralsk erhielt eine russische Besatzung und das Zeughaus wurde geleert [109]. So wie seit Anfang dieses Jahrhunderts die verschiedenen Kriegerstämme der Kosacken, und zunächst die bugischen, durch den Kaiser Alexander eine neue bürgerliche Einrichtung erhielten, durch welche ihre innere Verfassung und die Verwaltung ihrer zum Theil sehr ansehnlichen Gebiete auf eine regelmäßigere und dauerhaftere Weise als vorher begründet wurde, so auch diese uralischen Kosacken. Sie sind nach der neuen Organisation vom Jahre 1803 in zehn irreguläre Regimenter getheilt, deren jedes mit Inbegriff der Officiere an 578 Mann enthält. Sie haben unter dem Vorsitze ihres Ataman ein eignes Administrations-Tribunal, Woiskovaja Kanzelarija genannt, erhalten, welches aus zwei beständigen Mitgliedern und

---

[109] Storch, Gemälde des russ. Reichs I. S. 94.

aus zwei alle drei Jahre zu erwählenden Beisitzern besteht. Sämmtliche Mitglieder ernennt das Corps aus seiner Mitte, die Regierung bestätigt sie und fügt zur Aufrechterhaltung der Ordnung und der Gesetze noch einen Prokurator hinzu. Das Tribunal ist in zwei Expeditionen getheilt, von denen die eine, die militärische, unter dem orenburgischen Kriegsgouverneur, die andere, für bürgerliche Rechtssachen und Geschäfte, unter der orenburgischen Gouvernements-Regierung steht. Das gesammte Tribunal mit dem Ataman hat seinen Sitz zu Uralsk [110]). Dies Kosacken-Volk lebt nur von Viehzucht und Fischfang, da selbst die Umgegend von Uralsk zur Ackerkultur nicht geeignet ist. Dagegen ist die Fischerei [111]) auf dem Ural-Strom von um so größerer Bedeutung und so bereichernd, daß diese uralischen Kosacken, obschon sie alle ihre Lebensbedürfnisse für Geld aus Rußland beziehen, doch für das reichste Kosacken-Heer des russischen Reiches und für das muthigste Fischervolk gelten. Diese Vorzüge aber hat sich das Stammvolk in Uralskoi Gorodok ausschließlich zugeeignet, welches die Bewohner der übrigen am untern Flusse entlang gelegenen Kolonien als abgefundene Stiefbrüder betrachtet, welche nur in so weit an der Fischerei Antheil nehmen dürfen, als es zu ihrem unmittelbaren Unterhalte erforderlich ist [112]).

Das eigentliche D e l t a l a n d des Ural beginnt gleich unterhalb der kleinen Festung Jaman Chala (Jamanchalinskoe), ungefähr 60 Werst von der Mündung entfernt. Dort theilt sich der Fluß in die beiden Arme Mokroi Baksai, den westlichen, und Ural, den östlichen [113]), und zwischen beiden liegt an dem östlichen Hauptarm die Kosacken-Festung Saratschikowa Krepost, erbaut auf den Trümmern der alten berühmten tatarischen Stadt Saratschik. Der östliche Arm theilt sich weiter unterhalb wieder in zwei, in den bucharischen und uralischen,

---

[110]) Storch, Rußland unter Alexander, historische Zeitschrift. Petersburg 1804. 8. Th. VI. S. 350.

[111]) Erdmann, Reisen im Innern Rußlands II. 1. S. 217.

[112]) Georgi, geogr. Beschreibung II. 3 S. 925.

[113]) Pallas, Reisen durch verschied. Prov. I. S. 418.

welche die Insel Solotoi umfassen, und viele Sandbänke und
morastige Ufer haben. Sieben bis zehn Werst von der Mündung des bucharischen, östlichen Armes, Bucharka genannt,
welcher auch für den Schiffer der sicherste Ausfluß ist, liegt
der Ort Guriew, die stärkste und regelmäßigste unter allen
Festungen am untern Ural; sie liegt auf einem sumpfigen und
salzhaltigen Boden, und daher in einer sehr ungesunden Gegend, welche alljährlich unter Wasser gesetzt wird [114]). Der
Boden erträgt nicht die geringste Gartenkultur, und daher
leiden die Bewohner, die gänzlich aus Kosacken bestehen, Mangel an allen Lebensbedürfnissen [115]). Sie leben fast nur vom
Fischfang. Nach der Sage ist dies Städtchen von einem
russischen Kaufmann Michael Guriew der Fischerei wegen schon
zu der Zeit erbaut worden, als die an 50 W. oberhalb gelegene tatarische Stadt Saratschik noch ihren eigenen Herrn
hatte, an welchen dieser Kaufmann daher auch anfangs einen
Tribut zahlen mußte. Sobald er aber den Ort befestigt und
in genügenden Vertheidigungszustand gesetzt hatte, unterließ
er den Tribut und setzte sein Geschäft ungestört fort. Dies
war zur Zeit des Verfalls der Tataren Herrschaft [116]). Acht-
zehn Werst von der Mündung des Ural=Flusses in der See
liegt die Insel Kamennoi, sie besteht aus Lehmsand und Muscheln mit vielen Feuersteinen, und das Wasser zwischen ihr
und dem Festlande war ehemals so seicht, daß man bei Nordwind hindurchwaten konnte. Auch gab es früher daselbst noch
drei andere Inseln [117]), die nun aber verschwunden sind.
Wenn Lepechin [118]) dagegen bemerkt, daß die Ufer des Flusses alljährlich mehr verschlemmen und mit Schilf verwachsen,
so erhellt wenigstens, daß hier an der Nordspitze des kaspischen Meeres die flüssige und feste Form noch im Kampfe mit

---

[114]) Pallas, a. a. O. I. S. 425. Erdmann, Reisen II. 1.
S. 206, 218.
[115]) Lepechin, Tagebuch I. S. 320.
[116]) Rytschkow, Orenburg. Topogr. VII. S. 76.
[117]) Erdmann, Reisen II. S. 207.
[118]) Lepechin, Tagebuch I. S. 322.

in den Ural treten, aber nicht höher als bis Uralsk hinauf=
steigen können.   Der Ural=Fluß theilt mit der fischreichen Wolga
fast alle Fischarten, doch sollen seine Fische die wolgischen an
Geschmack bei weitem übertreffen [122]).   Gleich mit dem An=
fang des Jahres beginnt das Wandern derselben.   Zuerst
kommt der Weißlachs den Strom hinauf, dann im Frühjahr
die Störarten (die Krasnaja Ryba d. h. rothe Fische [123]),
im Unterschiede von den Bjelaja Ryba den gemeinen Fischarten),
unter denen die Hausen (Belugen bei den Russen) voraufziehen,
denen die Sterlede und Sewrugen folgen.   Alle diese Fische
ziehen in Schaaren und die letztern in so außerordentlicher
Menge, daß man besonders bei Guriew das Gewimmel der=
selben im Wasser deutlich wahrnehmen kann, und daß nach
der Versicherung der Kosacken diese Fische vormals durch ihr
mächtiges Andringen die Wehre bei Uralsk durchbrochen haben.
Doch muß man dabei nicht blos die Mächtigkeit der andrin=
genden Schaaren, sondern auch der einzelnen Fische berücksich=
tigen.   Die größten Hausen, welche man im Ural fängt, wie=
gen bis 25 Pud (1000 Pfd.) und geben ungefähr 5 Pud
(200 Pfd.) Kaviar.   Die Störe findet man gegen einen Fa=
den lang, die größten wiegen 5 Pud und enthalten oft bis ein
Pud Kaviar, den man seines Wohlgeschmacks wegen sehr schätzt.
Die Fische werden hier wie an der Wolga größtentheils einge=
salzen, aus dem Rogen bereitet man Kaviar, aus der Blase
Fischleim; die Winterfische aber werden gefroren verführt.
Der Fang selbst geschieht von den Kosacken nach den bestimm=
testen Regeln und unter gewissen Feierlichkeiten unter der Lei=
tung des Ataman, wobei die Kosacken zugleich alle bewaffnet [124])
sein müssen, um den etwanigen Ueberfällen der Kirgisen Wi=
derstand leisten zu können.

---

[122]) Rytschkow, Orenb. Topogr. VII. S. 10.
[123]) Pallas, a. a. O. I. S. 428.
[124]) Storch, Gemälde des russ. Reichs II. S. 164 bis 174.

Das große uralische Völkerthor.

Die eigenthümliche große Lücke auf der asiatisch=europäi=
schen Grenzmark am Südfuße des Ural bis zum kaspischen
Meere bildet durch ihre Naturverhältnisse und durch ihre Welt=
stellung für die Völker=Entwickelung beider Erdtheile eine der
merkwürdigsten Lokalitäten. Bei einer Breite von **50 bis 60**
Meilen dehnt- sie sich von dem Emba= oder Jemba=Fluß an
der Nordost=Ecke des kaspischen Meeres westwärts bis zum
Wolga=Delta an **100 M.** weit aus, und wird von der Thal=
rinne des untern Jaik quer durchschnitten und in eine östliche
und westliche, oder kirgisische und kalmückische Hälfte geschie=
den, welche beide von ganz gleichartiger einförmiger Steppen=
natur, zur Ansiedlung der Völker wenig geeignet, von je an
das Land der Passage für die Völker auf ihren Zügen vom
Orient zum Abendlande gewesen sind. Diese Lücke am süd=
lichen Ende des langen uralischen Gebirgszuges liegt fast über=
all an zwei bis- dreihundert Fuß unter dem Spiegel des Oceans,
und unmittelbar über ihr steigen die, die abs. Meereshöhe weit
überragenden, waldreichen Berghöhen des südlichen Ural em=
por. Alle neuern Forscher in diesen Gebieten wie ein Pallas [1]),
Gmelin [2]), Falk [3]) stimmen darin überein, daß sie ehemals
vom Meere bedeckt gewesen, und daß sie noch jetzt durchaus
das Ansehn eines frühern Meeresgrundes darbiete. Bei den
Kalmücken, den neuern Bewohnern der Westhälfte, heißt dies
Gebiet blos Gahsen d. h. die Wüste. Es ist eine flache offene
Steppe mit magern, sandigem Thonboden, zur Ackerkultur ganz
untauglich, mit Salzplätzen und Salzpflanzen bedeckt, stellen=
weise mit grasreicher Niederung, wo sich auf quelligem Grunde
Schilf und Rohr findet. Aber überall zeigen sich Muscheln
und Schneckengrus zum Theil an drei Fuß tief. Pallas Reise
durch den westlichen Theil dieser Steppe, da der östliche wegen
der räuberischen Kirgisen für Europäer weniger zugänglich ist,

---

[1]) Pallas, Reisen durch versch. Prov. III S. 525. -

[2]) Gmelin, Reise durch Rußland in den J. 1768 bis 1774. Pe=
tersburg 1770. 4. Thl. II. S. 12.

[3]) Falk, topogr. Beiträge I. S. 169.

von Uralsk nach Astrachan lehrt dies Gebiet am besten kennen. Er erreichte zunächst in der öden Steppe auf der Westseite des Jaik den Steppenfluß Kuschum, der nach Süden zu
gehend sich in den Zagan-Nor (Zagan-See) ergießt. Weiter
gegen S. W. folgten die beiden bedeutendsten Steppenflüsse,
die beide, Usen genannt, in einem Abstande von 20 bis 30
Werst parallel gegen S. S. O. hinfließen und in tiefen Thal-
rinnen das allgemeine Gesetz der Durchfurchung dieses Steppengebietes in der Richtung von N. N. W. nach S. S. O.
beurkunden. Der östliche Fluß heißt der große Usen, bei
den Tataren Ulkan Usen der buschige, bei den Kalmücken Mo-
dor Usen der holzreiche genannt. Der westliche ist der kleine
Usen, bei den Tataren Kitschkina Usen der kleine, bei den
Kalmücken Sacha Usen der äußerste genannt nach seiner weitern Lage von Jaik. Letzterer ist übrigens eben so groß als
der erstere, nur weniger wasserreich. Beide Steppenflüsse haben eine Breite von zwanzig Faden mit zwei bis sechs Faden
hohen Thonufern; ihre Niederung ist mit Pappeln, Weiden,
wilden Oelbäumen und Tamarisken-Gebüsch bedeckt, das einzige Gehölz in dieser waldlosen Oede. Sie ergießen sich beide
in den salzigen Steppensee Kampsch Samara im Süden vom
Zagan Nor gelegen, zwischen dem 48 und 49° N. Br. im
Westen der beiden Kosackenstädtchen Kalmykowa und Kulagin
am Ural-Flusse. Er hat fünf Werst im Durchmesser, wird
aber im Frühjahr doppelt so groß, wenn jene beiden Zuflüsse
ihn erreichen, die im Sommer gewöhnlich ohne Abfluß sind.
Dann steht er auch nicht selten durch Steppenbäche mit dem
Jaik in Verbindung. Er hat schlammige mit Schilf bewach-
sene Ufer und ist sehr fischreich, so wie auch seine beiden Zuströme durch ihren Fischreichthum ausgezeichnet sind vornehmlich an Hechten und Karpfen, und daher von den uralischen
Kosacken [4]) stark besucht werden. Weiter gegen Westen folgt
ein merkwürdiger Sandrücken, bei den Kalmücken Naryn genannt, d. h. schmaler Sand, bei den Russen Rynpeski, d. h.
Sandstrich. Es ist ein Rücken von Sandbergen, welcher in

---

[4]) Pallas, Reisen durch versch. Prov. III. S. 525 bis 530.

einer Breite von 50 bis 150 W. am Obstschei Syrt im S.O.
der Stadt Saratow an der Wolga beginnt, und in südöst=
licher Richtung in einer Länge von über 500 Werst die ganze
Steppe bis zum kaspischen Meere durchsetzt. Er besteht aus
unzähligen kleinen, zwei bis fünf Faden hohen Flugsandhügeln,
welche haufenweise neben einander liegen oder auch durch große
Flächen von einander getrennt sind. Die Hügel bestehen aus
weißem Flugsande mit vielem Muschelgrus und Kalkmehl ohne
alle Steine, welche man in der ganzen Steppe nirgends findet.
Zwischen den Hügeln finden sich öfter Gruben mit Rohr, in
denen sich beim Graben auf Thongrund Wasser zeigt. Nach
der Aussage der Kalmücken sollen diese Hügel des Naryn in
vier parallelen Strichen liegen. Auf einer hohen Stelle der=
selben fand Falk einen heiligen Opferort der Kalmücken. Trotz
der Dürre auf der Oberfläche ist diese Sandwüste doch von
zahlreichen unterirdischen Wasseradern durchzogen, welche nach
Pallas Meinung von der höhern Gegend des Obstschei Syrt
abzuleiten seien, da der große Steppensee Kamysch Samara
an fünf bis sechs Klafter tiefer liege als die Steppenebene.
Die Gründe des Naryn fand Pallas reich an seltenen Kräu=
tern und Blumen [5]. Aber so wie an der Ostseite dieses Na=
ryn die beiden Steppenflüsse sich ergießen, so liegt an der
Westseite eine lange Reihe von Salzseen und Salzpfützen,
welche von dem berühmten Altun Nor im N. W. beginnt
und sich bis zum Meere gegen S. O. fortzieht, wozu noch
kommt, daß der ganze Winkel zwischen der untern Wolga
und dem kaspischen Meer reich an Steinsalzmassen [6] ist.

Diese Steinsalzmassen sind aber vornehmlich bekannt ge=
worden an der Südseite des mittlern Ural=Flusses. Dem
ganzen Südfuße des uralischen Gebirges ist in Folge des ehe=
maligen Meeresniederschlages daselbst eine mächtige große
Salzbank vorgelagert, welche durch zahlreiche Steinsalzberge

---

[5] Pallas, Reisen durch versch. Prov. III. S. 535, 536. Falk,
topogr. Beiträge I. S. 165 bis 168. Lepechin, Tagebuch I. S. 302
bis 306. Georgi, Reisen II. S. 771. 777.

[6] Pallas a. a. O. III. S. 543 bis 546.

und Salzseen westwärts bis zum Fuße des Obstschei Syrt
hin [7]. ihr Dasein zu erkennen giebt, ähnlich wie die große
Salzbank am Nordfuße der Karpathen [8]) durch die zahlreichen
Salzquellen. Nach Rytschkow. [9]) liegt dies fossile Salz in
mächtigen Lagen nicht weit unter der Oberfläche der Erde am
Jlek=Flusse. Es ist von mäßigen Sandschichten bedeckt, nicht
völlig wagerecht gelagert, sondern mit etwas gewölbter Ober=
fläche; das Salz ist durchgängig sehr rein, fest und von weißer
Farbe. Es beginnt das bis jetzt bekannte Steinsalzrevier an
der Mündung des Jlek, dort liegt dicht neben der Festung
Jlezkaja ein zuckerhutförmiger, kahler weißer Gipsberg,
welchen Pallas für das Kennzeichen des Vorhandenseins einer
Salzbank zu halten geneigt ist. Ostwärts davon liegen die
berühmten ilezkischen Salzwerke im Süden von Orenburg zwi=
schen dem Jaik und Jlek, das Steinsalz liegt dort zwei bis
vier Faden unter der Oberfläche der Erde. Die Tiefe der
Bank ist noch nicht bekannt, doch fand man beim Bohren
durch einige zwanzig Arschinen (d. i. gegen funfzig engl. F.)
lauter reines Salz. Man hat auch alte Gruben gefunden, wo
nicht nur Keile, Hebel und anderes Holzwerk, sondern auch
Holzkohlen mitten im festen Salz entdeckt wurden, welche durch
das aus der Sohle nach und nach anschießende Salz einge=
schlossen waren [10]). Die Ausdehnung dieser Salzbank ist
zwar noch nicht genau bekannt, doch verbreitet sie sich unstrei=
tig am ganzen Südfuß des Ural und des Obstschei Syrt ent=
lang an dem alten Meeres=Ufer der Vorzeit (s. unten), und
südwärts kennen wir ihre Ausdehnung in einzelnen Spuren
bis gegen die Wolga=Mündung und bis nach Guriew, wo
mitten in den Sümpfen ein merkwürdiger Gipsfelsen ihr Da=

---

[7]) Pallas, Reise durch Süd=Rußland I. S. 127, 128.

[8]) Schober, in dem Hamburg. Magazin 1753. 8. Th. IV. S. 275.
Hacquet, in dem Götting. gelehrten Anzeiger. Jahrg. 1794. St. 41.
S. 401.

[9]) Rytschkow, Orenb. Topogr. VII. S. 30 bis 32.

[10]) Pallas, Reisen durch versch. Prov. I. S. 239 bis 245. Vergl.
Falk, topogr. Beiträge I. S. 382. II. S. 48.

sein [11]) bezeichnet.. In Verbindung mit diesem subterrestrischen Salzreichthum steht das Vorkommen einer ganzen Reihe von Salzseen dicht an der Ostseite des untern Ural=Flusses. Unter ihnen gilt allgemein für den berühmtesten der inderski= sche See. Er liegt am Fuße einer Reihe steiler felsiger aus Flötzmassen bestehender Hügel, deren Gipfel meistens kahle Gipsfelsen sind. Die zwischen ihnen liegenden Thäler sind mit einer Steppenflora bedeckt, und sie sind der Aufenthalt zahl= reicher Antilopenheerden [12]), welche von dem kleinen weißen Wermuth, den sie gern essen, leben. Der Ural=Fluß bildet aber auch die Grenzmark der Ausbreitung gegen Westen für diese flüchtigen Bewohner der Wüste, da sie in neuern Zeiten durch die zunehmende Ansiedlung aus den mehr westlichen wolgischen und donischen Steppen, die sie ehemals auch zu_ durchschwärmen pflegten, zurückgescheucht sind. Nur zehn Werst vom Ufer des Jaik, aber in einem weit höhern Niveau als jener Fluß, breitet sich der Inderskoe Osero aus, den obenge= nannten Kosackenstädten Kalmykowa und Kulagin nach Osten zu gegenüber. Er hat an 80 W. im Umfange, auf seiner Oberfläche liegt gediegenes Salz wie Eis, daß man darüber hinweggehen kann. Wenn man es mit einer Stange durch= stößt, so zeigt sich eine Salzbrühe, die ein kleinkörniges graues Salz enthält. Seine Tiefe ist noch nicht ergründet. Wäre der See nicht in einer so entlegenen öden Gegend, meint Rytschkow [13]), so könnte er das ganze Reich mit Salz ver= sorgen, so dient er jedoch blos den uralischen Kosacken, denen er frei gegeben ist. Man kennt daher auch nicht den aus ihm gezogenen Gewinn. Dagegen ist bekannt, daß aus den ilezki= schen Salzwerken schon in dem ersten Decennium der Bearbei= tung von 1765 bis 1774 nahe an drei Millionen Pud (120 Mill. Pf.) Salz gewonnen wurden, in den sechs Jahren von 1776 bis 1781 beinahe zwei Millionen Pud, und in den sechs

[11]) Pallas, Reisen durch versch. Prov. I. S. 426.
[12]) Pallas a. a. O. III. S. 402 bis 406.
[13]) Rytschkow, Orenb. Topogr. VII. S. 7. Pallas, a. a. O. III. S. 407 bis 412.

folgenden Jahren bis 1787 in steigender Progression beinahe sieben Millionen Pud [14]). In den neuern Zeiten belief sich jedoch der jährliche Gewinn nur auf ungefähr 500,000 Pud [15]). Diese ilezkischen Salzgruben sind die einzigen Steinsalzbrüche des russischen Reiches.

Die verschiedenen Wege, welche durch dies Steppenge= biet des uralischen Völkerthores hindurchführen in der Rich= tung von Osten nach Westen, und welche wir als die Fuß= steige des uralten hier immer einheimischen Karavanenverkehrs betrachten müssen, sind uns von Pallas bezeichnet worden. Es sind vier Straßen. Die beiden erstern führen zunächst am südlichen Fuße des Ural entlang bis nach Uralsk, wo sie den Strom übersetzen. Von Uralsk trennen sie sich, der soge= nannte obere astrachanische Weg führt grade gegen Westen am Fuße des Obstschei Syrt entlang durch das Quellgebiet der beiden Usen nach Saratow an der Wolga. Der untere astrachanische Weg führt aber gegen S. W., derselbe, den Pallas nahm, er durchsetzt den untern Lauf der beiden Usen, geht an der Nordseite des Kampsch Samara Sees vorüber und führt über den Naryn nach Astrachan. Die dritte Straße führt südlich von jenem See nach Astrachan. Sie ist wegen Man= gel an frischem Wasser im Sommer sehr beschwerlich und we= gen der Breite der Sandhügelstrecke an ihrem südlichen Ende nicht zu befahren, sondern nur zu Pferde oder mit Lastthieren zu durchsetzen. Sie heißt bei den Kalmücken Ulan Chalga, der rothe Weg. Diese Straße verläßt den Jaik bei dem Kosackenstädtchen Inderskaja Krepost, und führt zuerst an einem Walle hin, dessen Graben an der Nordseite liegt und der sich bis zum Kampsch Samara See hinerstreckt. Pallas vermuthet mit Recht, daß diese Befestigung zum Schutze des Karavanenverkehrs von den frühern Bewohnern von Sara= tschik angelegt sei. Die Straße vereinigt sich weiter im Westen mit dem untern astrachanischen Wege, an ihr liegen häufige

---

[14]) Hermann, statistische Schilderung S. 332.
[15]) v. Wichmann, Darstellung der russischen Monarchie. Leipzig 1813. 4. S. 109.

Wassergruben, die jedoch brakiges Wasser haben und im Sommer austrocknen. Die vierte Straße ganz im Süden führt grade von Saratschik aus an dem Ufer des kaspischen Meeres entlang, deſſen schmale Buſen (welche bei den Kalmücken unter dem Namen Mazak wegen der guten Winterweiden ſehr bekannt ſind) ſie hin und wieder berührt, durch eine faſt waſſerloſe Gegend, die Brunnen der Sandſtrecke ausgenommen, und ſo nach Aſtrachan [16]). Dieſe beiden letztern Straßen können wir den obern und untern Weg von Saratschik nennen, nach dem großen Emporium der Tataren Zeit, welches hier eine Hauptſtation auf der Handelsſtraße nach der untern Wolga bildete.

Saratschik an der innern Spitze des Jaik=Deltas auf einer kleinen Inſel gelegen, 50 Werſt oberhalb Guriew, zeigt noch in ſeinen jetzigen Ueberreſten die ehemalige Bedeutſamkeit. Die umgebenden Befeſtigungswerke haben einen Umfang von vier bis fünf Werſt. Innerhalb derſelben finden ſich zahlreiche Grundmauern und Gewölbe, von denen man meint, daß ſie Begräbnißſtätten vornehmer Familien waren. Auch will man in ihnen Särge und Gebeine entdeckt haben. Von den vielen Ziegeln dieſer Ruinen ſollen die meiſten von den uraliſchen Koſacken zur Erbauung von Guriew entnommen ſein. Unter den Ruinen findet man häufig ſilberne und kupferne Münzen, die jedoch von dem ſalzigen und feuchten Boden ſehr angegriffen ſind, ferner eiſerne Geräthe und porcellanartige Geſchirre, welche eine treffliche Glaſur von weißer, blauer oder gelber Farbe zeigen. Nach der Sage der Anwohner [17]) ſoll die Stadt ehemals den nogaiſchen Tataren gehört haben. Aus den Trümmern dieſer tatariſchen Stadt erhob ſich ſpäter das Koſacken Städtchen Saratſchikowa Krepoſt. Die Zeit ihres Unterganges iſt uns nicht bekannt, doch ſcheint ihr Verfall durch die Verheerungszüge der Tataren Horden Timurs veranlaßt worden zu ſein, wenn gleich ſie ſich noch bis gegen das

---

[16]) Pallas, Reiſen durch verſch. Prov. III. S. 523, 524.

[17]) Pallas a. a. O. III. S. 419. Rytſchkow, Orenb. Topogr. VII. S. 29. Erdmann, Reiſen II. 1. S. 218.

Ende des sechszehnten Jahrhunderts erhielt. Die Stadt Sara, welche der armenische König und Mönch Haithon [18]) um die Mitte des dreizehnten Jahrhunderts uns als die Hauptstadt des Reiches Kumanien und als Emporium auf der großen in- dischen Handelsstraße nennt, kann jedoch nicht, wie man ge- meint hat [19]), dies Saratschik sein, sondern ist, wie schon Sprengel und Forster [20]) dargethan haben, das bekannte Se- rai, das Hoflager der Chane der goldenen Horde im Wolga- Deltalande. Der Florentiner Balducci Pegoletti um das Jahr 1335, also kurz vor Timurs Zeit, kennt dies Saratschik unter dem Namen Saracanco auf der großen Karavanenstraße von der untern Wolga nach Indien und China. Auch unterscheidet er genau die beiden Orte Sara (Serai) oberhalb Astrachan gelegen und Saracanco (Saratschik), welche beide acht Tage- reisen auseinander liegen sollten, oder nach der Angabe des Mi- noriten Paschalis aus eben jener Zeit zwölf Tagereisen. Der Engländer Jenkinson, welcher diese Stadt um das J. 1558 auf seiner Reise von Astrachan nach Bochara besuchte [21]), giebt ihre Entfernung von dem erstern Orte auf zehn Tagereisen an. Auf jeden Fall bleibt das alte Saratschik, wenn auch an Be- deutsamkeit mit Serai und Astrachan nicht zu vergleichen, einer der Hauptpunkte für die Geschichte des Völkerverkehrs in die- ser Gegend. Nicht minder merkwürdig sind die Spuren von alten Wasserleitungen an der Mündung der beiden Steppen- flüsse Usen, welche über die salzige, dürre und hohe Steppe geführt sind. Sie pflegen nur einige Ellen tief ausgegraben zu sein, und man sieht die daneben ausgeworfene Erde wegen der Dürre und Unfruchtbarkeit der Gegend noch fast ganz unbe- wachsen daliegen. Dergleichen Bewässerungsgräben findet man auch mehr aufwärts in der höhern Steppe, welche nur durch Schöpfmaschinen gefüllt werden konnten. Aus der Menge

---

[18]) Haithon, hist. orient. bei Bergeron voyages faits prin- cipalement en Asie. Haye 1735. 4. p. 10, 70.

[19]) Ritter, Erdkunde. Berlin 1818. 8. Th. II. S. 633, 702.

[20]) Forster, Geschichte der Entdeckungen im Norden S. 150, 188.

[21]) Sprengel, Geschichte der geographischen Entdeckungen bis zur Ankunft der Portugiesen in Japan. Halle 1792. 8. S. 257, 262.

dieser Kanäle, aus den häufigen Grabhügeln und Ueberbleib-
seln von Wohnungen der frühern Zeit um jene beiden Flüsse
erkennt man, wie Pallas [22]) bemerkt, daß diese jetzt so öde
Gegend ehemals stark bevölkert war. Doch geht die Tradition auch hier nur bis auf die Nogaier zurück. Gleich wie die
kalmückische Seite dieser Steppe ist auch die östliche kirgisische
mit zahlreichen Denkmalen der Völkeransiedlungen früherer
Zeiten erfüllt, in alten Bauwerken, Grabgewölben und Städte-
ruinen [23]) bestehend.

Bei der ursprünglichen Völkerausbreitung von dem asiatischen Mutterlande nach dem europäischen Abendlande hin war
diese Gebirgslücke am Nordsaume des kaspischen Meeres die
natürliche große Pforte, durch welche die Völker nach Westen zu allein vordringen konnten, und auf diesem Wege muß
Europa die Mehrzahl seiner Bewohner erhalten haben, die wenigen ausgenommen, welche südwärts vom kaspischen Meere
sich über das kleinasiatische Brückenland, wie der thrakisch-
pelasgische Volksstamm, verbreitet haben. Wenn man auch
für die ältesten europäischen Völkerablagerungen, vornehmlich
der keltischen Völker, nur die Analogie der spätern Verhältnisse anführen kann, so ist es bei den germanischen und
slavischen Völkern ganz unläugbar, daß sie auf diesem Wege
und durch dieses Thor sich aus ihren asiatischen Stammsitzen [24])
nach den sarmatischen Ebenen gewandt haben. Wenigstens
läßt sich von dort aus das Ziehen dieser Völker nach Westen
hin verfolgen. Herodots Nachrichten von den Wanderungen
der Scythen und Massageten in den kaspischen und pontischen
Gestadeländern hängen offenbar damit zusammen, wenn dies
auch nur eine der letzten Einwanderungen der Stammväter
germanischer Völker sein sollte. Den Völkerwanderungen mußten aber merkantilische Verbindungen der im Laufe der Zeit
getrennten Völker folgen, und so sehen wir hier einen uralten

---

[22]) Pallas, Reisen durch versch. Prov. III. S. 528.

[23]) Rytschkow, Orenb. Topogr. VII. S. 28 bis 30, 94.

[24]) Pfister, Geschichte der Deutschen. Hamburg 1829. 8. Th. I.
S. 519.

Karavanenverkehr hindurchgehen, welcher zugleich die helleni=
schen Kolonien am Pontus mit den reichen indischen Ländern
des fernen Ostens verknüpfte. Dieselbe Karavanenstraße, welche
uns der in dem pontischen Gebiete so einheimische Herodot [25])
bis zu den Argippäern und Issedonen am südlichen Ural schil=
dert, lernen wir fast ein halbes Jahrtausend später eben so
durch Strabo kennen, und um die Mitte des zweiten Jahr=
hunderts unserer Zeitrechnung durch den kenntnißreichen Ptole=
mäus. Seit Strabos Zeit sind es hier im Lande der Passage
die Aorsen, welche er als ein betriebsames Handelsvolk rühmt,
und letzterer hat auf diesem so genau von ihm bezeichneten
Wege unstreitig alle die vielen Nachrichten erhalten, welche bis
tief in das Innere von Asien [26]) hineinführen. So wie aber
das Abendland sich rückwärts durch dieses Völkerthor mit sei=
nem reichen morgenländischen Mutterlande in Verbindung zu
setzen suchte, so sehen wir auch, wie das Morgenland selbst
mit dem ihm eigenthümlichen Handelsgeiste, der an der Reli=
gion seine Stütze fand, in Handelsgesellschaften und ganzen
Kolonien auf das Abendland wohlthätig einwirkte. Schon
Ritter hat die merkwürdige Verbreitung der merkantilischen
Kolonisationen der ost=asiatischen, indischen und chinesi=
schen Völker in den Banianen und Seren oder Sarten
dargethan [27]), und wenn es auch noch nicht ausgemacht ist,
daß überall, wo der (eigentlich türkische) Name Sera, Sarai,
Saratschik vorkommt, an eine serische oder sartische Kolonie
zu denken ist, da diese Namen vor der Ausbreitung türkischer
Stämme über jene Gegenden (seit dem zehnten Jahrhundert)
nicht vorkommen, so steht doch jene Verbreitung serindischer
Kolonien bis zu jenem nach dem Abendlande hineinführenden
Völkerthore fest, und durch dasselbe ist auch wohl die jüngere

---

[25]) Herodot. IV, 21 bis 25.

[26]) Mannert, Geographie der Griechen und Römer. Nürnberg
1795. 8. Th. IV. S. 131.

[27]) Ritter, Erdkunde, 1. ed. II. S. 703. Saratschik heißt hier
ausdrücklich die äußerste westliche Kolonie der unermüdeten Sarten auf
der großen Handelsstraße nach dem Westen.

jetzt noch zu Astrachan befindliche Hindu=Kolonie [28]) bis nach
Europa vorgedrungen.

Auffallend möchte es wohl sein, daß sich chinesische Ko=
lonisten von dem äußersten Osten der alten Welt in jenen
frühen Zeiten so weit nach Westen bis zu den Grenzen Euro=
pas sollten verbreitet haben, und zwar um so auffallender als
die eigentlichen Chinesen durch alle Jahrhunderte der Geschichte
hindurch immer als ein mehr auf sich selbst beschränktes Volk
bekannt sind, welches sich nur sehr wenig und selten über das
ihm so eigenthümliche Heimathsland hinaus ausgedehnt hat,
und bei welchem wenigstens in neuern Zeiten von einer Ver=
breitung über die ost=asiatischen Grenzen hinaus nichts bekannt
ist, während die der indischen Kolonien durch die west=asiati=
schen Gebiete sich fast in allen Zeiten nachweisen läßt. Daher
möchte wohl hier die für die später zu berührenden Verhält=
nisse wichtige Frage nach dem Ursprunge und der Herkunft
der Seren oder Sarten zu beantworten sein. Daß der
Name der Seren, welcher zuerst um die Zeit von Christi Ge=
burt von den Alten [29]) uns genannt wird, auf die Bewohner
von China und zwar eigentlich nur des nördlichen China, das
sogenannte Katai [30]), gehe ist ohne Zweifel. Die Alten be=
zeichneten mit diesem Namen die thätigen Handelsleute, welche
aus dem fernsten Osten auf der großen Seren Straße über
das ost=asiatische Hochland hinweg durch das Alpenland von
Ferghana am obern Jaxartes (Sihon) hinab das kostbare Sei=
dengespinst aus dem Heimathslande des Seidenwurmes nach
dem Abendlande brachten. Der Name dieser Handelskaste
oder Volkes ist nach Klaproth [31]) ächt chinesisch, indem noch

---

[28]) Pallas, neue nordische Beiträge. Petersburg 1782. 8. Th. III.
S. 84.

[29]) Mela I, 2. III, 7. Dionysius Perieg. orbis descript. v. 753.
Strabo kennt oder erwähnt wenigstens den Namen der Seren nicht,
aber das von ihm genannte Thinä, welches auf das südliche China
(Tschin oder Matschin) geht, beweiset, auf welchem Wege die erste Kunde
von diesem Lande nach dem fernen Occident gelangt war.

[30]) Abel Remusat, nouveaux mélanges asiatiques. Paris
1829. 8. Tom. I. p. 69.

[31]) Klaproth, Asia polyglotta. Paris 1823. 4. p. 358.

jetzt der Seidenwurm in dem chineſiſchen Volks-Dialekt Ser genannt wird, und mit dem Produkte hat ſich dieſer Name zu allen Völkern des Abendlandes verbreitet, wie es auch mit manchen andern orientaliſchen Namen von indiſchem, perſiſchem und arabiſchem Stamme der Fall iſt. Auch die chineſiſchen Nachbarvölker wie die Mongolen, Tunguſen und Koreanen haben daſſelbe Wort Ser zur Bezeichnung des Seidenwurmes und ſeines Geſpinnſtes von den Chineſen aufgenommen, und wenn bekanntlich in der jetzigen chineſiſchen Sprache der Buch-ſtabe r nicht vorkommt, ſo gilt dies nur von der ausgebilde-ten Mandarinen Sprache.

Aber es fragt ſich, ob nicht, wie es wahrſcheinlich iſt, der Name der Seren auch andere von den eigentlichen Chine-ſen durchaus verſchiedene, wenn auch ihnen unterworfene Völ-kerſchaften bezeichnet habe, welche in den weſtlichen Theilen des oſt-aſiatiſchen Hochlandes einheimiſch, vorzüglich den Han-delsverkehr zwiſchen dem öſtlichen China und dem europäiſchen Abendlande betrieben haben. Wenigſtens weiſet ſchon die von Plinius [32]) mitgetheilte Nachricht aus der Erzählung der Ge-ſandten von der Inſel Ceylon an den Kaiſer Claudius darauf hin, daß die in der heutigen hohen Bucharei wohnenden Se-ren ein Volk von ganz andern Stamme waren und mit den Chineſen nichts gemein hatten. Denn wenn es heißt, daß die Seren jenſeit des Emodus Gebirges, worunter die Alten die mit dem indiſchen Caucaſus oſtwärts und nordwärts in Ver-bindung ſtehenden Hochgebirge in dem weſtlichen Tibet und in der hohen Bucharei verſtanden, eine mehr als gewöhnliche Größe hätten und durch röthliches oder blondes Haar, blaue Augen und durch eine kräftig rauhe Sprache ausgezeichnet wären, ſo iſt dabei an Chineſen nicht zu denken, und man wird, wenn man auch grade nicht an die Stammgenoſſen der Urväter der Germanen [33]) denkt, doch auf Völkerſchaften von

---

[32]) Plinius, hist. nat. VI, 24. Ultra montes Emodos Seras quoque ab ipsis (Taprobanensibus) adspici, notos etiam commer-cio; ipsos vero (Seras) excedere hominum magnitudinem, rutulis comis, caeruleis oculis, oris sono truci, nullo commercio linguae.

[33]) Pfiſter, Geſchichte der Deutſchen I. S. 522.

Indo = germanischem oder überhaupt west = asiatischem Stamme hingeführt oder auf Völker, welche Klaproth [34]) in neuerer Zeit die vom blonden Stamme zu nennen pflegte, und die er nur etwas einseitig auf die Stammväter der Germanen be= zog. Zu erklären ist es aber leicht, wie der eigentlich nur den Chinesen zukommende Name der Seren auch auf ganz hetero= gene Völkerschaften übergehen konnte durch die grade zu jener Zeit stattfindende Verbreitung der Herrschaft der Chinesen über einen großen Theil von Ost = Asien oder doch über das ge= sammte ost = asiatische Hochland. Denn gleich nach der Vol= lendung des Baues der großen Mauer, welches der erste Schritt zur Begründung chinesischer Herrschaft auf dem mongolischen Hochlande war, am Ende des dritten Jahrhunderts vor unse= rer Zeitrechnung, begann unter der ruhmvollen Regierung der Dynastie Han, welche fast ganz gleichzeitig mit der parthischen Dynastie der Arsaciden auf dem persischen Hochlande vom Jahr 202 vor Chr. Geb. bis zum Jahre 220 nach Chr. Geb. herrschte, die Ausdehnung chinesischer Macht über das ge= sammte mongolische Hochland nach den siegreichen Käm= pfen mit den Hiongnu und der Zertrümmerung ihrer Reiche [35]), und damit mußte das erste Bekanntwerden der Chinesen im Abendlande gegeben werden, so wie auch erst seitdem sich die Spuren von dem Seidenhandel der Seren bei den Alten nach= weisen lassen. Es war dies in der zweiten Hälfte des zweiten Jahrhunderts vor unserer Zeitrechnung, also gleichzeitig mit dem von den Abendländern berichteten Untergange der merk= würdigen Herrschaft der griechisch = baktrischen Könige im cen= tralen Asien um den indischen Kaukasus. Seit der Zeit der jüngern Linie jenes chinesischen Kaiserhauses, der sogenannten östlichen Han (Tong = Han) von 23 nach Chr. G., gab es also drei große weltherrschende Mächte in der alten Welt vom äußersten Aufgang bis zum Niedergang der Sonne, die chine= sischen Han, die parthischen Arsaciden (Asi bei den Chinesen [36])

---

[34]) Klaproth, tableaux historiques de l'Asie. Paris 1826. 4. p. 161.

[35]) Klaproth, tabl. histor. p. 55, 57.

[36]) Klaproth, tabl. histor. p. 68.

genannt), und die römiſchen Imperatoren, und ſo lange ſich
die Dynaſtie Han auf ihrem Thron zu Lojang in Honan be=
hauptete, und ſo lange die chineſiſche Herrſchaft auf dem aſia=
tiſchen Hochlande aufrecht erhalten wurde, ſo lange ſtand auch
China mit Rom aus gemeinſamer feindlicher Politik gegen die
Arſaciden auf Iran in freundſchaftlichem Verkehr, und dies
mußte wohlthätig zurückwirken auf den Handelsverkehr der
dem chineſiſchen Scepter unterworfenen, nun auch Seren ge=
nannten Völker mit dem Abendlande. Zwar löſte ſich ſeit dem
Anfange des dritten Jahrhunderts mit dem Fall der Han die
große chineſiſche Weltherrſchaft über das öſtliche Aſien auf,
aber ſie wurde ſpäter noch zweimal erneuert durch das glor=
reiche Herrſchergeſchlecht der Tang [37]) in den erſten Zeiten
des Mittelalters, und durch die jüngſte tunguſiſche Dynaſtie
in China, durch die Mantſchu, während des achtzehnten Jahr=
hunderts, was dazu beitragen mußte den Namen der Seren
für die den Seidenhandel dort betreibenden Völkerſtämme, auch
wenn ſie nicht chineſiſchen Urſprungs waren, in jenen Gegen=
den des centralen Aſiens zu erhalten. Und wenn der Name
der Seren ſeit dem dritten Jahrhundert weniger vorkommt,
ſo kann der Grund nur darin liegen, daß die ſeitdem begin=
nenden Bewegungen der germaniſchen Völker an der Donau
entlang, die zunehmende Macht der Gothen am Pontus und
die für die Römer ſeitdem mit weniger Glück geführten Kriege
mit den, weit gewaltiger als die Parther auftretenden perſi=
ſchen Saſſaniden, die Römer von der unmittelbaren Verbin=
dung mit den Seren abſchnitten, während der Verkehr ſelbſt
wie früher fortdauerte. Denn ſelbſt noch während des drei=
zehnten Jahrhunderts finden wir den Namen der Seren auf
dem oſt=aſiatiſchen Hochlande erwähnt, indem Rubruquis be=
merkt, das große Kathaja, aus dem die beſten ſeidenen (ſeri=
ſchen) Zeuge kämen, ſei die Heimath der alten Seren [38]) und
dieſe führten den Namen nach einer dort befindlichen Stadt.

Aber gleichzeitig mit dieſer letzten Erwähnung der Seren

---

[37]) Klaproth, tabl. histor. p. 207.
[38]) Forſter, Geſchichte der Entdeckungen S. 140.

nennt uns Rubruquis Zeitgenosse, Johann de Plano Carpini, der nur wenige Jahre vor ihm seine Reise nach dem Mongolen Lande angetreten hatte, in dem merkwürdigen Verzeichnisse aller der von den Mongolen unterjochten Völker [39]) am Schluß auch die Sarti, und da uns seitdem bis auf diesen Augenblick überall dort die Sarten als ein betriebsames Handelsvolk entgegentreten, wo im Alterthum die Seren genannt werden, so ist nicht zu bezweifeln, daß es ein und derselbe Name sei. Die heutigen Sarten (Sarti) sind dasselbe Volk mit den Bucharen, und sind verbreitet durch das ganze centrale Asien vom kaspischen Meere bis zum nördlichen China, ansäßig und einheimisch aber nur in der großen und kleinen oder hohen Bucharei. Sie sind von persischer Abstammung, denn ihre Muttersprache ist ein völlig reiner persischer Dialekt. Den Namen Sarti führen sie eigentlich nur bei den türkischen Völkern, unter denen sie größtentheils leben. Mit Unrecht hat man behauptet, daß das Wort einen Handelsmann bedeute, denn diese Bedeutung hat man erst hineingelegt, weil die Sarten oder Bucharen die einzigen sind, die in diesen Ländern Handel treiben, und die eigentliche Kaufmannskaste bilden. Aehnlich wie es dem Namen der Canaaniten bei den jüdischen Nachbarn dieses Volkes ergangen ist. Jene Bezeichnung scheint aber, wie aus Plan Carpins Zeugniß erhellt, ziemlich alt zu sein, auch sollen, wie Klaproth [40]) angiebt, die Mongolen schon zu Dschingischans Zeit Sartohl das Erbtheil des Prinzen Dschagatai genannt haben, welches die beiden Buchareien umfaßte. Und dies kann bei der vielfachen Berührung und Gemeinschaft türkischer und mongolischer Völkerschaften zu jener Zeit um so weniger befremden, als Dschingischan vielleicht selbst aus einem ursprünglich türkischen Geschlechte ist. Die Städtebewohner jener beiden Länder nennen sich aber selbst Tadschik, und dies ist der alte Name der Perser oder eigentlich die nationelle Bezeichnung der Parther, welche ihn ihren Unterthanen den Persern mittheilten [41]). Auch war den Alten

---

[39]) Sprengel, Geschichte der geograph. Entdeckungen S. 268.

[40]) Klaproth, Asia polyglotta p. 243.

[41]) Mouraviev, voyage en Turcomanie et à Khiwa fait en

5 *

dieser Name wohl bekannt, indem sie viel von den Daä oder
Dahä [42]) in der Landschaft Hyrcanien und in dem Mündungs=
lande des Oxus, der ältesten Heimath der Parther, sprechen.
Herodot [43]) nennt die Dai einen von den vier echt parsischen
Hirtenstämmen, deren Sitze, wie aus den Namen der übrigen
Stämme der Parsen erhellt, durchaus nicht auf das eigentliche
Persis (Farsistan) zu beschränken sind. Die Chinesen kannten
den Namen der Tadschiks schon zur Zeit von Christi Geburt,
denn Persien hieß damals in den chinesischen Annalen Tiao=
dschi [44]), und erst später wurde derselbe in Po=sju, die Ver=
stümmelung von Parsi, verwandelt. Die Tadschiks, im Abend=
lande gewöhnlich Bucharen genannt nach dem großen Empo=
rium Buchara, betrachten sich selbst als die Urbewohner des
bocharischen oder baktrischen Tieflandes, und man hält sie mit
Recht für die Abkömmlinge der alten Sogdianen. Sie zeigen
eine schöne europäische Gesichtsbildung und sind weniger braun
als die Perser. Fälschlich hat man sie lange Zeit für türki=
schen Stammes gehalten, da sie doch nach ihrem Namen und
nach ihrer persischen Sprache, die sich nur wenig von der in
Persien unterscheidet [45]), von persischer Abkunft sind. Bucha=
ren, Tadschiks und Sarten sind also wesentlich dasselbe Volk,
und da sie das uns seit einem halben Jahrtausend in jener
Gegend bekannte Handelsvolk und von indogermanischer Ab=
stammung sind, so werden, vornehmlich wenn man die An=
gabe des Plinius damit vergleicht, auch die Seren des Alter=

1819 et 1820 ed. par Eyriès et Klaproth.   Paris 1823. 8. not. p.
Klaproth p. 396.'

[42]) Plinius, hist. nat. VI, 19.

[43]) Herodot. I, 125.

[44]) Abel Remusat, nouveaux mélanges asiatiques I. p. 215,
219. Zwar unterscheiden die Chinesen die Tiao=dschi (Tadschik) und Ta=
hia (Dahä), aber so wie sich der Name der Daer bei einem besondern
Zweige des größern Volksstammes fixirt hatte, so mußten ihn natürlich
auch die Chinesen mit einem besondern Namen im Unterschiede von den
andern Stammgenossen bezeichnen.

[45]) G. de Meyendorff, voyage d'Orenburg à Boukhara fait
en 1820 ed. p. Am. Jaubert. Paris 1826. 8. p. 189, 300. cf. Klaproth, im journal asiatique. Paris 1823. 8. Tom. II. p. 154.

thums von indogermanischer Abstammung gewesen sein, von denen dieser chinesische Name in einer nur etwas veränderten Form durch die Türken und Mongolen auf ihre spätern Stamm-genossen übertragen wurde. Demnach ergäbe sich als Resul-tat, daß die merkwürdigen merkantilischen Kolonien der Seren und Bananen, wenn auch aus Indien und China kommend, doch im wesentlichen dem großen indoperfischen Völker-stamme angehören müssen, der in der Urzeit ein gemeinsames. Ganze bildend, schon den Alten unter dem Namen der Arier oder der eigentlichen Arianen (Iranen) als Anwohner des in-dischen Kaukasus ⁴⁶) bekannt war. Auf die Thätigkeit dieser Sarten oder Bucharen in den nordischen Gebieten werden wir weiter unten zurückzukommen, vielfache Gelegenheit haben.

Der Einbruch der Hunnen in Europa, welche an dem uralischen Völkerthore ursprünglich einheimisch waren, kann schwerlich auf den dort in den frühern Jahrhunderten stattfin-denden Handelsverkehr nachtheilig eingewirkt haben, um so weniger als ihre Stammgenossen, die gleichfalls am Ural ein-heimischen Chasaren und Bulgaren, an der benachbarten Wolga mächtige Staaten begründeten, in welchen die merkantilischen Interessen das dominirende Element waren. Und schwerlich möchte jemals ein regeres Leben und Treiben daselbst herrschend, und größere Kultur und Bevölkerung daselbst einheimisch ge-wesen sein als zu jener Zeit, da die Welthandelsstädte Atel und Bulgar ⁴⁷) noch vor dem Entstehen von Sarai und Astrachan durch dieses Thor auf dem nächsten Wege zu Lande mit dem reichen Süden und Osten der alten Welt in Verbin-dung standen. Dies änderte sich, seitdem die gewaltigen Re-volutionen im Innern von Asien zahlreiche Völkerstämme nach Westen jagten, und so seit dem zehnten Jahrhundert die ersten Völker türkischen Stammes ⁴⁸) die schwachen Barrieren die-ses Völkerthores sprengten, und das Abendland mit einer neuen

---

⁴⁶) C. Ritter, über den Feldzug Alexanders des Großen am indi-schen Kaukasus. Berlin 1832. 4. S. 9, 10.

⁴⁷) Storch, Gemälde des ruff. Reiches IV. S. 109, 110.

⁴⁸) Klaproth, tableaux histor. de l'Asie p. 129, 130. Asia polyglotta p. 208, 216.

Völkerwanderung bedroheten. Die Petschenegen und Ku=
manen eröffneten den Zug der nun mehrere Jahrhunderte
lang hier ununterbrochen andringenden Völker, womit eine
völlige Umgestaltung der ethnographischen Verhältnisse vor sich
ging. Ihnen folgten später die wilden mongolischen und
turktatarischen Schaaren unter Tschutschichan und Batu=
chan, welche von ihrem Vater und Großvater zur Eroberung
des Westens ⁴⁹) ausgesandt waren. Seitdem waren die Gren=
zen zwischen dem Abendlande und Morgenlande mit ihren Bar=
rieren völlig gebrochen, das Völkerthor selbst bekam dadurch
eine andere Stellung.

Indessen wenn mit der Begründung tatarischer Herrschaft
auf den Trümmern der bulgarischen und chasarischen Kultur=
reiche auch eine rohe militärische Herrschaft begann, blieb jenes
Völkerthor doch noch in sofern von Wichtigkeit, als es die
nothwendige Verbindung mit dem mongolischen Stammlande
im Osten darbot, und es konnten so unter dem Schutze der
mongolischen Chane zu Kaptschak auch wieder merkantilische
Verbindungen angeknüpft werden. Dieses neu aufblühende
Leben hatte freilich noch einen schweren Läuterungsproceß zu
bestehen in der Erneuerung der tatarischen Verwüstungszüge
durch Timur, als dieser bei seinen Feldzügen nach Kaptschak
das uralische Völkerthor mehrmals durchsetzte ⁵⁰). Doch wissen
wir, daß jener Weltenstürmer in seinen letzten Regierungsjah=
ren auch dem merkantilischen Verkehr, auf welchem ja die
Blüthe seiner eigenen Residenz Samarkand, der alten Haupt=
stadt der sogdianischen Tadschiks oder Sarten, beruhete, seine
Aufmerksamkeit schenkte, und dabei auch diese uralte Handels=
straße nicht unberücksichtigt ließ. Denn nicht blos aus Timurs
eigenen Schriften ⁵¹) ersehen wir, daß es sein Bestreben war

---

⁴⁹) Abulgasi Bayadurchan, histoire généalogique des Tatars. Leyde 1726. 8. p. 337, 446.

⁵⁰) Cherefeddin Ali, histoire de Timur Bec. trad. par Petis de la Croix. Paris 1722. 8. Tom. I. p. 286. II. p. 70.

⁵¹) Timur, institutes political and military written originally
in the Mogul language transl. by Abu Taulib Alhusseini into Per-

in dem weiten von ihm zusammen eroberten Reiche überall
Wohlstand, Ueberfluß, Kultur des Bodens und Bevölkerung
zu befördern und aufrecht zu erhalten, und daß von ihm für
die Sicherheit der Wege und die Beschützung des Karavanenverkehrs die geeigneten Maaßregeln getroffen wurden, sondern
auch sein Geschichtschreiber Scherifeddin [52]) kann nicht umhin
den ruhigen, friedlichen Zustand, der freilich erst nach so furchtbaren Stürmen eintreten sollte, zu preisen, so daß, wie er
sich ausdrückt, jemand mit einem silbernen Gefäße voll Gold
auf seinem Haupte sicher und ungefährdet von den äußersten
östlichen Grenzen seines Reiches bis zum fernsten Westen wandern konnte. Daß der französische Gesandte, der Mönch Rubruquis, auf seiner Reise nach Karakorum auf dem mongolischen Hochlande, hier durchzog, haben wir schon oben kennen
gelernt, und in der Natur der Sache liegt es, daß, seitdem
die zahlreichen genuesischen Faktoreien [53]) an den Gestaden des Pontus und asowschen Meeres aufgeblüht waren,
dies Land der Passage eben so stark in Handelsangelegenheiten
durchsetzt wurde wie in den Zeiten der Aorsen, Chasaren und
Bulgaren. So wie uns der italienische Reisende Balducci Pegoletti um die Mitte des vierzehnten Jahrhunderts kurz vor
Timur die große indisch-chinesische Handelsstraße durch dies
Gebiet so genau schildert, so finden wir diesen Handelsverkehr
daselbst auch nach Timurs Zeit um die Mitte des funfzehnten
Jahrhunderts in einem blühenden Zustande nach den Berichten des Venetianers Josaphat Barbaro [54]). Die gewaltigen
Revolutionen in dem zertrümmerten Reiche Kaptschak müssen
zwar nothwendig auf diesen Handelsverkehr nachtheilig eingewirkt haben, doch kann das merkantilische Leben nicht ganz
zerstört sein, so lange noch Saratschik am untern Jaik, wenn
auch nicht in seiner frühern Blüthe, sich erhielt. Die tatari-

---

sian and thence into english by Davy ed. Jos. White. Oxford 1783.
4. p. 211, 367.
  [52]) Cherifeddin Ali, hist. de Timur Bec. IV. p. 198.
  [53]) Sprengel, Geschichte der geograph. Entdeckungen S. 284, 286.
  [54]) Forster, Entdeckungen im Norden S. 203.

ſchen Nogaier, die damaligen Herren jener Gegend ſo wie von
Saratſchik, ſind uns als ein betriebſames Handelsvolk nicht
bekannt. Erwähnt wird aber Saratſchik noch in der Mitte
des ſechszehnten Jahrhunderts, von dem Engländer Jenkinſon [55]). Die Anſiedlung koſackiſcher Freibeuter, der Stammväter der jaikſchen Koſacken, an dieſem Völkerthore, und ſpäter die Ausbreitung europäiſcher Herrſchaft bis zum kaspiſchen
Meere unter Jwan II. Waſiljewitſch haben gewiß hemmend
auf den hieſigen Verkehr eingewirkt. Dazu kam die gänz-
liche Veränderung der Bahnen des indiſchen Welthandels, und
ſeit dem Anfange des ſiebzehnten Jahrhunderts das neue Vordringen aſiatiſcher Völkerſtämme, der mongoliſchen Kalmücken,
welche hier hindurchdrangen und ſich über die untere Wolga
hinaus bis zum aſowſchen Meere verbreiteten. Sie ſind die
jüngſten aſiatiſchen Einwanderer in Europa durch dieſe
Pforte, durch welche ſpäter ein Theil dieſer Kalmücken in einem
ſchleunigen Rückzuge, der bekannten Kalmücken-Flucht [56]) von
der untern Wolga, ſich wieder nach den aſiatiſchen Steppen auf den Grenzen Chinas zurückbegab. Seit dem ſiebzehnten Jahrhundert ſcheint der hieſige Handelsverkehr gänzlich in
Verfall gerathen zu ſein, wie es auch im Jntereſſe der ruſſiſchen Regierung liegen mußte, zuerſt neue Schutzbarrieren gegen alles weitere Eindringen von Barbaren zu errichten, ehe
man friedliche Verbindungen anknüpfte. Die Unterwerfung
der jaikſchen Koſacken unter ruſſiſche Oberhoheit ſeit der Zeit
des mächtigen Zars Alexei Michailowitſch war der nächſte
Schritt dazu, ſo daß nun ſein Sohn Peter der Große in der
Gründung von Orenburg beide Zwecke verfolgen konnte, die
Erneuerung des indiſchen Handelsverkehrs auf dem
kürzeſten Landwege nach Jndien und die Organiſirung der
Grenzbarrieren auf dieſem dem Andrang barbariſcher
Stämme am meiſten blos geſtellten Gebiete, wenn gleich die
wirkliche Ausführung dieſes Planes noch ſeinen nächſten Nach-
folgern überlaſſen bleiben mußte.

---

[55]) Müller, Sammlung ruſſiſcher Geſchichte VII. S. 439.
[56]) Abel Remuſat, nouveaux mélanges asiatiques II.
p. 51, 104.

Das große Vertheidigungssystem Rußlands
an dem uralischen Völkerthore.

Es ist erst seit einem Jahrhundert, daß von Rußland
das große System von Befestigungslinien am südlichen Fuße
des Ural angelegt wurde, welches zunächst zwar nur für den
Schutz der angrenzenden russischen Landschaften bestimmt ist,
worauf aber doch die Sicherheit von ganz Ost-Europa beruht.
Dies System von schützenden Festungen erstreckt sich von dem
Nordsaume des kaspischen Meeres bis zur N. W. Grenze des
chinesischen Reiches, es ist vornehmlich nur gerichtet gegen die
räuberischen Kirgisen Horden der kaspischen Steppen des
centralen Asien, wo die Natur weniger feste Grenzen gesteckt
hat als mehr im Osten an der sibirisch-chinesischen Grenze,
die durch die Naturverhältnisse und politische Verträge genugsam gesichert ist. Jenes Vertheidigungssystem von Festungs-
linien, welches das östliche Europa und das westliche Sibirien
vor den Incursionen der Kirgisen schirmt, breitet sich in einem
mächtigen Bogen um die Länder dieser Steppenhorden aus.
Die Sehne dieses Bogens erstreckt sich von Guriew an der
Mündung des Ural fast in grader Richtung nach Osten an
300 Meilen weit bis zu den Städten Semipalatinsk und Ustkamenogorsk unterhalb des Austritts des Irtisch aus dem
Saisan-See an der chinesischen Grenze; die Höhe des Bogens
von Süden nach Norden beträgt gegen 100 Meilen. Nur die
westliche Hälfte dieses Systems am S. und S. O. Fuße des
Ural-Gebirges kommt hier in Betracht, wir nennen sie im
weitern Sinne die orenburgische Linie, da ihre Einrichtung mit der Gründung von Orenburg zusammenhängt, und
die Stadt den Schlüssel und Hauptwaffenplatz [1] derselben bildet. Die orenburgische Linie ward in dem Decennium von
1734 bis 1744 von dem Staatsrath Kirilow, einem verdien-
ten Geographen Rußlands, welcher schon unter Peter dem Großen alle den asiatischen Handel betreffenden Angelegenheiten [2]

---

[1] Falk, topogr. Beiträge I. S. 182.
[2] Storch, Gemälde des russ. Reiches V. S. 327.

geleitet hatte, längs der Grenze gegen die kirgisische Steppe
am ganzen Jaik abwärts angelegt und am Ui-Flusse abwärts, welcher mit dem Jaik auf denselben Höhen entsprin-
gend, sich nach Osten zum Tobol hinabergießt. Die Linie besteht aus einer Reihe von Festungen, welche mit kleinern Vorposten oder Reduten abwechseln, in verschiedenen Distanzen von
15 bis 74 Wersten auseinander gelegen. Am Ural-Flusse selbst
liegen an 32 Festungen und Reduten [3]). Die Länge dieser
orenburgischen Linie von Ust-Uiskaja an der Einmündung des
Ui in den Tobol bis Guriew am kaspischen Meere beträgt an
1700 Werst. Zur zweckmäßigen Uebersicht und bessern Vertheidigung theilt man sie in sechs untergeordnete Linien. Am Ui
stehen alle Festungen mit Ausnahme der Redute Stepnaja auf
der nördlichen oder sibirischen Seite, und am Ural liegen sie
alle auf dem rechten (westlichen und nördlichen) Ufer mit Ausnahme von Werchuralsk, Orsk und Jlezk. Die wichtigsten sind
Orenburg, Orsk und Troizk, sie haben gefütterte Gräben,
Wälle und Bastionen, alle übrigen nur hölzerne Befestigungen.
Diese hölzerne Befestigung, welche bei den Festungen (Kreposti)
und Reduten (Reduti) gleich ist, denn beide unterscheiden sich
nur durch die Größe, besteht aus einer Balkenwand von 1½
bis 2 Faden Höhe, mit einem Thor, auch von Balken erbaut, und einer Kanone; umgeben sind sie von einem 2 bis
3 Fuß tiefen Graben. Solche Befestigungen sind größtentheils
genügend gegen einen Feind, der nach Art von Räuberbanden
mit Flinten und Säbel. wenig bewaffnet, nur Bogen, Pfeile
und Spieße [4]) zu führen pflegt. Auch sind die Kanonen ein
Schrecken der Kirgisen.

Nach der Erstreckung der Festungslinie ergeben sich vier
natürliche Abtheilungen derselben 1) die uiskische Linie am
Ui von W. nach O., die kürzeste Distanz. Der Hauptwaffenplatz in ihr ist Troizk oder Troizkaja Krepost [5]), zugleich die

---

[3]) Erdmann, Reisen II. 1. S. 218.
[4]) Georgi, geogr. Beschreibung II. 2. S. 537.
[5]) Rytschkow, Orenburg. Topogr. VII. S. 140. Pallas, Reisen durch verschied. Prov. II. S. 292.

bedeutendſte Feſtung nach Orenburg in jener Gegend. Seit der
Anlegung der Linie iſt auch hier ein ſehr wichtiger aſiatiſcher
Handelsverkehr, und für denſelben iſt ein gut gebauter hölzerner
Tauſchhof mit 600 Buden am rechten Ufer des Ui errichtet.
Der Handelsverkehr gleicht dem orenburgiſchen, nur kommen
hier mehr Kirgiſen und weniger buchariſche Karavanen; die
einkommenden und ausgehenden Waaren ſind größtentheils die-
ſelben wie in Orenburg [6]). Dann folgt 2) die werchurali-
ſche oder orskiſche Linie am obern Ural entlang von N.
nach S. mit dem Hauptorte Orsk. 3) Die orenburgiſche
Linie im engern Sinne am mittlern Ural entlang von O. nach
W. mit dem Hauptorte Orenburg. 4) Die untere urali-
ſche oder niſchnuraliſche Linie von N. nach S. bis zum kaspiſchen Meere gehend mit dem Hauptort Uralskoi Gorodok, dem
Sitz der uraliſchen Koſacken. Dieſe letztern wurden gleich von
Anfang an als die Wächter dieſer Befeſtigungslinie angeſtellt,
vornehmlich in der untern Diſtanz von Uralsk bis Guriew.
Die Anzahl der uraliſchen Koſacken beträgt gegen 30,000
Köpfe, unter denen ſich aber viele getaufte Tataren und auch
Kalmücken befinden, die ſich als Koſacken eingeſchrieben haben.
Bei einem außerordentlichen Aufgebot können ſie an 18 bis
20,000 Mann ins Feld ſtellen, während ſie gewöhnlich nur
ein marſchfertiges Corps von 12,000 Mann unterhalten [7]).
Die Ausbildung des Grenzſyſtemes am uraliſchen Völkerthore
gab übrigens zur Entſtehung eines neuen Zweiges des Krieger-
ſtammes der Koſacken Veranlaſſung. Die ſogenannten orenburgiſchen Koſacken ſcheinen ſich am Ende des ſiebzehnten
Jahrhunderts von dem Hauptſtamm der doniſchen Koſacken
getrennt zu haben. Bei ihrer Entſtehung wohnten ſie ſämmtlich am Samara-Fluß, aber nach der Einrichtung der orenburgiſchen Linie, wurden die mehrſten an dieſelbe hin verſetzt.
Jetzt haben ſie ihre Wohnſitze an der Samara, an dem Ui und
Ural von Werchuralsk abwärts bis Jlezk. In allen dieſen
Forts, Orenburg ausgenommen, machen ſie den größten Theil

---

[6]) Storch, Gemälde des ruſſ. Reichs VIII. S. 351.
[7]) Storch, Rußland, hiſtoriſche Zeitſchrift VI. S. 351.

der Bewohner aus, und können an 20,000 Mann ins Feld
stellen, obgleich nur 8 bis 10,000 Mann zum Kriegsdienst ein-
geschrieben sind [8]). Ihr Ataman hat seinen Sitz in Orenburg.
Außer diesen doppelartigen klein-russischen Grenzwächtern am
südlichen Ural, welche dort seit den letzten Jahrhunderten einheimisch sind, gehören zu diesem Befestigungssystem auch noch
von der russischen Regierung ernannte temporäre Garnisonen
aus Infanterie und Reiterei bestehend, welche in den Haupt-
waffenplätzen wie vornehmlich Orenburg ihre Standquartiere
haben. Die ganze Einrichtung dieses Systems gleicht den römischen Vertheidigungswerken gegen die Germanen, nur daß
es in diesem modernen Weltreiche bestimmter, consequenter
und mit mehr Rücksicht auf die von der Natur gegebenen
Verhältnisse durchgebildet ist.

2) Der mittlere Ural.

Der mittlere Ural reicht im weitern Sinne von der Quelle
der Ufa im Süden nordwärts bis zu den Quellen der Petschora, welche gegen N. W. zum Eismeer abfließt, und den
Quellen der Soswa, welche sich gegen N. O. zum Obi Strom
ergießt, bis zum 61° N. Br. Er hat in dieser Ausdehnung eine
Länge von hundert Meilen von Norden nach Süden. Indem
dieser mittlere Ural die unmittelbare Fortsetzung des plateauartigen orenburgischen Ural bildet, zieht er sich anfangs in
eben dieser Gestalt fort bis zu den Quellen der Tschussowaja,
eines Nebenflusses der Kama, nimmt aber von da an Höhe
und Breite ab bis zu dem Quellgebiet der Tura, eines Nebenflusses des Tobol, und breitet sich wieder als ein plateauartiges Massengebirge aus um die Quellen der Petschora, Tawda,
die zum Tobol geht, und Soswa. Dieser nördliche Theil des
mittlern Ural ist der werchoturische Ural, und zwischen
dem orenburgischen und werchoturischen Ural, welche sich durch
die größte Mächtigkeit innerhalb des gesammten Gebirgssystems
auszeichnen, liegt der katharinenburgische Ural, welcher

---

[8]) Georgi, geogr. Beschreibung II. 2. S. 510. Storch, Gemälde des russischen Reiches I. S. 91.

die geringste Breite und Höhe und die sanftesten Gehänge hat,
wo der eigentliche Rücken des Ural nur eine Breite von 30
Werften [9]) hat. Der werchoturische Ural führt bei den Ruf=
schon den Namen des Sewernoi Pojas d. h. nördlicher
Gürtel, oder Sewernoi Pojassoi Kamen der nördliche Felsen=
gürtel [10]); oder er heißt auch im weitern Sinne Werchoturskoi
Kamen. Denn so wie im südlichen Ural der Name Tau zur
Bezeichnung der höchsten Bergkuppen vorherrschend ist, so hier
der russische Namen Kamen (Fels), wie in dem Pawdinskoi
Kamen, Koswinskoi Kamen u. a. Aber auch der Name des
jugrischen Gebirges, welcher eigentlich nur am nördlichen
Ural zu Hause ist, scheint für diesen erhabenen werchoturischen
Ural [11]) nicht minder üblich zu sein. Die Berge des kathari=
nenburgischen Ural sind weit niedriger und weniger mächtig,
sie haben daher bei den Anwohnern auch keine besondere Na=
men; sie zeigen meistens hohe morastige Flächen, und sind nicht
so stark bewaldet wie die Bergmassen des südlichen Ural. Das
Klima ist hier auch viel milder als im baschkirischen Ural, ob=
schon noch immer rauh und für die Ackerkultur mißlich [12]).
Vornehmlich bei Katharinenburg ist diese südliche Hälfte des
mittlern Ural so niedrig, daß hier das Gebirge wie durch=
brochen zu sein scheint, die Zuströme zur Kama und zum
Tobol nach Westen und Osten liegen dort ganz benachbart,
nur ein bis zwei Meilen [13]) auseinander. Daher sagt auch
ein neuerer Reisender, das Ural=Gebirge gewähre trotz seiner
großen Ausdehnung von Norden nach Süden und seiner bedeu=
tenden Breite von der Landschaft Permien aus einen weni=
ger imponirenden Anblick als viele weit unbedeutendere
Gebirge. Denn es steigt dort so allmählig an, daß es sich
dem Auge selten als ein Gebirgszug, und auf dem Wege von
Kungur an der Sylwa, die zur Tschussowaja geht, nach Ka=

---

[9]) Hermann, mineral. Beschreibung I. S. 3, 10, 11.
[10]) Pallas, Reisen durch verschied. Prov. II. S. 231.
[11]) Georgi, geogr. Beschreibung II. 1. S. 259 und 269.
[12]) Falk, topogr. Beiträge I. S. 221.
[13]) Georgi, Reisen II. S. 743.

tharinenburg nirgends als ein deutlicher Rücken, sondern mehr
als Massengebirge [14]) darstellt. Durch diese große Senke
oder Durchbruch im mittlern Ural führt die große Naturstraße
von Rußland nach Sibirien hindurch, auf welcher auch die
ersten Eroberer Sibiriens von Europa aus nach Asien vordrangen. Ja Pallas macht sogar auf eine mögliche Wasserkommunikation aufmerksam, welche die uralische Gebirgskette
durchsetzend das Wolga- und Obi-Stromsystem durch die
Kama und den Tobol verbinden, und so das kaspische mit dem
nördlichen Eismeer an den asiatischen Gestaden in Zusammenhang bringen würde. Denn im Nordwesten von Katharinenburg liegt der sogenannte Tschernoi Osero d. h. der schwarze
See, auf der Westseite des obern Tagil, eines südlichen Nebenflusses der Tura, in der Nähe von dem Hüttenwerke Nischnei Tagilskoi Sawod und in einem Gebiete, das der Familie
Demidow gehört. Gleich auf der Nordseite des Sees liegt
ein merkwürdiger Magnetberg, der ganz aus Eisenerz und
Stahlstein besteht, und auf seiner Westseite der Ural-Tau,
welcher hier so schmal und niedrig ist, daß man von dem Tagil aus sehr leicht durch den Tschernoi Osero eine Wasser-
passage [15]) zur Tschussowaja hin, welche gegen N. W. zur
Kama hinabführt, eröffnen könnte.

Die höhern Bergkuppen des werchoturischen Ural sind fast
mit ewigem Schnee bedeckt, wenigstens zeigen sie dem nördlichen Polarkreise benachbart noch im Juni mächtige Schneemassen, wie es Lepechin [16]) fand, der die meisten derselben er-
stiegen hat. Als der Riese unter allen uralischen Berghöhen
erhebt sich der Pawdinskoi Kamen. Er liegt unter dem
59° N. Br. im Nordwesten von Werchoturie; an seinem Ost-
Fuße entspringen die beiden Flüsse Lobwa und Ljala, welche
beide vereinigt zur Soswa abfließen, und diese letztere ergießt
sich wieder durch die Tawda zum Tobol. An seiner Nordwestseite fließt die Koswa vorüber, die sich gegen S. W. zur Kama

---

[14]) Erdmann, Reisen II. 2. S. 47.
[15]) Pallas, Reisen durch verschied. Prov. II. S. 194.
[16]) Lepechin, Tagebuch III. S. 66, 72. Hermann, mineral.
Beschreibung I. S. 213.

ergießt. Der Pawdinskoi Kamen bildet einen erhabenen Grenzstein zwischen Rußland und Sibirien [17]), er scheidet wie die
Gewässer so auch die Landschaften. Nach neuern Messungen
erhebt er sich an 6400 Par. Fuß über dem Meere. Er führt
seinen Namen nach dem Dorfe Pawdinskaja, welches zwei
Meilen von seiner eigentlichen Kuppe gegen N. W. entfernt
liegt; er bildet eine langgestreckte Berghöhe, die rings von
Waldungen umgeben ist, sein oberer Theil besteht aus mächtigen Steinklumpen, die über einander aufgethürmt sind; der
eigentliche Gipfel ist aber eine abgeplattete Granitkuppe von
90 Schritt im Durchmesser, er ist nackt und kahl und nur
mit Kräutern und Moosen bedeckt. Zwischen den Klüften, auf
seinem Rücken finden sich kleine Seen und Schneegruben [18])
mit immerwährendem Schnee erfüllt. Der östliche Nachbar
dieser Berghöhe ist der Konschekowskoi Kamen an den
Quellen der Lobwa. Er erhebt sich mitten in einer morastigen,
waldigen Wildniß, und besteht aus nackten Granitklippen.
Sein kahler Gipfel, auf dem sich nur verkrüppelte Zwergbirken zwischen den Felsenstücken finden, besteht auch aus einer
langgestreckten Berghöhe; die tiefen Thäler umher, welche mit
düstern Waldungen erfüllt sind, zeigen sich von seiner Höhe
wie mächtige Erdfälle [19]). Er soll sehr reich an Metallen sein.
Mit ihm steht in Verbindung und theilt seine Natur der
Suchoi Kamen, an den Quellen der Lobwa gelegen, der
fast ganz unbewaldet ist, wovon auch wohl sein Name, welcher
einen dürren Felsen bezeichnet, herrührt. Auf ihm herrscht
aber eine weit größere Kälte, als auf den benachbarten Bergen, obschon er ihnen an Höhe nicht einmal gleichkommt.
Lepechin leitet dieselbe von dem Eisenreichthum in diesem Berge
ab, denn die Mächtigkeit der Schneeschichten, welche er noch
in der Mitte Juni in den großen Schneeablagerungen dort
wahrnahm, zeigten sich auch als Beweise der größern Kälte.

---

[17]) Erdmann, Reisen II. 2. S. 155.
[18]) Lepechin, Tagebuch III. S. 67 bis 99. Hermann, mineral.
Beschreibung I. S. 214 bis 216. II. S. 378.
[19]) Lepechin, Tagebuch III. S. 59 bis 63. Hermann, mineral.
Beschreibung I. S. 214.

Auf dem Konschekowskoi Kamen fand er die Pflanzen in voller
Blüthe, die hier erst eben aufbrachen. Die Eisenerze finden
sich hier in steilen Wänden und in zwei Klafter breiten Lagen
geschichtet, sie gleichen beim ersten Anblick völlig dem geschmie=
deten Eisen [20]). Nördlich von diesen drei Bergen erhebt sich
der Koswinskoi Kamen, der mit zu den bedeutendsten Hö=
hen des werchoturischen Ural gehört. Bis zur Hälfte ist er
bewaldet, die obere Hälfte ist nackt. Sein Rücken ist eine un=
ebene Fläche mit kleinen Seen von Schneewasser erfüllt; von
ihm ergießt sich die wasserreiche Koswa herab, welche bei dem
Dorfe Koswinska vorübergeht, und zur Kama abfließt [21]).
Der nördlichste merkwürdige Punkt in dieser Gruppe von er=
habenen Bergspitzen ist der Wostroi Kamen, welcher seinen
Namen von zwei obeliskenartigen Felssäulen hat, die neben
dem höchsten Gipfel an zehn bis funfzehn Klafter hervorragen.
Er ist ganz mit morastigen Thälern und dicken Waldungen
umgeben und bedeckt. Seine Lage ist in dem Quellgebiet der
Soswa im Osten der Stadt Solikamsk ungefähr unter dem
60° N. Br.; es sollen dort große und schöne Bergkrystalle [22])
an ihm gebrochen werden. Alle Gipfelerhebungen dieser wercho=
turischen Gebirgsgruppe sind nach Lepechins Aussage [23]) durch
niedrige waldige Bergrücken mit einander verbunden, und diese
von tiefen morastigen Thälern durchfurcht.

Terrassenförmig senkt sich der mittlere Ural nach Osten
und Westen hinab zu den Thalläufen des Tobol in dem alten
Lande Sibirien und der Kama in dem Lande Permien. Viele
wasserreiche Zuflüsse jener beiden Ströme ergießen sich von seinen
Höhen nach entgegengesetzten Seiten hinab, und senden ihre
Wasser durch das Wolga=System und das des Irtisch und
Obi zum kaspischen und polarischen Meere. Der permischen
Seite des mittlern Ural entströmen als zwei Hauptflüsse die
Tschussowaja und Wischera, der sibirischen Seite vier Flüsse,
der Ui, Iset, Tura und Tawda.

---

[20]) Lepechin, Tagebuch III. S. 65, 66.
[21]) Lepechin, Tagebuch III. S. 71 bis 73.
[22]) Pallas, Reisen durch verschied. Prov. II. S. 249, 250.
[23]) Lepechin, Tagebuch III. S. 62.

Die permischen Flüsse. Die Tschussowaja.

Bei den anwohnenden Wogulen führt dieser Fluß den Namen Schuscha, woraus der russische Name Tschussowa oder Tschussowaja entstanden zu sein scheint. Der Name soll einen Fluß bedeuten, dessen Natur sich plötzlich verändert aus einem wasserarmen in einen wasserreichen und reißenden Fluß, wie es auch hier der Fall ist. Es erhellt zugleich daraus, daß der finnische Völkerstamm der Wogulen, der eigentlich am nördlichen Ural zu Hause ist, sich in seinen äußersten Kolonien gegen S. W. bis hierher [24]) ausbreitet. Die Quellen der Tschussowaja liegen auf unansehnlichen und wenig erhabenen Höhen, wo sich die Gewässer der Ufa, Tschussowaja und Iset sondern, und ihr Thallauf bezeichnet zugleich den großen Durchbruch in der Mitte des uralischen Gebirgssystems. Sie entspringt aus drei kleinen Seen im S. W. von Katharinenburg, an 70 bis 80 Werst davon entfernt, und ist gleich schiffbar, da sie bei ihrem Ausfluß schon eine Breite von fünf bis sechs Klafter hat. Etwas weiter unterhalb bei Utkinsk ist dieselbe schon auf 30 bis 40 Klafter angewachsen. Die Tschussowaja fließt schnell und reißend, hat aber keine Fälle, obgleich sie über viele Felsen strömt. Sie fließt durch Kalkboden, und wird auch auf ihrem rechten Ufer von erhabenen Kalkflötzen begleitet; sie ist arm an Fischen und ihre Quellbäche ganz ohne dieselben vermuthlich wegen des kalten kalkigen Gebirgswassers [25]). In einem Längenthale des Ural fließt sie nach N. W., bricht dann durch die vorgelagerten Bergketten gegen Westen hindurch, und vereinigt sich nun mit ihrem Haupt-Nebenfluß, der Sylwa, welche sie in einem parallelen Längenthale auf der Westseite begleitet hat, bei der alten permischen Stadt Kungur vorüberfließend. Der vereinigte Strom der Tschussowaja und Sylwa ergießt sich nach einem Laufe von 400 Werst und in einer Breite von 50 Faden nicht weit oberhalb der Stadt Perm in die Kama. Es ist dieser Fluß vor-

---

[24]) Georgi, Reisen II. S. 596, 620, 621.
[25]) Georgi, Reisen II. S. 554, 600.

nehmlich wichtig für die Wasserkommunikation zwischen Katharinenburg und Petersburg, schon am Ende des vorigen Jahrhunderts fuhren alljährlich mehr als 400 mit den Produkten
des Ural befrachtete Fahrzeuge [26]) zur Kama hinab. An diesem Flusse unternahm der berühmte Eroberer Jermak Timofejew seinen Feldzug nach Sibirien, weshalb auch noch jetzt fast
jeder Punkt an ihm einen Namen nach Jermak oder nach
einem aus seiner Schaar führt. An seinem rechten Ufer in
seinem obern Laufe, an dem kleinen Zustrom Serebränka am
Ural-Tau, westwärts von dem Tschernoi Osero und dem
Magnetberge, liegt noch jetzt die sogenannte Jermaks-
Schanze (Jermakowo Gorodischtsche), bestehend aus den
Ueberresten eines befestigten Lagers mit Graben und Wall auf
einem flachen Berge [27]), wo Jermak im Jahre 1579 überwinterte. Der Zar Iwan II. Wasiljewitsch verlieh den Fluß
der Familie Stroganow, welcher auch gegenwärtig der größte
Theil desselben mit allen an den Gestaden befindlichen Berg-
werken und Fabriken gehört [28]).

Die Wischera, nördlicher als die Tschussowaja, kommt
von dem hohen wilden Rücken des Ural herab, wo sich der
mittlere und nördliche Ural an einander anschließen, und von
wo die Petschora gegen N. W. abfließt. Sie fließt größtentheils durch ein rauhes kaltes Gebirgsland zwischen Kalksteinfelsen hindurch, und ist eben so reißend wie die Tschussowaja.
Gegen S. W. ergießt sie sich hinab zur obern Kama. Bei
der alten permischen Stadt Tscherdyn wird sie schiffbar, und
vereinigt sich dort mit dem von Norden herkommenden stets
schiffbaren Seitenflüßchen Kolwa [29]). Nach einem Laufe von
700 Werst erreicht sie die Kama an 30 W. oberhalb der Stadt
Solykamsk. An ihren Ufern befinden sich zahlreiche Ueberreste von befestigten Ortschaften [30]) der alten Permier oder
Bjarmen.

[26]) Georgi, Reisen II. S. 622.
[27]) Georgi, Reisen II. S. 593, 594.
[28]) Rußlands Wasserverbindungen S. 112.
[29]) Georgi, geogr. Beschreibung I. S. 279.
[30]) Rußlands Wasserverbindungen S. 111.

Die ſibiriſchen Flüſſe.

Unter den vier Flüſſen, welche die nach der ſibiriſchen Seite dem mittlern Ural entſtrömenden zahlreichen Quellbäche dem Tobol zuführen, iſt der Ui als der ſüdlichſte der unbedeutendſte. Er entſpringt eigentlich noch auf dem ſüdlichen Ural, auf dem Karataſch oder auf denſelben Höhen[31]), welchen der Jaik gegen Süden entſtrömt. Er bildet zugleich mit der an ihm gezogenen Feſtungslinie die Barriere des ruſſiſchen Sibiriens gegen die der ruſſiſchen Hoheit nur halb unterworfenen Kirgiſen. Bedeutender ſind die beiden nach Norden zu folgenden Flüſſe Iſet und Tura, an ihnen liegen in ihrem obern Quellgebiet, unmittelbar am Fuße des Ural, die beiden Städte Katharinenburg und Werchoturie, die Schlüſſel zu Sibirien und die beiden Hauptpunkte des bergmänniſchen Betriebs im uraliſchen Erzgebirge.

Der Iſet. Er kommt aus einem kleinen gleichnamigen See, Iſezkoi Oſero, zwanzig Werſt oberhalb Katharinenburg, und ergießt ſich wie der Ui grade gegen Oſten zum Tobol hinab. Er fließt theils in einer ſchmalen, theils in einer zwei Werſte breiten offenen oder auch waldigen Niederung[32]). Von Schadrinſk an, etwas oberhalb der Einmündung des Miäs, hat er abwärts überall ein zwei bis drei Werſte breites Geſtade, das er alljährlich überſchwemmt, in ſeinen Ufern iſt er überall 20 bis 30 Klafter breit und reißend, aber bis zur Vereinigung mit dem Miäs nicht ſehr tief. Bis zu ihm ſind die Ueberſchwemmungen im Frühjahr auch unbedeutend. Er macht wenig Inſeln und Arme, und wo er ſich der hohen Steppe nähett, hat er ein drei bis acht Klafter hohes Ufer[33]). Bis Schadrinſk iſt er im Frühjahr für beträchtliche Barken aufwärts und abwärts ſchiffbar; oberhalb iſt ſein Bett felſig und wegen der Stromſchnellen zur Schifffahrt[34]) nicht geeignet.

---

[31]) Pallas, Reiſen durch verſch. Prov. II. S. 371.
[32]) Falk, topogr. Beiträge I. S. 224.
[33]) Georgi, Reiſen II. S. 534.
[34]) Rytſchkow, Orenburg. Topogr. VII. S. 13.

Sein Hauptzustrom ist der Miäs oder Mijas, der auf dem
Karatasch bei der Ui=Quelle entspringt, bei Tscheljabynsk vor-
überströmt und sich in nordöstlicher Richtung zum Jset ergießt.
Letzterer erreicht den Tobol nach einem Laufe von 500 Werst
bei Jalutorowsk, wo die Ueberfarth der sibirischen Heerstraße[35])
über den Tobol ist.

Das zu beiden Seiten des Jset sich ausbreitende Gebiet
ist das schönste, reichste und in alter und neuer Zeit am mei=
sten bevölkerte am ganzen Ostgehänge des Ural=Gebirges entlang, und als solches lernen wir es schon vor einem Jahrhundert durch den ältern Gmelin[36]) kennen. Man nannte es
die isettische Provinz, welche erst seit 1780 nach der
Hauptstadt Katharinenburg benannt wurde. Die Ebenen, sagt
Pallas, welche sich auf dem Rücken des katharinenburgischen
Ural ausbreiten, und einen großen Theil der isettischen Provinz am Jset=Flusse entlang füllen, sind als sehr schöne kräu-
terreiche Steppen ausgezeichnet, und daher sind die Baschkiren
in diesem Theile des Ural die wohlhabendsten von allen. Diese
Steppen sind besonders gedeihlich für gute Pferdezucht, und
daher ist es nicht selten, daß manche von den hiesigen Basch=
kiren einige Hundert Pferde, ja manche selbst mehrere Tausend
haben. Die Baschkiren kennen auch die guten Eigenschaften
der Weide in den schönen Gefilden der isettischen Landschaft
sehr wohl. Wenn sie im Juni wegen der Mückenschwärme
und anderer Insekten, mit welchen die Luft in diesen Gegen=
den angefüllt ist, mit ihren Heerden nach den kühlern Grün=
den des Gebirges ziehen, so magern die Pferde ganz ab und
werden kraftlos; wenn sie sich aber Ende Juli wieder in die
Steppen zurückbegeben, und im August sich dann allmählig
in ihren Winterdörfern einfinden, so erholen sich diese Thiere
wieder sehr schnell. Eine Menge der schönsten Grasarten und
Schotengewächse, womit ihre neue Weide versehen ist, die
vielen Salzpfützen und Salzpflanzen und die kräftigen Beifuß-

---

[35]) Falk, topogr. Beiträge I. S. 225.
[36]) J. G. Gmelin, Reise durch Sibirien in den Jahren 1733
bis 1743. Göttingen 1751. 8. Th. IV. S. 296, 299.

arten (Artemisiae), welche die isettische Landschaft in großer
Menge und Mannigfaltigkeit erzeugt, tragen dazu sehr viel bei.
Die schöne Weide würde die baschkirischen Pferde noch mehr
veredeln, wenn man nicht den Füllen die Muttermilch wegen
der Bereitung des Kumis entzöge, und wenn die Baschkiren
für den Winter einen hinlänglichen Heuvorrath besorgten, und
nicht wegen ihrer Indolenz ihre Pferde von den Kräutern leben
ließen, die sie sich selbst unter dem Schnee hervorscharren [37]).
Aber die isettische Landschaft hat außer dem weidereichen Step=
penboden auch schönen fruchtbaren Kulturboden, sie gilt in der
That als die Hauptkornkammer [38]) für alle Gegenden
auf der Ostseite des Ural. Die Gegend um Schadrinsk an
dem untern Iset ist ganz eben, zeigt trefflichen Ackerboden,
und ist auch gut angebaut; Bergbau wird daselbst nicht mehr
betrieben [39]). Dieses isettische Gebiet mußte nothwendig we=
gen seiner Naturbeschaffenheit und seiner Weltstellung zur Seite
des großen uralischen Völkerthores hier an der Ostseite des
Ural eine ähnliche Rolle spielen, wie das Gebiet von Ufa auf
der andern, westlichen Seite. Daher auch der Reichthum an
Denkmalen der Vergangenheit aus der alten Tschuden und
spätern Tataren Zeit an dem Iset abwärts bis zum Tobol
hin. So wie die Ufer des Flusses jetzt stark bewohnt sind,
so, meint Georgi, müsse es nach den vielen Grabhügeln zu
schließen auch schon in alter Zeit gewesen sein. Denn bei
Isetskoi Ostrog am linken Ufer des Flusses gegen den Tobol
zu fand er Ueberreste alter Befestigungswerke, und in der Nähe
umher sieben runde Grabhügel von ein bis anderthalb Klafter
Höhe; überdies zahlreiche kleinere [40]) um die Vereinigung des
Iset und Tobol. Auch bei Schadrinsk liegen die Ueberreste
einer tschudischen Stadt, und umher viele tschudische Grab=
hügel [41]). Aber nicht blos die Uferlandschaften, sondern die
ganze Provinz ist erfüllt mit zahlreichen alten Tumuli, in denen

[37]) Pallas, Reisen durch verschied. Provinzen II. S. 75, 76.
[38]) Pallas a. a. O. II. S. 376, 377. Georgi, Reisen II. S. 526.
[39]) Erdmann, Reisen im Innern von Rußland II. 2. S. 182.
[40]) Georgi, Reisen II. S. 527, 534.
[41]) Rytschkow, Orenburg. Topographie VII. S. 152.

man eiſerne und kupferne Geräthe, zuweilen auch Schmuck=
ſachen von Silber[42]) gefunden hat.

Katharinenburg bildet den wichtigſten Punkt an der
ganzen Oſtſeite des uraliſchen Gebirges. Dieſe Stadt liegt im
Quellgebiet des Jſet auf dem rechten Ufer deſſelben unter dem
57° N. Br., alſo nur wenig nördlicher als Kaſan und Mos=
kau, und in gleichem Parallel mit den Wolga=Quellen auf den
Waldai=Höhen und mit Riga an den baltiſchen Geſtaden.
Sie iſt eine der jüngſten aſiatiſchen Städte, ſteht erſt ſeit einem
Jahrhundert, und verdankt ihr Daſein dem Aufblühen des ura=
liſchen Bergbaues. Sie wurde erſt im Jahre 1723 von Peter
dem Großen gegründet als Bergſtadt[43]) und zu Ehren ſeiner
Gemahlinn, der nachmaligen Kaiſerinn Katharina I., benannt.
Zwar auf der Oſtſeite des Ural gelegen, wird ſie von der ruſ=
ſiſchen Regierung doch mit zu Europa gerechnet, und gehört
mit zu dem Gouvernement Perm, von deſſen Oſthälfte, der
katharinenburgiſchen Oblaſt, ſie die Hauptſtadt iſt. Von der
Hauptſtadt Perm an der Kama liegt ſie an 50 Meilen[44])
gegen S. O. entfernt. Katharinenburg iſt eine völlig europäi=
ſche Stadt mit einer großentheils deutſchen Bevölkerung wegen
des Bergbaues, mitten in dem uraliſchen Waldgebirge und in
der Mitte zwiſchen ſlaviſchen, finniſchen, turktatariſchen und
mongoliſchen Völkerſchaften. Sie iſt eine der wichtigſten Städte
des ruſſiſchen Reichs, ſie übertrifft nach der Ausſage eines
neuern Reiſenden ſelbſt im Aeußern mehrere Gouvernements=
ſtädte, iſt ziemlich regelmäßig gebaut, von bedeutendem Um=
fange, volkreich, belebt und als Centralpunkt des ruſſiſchen
Bergbaues[45]) ſehr intereſſant.

Die Tura. Sie entſpringt oberhalb Werchoturie auf dem
Ural=Tau, durchbricht in einem Querthal gegen Oſten die
Vorberge des Ural bei der Stadt Werchoturie, wendet ſich

---

[42]) Falk, topogr. Beiträge I. S. 241.
[43]) Gmelin, Reiſe durch Sibirien I. S. 112.
[44]) Georgi, geogr. Beſchreibung II. 1. S. 279.
[45]) Erdmann, Reiſen II. 2. S. 109. Vergl. Erman, Reiſe
durch Nord=Aſien. Berlin 1833. 8. Th. I. S. 302 bis 304.

dann gegen S. O. bei Turinsk vorüber, und geht in dieser
Richtung zum Tobol. Sie hat einen sandigen Grund, weder
Fälle noch Klippen, ist aber nur bis nach dem Orte Tjumen
hinauf, woselbst sie eine Breite von 40 bis 60 Faden hat,
schiffbar. Ihr rechtes Ufer besteht aus hohen Kalk= und Sand=
steinlagern, ihr linkes Ufer ist flach und niedrig und wird im
Frühjahr überschwemmt [46]). Die Tura nimmt auf ihrer
rechten Seite viele andere Quellströme in sich auf, die sämmt=
lich ihren Ursprung zwischen den Quellen der Tura und des
Iset in der Nähe der obern Tschussowaja haben. Ihr erster
bedeutender Zustrom ist der Tagul oder Tagil, der von dem
Tschernoi Osero neben den Iset=Quellen kommt, anfangs in
einem Längenthale nach N. fließt und dann gegen Osten zur
Tura umbiegt, die er zwischen Werchoturie und Turinsk er=
reicht. An seiner östlichen Umbiegung bezeichnet das Jerma=
kowo Gorodischtsche [47]) noch jetzt die Stelle, wo dieser Ko=
sacken Häuptling auf seinem Zuge über den Ural zum Tobol
überwinterte. Der zweite bedeutende Zustrom ist die Niza,
welche durch die beiden Quellströme Neiwa und Ketsch gebil=
det wird; aber noch ehe sie die Tura unterhalb Turinsk er=
reicht, nimmt sie noch von Süden her das Flüßchen Irbit in
sich auf, an dessen Mündung der Flecken Irbit liegt, im S.
W. von Turinsk. Der Ort ist bekannt durch seine in einem
Theile von Asien und Europa berühmten Messen im Monat
Februar und März. Schon seit dem Anfang des siebzehnten
Jahrhunderts soll sich hier ein bedeutender Handelsverkehr ge=
bildet haben, wodurch sein Wohlstand so zunahm, daß er im
Jahre 1775 Stadtrechte erhalten konnte [48]). Die Messe wird
besucht von Kaufleuten aus dem fernen Osten und Westen,
und europäische und asiatische Waaren werden hier mit einan=
der ausgetauscht. Außer den russischen und sibirischen Völkern
finden sich hier Bucharen, Perser, Armenier und Griechen ein.
Der Handel besteht größtentheils in Tauschhandel, er wird

---

[46]) Falk, topogr. Beiträge I. S. 244.

[47]) Pallas, Reisen durch verschied. Provinzen II. S. 204.

[48]) Eine Schilderung des lebhaften Verkehrs vom Jahre 1733 findet
sich bei Gmelin, Reise durch Sibirien I. S. 122.

auf einem freien Platze vor der Stadt betrieben, und im Jahre 1829 soll der Umsatz gegen 17 Millionen Rubel betragen haben [49]). Dieser irbitsche Markt ist die jüngste Erneuerung des alten jugrischen Handelsverkehrs am nördlichen Ural zu nennen. Der dritte größere Zustrom zur Tura ist die Pyschma, deren Quellen dicht neben dem obern Iset bei Katharinenburg liegen in einem Gebiete, das durch die Beresowschen Goldbergwerke berühmt ist. Nach N. O. strömend erreicht sie die Tura unterhalb Tjumen nicht weit von ihrer Einmündung in den Tobol [50]). Der ganze Lauf der Tura selbst beträgt über 300 Werst. Das Klima ist in den Gegenden der Tura schon ziemlich rauh, aber doch noch immer für die Ackerkultur geeignet; die Umgegend von Turinsk an der mittlern Tura zeigt fruchtbaren Kulturboden, der noch reichliche Erndten an Waizen und Roggen [51]) hervorbringt. Die tatarischen Turalinzen, die jüngern Bewohner jenes Gebietes treiben auch fleißigen Ackerbau.

Die drei Ortschaften Werchoturie, Turinsk und Tjumen, welche an der Tura abwärts auf einander folgen, sind in historischer Beziehung in früherer Zeit die wichtigsten an den Ostgehängen des Ural gewesen, ehe noch die verschiedenen Anwohner des Tura-Stroms der russischen Herrschaft unterworfen wurden. Tjumen, die süd-östliche jener Ortschaften ist die älteste Stadt in Sibirien, und wurde im Jahre 1586 gegründet an der Einmündung des Baches Tjumenka in die Tura [52]) auf dem rechten, erhabenen Ufer des Flusses. Aber schon im Jahre 1580 war hier das Standquartier Jermaks auf seinem Zuge nach Sibirien, denn neben dem spätern Tjumen lag hier schon eine andere bedeutende Stadt. Die hier seit dem dreizehnten Jahrhundert eingewanderten Turalinzen von turktatarischem Stamme, durch welche die frühern Bewohner, die finnischen Wogulen, erst zum Theil verdrängt

[49]) Rußlands Wasserverbindungen S. 141.

[50]) Georgi, geogr. Beschreibung I. S. 345. Rußlands Wasserverbindungen S. 255.

[51]) Lepechin, Tagebuch III. S. 44.

[52]) Fischer, sibirische Geschichte I. S. 255.

sind, lebten in festen Wohnsitzen, und ihre alte Hauptstadt war Tschingi oder Tschingi=tura [53]), deren sich Jermak bemächtigte. Als aber einige Jahre später bei Jermaks Tode im Jahre 1584 das von ihm für Rußland eroberte sibirische Chanat wieder verloren zu gehn schien, da wurde von Moskau aus der Woiwode Wasilei Sukin mit genügender Kriegsmacht aus 300 Strelitzen und Kosacken bestehend ausgesandt. Dieser setzte sich zunächst am Flusse Tura fest, und legte neben der tatarischen Stadt Tschingi den Grund zu der neuen russischen Stadt Tjumen, dort wo sich das rechte südliche Ufer des Stromes an zehn Faden über den Spiegel des Flusses erhebt [54]), und auf der Südseite von dem fruchtbarsten Ackerlande umgeben ist, während das nördliche Flußufer flach und mit Waldungen bedeckt ist. So wurde Tjumen der erste Hauptwaffenplatz der Russen in Sibirien, und trug wesentlich bei zur Aufrechthaltung der russischen Herrschaft in diesem Lande. Noch jetzt sieht man die Ueberreste von der alten Tataren Stadt Tschingi mit ihren Vertheidigungswerken [55]) in Gräben und Wällen bestehend; sie heißen bei den Tataren Jarewo Gorodischtsche d. h. die alte Fürstenstadt. Etwas unterhalb Tjumen liegen auf dem hohen Ufer des Flusses mehrere ansehnliche tatarische Kurgane [56]), und auch die obern Gegenden der Tura zeigen zahlreiche tatarische Grabhügel. Was es für eine Bewandniß mit dem Namen der von den Russen erbauten Stadt habe, da dieses turktatarische Wort eigentlich „zehntausend" bedeutet, ist ungewiß, es scheint aber der Name zur Tataren Zeit daselbst schon üblich gewesen zu sein, so wie jetzt wiederum Tjumen bei ihnen Tschingitura [57]) genannt wird. Turinsk ist erst einer der jüngern Orte von West=Sibirien zu nennen, da diese Stadt erst im Jahre 1600 angelegt wurde. Ihre Gründung war erforderlich zur Sicherung der großen

[53]) Georgi, Beschreibung aller Nationen des russischen Reiches. Petersburg 1776. 4. Th. I. S. 112.

[54]) Gmelin, Reise durch Sibirien I. S. 221.

[55]) Lepechin, Tagebuch III. S. 5 bis 8.

[56]) Lepechin a. a. O. III. S. 30.

[57]) Müller, Sammlung russischer Geschichte VI. S. 413, 414.

Heerstraße [58]) von Rußland nach Sibirien und nach dem dort gegründeten Tobolsk. Sie liegt auf der westlichen erhabenen Uferseite, und steht auf der Stelle eines frühern tatarischen Ortes, der den Namen Tura führte, nach welchem auch die tatarischen Turalinzen benannt sind. Nach einem daselbst an= säßigen tatarischen Häuptling Jepantscha, nannte man die Stadt gewöhnlich Jepantschin, aber seit ihrer neuen Begründung durch die Russen führte sie den Namen Turinsk [59]). Beide Städte Tjumen und Turinsk gehören als Theile vom Gou= vernement Tobolsk nach den Bestimmungen der russischen Re= gierung schon mit zu Asien, dagegen gehört die dritte Stadt, Werchoturie, als Theil von dem Gouvernement Perm noch mit zu Europa.

Werchoturie bezeichnet schon durch ihren Namen ihre Lage als die Stadt an der obern Tura. Sie liegt auf der linken, nördlichen Seite des Flusses ungefähr 30 Meilen im Norden von Katharinenburg, und hat eine feste sichere Lage auf dem steilen felsigen, an zehn Faden hohen Ufer der Tura, welches aus einer ebenen Granitfläche besteht. Darum galt sie auch immer als der Vorhof und Schlüssel zu Sibirien. Ihre Gründung fällt gleich in die ersten Zeiten der Eroberung jenes Landes. Sie wurde zuerst mehr nordwärts angelegt an der Lobwa, einem der Quellströme der Soswa, die zur Tawda geht, dann verlegte man sie an die Tura, mehr unterhalb als jetzt, und erst im Jahre 1598 erhielt sie ihre jetzige Lage an der Einmündung des Baches Neromka [60]) in die Tura. Noch jetzt ist die eigentliche Stadt von den im Jahre 1605 erbauten Festungsmauern umgeben, welche damals den Sitz des Woiwoden und der übrigen Beamten zu einem wichtigen Bollwerke gegen die noch oft sich widersetzenden Wogulen mach= ten. Werchoturie ist wichtig als der nördlichste Centralpunkt der uralischen Berg= und Hüttenwerke, die sich nur bis zur

[58]) Fischer, sibirische Geschichte I. S. 301.

[59]) Lepechin, Tagebuch III. S. 33.

[60]) Pallas, Reisen durch versch. Prov. II. S. 265. Lepechin, Tagebuch III. S. 48 und 49. Gmelin, Reise durch Sibirien IV. S. 484.

obern Tawda hinaufziehen.　Unter dem 59° N. Br. gelegen,
nur wenig südlicher als Petersburg an den baltiſchen Geſtaden,
iſt der größere Theil des werchoturiſchen Gebietes waldige und
moraſtige Wildniß, und nur der ſüdliche Theil iſt kulturbar
und angebaut [61]).

Die Tawda oder Towda iſt der nördlichſte der vier
ſibiriſchen Ströme des mittlern Ural, und ihre Quellſtröme
führen zum Theil ſchon zum nördlichen Ural.　Sie wird durch
zwei große Quellſtröme gebildet, durch den nördlichen Pelim
und die ſüdliche Soswa, welche ſich wie nachher der vereinigte
Strom, die Towda, gegen S. O. zum Tobol hinabgießen.
Der Pelim entſpringt unter dem 62° N. Br. auf dem höchſten
Ural=Rücken in einer naſſen, kalten, unwirthbaren Gegend.
Die Soswa entſpringt etwas ſüdlicher unter dem 61° N. Br.
auf den nördlichſten Theilen des werchoturiſchen Ural am Wo=
ſtroi Kamen, und nimmt zahlreiche uraliſche Quellbäche in ſich
auf, zur linken die Loswa, zur rechten die Lobwa und Ljala,
welche gemeinſam vom Pawdinskoi Kamen herabkommen und
ſich durch eine gemeinſame Mündung zu ihr ergießen.　An ihr
liegen noch zahlreiche, aber auch die nördlichſten uraliſchen
Hüttenwerke.　Die Vereinigung des Pelim und der Soswa
iſt bei der Stadt Pelimsk im Oſten von Werchoturie unter
59° N. Br.; die dadurch gebildete Towda iſt zwar ſchiffbar,
wird aber wenig befahren [62]), denn ſie durchſtrömt eine wenig
angebaute Gegend.　Alle dieſe uraliſchen Flüſſe, welche ſich
zum Tobol hinabergießen, bemerkt Falk, wie der Ui, Iſet,
Miäs, Tura, Tagil, Niza u. a. ſind im Sommer träge, und
zeigen viele ſeichte Stellen, wodurch die Schifffahrt gehemmt
wird, aber im Frühjahr bei der Schneeſchmelze auf dem Ge=
birge wachſen ſie ſchnell an, und ſind reißend und gewaltig [63]).

Paſſagen über den mittlern Ural.　Der ſüdliche oder
orenburgſche Ural, welcher gleich einer erhabenen, plateauar=

---

[61]) Erdmann, Reiſen II. 2. S. 179.
[62]) Georgi, geograph. Beſchreibung I. S. 346.　Rußlands Waſſer=
verbindungen S. 255.
[63]) Falk, topogr. Beiträge I. S. 226.

tigen Berginsel über den tiefen Steppengründen am kaspischen
Meere emporsteigt, kann um so weniger natürliche Passagen
darbieten, als er gar keine großen Querthäler zeigt, welche
diese waldige Berginsel von Osten nach Westen durchsetzten,
und die Geschichte hat uns auch nichts von Völkerdurchzügen
durch dieses Gebiet aufbewahrt. Vielmehr haben die von
Osten nach Westen wandernden Völker dasselbe immer umgan=
gen, oder sie haben aus den mehr nördlichen Gegenden des
Ostens kommend die große Straße benutzt, welche die Natur
in der Mitte des uralischen Waldgebirges von Osten nach
Westen gebahnt hat. Denn so wie der mittlere oder kathari=
nenburgische Ural am tiefsten durchbrochen ist, so zeigen sich
auch da die meisten Querthäler, welche seit alter Zeit die leich=
teste Kommunikation zwischen Permien und dem eigentlichen
Sibirien dargeboten haben. Zwei große Passagen sind
uns im mittlern Ural durch die Geschichte aufgeschlossen wor=
den, beide im Westen von der obern Kama ausgehend, die
eine den katharinenburgischen Ural durchsetzend von Perm und
Kungur nach Katharinenburg, die andere den werchoturischen
Ural durchsetzend von Solykamsk nach Werchoturie. Die süd=
liche Passage ist die wichtigste, sie ist die große Naturstraße
von Moskau nach Tobolsk, und in neuern Zeiten in die große
Kunststraße verwandelt, welche auf dem leichtesten und bequem=
sten Wege das europäische Rußland mit Sibirien verbindet.
Sie wird uns mit Sicherheit zuerst bekannt durch den Erobe=
rungszug des Kosacken Jermak Timofejew, als dieser bei sei=
nem kühnen Raubzuge gegen den sibirischen Chan zu Isker
am Jrtisch in dem Thale der Tschussowaja aufwärts die Hö=
hen des Ural erstieg, und in den Seitenthälern der Tura ab=
wärts zum Tobol und Jrtisch vordrang. Denn bis jetzt ist
es noch nicht ermittelt, ob sie nicht schon in den frühern Jahr=
hunderten eine von den unternehmenden Nowgorodern benutzte
Passage nach dem Lande Jugrien gewesen ist.

    In der ältern russischen Geschichte spielen die sogenannten
eisernen Pforten eine große Rolle, wenn schon mehr in
merkantilischer Beziehung als die vielfachen Derbend, Bender

und Demirkapi am Kaukasus und Nordrand von Jran [64])
in militärisch-politischer Beziehung. Die russischen Chroniken
berichten von Unternehmungen der kühnen Handelsleute von
Nowgorod [65]) nach den eisernen Pforten schon zu Anfange
des eilften Jahrhunderts, ungefähr anderthalb hundert Jahre
nach der Begründung des russischen Staates zu Nowgorod.
Nun haben die älteren russischen Geschichtschreiber wie Tatischtschew und Müller dabei an das uralische oder jügrische
Gebirge gedacht, in der Voraussetzung daß diese Züge nach
den Pelzmärkten [66]) des Landes Jugrien, dem spätern Ziel
der merkantilischen und militärischen Expeditionen der Nowgoroder, gerichtet gewesen, so wie auch nach dem Lande Jugrien
die ganze nördliche Hälfte des uralischen Gebirges bis jetzt den
Namen des jugrischen behalten hat. Lehrberg, der gelehrte
Forscher der uralischen Völkerverhältnisse, verwarf zwar jene
Meinung, daß das uralische Gebirge mit dem Namen der eisernen Pforten bezeichnet worden sei, bezog aber doch jene frühern Unternehmungen der Nowgoroder auf das wirkliche Jugrien an der Nordostseite des Ural, indem er nur meinte, daß
sie auf einem andern Wege dahin gelangt seien. Damit stimmt
auch Ewers [67]) überein. Indessen ist Lehrberg zu seiner Annahme wohl veranlaßt worden durch den Ausdruck von den
eisernen Pforten, die noch jetzt an drei verschiedenen Stellen
im nördlichen Rußland vorkommen. Aber auch Karamsin,
der neueste russische Geschichtschreiber [68]), glaubt sich dagegen
erklären, und vielmehr annehmen zu müssen, daß unter diesem
Namen bei seiner ältesten Erwähnung in den russischen Chroniken das Land der finnischen Stämme der Mordwinen und
Tscheremissen an der mittlern Wolga verstanden worden, weil
in den alten Sagen ihr Land Sidera ($\Sigma i\delta\eta\rho\varrho\varsigma$) genannt werde.

---

[64]) Cherefeddin Ali, hist. de Timur Bec IV, p. 167, 173.
[65]) Lehrberg, Untersuchungen zur Erläuterung der ältern Geschichte Rußlands, herausgegeb. von Ph. Krug. Petersburg 1816. 4.
S. 98.
[66]) Müller, Sammlung russischer Geschichte V. S. 396.
[67]) Ewers, Geschichte der Russen. Dorpat 1816. 8. Th. I. S. 49.
[68]) Karamsin, russische Geschichte II. S. 33. Note 53.

Wenn jedoch auch durch Sjögren's Forschungen [69]) in den neuesten Zeiten dargethan ist, daß jene Unternehmungen der Nowgoroder nach den eisernen Pforten zu Anfange des eilften Jahrhunderts nicht auf das jugrische Land auf der Ostseite des Ural gerichtet gewesen sind, sondern nur auf die Länder der Permier und Syrjänen an der obern Kama und den östlichen Quellströmen der Dwina, wo sich die Nachricht von der eisernen Pforte an eine merkwürdige Lokalität an der Syssola, einem Nebenfluß der Wytschegda, anschließen mag: so ist doch noch nicht erwiesen, daß die Nowgoroder bei ihren nachmaligen, historisch sicher begründeten Unternehmungen nach Jugrien seit dem zwölften Jahrhundert nicht die große Naturstraße durch den mittlern Ural sollten gekannt und gebraucht haben. Einige Wahrscheinlichkeit möchte dafür in den eigenthümlichen Naturverhältnissen der doppelten Passage durch den mittlern Ural liegen, wodurch wenigstens die besondere Bezeichnung dieser Pforten erklärt zu werden scheint. Denn sowohl an der südlichen Passage durch das mittlere uralische Gebiet, an dem obern Tagil auf der Nordseite des Tschernoi Osero, liegt ein merkwürdiger Magnetberg [70]) aus Eisenerz und Stahlstein bestehend, der zwar erst seit dem J. 1702 durch die dortigen Wogulen für den russischen Bergbau entdeckt sein soll, aber dem alten bergwerkskundigen Volke der Tschuden gewiß nicht unbekannt war, als auch ein ähnlicher Magnetberg an der nördlichen Passage im Quellgebiet der Tura [71]) im Westen von Werchoturie. Wenn auch jetzt der Name der eisernen Pforte dort nicht mehr üblich ist, so konnte er es

---

[69]) Sjögren, Untersuchungen über die ältere Geschichte Rußlands in den Mémoires de l'Académie impér. des sciences de St. Pétersbourg 1832. 4. série VI. tome I. p. 514 und 516.

[70]) Pallas, Reisen durch verschied. Provinz. II. S. 198.

[71]) Pallas a. a. O. II. S. 267. Es erhellt übrigens die Bekanntschaft der Tschuden mit diesen merkwürdigen Bergen wohl daraus, daß sie unter dem Namen Hoba-jelping (Bärenhöhe) bei den jüngern Wogulen als heilige Kultusorte in Verehrung standen, so wie man auf dem letztern Berge, an der obern Tura, auch eiserne Götzenbilder der Wogulen gefunden hat. Gmelin, Reise durch Sibirien IV. S. 417, 433.

doch in frühern Zeiten sein, und es konnten diese Bezeichnun=
gen, als die Nowgoroder seit der Begründung tatarischer
Herrschaft an der Wolga genöthigt wurden mehr entlegenere,
nördliche Paffagen über den Ural nach dem jugrischen Lande
zu suchen, auf diese übertragen werden, auch wenn die Na=
turverhältniffe dem nicht angemessen waren. Der ursprüngliche
Gebrauch des Namens mußte dann nachmals in Vergeffenheit
gerathen.

Nur ein viertel Jahrhundert nach der Vernichtung der
tatarischen Herrschaft an der Wolga erfolgte die neue Eröff=
nung der Paffagen durch den mittlern Ural durch die Kofacken,
denen Rußland nicht blos die Entdeckung, sondern auch die
Eroberung und erste Kolonifirung von Sibirien oder einem
Drittheil von Afien verdankt. Es war im J. 1578 als Jer=
mak Timofejew von den Besitzungen der Familie Stroganow
im Lande Perm aufbrach und die Tschuffowaja hinaufzog, um
in Sibirien einzudringen. Doch in den Waldgebirgen verirrte
er sich mit seiner Schaar, und sah sich genöthigt in einem
festen Lager an der Sylwa zu überwintern; und auch als er
im folgenden Jahre, mit neuer Unterstützung versehen, die
richtige Straße an der Tschuffowaja aufwärts fand, mußte
er zum zweitenmale an der Serebränka überwintern ohne den
Ural=Tau überstiegen zu haben. Erst im dritten Jahre, im
Frühling des Jahres 1580 gelang es ihm über den Ural=Tau
zum obern Tagil vorzudringen, wo er mit seiner sehr zusam=
mengeschmolzenen Mannschaft Schiffe baute, und zur Tura
hinabfuhr. Der kleine tatarische Fürst, der Murfa Jepanfa
(Jepantscha) in dem nachmaligen Turinsk, suchte zwar dem
Vordringen der Kofacken Widerstand zu leisten, aber er wurde
besiegt, seine Hauptstadt erobert, und mit der Einnahme von
Tschingi hatte Jermak im dritten Jahre sich bis zum Tobol
hin die Bahn gebrochen [72]). Der vierte Feldzug im Jahre
1581 krönte sein Werk nach der siegreichen Schlacht an dem
Ufer des Jrtisch im Oktober, worauf er seinen Einzug in

---

[72]) Fischer sibirische Geschichte I. S. 188 bis 199.

Isker [73]), die Hauptstadt des sibirischen Chanats, hielt. Jermak erkannte jedoch bald, daß er nicht im Stande sein würde, diese ausgedehnten Eroberungen als ein eigenes Besitzthum zu behaupten, und indem er sich an den Zar von Moskau wandte, um diesem die sibirischen Eroberungen abzutreten, trat dadurch eine mehr nördliche Passage ans Licht, welche den westlichen Anwohnern des Ural, den Syrjänen, zwar schon längst bekannt war, aber seitdem auch den übrigen Europäern eröffnet wurde. Jermak sandte den Ataman Iwan Kolzow mit reichen Geschenken, in Pelzwerk bestehend, an den Zar nach Moskau; dieser nahm seinen Weg die Tawda aufwärts über das jugrische Gebirge, wobei ihm die anwohnenden Wogulen als Wegweiser dienten, nach Tscherdyn, der damaligen Hauptstadt von Permien, an der Wischera abwärts [74]). Diese Straße über die nördlichsten Theile des werchoturischen Ural führte den Namen des Wolfsweges, und scheint später nie üblich gewesen zu sein; ihre Beschwerlichkeit erhellt daraus, daß der von Jermak abgesandte Befehlshaber diesen Weg auf langen, schmalen, von Hunden oder auch von Rennthieren gezogenen Schlitten, zum Theil auf Schneeschuhen zurücklegen mußte [75]). Deshalb war auch, wie der sibirische Geschichtschreiber [76] bemerkt, die von Jermak eröffnete Straße an der Tschussowaja aufwärts in den ersten Zeiten der russischen Herrschaft in Sibirien die große Heerstraße nach jenem Lande.

Es war indessen ein Bedürfniß für Rußland, das Grenzland Perm von seiner Hauptstadt Tscherdyn, oder von dem benachbarten Solykamsk aus, in eine nähere und leichtere Verbindung mit der neu gegründeten sibirischen Hauptstadt Tobolsk zu setzen, als es auf dem bei den Syrjänen und Wogulen üblichen Wolfswege geschehen konnte. Da entdeckte man im Jahre 1597 einen bessern und nähern Weg von Solykamsk über den südlichen Theil des werchoturischen Gebirges nach der

[73]) Müller, Sammlung russ. Geschichte VI. S. 294.
[74]) Fischer, sibir. Geschichte I. S. 212 bis 214.
[75]) Müller, Sammlung russ. Gesch. VI. S. 306.
[76]) Fischer, sibir. Geschichte I. S. 233.

obern Tura, und sogleich wurde der Befehl ertheilt durch Aus=
hauung der Wälder und Bebrückung der morastigen Gegenden
ihn brauchbar zu machen.   Dort wurde auch im folgenden
Jahre die Stadt Werchoturie angelegt, zuerst etwas mehr
unterhalb als jetzt, und nachher an der Einmündung des Baches
Neromka auf der Stelle der alten tschudischen oder tatarischen
Stadt Nerom Karra [77]), deren Spuren noch jetzt zu erblicken
sind. Sie gewährte theils eine bequemere Reise nach Sibirien,
theils diente sie zur Sicherung der umliegenden Gegend, die
sich der russischen Herrschaft unterworfen hatte.   Werchoturie
wurde von der russischen Regierung als Schlüssel von Sibirien
erklärt, zugleich ein Hauptzollamt für den Verkehr zwischen
Rußland und Sibirien daselbst eingerichtet, und diese Straße
als der einzige Weg von Rußland nach Sibirien [78]) geboten.
Dies blieb auch ein halbes Jahrhundert lang.   Da man jedoch
von Kasan aus, von der großen Hauptstadt der russischen
Landschaften an der Wolga in direkter Verbindung mit To=
bolsk stehen mußte, und die Straße über Solykamsk durch
den Umweg einen zu großen Zeitverlust verursachte, so kam
seit dem J. 1656 der Weg über Kungur und die Tschussowaja
aufwärts, der durch seine Naturverhältnisse auch so viele Vor=
züge vor der werchoturischen Straße darbot, sehr in Aufnahme.
Nichts desto weniger wurde er einige Zeit darauf, im J. 1659,
von der russischen Regierung verboten, weil das Zollamt zu
Werchoturie dadurch einen bedeutenden Verlust erlitt [79]).

Indessen die große Naturstraße durch den katharinenbur=
gischen Ural machte ihre Rechte doch immer geltend, die Straße
wurde später doch wieder benutzt, und ist noch heutigen Ta=
ges die große sibirische Heerstraße, welche von Peters=
burg, Moskau und Kasan aus nach Katharinenburg und To=
bolsk führt, und jetzt in eine Kunststraße verwandelt worden
ist.   Sie soll auf jede sieben Werst der Krone eine Million

---

[77]) Müller, Sammlung russ. Gesch. VI. S. 503. Er nennt sie
eine alte wogulische Festung mit permischem oder syrjänischem Namen.
Bei Falk, topogr. Beiträge I. S. 278 heißt sie Nerom Kala.
[78]) Fischer, sibir. Geschichte I. S. 298 und 299.
[79]) Fischer, a. a. O. II. S. 541.
I. 1.

Rubel gekostet haben trotz der unentgeltlichen Hülfe der Leibeigenen [80]). Sie beginnt bei Perm, der jetzigen Hauptstadt
des permischen Gouvernements, und führt nach dem baschkirischen Dorfe Tassimowa an der Mulanka, und von da über
einige niedere Berghöhen nach dem tatarischen Dorfe Janitschi
und so nach Kungur an der Sylwa, an 90 Werst im Südost
von Perm gelegen. Kungur, früher der Hauptort der permischen
Provinz, war ehemals befestigt mit einem Erdwall und Palli-
saden, und hatte auf einem Berge in der Mitte der Stadt
einen hölzernen Kreml mit den Gouvernementsgebäuden, der
jetzt aber mit den andern Befestigungswerken verfallen ist.
Erst seit 1781, seit der Gründung von Perm, wurde Kungur
zu einer bloßen Kreisstadt [81]) gemacht. Es liegt dieselbe unmittelbar am Fuß der eigentlich uralischen Berghöhen. Perm
an der Kama liegt in einer Höhe von 350 par. F. über dem
Meere [82]), Kungur schon 471 par. F. hoch. Gegen S. O.
setzt die Straße weiter fort, und wird nun schon gebirgiger,
man kommt an einem ansehnlichen See vorbei, wo Kupfer-
und Eisenhütten der berühmten Demidowschen Familie liegen,
und gelangt so zu dem Orte Slatoustowskoe d. h. Goldmund,
oder Kljutschewskoe d. h. zu den Quellen, nach den vielen Quellen benannt, welche hier aus dem Ural zusammenströmen. Die
Entfernung von Kungur bis hieher beträgt 55 Werst. Sla-
toustowsk liegt in einer Höhe von 600 par. F. über dem Meere,
und bis nach Buikowa, 20 Werst weiter, gelangt man zu einer
Höhe von 800 F. Die Umgebung von Buikowa [83]) bildet
ein ebenes fruchtbares Ackerland. Von dort kommt man über
eine Reihe kleiner Festungen, welche zur Zeit der Kaiserinn Elisabeth gegen die Baschkiren angelegt wurden zur Sicherung dieser Gebirgspassage nach Katharinenburg. Sie wurden mit Bauern aus der permischen Provinz bepflanzt, welche

---

[80]) Bericht über die russische Gesandtschaftsreise nach China in dem
Jahre 1805, in den allgemeinen geogr. Ephemeriden von Bertuch.
Weimar 1806. 8. Th. XX. S 331.

[81]) Lepechin, Tagebuch II. S. 136.

[82]) Erman, Reise durch Nord-Asien I. S. 273, 275.

[83]) Erman, a. a. O. I. S. 278.

jetzt, da die Festungen keine Wichtigkeit mehr haben, auf den
Dienst bei den Bergwerken angewiesen sind, oder auch verpflichtet Holz zum Schiffbau nach dem Flußhafen an der Utka
zu befördern [84]).   Die Festungen selbst, nach Art der sogenannten Linienfestungen aus Holz erbaut und mit Kanonen besetzt, sind jetzt meistens in Verfall.   Die nächste Festung ist
Atschinsk, 20 Werst von Buikowa am Flüßchen Ula gelegen,
das in den Bisert fällt, der wiederum aus dem Quellgebiet
der Sylwa kommend einen kleinen nördlichen Nebenfluß der
Ufa bildet, und 21 Werst weiter gelangt man über einen felsigen Landstrich zur zweiten Festung Bisersk am Bisert in einer
Höhe von 860 Fuß.   Es führt die Straße im N. O. von
Krasnufimsk an der nördlichsten Wendung der Ufa vorüber,
und auch diese Stadt war ehemals eine Festung, und war
wie jene andern den Russen von großem Nutzen bei den Empörungen der Baschkiren [85]) zu' Anfang und in der Mitte
des achtzehnten Jahrhunderts.   Die von Bisersk folgende
Strecke, welche an 25 W. weit zur dritten Festung Klenowsk
führt, ist sehr stark hüglig und zwar findet während der beiden ersten Drittheile des Weges ein stetes Ansteigen statt, bis
man mit 1460 par. F. über dem Meere den höchsten aller bisher berührten Punkte erreicht.   In dem letzten Drittheile führt
aber der Weg über so steile Abhänge hinab, daß auch die
dreisten russischen Fuhrleute zu Hemmungen der Wagenräder
ihre Zuflucht nehmen müssen.   Die Festung Klenowsk selbst
liegt nur noch in einer Höhe von 920 F. über dem Meere.
Die dichten Waldungen, von welchen hier frühere Reisende
sprechen, sind zum Theil ausgerodet, und am Flüßchen Bisert,
das den Ort von Norden her berührt, finden sich noch gut
bestellte Ackerfelder [86]).   Das Gebirge besteht aus dunkelfarbigen Kalksteinmassen.   31 Werst weiter gelangt man über be-
waldete Bergreihen nach Kirgischansk, der vierten in jener

---

[84]) Lepechin, Tagebuch II. S. 131, 134.
[85]) Rytschkow, Orenburg. Topogr. VII. S. 172.
[86]) Bericht über die ruff. Gesandtschaftsreise in den allgem. geograph.
Ephem. XX. S. 332 und 333.

Festungsreihe, schon wieder in einer Höhe von 1240 F. über dem Meere [87]). Die Oberflächenbildung der Umgebung zeigt, daß man das Schiefergebirge betreten habe.

Durch ein welliges Terrain führt die Straße nach Osten zu fort, und 14 Werst von Kirgischansk erreicht man die von den Russen willkührlich angenommene Grenzscheide zwischen Europa und Asien. Es ist eine unbedeutende Hügelkette, welche von ungefähr 200 par. F. relativer Erhebung eine absolute Höhe von 1200 bis 1300 F. hat, und nur eine sekundaire Wasserscheide [88]) auf der Westseite des Ural-Tau bildet. Gegen S. W. ergießt sich von hier ein kleiner Zufluß zur Ufa, gegen Norden aber die Utka, welche zur Tschussowaja geht. Der nächste Ort, den man 25 Werst von Kirgischansk erreicht, ist Grobowsk oder Grobowoepole an der Utka in einer Höhe von 1300 par. F.; nordwärts von Grobowsk liegt an der Mündung der Utka der Flecken Utkinskaja Pristan, wo eine Kronniederlage und Anfurth ist zur Verschiffung der uralischen Produkte auf der Tschussowaja abwärts zur Kama und zur Wolga [89]). Von Grobowsk übersetzt man ostwärts die Tschussowaja auf einer hölzernen Brücke, und gelangt 23 Werst weiter nach Bilimbajewsk, einem Hüttenwerke, das in einer Höhe von 1240 par. F. über dem Meere liegt. Von da erhebt sich die Landschaft ziemlich schnell, und schon drei Werst weiter im Osten erreicht man eine Meereshöhe von 1510 par. F., es ist der höchste Punkt, welcher sich auf der Straße von Perm nach Katharinenburg [90]) findet. Ueber diese Wasserscheide im Ural-Tau gelangt man nach 30 Werst nach dem Orte Räscheta (Reschötui). Zu beiden Seiten der sich langsam senkenden Straße zeigen sich erhabene Bergspitzen, welche aber alle mit hochstämmigen Tannen bewachsen sind. Der Schnee erhält sich zwar auf ihnen lange, soll aber mitten im Sommer auf keiner derselben

---

[87]) Erman, Reise I. S. 279, 280.
[88]) Erman a. a. D. I. S. 283.
[89]) Lepechin, Tagebuch II. S. 134.
[90]) Erman, Reise I. S. 284, 285.

zu sehen sein. Es zeigt sich also hier eine Gebirgspassage durch
das an 300 Meilen lange uralische Gebirgssystem, welche nir=
gends mehr als etwas über 1500 F. über den Spiegel des
Oceans emporsteigt, und man sieht auch, daß in der nähern
Umgebung dieses niedrigen Passes kaum ein über 2000 Fuß
betragender Gipfel sich findet. Auf dem Wege nach Räscheta
sieht man immer größere, abgerundete Granitmassen, mit Laub=
moosen überwachsen, aus dem Boden der dichten Tannenwal=
dung hervortreten. Der Ort selbst liegt in einer Höhe von
1120 par. F. über dem Meere. Von da geht es abwärts
auf einer stark gesenkten Straße, welche die scharfen Ränder
des hier in mächtigen Tafeln gespaltenen Granits sehr uneben
machen. Aehnliche Granitflächen wie hier im Quellgebiet des
Iset finden sich auch mehr nordwärts in dem der Tura [91]),
auf welchen Werchoturie steht. Zehn Werst hinter Räscheta
befindet man sich schon in einer Höhe von 800 F. auf der
breiten Ebene, welche Katharinenburg umgiebt, und welches
letztere man noch 10 Werst weiter östlich erreicht. Kathari=
nenburg liegt also auf der Ostseite des Ural in derselben
Höhe mit Buikowa auf der Westseite an 180 Werst oder 25 Mei=
len davon entfernt, und zwischen beiden Orten steigt der Haupt=
rücken des Ural nur an 700 par. F. empor. Katharinenburg
liegt dort in einer weiten Ebene, wo nirgends eine Berghöhe
oder auch nur ansehnliche Felsmassen [92]) sich zeigen, die an
ein Gebirge erinnert hätten. Die Ebene selbst wird als außer=
ordentlich fruchtbar und schön gerühmt. Die ganze Entfernung
der Stadt Katharinenburg von Perm an der Kama beträgt
über 350 Werst oder über 50 Meilen.

3) Der nördliche Ural.

Er reicht von den Quellen der Petschora und Soswa
unter 61° N. Br. bis zum nördlichen Eismeer noch immer
auf eine Strecke von über hundert Meilen. Es ist ein weit=
läuftiger, felsiger Bergzug niedriger Art, von den Russen der

[91]) Erman a. a. O. I. S. 286.
[92]) Erman a. a. O. I. S. 287, 293.

wüſte Ural genannt im Gegenſatz gegen den erzreichen und
waldreichen Ural. Es ſoll ſich dieſer nördliche Ural wie der
ſüdliche in drei Hauptzweige theilen, welche ſich erſt an den
Quellen der Petſchora im werchoturiſchen Ural vereinigen [1]),
auch ſcheint das Nordende um wenige Grade weiter nach Oſten
gerückt zu ſein als das Südende des ganzen Gebirgsſyſtems,
doch iſt jener Theil noch wenig genau erforſcht; noch iſt es
unbekannt, in welchem Verhältniß der Ural zu der Doppelinſel
Nowaja Semla und zu den öſtlichen Geſtaden des kariſchen
Meeres ſteht [2]). Der ganze nördliche Ural beſteht aus nackten, völlig unbewaldeten Gipfeln; er iſt meiſt mit tiefhängen-
den Wolken überladen, mit loſen Felsblöcken und Trümmer-
maſſen überdeckt, die Vertiefungen ſind mit Torflagern und
Moos angefüllt. Nur an wenigen geſchützten Stellen findet
ſich Buſchwerk und Krüppelholz, eigentliche Waldung fehlt
ihm, denn er iſt der eigentlich polariſche Theil des ganzen Gebirgsſyſtems. Um die Petſchora Quellen und nordwärts bis
zum 63° N. Br. findet ſich kleine Nadelholzwaldung, aber ſüdwärts von den Quellen jenes Fluſſes beginnt der ſchöne Wuchs
der Nadelholzwaldungen. Der ganze nördliche Ural iſt eine
wüſte und unwirthbare Landſchaft, der unwirthbarſte
Theil von Europa, der nur in der beſſern Jahreszeit von
den Jägerſtämmen der Wogulen und Samojeden durchzogen
wird, er iſt ohne alle Ortſchaften. Es zeigt ſich hier ſchon die
Natur der Schnee- und Eisfelder Sibiriens, und doch liegt
dieſe Gegend unter gleicher Breite mit Finnland und der Nordhälfte Skandinaviens. In den Torflagern dieſes Ural hat
man aber merkwürdige Ueberreſte einer Vorwelt gefunden,
Elephantengerippe und Gebeine von andern Rieſenthieren,
welche auf eine andere Heimath derſelben hinzuweiſen ſcheinen,
denn jetzt leben hier nur Rennthiere, Elennthiere, Bären und
Füchſe [3]). Sujew, einer der wenigen Reiſenden, die in
neuern Zeiten dieſes Gebiet beſucht haben, ſagt, daß man die

---

[1]) Erdmann, Reiſen II. 2. S. 155.
[2]) Hofmann und v. Helmerſen, geognoſt. Unterſuchungen S. 1.
[3]) Georgi, geogr. Beſchreibung I. S. 139.

nackten felsigen Bergkuppen des Ural von Osten her, vom ka=
rischen Golfe aus erblicken könne, die Hauptkette dieser Klip=
penzüge liege im Westen, stets mit Wolken bedeckt, und sei
ziemlich erhaben. Gegen den Seestrand zu, an der Nowaja
Semla gegenüber liegenden Küste, verliere sich der Ural in
Trümmermassen. Die ganze Umgebung an dem Gestade des
Eismeeres schildert Sujew als eine felsige, wilde Einöde mit
morastigen Flächen erfüllt, welche nur im Sommer von un=
zähligen Schwärmen wilder Gänse und Rennthierheerden be=
sucht würden. Treibholz fand er jedoch weder hier, noch an
einem andern Theile dieser polarischen Küste, obschon man es
erwarten konnte, da es Gmelin weiter ostwärts an der Mün=
dung des Jenisei Stromes [4]) gefunden hatte, und es größten=
theils doch nur von Westen her angespült sein konnte. Dage=
gen fand er kleine Brocken von durchsichtigem Bernstein, den
die Russen daselbst Morskoi Laban d. h. Seeweihrauch nen=
nen, auch große Stücke von Steinkohlen, welche durch die
See angetrieben waren [5]).

Nicht minder quellreich als die andern Theile des Ural,
sendet auch dieser nördliche Ural nach Osten und Westen man=
cherlei Quellströme hinab, obschon sie minder bedeutend als die
mehr südlichen und während der größern Hälfte des Jahres
mit Eis bedeckt sind. Die nach Westen zu abfließenden Ge=
wässer werden sämmtlich durch die Petschora in das Eismeer
geführt, die nach Osten durch den Jrtisch und durch den ver=
einigten Jrtisch=Obi Strom.

Die Petschora ist zwar durch ihre Länge, die an 1000
Werst beträgt, ein nicht unbeträchtlicher Fluß, aber doch nur
von geringer Bedeutung, da sie ihren Lauf durch die ödesten
Gegenden Europas hat. Ihre Quellen liegen denen der Tawda
Quellströme am Nordsaume des werchoturischen Ural gegen=
über, und sie ergießt sich von da mit mancherlei Windungen,
zum Theil als Begleiter des nördlichen Ural gegen N. W. zum
Eismeere. In ihrem obern Laufe durchströmt sie ein zerklüf=

---

[4]) Gmelin, Reise durch Sibirien III. S. 126.
[5]) Sujew in Pallas, Reisen durch versch. Prov. III. S. 30.

tetes Kalkgebirge, die westlichen Parallelketten des centralen
Ural-Tau, und von den zahlreichen Schluchten und Höhlen
darin, den sogenannten Petschori, soll sie selbst den Namen
erhalten haben. Der größere Theil ihrer Gestadelandschaften
ist vollkommen holzlos, und besteht aus weiten Torfmoorflächen
und Sumpfniederungen *). Sie hat einen ungestörten, ruhigen Lauf und eine wechselnde Tiefe von vier, sechs und mehr
Faden. Gegen ihre Mündung bei Pustosersk hat sie eine Breite
von 300 Faden, am Ausflusse ist sie drei Werste breit, und dieser erweitert sich zu einer Golfenmündung nach Art der sibirischen Ströme zwischen dem 67 und 68° N. Br. Die Petschora ist so wie mehrere ihrer Nebenflüsse durch ihre Natur
zur Schifffarth gut geeignet, doch werden sie wenig benutzt,
da ihre Ufer unbewohnt sind. In der Vorzeit diente aber
die Petschora dem thätigen Handelsvolk der Bulgaren so wie
den Permiern zur Ausfuhr der Erzeugnisse der südlichern Gegenden, und der Handel von ihrer Mündung aus über das
nördliche Eismeer soll nicht unbedeutend gewesen sein 7). Auch
erwähnt noch Strahlenberg zu Anfange des achtzehnten Jahrhunderts des Ortes Wilwa an diesem Flusse, nur 130 Werst
von Tscherdyn an der obern Kama gelegen, wo zur Pfingst-
zeit jährlich ein großer Markt gehalten wurde, der von den
benachbarten Stämmen der Wogulen, Syrjänen und Ostjaken
besucht wurde, und wo auch die Bewohner von Tscherdyn
hinzukommen pflegten, um von ihnen die Häute der Elennthiere zu kaufen, welche sie auf ihren Jagden erlegt hatten 8).
Der Hauptzustrom der Petschora von den Ural-Höhen ist die
Usa, ein wasserreicher Nebenfluß von 500 W. Länge, und
wichtig durch die Passage, welche er über den nördlichen Ural
darbietet. Er erreicht die Petschora unter dem 65° N. Br.,
wo sie die eigenthümliche Wendung nach Westen macht. Pustosersk, an 80 W. oberhalb der Einmündung der Petschora
in den Golf, ist fast die einzige Lokalität in diesem Gebiete auf

---

6) Georgi, geogr. Beschreibung I. S. 332.
7) Rußlands Wasserverbindungen S. 241, 242.
8) Strahlenberg, der N. und O. Theil von Europa S. 351.

der Weſtſeite des nördlichen Ural. Schon im Norden des Polarkreiſes gelegen, iſt Ackerbau kaum mehr möglich, ſelbſt Pferde und Rinder kommen nicht mehr gut fort. In der ganzen Petſchora-Gegend iſt Fiſchfang und Jagd die Haupt- beſchäftigung der Bewohner, die Produkte der letztern ſetzen dieſelben in den Stand ſich das nöthige Getreide aus den kornreichen Kama-Landſchaften zu kaufen. So wie die kleinen Samojeden Haufen nomadiſch mit ihren Rennthierheerden dieſe Gebiete durchziehen, ſo treiben auch viele der hier anſäßigen Ruſ- ſen Rennthierzucht [9]), und einige beſitzen an Tauſend dieſer Thiere.

Die Soswa iſt der Hauptſtrom, der den Oſtgehängen des nördlichen Ural entſtrömt, und deſſen Quellen denen der Petſchora und den Tawda-Quellſtrömen (Pelim und ſüdliche Soswa) benachbart auf dem werchoturiſchen Ural liegen. Denn die Konda, obſchon ſie noch immer einen Lauf von 300 W. hat, kommt nur von den öſtlichſten Vorbergen des Ural, und ergießt ſich in einem nach Süden gekrümmten Bo- gen zum Irtiſch, den ſie nicht weit oberhalb ſeiner Vereini- gung mit dem Obi erreicht. Die Soswa ſtrömt gegen N.O. durch wüſte wenig bekannte Gegenden, und ergießt ſich unter- halb Bereſow, wo ſie ſich mit der von N. W. herkommenden Wogulka vereinigt, unter 64° N. Br. nach einem Laufe von über 400 W. in den mächtigen Obi-Strom. Der kleinere Sob-Fluß, welcher in nordöſtlicher Richtung dem Ural ent- ſtrömt, und ſich unter dem Polarkreiſe in den Obi einmündet, iſt das nördlichſte der vom uraliſchen Gebirge herabkommenden Gewäſſer. Sein Stromlauf bezeichnet dort in der obiſchen Niederung ſchon das Aufhören der Waldungen [10]).

Wenn gleich auch dieſer nördliche Ural heut zu Tage mit Recht den Namen des wüſten führt, wenn gleich ihm jetzt nur öde, wenig beſuchte und bevölkerte Landſchaften angelagert ſind, und er ſelbſt nur wenig von Reiſenden durchſetzt wird, ſo war dies in frühern Jahrhunderten der Geſchichte doch kei-

---

[9]) Georgi, geogr. Beſchreibung II. 1. S. 29.
[10]) Rußlands Waſſerverbindungen S. 258. Georgi, geogr. Be- ſchreibung I. S. 347.

neswegs der Fall. Je mehr der nördliche Ural seit den drei
letzten Jahrhunderten in Vergessenheit gerathen und unbekannt
geworden ist, desto mehr strahlt sein Name als das jugri=
sche Gebirge im engern Sinne in den Annalen und Tradi=
tionen der frühern Zeit, an ihm lag das berühmte Land Ju=
grien, welches wie selten ein anderes Land im polarischen
Norden so sehr das Land der Anziehung, gleich dem
reichen indischen Lande im Süden Asiens, für die Völker des
Orients und Occidents gewesen ist, und durch den hier statt
findenden Völkerverkehr auf die Entwickelung beider Welten
eingewirkt hat. Seit den ältesten Zeiten der Geschichte bis
auf diesen Tag ist hier der jugrische Name immer einheimisch
gewesen. Der ganze nördliche Ural heißt noch bis jetzt im
engern Sinne das jugrische Gebirge, das ganze Küstengebiet
zu beiden Seiten von der Petschora an bis zur Obi=Mündung
wird noch jetzt die jugrische Küste genannt [11]), und der Kanal
zwischen der Waigaz=Insel und dem Festlande führt den Na=
men des jugrischen Armes [12]). Aber nicht blos in merkanti=
lischer Beziehung ist das jugrische Land wichtig und berühmt,
es wird auch genannt als das Vaterland zahlreicher Völker=
stämme, welche von hier auswandernd in den mehr südlichen
und westlichen Gegenden mächtige Reiche und Herrschaften ge=
gründet haben. So erscheint das Land Jugrien schon nach
alten Sagen als das vielgesuchte Vaterland der Ungarn,
und führt bei deren nicht unwahrscheinlichen Verwandtschaft
mit den Hunnen auch auf das Vaterland dieses für die Ge=
schichte der Völkerwanderung so merkwürdigen Volkes. Schon
der Baron v. Herberstein, welcher sich als kaiserlicher Gesand=
ter in den Jahren 1516 und 1526 am Hofe des Zaren von
Moskau aufhielt, erfuhr dort die Sage [13]) von der alten

---

[11]) Pallas, Reisen durch verschied. Provinzen III. S. 67, 30.
[12]) Lehrberg, Untersuchungen S. 21 bis 23.
[13]) Herberstein, rerum Moscovit. commentar. Basil. 1571.
fol. p. 85. Jugaria sive Juhra, ut Rutheni per aspirationem profe=
runt. Haec est Juharia, ex qua olim Hungari progressi, Pannoni=
am occuparunt, Attilaque duce multas Europae provincias debella=
runt. Ajunt Juharos in hunc diem eodem cum Hungaris idiomate

Heimath der Ungarn. Es erscheinen übrigens die Bewohner des Landes Jugrien auch noch zu seiner Zeit unter ganz demselben Namen mit dem Lande als die Ugritzschen [14]). Doch bemerkt auch der sibirische Geschichtschreiber, Müller, daß dies Volk eigentlich Jugritschen genannt werden müsse, da man im Russischen nicht Ugorskaja Semlja sage, sondern Jugorskaja Semlja, so wie das Gebirge Jugorskoi Kamen oder Chrebet heiße. Weil aber bei den einheimischen Bewohnern der Name Jugor oder Ugor hier stets zu Hause war, so schloß sich daran bei den slavischen Russen, sobald sie mit dieser Gegend bekannt wurden, die irrige Meinung, als habe dieses Gebiet von dem slavischen Worte Gora (Berg) seinen Namen bekommen, und Ugoria bedeute ein am Gebirge liegendes Land [15]). Seit der Ausbreitung der Russen über diese Gegend hat sich nun der Name Ugorien immer erhalten, und wurde, obschon zwei ganz verschiedene Gebiete bezeichnend, die der geographischen Lage nach nur zum Theil zusammenfielen, von ihnen stets verwechselt. Die Unterscheidung des alten einheimischen und des jüngern slavischen Namens ist aber hier in historischer und ethnographischer Beziehung von der größten Wichtigkeit. Die slavische Bezeichnung Ugoria mußte sich natürlich bei den Russen über das gesammte Gebirgsland des Ural-Systems ausbreiten, während der einheimische Landesname Ugorien (Ugrien) oder Jugorien (Jugrien) und der Volksname der Ugri oder Ugritschen sich nicht bis über die südlichen Theile des urali-

---

uti, quod an verum sit, nescio. Nam etsi diligenter inquisierim, neminem tamen ejus regionis hominem habere potui, quocum famulus meus linguae Hungaricae peritus colloqui potuisset. cf. de admirand. Hungar. aquis p. 188.

[14]) **Herberstein**, rer. Moscovit. comment. p. 82. Fluvium Oby Vuogulici et Ugritzschi gentes accolunt.

[15]) Uebrigens soll das Wort Gora weniger als das sonst übliche Wort Chrebet für ein so ausgedehntes großes Gebirge gebraucht werden, und schon die Betonung des Wortes Ugorskaja weiset auf den verschiedenen Ursprung hin, indem dasselbe auf der zweiten Silbe betont von Gora stammt, aber auf der ersten Silbe betont von dem Worte Ugor oder Jugor abzuleiten ist. **Müller**, Sammlung russ. Geschichte VI. S. 220.

schen Gebirges ausgedehnt zu haben scheint. So nennt Strah=
lenberg die Landschaft Ugoria oder Wogulitza neben den beiden
benachbarten Landschaften Petschora im W. und Samojedia
im N. als Theile von dem alten Gebiet Groß=Permia [16]),
welches den ganzen Nordosten des europäischen Rußlands um=
faßte, und von dem zu seiner Zeit gegründeten Katharinenburg
berichtet er [17]), es liege im Lande Ugoria, nämlich nicht im
ugrischen oder jugrischen Lande, sondern in dem Gebirgslande
des Ural (U=Goria).

So sehr auch im Allgemeinen die Lage des Landes Ju=
grien als am nördlichen Ural bekannt war, so verschieden ist
es doch immer von den nordischen Alterthumsforschern gesucht
worden. In den ältesten russischen Dokumenten führt das
Land Jugrien den Namen Sakamskaja [18]), oder das saka=
mische Land d. h. das Land jenseit der Kama. Da es aber
unter den Russen zuerst von den Nowgorodern besucht wurde,
so erhellt, daß es auf der Ostseite der Kama gelegen haben
müsse, um so mehr als es in den russischen Chroniken auch
das Land Jugrien am großen Obi=Strom [19]) genannt
wird. Dennoch glaubte Tatischtschew, verleitet durch die Aehn=
lichkeit des Flußnamens Jug, eines südlichen Quellstromes der
Dwina, Jugrien an dem Flusse Jug im Norden der obern
Kama an dem nord=russischen Uwalli suchen zu müssen. Fi=
scher [20]) verlegte es schon mehr gegen N. O. an die Gestade
des Eismeeres, und suchte das Land an der Petschora und
am Nordende des Ural. Eben so bestimmte es Schlözer [21])
in seiner Erläuterung zu Nestors Annalen. Nach Georgi [22])
ist Jugrien das ganze nördliche Küstenland von dem weißen
Meere im W. bis zum Ural und bis zur Mündung des Obi

---

[16]) Strahlenberg, der N. und O. Theil von Europa S. 182.
[17]) Strahlenberg a. a. O. S. 341.
[18]) Lehrberg, Untersuchungen S. 9, 30.
[19]) Lehrberg a. a. O. S. 25.
[20]) Fischer, sibirische Geschichte I. S. 178.
[21]) Schlözer zu Nestor's Annalen a. a. O. II. S. 50, 51. III.
S. 112.
[22]) Georgi, geogr. Beschreibung II. 1. S. 13.

im Osten. Richtiger bestimmt aber wohl Lehrberg in seinen
Untersuchungen über dieses Land die Lage desselben auf fol=
gende Weise. Er sagt, das alte Jugrien lag nicht im euro=
päischen Rußland, sondern an der Ostseite des Ural vom
56 bis zum 67° N. Br. ostwärts über den Obi hinaus
bis zum Flusse Nadym, der in den obischen Busen geht und
bis zum Agan, der sich oberhalb Surgut in den Obi ergießt.
Es gehörten also dazu die Landschaften am untern Irtisch, an
der Tawda, Tura und Tschussowaja, im Süden von tatarischem
Gebiete begrenzt, im Norden von dem Lande der ehemaligen
Samojeden; — es war demnach ein nicht unbeträchtlicher
Theil des nord=westlichen Asien, und bestand aus großen
Stücken der jetzigen Gouvernements Tobolsk und Perm, unge=
fähr ein Gebiet von 16,000 □ Meilen[23]). Eben so weit
reichte auch die Ausbreitung des jugrischen Volksstammes, denn
die jetzt dort meist vorherrschenden Tataren=Stämme haben
sich erst später auf Kosten der Jugrier ausgebreitet. Noch
jetzt reichen die Wohnsitze der Tataren am obern Obi von
Tomsk her nur bis Narym, und an der Ostseite des Irtisch
nördlich von Tobolsk nur gegen 40 Meilen weit[24]). Auf
der Westseite des Irtisch und des Tobol erstreckte sich das
Tataren=Land wie das nachmalige Gebiet der Baschkiren von
Süden her nur bis in die Gegenden des Iset=Flusses[25]). In
den Städten Tjumen und Turinsk an der Tura sind die Ta=
taren erst spätere Ankömmlinge, denn sie fanden bei ihrer Ein=
wanderung daselbst schon Jugrier vor. Diese Jugrier sind
aber, wie Lehrberg richtig bemerkt, dasselbe Volk, welches
jetzt den Namen der Wogulen und der obischen Ostjaken
führt, oder beide sind als nahe verwandte Zweige die Ab=
kömmlinge des gemeinsamen Völkerstammes[26]) in dem alten
Lande Jugrien. Deshalb nennt auch Strahlenberg die westliche

---

[23]) Lehrberg, Untersuchungen S. 4, 6, 7, 10.

[24]) Pallas, Reisen durch verschied. Prov. III. S. 14.

[25]) Müller, Sammlung russ. Gesch. VIII. S. 62, 75, 80. VI.
S. 189, 227.

[26]) Pallas, Reisen durch versch. Prov. III. S. 38, 56.

oder gebirgige Hälfte dieses Landes, die Landschaft Ugoria, mit dem ethnographischen Namen Wogulitza [27]). Noch jetzt sind die Wogulen die einzigen Bewohner und auch die Urfassen des jugrischen Ural.

Bei den byzantinischen Geschichtschreibern finden wir die erste Erwähnung des Namens Jugrien und zwar lokalisirt an diesem nördlichen Ural. Denn Theophylactus Simocatta aus der ersten Hälfte des siebenten Jahrhunderts berichtet hier von einem sehr mächtigen, zahlreichen und kriegerischen Volke, Ogor genannt, welches auf der Ostseite des Flusses Til (unstreitig die Wolga mit der Kama) wohne, also an den Berghöhen des Ural [28]). Er nennt diese Ogor Stammgenossen der Hunnen und Awaren. Derselbe Name Ogor, welcher in verschiedenen Compositionen auch als Ogur oder Ugor vorkommt, erscheint sodann an eben dieser Stelle bei dem ältesten russischen Annalisten, dem Nestor, in seiner bekannten Völkertafel der tschudischen Stämme [29]), wo die Ugern neben den Permiern, Petscheren und Jamen genannt werden, und diese Ugern führen, wie Schlözer bemerkt, auf das Land Jugrien. Aus ihm leitet Nestor die doppelten Ugern ab, welche in verschiedenen Zeiten ihre Heimath verlassend, nach den Gestaden des Pontus und nach der untern Donau auswanderten, die weißen Ugern (Bjeli Ugri), worunter man offenbar die Chasaren zu verstehen hat, nach Nestor's Angabe wie es scheint, noch in den Zeiten der Völkerwanderung, und die schwarzen Ugern (Czerni Ugri), welche während des neunten Jahrhunderts vor dem neu gegründeten russischen Staate zu Kiew vorüberzogen, offenbar die Madscharen oder noch jetzt sogenannten Ungern [30]). Demnach war Ogoria oder Ugoria

---

[27]) Strahlenberg, der N. und O. Theil von Europa. S. 182.

[28]) Theophylactus Simoc. ed. Bekker. Bonn. 1834. 8. VII, 7. p. 238. Ἔϑνος δὲ τοῦτο (Ὄγωρ) τῶν ἰσχυροτάτων καϑέξηκεν διά τε τὴν πολυανδρίαν καὶ τὴν πρὸς τὸν πόλεμον ἔνοπλον ἄσκησιν. Οὗτοι δὴ πρὸς ταῖς ἀνατολαῖς τὰς οἰκήσεις ποιοῦνται, ἔνϑα ὁ Τιλ διαῤῥεῖ πόταμος.

[29]) Nestor, russische Annalen, von Schlözer II. S. 30, 51:

[30]) Nestor a. a. O. II. S. 114, 118.

(Ugria) der älteste hier bekannte Name des Landes und Vol=
kes, und konnte um so leichter bei den bis dahin vordringen=
den Russen mit dem slavischen Namen Ugoria (terra ad mon=
tes sita) verwechselt werden, als beide Namen, am Ural=Ge=
birge haftend, zufällig in beiden ganz heterogenen Sprachen
der Slaven und der uralischen Anwohner, wie sich weiter un=
ten ergeben wird, eine verwandte Bedeutung haben. In den
Zügen der Nowgoroder Handelsleute nach dem Ural und den
jenseitigen Gegenden [31]), welche seit dem zwölften Jahrhundert
historisch beglaubigt sind, erscheint immer nur der Name Ju=
grien statt des frühern Ugrien und Ugorien, und scheint sich
bis gegen das Ende des Mittelalters dort erhalten zu haben,
so lange die Nowgoroder eine Art von Handelsmonopol oder
Herrschaft daselbst ausübten, und daher sind auch die von
Herberstein genannten Ugritschen im Stammlande der Ugern
nicht die Bewohner der slavischen Ugoria, sondern des Landes
Jugrien oder Jugritschen. Noch zu Anfang des sechszehnten
Jahrhunderts befand sich der Name Jugorien nebst dem der
Länder Permien und Bulgarien in dem Titel der russischen
Großfürsten und Zaren, wie aus den Nachrichten des Italiä=
ners Paolo Giovio über das moskowitische Reich erhellt, welche
er nach den Mittheilungen des moskowitischen Gesandten De=
metrius an Papst Clemens VII. aufsetzte [82]).

Der größere Theil des Landes Jugrien besteht, unter
einem kalten Himmelsstrich gelegen, aus einem niedrigen sum=
pfigen Boden mit Ausnahme der mehr südlichen Landschaften
an der Tura, ist meistens ohne Waldungen und hat kaum
einige nährende Pflanzen, wo jenseit des 62° N. Br. selbst
nicht die gewöhnlichen Hausthiere, wie Pferde, Rinder und
Schaafe mehr fortkommen. Dagegen hat das Land eine sehr
einträgliche Jagd der schönsten Pelzthiere, wozu vornehmlich
die Zobel um Surgut gehören, und wichtigen Fischfang [33]).
Deshalb bildete sich hier durch die Verbindung mit Nowgorod

---

[31]) Lehrberg, Untersuchungen S. 94 bis 98.

[32]) Pauli Jovii descriptio Moscoviae. Basil. 1561. 8. p. 9.

[33]) Georgi, geogr. Beschreibung II. 4. S. 1054, 1055.

ein wichtiger Handelsverkehr aus, dessen Ursprung jedoch schon
nach Herodots Berichten in das fernste Alterthum zurückgehen
muß. Dieser Handelsverkehr auf den Pelzmärkten von Jugrien muß ehemals so bedeutend gewesen sein, daß er selbst
der Aufmerksamkeit der arabischen Reisenden und Gelehrten nicht
entging, obwohl es schwerlich irgend ein anderes Land der
Erde gab, welches den Arabern so entlegen und unwirthbar
und von so schrecklicher Naturbeschaffenheit sein konnte als
dieses Jugrien. Der Geograph Bakui ums Jahr 1400 kennt
das Land Jura als neben dem Meere der Finsterniß
gelegen, das heißt im äußersten Norden. Im Sommer ist
der Tag daselbst sehr lang, so daß die Sonne sich über vierzig
Tage nicht verbirgt. Die Finsternisse sind in der Nachbarschaft, und die Bewohner des Landes Jura betreten sie nur
mit Licht. Sie säen nicht, sie haben aber viele Wälder, und
leben nur vom Fischfang und von der Jagd. Um dorthin zu
gelangen muß man durch ein Land gehen, wo der Schnee
nicht schmilzt [34]). Als später am Ende des Mittelalters die
Republik Nowgorod mit dem übrigen russischen Staate vereinigt wurde, und das Land Jugrien seitdem in Abhängigkeit
von den Großfürsten zu Moskau gerieth, treten allmählig
neben dem alten Namen Jugrien auch die jüngern Völkerna-
men der Wogulen oder Wogulitschen und der Ostjaken hervor,
so daß er sich zwar anfangs noch neben den neuern Benennungen erhielt, aber allmählig veraltete, verdrängt wurde und
nur an einzelnen Punkten jener Gegend haften blieb. Daraus
erklärt es sich auch, wie die Namen Jugrisch, Wogulisch und
Ostjakisch häufig ohne Unterschied von einander gebraucht wurden [35]). Und in der That kann der jüngere Name der Wogulen auch nichts anders sein als nur eine veränderte Aussprache des ältern Namens der Jugrier oder Oguren. Aber
so berühmt die letztern durch alle frühern Jahrhunderte gewe-

---

[34]) Bakui, in den Notices et extraits des manuscr. de la bi-
blioth. du Roi. Paris 1789. 4. Tom. II. p. 544. Wenn Bakui von den
vielen Wäldern daselbst spricht, so geht dies natürlich nur auf die südlichern Theile, und kann bei einem Araber wohl nicht befremden.

[35]) Lehrberg, Untersuchungen S. 24.

ſen ſind, ein ſo unbedeutendes und verkümmertes Geſchlecht bilden die erſtern, ihre Abkömmlinge. Der Weltverkehr auf der uraliſchen Grenzmark des Orients und Occidents iſt von ihrem Nordende zu dem Südende nach Orenburg und nach Aſtrachan im Wolga-Delta hinab gewandert, und kaum laſſen ſich noch die Spuren von den alten Handelsſtraßen wieder auffinden, welche von Permien aus nach Jugrien oder von Europa nach Aſien einſt den nördlichen Ural überſchritten.

Die Paſſagen im nördlichen Ural. Es ſind uns hier durch die ältere Geſchichte drei Straßen aufgeſchloſſen, welche ſämmtlich von der Petſchora aus durch ihre öſtlichen uraliſchen Seitenthäler auf den Ural hinauf und durch die zum Obi abfließenden Gewäſſer nach den jugriſchen Ebenen hinabführen. Die ſüdliche Straße führte in dem Thale der Jliſcha (Oleſch oder Jlitſch) aufwärts, des ſüdlichſten Zuſſuſſes der Petſchora, der ſich jetzt bei dem Flecken Uſt-Jliz-kaja in die Petſchora einmündet unter dem 62° N. Br., und oſtwärts zog ſie ſich hinab in dem Thal der Wogulja, eines Quellſtromes der Soswa. Die mittlere Straße, etwas weiter im Norden gelegen, ging in dem Thale der Schtſchugora (Schokur) aufwärts, die ſich jetzt bei dem Flecken Schtſchugorſk unter 64° N. Br. in die Petſchora einmündet, und zog ſich an der Oſtſeite an der Sigwa, einem andern Quellſtrom der Soswa hinab. Beide Straßen vereinigten ſich zu Ljäpin an der Sigwa, 30 Werſt von ihrer Mündung in die Soswa, wo ein alter Stapelplatz des Handelsverkehrs der Syrjänen mit den Wogulen und Oſtjaken war, und ſie führten ſo nach Bereſow am Obi-Strom. Die dritte, nördliche Straße, wieder zwei Grad weiter gelegen, ſetzte über die nördlichſten zerklüfteten Theile des Ural hinweg, ſie ging in dem großen Seitenthale der Uſa unter 66° N. Br. aufwärts, und führte oſtwärts zum Thale des Sob hinab, dem nördlichſten Zufluß des Obi auf der uraliſchen Seite. Auf dieſem Wege gelangte man nach Obdorſk [36]). Die beiden ſüdlichen dieſer drei jugri-

---

[36]) Müller, Sammlung ruſſ. Geſch. VI. S. 225, 403. Vergl. ehrberg, Unterſuchungen S. 13, 14.
I. 1. 8

schen Bergstraßen, zur Soswa abwärts, scheinen die gewöhn-
lichsten und am längsten bekannten gewesen zu sein, und boten
unstreitig weniger Schwierigkeiten in diesem polarischen Nor-
den dar als die nördliche Bergstraße an der Usa. Jene beiden
Passagen führen auch den Namen der Syrjänen Straßen,
Sirän=jusch bei den Ostjaken, nach dem thätigen Handels-
volke ³⁷), welches sie zuerst eröffnet zu haben scheint. Die
Syrjänen, die sehr nahe verwandten Stammgenossen der
Permier oder Bjarmen, waren am Westfuße des jugrischen
Ural einheimisch an den östlichen Quellströmen der Dwina oder
auf dem erhabenen Landrücken zwischen den Kama= und Dwina=
Zuflüssen ³⁸). Sie machten frühzeitig Züge in merkantilischer
Beziehung über das Gebirge nach den jugrischen Pelzmärkten
am untern Obi. Denn nach der Erzählung des Nowgoroder
Handelsmannes Jurje Torgowitsch bei Nestor waren jene Straßen von den Syrjänen und Permiern schon ums Jahr 1100
eröffnet und der Verkehr mit verschiedenartigen Nationen in
jener Gegend in voller Blüthe, wie dies durch die Angabe von
dem stummen Handel am besten bestätigt wird ³⁹). Die Syrjänen waren hier natürlich die Wegweiser für die seit dem
zwölften Jahrhundert nach Jugrien vordringenden Nowgoroder, so wie später am Ende des funfzehnten Jahrhunderts
für die von den russischen Großfürsten zu Moskau zur Eroberung von Jugrien ausgesandten Heere ⁴⁰). Ein halbes
Jahrtausend lang bis zu Anfang des siebzehnten Jahrhunderts
kann man die Züge und die Handelsthätigkeit der Syrjän
in den untern Obi=Gebieten verfolgen, bis mit der Begr-
dung russischer Herrschaft daselbst das eigenthümliche, selb
ständige Leben verschwand, obschon nur um in andern Gege
den desto kräftiger aufzublühen. Da durch die Eroberung
der Russen die Interessen der Syrjänen dort gefährdet wurde
so ist es nicht zu verwundern, daß sie den Russen mancher

---

³⁷) Lehrberg, Untersuchungen S. 22, 23. Fischer, sibirische Geschichte I. S. 248.

³⁸) Müller, Sammlung russ. Gesch. VI. S. 200.

³⁹) Lehrberg, Untersuchungen S. 94 bis 97.

⁴⁰) Karamsin, russische Geschichte VI. S. 225, 226.

Schwierigkeiten in den Weg legten, und bei der Gelegenheit bemerken wir sie zum letztenmale [41]) auf dem alten Schauplatze ihrer merkantilischen Betriebsamkeit. Eine etwas mehr südliche Passage durch den jugrischen Ural als jene drei genannten haben wir schon oben berührt in der Straße, welche unter dem Namen des Wolfsweges von der Wischera aus, die zur Kama geht, zur Loswa, einem Quellstrom der Tauda, hinabführt. Sie ist in sofern noch wichtig, als auf ihr der in dem Syrjänen=Lande so begüterte und angesehene Anika Stroganow, der Stammvater dieser für die uralischen Gebiete so bedeutenden Familie, sich zuerst mit dem jugrisch Lande, von wo aus er häufig durch Pelzhändler besucht worden war, in Verbindung setzte [42]), was dann nachmals die erste Veranlassung zu dem Eroberungszuge der Kosacken nach Sibirien gab.

Die Doppelinsel Nowaja Semlja.

Diese große Doppelinsel, welche dem nördlichen Ende des uralischen Gebirgszuges in dem Polarmeere vorgelagert ist, schließen wir gleich der Untersuchung über den jugrischen Ural an, wie es mit dem großen uralischen Völkerthore am südlichen oder baschkirischen Ural geschehen ist, indem diese Erdstelle an Oede und Dürftigkeit der Naturverhältnisse jener vollkommen vergleichbar, doch in historischer Beziehung für den nördlichen Ural nicht minder wichtig ist als wie jene für den südlichen. Man hat Nowaja Semla häufig als die maritime Fortsetzung des uralischen Gebirgssystemes betrachtet, obschon mehr aus äußern Gründen wegen seiner Lage und Längenerstreckung als wegen seiner Naturverhältnisse in geognostischer Beziehung, da diese fast noch gar nicht haben erforscht werden können. Noch gegen acht Breitengrade dehnt sich dieses Eiland von Süden nach Norden aus vom 69 bis zum 77° N. Br. auf eine Strecke von über hundert Meilen. Der Ocean ist den größten Theil des Jahres hindurch rings umher

---

[41]) Müller, Sammlung ruff. Gesch. VI. S. 516 bis 519.
[42]) Müller a. a. O. VI. S. 225.

mit Eis bedeckt, wodurch auch alle Versuche einer temporären
Ansiedlung haben vereitelt werden müssen. , In der Meerenge, welche dieses Eiland von dem Festlande Europas und
Asiens absondert, liegt eine besondere Gruppe kleinerer Inseln,
die Waigaz- oder Waigatsch-Inseln, sie sind felsigt, feucht, waldlos und unwirthbar. Der nördliche, breitere Arm der Meerenge,
zwischen Nowaja Semla und der großen Waigatsch-Insel,
soll seit alten Zeiten den Namen [43]) der eisernen Pforten
(Schelesnie Woroti), oder aber eigentlich den Namen der karischen Pforten (Karskie Woroti) oder auch blos der Pforten [44])
geführt haben, der südliche, weit engere Arm wird die jugrische Meerenge (Jugorskoi Schar) genannt. Nowaja Semla
ist eine Doppelinsel, denn sie wird von einer schmalen Meeres-
straße durchschnitten, dem Matotschkin Schar, nach dem kleinen
Flüßchen Matotschkina benannt; sie durchsetzt dies Inselgebiet
von Westen nach Osten unter $73\frac{1}{2}°$ N. Br. Die äußerste Nord-
ostspitze der Insel bekam von dem holländischen Seefahrer Barents den Namen Eck Begierde d. h. das ersehnte Vorgebirge.
Die westliche Küste, besonders der südlichen Insel hat viele
Buchten und Golfen, welche gute Ankerplätze darbieten, und
wo auch sonst die Jäger zu landen pflegten. Ueberall zeigen
sich aber an der Küste kleine niedrige Felsinseln, und an den
Gestaden selbst steile, furchtbare Felswände. Während mehrerer Monate ist die Insel in undurchdringliche Nebel gehüllt,
im Sommer steigt die Wärme nur selten oder wenig über den
Gefrierpunkt; nur auf der südlichen Insel finden sich Gräser
und Moose, die nördliche ist mit ewigem Schnee und Eis bedeckt. Auf der südlichsten Spitze, an der Wasserstraße der
eisernen Pforten, findet man noch zwergartige Weidenbäume
(salix incubacea). Vulkanische Gewalten sollen auf dieser
Doppelinsel thätig gewesen sein, wie man es noch durch das

---

[43]) Georgi, geogr. Beschreibung II. 1. S. 30.
[44]) Friedr. Lütke (Litke) viermalige Reise durch das nördliche
Eismeer auf der Brigg Nowaja Semlja, aus dem Russ. von Erman.
Berlin 1835. 8. S. 7, 24.

basaltische Gestein⁴⁵) an der matotschkinschen Meerenge will
bestätigt gefunden haben. Als Bewohner des südlichen Nowaja Semla zeigen sich zahlreiche Rennthierheerden, sonst ist
jedoch nur der Eisbär der Hauptbewohner dieser Gegenden⁴⁶).

Den Russen war dieses Eiland lange bekannt, schon von
den Nowgorodern soll es der Jagd wegen besucht worden sein,
seitdem sie über den Ural nach dem Lande Jugrien vorgedrungen waren, und in dem Fall würde jene Insel schon im Mittelalter ihren noch jetzt üblichen slavischen Namen, das Neue
Land, empfangen haben. Die Entdeckung und Besuchung
dieser Insel durch die Nowgoroder glaubte Lehrberg⁴⁷) um
so eher annehmen zu müssen, als nach ihm die Nowgoroder
seit dem zwölften Jahrhundert zu Lande und zu Wasser mit
dem Pelzlande Jugrien in Verbindung gestanden hatten. Die
Wasserverbindung ging nach seiner Annahme auf der Dwina
abwärts über das weiße Meer bis zur Mündung des Obi,
und würde durch die Nachricht von den eisernen Pforten, worunter man eben jenen Sund zwischen Nowaja Semla und
den Waigaz-Inseln zu verstehen habe, bestätigt. Damit stimmt
auch die Tradition überein, wonach es heißt, daß schon zur
Zeit des Zaren Iwan Wasiljewitsch am Ende des funfzehnten
Jahrhunderts zu Beresow am untern Obi russische Einwohner
gewesen, welche zur See dorthin gekommen sein sollten⁴⁸).
Müller jedoch, der sibirische Geschichtschreiber, mußte bei seiner
Annahme von der Lage des Landes Jugrien und der eisernen
Pforten diese Tradition verwerfen. Er läugnet die ausgedehnte
Seefahrt der Nowgoroder in dem Polarmeere in den ältern
Zeiten, und meint, daß höchstens seit dem Beginn des sechs-
zehnten Jahrhunderts Schifffahrt von der Mündung der Dwina
aus bis zur Petschora hin betrieben worden sei, und daß wenn
Beresow zur Zeit jenes Zaren schon von Russen bewohnt ge-

---

⁴⁵) Oldekop, Petersburger Zeitschrift 1823. 8. Th. X. S. 299
bis 309.
⁴⁶) Georgi, geogr. Beschreibung II. 1. S. 31, 32.
⁴⁷) Lehrberg, Untersuchungen S. 36, 98 und 99.
⁴⁸) Müller, Sammlung russischer Geschichte VI. S. 224.

wesen, diese sich nur zu Lande über das jugrische Gebirge bis
dahin verbreitet haben könnten. Für Lehrbergs Annahme
scheint aber noch die Sage [49]) zu sprechen, daß die Nowgoroder bei ihren Besuchen auf Nowaja Semla reiche Silbergruben entdeckt und gediegenes Silber gewonnen haben sollen.
Zum Theil bis jetzt hat sich die Sage von Silberminen
dort an der sogenannten Silberbucht (Serebrjanka Guba) erhalten, und hat in neuern Zeiten mehrere Expeditionen veranlaßt, die jedoch in dieser Beziehung unbefriedigt geblieben sind.
Auffallend bleibt es immer, daß ein so bedeutendes Unternehmen wie die Seefahrt der Nowgoroder schon im eilften
Jahrhundert bis nach Nowaja Semla und den dortigen eisernen Pforten, von den russischen Annalisten so außerordentlich
kurz behandelt sein sollte ohne einmal anzugeben, ob dasselbe
zu Lande oder auf Schiffen ausgeführt worden, und die ganze
Sache möchte um so zweifelhafter werden, wenn Lütke [50]) in
seinem jüngsten Reiseberichte nach Nowaja Semla gegen Lehrberg, Ewers und Krestinin, den Verfasser einer Geschichte des
dwinischen Volkes, mit Recht behaupten kann, daß jene Mee-
resstraße erst in weit spätern Zeiten das Beiwort der eisernen
bekommen habe und die Sage von dem Silberreichthum der
Insel durchaus nicht sicher begründet, sondern nur, wie häufig,
durch spätere Seefahrer zufällig entstanden sei.

Wie es aber auch mit den Seefahrten der Nowgoroder
auf dem weißen und polarischen Meere in den ältern Zeiten
gewesen sein mag, da die in spätern Zeiten wohl um so eher
feststehen, als der slavische Name dieser Insel, der nur von
den Nowgorodern herrühren kann, ihr nie von den vielen
spätern Seefahrern in diesem Norden streitig gemacht worden

---

[49]) Oldekop, Petersburger Zeitschrift X. S. 301.

[50]) Lütke, Reise durch das nördliche Eismeer S. 7 bis 9. Am
wenigsten kann man jedoch seiner eigenen Meinung beipflichten, wonach
durch jene Nachricht der russischen Annalen ein Streifzug der Nowgoroder, die sich damals an der Mündung der Dwina niedergelassen haben
sollen, zur Unterwerfung der Anwohner des weißen Meeres bezeichnet
werde, weil noch jetzt zwei Straßen in dem weißen Meere den Namen
der eisernen Pforten führen.

ist: so mußten bei der Veränderung des politischen Zustandes von Nowgorod diese Expeditionen nach Nowaja Semla auf= hören. Es mußte das Land allmählig aus dem Andenken der Menschen entschwinden, wenn nicht bald darauf seit der Mitte des sechszehnten Jahrhunderts die Unternehmungen der Eng= länder und Holländer zur Auffindung einer Nordostpassage nach Indien eingetreten wären. Die Entdeckung des weißen Meeres und der Mündung der Dwina durch die erstern ver= mehrte die Hoffnung zur Erreichung des Zieles auf diesem Wege durch das Polarmeer, und Nowaja Semla mußte so wieder näher bekannt werden. Der Engländer Stephan Bur= rough, welcher schon im Jahre 1553 den Richard Chan= cellor auf seiner Entdeckungsreise nach dem weißen Meere be= gleitet hatte, wurde im Jahre 1556 von der in England bestehenden Handelsgesellschaft zur Entdeckung eines Weges nach Indien und China durch die nordischen Gewässer ausge= sandt, und er ist der erste West=Europäer, welcher diese Insel erreichte [51]. Nachdem er glücklich das Vorgebirge Kanin Nos an der Ostseite der nördlichen Oeffnung des weißen Mee= res umsegelt hatte, lief er bald in die gefährliche Mündung der Petschora ein. Von dort aus erreichte er sodann die

---

[51] Forster, Geschichte der Entdeckungen im Norden S. 317 und 318. Die Waigats=Insel soll zwar nach einigen ihren Namen aus dem Holländischen haben und eine stürmische Meerenge bezeichnen (von waaien wehen und gat Loch), aber da schon in Burroughs Reisebericht dieser Name vorkommt, so muß er offenbar Russisch sein. Barents fand später auf einer der südlichsten Landspitzen von Nowaja Semla einige geschnitzte Idolenbilder, wohl von den Samojeden, und benannte danach jene Spitze Afgoden Hoek. Aus dem slavischen Worte Wajati Nos scheint der Name Waigats entstanden zu sein, und sollte eigentlich Wajatelstwoi Proliw und Ostrow d. h. Bilder=Meerenge und Insel hei= ßen. Daher ist Forster auch geneigt Waijats statt des sonst üblichen Wai= gats zu schreiben. Indessen da nach dieser Erklärung des Namens als Götzen=Vorgebirge bei den Russen derselbe immer nur Bolwanskii muis geheißen haben würde, so meint Lütke nach dem Vorgange von Witsen in seiner Noord en Ost Tartarye, daß jene Insel nach einem sonst unbekannten Iwan Waigatsch benannt worden sei. Lütke a. a. O. S. 31.

Waigats-Inſeln und Nowaja Semla. Allein da Burrough wegen der nord-öſtlichen Winde, die daſelbſt zum Nachtheil der Seefahrer vorherrſchend ſind, und wegen des vielen Eiſes nicht weiter fortkommen konnte, auch die Nächte ſchon gegen Ende Auguſt ſehr dunkel zu werden anfingen, ſo entſchloß er ſich umzukehren. Er bemerkte auf Nowaja Semla keine menſchlichen Bewohner, aber zahlreiche Vögel, weiße Füchſe und weiße Bären. Auf dem feſten Lande lernte er die Samo-jeden als ein noch heidniſches Volk kennen, welches am Pet-ſchora-Fluſſe den Ruſſen ſchon unterwürfig war und ſich fried-lich und zugänglich zeigte. Nachdem er in dem Hafen an der Mündung der Dwina überwintert hatte, kehrte er im folgen-den Jahre nach England zurück.

Die während der beiden folgenden Decennien zahlreichen Unternehmungen der Engländer nach den amerikaniſchen Po-larmeeren, um auf einer Nordweſtpaſſage nach dem gewünſch-ten Ziele, Indien und China, zu gelangen, lenkten auf einen Augenblick die Aufmerkſamkeit von dieſen Gebieten ab, bis die dort angetroffenen Naturhinderniſſe zu dem früher betretenen Pfade zurückführten. Im Jahre 1580 wurden aufs neue zwei Schiffe unter Arthur Pet und Charles Jakman ausgeſandt, um die bis zum Nordfuße des Ural eröffnete Straße weiter zu erforſchen. Lange Zeit hemmten öſtliche Winde die beiden engliſchen Schiffe in ihrem Laufe, ſobald ſie das Nordkap Europas umſegelt hatten; endlich jedoch, nachdem ſie ſich durch vieles Eis hindurch gearbeitet und oft durch den Schein von Land waren betrogen worden, kamen ſie Mitte Juli vor der Waigats-Inſel an. Sie ſegelten hierauf durch die Straße, und ſtießen bald auf vieles und feſtes Eis, ſo daß ſie nach einigen vergeblichen Verſuchen durchzukommen, ſich genöthigt ſahen umzukehren. Sie waren vorgedrungen bis zum Lande Hugri (Jugrien an der Oſtſeite des nördlichen Ural). Merk-würdig iſt, daß ſie überall in dem Gewäſſer zwiſchen Nowaja Semla und dem feſten Lande ſehr bald mit dem Senkblei Grund fanden, ſo wie überhaupt jene Meere nicht von bedeu-tender Tiefe zu ſein ſchienen. Sie klagen wie alle Seefahrer in dieſen Gegenden über die große Maſſe Eis und über die

starken, so gefährlichen Nebel. Pet kam glücklich nach England zurück, Jakman jedoch, der bei einem sehr dicken Nebel
von ihm getrennt worden und in einem norwegischen Hafen
hatte überwintern müssen, verschwand nach seinem spätern Auslaufen aus jenem Hafen [52]). Die nächste englische Expedition,
welche nach jenen mißlungenen Versuchen eine Nordostpassage
in dem Meere von Nowaja Semla zu finden, unternommen
wurde, ging von dem berühmten Seekapitain Henry Hudson
aus, im Jahre 1608, nachdem er es im Jahre zuvor mit einer
Nordwestpassage vergeblich versucht hatte. Zwischen dem von
ihm entdeckten Spitzbergen und Nowaja Semla suchte er eine
nordöstliche Durchfahrt, aber auch hier traf er ein unübersteig-
liches Hinderniß in dem vorgelagerten Eise. Da eine Passage
sich dort unmöglich zeigte, so segelte er längs der Gestade von
Nowaja Semla hin und fand hier eine angenehme, vom Eise
freie Küste. Er glaubte daher, es würde möglich sein an der
äußern Seite dieser Insel eine Fahrt zu finden, welche man
bisher vergeblich im innern Meere gesucht hatte, aber auch
dort fand er bei seinem weitern Vordringen durch die Waigats
Straße so viel Eis, daß er sich genöthigt sah von seinem
Vorhaben abzustehen. Da die Witterung stürmischer und kälter wurde, kehrte er bald nach England zurück [53]).

Inzwischen hatten auch die Holländer seit dem Ende
des sechszehnten Jahrhunderts, den Plan gefaßt auf diesem
Wege nach dem reichen indischen Lande, dem Besitzthum ihrer
Feinde, der Spanier, zu gelangen. Mehrere holländische Kaufleute vereinigten sich unter Zustimmung und Beförderung des
Prinzen Moritz von Oranien zur Ausrüstung von drei Schiffen, von welchen das eine von Wilhelm Barents, einem unternehmenden und in der Schifffahrt sehr kundigen Mann,
geführt wurde. Im Sommer 1594 liefen sie aus, und erreichten bald das Meer vor der Mündung der Petschora, wo
sie viel Treibholz fanden. Auch am Ufer der Insel Waigats
lagen große Haufen von Baumstämmen, zum Theil selbst mit

52) Forster, Entdeckungen im Norden S. 333 und 334.
53) Forster a. a. O. S. 378.

den Wurzeln. Das Land zeigte sich als ein grünes Feld mit
allerlei Kräutern und Blumen bewachsen, aber ohne Bäume.
Die Durchfahrt auf der Südseite der großen Waigats=Insel
fanden sie offen, und versuchten daher auch die auf der nörd=
lichen Seite. Sie fanden da ein Land, das sie für eine Insel
hielten, und darauf an drei bis vierhundert Götzenbilder. Ei=
nige davon waren männlich, andere weiblich, andere stellten
Kinder vor, auf noch andern sah man an vier bis acht männ=
liche und weibliche Gesichter zusammen. Sie standen alle mit
dem Gesicht nach Osten, und viele Renthiergeweihe lagen den
geschnitzten Bildern zu Füßen. Einige dieser Bilder waren
alt und ganz verfault, andere waren frisch geschnitzt. Das
Eis machte ihnen da viel zu thun, und das Meer jenseit der
Straße fanden sie an Gestalt, Farbe und Geschmack dem gro=
ßen Ocean gleich. Sie fuhren an der Küste von Nowaja
Semla hin, fanden aber weder Bucht noch Hafen, und das
Eis nöthigte sie bald umzukehren. Mehr südwärts fanden sie
eine tiefe blaue See und wenig Eis, auch bemerkten sie, daß
das Festland sich mehr nach Südosten hinzog, weshalb sie mit
der frohen Nachricht bald zurückeilten, daß man eine Passage
nach China würde auffinden können [54]). Barents hatte sich
auf dieser Reise in der Erforschung der Küsten von Nowaja
Semla vornehmlich ausgezeichnet, indem er auf der ganzen
Westküste der Doppelinsel bis zum äußersten Norden hin vor=
gedrungen war, ohne jedoch wegen der Naturhindernisse dort
seine Fahrt fortsetzen zu können [55]). Die günstigen Nachrich=
ten bewogen die holländische Regierung im folgenden Jahre
1595, als auch Houtmann seinen Landsleuten den Weg nach
Indien zur See um Africa herum eröffnete, sieben Schiffe
auszurüsten, welche jedoch bei ihrer etwas verspäteten Ankunft
in jenen Gewässern so viel mit den Stürmen, Nebeln und
Eismassen zu kämpfen hatten, daß sie bald, ohne irgend etwas
erreicht zu haben, nach Holland zurückkehren mußten.

Da die Generalstaaten sich in Folge dieser mißglückten

---

[54]) Forster a. a. O. S. 473 bis 478.
[55]) Lütke, Reise durch das nördliche Eismeer S. 18 bis 20.

Unternehmung weigerten die Kosten zu einer neuen Reise herzugeben, und lieber den von Houtmann eröffneten glänzenden Aussichten folgen wollten, so ward doch die Stadt Amsterdam nicht abgeschreckt, und rüstete im Jahre 1596 zwei Schiffe aus unter der Leitung von Jacob van Heemskerk nebst dem Barents als Obersteuermann und von Jan Ryp. Nachdem sie viel mit Eismassen zu kämpfen gehabt hatten, erreichten sie glücklich die große Doppelinsel Mitte Juli, und umsegelten vier Wochen später das Vorgebirge des Begehrens, das Nordostcap der Insel, wo sie deutlich sahen, daß das Land sich südlich hinwandte. Auch an der Ostseite der Insel fanden sie viel Treibholz. Die See belegte sich gänzlich mit Eis in der Mitte September, und nöthigte die kühnen Seefahrer zu einer Ueberwinterung auf der Ostseite der Insel, welche zu den merkwürdigsten Begebenheiten der Polarfahrten der frühern Zeit gehört. Es war unter 76° N. Br. nach den von Barents angestellten Beobachtungen, also in der Nähe des nordöstlichsten Vorgebirges. Sie hatten außerordentlich viel von der Kälte zu leiden, und hatten stets Streit mit den Bären, welche sie in ihrer von Holz erbauten Hütte angriffen. Am 3. November verloren sie die Sonne, damit verloren sich auch die Bären, die nicht eher wiederkamen als bis die Sonne wieder erschien. Am 24. Jan. erblickten sie zuerst das Bild der Sonne wieder, nachdem sie schon seit mehr als vierzehn Tagen eine Art Dämmerung gehabt hatten. Zwar hatten sie das Erscheinen der Sonne erst sechszehn Tage später erwartet, aber es erklärt sich jener Umstand aus der großen Strahlenbrechung der mit so vielen Dünsten angefüllten Luft. Der Mangel an hinlänglichem Vorrathe von Holz nöthigte sie zu sehr beschwerlichen Arbeiten, da alles Treibholz verschneit war. Zwar löste sich Anfang Februar die See und gab ihnen Hoffnung zur Erlösung, aber die in der Mitte des Monats eintretenden heftigen Nordostwinde brachten neue Kälte, und erst gegen die Mitte des März trieb ein Südwestwind das Eis weg. Dennoch kehrten auch jetzt noch gewaltige Schollen und Eisberge zurück, so daß erst im April und Mai die See sich völlig löste und eine Rückfahrt erlaubte, welche sie nach den nöthigen

Zurüstungen Mitte Juni bewerkstelligen konnten. Barents
starb unterwegs in Folge der übermäßigen Anstrengungen und
Beschwerden; seine Leidensgefährten retteten sich noch unter
vielen Gefahren nach Kola in Lappland, und gelangten im
Herbst 1597, nachdem man sie längst für verloren gehalten,
in ihre Heimath zurück [56]). Barents Name ist aber für das
Gebiet von Nowaja Semla unvergänglich, denn nach seinen
Nachrichten sind alle Charten von dieser Doppelinsel bis in
die neuere Zeit entworfen. Während der erstern Hälfte des
siebzehnten Jahrhunderts wurde dies Inselgebiet alljährlich von
den Holländern besucht wegen des sehr ergiebigen Wallfisch=
fanges und Robbenschlages. Doch noch immer hatte man bei
den beiden europäischen Seemächten jener Zeit nicht die Hoff=
nung aufgegeben durch eine Nordostpassage einen nähern als
bis dahin bekannten Seeweg nach Indien und China aufzufin=
den, und nachdem während der ganzen ersten Hälfte des sieb=
zehnten Jahrhunderts alle Versuche, auf einem nord=westlichen
Wege von der Hudsons=Bai aus vorzudringen, mißglückt wa=
ren, wandte man sich nach der andern Seite wieder zurück.
Die beiden Engländer John Wood und William Flawes
wurden im Jahre 1676 nach Nowaja Semla ausgesandt [57]).
Sie erreichten die Insel obschon mit Verlust eines Schiffes,
welches scheiterte, konnten aber keine bedeutende Entdeckungen
machen, und kehrten bald wieder nach England zurück. Dies
war auch die letzte große Unternehmung, welche von den Aus=
ländern zur nähern Kenntniß jener Doppelinsel ausging. Da
man auch hier wie im nördlichen Amerika eine Passage nach
Indien und China für unmöglich erkannte oder doch mit allzu
großen Schwierigkeiten verknüpft, so trat Nowaja Semla aus
dem Gesichtskreis der Holländer und Engländer allmählig
heraus.

Seitdem wurde die Insel blos noch von russischen Jä=
gern und Handelsleuten besucht, die vom weißen Meere
und von der Petschora aus ihre Fahrten bis zur Mündung

---

[56]) Forster, Entdeckungen im Norden S. 479 bis 483.
[57]) Forster a. a. O. S. 440 bis 443.

des Obi und des Jenisei auszudehnen pflegten. So ist eine
der ältesten bekannten Unternehmungen dieser Art die von einem
gewissen Jwanow ums Jahr 1690, welcher nach einem Schiff-
bruch bei einer Insel am Ostufer des karischen Meeres genöthigt wurde daselbst zu überwintern, von wo er nur mit
wenigen übrig gebliebenen Gefährten im folgenden Frühjahr
durch ein anderes Jägerfahrzeug gerettet wurde [68]). Erst
lange nachher zur Zeit der Kaiserinn Anna Jwanowna dachte
die russische Regierung daran, durch eine große Expedition von
Archangel aus alle polarischen Gestade der alten Welt bis
zum äußersten Osten untersuchen und aufnehmen zu lassen. Die
Expedition begann unter der Leitung des Murawiew und Paw-
low von 1734 bis 1735, sie wurde erneuert unter Maluigin,
Skuratow und Suchotin in den Jahren 1736 und 1737, und
fortgesetzt durch Skuratow und Golowin 1738 und 1739,
aber wenn auch manches für die Kenntniß der Küstengebiete
zwischen Archangel und Obdorsk und der dortigen Meere gewonnen wurde, so war sie doch noch unbefriedigend und gewährte für Nowaja Semla gar nichts [59]). Dagegen lockte seit
der Mitte des achtzehnten Jahrhunderts die vielverbreitete Nachricht von dem Silberreichthum und der Ueberfluß an Pelzthieren daselbst zu neuen Unternehmungen. Die ersten dieser
Art von Juschkow 1757 und von Loschkin 1760 führten zu
keinem Resultate. Indessen wurde bald darauf auf Kosten
eines der reichsten Kaufleute zu Archangel eine neue Expedition
unter Rosmuislow ausgerüstet vornehmlich wegen der Gewinnung der edlen Metalle auf jener Insel, aber sie wurde
auch zur Erreichung allgemeinerer Zwecke, zur Aufnahme der
Küsten der Insel und des karischen Meeres, von der Regierung unterstützt. Rosmuislow überwinterte an der matotschkinschen Straße unter 73° 18', wo das Aufgehen der Eismassen
ihn im folgenden Jahre erst Anfang August aus seiner winterlichen Gefangenschaft erlöste. Wenn auch diese zweijährige
Reise von 1768 bis 1769 nicht den Erwartungen entsprach,

---

[58]) Lütke, Reise durch das nördliche Eismeer S. 58.
[59]) Lütke a. a. D. S. 60 bis 70.

so wurde doch mancherlei geleistet für die Erforschung der
Westgestade der Insel, und namentlich die große Querstraße ⁶⁰)
erst wahrhaft entdeckt und bekannt. Seitdem verfloß ein halbes Jahrhundert, während dessen Nowaja Semla nur von
Jägern besucht und erwähnt ward, und wenn man auch nicht
mehr hoffen durfte, edle Metalle zu finden, so ersetzte jenen
Gewinn doch reichlich der mittelbare Ertrag durch die daselbst
erlegten Pelzthiere. Dennoch gaben jene Ueberlieferungen zu
neuen und zwar wissenschaftlichen Unternehmungen nach jener
Doppelinsel Veranlassung; es war seit dem Anfange des neunzehnten Jahrhunderts durch den Grafen Rumanzow vermittelst der um diese Zeit gestifteten Handelsgesellschaft ⁶¹) des
weißen Meeres (Bjelomorskaja Kompanja). Die erste Expedition in dieser Beziehung war die von Pospelow im Jahre
1807, wodurch wenigstens dargethan wurde, daß dort keine
Spur von Silbererzen oder Anzeigen von einem ehemaligen
Bergbau aufzufinden wären, und daß die Sage nur aus den
glänzenden, schieferartigen Uferfelsen entstanden zu sein schiene.
Ein Decennium später erfolgte eine zweite Expedition unter
Lasarew im Jahre 1819 zur Vervollständigung und Ver-
knüpfung aller der schon früher von Barents, Rosmuislow
und Pospelow gemachten Untersuchungen, da in der That
viele Küstentheile dieser Insel noch gänzlich unbekannt waren.
Leider hatte Lasarew mit vielen Eismassen zu kämpfen, so wie
überhaupt die verschiedenen Seefahrer in dieser Beziehung ein
sehr verschiedenes Geschick gehabt haben, und mancherlei
Krankheiten unter seiner Schiffsmannschaft trugen vornehmlich zur Vereitelung dieses Unternehmens bei. Daraus ergab
sich auch die Nothwendigkeit einer dritten polarischen Expedition, welche unter der Führung des Seekapitains Lütke ⁶²)
auf einem von so furchtbaren Naturhindernissen gefährdeten
Gebiete mit Talent und mehr Glück, als es bei vielen seiner
Vorgänger der Fall war, ausgeführt wurde. Denn auf einer

---

⁶⁰) Lütke a. a. O. S. 71 bis 79.
⁶¹) Storch, historische Zeitschrift von Rußland IX. S. 73.
⁶²) Lütke, viermalige Reise durch das nördliche Eismeer S. 95.

viermaligen Fahrt durch das Polarmeer in den Jahren 1821 bis 1824 gelang es ihm, die ganze den Seefahrern mehr zugängliche Westküste dieser Doppelinsel zu untersuchen und aufzunehmen und bis zu den nord-westlichsten Vorgebirgen derselben vorzudringen, wo immer eine Mauer von undurchdringlichen Eismassen allen weitern Bemühungen ein Ziel setzte. Die jüngste zur Zeit bekannte Expedition nach Nowaja Semla ist die von dem Lieutenant Pachtussow, welcher nach der Ueberwinterung auf der Südostspitze der Insel, von 1832 bis 1833, in dem darauf folgenden Sommer glücklich die Ostküste derselben bis zur Matotschkin Straße erforschte, und durch dieselbe beim Beginn der gefahrvollen Jahreszeit im Herbst 1833 nach Archangel zurückkehrte [63]).

Allgemeine Verhältnisse des Ural nach seinem Bau, seinen Bewohnern, und von dem Verhältniß seiner innern Natur zur Entwickelung seiner Anwohner.

1) Der Bau des Ural in geognostischer Beziehung.

Uebersehen wir das gesammte uralische Gebirgssystem nach seiner äußern Gestaltung und nach seinem innern Bau und Organisation, so zeigt sich auch hier, wie bei der oben ausgeführten Gruppirung in drei Theile, eine dreifache Gliederung in der Unterscheidung des Centralgebirges, der Mittelgebirge im Osten und Westen des erstern, und der Vorgebirge, der äußersten Abdachung des ganzen Gebirgssystemes gegen Osten und Westen. Der erhabene centrale Rücken besteht aus Granit und Urgestein, wenigstens alle höhere Punkte desselben. Obgleich die Berge zum Theil von bedeutender Höhe sind, so ist doch eigentlich keine Kuppe gänzlich mit Schnee und Eis bedeckt; dennoch sind viele Schluchten

---

[63]) Berghaus, Annalen der Erd- und Völkerkunde. Berlin 1834. 8. Jahrg. X. Nr. 107. S. 512.

in den nördlichen Gegenden stets mit Schnee erfüllt [1]). Im
Allgemeinen sind die Kuppen nirgends ausgezeichnet durch
wilde Felsbildung und Gipfelerhebung, die ganze uralische Gebirgsmasse charakterisirt sich vielmehr durch eine terraffen-
förmig auffteigende Plateaubildung. Zwar ist die
äußere Form der uralischen Berge sehr verschieden, aber meistens sind dieselben, sagt Falk, sanft geneigt, wellenförmig
mit breiten Rücken, und zeigen alle keine besondere Zerrüttungen als die, welche durch den Zahn der Zeit hervorgebracht
sind. Die großen Berge bestehen immer aus zwei oder mehrern Abfätzen [2]). Das uralische Centralgebirge ist der eigentliche Ural-Tau (Gürtelgebirge), der bei den Baschkiren den
Hauptrücken des Gebirges bezeichnet, und der sich vom äußersten Norden bis zum äußersten Süden ununterbrochen fortzieht,
und die Gewässer der Wolga und des Irtisch von einander
scheidet. Diese hohe zusammenhängende Bergkette ist durchaus
waldig und trotz des felsigen Bodens so feucht, daß sich auf
dem Rücken derselben ausgedehnte Sümpfe und Moräste vorfinden. Die Haupturfache davon ist nach Pallas Bemerkung
der Zug, welchen die Wolkennebel und Dünfte nach diesem
waldigen, an sich hoch gelegenen und mit noch höhern Bergkuppen besetzten Gebirge haben, und daher erklärt es sich auch,
daß dieses Gebirge nicht blos eine Menge von Quellen und
Bächen erzeugt, sondern auch daß seine unterirdischen Wasser-
schätze sich weit in die östlich gelegene Steppe verbreiten, wovon die vielen sowohl am Fuße des Gebirges hin als auch
weiter durch die ganze Landschaft von Katharinenburg zerstreu-
ten großen und kleinen Seen nebst ihren merkwürdigen Veränderungen die besten Beweise sind [3]). Dieses Granitgebirge
des Ural-Tau ist zum Theil nur von sehr geringer Breite,
zwischen dem obern Jaik und der Bjelaja beträgt sie nur an
25 Werst [4]). Die Hochflächen des Rückens der Centralkette,

---

[1]) Hermann, mineralog. Beschreibung II. S. 387, 389.
[2]) Falk, topogr. Beiträge I. S. 219.
[3]) Pallas, Reisen durch versch. Prov. II. S. 72.
[4]) Pallas a. a. O. II. S. 371.

so wie der auf beiden Seiten angelagerten Ketten bilden das Jagdrevier und das Weideland der Baschkiren. Zu beiden Seiten des breiten Granitrückens schließen sich die Mittelgebirge an, jüngere Gebirgsbildungen und zwar von doppelter Art, theils schieferartige Gebirge, theils Kalkgebirge ⁵), aber dies sind die erzreichen Gebirgsarten. Auf der Grenze dieser verschiedenen Gebirgsreihen ziehen die meisten Stromthäler des innern Ural hin in der Richtung von Süden nach Norden, oder umgekehrt. Daraus erklärt sich der Parallelismus der meisten uralischen Thäler, sämmtlich Längenthäler zu nennen, welche dann immer unter rechten Winkeln die im Osten und Westen angelagerten Gebirgsketten durchbrechen, und so den uralischen Quellströmen den Abfluß zu den Thalsenkungen der Wolga und des Irtisch gewähren.

Der große Naturforscher Pallas schildert die Gestaltung und den Bau des ganzen Gebirgssystemes auf folgende Weise. Dem centralen Urgebirge liegt zu beiden Seiten Schiefergebirge in gestürzten Schichten, an der Ostseite meistens Hornschiefer und glimmrichte Arten, worauf Jaspis folgt, an der Westseite meistens glimmrichter oder derber Sandstein, der oft hohe Berge ausmacht, nebst Thonschiefer. An diesem Schieferstriche folgt ein in flachstreichenden Schichten stehendes und kaum eine Spur von versteinerten Seekörpern zeigendes derbes Kalkgebirge, das an der sibirischen Seite oft marmorartig ist, und so bis in das flache Land reicht ohne beträchtliche Flötzgebirge vor sich zu haben; an der Westseite aber, besonders im baschkirischen und werchoturischen Ural als ein mächtiges Vorgebirge sich zu hohen Felsenbergen erhebt, aus welchem an einigen Orten der Granit und Schiefer in den höchsten Kuppen hervortritt, und welches sich zu den Kalkflötzen hinabsenkt, die unter das flache Land von Rußland sich weit hin fortziehen. Auf ihm ruht das an Kupfererzen so reiche flötzige Sandschiefergebirge, das von Solykamsk durch Permien und durch die ganze orenburgische Landschaft bis in die kirgisische Steppe streicht. Dasselbe ist überall wenigstens durch ein Thal und

---

⁵) Falk, topogr. Beiträge I. S. 220.

in der ganzen Gegend des Ufa=Stromes durch eine weite wald=
reiche Ebene, die meiſtens den Kalkflötz gleich unter der Damm=
erde hat, vom Hauptgebirge abgeſondert. Es ſchließt ſich dies
Flötzgebirge zwiſchen der Bjelaja und dem Jaik wieder näher
an das Hauptgebirge an, und macht außer vielen Bergzügen,
die den weſtlichen Lauf der Ströme begleiten, hauptſächlich
denjenigen Bergrücken, welcher ſich unter dem Namen des
Obſtſchei Syrt zwiſchen dem Jaik und der Sakmara ver=
läuft, und in der kalmückiſchen Steppe nur noch durch den
Abſatz des höhern Landes gegen die noch in ſpätern Zei=
ten von der See bedeckt geweſene ſalzige Ebene bedeutend er=
ſcheint, aber durchaus nicht für eine Fortſetzung des uraliſchen
Hauptgebirges zu halten iſt [6]).

Die Mittelgebirge der Schiefer= und Kalkſteinketten
ſind auf der aſiatiſchen Seite weniger breit als auf der euro=
päiſchen, und daher fällt der Ural gegen Aſien zu auch plötz=
licher ab gegen die unbedeckten Steppen. Auf der aſiatiſchen
Seite ſind die Mittelgebirge mehr zuſammengedrängt auf einen
kleinern Raum, aber ſie ſind inhaltsreich an edlen Steinen
und Metallen. Die ſchieferartigen Gebirgsmaſſen (die ſoge=
nannten Ganggebirge) bilden die innere, dem Ural=Tau unmit=
telbar angelagerte Hälfte der Mittelgebirge, das Kalkſteinge=
birge bildet im Oſten und Weſten die äußere Hälfte derſelben,
doch ſo daß beide nicht vollkommen von einander getrennt
ſind, ſondern zum Theil durch einander liegen. Grade auf
der Grenze und Berührungslinie beiderlei Gebirgsmaſſen liegen
die reichen Kupfer=, Silber= und Goldminen und die uner=
ſchöpflichen Eiſengruben. So ſind ſchon oben die merkwürdi=
digen Eiſenſteinberge und Magnetberge an der öſt=
lichen Seite des mittlern und ſüdlichen Ural genannt worden.
Am merkwürdigſten iſt darunter der ſogenannte große Magnet=
berg, der Ulu=Utaſſe=Tau, wie er bei den Baſchkiren
heißt (der Atätſchi nach Rytſchkow). Er bildet ein kleines
Gebirge, welches ſich am obern Jaik neben der Feſtung Mag=

---

[6]) Pallas, Reiſen durch verſchied. Provinz. III. Vorrede S. VIII
und IX.

nitnaja von Norden nach Süden an drei Werst weit erstreckt,
und von Westen nach Osten durch acht querlaufende Thäler
von verschiedener Tiefe in eben so viele Absätze getheilt wird.
Auf der Ostseite hat es eine ziemlich freie Steppe, an seiner
Westseite zieht sich in einer Entfernung von fünf bis sechs
Werst der Jaik hin. Der siebente Absatz dieser Berggruppe
von Norden her gerechnet, ist der höchste, und schon der ältere
Gmelin [7]), dem wir die erste Beschreibung derselben verdanken,
schätzte ihn von einer relativen Erhebung von achtzig Faden
über die anliegende Steppe, was mit den neuern Messungen
übereinstimmt. Jener Theil hat auch den besten Magnet, aber
nicht in der Spitze, welche aus einem jaspisartigen, gelblich
weißen Gestein besteht, sondern ungefähr acht Klafter unter=
halb. Dort liegen an 60 bis 80 Pud schwere Steine, die
von weitem wie Feldsteine aussehen, aber durchaus magneti=
sche Kraft haben. Sie sind mit Moos überwachsen, aber
dessenungeachtet ziehen sie Messer auf mehr als einen Zoll
weit an sich. Die zu Tage stehenden Seiten haben die stärkste
magnetische Kraft, die in der Erde liegenden sind viel schwä=
cher. Der Magnetstein dieses Berges ist mit Ausnahme dessen,
der am Tage liegt, von einer großen Härte, sieht schwärzlich
aus, ist hin und wieder drusicht, und hat daselbst gewöhnlich
kleine eckige Theile, so wie man sie auf der Oberfläche des
Blutsteines zu sehen pflegt. Die Stelle des Berges, worin
die Magnetsteine liegen, besteht meistens aus einem edlen Stahl=
erze, das zwischen den Magnetfelsen in kleinen Stücken bricht,
und der ganze Absatz des Berges besteht aus solchem Erze,
nur daß es je niedriger desto schlechter an Gehalt wird. Der
südlichste Theil der ganzen Berggruppe ist dem vorigen gleich,
nur etwas niedriger, auch sind die Magneten desselben nicht
von so guter Kraft. Das ganze Gebirge ist mit Kräutern
und Grasteppichen bedeckt. Hin und wieder findet man auch
in der mittlern Höhe kleine Birkenwälder. Außer den beiden
südlichsten Theilen führt es nur wildes Gestein, zum Theil
Kalkstein. Der Eisenberg Blagodat im Quellgebiet der Tura

---

[7]) Gmelin, Reise durch Sibirien IV. S. 344 bis 348.

9 *

in der ganzen Gegend des Ufa-Stromes durch eine weite waldreiche Ebene, die meistens den Kalkflötz gleich unter der Dammerde hat, vom Hauptgebirge abgesondert. Es schließt sich dies
Flötzgebirge zwischen der Bjelaja und dem Jaik wieder näher
an das Hauptgebirge an, und macht außer vielen Bergzügen,
die den westlichen Lauf der Ströme begleiten, hauptsächlich
denjenigen Bergrücken, welcher sich unter dem Namen des
Obstschei Syrt zwischen dem Jaik und der Sakmara ver-
läuft, und in der kalmückischen Steppe nur noch durch den
Absatz des höhern Landes gegen die noch in spätern Zeiten von der See bedeckt gewesene salzige Ebene bedeutend erscheint, aber durchaus nicht für eine Fortsetzung des uralischen
Hauptgebirges zu halten ist [6]).

Die Mittelgebirge der Schiefer- und Kalksteinketten
sind auf der asiatischen Seite weniger breit als auf der europäischen, und daher fällt der Ural gegen Asien zu auch plötz-
licher ab gegen die unbedeckten Steppen. Auf der asiatischen
Seite sind die Mittelgebirge mehr zusammengedrängt auf einen
kleinern Raum, aber sie sind inhaltsreich an edlen Steinen
und Metallen. Die schieferartigen Gebirgsmassen (die sogenannten Ganggebirge) bilden die innere, dem Ural-Tau unmittelbar angelagerte Hälfte der Mittelgebirge, das Kalksteinge-
birge bildet im Osten und Westen die äußere Hälfte derselben,
doch so daß beide nicht vollkommen von einander getrennt
sind, sondern zum Theil durch einander liegen. Grade auf
der Grenze und Berührungslinie beiderlei Gebirgsmassen liegen
die reichen Kupfer-, Silber- und Goldminen und die unerschöpflichen Eisengruben. So sind schon oben die merkwürdigen Eisensteinberge und Magnetberge an der östlichen Seite des mittlern und südlichen Ural genannt worden.
Am merkwürdigsten ist darunter der sogenannte große Magnetberg, der Ulu-Utasse-Tau, wie er bei den Baschkiren
heißt (der Atatschi nach Rytschkow). Er bildet ein kleines
Gebirge, welches sich am obern Jaik neben der Festung Mag-

---

[6]) Pallas, Reisen durch verschied. Provinz. III. Vorrede S. VIII
und IX.

nitnaja von Norden nach Süden an drei Werst weit erstreckt,
und von Westen nach Osten durch acht querlaufende Thäler
von verschiedener Tiefe in eben so viele Absätze getheilt wird.
Auf der Ostseite hat es eine ziemlich freie Steppe, an seiner
Westseite zieht sich in einer Entfernung von fünf bis sechs
Werst der Jaik hin. Der siebente Absatz dieser Berggruppe
von Norden her gerechnet, ist der höchste, und schon der ältere
Gmelin [7]), dem wir die erste Beschreibung derselben verdanken,
schätzte ihn von einer relativen Erhebung von achtzig Faden
über die anliegende Steppe, was mit den neuern Messungen
übereinstimmt. Jener Theil hat auch den besten Magnet, aber
nicht in der Spitze, welche aus einem jaspisartigen, gelblich
weißen Gestein besteht, sondern ungefähr acht Klafter unterhalb. Dort liegen an 60 bis 80 Pud schwere Steine, die
von weitem wie Feldsteine aussehen, aber durchaus magnetische Kraft haben. Sie sind mit Moos überwachsen, aber
dessenungeachtet ziehen sie Messer auf mehr als einen Zoll
weit an sich. Die zu Tage stehenden Seiten haben die stärkste
magnetische Kraft, die in der Erde liegenden sind viel schwächer. Der Magnetstein dieses Berges ist mit Ausnahme dessen,
der am Tage liegt, von einer großen Härte, sieht schwärzlich
aus, ist hin und wieder drusicht, und hat daselbst gewöhnlich
kleine eckige Theile, so wie man sie auf der Oberfläche des
Blutsteines zu sehen pflegt. Die Stelle des Berges, worin
die Magnetsteine liegen, besteht meistens aus einem edlen Stahl-
erze, das zwischen den Magnetfelsen in kleinen Stücken bricht,
und der ganze Absatz des Berges besteht aus solchem Erze,
nur daß es je niedriger desto schlechter an Gehalt wird. Der
südlichste Theil der ganzen Berggruppe ist dem vorigen gleich,
nur etwas niedriger, auch sind die Magneten desselben nicht
von so guter Kraft. Das ganze Gebirge ist mit Kräutern
und Grasteppichen bedeckt. Hin und wieder findet man auch
in der mittlern Höhe kleine Birkenwälder. Außer den beiden
südlichsten Theilen führt es nur wildes Gestein, zum Theil
Kalkstein. Der Eisenberg Blagodat im Quellgebiet der Tura

---

[7]) Gmelin, Reise durch Sibirien IV. S. 344 bis 348.

9 *

bei Kuſchwinskoi Sawod an der Kuſchwa, einem kleinen Ne=
benfluß der Tura, iſt durch ſeine Höhe und ſeinen Umfang
ausgezeichnet. Der Eiſenſtein, waraus der ganze Berg beſteht,
iſt von ſo trefflicher Art und reichem Gehalt, daß er mit Recht
den Namen Bladogat d. h. gute Gabe [8]) führt. Auch iſt er
reich an guten Magneten. Er ſoll eine Höhe von 1284 Fuß
über dem Meere [9]) haben, oder eine relative Höhe von 50 Fa=
den. Schon am Ende des vorigen Jahrhunderts wurden jähr=
lich an zwei Millionen Pud Erz daſelbſt ausgebeutet. Der im
Quellgebiet des Tagil bei dem Hüttenwerke Niſchnei Tagilskoi
Sawod liegende Magnetberg, Magnetnoi Wiſokogora bei
den Ruſſen genannt, erhebt ſich in Kegelgeſtalt mitten aus dem
Kalkſteingebirge in einer relativen Höhe von ungefähr 40 Fa=
den, und beſteht ganz aus einer reichen Eiſenmaſſe, die hier
und da mit Magneten verſehen iſt. Schon am Ende des vori=
gen Jahrhunderts gewann man hier jährlich an drei Millionen
Pud Eiſenerz. Aehnliche mächtige Eiſenſteinmaſſen finden ſich
auch auf der Weſtſeite des Ural [10]). Die Kalkſteingebirgs=
maſſen bilden übrigens faſt an allen Flüſſen im Gebirge hohe
ſteile Wände und machen wie gewöhnlich große Grotten und
Klüfte, welche vornehmlich an der Bjelaja in dieſem Gebirgs=
ſyſtem [11]) bekannt ſind.

Die öſtliche Abdachung des Ural iſt weit ſtärker als die
weſtliche. Der weſtliche ſanftere Abfall des Ural breitet ſich
in ſeinen äußerſten Gliedern bis zur Wolga, Kama und Wjätka
hin aus, und überdeckt alle Landſchaften an jenen Strömen
mit ſeinen mächtigen Flötzablagerungen. Aber auf der Oſtſeite
ſind dieſe Ablagerungen nicht ſo bedeutend, da ſich hier bald
die große Steppenfläche zwiſchen dem Iſet und Tobol mit den
zahlreichen ſalzigen und bittern Seen anſchließt [12]). Daher
bemerkt auch Georgi, daß im ganzen Ural alles dafür ſpreche,
daß die große Fluth, welche dem Gebirge ſeine jetzige Geſtalt

---

[8]) Gmelin a. a. O. IV. S. 419.
[9]) Erman, Reiſe durch Nord=Aſien I. S. 359, 362.
[10]) Georgi, geogr. Beſchreibung I. S. 149, 150, 153, 154.
[11]) Falk, topograph. Beiträge I. S. 219.
[12]) Hermann, mineral. Beſchreibung II. S. 374, 385.

gab, an der Westseite stärker und regelmäßiger als an der Ost=
seite gewesen sein, und ihren stärksten Abzug im Westen und
Südwesten gehabt haben müsse [13]). Durch die ganze Land=
schaft von Permien an der Kama und von Ufa an der Bjelaja
finden sich die mächtigsten Flötzablagerungen [14]), und
diese, die jüngsten, aufgeschwemmten Gebirgsformationen, sind
die Vorgebirge des Ural, welche, da sie nur auf der euro=
päischen Seite von Bedeutung sind, man auch als die permi=
schen und ufischen oder baschkirischen zu unterscheiden pflegt.
Die Berge des Vorgebirges zeigen sich sanft, oft nur als Hö=
hen in großen, meistens trockenen, offenen oder waldigen Flä=
chen. Berge von dreißig Faden Höhe sind selten. Meistens
ist es von dem Kalkgebirge durch eine an fünf bis funfzehn
Werste breite Ebene getrennt. Dieses Flötzgebirge zeigt sich an
den Flußufern und in den Bergwerken in verschieden abwechseln=
den Lagen von Thon= und Mergelschichten, Sandschiefer, Sand=
stein, Kalkstein, Gips und Alabaster [15]). Die ungemeine Sel=
tenheit, ja die völlige Abwesenheit von Seekörpern in diesen
Sandsteinflötzen, die bisher fast gar keine Versteinerungen als
die von Sandgewächsen, Holz und Thierknochen gezeigt haben,
macht es wahrscheinlich, sagt Pallas, daß dieselben nicht durch
eine ruhige See abgesetzt, sondern durch eine spätere Fluth,
welche breite Landstriche überströmte, angeschwemmt worden
sind. Dieses Sandschiefergebirge fehlt an der östlichen Seite
des Ural gänzlich, und daher hat diese Seite auch nicht so
unzählige Spuren von Kupfererzen in den Flötzen, wie es auf
der Westseite sich zeigt. Die Ostseite des Gebirges hat dagegen
reichere und schönere, auch wohl silberhaltige Kupfererze theils
in den Gängen des Schieferstriches, theils in Nestern, welche
letztere vornehmlich in der Ablösung des Schiefer= und Kalk=
striches angetroffen werden [16]). Da also auf der asiatischen
Seite des Ural bei der größern Zusammendrängung des Mit=

---

[13]) Georgi, Reisen II. S. 744, 745.
[14]) Falk, topogr. Beiträge I. S. 193, 200.
[15]) Georgi, geogr. Beschreibung I. S. 148.
[16]) Pallas, Reisen durch versch. Prov. III. Vorr. S. X.

telgebirges auch die jüngern übergelagerten Gebirgsformationen
nur gering ſind oder gänzlich fehlen, ſo liegt auch hier der
Metallreichthum offener und bequemer zum Bergbau da. Die
öſtliche Seite des Ural iſt ausgezeichnet durch Bergbau und
Hüttenweſen, und darum liegen auf dieſer Seite auch die
Hauptſtädte des ganzen Gebirgsſyſtems zur Betreibung des
Berg= und Hüttenweſens wie Katharinenburg und Werchoturie.

Auf der europäiſchen Seite liegt zwar kein ſolcher Me=
tallreichthum zu Tage, aber durch das ganze acht bis vierzehn
Meilen breite Flötzgebirge finden ſich mehrere Auflöſungen von
Metallen, wie vornehmlich von Kupfer und Salz. Die Land=
ſchaft Permien iſt ſeit alten Zeiten berühmt durch ihren gro=
ßen Reichthum an Salzquellen, ſo daß noch jetzt bei den
Ruſſen nach dieſer Landſchaft alles aus Sole geſottene Salz
mit dem Namen Parmjanka [17]) bezeichnet wird. Es er=
ſtrecken ſich dieſe Salzquellen durch das ganze mit zahlreichen
Petrifikationen von Holz, Schilf und Fiſchen erfüllte Flötzge=
birge durch die permiſche und ufiſche Landſchaft von den Quel=
len der Kama im Norden bis über die Bjelaja gegen Süden
hinaus, und begleiten das Flötzgebirge des Obſtſchei=Syrt in
der Steppe zwiſchen dem Jaik und der Wolga [18]). Was der
europäiſchen Seite des Ural an eigentlichem Metallreichthum
abgeht, iſt ihr reichlich erſetzt durch die Menge und Mannig=
faltigkeit der Erdſchichten, mit welchen die jüngern Formatio=
nen überlagert ſind, wie von Sand, Thon und Lehm. Denn
dadurch entſteht der Frucht= und Ackerboden, welcher die
Landſchaft Permien ſo auszeichnet, und welcher durch das
ganze europäiſche Rußland verbreitet iſt. Jene weiten Gebiete
ſind mit ſanften Hügeln bedeckt, aus den verſchiedenartigſten
Erdſchichten beſtehend, nirgends zeigt ſich vollkommner Hori=
zontalboden. Aber die nacktere öſtliche Seite des Ural geht
bald ohne Vermittelung eines Hügelbodens in die ſibiriſchen
Steppenflächen über, an vielen Stellen iſt die Ebene an
der Oſtſeite des Ural eine nackte Granitfläche, bis zum Tobol

---

[17]) Lepechin, Tagebuch III. S. 81.
[18]) Georgi, Reiſen II. S. 746 und 747.

und Irtisch hin zeigt sich die größte Einförmigkeit. Hier lie=
gen viele hunderte von Flachseen, welche als eben so viele
Reste eines alten Seebodens zu betrachten sind; es zeigt sich
hier eine große Armuth der Vegetation, aber Salzreichthum
in vielen jener Flachseen und Reste alter Muschellager. Durch
Pallas [19]) haben wir zuerst die unendliche Menge der salzi=
gen und bittern Seen genauer kennen gelernt, mit welchen
die ganze Steppe am Südostfuße des Ural zwischen dem Ui
und Tobol wie besäet ist. Es werden dieselben nach ihrer ver=
schiedenartigen Natur von den russischen Landleuten genau un=
terschieden. Es sind an eilf verschiedene Arten, doch lassen sie
sich, wie Falk bemerkt [20]), auf fünf Hauptarten zurückbringen:
1) süße Seen (presnoje osera) mit süßem Wasser, und dazu
gehören auch die Schilfseen und die reinen oder schilflosen
Seen; 2) brake Seen (solotkowi osera) mit wenig gesalze=
nem, schlammigem Wasser, in welchem einige Fischarten als
Hechte, Barsche und Karauschen fortkommen; 3) bittere Seen
(gorkii osera), welche wegen des bittern Kochsalzes untrink=
bares Wasser enthalten und nur Barsche und Karauschen haben;
4) leere Seen (pustoje osera), Bitterseen, welche wegen der
Seichtigkeit ausfrieren und ohne Fische sind; 5) Salzseen (so=
lonnoi osera), welche ihr Salz im Sommer in Krystallen ab=
setzen; auch diese sind ohne Fische. Als eine sechste Klasse
kann man noch dazu rechnen die Stinkseen (duchowoi osera),
deren Wasser von dem Grundschlamme von faulem Geruch
und Geschmack ist.

Als eine eigenthümliche Erscheinung des uralischen Ge=
birgssystemes muß man die Bildung von zahlreichen Grot=
ten und Höhlen betrachten, worin dieses Gebirge mit dem
östlichen Theile des europäischen Alpensystemes eine so große
Aehnlichkeit zeigt. Da diese Bildung aber nur eine Folge von
den geognostischen Verhältnissen des Gebirges ist, so kann sich
dieselbe wie dort, so auch hier nur in dem kalkigen Mittelge=

---

[19]) **Pallas**, Reisen durch versch. Prov. II. S. 287 bis 293, 353
bis 363. **Gmelin**, Reise durch Sibirien III. S. 308.

[20]) **Falk**, topogr. Beiträge I. S. 226. **Georgi**, geogr. Beschrei=
bung I. S. 253.

birge und in dem flötzigen Vorgebirge zeigen, und sie muß auf der westlichen Seite des Ural häufiger als auf der östlichen Seite sein. Diese Klüfte und Grotten, welche auch in historischer Beziehung in diesem uralischen Gebiete nicht unwichtig sind, scheinen theils als mächtige Risse und Spalten durch das Austrocknen der Berge, theils durch Unterwaschungen der Ströme entstanden zu sein. Sie gehören zum Theil durch ihre besondere, großartige Bildung und durch ihre reiche prachtvolle Ausstattung zu den wunderbarsten und merkwürdigsten Erscheinungen in diesem Gebirgssysteme. Alle Werke der durch den Ural reisenden russischen Akademiker sind voll von den Beschreibungen dieser Grottenbildung. Man muß aber zweierlei Höhlen im Ural unterscheiden [21]. Einige sind in großen Bergen, und werden von wilden Felsmassen gebildet, andere finden sich in Flächen, und zwar meistens in mächtigen Lagen von Alabaster. Beide unterscheiden sich sehr durch ihre Temperatur. Die Höhlen, welche in dem eigentlichen Gebirge sind, und deren Wände und Decke von rohen Felsmassen gebildet werden, sind meistens im Winter warm und haben im Sommer eine gemäßigte Kühle, dagegen ist es in den Höhlen im Alabastergestein zu jeder Zeit überaus kalt, welches unstreitig von dem Ansaugen der Feuchtigkeit herrührt. Schon oben ist erwähnt worden, daß das Kalk- und Flötzgebirge in der Landschaft Ufa an der Bjelaja [22] zahlreiche große Grotten und Klüfte zeige, vornehmlich am Sym, einem Nebenfluß der Bjelaja. Die in den letztern gefundenen Thier- und Menschenknochen beweisen, daß sie auch bewohnt gewesen, und die anwohnenden Baschkiren gestehen selbst, daß bei ihren frühern Empörungen gegen Rußland die Umwohner ihre Weiber und Kinder hierher in Sicherheit gebracht, und ihr Vieh in die engen, kräuterreichen Thäler zwischen den umher liegenden Bergen auf die Weide geschickt hätten [23]. Die Höhle am sogenannten Läkletau am Ai-Flusse, einem Nebenflusse der Ufa, ist prachtvoll geziert

---

[21] Pallas, Reisen durch versch. Provinzen II. S. 43. Rytschkow, Tagebuch S. 103.

[22] Falk, topogr. Beiträge I. S. 219.

[23] Pallas, Reisen durch verschied. Prov. II. S. 40 bis 43.

mit Tropfsteinwänden und großen zapfenförmigen Stalaktiten[24]. Lepechin hat die meisten merkwürdigen Grotten an der Ostseite des baschkirischen Ural, wie die in den Bergen Muniaktasch, Baklantasch, Schuljugantau, die Antonshöhle u. a. besucht und beschrieben[25].

Eine der merkwürdigsten Grotten der zweiten Art in dem Vorgebirge des südlichen Ural liegt auf dem rechten Ufer des kleinen Flusses Jk, dem baschkirischen Dorfe Meschkeu gegenüber. Die Oeffnung zu dieser Höhle ist in einer tiefen Grube versteckt, und so eng, daß man nur auf den Knieen durchkommen kann. Im Innern der Grotte fand Rytschkow, welcher sie besuchte, eine außerordentliche Kälte, obschon es in den sehr heißen Juni Tagen war. Je mehr nach innen, desto mehr nahm die Kälte zu, und zuletzt war das Wasser welches den Boden der Höhle bedeckte, mit sehr starkem Eise belegt. Das mitgenommene Licht konnte die feuchte Luft nicht ertragen, und verlöschte sehr oft. Dafür aber leuchtete das Feuer von dem Holze, welches vor dem Eingang der Höhle angezündet war. Die Höhle besteht aus mehreren Abtheilungen, besonders zur linken Hand zeigte sich eine mächtige Grotte von 25 Faden Länge, 10 Faden Breite und 2 Faden Höhe. Sie ist aus dem schönsten blättrigen Gips gebildet, der aber leicht zerstörbar und daher vielen Veränderungen unterworfen ist. Umher zeigten sich noch mehrere andere Höhlen, die durch enge Oeffnungen mit einander in Verbindung standen, sämmtlich aus Gipslagen gebildet[26]. Aehnliche Bildungen wiederholen sich an der permischen Seite des werchoturischen Ural. So liegen mehrere bedeutende Kalkfelsenhöhlen an der Jaiwa, einem linken Zustrom zur Kama, sie sind mit Stalaktiten geschmückt und dadurch merkwürdig, daß in ihnen ein alter Kultus der Wogulen statt fand nach Analogie der ältern Hellenen, deren Heimathsland in seiner Gebirgsbildung manche Aehnlichkeit mit diesem nordischen Gebirgslande darbietet. Lepechin[27] fand

[24] Pallas, Reisen durch versch. Prov. II. S. 58 bis 62.
[25] Lepechin, Tagebuch II. S. 5, 10, 22, 28, 38, 40, 47, 54.
[26] Rytschkow, Tagebuch S. 101 bis 105.
[27] Lepechin, Tagebuch III. S. 75 bis 78.

ſie noch ganz erfüllt mit Knochen von Hirſchen und Elenn=
thieren, die hier den Göttern der Wogulen geopfert waren.
Andere merkwürdige Höhlen finden ſich an den wilden Fels=
ufern der Kolwa in der Gegend von Tſcherdyn, der alten
permiſchen Hauptſtadt [28]).

Zu den berühmteſten Höhlen gehört aber diejenige, welche
ſich in den Alabaſterfelſen bei der permiſchen Stadt Kungur
an der Sylwa findet, und von der ſchon Strahlenberg [29])
eine Beſchreibung und Zeichnung bekannt machte. Einer der
neueſten Reiſenden, Erdmann [30]), berichtet darüber folgendes.
Die ſogenannte kunguriſche Höhle liegt im N. O. von der
Stadt am Fluſſe Jren, einem kleinen Nebenfluß der Sylwa,
die zur Tſchuſſowaja geht. Der Eingang liegt an 18 Faden
über dem Waſſerſpiegel in einem Gipsfelſen, der Ledjanaja
Gora (Eisberg) genannt wird. Den Vorhof bildet ein Ge=
wölbe, welches hinten zu einer ziemlich engen Oeffnung führt,
und durch dieſe kriecht man abwärts in die erſte bedeutendere
Abtheilung von 21 Faden Länge. Düſter wölbt ſich in derſel=
ben die graue Decke empor, während Felstrümmer den Boden
bedecken und klaffende Spalten zur Seite herauf gähnen.
Durch eine neue Schlucht gelangt man in ein anderes Ge=
wölbe von acht Faden Länge. Wie mit Kryſtall überzogen
ſtrahlt hier die ſchneeweiße Decke blendend im Schein des
Lichts wieder, und überall erblickt man das Geſtein mit einem
dicken Reife in Form ſchön geordneter Spieße und Blätter
des reinſten Eiſes belegt. Eine neue Schlucht führt zu einer
dritten Abtheilung von 18 Faden Länge. Hier ſieht man links
einen hohen Eisberg, der von dem herabtriefenden Waſſer ge=
bildet iſt und der Wärme des Sommers gleich einem Gletſcher
trotzt. Hinter ihm folgt eine vierte Grotte von größerer Aus=
dehnung. Am Eingange derſelben erheben ſich ſchlanke Eis=
pfeiler ſenkrecht vom Boden bis zur Decke und ſcheinen letztere

---

[28]) Rytſchkow, Tagebuch S. 308 bis 312.

[29]) Strahlenberg, der N. und O. Theil von Europa S. 310,
371 bis 373.

[30]) Erdmann, Reiſen II. 2. S. 147 bis 149.

zu ſtützen; dann wandert man zwiſchen großen Steinblöcken
und zertrümmerten Flötzſchichten über einige ſpiegelnde Eis⸗
flächen, und gelangt nach funfzig Faden Entfernung von jenen
Eispfeilern zu neuen Säulen gleicher Art. Durch engere und
weitere Stellen ſchlingt ſich der Pfad jetzt zwiſchen Felsentrüm⸗
mern und Seitenſchluchten in verſchiedener Richtung zu einer
neuen Grotte, deren zernagte Wände wie Tuffſtein erſcheinen;
und 625 Faden vom Eingang entfernt gelangt man an einen
See, der ſich noch weit unter dem niedrigen Felſengewölbe
fortzieht. Bei trockener Witterung ſoll man noch 120 Faden
weiter zu einem zweiten See gelangen, bei dem ein Kreuz er⸗
richtet iſt, deſſen Urſprung man nicht kennt. Die Schluchten
und der Boden dieſer Höhen ſteigen bald auf, bald ab, wor⸗
aus ſich auch die verſchiedenartige Temperatur der einzelnen
Grotten erklärt, welche bald Waſſer, bald Eis enthalten. Im
Allgemeinen ſenkt ſich aber die ganze Höhle allmählig immer
tiefer unter den Horizont hinab. Auch die Höhe iſt verſchie⸗
den. Bald berührt die Decke faſt den Boden, und läßt nur
eine klaffende Spalte zum Durchſchlüpfen übrig, bald wölbt
ſie ſich zu einer Höhe von fünf bis acht Faden empor, und
läßt die Stimme in vervielfachtem Echo widerhallen. Uebri⸗
gens finden ſich noch eine Menge anderer Grotten von ver⸗
ſchiedener Größe und Geſtalt, denn man zählt an hundert,
welche aber drei Hauptreihen bilden ſollen.

2) Die Bewohner des Ural.

So berühmt und wichtig auch der Ural in den frühern
Jahrhunderten der Geſchichte geweſen iſt durch die theils auf
ihm wohnenden, theils von ihm ausgewanderten Völkerſtämme,
ſo wenig ſcheint er in neuern Zeiten in ethnographiſcher Be⸗
ziehung von Bedeutung zu ſein. Man muß die heutigen Be⸗
wohner dieſes Gebirgsſyſtems, von denen hier nur die Rede
ſein ſoll, nur als die ſchwächlichen Ueberreſte der ehemals ſo
berühmten Völkerſchaften halten, welche von hier aus in poli⸗
tiſcher und merkantiliſcher Beziehung ihren Einfluß weithin
auf die orientaliſche und abendländiſche Welt äußerten. Nach
der oben angegebenen dreifachen ethnographiſchen Eintheilung

dieses Gebirgssystems kamen hier die drei Völkerschaften der
Baschkiren, Permier und Wogulen in Betracht. Die ersten
und die letzten sind noch reine Naturvölker, auf welche die
Civilisation des russischen Reiches noch wenig oder gar keinen
Einfluß ausgeübt hat, während die Permier schon jetzt fast
größtentheils mit den Russen verschmolzen sind. Letztere sind
auch weniger zu Hause auf dem mittlern Ural als in der großen Thallandschaft der Kama, wo wir sie weiter unten werden
näher kennen lernen. Zugleich hatten die Ansiedlungen der
Russen im mittlern Ural und die Anlegung von Berg- und
Hüttenwerken daselbst zur Folge, daß sich die Baschkiren und
Wogulen nach Süden und Norden davon zurückzogen, um sich
fern von dem gesellschaftlichen civilisirten Leben in ihrer natürlichen Unabhängigkeit und Selbstständigkeit zu behaupten, und
nur die Permier oder Permjaken, vornehmlich in den westlichen
Berglandschaften des mittlern Ural, haben sich näher an die
Russen angeschlossen, und bilden dort auf den den Stroganows
gehörigen Besitzungen den wichtigsten Theil der Arbeiter in den
Berg- und Hüttenwerken [31]). Wenn auch der Ruhm des
Namens der Permier sich mehr bis in die neuern Zeiten erhalten hat, so weisen doch die beiden Völker der Baschkiren
und Wogulen, welche wir für die Ursassen des südlichen und
nördlichen Ural halten müssen, durch die in den verschiedensten
Jahrhunderten von den Geschichtschreibern über sie aufbewahrten Traditionen auf die wichtigsten historisch-ethnographischen
Verhältnisse hin, die wir später zur Erläuterung der Völkerbewegungen in den sarmatischen Ebenen während des Mittelalters in ihrem weitern Umfange zu berühren haben. Auch
kann sich erst dann aus der Vergleichung dieser Traditionen
in Verbindung mit manchen andern Umständen ergeben, daß
diese beiden Völker, so verschiedenartig sie auch jetzt schon
durch ihre Sprache sein sollten, wesentlich einem und demselben
Völkerstamm angehören, und wenn auch nicht den Stamm
selbst, doch die ältesten Zweige des jugrischen oder ugrischen Volksstammes bilden.

---

[31]) Erman, Reise durch Nord-Asien I. S. 330.

1) Die Baschkiren.

Schon in sofern gehören die Baschkiren zu den merkwürdigsten Völkern der alten Welt, als sie eine Mittelart und
Uebergang von den nomadisirenden und ansäßigen Völkern [32])
bilden, und durch ihre Lebensart ganz bestimmt die Grenzmark
zwischen dem asiatischen Orient und dem europäischen Abendlande bezeichnen, welche auch durch ihr heimathliches Berg-
inselland des südlichen Ural bestimmt ist. Ein Beweis davon,
meint Pallas [33]), daß die Baschkiren seit den ältesten Zeiten
im südlichen Ural einheimisch sind, ist, daß sie eine Menge von
Beinamen für große und kleine Berge, für alle Bäche, Thäler
und Waldungen haben; zum Theil möchte aber dazu ihre unstäte Lebensart beigetragen haben, die Jagd und die Nothwendigkeit alle merkwürdigen Oerter der Wildniß nahmhaft
und sich bekannt zu machen. Doch lassen sich wirklich die
Spuren von ihnen in dieser Gegend bis in das früheste Alterthum zurückverfolgen, obschon ihr jetziger Name erst in weit
späterer Zeit genannt wird. Sie selbst nennen sich Basch-
kurt, und dies soll Bienenwirthe [34]) heißen wegen der bekanntlich von ihnen stark betriebenen Bienenzucht. Schon bei
den Arabern des zehnten Jahrhunderts, bei Ebn Foslan in
seiner Gesandtschaftsreise zu den wolgischen Bulgaren [35]) erscheint das Volk unter dem Namen Baschghurd oder Basch-
kurd, so viel uns bekannt, die älteste Nennung dieses Namens
bei den Morgenländern, und es ist nicht unmöglich, daß die
Baschkiren schon zu jener Zeit diesen türkischen Namen, der
aus den beiden türkischen Wörtern basch, d. h. Kopf und
kurt, d. h. Biene zusammengesetzt sein soll, empfangen haben,
da grade zu jener Zeit die türkischen Völkerstämme durch und
neben dem Lande der Baschkiren auf der großen uralischen
Wanderstraße der Völker nach Europa zu ziehen begannen.

---

[32]) Lepechin, Tagebuch II. S. 23.

[33]) Pallas, Reisen durch verschied. Provinzen II. S. 63.

[34]) Falk, topogr. Beiträge III. S. 527.

[35]) Frähn, de Baschkiris in den mémoires de l'Acad. des
sciences de St. Petersbourg 1822. 4. Tom. VIII. p. 626.

Doch iſt jene Ableitung im Ganzen wenig paſſend, um ſo
mehr als auch das Wort kurt nur im uneigentlichen Sinne eine
Biene bezeichnet, und daher iſt das Wort Baſchkurt auch auf
verſchiedene andere Weiſe erklärt worden. Denn während es
nach einigen ein Schimpfname ſein ſoll, der den Baſchkiren
von ihren frühern Herrn, den Nogaiern, beigelegt wäre und
ſo viel als Schelme [36]) bedeutete, ſoll es nach andern die am
Haupte Geſchornen [37]) bedeuten oder die Kahlköpfigen, und
auf den ſchon von Herodot [38]) in jener Gegend auf der Nordſeite des kaspiſchen Meeres genannten Stamm der Kahlköpfigen (φαλακϱοὶ) hinweiſen. Doch bleibt auch dieſe Erklärung
ungewiß, ſo lange nicht ausgemacht iſt, daß die Baſchkiren,
ehe ſie dieſen türkiſchen Namen von ihren türkiſchen und turktatariſchen Anwohnern empfingen, ſich ſelbſt einen ähnlichen
in ihrer heimiſchen Sprache gegeben haben, da ſie ſonſt ſchwer-
lich einen ſolchen fremden Namen, ſelbſt auch nach Vertau-
ſchung ihrer eigenen Sprache mit der türkiſchen, können angenommen haben. Daß übrigens Ebn Foslan den Namen Baſch-
ghurd nicht ſelbſt von ihnen vernahm bei ſeiner Reiſe durch
jenes Land, erhellt aus ſeiner Angabe, wenn er bemerkt [39]),
daß er ſich ganz beſonders vor ihnen gehütet habe, denn die
Baſchgurd ſeien die ſchlimmſten, mächtigſten und kriegeriſchſten
unter allen Türken (mit welchem letztern Ausdruck die Araber
eben ſo ungenau verfuhren wie die Alten mit dem Namen der
Scythen, ſo daß dabei an türkiſche Abſtammung der Baſchkiren gar nicht zu denken iſt).

Bei den abendländiſchen Autoren ſcheint der Name dieſes
Volkes zum erſtenmale vorzukommen bei Plan Carpin und
Rubruquis in ihren Geſandtſchaftsreiſen an das Hoflager der
Mongolen Chane zu Karakorum in der Mitte des dreizehnten
Jahrhunderts. Letzterer nennt uns das Volk Pascatir [40])
im Quellgebiet des Jaik, welches das alte Vaterland der Hun-

---

[36]) Rytſchkow, Orenburg. Topogr. bei Büſching V. S. 502.
[37]) Erman, Reiſe durch Nord-Aſien I. S. 430.
[38]) Herodot. IV, 23.
[39]) Frähn a. a. O. VIII. S. 626.
[40]) Forſter, Entdéckungen im Norden S. 131.

nen und Ungarn bewohne, und noch zu ſeiner Zeit einerlei Sprache mit den Ungarn rede. Heut zu Tage ſind die Baſch=kiren in Sprache und Sitten, wie ein neuerer ruſſiſcher Schrift=ſteller [41]) ſagt, den kaſaniſchen Tataren nahe verwandt, und ſie werden daher auch allgemein mit zu den turktatariſchen Völkern [42]) gezählt. Darum konnte auch Pallas nicht umhin zu bemerken, daß wenn die Baſchkiren wirklich Autochthonen ſeien und Stammgenoſſen der Ungarn, alſo nicht mit den tür=kiſchen und turktatariſchen Völkern aus dem öſtlichen Aſien her eingewandert, ſo ſei es merkwürdig, daß die Gemeinſchaft mit den Tataren, nicht nur ihre alte Sprache gänzlich verdrängt, ſondern ſie auch in der Geſichtsbildung und in der Farbe des Haares den Tataren ähnlich gemacht habe ohne ihre Sitze und Lebensart zu verändern [43]). Bei ihren Anwohnern, den Kir=giſen, führen die Baſchkiren den Namen Iſtaki [44]), welcher auf die Oſtjaken am untern Obi hinzuführen ſcheint, und dies wird beſtätigt durch Strahlenbergs Angabe, daß ſie bei den tatariſchen Nachbarvölkern Sari Yſchtek d. h. rothhaarige Oſtjaken [45]) genannt würden. Er folgert daraus, daß ſie ehemals zum hunniſchen Stamme (worunter er alle die Völker verſteht, welche von den Neuern finniſche Völker ge=nannt werden) gehört haben, obgleich ſie jetzt zu dem tatari=ſchen Stamme gezählt würden. Denn die Oſtjaken, ſagt er, zeichnen ſich vor ihren Nachbarn durchgehends durch rothe Haare aus, haben die hunniſche Sprache und demnach müſſen auch die Baſchkiren ehemals zu ihnen gehört haben. Auch zählt Strahlenberg, ſich ſtützend auf einen merkwürdigen Un=terſchied in der leiblichen Bildung dieſer finniſchen oder von ihm genannten hunniſchen Völker, die Baſchkiren gradezu nebſt den Oſtjaken, Permjaken, Wotjaken und Syrjänen zu der

---

[41]) Sergei Plescheef (Pleschtschejew) survey of the Rus-sian empire transl. by Jam. Smirnove. London 1792. 8. p. 59.

[42]) Klaproth, Asia polyglotta p. 220.

[43]) Pallas, Reiſen durch verſchied. Prov. II. S. 63.

[44]) Georgi, Beſchreibung aller Nationen des ruſſiſchen Reiches. Leipzig 1783. 4. Th. I. S. 167.

[45]) Strahlenberg, der N. und O. Theil von Europa S. 61.

einen Klasse dieses weitverbreiteten Stammes [46]). Die ältern Baschkiren gehören also unstreitig einem ganz andern Volks=stamme an, wenn schon die jetzigen Baschkiren wegen ihrer Sprache zu den turktatarischen Völkern zu rechnen sind [47]).

Bei ihnen selbst ist jede Tradition über ihren wahren Ur=sprung und über ihre Schicksale vor der Zeit der Nogaier verschwunden, einen so mächtigen Einfluß haben die Wande=rungen und die damit verknüpften Revolutionen der mongoli=schen und turktatarischen Völker seit dem dreizehnten Jahr=hundert auf sie ausgeübt. Denn sie selbst leiten ihren Ursprung von eben jenen Nogaiern von turktatarischem Stamme ab, welche auf geraume Zeit während des vierzehnten und funf=zehnten Jahrhunderts das `herrschende Volk am südlichen Ural [48]) waren, und nach welchen noch bis in spätere Zeiten die Steppenniederung am südlichen Ural die große Nogai [49]) genannt wurde. Auch ist ihnen noch bekannt, daß ihr Volk ehemals unter drei verschiedenen Herrschern gestanden habe, unter der Herrschaft der sibirischen, kasanischen und nogaischen Chane, und danach zerfielen sie ehemals in drei verschieden=artige Gruppen, die sogenannten Sa=uralski, Bjelski und Gorski. Erstere, die jenseit des Ural wohnenden Baschkiren, gehörten zum Reiche Sibirien, die zweiten an der Bjelaja zum Reiche Kasan und die dritten die Berg=Baschkiren gehorchten den nogaischen Chanen [50]). In diesem getheilten Zustande sollen die Baschkiren, wie ihre Traditionen berichten, große Drangsale erlitten haben, indem sie besonders von den kasani=schen und sibirischen Chanen vielfache Plünderungen und Ver=wüstungen ihres Gebietes erlitten und mit unerträglichem Tri=but belastet wurden, so daß sie dadurch sehr geschwächt und fast ganz aufgerieben wurden. Die großen Veränderungen an

---

[46]) Strahlenberg a. a. O. S. 165.

[47]) Fischer, recherches historiques sur les principales na-tions de la Sibirie, trad. du Russe. Paris p. 200.

[48]) Rytschkow, Orenburg. Topographie V. S. 501.

[49]) Scherer, nordische Nebenstunden. Leipzig 1776. 8. Th. I. S. 189.

[50]) Rytschkow, Orenburg. Topogr. V. S. 502.

der Wolga während des sechszehnten Jahrhunderts mit der Erhebung russischer Herrschaft auf den Trümmern tatarischer Reiche mußten ihnen daher sehr willkommen sein. Schon drei Jahre nach dem Falle von Kasan unterwarfen sich die Basch= kiren der russischen Oberhoheit im Jahre 1555, da sie sahen, wie milde die Russen mit den ihnen unterworfenen kasa= nischen Tataren verfuhren. Auch bestätigte nicht blos der Zar Iwan Wasiljewitsch ihnen ihre vorigen Landschaften jenseit der Kama um die Bjelaja, wo sie als ein schwaches armes Volk gelebt hatten, sondern wies ihnen auch noch mehrere andere Gebiete an. Zwar auch unter der russischen Herrschaft mußten die Baschkiren einen Tribut bezahlen, der in einem Jagdzins bestand, aber dieser war weit geringer und zweckmäßiger ein= gerichtet als der, welchen sie ihren frühern Herrn bezahlt hat= ten. Diesen Tribut trugen sie in Kasan ab, wo sie sich zugleich mit permischem Salze versorgten, das ihnen anfangs umsonst dargereicht wurde. Noch waren die Baschkiren aber in einem so schwachen Zustande, daß sie bedrängt durch die Einfälle der Chane von Sibirien, welche ihre frühern Herr= scherrechte nicht aufgeben wollten, und durch die Raubzüge der Kirgisen, bei den Russen um die Anlegung einer festen Stadt bei ihnen baten, sowohl zum Schutze als auch zur be= quemern Abtragung ihres Tributes [51]). So erhob sich die Stadt Ufa als Hauptstadt des Baschkiren=Landes, und die Baschkiren erholten sich wieder unter der milden russischen Herrschaft nach den frühern Unglückszeiten.

Da aber von Seiten Rußlands keine Anstalten und Ver= fügungen getroffen waren, im Fall daß die Baschkiren selbst Unruhen erregen sollten, sie im Zaum zu halten, und diese nun wirklich nach dem Umsturz des sibirischen Chanats durch die Kosacken, ihrem von Natur unruhigen Geiste gemäß auf Neuerungen dachten, so drohete bald der russischen Herrschaft an der Wolga und am Ural große Gefahr. Dazu kam, daß ihre Bevölkerung gegen das Ende des sechszehnten und zu An= fang des siebzehnten Jahrhunderts sich sehr bedeutend verstärkt

---

[51]) Rytschkow a. a. O. V. S. 503.

hatte durch viele Flüchtlinge und Ueberläufer sowohl von den Tataren, als auch von den Tschuwaschen und Tscheremissen an der mittlern Wolga, welche an den Begünstigungen der Baschkiren Antheil nehmen wollten. Ihr Muth wuchs bald so, daß sie daran dachten, sich von der russischen Oberhoheit loszureißen und eine eigene Herrschaft zu gründen. Drei große Empörungen sind von den Baschkiren gegen die russische Herrschaft ausgegangen, welche für diese immer höchst gefährlich waren, und in denen sich jenes Volk stets durch die fürchterlichsten Verwüstungen berüchtigt machte. Die erste Empörung war unter der Regierung des ausgezeichneten Zaren Alexei Michailowitsch im Jahre 1672 und ging von dem baschkirischen Häuptling Seit aus (daher der seitowsche Aufruhr genannt), der nicht nur alle Baschkiren aufwiegelte, sondern sich auch mit den Kirgisen vereinigte und drei Jahre lang alles Land jenseit der Kama verheerte. Nur mit großer Mühe ward der Aufstand durch die moskowitischen Strelitzen mit Hülfe der donischen, jaikschen und ukrainischen Kosacken gestillt. Während des großen nordischen Krieges unter der Regierung von Peter Alexiewitsch brach die zweite Rebellion der Baschkiren aus im Jahre 1707 unter der Leitung der beiden Häuptlinge Aldar und Kusjum, und sie soll veranlaßt seyn durch mancherlei Beeinträchtigungen, welche dies Volk von den russischen Beamten erlitt. An diesem Aufstande nahmen nicht blos alle Baschkiren, sondern auch die in jener Gegend wohnenden Tataren und andere muhamedanische Stämme Antheil, mordeten und verheerten alles, machten Angriffe auf die größern Städte Ufa, Birsk und Menselinsk, und näherten sich Kasan bis auf dreißig Werst. Nur mit Mühe konnten sie zurückgeschlagen werden, und erst im folgenden Jahre gelang es den in das Baschkiren Land eindringenden russischen Truppen den Aufruhr zu dämpfen, doch mußte allen Aufrührern Amnestie bewilligt werden [52]). Größere Gefahr möchte dieser Aufstand dem Kaiser Peter gebracht haben, hätten sich die aufrührerischen Baschkiren mit den gleich darauf

---

[52]) Rytschkow, Orenburg. Topographie V. S. 505.

abfallenden Kosacken vereinigt, und hätten beide an dem Schwe=
den Könige Karl bei seinem Vordringen in die Steppen am
untern Don einen Vertheidiger gegen die mächtig emporstre=
bende Russen Herrschaft erhalten können.

Noch einen dritten großen Kampf hatte der russische Staat
in der Mitte des achtzehnten Jahrhunderts mit den Baschki=
ren zu bestehen, ehe sie sich willig seiner Herrschaft fügten.
Die dritte Rebellion begann im Jahre 1735 unter der Regie=
rung der Kaiserinn Anna Iwanowna, und hatte ihren Grund
in der Erbauung von Orenburg und in der Anlegung der da=
mit in Verbindung stehenden orenburgischen Linie im
Rücken des Baschkiren Landes. Denn sie erkannten wohl, daß
dadurch ihr ganzes Land ummauert würde, und daß sie fort=
an in eine andere Stellung zur russischen Regierung kommen
würden als bisher. Daher suchten sie jene Anlage aus allen
Kräften zu verhindern unter der Leitung eines gewissen Abys
Kilmjak und des Agai, eines Sohnes von dem oben genannten
Kusjum. An sechs Jahre dauerte dieser Rebellionskrieg und
war wieder mit vielem Blutvergießen und allen Arten von
Verheerungen begleitet. Erst im Jahre 1741 endete der Kampf
und viele von den besiegten Baschkiren wurden, um den Geist
der Empörung zu brechen, in ferne Provinzen verpflanzt [53]).
Zwar hatten auch die Baschkiren in diesen Kämpfen große
Verluste erlitten, doch haben sie sich unter der milden russi=
schen Regierung immer bald wieder erholt. Es wurden daher
auch seit 1741 in ihrem Lande zahlreiche kleine hölzerne Festun=
gen angelegt, um sie dadurch für die Zukunft besser im Zaum
zu halten. Im Allgemeinen sind nun die Baschkiren seitdem
ruhig gewesen, und wenn sie auch an dem großen Aufstande
des jaikschen Kosacken Pugatschew [54]) im Jahre 1774 Antheil
nahmen, so wurden sie doch bald wieder unterworfen. Seit=
dem kennt man die Baschkiren nur als ein harmloses fried=
liches Hirtenvolk, welches der russischen Regierung treu ergeben
gewesen ist.

---

[53]) Rytschkow a. a. O. V. S. 506.
[54]) Georgi, Beschreibung aller Nationen I. S. 168.

Die heutigen Sitze der Baſchkiren laſſen ſich genau beſtimmen. Nordwärts haben ſie ſich in neuern Zeiten nicht über Katharinenburg hinaus verbreitet, weſtwärts bildet Ufa ungefähr die Grenze ihrer Ausbreitung, und auf der ſüdlichen und öſtlichen Seite werden ſie durch die große orenburgiſche Linie in ihrem waldigen Berglande von den Wanderungen nach den kaſpiſchen Steppen und von der feindlichen Berührung mit den dort hauſenden Kirgiſen abgeſchieden. Es theilt ſich das ganze baſchkiriſche Volk, wie Pallas bemerkt, in gewiſſe Hauptſtämme, welche nach den Bergen und Flüſſen gewiſſe Grenzen unter ſich haben, die ihnen genau bekannt ſind. Jeder Hauptſtamm hat ſeine Benennung, und theilt ſich wieder nach den Gegenden und andern Umſtänden in Gemeinden, welche theils den mit einem Nebenwort vermehrten Namen des Hauptſtammes, theils auch beſondere Namen führen und ſich beilegen. Die Hauptſtämme ſind unter der ruſſiſchen Oberhoheit beibehalten, und um eine ordentliche Verfaſſung einzuführen, jedem Stamme ein Haupt oder Aelteſter (Starſchina) vorgeſetzt worden, welcher wieder verſchiedene Unterhäupter (Sotniki) unter ſich hat. So fand Pallas zwiſchen Ufa und Katharinenburg als Hauptſtämme folgende: Kudei, Aile, Kuakan, Karatabyn, Barantabyn und Katai [55]).

Das ganze Land und Volk der Baſchkiren zerfällt aber jetzt in vier Haupttheile, in vier Gebiete oder Straßen, die ſogenanten Dorogen, und dieſe Eintheilung ſcheint hiſtoriſch begründet zu ſein in der ehemaligen Abhängigkeit dieſes Volkes von den ſibiriſchen, kaſaniſchen und nogaiſchen Chanen, denn ſie heißen die kaſaniſche, oſaniſche, ſibiriſche und nogaiſche Straße. Sie umfaſſen wieder verſchiedene untergeordnete Stämme (Woloſten), und dieſe zerfallen in Geſchlechter oder Familien (Tjuben oder Aimaks). 1) Die Nagaiskaja (Nogaiſche) Doroga oder die ſüdlichen Baſchkiren [56]); ſie umfaßt an zehn Woloſten, von denen einer der bedeutendſten den

---

[55]) Pallas, Reiſen durch verſchied. Provinzen II. S. 32.
[56]) Rytſchkow, Orenb. Topogr. V. S. 508 und 509.

Namen Kiptschak führt, welcher an das große Mongolen=
Reich an der untern Wolga oder an das Chanat der golde=
nen Horde [57]) erinnert. Nicht minder ist es merkwürdig, daß
auch einer der Stämme der mittlern Kirgisen Horde den Na=
men Kiptschak (Kaptschak) unstreitig aus jener Mongolen Zeit
sich bewahrt hat [58]). Ob ein anderer Wolost von dieser nogai=
schen Straße, Katai genannt, irgend wie eine Beziehung an=
deute auf das nördliche China, das bei den mongolischen und
turktatarischen Völkern nur unter dem Namen Katai oder Ka=
taja erscheint nach dem in der frühern Zeit dort herrschenden
tungusischen Volke der Kitan, oder auf das Kara=Kitai, wel=
ches, mehr im Westen gelegen [59]), die Eroberungen der Kitan
von Turfan aus bis zum Irtisch und Obi hin bezeichnet, möchte
zu untersuchen von Interesse und Wichtigkeit sein, wenn uns
hierüber mehr Quellen zu Gebote ständen. 2) Die Kasans=
kaja Doroga oder die westlichen Baschkiren; sie umfaßt
zwölf Wolosten, und darunter befindet sich ein Kirgisischer und
ein Buljärskischer, die nicht undeutlich auf die Kirgisen und
auf die Bulgaren, die alten Nachbarn der Baschkiren im Osten
und Westen, hinzuweisen scheinen [60]). 3) Die Osinskaja
Doroga, benannt nach der Stadt Osa an der Kama zwischen
der Einmündung der Tschussowaja und der Bjelaja, daher die
nördlichen Baschkiren; sie umfaßt nur fünf Wolosten. 4) Die
Sibirskaja Doroga oder die östlichen Baschkiren; sie um=
faßt sieben Wolosten, unter denen auch wieder ein Katai sich
findet [61]). Zusammen umfassen die vier Straßen an 34 Wo=
losten, welche man ums Jahr 1770 auf 27,000 Familien oder
auf etwas über 100,000 Köpfe berechnete [62]). Seit jener
im ganzen friedlich verflossenen Zeit hat sich aber die Bevölke=

---

[57]) Abulgasi, histoire des Tatares p. 436.
[58]) Georgi, Beschreibung aller Nationen I. S. 200.
[59]) Fischer, recherches histor. p. 34. Schlözer, allgem.
nordische Geschichte S. 396.
[60]) Rytschkow, Orenb. Topogr. V. S. 512.
[61]) Rytschkow, Orenb. Topogr. V. S. 510, 513.
[62]) Georgi, Beschreibung aller Nationen I. S. 169.

rung wohl bedeutend vermehrt, und nach neuern Angaben belief sie sich auf 150,000 Köpfe [63]).

Seit dem Jahre 1741 erhielten die Baschkiren eine militärische Organisation zur Beschützung der Grenzlinie,
und statt dessen, daß sie früher blos einen geringen Tribut in
Naturalien entrichteten, den sogenannten Jagdzins, sind sie
nun zum Felddienste verpflichtet, indem sie jährlich im Sommer
an 1500 Mann stellen müssen, welche auf ihre eigenen Kosten
mit den Kosacken den Vorpostendienst in der Linie am Ural-
Fluß gegen die Ueberfälle der Kirgisen zu leisten haben [64]).
Ihr alter Adel ist in Folge der frühern Rebellionskriege größtentheils zu Grunde gegangen, und die vornehmsten Personen
sind jetzt bei ihnen die Starschinen, deren es mehrere in jedem
Woloſt giebt. Sie haben das richterliche Amt, sie comman-
diren auch die zum Dienst an der Linie bestimmte Mannschaft;
an sie werden die von der Regierung erlassenen Ukasen gerichtet, und für ihre Mühewaltung beziehen sie gewisse Ein-
künfte von den Baschkiren. Unter ihnen stehen die Sotniken,
welche die Aufsicht über die einzelnen Familien führen. Außerdem findet sich bei jedem Starschina ein Schreiber aus dem
Stamm der Metscherjaken, der die Ausführung der von der
Regierung erlassenen Befehle betreibt. Auch diese Unterbeam-
ten müssen von den Baschkiren unterhalten und besoldet werden [65]). Die Baschkiren haben demnach eine vollkommen
patriarchalische Verfassung, wie sie einem solchen Na-
turvolke angemessen ist. Nach neuern Nachrichten befinden sich
jetzt ihre Hauptsitze bei Tscheljabinsk am obern Miáß am
Ostfuße des Ural im Norden von Troizk. Dort liegen die
von den Russen sogenannten drei baschkirischen Kantone, deren
jedem ein von dem Volke gewählter Häuptling vorsteht, welcher sein Hoflager an verschiedenen Stellen in der Mitte der
Seinigen hält, und jetzt gewöhnlich einen Rath von russischer

---

[63]) Schubert, Statistik des russ. Reiches. Königsberg 1835. 8.
S. 158.
[64]) Rytschkow, Orenb. Topogr. V. S. 507.
[65]) Lepechin, Tagebuch II. S. 32.

Abkunft sich beizulegen sucht, um von ihm in seinen Verhält=
nissen zu den Russen unterstützt zu werden; es sind meist Aben=
theurer aus dem niedrigsten Volke, welche sich diesen Posten
bei den baschkirischen Häuptlingen zu verschaffen wissen. Den
angestammten Befehlshabern ist derjenige gerichtliche Wirkungs=
kreis verblieben, der in den übrigen russischen Provinzen den
Bezirksvorstehern (Wolostnoi Jsprawnik) zusteht. Die unmit=
telbaren Abhängigkeitsverhältnisse zur Regierung unterhält auch
hier ein russischer Beamter, der den Namen Kapitan Jsprawnik
(Landrath) führt. Diese russischen Beamten pflegen zur Füh=
rung ihrer Geschäfte mit den Baschkiren zu nomadisiren, und
daher im Sommer ihre Kanzlei in einem der Zelte des jedes=
maligen Hauptlagers zu halten [66]).

Bis auf die Unterwerfung unter die Russen und auch
noch eine Zeitlang nachher sollen die Baschkiren ein durchaus
nomadisirendes Leben geführt haben, aber seit ihrer Einschrän=
kung durch die Russen wurden sie zu einem halb ansäßigen
Leben genöthigt, und darum bilden sie eine merkwürdige Ue=
bergangsform in der allgemeinen Entwickelung des Völkerle=
bens. Man gewahrt bei ihnen die erste Ausbildung der Acker=
kultur. Denn die Strenge des Winters auf den uralischen
Berghöhen, der tiefe Schnee und die heftigen Sturmwinde
daselbst nöthigen die Baschkiren den Winter über in Dörfern
zuzubringen, welche aus einer Anzahl von zehn bis funfzig
nach russischer Art von Holz erbauten Hütten bestehen und
Aul genannt werden. In ihnen findet auch das junge Vieh
und die Reitpferde eine Zuflucht, während das andere Vieh
den ganzen Winter hindurch auf dem Felde umherschweift [67]).
Aber wie sehr die Baschkiren noch dem nomadischen Leben er=
geben sind, und wie sehr das Umherschweifen in der anmuthigen
Berglandschaft des südlichen Ural im Sommer einen Reiz auf
diese Natursöhne ausübt, erhellt vornehmlich aus ihrem jähr=
lichen Einzuge in die Winterwohnungen, der mit einer eigen=
thümlichen religiösen Ceremonie eröffnet wird. Sie halten da=

---

[66]) Erman, Reise I. S. 424, 425.
[67]) Lepechin, Tagebuch II. S. 23.

für, daß der Schaitan oder der böse Geist (ein Name der von
den Arabern mit dem Islam zu allen muhamedanischen Völ=
kern übergegangen ist) in den beengenden Holzhütten ihres
Dorfes sich einniste und daraus vertrieben werden müsse. Bei
der Rückkehr zu den Winterwohnungen verweilen daher die
berittenen Männer in einiger Entfernung von der Ortschaft,
während die Weiber zu Fuß und mit Stangen bewaffnet vor=
aufgehen, und unter lauten Beschwörungen nach einander an
die Thüre jedes einzelnen Hauses anschlagen. Erst wenn sie
mit diesen lärmenden Exorcismen bis an das letzte Haus ge=
langt sind, kommen auch die Männer im gestreckten Laufe der
Pferde herbei, und unter neuem Geräusche glauben sie nun erst
den bösen Geist aus seinem letzten Hinterhalt bis in die an=
grenzenden Waldungen vertrieben zu haben [68]). Den Som=
mer bringen sie in den Steppenbergen und Wäldern fern von
ihren Häusern zu, und ziehen nicht selten über hundert Werst
weit weg. Dann haben sie eine ganz andere Lebensart, welche
mit ihrem ursprünglichen Hirtenleben mehr überein=
stimmt. Im Sommer leben sie größtentheils nur von Milch,
genießen selten Fleisch und wissen dann eigentlich auch nichts
von Brod. Dann haben sie alles ihr Vieh bei sich, ziehen
von einem Orte zum andern, und nur die nächsten Felder um
ihre Winterwohnungen lassen sie unversehrt, um auf denselben
im Herbst etwas Heu zu machen als Nothfutter für das Vieh
im Winter. Ihre Behausungen im Sommer sind entweder
Filzjurten wie bei den Kalmücken oder Hütten von Birken=
rinde. Ehe sie aber ihr Hirtenleben beginnen, besorgen sie
vorher zu Hause in ihrem Dorfe alle landwirthschaft=
lichen Geschäfte, sie säen um das Dorf herum etwas Ge=
treide, bedecken ihre Baumbienenstöcke in den Wäldern, walken
Filz (woilok) und gerben Leder. Die Bienenstöcke müssen die
Männer besorgen, die übrigen Hausarbeiten werden von den
Frauen verrichtet. Bei dem Aufbruche aus dem Dorfe im
Frühjahr um die Sommerzüge anzutreten, zeigen sie die größte
Nachlässigkeit in der Versorgung ihres Federviehes, denn die

---

[68]) Erman, Reise I. S. 436.

Hüner und Gänse, die sie haben, überlassen sie wegen ihres
Unterhaltes ganz sich selbst, und sind damit zufrieden, was
sie im Herbst bei der Rückkehr wieder vorfinden[69]). Der
Ackerbau ist bei ihnen sehr gering, denn sie säen kaum so
viel Getreide als sie gebrauchen, und das ist sehr wenig. Auch·
meinte Pallas, daß es bei der starken Bienen= und Pferde=
zucht, womit sie sich bereichern, und bei der müßigen Lebens=
art, die sie in ihrem jetzigen Zustande führen können, nicht zu
hoffen sei, daß sie jemals Ackersleute werden würden. Brod
ist bei ihnen immer selten·, und soll, wie Pallas sagt, noch
jetzt von der Art sein, wie es die ersten Menschen gebacken
haben[70]). Nur da, wo die Baschkiren mit den ·Russen und
Tataren zusammengrenzen, suchen sie·wenigstens so viel durch
den Ackerbau zu gewinnen, als sie gebrauchen. Auch haben
sie dort ein Sabans oder Pflugfest, nach ihrem Ackerwerk=
zeuge benannt, welches vor dem Beginn der Ackerzeit gefeiert
wird[71]). Doch mußte auch Pallas anerkennen, daß die
Baschkiren im Gebiet von Kungur an der Sylwa, wo sie sich
nach dem Beispiel der kasanischen Tataren, der ·Tscheremissen
und Wotjaken richten können, gute Ackerleute seien[72]).

Als eins der wichtigsten· vegetabilischen Nahrungsmittel
der heutigen Baschkiren erscheinen die Traubenkirschen
oder die Früchte von dem prunus padus, und da Herodot[73])
etwas ähnliches von dem scythischen Volke der Argippäer be=
richtet, deren Sitze in der Gegend des südlichen Ural zu suchen
sind, so hat man nicht mit Unrecht in Verbindung mit einigen
andern Umständen auf die Einheit der alten Argippäer
mit den Baschkiren[74]) geschlossen. Auch berichtet er den
merkwürdigen Umstand, daß sie keine künstlichen Wiesen und
darum keine bedeutende Schaafzucht hätten; im Sommer leb=

---

[69]) Lepechin, Tagebuch II. S. 24.
[70]) Pallas, Reisen durch versch. Prov. I. S. 447.
[71]) Lepechin, Tagebuch II. S. 16.
[72]) Pallas, Reisen durch verschied. Prov. III. S. 473.
[73]) Herodot. IV, 23.
[74]) Erman, Reise I. S. 309, 427.

ten ſie in den Wäldern, im Winter aber unter Zelten von
weißem gewalkten Filze.

Die Hauptbeſchäftigung der Baſchkiren iſt Viehzucht
worin ſie ſehr erfahren ſind, die ſich vornehmlich aber nur
auf die Pferde richtet. Selbſt die gewöhnlichen Baſchkiren
haben an 30 bis 50 Pferde, viele haben an 500 und die Reichen ſelbſt an 1000 bis 2000 derſelben [75]). Die Zucht der
andern Thiere, wie von Rindern, Schaafen und Ziegen iſt
unbedeutend. Einige reiche Baſchkiren in der iſettiſchen Landſchaft halten auch Kameele [76]), obſchon nur in geringer Anzahl, weil ihnen die dortigen Weiden und heftigen Winter
nicht zuträglich zu ſein ſcheinen. Dennoch meint Pallas, daß
ſie bei einer geringen Pflege gut gedeihen würden in den ſalzigen iſettiſchen Steppen, und zwar ſei dies um ſo wichtiger
für die Baſchkiren, da die Kirgiſen und die aſiatiſchen Kaufleute zu Troizk ſie gerne kauften bei ihrer Rückkehr von dem
dortigen Markte [77]). Die Baſchkiren ſind übrigens bekannt
als gute Reiter, und ſie ſollen ſchöne Pferde haben. Sie ſind
beſtändig zu Pferde, Männer wie Weiber, ſelbſt die Begräbniſſe werden zu Pferde von ihnen abgemacht, und von
dem beſtändigen Reiten ſollen die meiſten Männer auswärts
ſtehende Knie haben. Ihre köſtlichſte Habe ſind gute Pferde
und ſchönes Reitzeug [78]). Wir haben ſomit bei den neuern
Berichterſtattern über dieſes Volk ganz dieſelbe Beſchreibung,
welche uns ſchon vor anderthalb Jahrtauſenden der Grieche
Ammianus [79]) von dem zu ſeiner Zeit auftretenden Volk der
Hunnen giebt. Grade hier an der untern Wolga und am
ſüdlichen Ural tritt das den Alten ſo furchtbare Reitervolk der
Hunnen auf, welche, wie Ammianus ſagt, wegen des beſtändigen Reitens kaum mehr zu Fuße gehen könnten, und welche
feſte Wohnhäuſer wie Begräbniſſe fürchteten. Und noch vier
Jahrhunderte früher nennt uns hier auf der Nordſeite des

---

[75]) Georgi, Beſchreibung aller Nationen I. S. 174.
[76]) Pallas, Reiſen durch verſchied. Prov. II. S. 76.
[77]) Pallas a. a. O. II. S. 379.
[78]) Georgi, Beſchreibung aller Nationen I. S. 182.
[79]) Ammianus Marcell. XXXI, 2.

kaspischen Meeres Strabo [80]) die mächtigen Reiterschaaren
der Aorsen, die der Römer-Herrschaft am Kaukasus und
Pontus nicht selten Gefahr droheten, und die nachmals unter
dem nur veränderten Namen der kriegslustigen Alanen aufzutreten scheinen. Ob diese Völker alle als Vorfahren oder
doch als Stammgenossen der ihnen so gleichartigen Baschkiren
auf demselben Lokale zu betrachten sind, kann erst weiter unten untersucht werden. Aber noch vier Jahrhunderte vor
Christi Geburt möchten die herodoteischen Argippäer auf ein
altes am südlichen Ural einheimisches Reitervolk hinweisen, obschon Herodot [81]) nichts von ihrer Pferdezucht berichtet. Denn
der Name der Argippäer scheint nur ein Appellativum zu sein
als Bezeichnung von weißen Pferden, die in frühern Zeiten
sowohl bei jenen uralischen Stämmen, als auch bei allen andern
nord-asiatischen Völkerschaften vorherrschend gewesen sein sollen.
Noch jetzt hat sich die für jeden Reisenden auffallende Erscheinung von dem Vorherrschen weißer Pferde im östlichen Sibirien vollkommen erhalten, und nur mehr westwärts ist die
weiße Haarfarbe der Pferde bei den Baschkiren und Kirgisen
durch die Berührung und Vermischung mit den dunkelfarbigen
Rossen der europäisch-abendländischen Welt zum Theil verwischt worden, aber noch immer kenntlich genug [82]).

Neben der Pferdezucht beschäftigen sich die Baschkiren
besonders mit der Jagd und zwar ist diese von eigener Art.

---

[80]) **Strabo** XI, 5.

[81]) **Herodot.** IV, 23.

[82]) **Pallas**, Zoographia Rosso-Asiatica. Petropol. 1811. 4.
p. 259. Singulares maxime equi apud Baschkiros et Kirgiso-tata-
ros albi maculis crebris minutis et orbiculatis brunneis, qui a
Bocharis sub nomine Argamaki coemti ad Indos deducuntur, ubi
in maximo solent esse pretio. In Dauria equorum greges integri
sunt candidi. Plurimus equorum color apud Tscherkessos albidus
etc. Damit stimmt auch die Angabe über die wilden Pferde in der Kirgisen-Steppe, denn sie sind nach Falk mäusegrau mit einem schwarzen
Rückenstreif und kurzer schwarzen Mähne, bisweilen scheckigt, braun.
Falk, topogr. Beiträge II. S. 291. Vergl. Erman, Reise I. S. 434,
435, und v. Schreber, die Säugethiere. Erlangen 1835 4. Th. VI.
S. 68, 70.

Denn daß ſie bei ihrem Aufbruch aus den Auls im Frühjahr ſo ſorglos ihr Federvieh ſich ſelbſt überlaſſen, ſoll wie Lepechin meint [83]), darin ſeinen Grund haben, daß ſie dadurch die Raubvögel als Habichte, Falken und Adler anzulocken hoffen, in deren Unterſcheidung und Behandlung ſie eine ausgezeich= nete Kenntniß haben. Auch ſind ihnen die Adlerfedern für ihre Pfeile ſehr nothwendig. In der Abrichtung der zur Jagd anzuwendenden Falken zeigen ſie eine ſehr große Geſchicklichkeit. Eine kleinere Art derſelben dient ihnen vorzüglich zum Haſen= fang, während die größern (Falco chrysaëtus) auf Füchſe und ſelbſt auf Wölfe hinabſtoßen und ſie tödten. Aber nicht bloß zur unmittelbaren eigenen Anwenduug dient den Baſchkiren die in der Abrichtung dieſer Vögel erlangte Geſchicklichkeit, ſondern ſie liefert ihnen auch einen ſehr erheblichen Gegenſtand des Handels, weil die Kirgiſen, welche dieſer Art von Jagd noch weit mehr als die Baſchkiren ergeben ſind, dieſe abge= richteten Stoßvögel ſehr begierig von ihren nachbarlichen Ge= birgsbewohnern kaufen [84]).

Als eine Hauptbeſchäftigung der Baſchkiren iſt aber her= vorzuheben die Bienenzucht, welche uns bei dieſem Volke einen Typus für die Thätigkeit des wirthſchaftlichen Lebens vieler andern weiter unten zu berührenden Völker abgiebt. Denn die Bienenkultur, welche in den meiſten europäiſchen Ländern nur einen ſehr untergeordneten Nebenzweig der Land= wirthſchaft ausmacht, bildet in Rußland ein ſtark betriebenes und wichtiges Gewerbe, da die Hauptnahrung einiger Völker= ſtämme auf derſelben beruht, und da ſie eine Produktion· be= wirkt, die ſogar für den auswärtigen Handel nicht unbedeutend iſt. Was für eine bedeutende Menge Wachs im ruſſiſchen Reiche gewonnen wird, erhellt daraus, daß nach Abzug des einheimiſchen Verbrauches nur aus den baltiſchen Häfen jähr= lich an 12 bis 15,000 Pud ausgeführt werden [85]). Auch der Honig bildet für die inländiſche Konſumtion einen höchſt

---

[83]) Lepechin, Tagebuch II. S. 25.
[84]) Erman, Reiſe I. S. 427.
[85]) Hermann, ſtatiſtiſche Schilderung des ruſſ. Reichs S. 281.

wichtigen Handelsartikel. Die beste Sorte desselben ist der
weiße Lindenhonig, den die zahme Bienenzucht vorzüglich in
denjenigen Gegenden liefert, wo die Lindenwälder häufig sind,
wie an der Oka, am Don und überhaupt in Klein=Rußland.
Die Bienenzucht wird in Rußland auf eine ganz eigene Weise
und mehr als sonst irgend wo im Großen betrieben. Man
findet zwar in den meisten Statthalterschaften viele Hausbienen,
aber bei weitem stärker ist die wilde Bienenzucht, welche
besonders in den Wäldern des südlichen Ural [86]) zu Hause ist.
Aber jenseit des Ural in ganz Sibirien giebt es durchaus keine
wilden Bienen, und ob der zu Anfang dieses Jahrhunderts
in Tobolsk gemachte Versuch der Bienenkultur einen glücklichen
Fortgang gehabt habe, ist zur Zeit noch unbekannt [87]). Außer
den Baschkiren beschäftigen sich mit der Zucht der Bienen noch
die Tataren, Tschuwaschen, Tscheremissen und Metscherjaken
an der Wolga und Kama. Es giebt einzelne Baschkiren,
welche außer ihren Bienengärten einige Hundert, ja bis Tau=
send wilde Bienenstöcke in den Wäldern besitzen und jährlich
bis an hundert Pud Honig gewinnen. Der Tanyp=Fluß, ein
kleiner nördlicher Nebenfluß der Bjelaja in ihrem untern Laufe,
wird gerühmt wegen der an ihm herrschenden Bienenkultur, er
fließt durch düstere Wälder von Fichten, Kiefern und Tannen,
die aber der Bienenzucht besonders günstig sein sollen [88]).
Die meisten Bienenstände sind in den Wäldern befindlich, wo
sich diese Thierchen von selbst in den Stöcken setzen, die ihnen
von den Menschen zubereitet sind. Hierzu suchen die Basch=
kiren die stärksten und gradesten Bäume von den härtesten
Holzarten aus, an welchen sie vier, fünf und mehrere Faden
über der Erde das Bienenhaus errichten, indem sie den Stamm
aushöhlen, mit meißelartigen Werkzeugen glätten und ebenen,
und die Oeffnung mit einem Deckel verschließen, in welchem
nur kleine Fluglöcher für die Bienen gelassen werden. Die
Geschicklichkeit, mit welcher die Baschkiren diese Arbeit ver=

---

[86]) Storch, Gemälde des russ. Reichs II. S. 460, 461.
[87]) Storch, Rußland, historische Zeitschrift IX. S. 112.
[88]) Rytschkow, Tagebuch S. 162.

richten und an den höchsten und glattesten Bäumen hinaufklettern, blos mit einem Seil und einem Beil versehen, ist in
der That bewunderungswürdig. Unter dem Bienengehäuse
werden sorgfältig alle Zweige weggehauen, um den Bären das
Hinaufklettern schwerer zu machen. Dessenungeachtet sind diese
in den uralischen Wäldern noch ziemlich häufigen Thiere die
gefährlichsten Feinde der Bienenzucht, und man bedient sich
deshalb gegen sie der sonderbarsten Hülfsmittel und Waffen.
Ein anderer Feind der Bienenstöcke ist der Schwarzspecht,
welchen man dadurch abzuhalten sucht, daß man die Stöcke
mit Dornen und Reisig umwindet [89]). Wie bedeutend die
Bienenzucht in den uralischen Gebieten ist, läßt sich daraus
entnehmen, daß selbst in der Landschaft Permien, welche durchaus nicht mehr so günstig für diese Zucht ist als wie die Landschaft von Ufa, nach neuern Berichten an 2000 Bienengärten
gezählt wurden, welche an 15,684 Stöcke enthielten. Der
jährliche Ertrag belief sich auf 6437 Pud Honig und 400 Pud
Wachs [90]).

In ihrer Bekleidung stimmen die Baschkiren im Allgemeinen mit den kasanischen Tataren, den gebildetsten ihrer
ehemaligen Oberherrn, überein, auch sind sie eben so gastfrei;
aber in ihren Sitten und Lebensart sind sie weit roher, träger
und schmutziger, und Pallas zählt sie mit zu den unsaubersten
und übelgesittetsten unter allen tatarischen und tschudischen Völkern des europäischen Rußlands [91]). Auf eine eigenthümliche
Weise unterscheiden sie sich noch von allen orientalisch-gekleide-
ten Völkern durch eine kegelförmige Obermütze von rothem
Zeuge, die mit einem schmalen Pelzrande verbremt ist und Ka-
lakšem genannt wird. An ihr soll man die Baschkiren schon
von weiten erkennen. Da sie Muhamedaner sind, so sind
ihre Heirathsgebräuche denen der kasanischen Tataren und anderer Muhamedaner gleich. Die Baschkiren haben Polygamie,

---

[89]) Hermann, statistische Schilderung S. 280. Pallas, Reisen
durch verschied. Prov. II. S. 17 bis 19.
[90]) Dorpater Jahrbücher. Leipzig 1834. 8. Th. V. Heft 4. S. 319.
[91]) Pallas, Reisen durch versch. Prov. I. S. 448. Lepechin,
Tagebuch II. S. 33 bis 35.

doch müssen sie ihre Weiber kaufen, und der Kaufpreis, der sogenannte Kalym, besteht öfter in einigen hundert Stücken Vieh, als Pferden, Rindern und Schaafen. Bei den Hochzeitslustbarkeiten bilden der berauschende Kumis, gesäuerte Pferdemilch, und der Asebat, der viel von ihnen bereitete Meth, die wichtigsten Erheiterungsmittel [92]). Seit wann der Islam bei den Baschkiren die herrschende Religion geworden, ist unbekannt, doch scheint es seit dem dreizehnten Jahrhundert sicher zu sein, wofern nicht die Bekehrung der wolgischen Bulgaren, ihrer vermuthlichen Stammgenossen, schon während des neunten und zehnten Jahrhunderts auf sie eingewirkt hat. Daß durch den Islam eine frühere intellektuelle Ausbildung bei den Baschkiren unterdrückt oder gehemmt worden, wie neuere Reisende behauptet haben, scheint nicht wahrscheinlich zu sein und ist kaum möglich. Ihre Priester führen den sonst üblichen Namen Mulla, und diese begleiten jede einzelne der nomadisch-zerstreuten Gesellschaften, und leiten die Gebete, welche in der Nähe des Sommerlagers auf einem umhegten Platze mehrmals am Tage wiederholt werden. Aber als abweichend von der allgemeinen muhamedanischen Sitte erwähnt man die Art ihrer Begräbnisse, denn nicht auf gemeinschaftlichen Todtenäckern, sondern an vereinzelten und von den Sterbenden selbst gewählten Plätzen bestatten sie die Leichen [93]). Die Baschkiren sind im Ganzen sehr unwissende Muhamedaner, und haben aus ihrer frühern heidnischen Zeit eine Menge von Vorstellungen und Gebräuchen sich erhalten und mit dem Islam verbunden. Als Ueberreste ihrer ältern schamanischen Naturreligion muß man ihre Furcht vor Zaubereien betrachten, obschon auch sie selbst Zauberer haben, welche den Namen Kaschmesch [94]) führen.

Außer den Baschkiren erscheinen als Hauptbewohner der Landschaft Ufa die sogenannten ufischen Tataren, welche Stammgenossen der kasanischen Tataren und als fleißige Acker-

---

[92]) Falk, topogr. Beiträge III. S. 533, 534.
[93]) Erman, Reise I. S. 436.
[94]) Georgi, Beschreibung aller Nationen I. S. 186.

wirthe bekannt sind. Aber neben den Baschkiren kommen noch zwei ihnen nahe verwandte obschon untergeordnete Völkerstämme in Betracht, welche an Sitten ähnlich mitten unter ihnen woh= nen, die Metscherjaken und die Teptjären.

Die Metscherjaken oder Mestscherjaken wohnen unter den Baschkiren auf der östlichen und westlichen Seite des Ural. Bis gegen das Ende des funfzehnten Jahrhunderts sollen sie unter den Mordwinen und Tscheremissen an der un= tern Oka gewohnt haben, eben dort wo sie uns schon Nestor [95]) in seiner zweiten Völkertafel unter den tschudischen Völker= schaften unter dem Namen der Mestscheren als Nachbarn jener beiden Stämme angiebt. Die genauern Umstände ihrer Wan= derung nach dem südlichen Ural und ihrer Niederlassung unter den Baschkiren sind nicht bekannt [96]). Da sie bei dem gro= ßen Aufstande der Baschkiren im Jahre 1735 bei der Anlegung von Orenburg der Regierung treu blieben, so wurden sie von den Abgaben, die sie bisher an jene zu bezahlen hatten, befreit und auf gleichen Fuß mit den Kosacken gesetzt. Später muß= ten sie mit den Baschkiren gemeinsam den Vorpostendienst an der orenburgischen Linie gegen die Kirgisen übernehmen. Sie beschäftigen sich auch besonders mit Viehzucht und Bienen= zucht, und treiben dabei etwas Ackerbau. In ihrer Sitte, Lebensweise und Verfassung stimmen sie mit den Baschkiren vollkommen überein [97]), sie ziehen mit ihnen durcheinander im Sommer umher, und leben dabei mit ihnen in gutem Verneh= men. Ihre Anzahl berechnete man um das Jahr 1770 auf 2000 Familien oder 15 bis 16,000 Köpfe [98]). Sie sollen etwas mehr gebildet und reinlicher als die Baschkiren sein, auch gelten sie für klügere Muhamedaner, da sie bessere Schulen und Geistliche als ihre jetzigen Stammgenossen haben [99]).

Die Teptjären stammen gleich den Metscherjaken von

---

[95]) Nestor, russische Annalen, bei Schlözer II. S. 106.
[96]) Rytschkow, Orenburg. Topographie V. S. 514.
[97]) Falk, topogr. Beiträge III. S. 535.
[98]) Rytschkow a. a. O. V. S. 515.
[99]) Georgi, Beschreibung aller Nationen I. S. 186 und 187.

den finnischen Völkern an der Wolga, und werden noch jetzt
gewöhnlich mit zu den finnischen Völkern [100]) Rußlands ge=
zählt, weil sich die ursprünglich finnischen Elemente bei diesem
Mischlings=Volke noch leicht erkennen lassen, während die
Metscherjaken [101]) so wie auch die Baschkiren wegen der bei
ihnen vorherrschenden türkischen Sprache mit zu den turktatari=
schen Völkern gerechnet werden müssen. Der Name dieses
Volkes bedeutet in der türkischen Sprache einen Menschen, der
keine Steuern geben kann, und dies weiset hin auf die Ent=
stehung dieses Stammes in der Mitte des sechszehnten Jahr=
hunderts zur Zeit des Unterganges des Reiches Kasan. Sie
entstanden aus einem Gemisch von Tscheremissen, Tschuwaschen,
Wotjaken und Tataren, welche vor den siegreichen Russen un=
ter Iwan Wasiljewitsch ihre Heimathsländer an der mittlern
Wolga verließen, und in den Gebirgslandschaften des südlichen
Ural eine Zuflucht suchten, wo sie bald nach Sprache, Sitten
und Religion zu einem gemeinsamen Volke mit einander ver=
schmolzen [102]). Die Furcht vor der Gefahr ihre alte Reli=
gion zu verlieren und zur Annahme des christlichen Glaubens
gezwungen zu werden, soll sie am meisten bewogen haben, sich
nach Osten zurückzuziehen. Die Baschkiren nahmen sie gern
zu Mitbewohnern ihres Landes auf, belegten sie aber mit einer
Art von Zins für die Ländereien, welche sie auf ihrem Gebiete
benützten. Die ursprüngliche Anzahl dieser Flüchtlinge war eben
nicht groß, aber der ergiebige Boden und die Unabhängigkeit,
in der sie im Verhältniß zu ihren zurückgebliebenen Stammge=
nossen lebten, lockte viele andere gleichfalls dahin zu ziehen.
Besonders war aber die Einführung der Steuerrevision unter
Peter dem Großen eine Hauptursache, daß sich die Anzahl die=
ser Teptjären mehrte, und wenn sie auch später der Steuer=
revision unterworfen wurden, so behielten sie doch noch man=
cherlei Vorrechte [103]). Denn da sie später bei dem großen
Aufstande der Baschkiren in der Mitte des achtzehnten Jahr=

[100]) Storch, Gemälde des russ. Reichs I. S. 152.
[101]) Klaproth, Asia polyglotta p. 221.
[102]) Georgi, Beschreibung aller Nationen I. S. 63.
[103]) Rytschkow, Tagebuch S. 136, 137.

hunderts den Russen treu blieben, und auch bei der Anlegung der orenburgischen Linie behülflich waren, so wurden sie von der Zinsbarkeit gegen die Baschkiren vollkommen befreit [104]).

Nach ihrer verschiedenartigen Abstammung haben die Teptjären auch die Ueberreste der sch amanischen Naturreligion und des Islam bei sich bewahrt, und trotz des Bekehrungseifers der griechischen Geistlichkeit ist die Verbreitung der christlichen Religion noch nicht viel unter ihnen gefördert. Sie haben noch alle Eigenthümlichkeiten ihrer alten Stammgenossen, obschon sie sich im Allgemeinen eng an die Baschkiren anschließen, deren jetziger Zustand an dem Beispiel der Teptjären aus der Umwandlung eines ursprünglich finnischen in ein turktatarisches Volk sich am besten erläutern ließe. Sie sind ein ziemlich zahlreicher Stamm, denn in der Mitte des vorigen Jahrhunderts nur auf 34,000 Köpfe berechnet, sollen sie jetzt über 110,000 Köpfe [105]) stark sein. Gleich den Baschkiren leben sie von etwas Ackerbau, vornehmlich aber von Viehzucht; Jagd und Bienenzucht. Die Teptjären sind jedoch der russischen Regierung besonders wichtig, weil sie den Transport des Salzes aus den ilezkischen Salzgruben von Orenburg nach der Bjelaja [106]), wo ihre Hauptsitze sind, zu besorgen haben. Ehemals hatte jede teptjärische Familie die Verpflichtung jährlich an 600 Pud Salz über den Landrücken vom Jaik nach der Bjelaja zu verführen; die Bjelaja selbst bildet noch jetzt den großen Abzugskanal für den Reichthum der ilezkischen Steinsalzbergwerke nach Kasan [107]).

2) Die Wogulen.

Nach allen Spuren der Traditionen der frühern Zeit sind die Wogulen, wie sich Sjögren, der neuere Alterthumsforscher des tschudischen Nordens, ausdrückt, wie gewöhnlich alte Gebirgsvölker, ein in sprachlicher und historischer Beziehung sehr wichtiger Stamm, dessen genauere Erforschung an Ort und

---

[104]) Rytschkow a. a. O. S. 141.
[105]) Schubert, Statistik des russ. Reiches S. 157.
[106]) Rytschkow, Tagebuch S. 139.
[107]) Pallas, Reisen durch versch. Prov. II. S. 5.

Stelle zu wichtigen historischen Thatsachen führen würde.
Auch werden ihre Nachbarn, die uralischen Ostjaken, noch jetzt
Jögrajaß von den Syrjänen genannt, worin nach Abziehung
der syrjänischen Pluralendung jaß das alte Jugra der russi=
schen Chroniken sich klar erkennen läßt. Die Sitze dieser Wo=
gulen sind nach allen uns aus dem Alterthum überlieferten
Nachrichten immer auf dem nördlichen Ural gewesen, und die
merkwürdige Tradition, welche uns von dem schwedischen Ober=
sten Schönström mitgetheilt wird, der bei seiner Kriegsgefan=
genschaft in Rußland im Jahre 1741 sich daselbst mit der alt=
russischen und skandinavischen Geschichte beschäftigte, wird erst
noch näher begründet werden müssen. Denn er sagt, „östlich
von der Kama wohnt ein Volk, bei den Russen Wogulitzen
genannt. Diese haben, so wie mir einige von ihnen erzählten,
vormals an den Flüssen Dwina und Jug gewohnt, und wur=
den damals Jugorski genannt nach dem Flusse Jug. Auch
reden die Wogulitzen eine Sprache, die ein Dialekt des finni=
schen ist.“ Wäre diese Ueberlieferung der Wogulen von ihrer
ehemaligen Ausbreitung auf der Westseite des Ural bis zur
Dwina begründet, so wäre, wie Sjögren richtig bemerkt [108]),
Tatischtschews Meinung von der Lage des alten Jugrien ge=
rechtfertigt.

Die Wogulen, welche wir schon oben mit den Ostjaken
am untern Obi als die Abkömmlinge der ältern Jugrier be=
zeichnet haben, halten sich selbst mit jenen Ostjaken für ein
und dasselbe Volk [109]), und nennen sich gemeinschaftlich Mansi,
wovon uns die Bedeutung nicht weiter bekannt ist. Doch fragt
sich, ob dies ihr eigentlicher und ursprünglicher Name ist, und
nicht vielmehr ein erst später gebildeter oder auch zufällig ent=
standener. Denn die Syrjänen nannten sie Wagol [110]),
wahrscheinlich nach denjenigen Geschlechtern dieses Volkes, die
sich theils an der Wogulja, einem Nebenfluß der Sygwa, theils

---

[108]) Sjögren, in den Mémoires de l'Académie de St. Pétersbourg. VI. série 1832. Tome I. p. 526.
[109]) Falk, topogr. Beiträge III. S. 461. Georgi, Beschreibung
aller Nationen I. S. 65, 71.
[110]) Müller, Sammlung russischer Geschichte III. S. 339.

an der Wogulka aufhielten, die sich bei Beresow in die Soswa
ergießt. Diese wogulischen Stämme mußten ihren westlichen
Nachbarn, den Syrjänen an der obern Kama, durch den Verkehr bekannt werden, den letztere mit den Bewohnern an der
Ostseite des Ural und an den Ufern des Obi unterhielten.
Ihre Wege dahin führten durch die Gegend, in welcher die
Wogulja und Wogulka fließen, und wo wir schon früher den
sogenannten Syrjänen-Weg zur Mündung der Soswa bei Beresow kennen gelernt haben. Der Name Wogul (Ogur, Jö-
gra) ist also seit älterer Zeit an der Ostseite des nördli-
lichen Ural einheimisch, und die nähere Bekanntschaft der
Syrjänen mit den Anwohnern jener Flüsse gab die Veranlassung, daß sie und nach ihrem Beispiele die Russen alle verwandten Stämme mit demselben Namen Wogulen oder Wogulitschen bezeichneten, wie man eben so zu Beresow alle diese
Stämme mit dem Namen der Ostjaken belegte [111]). Ihre
Sprache erweiset die Wogulen als nahe verwandte Stammgenossen der obischen Ostjaken und als ein Zweig des großen
finnischen oder tschudischen Völkerstammes [112]). Die Dialekte
dieser beiden Stämme zeigen zugleich eine merkwürdige, große
Uebereinstimmung mit der ungarischen Sprache [113]), und führen auf eine Verwandtschaft oder ursprüngliche Verbindung
der jetzigen Ungarn als Abkömmlinge der alten Ugern des
Mittelalters mit diesen uralischen Stämmen. Man muß sie
daher beide nach Klaproth [114]) als einen Haupttheil der sogenannten östlichen Finnen betrachten, deren Sitze sich vom
Ural westwärts über alle mittlern Wolga-Landschaften ausbreiten. Doch hat die wogulische Sprache bei aller Verwandtschaft mit den finnischen Dialekten an der Wolga noch immer
so viel Eigenthümliches, wie Georgi sagt [115]), daß man sie

---

[111]) Lehrberg, Untersuchungen S. 20, 21. Müller, Sammlung russ. Geschichte VI. S. 444.
[112]) Pallas, Reisen durch versch. Prov. III. S. 56.
[113]) Fischer, recherches historiques p. 191—197.
[114]) Klaproth, Asia polyglotta p. 188.
[115]) Georgi, Beschreibung aller Nationen I. S. 65.

mit Recht als eine eigene Sprache betrachten kann. Ver=
gleichende Wörterverzeichniße der wogulischen, oßjakischen und
mordwinischen Sprache sind uns schon von Pallas mitgetheilt
worden, so wie der wogulischen, oßjakischen und samojedischen
Sprache von Erdmann [116]), außer den bekannten Arbeiten
von Klaproth.

Die heutigen Sitze der Wogulen sind auf den Berghöhen
des nördlichen, wüsten Ural, sie sind die jugrischen Berg=
bewohner zu nennen, während ihre Stammgenoßen, die Oß=
jaken, die Bewohner der Thalebenen am Obi sind. Wann sich
beide Stämme von einander gesondert haben, ist nicht mehr
nachzuweisen, doch scheint es schon in ältern Zeiten statt ge=
funden zu haben, da schon die Rußen bei ihren ersten Erobe=
rungen in Sibirien sie in gegenseitiger Eifersucht und in man=
cherlei Fehden verwickelt vorfanden [117]). Von dem Ural brei=
ten sie sich aber oßwärts aus bis zum Jrtisch hin und bis zur
Tauda und obern Tura, den Nebenflüßen des Tobol [118]);
gegen Westen erstrecken sie sich zum Theil bis zur Kama, und
südwestlich selbst bis zur Tschußowaja bei Kungur [119]). Jhre
frühere, wie es scheint weit beträchtlichere Ausdehnung nach
beiden Seiten hin ist sehr beschränkt worden, zuerst durch die
Einwanderung der turktatarischen Stämme in die Gegenden
am Tobol und Jrtisch, und später durch die Kolonisationen der
Rußen, denen sie, wenn sie ihrer alten Lebensart treu bleiben
wollen, nothwendig ausweichen müßen. Doch sind sie auch
zum Theil unter den Rußen wohnen geblieben, und haben dort
einiges von deren Lebensart und Sitten angenommen [120]).
Schon daraus erklärt es sich auch, daß sich in der wogulischen
Sprache wieder verschiedene Dialekte zeigen, denn die
nördlichern Wogulen an der Soswa unterscheiden sich nach

---

[116]) Pallas, Reisen durch verschieb. Prov. III. S. 57 und 58.
Erdmann, Reisen im Innern Rußlands II. 2. Beilage Nr. 5. S. 233
bis 239.

[117]) Fischer, sibirische Geschichte I. S. 361.

[118]) Lepechin, Tagebuch III. S. 15.

[119]) Georgi, Reisen II. S. 496.

[120]) Lepechin, Tagebuch III. S. 17.

Pallas ſowohl in der Ausſprache, welche kürzer und männ-
licher iſt, als auch in vielen Ausdrücken von den mehr phleg-
matiſchen Wogulen ſüdwärts an der Tura [121]). Die Wogulen ſind durchgängig klein von Geſtalt, weibiſch und haben in
ihren Geſichtern, die weiße Haut ausgenommen, etwas kal-
mückiſches. Sie haben meiſtens runde Geſichter, welche bei
den Weibern nicht unangenehm zu ſein pflegen. Ihr Haar
iſt lang und ſchwarz oder dunkelbraun; ſehr wenige haben
einen dünnen, röthlichen Bart und lichte Haare, auch ſind ſie
durchgängig mit Bartwuchs nur ſparſam verſehen und
bekommen denſelben ſpät. Dieſe Schilderung der Wogulen
bei einem ſo ſorgfältigen Beobachter wie Pallas [122]) iſt um
ſo merkwürdiger, als man dadurch auf mongoliſchartige Völ-
kerbildung hier im äußerſten Norden der alten Welt hingeführt
wird, obſchon es ſich nicht nachweiſen läßt, daß jemals eine
Vermiſchung der Wogulen mit mongoliſchen Stämmen ſtatt
gefunden habe, und dieſe eigenthümliche Bildung in anthropo-
logiſcher Beziehung ſcheint ſich ſo beſtimmt auch durchaus nicht
bei einem andern Zweige dieſes weit verbreiteten Völkerſtam-
mes zu wiederholen. Auch Lepechin [123]) vergleicht ſie mit den
Kalmücken, er nennt ſie klein, mit vorſtehenden Backenknochen, und die Männer ſeien meiſtens unbärtig [124]).
Sie ſind von Natur phlegmatiſch, aber durch ihre beſtändige Beſchäftigung mit der Jagd thätig, gewandt und ſchlau;
auch ſind ſie mit guten Naturanlagen ausgeſtattet, aber wie
alle Naturkinder leichtſinnig und zu Unordnungen geneigt.

---

[121]) Pallas, Reiſen durch verſch. Prov. II. S. 260.

[122]) Pallas a. a. O. II. S. 259.

[123]) Lepechin, Tagebuch III. S. 21.

[124]) Ganz unſtatthaft iſt es aber, dieſe Wogulen, wie ein neuerer
Schriftſteller thut, wirklich für ein mongoliſches Volk zu halten, welchem
erſt auf dem Wege der Gewalt durch ſeine ehemaligen Beherrſcher, die
alten Ungarn, deren Sprache aufgedrungen wäre. Les Wogouls ne ſont
probablement qu'une peuplade Kalmouque, anciennement ſubjuguée
par les Hongrois, et à laquelle ceux-ci auront impoſé de force
leur langue. Maltebrun, précis de la géographie univerſelle.
Paris 1826. 8. Tom. VI. p. 443.

Weil die Wogulen wahrhaft ein Jägervolk zu nennen sind, so kann von einem seßhaften Leben hier eigentlich nicht die Rede sein, obschon sie sich zum Theil, besonders die süd= lichen, der Lebensart der Baschkiren nähern. Sie sind ein zer= streutes, armes Volk, ohne Ackerbau und ohne Vieh; sie leben im Winter in kleinen schmutzigen Winterhütten (Okon), im Sommer in kegelförmigen, mit Baumrinde bedeckten Jurten (Balagan), und haben ihren Unterhalt nur von der Jagd.[125]. In ihren Wäldern wohnen die Wogulen meistens nur in Fa= milien und Verwandtschaften zusammen, und jede Familie rechnet ihr Gebiet, so weit die umliegende Nachbarschaft ihnen der Jagd wegen herumzustreifen gestattet. Weil sie keinen an= dern Lebensunterhalt als diesen haben, so treibt sie die Noth= durft so weit sie nur können von einander zerstreut und nicht in Dorfschaften zu wohnen, weil sie in der Nähe nicht Wild genug finden würden um sich zu ernähren[126]. Aus Scho= nung für das Wild wechseln sie häufig ihre Wohnsitze, auch finden sich nie mehr als fünf Hütten oder Jurten zu einem Standlager vereinigt, und diese müssen mindestens funfzehn Werst auseinander stehen. Obschon die meisten von ihnen durch das Wild und den Zobelfang wohlhabend genug werden könnten, so halten sie doch keine Pferde, theils weil sie in den unwegsamen, sumpfigen Wäldern besser zu Fuß fortkommen können, theils auch weil sie keine Weide für die Pferde haben, und die Bären in jenen Gegenden allzu häufig sind, um sie vor ihnen zu schützen. Die Reichen haben höchstens einige Kühe, welche mit ihren Weibern immer bei den Jurten bleiben, und dies ist ihr einziges Hausvieh, denn auch Hunde halten nur wenige. Die Natur hat ihnen dagegen in diesen Wüste= neien wilde Thiere genug zum Eigenthum gegeben, und darun= ter sind die Elennthiere nebst den Zobeln diejenigen, von welchen die Wogulen ihren hauptsächlichsten Unterhalt haben. Jede wogulische Familie oder Genossenschaft hat in ihrem Ge= biete an bequemen Orte Gehege, welche durch den einsamen

---

[125] Falk, topogr. Beiträge III. S. 461.
[126] Lepechin, Tagebuch III. S. 16, 17.

Wald, auf zehn, zwölf und mehr Werste weit geführt sind, und nur aus einem Verhack oder auch jüngern Fichten und Tannen bestehen, die sie zwischen Zaunpflöcken befestigen. Auf die Sicherheit dieser Gehege sind sie überaus eifersüchtig, und achten genau darauf, daß niemand in der Gegend, wo dieselben sind, Heu erndte, Holz fälle, sich anbaue oder das gefangene Wild entwende. In gewissen Entfernungen hat das Gehege Oeffnungen, welche theils mit aufgestelltem Geschoß, theils mit Fallgruben versehen sind, um das durchgehende Wild zu erlegen. In solchen Gruben wird häufig die Elennskuh mit ihren Jungen gefangen, und zuweilen auch, wie in der Gegend an der obern Tura und Tauda, die dort nur noch sparsamen Rennthiere. Vornehmlich bedienen sich die Wogulen der daselbst aufgestellten Bogen, wie sie schon Gmelin [127] beschrieben hat. Die Häute der Elennthiere liefern die Wogulen als Tribut ab und verkaufen den Ueberfluß. Das Fleisch, das sie nicht frisch verzehren, wird in Riemen geschnitten; und ohne Salz an der Luft oder auch im Rauch gedörrt. Dies ist ihre gewöhnlichste Nahrung. Wenn sie aber in langer Zeit kein Wild bekommen, und ihr Vorrath verzehrt ist, so nehmen sie die weggeworfenen Knochen, zerschlagen und kochen sie. Doch kommt es selten dazu, da sie mit Bogen und Feuergewehr, womit sie meistens versehen sind, sich noch dazu allerlei Wild und Wassergeflügel verschaffen; auch treiben sie wohl etwas Fischerei mit Reusen und Netzen [128]. Die eigentliche Jagdzeit beginnt Ende November, wo das Wild sein volles Pelzhaar hat. Dann gehen sie in kleinen Schaaren von drei bis vier Mann aus, führen auf kleinen Schlitten ihren Unterhalt mit sich, bauen an Ort und Stelle eine kleine Hütte und verbringen den ganzen Winter mit dem Durchstreifen der Waldungen [129]. Der Winter ist bei ihnen die eigentliche Zeit der Arbeit, der Reisen und des Einsammelns, und durch die ewigen Jagden sind sie gegen alles Ungemach eines polarischen

---

[127] Gmelin, Reise durch Sibirien II. S. 244.
[128] Pallas, Reisen durch versch. Prov. II. S. 257, 258.
[129] Lepechin, Tagebuch III. S. 20.

Klimas abgehärtet und unempfindlich gemacht. Auf der ein=
träglichen Jagd beruht auch ihr Handelsverkehr mit den
benachbarten Samojeden, Ostjaken und Russen. Alljährlich
machen sie mit den europäischen Samojeden Wanderungen
nach Obdorsk, um einige Bedürfnisse einzutauschen [130]. Au=
ßer dem Fleisch ihrer erlegten Thiere, den Cedernüssen und den
in den Sümpfen wachsenden Beeren wissen sie eigentlich von
keiner Nahrung, und leben doch gesund und ohne eine Spur
vom Scharbock mitten in Morästen und in einem kalten und
waldigen Landstrich, ja sie kennen nicht einmal den Gebrauch
der Kräuter und Hausmittel. Vielleicht trägt, wie Pallas
meint, der unterlassene Genuß des Salzes, dessen sie sich in
ihren Speisen gar nicht bedienen, neben der Gewohnheit an
das Klima nicht wenig zu ihrer Gesundheit bei, obschon sie
meistens zu keinem hohen Alter gelangen. Doch sollen die
Wogulen stets Lerchengummi (von der pinus larix) im Munde
führen und kauen, was man für ein gutes Antiscorbuti=
kum [131] hält.

Die mehr südlichen Wogulen an der Tura und Tauda
unterscheiden sich durch ihre größere Berührung, und Vermi=
schung mit den Russen schon ziemlich von ihren nördlichern
Stammgenossen. In ihren Sitten haben sie sich den Russen
schon mehr genähert, und sie sprechen dort mehr russisch als
ihre eigene Sprache. Hier zeigt sich ein Uebergang zum
seßhaften Leben wie bei den Baschkiren, denn sie treiben
etwas Ackerbau, wozu jene Gegenden schon geschickt sind, sie
bauen etwas Roggen und Gerste an, obschon kaum so viel als
sie gebrauchen, und andere Getreidearten nicht [132]. Aber
auch hier bleibt die Jagd noch eine wichtige Beschäftigung.
Nur wenige wohnen in ordentlichen, russischen Bauerhäusern,
die meisten leben nur in beständigen Winterdörfern, deren Jur=
ten aus viereckigen von Holz gezimmerten Gebäuden ohne Dach

---

[130] Erman, Reise durch Nord=Asien I. S. 385.

[131] Hermann, statistische Schilderung von Rußland S. 219.

[132] Pallas, Reisen durch versch. Prov. II. S. 217. Lepechin,
Tagebuch III. S. 15.

bestehen, und deren Thüre gegen Norden oder Osten zu sein
pflegt. In der Sommerzeit halten sie sich nur wenig darin
auf, sondern leben meistens in offenen Hütten von Birkenrinde,
vor welchen sie wegen der Mücken und des Ungeziefers, das
in diesen Gegenden sonst unerträglich ist, ein beständiges Rauch-
feuer unterhalten, und dabei ihr Hausvieh zur Gesellschaft
haben. Wegen der Bequemlichkeit solche Hütten von Birkenrinde zu errichten sind sie zu dieser Zeit in ihren Wäldern
überall zu Hause [133]).

Bis jetzt ist von den Wogulen, deren Anzahl man auf
100,000 Köpfe [134]) berechnet, nur ein geringer Theil seit dem
Jahre 1722 zur christlichen Religion bekehrt worden; vornehmlich nur die südlichen, obschon auch diese, wie Pallas
zu seiner Zeit meinte, mehr dem Namen als der That nach
Christen waren, was zum Theil mit ihrer Lebensart zusammenhängt. Denn wenn gleich sie ihre frühern heidnischen Gebräuche und Vorstellungen zu verbergen suchen, sollen sie doch
noch mit verschiedenen Götzen, die sie der Jagd wegen verehren, Abgötterei treiben. Die größere Anzahl der mehr in
den nördlichen Gegenden wohnenden Wogulen ist noch bis jetzt
dem Schamanismus oder der sogenannten magischen Form
der Naturreligion ergeben, welche das allgemeine religiöse Bewußtsein aller polarischen Völker bildet. Ihre Priester, die
Satkataba, sind meistens die Familienoberhäupter. Zur Elenns-
jagd, zur Zobeljagd sollen sie besondere Götzenbilder in der
Gestalt jener Thiere haben, denen sie Opfer darbringen. So
soll an der Soswa bei den Jurten eines reichen Wogulen De-
nischkin ein von Stein grob ausgehauenes Bild eines Elenn-
kalbes (Wolen), von dessen wunderbarer Versteinerung fabel-
hafte Erzählungen unter ihnen umhergehen, vorhanden sein,
über welches eine besondere Jurte aufgebaut ist, und zu welchem die Wogulen aus sehr entfernten Gegenden sich einfinden,
um glückliche Jagd mit Gebeten, Opfern und kleinen Geschenken zu erbitten. Sie haben aber auch Götterbilder in mensch-

---

[133]) Pallas, Reisen durch versch. Prov. II. S. 260.
[134]) Schubert, Statistik des russischen Reiches S. 156.

lischer Gestalt. Man soll dergleichen aus Holz geschnitzte,
denen Schrot= oder Korallenkörner statt der Augen eingesetzt
sind, bei ihnen finden. Zu Pallas Zeit fanden Erzsucher in
einer ausgebrannten Waldstrecke zwischen der Soswa und
Loswa an einer hohen Fichte ein aus Kupfer gegossenes Bild
in menschlicher Gestalt mit einem Jagdspieß versehen, unstrei=
tig ein wogulischer Götze, und zu Gmelins Zeit fand man auf
dem bekannten Blagodat einen eisernen Götzen der Wogulen,
welcher ganz und gar die Gestalt eines Jagdspießes hatte, und
an einer hohen fichtenen Stange auf dem Gipfel des Berges
aufgestellt war [135]). Die Wogulen verehrten, früher wenig=
stens, ihre Gottheiten meistens in Felsenhöhlen oder über hohen
und jähen Felsenwänden, oder die Bilder wurden auch an
hohen Fichten aufgestellt. An der Lobwa befindet sich gleich
oberhalb eines Baches Schaitanka in einem Kalkberge eine
Höhle, welche noch jetzt als ein heiliger Tempel der Wogulen
bekannt ist. In derselben sollen viele Opferknochen liegen, und
man findet zuweilen darin kleine Bilder, kupferne Ringe mit
eingeschnittenen Figuren und dergleichen, was die Wogulen
zum Theil von den Russen kaufen, und heimlich als Götzen
verehren. Unzählige Bäche, Berge und Plätze werden noch
jetzt am Ural mit dem Namen Schaitanka oder Schaitanskaja
bezeichnet, weil die Wogulen daselbst ihren Kultus gehabt ha=
ben, und ihre Götzen von den russischen Bewohnern mit dem
allgemeinen Namen Schaitan d. h. Satan, wie auch bei allen
muhamedanischen turktatarischen Völkern, benannt werden [136]).
Eine andere merkwürdige Höhle an der Jaiwa auf der West=
seite des Ural als frühern Kultusort der Wogulen fand Lepechin;
sie war noch ganz erfüllt mit Knochen von Hirschen und Elenn=
thieren, die daselbst geopfert waren [137]). Die in der permi=
schen Landschaft wohnenden Wogulen verrichten jetzt ihren
Opferkultus anstatt in heiligen Höhlen auf sogenannten Kere=
mets, die Torom Satkadug bei ihnen heißen, es sind heilige

---

[135]) Gmelin, Reise durch Sibirien IV. S. 433.
[136]) Pallas, Reisen durch versch. Prov. II. S. 261.
[137]) Lepechin, Tagebuch III. S. 75.

Plätze mit Umzäunungen in den Wäldern. Torom oder Torym ist übrigens der allgemeine Name der Gottheit bei ihnen wie bei den ihnen verwandten Ostjaken, und sie hat ihren Sitz in der Sonne oder im Monde. Diesem Torom' feiern sie ihr Hauptfest, Jelbola, das Fest der Herabkunft der Gottheit genannt, es ist das große Frühlingsfest, mit welchem ihr Jahr beginnt [138]. Die Art des Kultus dabei so wie die Einrichtung des Keremet stimmt vollkommen überein mit denen der ihnen verwandten Völker an der mittlern Wolga, wie bei den Wotjaken, Tscheremissen, Tschuwaschen u. a., wo wir sie näher kennen lernen werden.

3) Der uralische Bergbau.

Zum Schluß dieser Darstellung der wichtigsten Natur- und Völkerverhältnisse des uralischen Gebirgssystems ist hier noch zuzufügen eine kurze Uebersicht des daselbst betriebenen Bergbaues nach seinen Hauptzügen. Denn durch seinen Erzreichthum hat unstreitig der Ural seine größte Bedeutung für das östliche Europa erlangt, und in der That würden die jüngern ost-europäischen Völker ohne denselben nicht diese schnellen Fortschritte in der Kultur haben machen können, welche man seit dem Anfange des vorigen Jahrhunderts an ihnen wahrnimmt. Das uralische Erzgebirge hat die große Rolle der Vermittelung zwischen Europa und Asien erhalten, und auch die Kolonisation in jenen Gebieten schließt sich daran an. So selbstständig die Bewohner anderer Gebirgslandschaften, wie des Kaukasus, geblieben sind, so abhängig sind die Bewohner des Ural von den Europäern geworden. Die Aboriginer dieses Gebirges sind theils verdrängt, theils unterdrückt. Einen großen Theil der jetzigen Bewohner des Ural bilden in Folge des in den jüngern Zeiten dort aufblühenden bergmännischen Betriebes Russen und Deutsche, welche hier wie eine civilisirte Völkerinsel auf den uralischen Berghöhen von finnischen, samojedischen, turktatarischen und mongolischen Völ-

---

[138] Georgi, Beschreibung aller Nationen I. S. 69.

terschaften theils von heidnischer, theils von muhamedanischer
Religion rings umgeben wohnen.

Alle drei südlichen Haupttheile des uralischen Gebirges
sind vielleicht, wie Hermann bemerkt, gleich reich an Erzen,
aber die ersten und meisten Gruben sind nach der Wiederauf=
lebung des russischen Bergbaues in dem katharinenburgischen
Ural errichtet worden. Der erste Anfang des uralischen Berg=
baues verliert sich in die Zeit des grauesten Alterthums der
nordischen Welt, aber daß ihn eine Nation der Vorzeit in die=
ser Gegend stark betrieben habe, deren Geschichte über alle
Urkunden hinausreicht, das beweisen die vielen alten Halden
und die in den zertrümmerten Gruben gefundenen versteinerten
Hölzer, Knochen, Instrumente und Kleidungsstücke, aber es
ist unbekannt, was es für eine Nation war. Die russischen
Bergleute nennen diese alten Arbeiten Starie oder Tschuds=
kie Kopi d. h. alte oder Tschuden Schürfe. Diese Nation
hat in dem Ural einen bedeutenden Bergbau betrieben, sie hat
sich aber, wie aus den noch vorhandenen Spuren erhellt, nicht
in die nördlichen Gegenden gewagt über den Iset und die
Tschussowaja hinaus, während nach Südwesten die äußersten
Tschuden Werke bis an die Dioma und Bjelaja reichen [1]).
In den goldreichen Gegenden von Bogoslowskoi Sawod an
der obern Soswa, bis wohin jetzt die uralischen Bergwerke
reichen, fand Pallas nicht die geringste Spur von den alten
sogenannten Tschuden Werken [2]), welche im südlichen Ural und
am Altai so häufig von ihm angetroffen wurden, und am
meisten zur Erzentdeckung Gelegenheit gegeben haben, weshalb

---

[1]) Hermann, mineralogische Beschreibung I. S. 12.

[2]) Pallas, Reisen durch versch. Prov. II. S. 263. Die Angaben
bei Klaproth von den Spuren eines alten Volkes am nördlichen Ural in
dem Samojeden Lande, wo man zahlreiche Felshölen findet, welche Oefen,
Ueberbleibsel von eisernen, kupfernen und irdenen Gefäßen und Geräth=
schaften und zuweilen auch Menschenknochen enthalten, und welche bei
den Samojeden selbst für Wohnungen geisterhafter Wesen gelten, bei
den Russen gleichfalls unter dem Namen der tschudischen vorkommend,
bedürfen wohl noch einer genaueren Untersuchung. Klaproth, Asia
polyglotta p. 165.

er auch ſchloß, daß dieſe uns unbekannte Nation, welche den
Bergbau durch ganz Sibirien betrieben, nicht in die nordiſchen
Wälder gekommen ſei, ſondern mehr offene Gebirge und ein
milderes Klima zu ihrem Aufenthalte gewählt habe. Zwar
reicht das jetzt von den Ruſſen bearbeitete Erzgebirge bis zum
Quellgebiet der Soswa, wo der Ural von den Erzſuchern we=
gen des vielen Quarzes auch Bjeloi Kamen genannt wird,
doch will der Bergbau daſelbſt, wie Pallas hinzufügt [3]), nicht
mehr recht fort wegen des rauhen Klimas, da oft noch vor
dem September Schneefall eintritt, und weil alles ein Mo=
raſt iſt.

Pallas wurde auf dieſe alten Werke zuerſt recht aufmerk=
ſam gemacht in dem Kupferbergwerke, dem ſogenannten Sa=
gatſchi Rudnik, in der Nähe von Orenburg auf der Süd=
ſeite des Jaik am Bache Berdjanka, der ſich oberhalb Orenburg
in den Jaik ergießt. Schon ſeit langer Zeit waren dieſe
Kupfergruben eröffnet durch die Entdeckung der dort befind=
lichen alten Schürfe und Stollen, ſo wie die beſten heutigen
Werke im orenburgiſchen Gouvernement ihre Entdeckung dieſen
alten Spuren zu verdanken haben. Dieſe Tſchudskie Kopi ſind
um ſo merkwürdiger, weil ſie gewöhnlich blos in runden Ka=
nälen oder Gängen beſtehen, welche weder ausgezimmert noch
geſtützt ſind. Sie ſind zuweilen ſo enge, daß die Arbeit darin
höchſt beſchwerlich geweſen ſein muß, weil man oft nicht ein=
mal aufrecht darin ſtehen kann. In dem Sagatſchi Rudnik
iſt außer vielen Schürfen ein außerordentlich geräumiger und
mit vielen Oertern ausgetriebener Stollen noch im beſten Zu=
ſtande gefunden worden, bei deſſen Ausräumung man nicht
blos geſchmolzenes Kupfer in runden Kuchen, ſondern auch
viele runde aus weißem Thon gemachte Töpfe, worin die
Schmelzung verrichtet wurde, ja auch Gebeine verſchütteter
Arbeiter beiſammen gefunden hat, von Heerden oder Schmelz=
öfen aber nicht die geringſte Spur bemerkt haben will. In
einigen der dort befindlichen alten Oerter findet man ein ſchö=
nes grünes, klares Kupferwaſſer und zahlreiche Baumſtämme,

---

[3]) Pallas a. a. O. II. S. 252 und 253.

die einen metallinischen Charakter angenommen haben [4]). Aehnliche Gruben findet man auch bei Orskaja etwas weiter gegen Osten [5]). Merkwürdig ist es, daß der Bergbau der Tschuden und ihre Schmelzversuche nur auf die Ausbringung des Kupfers [6]) gerichtet gewesen zu sein scheinen, denn in den alten Tschuden Gruben hat man immer nur reine Kupfermassen gefunden, obschon es fast unmöglich scheint, das Kupfer zu scheiden ohne auf die überwiegenden Eisenerzmassen aufmerksam zu werden und auch sie zur Verarbeitung zu benutzen [7]). Damit stimmt jedoch auch die Thatsache, daß man in den ältesten Grabmälern der uralischen und altaischen Gebiete, den Tschuden Gräbern, nur kupferne Waffen und Geräthschaften gefunden hat.

Wer nun diese alten Tschuden gewesen, ist eigentlich schwer zu bestimmen [8]), sobald man nicht davon ausgeht, daß man bei diesem Namen, welcher ursprünglich kein ethnographisches Gepräge gehabt hat, nicht an ein einzelnes bestimmtes Volk, sondern an eine ganze Reihe bergbautreibender Stämme zu denken hat. Denn gleich den tschudischen Grabmälern erstrecken sich diese Tschuden Schürfe vom Ural bis tief in das innere Asien hinein, sie ziehen sich am ganzen Altai entlang bis zum Amur-Strome, und finden sich vornehmlich am westlichen oder dem sogenannten türkischen Altai, wo die ältesten für das europäische Abendland von Wichtigkeit seienden türki-

---

[4]) Pallas a. a. O. I. S. 246 und 247.

[5]) Pallas a. a. O. I. S. 265.

[6]) Gmelin, Reise durch Sibirien IV. S. 432.

[7]) Erman, Reise durch Nord-Asien I. S. 344.

[8]) Die sonderbare Tradition, welche sich von dieser verschwundenen Nation der Tschuden bei den Kalmucken erhalten hat, und welche Sievers von einem kalmückischen Torgoten aus Astrachan vernahm, nach dessen Aussage sie in den Büchern der buddhistischen Lamas enthalten sein sollte, beweiset schon dadurch ihren ganz jungen Ursprung, daß bei jenem Unglück, welches die Tschuden Nation vernichtete, mehrere in der Geschichte des Reiches Kaptschak vorkommende Chane genannt werden. Sievers, sibirische Briefe bei Pallas, Neue nordische Beiträge. Petersburg 1796. 8. Th. VII. S. 313.

ſchen Herrſchaften während des ſechsten Jahrhunderts aufblüheten [9]), als auch am öſtlichen oder dem ſogenannten tunguſiſchen Altai auf der Oſtſeite des Baikal-Sees, wo auch in
neuern Zeiten der altaiſche Bergbau der Ruſſen um die Berg-
werksſtädte Kolywan und Nertſchinsk aufgeblüht iſt. Zwar
pflegen jetzt die Ruſſen mit dem Namen der Tſchuden alle
diejenigen Völkerſtämme zu bezeichnen, welche in dem übrigen
Europa die finniſchen oder uraliſchen Völker [10]) genannt
werden, aber urſprünglich bezeichneten die Ruſſen mit demſel-
ben nur alle nicht ruſſiſchen, mehr öſtlich oder nördlich wohnenden Völkerſchaften [11]), ſo daß der Name dadurch ſeinen
ethnographiſchen Gehalt verliert und ein Analogon zu den Namen der Barbaren bei den Griechen und der Kafern bei den
Arabern wird. Man findet nun zwar jetzt auf den altaiſchen
Gebirgshöhen auf den Grenzen von Sibirien und der Mon-
golei keine finniſchen Völkerſtämme mehr vor, doch iſt es nicht
unmöglich, daß die jetzt auf dem Ural wohnenden finniſchen
Völker urſprünglich dort einheimiſch geweſen und die uralten
Erzgruben auf beiden Gebirgen eröffnet haben. Es würden
in dieſem Falle die finniſchen Tſchuden ein merkwürdiges
Verbindungsglied zwiſchen dem öſtlichen Aſien und
dem europäiſchen Abendlande abgeben, und die finniſch-
uraliſchen Wogulen ſcheinen in ethnographiſcher und anthropo-
logiſcher Beziehung dieſes Verbindungsglied noch beſtimmter
anzudeuten. Auch möchte dieſe Annahme noch beſtätigt werden durch die eigenthümliche Verbreitung der Samojeden
Stämme [12]), welche den finniſch-uraliſchen Völkern ſehr nahe
ſtehend, ſowohl an jenem weſtlichen Altai zu Hauſe ſind als
auch als Nachbarn der Wogulen am Nordende des Ural und
an den Geſtaden des Polarmeeres erſcheinen, und in ihrer
leiblichen Bildung nicht minder auf die mongoliſchen Völker

---

[9]) Klaproth, tableaux histor. de l'Asie p. 115.
[10]) Sjögren, in den mémoires de l'Académie imp. des sciences,
VI. sér. I. p. 308.
[11]) Fiſcher, ſibir. Geſchichte I. S. 129.
[12]) Klaproth, Asia polyglotta p. 139.

Oſt=Aſiens als auf jene halb=europäiſchen Völkerſtämme hin=
weiſen.

Merkwürdig iſt dabei die Sage von dem Paradieslande
in der alten Sagengeſchichte der Mongolen. Der große Heros
der mongoliſchen Völker, Dſchingischan, erſcheint bekanntlich
bei den Reiſenden des Mittelalters im öſtlichen Hochaſien unter
dem Namen des Schmiedes[13]). Jrgonekon wird nach
der Angabe des tatariſchen Geſchichtſchreibers[14]) aus dem
Stamme Dſchingischans das alte Heimathsland der Mon=
golen Stämme genannt, ein weites Thal in den nord=aſia=
tiſchen Gebirgen, in welchem die Vorfahren der Mongolen
mehrere Jahrhunderte lebten, bis ihnen der Raum zu eng
wurde, und ihnen die Luſt ankam, über die Berge zu ziehen.
Als kein Ausweg ſich zeigte, ſo entdeckte einer von ihnen, ein
Schmied, daß das umgebende Gebirge aus Eiſen beſtehe. Er
ließ Kohlen und Holz anzünden, und ſo lange arbeiten, bis
mit Hülfe von ſiebzig Blaſebälgen der Berg ſo erhitzt war,
daß er endlich zerfloß, und ein Weg breit genug für ein bela=
denes Kamel hinaus führte. Noch alljährlich ſollte das An=
denken an dieſe Begebenheit in dem weiten Mongolen Lande
feierlich begangen werden; man zündet Holz an, glühet Eiſen,
und darauf giebt zuerſt der Chan einen Hammerſchlag darauf,
ſodann jeder Anführer der Horde und auch jeder einzelne.
Wo dieſes Jrgonekon oder Jrganakon, welches nach Abulgaſi's
Ausſage in der alt=mongoliſchen Sprache ein tiefes Ge=
birgsthal bedeuten ſoll, gelegen habe, iſt unbekannt, und es
kann ſowohl im weſtlichen als öſtlichen Altai, wo die uralten
Spuren von Bergbau ſich zeigen, geſucht werden. Doch ſcheint

---

[13]) **Rubruquis** bei Bergeron l. c. c. **19.** p. **37.** Un certain
homme de Moal (i. e. Mongols) nommé Cingis, maréchal de son
métier.

[14]) **Abulgasi**, hist. généal. des Tatares p. **74 — 76.** Sur
quoy un maréchal, qui croyoit avoir remarqué que la montagne
n'estoit pas trop épaisse dans un certain endroit, et que mesme
elle y estoit toute composée de mineral de fer, proposa d'y ap-
pliquer des soufflets pour essayer, si l'on ne pourroit pas venir
à bout de fondre cette montagne par le feu.

man nicht mit Unrecht an den öſtlichen tunguſiſchen Altai den=
ken zu müſſen, wenn die Sage irgend einen hiſtoriſchen Hin=
tergrund hat, wo der Name Irgone, Irgana auf den Ergon
oder Argun=Fluß, einen der Quellſtröme des Amur hinweiſen
möchte, in deſſen Nähe ſich zahlreiche alte Silber=, 'Kupfer=
und Eiſengruben vorfinden [15]). Auch iſt ja dort grade auf
den Berghöhen im Süden des Baikal=Sees zwiſchen den Quell=
ſtrömen des Onon, Kerlon und der Tula das alte Heimaths=
land der Mongolen zu ſuchen, von wo aus ſie ſich hiſtoriſch
beglaubigt erſt ſeit dem Ende des zwölften Jahrhunderts [16])
nach Süden, Oſten und vornehmlich nach Weſten ausgebreitet
haben.

Doch iſt dabei nicht zu überſehen, daß noch bis in die
ſpätern Zeiten auf jenem öſtlichen Altai Bergbau betrieben
wurde von einem anerkannt nicht finniſchen oder mongoliſchen
Völkerſtamm. Denn als ſich die Ruſſen bei ihren Eroberungs=
zügen durch Sibirien während des ſiebzehnten Jahrhunderts
bis zu dieſem Gebiete ausbreiteten, fanden ſie daſelbſt das
bergbautreibende Volk der Dauren von tunguſiſchem
Stamme vor, welches erſt allmälig vor den Ruſſen zurück=
weichend ſich größtentheils auf das chineſiſche Gebiet nach dem
Mantſchu=Lande am Amur=Strome zurückgezogen hat [17]).
Schwerlich werden alſo in den älteſten Zeiten dieſe oſt=aſiati=
ſchen Bergwerke auf die finniſchen Tſchuden zurückzuführen
ſein, und man wird wohl die erſte Anlage jener Gruben auch
den Vorfahren der tunguſiſchen Dauren zuſchreiben müſſen.

Aber jene mongoliſche Sage von dem Schmelzen des Ei=
ſenerzes in dem Irgonekon weiſt wieder auf andere hiſtoriſch=
ethnographiſche Verhältniſſe hin, wenn man berückſichtigt, daß
die ältern Mongolen eigentlich gar kein Eiſen gekannt haben,

---

[15]) Pallas, neue nordiſche Beiträge IV. S. 207.

[16]) Klaproth, Asia polyglotta p. 267. Aus andern Gründen
glaubt jedoch Ritter ſich gegen dieſe Annahme erklären zu müſſen.
Vergl. Ritter, Erdkunde von Aſien. Berlin 1832. 8. Th. I. S. 439.

[17]) Schlözer, allgemeine nordiſche Geſchichte. S. 418. Müller,
Sammlung ruſſiſcher Geſchichte II. S. 337.

sondern nur Kupfer, wofür sich in ihrer Sprache auch allein ein einheimisches Wort findet, während sie, wie Klaproth sagt [18]), für alle übrigen Metalle die Namen von ihren türkischen und tungusischen Anwohnern entlehnt haben. Dagegen findet sich merkwürdiger Weise das Wort Irgon in der Bedeutung von Kupfer in der Sprache der finnischen Stämme der Permier, Syrjänen, Wotjaken und Tscheremissen [19]), so wie ja auch alle in den ältesten Gräbern und Halden vorgefundenen Waffen und Geräthschaften aus diesem Metalle bestehen [20]). Sollte also wirklich jene alte von Abulgasi berichtete Sage auf die Stammväter der Mongolen gehen und nicht auf andere Völkerstämme, so wie ja in der Auffassung ethnographischer Verhältnisse die morgenländischen Autoren immer wenig genau sind und die heterogensten Völkerstämme mit einander zusammenwerfen, so müßte man doch auf jeden Fall annehmen, daß in der Urzeit finnische, samojedische, mongolische und tungusische Stämme gemeinsam die altaischen Gebirgsgaue bewohnt, und die einen und die andern sich durch Bergbau ausgezeichnet und berühmt gemacht haben, wovon die Sagen sich bei allen ursprünglich benachbarten Völkern bewahrt hätten.

Indessen wenn auch alles für die Annahme spricht, daß die auf dem Ural und dem westlichen Altai angetroffenen Tschuden-Gruben größtentheils den Stammvätern der finnischen Völkerschaften zuzuschreiben sind, so scheint durch den Umstand die Sache wieder zweifelhaft zu werden, daß die alten tschudischen Schürfe auf dem Ural zur Zeit der Einwanderung

---

[18]) Klaproth, Asia polyglotta p. 267.

[19]) Fischer, recherches histor. p. 58.

[20]) Von Wichtigkeit wäre es dabei zu erfahren, ob in dem Originalwerke des tatarischen Geschichtschreibers bestimmt gesagt sei, daß der in dem Irgonekon geschmolzene Berg wirklich aus Eisen bestanden habe. Verwandt ist unstreitig mit dem Worte Irgon das bei den abendländischen Völkern, obschon in einer andern Bedeutung, vorkommende Wort Jarn bei den Scandinaviern, und Jron bei den Engländern, womit auch der Name der irischen Insel (Ireland, Jerne, Hibernia), der sich in allen Jahrhunderten der Geschichte gleich bleibt, zusammenhängen muß.

der Russen seit den letzten Jahrhunderten von den Urbewohnern dieses Gebirges als von ganz unbekanntem Ursprunge betrachtet wurden [21]).   Und doch erscheint es auffallend, daß die jüngern Bewohner des Ural von anerkannt finnischer und demnach tschudischer Abstammung sich gar keine Tradition von der Thätigkeit ihrer Altvordern aufbewahrt haben sollten, wenn sie mit jenen bergbautreibenden Tschuden in irgend einem verwandtschaftlichen Verhältniß gestanden hätten.   Man könnte dann nur anführen, was in der That auch das wahrscheinlichste ist, daß die gewaltigen, durch die turktatarischen und mongolischen Völker seit Dschingischans Zeit veranlaßten Völkerumwälzungen so sehr auf die jetzigen Aboriginer des Ural eingewirkt hätten, daß alle Spuren der frühern Begebenheiten, so wie ihre eigene Abstammung völlig aus ihrem Andenken verwischt worden seien.   Denn daß die auf dem Ural und dem westlichen Altai in der Urzeit vorkommenden Tschuden wirklich dem finnischen Volksstamme angehören und die Stammväter desselben bilden, wird auch durch andere merkwürdige Ueberlieferungen bestätigt.   Bei den ältern Scandinaviern waren die Finnen — mag man nun darunter die ältern Lappen oder die jüngern Finnländer verstehen, was sich hier gleich bleibt, — besonders berühmt in der Verfertigung von Schmiedearbeiten; finnische Schwerdter spielen eine Hauptrolle bei den scandinavischen Helden.   Auch sollen nach der Sage die wichtigsten Bergwerke in Schweden von Finnen entdeckt worden sein [22]), so daß also die Kenntniß des bergmännischen Betriebes bei den alten finnischen Völkern unläugbar feststeht.

Eben so wenig möchte sich bezweifeln lassen, daß schon die Völker des Alterthums einen großen Theil ihres vielbekannten Goldreichthums den uralischen und altaischen Goldgruben verdanken.   Herodots Nachrichten von dem einäugigen Nomadenvolke der Arimaspen [23]), welches das Gold den Greifen

---

[21]) Erman, Reise I. S. 361.

[22]) Rühs, Finnland und seine Bewohner.   Leipzig 1809. 8. S. 10. Vergl. Pallas, neue nordische Beiträge.   Petersburg 1781. 8. Th. I. S. 166.

[23]) Herodot. III, 116.   Plinius, hist. nat. VII, 2.

entwende, weisen offenbar auf diese Theile der alt = nordischen
Welt hin, und schon von andern ist die Vermuthung geäußert
worden, daß die den Arimaspen benachbarten Issedonen [24]),
welche zugleich die nordöstlichen Nachbarn der kahlköpfigen
Argippäer genannt werden, die Anwohner des Iset-Flusses um
Katharinenburg in dem goldreichen Revier um die Pyschma [25])
sein möchten. Aus Herodots Angaben erhellt, daß alle die
zahlreichen Nomadenvölker des mittlern Asiens im Norden und
Osten des kaspischen Meeres den Gebrauch der Erze sehr wohl
kannten, was kaum der Fall sein konnte, wenn jene uner=
schöpflichen uralischen und altaischen Fundgruben nicht schon
damals eröffnet waren; und um so merkwürdiger ist auch die
Notiz von den Massageten, welche das weite Blachfeld der
jetzigen Kirgisen zwischen dem Ural und Altai bewohnend, zu
Herodots Zeiten wohl indogermanische Völkerschaften sein moch=
ten, wenn ihr Name auch in späterer Zeit, wie von Proco=
pius [26]), zur Bezeichnung hunnischer oder finnischer Stämme
gebraucht wurde, daß dieselben kein Eisen oder Silber gehabt
hätten, dagegen aber Gold und Kupfer, welches in ihrem
Lande in unermeßlicher Menge vorhanden sei, und aus welchem
letztern sie ihre Waffen verfertigten [27]).

Der uralische Bergbau muß sehr lange Zeit hindurch ge=
ruht haben, da man auch lange nach der Eroberung von Si=
birien unter dem zweiten Iwan Wasiljewitsch nicht aufgezeichnet
findet, daß hierin etwas gethan sei, und erst unter der ruhm=
vollen Regierung des Zaren Alexei Michailowitsch wurden die
ersten Mineralien in diesem Gebirge entdeckt. Zwar soll schon
der erste Iwan Wasiljewitsch, der neue Begründer des russi=
schen Reiches, im Jahre 1491 zwei Deutsche an den Pet=
schora=Fluß auf mineralogische Entdeckungen ausgesandt haben,
die auch so glücklich waren, Silber= und Kupfererze aufzufinden,

---

[24]) Herodot. IV, 13, 25.

[25]) Reichard, der Feldzug des Darius in dem Lande der Scythen,
bei Berghaus, Hertha, Zeitschrift für Erd= und Völkerkunde. Stuttgart
1828. 8. Th. XI. Heft 1. S. 16, 17.

[26]) Procopius; de bell. Vandal. I, 11. de bell. Goth. II, I.

[27]) Herodot. I, 215.

aber über die Benutzung dieſer Entdeckung wird nichts berich=
tet[28]). Die Hauptveranlaſſung dazu gab unſtreitig das ſogenannte
ſakamiſche Silber d. h. das Silber aus dem Lande im
Oſten der Kama, welches mit zu den vornehmſten Einkünften
der reichen Handelsſtadt Nowgorod gehörte, und welches ſchon
früher einen Vorfahren dieſes Zaren, den Großfürſten Iwan
Kalita, zu einer Expedition nach dem von den Nowgorodern
abhängigen Lande Permien[29]) vermocht hatte, die aber miß=
lang. Die Unterwerfung Nowgorods mußte nun bei dem glück=
lichern Iwan Waſiljewitſch den Wunſch erregen, das eigent=
liche Heimathsland jenes Silbers in ſeine Gewalt zu bringen.
Aber der Zar Alexei ſandte im Jahre 1676 zwei Deutſche,
Sam. Fritſch und Joh. Herold, in das uraliſche Gebirge zur
Aufſuchung von Mineralien, und ſie brachten einige Eiſen=
und Kupferſtufen mit, berichteten jedoch wegen der damaligen
Wildheit jener Gegenden wenig genügendes, ſo daß die ganze
Sache wieder in Vergeſſenheit gerieth. Doch ſollen noch zur
Zeit des Zar Alexei einige Kupfergruben an der Kama von
gefangenen Schweden bearbeitet worden ſein[30]).

Die eigentliche Wiederherſtellung des uraliſchen ſo wie des
ruſſiſchen Bergbaues überhaupt hat das Reich Peter dem Gro=
ßen zu verdanken, der ihn als Staatsangelegenheit ins Auge
faßte und ſich dazu neben dem Urvater der reichen Familie
Demidow vornehmlich deutſcher Bergleute bediente. So
iſt durch die Betriebſamkeit der Deutſchen während des acht=
zehnten Jahrhunderts auf dem Ural eine ganz neue Welt ent=
ſtanden. Ehe Peter ſeine Reiſen in die übrigen Länder von
Europa antrat, hatte er ſich umgeſehen und ſelbſt mitgear=
beitet in dem erſten ordentlichen Bergwerke in Rußland, wel=
ches noch unter der Regierung ſeines Vaters an 90 Werſt von
Moskau durch einen Dänen und einen Holländer angelegt
war, die in jener Gegend Erz gefunden hatten, und welches
noch bis auf den heutigen Tag durch daſelbſt angeſiedelte deut=

---

[28]) Storch, Gemälde des ruſſiſchen Reiches II. S. 484.
[29]) Karamſin, ruſſiſche Geſchichte VI. S. 38.
[30]) Hermann, mineralogiſche Beſchreibung I. S. 13.

sche Bergleute und Schmiede[31]) bearbeitet wird. Aus Sachsen, wo sich Peter seit dem Jahre 1698 geraume Zeit in den
dortigen Bergwerken aufhielt, nahm er geschickte Bergleute
mit nach seiner Heimath, und so wurden durch den Erzprobi-
rer Blüher, den der Kaiser sein Reich zu diesem Zwecke berei-
sen ließ, die wichtigsten Naturschätze in dem permischen und
uralischen Gebiete entdeckt. Der Ueberfluß an Holz und
Wasser im Ural erleichterte ungemein die dortigen Anlagen,
und der mit der Organisation des Bergwerkswesens beauf-
tragte General Hennin zeigte sich sehr thätig in der Beförderung dieser Sache. Die erste Eisenhütte im Ural soll im Jahre
1623, und der erste Kupferhammer im Jahre 1640 angelegt
worden sein. Aber das älteste noch bestehende Hüttenwerk
des Ural ist der seit 1699 in Thätigkeit gesetzte Eisenhammer
von Newjansk an der Neiwa, 95 Werst im N. W. von Katharinenburg, welchen Peter nachmals dem Nikiti Demidow
schenkte. Mit seinem durchdringenden Scharfblicke sagte dieser
große Fürst bei dieser Gelegenheit: „Ich gebe dir Bergwerke,
die du an Reichthum gleich einem in der Welt finden[32])
wirst." Im Jahre 1719 stiftete Peter der Große ein eigenes
Bergkollegium, welches mit der Aufsicht über alle sibirischen und uralischen Bergwerke unter der sibirischen Gouvernements = Regierung von Tobolsk stand. Aber der Bergbau
im Ural mehrte sich so, daß schon drei Jahre später die Stadt
Katharinenburg als Sitz eines Ober=Bergamtes angelegt
werden konnte, und diese Stadt ist auch seit einem Jahrhundert der Centralpunkt des gesammten uralischen Bergbaues geblieben. Noch jetzt liegt Katharinenburg nach dem
dort herrschenden Sprachgebrauche in der Mitte zwischen den
nördlichen und südlichen uralischen Bergwerksdistrikten, und
theilt sie in die sewernie und juschnie Sawodi[33]).

In der Anlegung von Hüttenwerken, Hämmern, Guß-

---

[31]) Storch, Gemälde des russ. Reichs II. S. 486.
[32]) Erdmann, Reisen im Innern Rußlands II. 2. S. 167. Vergl.
Erman, Reise I. S. 313.
[33]) Erman, Reise I. S. 294.

und Schneidewerken kam Hennin als Bergwerksdirektor von
Sibirien innerhalb sechs Jahren so weit, daß die darauf ver-
wendeten Unkosten durch das gewonnene Metall reichlich ersetzt
wurden. Denn in den beiden Jahren 1726 und 1727 förderte
er jährlich 9 bis 10,000 Pud Kupfer und 140 bis 150,000
Pud Stabeisen außer einer großen Menge verarbeiteten Eisens
und Kupfers vermittelst der Wasserkommunikation nach Moskau[34]). In den beiden Decennien von 1719 bis 1739, wo
das Bergreglement erschien, entstanden an 35 neue Berg-
und Hüttenwerke, von denen 15 auf Kosten der Regierung
etablirt wurden, und zwar lagen an 31 davon auf der sibirischen Seite des Ural; denn durch Peters Vorsorge waren den
Unternehmern von solchen Werken, mochten sie Inländer oder
Ausländer sein, bedeutende Privilegien und Vortheile zuge-
sichert worden. Doch handelten Peters Nachfolger nicht immer consequent genug und seinen großartigen Plänen gemäß,
und die mancherlei Umänderungen in der Verwaltung und Betreibung dieses Bergbaues mußten seine Fortschritte weniger
fördern als es sonst der Fall gewesen sein würde. Zuerst versuchte man nach dem neuen Bergwerks-Reglement vom
Jahre 1739 alle Kronbergwerke aufzugeben und sie an Kom-
pagnien von Privatleuten zu überlassen; auch war schon einige
Jahre vorher das von Peter eingerichtete Bergkollegium aufgehoben und statt dessen ein General-Bergdirektorium
eingesetzt worden. Aber man mußte größtentheils immer zu
den frühern unter Peters Regierung getroffenen Einrichtungen
zurückkehren, so daß die Zeit vom Jahre 1739 bis zur Erscheinung des sogenannten Bergmanifestes im Jahre 1782 doch
eine der glänzendsten Perioden des uralischen Bergbaues genannt werden muß. Denn während dieser Zeit wurden an
119 neue Werke, davon 9 auf Kosten der Krone, errichtet,
von welchen die bei weitem größere Zahl, an 84, auf der sibirischen Seite des Ural liegen. Den Hauptantheil an jener Zeit
haben die Regierungsjahre der Kaiserinn Katharina II. Später
gerieth der uralische Bergbau etwas in Verfall, da die Kaise-

---

[34]) Storch, Gemälde II. S. 489.

rinn durch das Bergmanifest die Betriebsamkeit noch zu
vermehren und zu verallgemeinern beabsichtigte, und sogar
auf mehrere Vorrechte der Krone Verzicht leistete. Es ent=
standen daher bis zum Ende des vorigen Jahrhunderts nur
28 neue Werke, von denen 18 wieder auf die Ostseite des
Ural kommen. Bei dieser neuen Einrichtung fiel alle Einheit
weg, das ganze wurde zweckwidrig betrieben, und die einzel=
nen Unternehmungen waren einander selbst hinderlich. Darum
wurde im Jahre 1796 das früher bestandene Bergkollegium
wieder hergestellt; Kaiser Paul kam im wesentlichen auf die
Einrichtungen seines großen Vorfahren zu Anfange des Jahr=
hunderts wieder zurück ohne das irrige und nachtheilige damit
zu verbinden. Im Jahre 1800 wurde die ganze Verwaltung
der Bergwerke näher bestimmt, und in Folge dessen in Katha=
rinenburg ein eigenes Bergamt mit zwei Departements errichtet
für die Verwaltung der Kronwerke und der Privatwerke [35]).

Kupfer und Eisen waren geraume Zeit hindurch die
beiden wichtigsten Metalle, welche aus den uralischen Berg=
werken gewonnen wurden, und durch ihren Einfluß auf die
Entwickelung der Menschheit unstreitig auch am wichtigsten.
Von den edlen Metallen ist das Silber im Ural im Verhältniß
zu den reichen altaischen Silbergruben durchaus untergeordnet,
und der Goldreichthum dieses Gebirges wurde erst später ent=
deckt, und kam noch später erst recht in Aufnahme. Schon
im Jahre 1782 wurden in den uralischen Kupferwerken über
190,000 Pud Kupfer gewonnen; an Eisen gewann man im
Jahre 1766 über 2,371,000 Pud, im J. 1779 an 3,678,000
Pud und im Jahre 1782 beinahe 4 Mill. Pud geschmiedetes
Eisen ohne die vielen eisernen Gußwaaren zu rechnen, und
davon kam immer der bei weitem größere Theil auf die Pro=
vinz Perm [36]). Der Gewinn an diesen Metallen mit Ein=
schluß des bis dahin gewonnenen Goldes betrug im Jahre 1782
an 7 Mill. Rubel, und hat seitdem stets zugenommen [37]).

---

[35]) Erdmann, Reisen II. 2. S. 168 bis 170.

[36]) Hermann, statist. Schilderung S. 326, 327.

[37]) Ueber den Zustand der uralischen Bergwerke im Jahre 1810
haben wir von dem bekannten Bergwerksdirektor in Katharinenburg eine

Denn im Jahre 1820 zählte man außer 25 Bergwerken, welche der Krone gehören, noch über 100 andere große Berg= und Hüttenwerke von Privatpersonen, an 35 Kupferwerke und 99 Eisenwerke; die Zahl der Arbeiter darin betrug an 120,000 Menschen, und der Gewinn an 45 Mill. Rubel. Offenbar würde der Ertrag noch größer sein, wenn der Ural von dem übrigen civilisirten Europa nicht so entfernt läge und der Trans= port den Absatz erschwerte. Der Hauptabsatz der Schätze des Ural findet statt auf der großen Messe zu Nischnei Row= gorod an der mittlern Wolga, dem Hauptmarkt für das centrale Rußland, und daneben in den großen Seehäfen zu Petersburg, Archangel und Taganrog. Die Transportkosten vermindern aber den großen Vortheil der Produkte des Ural; die Metallwaaren können daher nicht gleichen Stand halten mit denen anderer Gegenden, sonst möchte der Ural mit seinen Hüttenprodukten ganz Europa überschwemmen. Die centralen Ströme Ost=Europas und das merkwürdige Kanalsystem Rußlands sind zwar von der größten Wichtigkeit für den Absatz dieser Produkte, doch bleibt der Ural zunächst immer nur von großer Bedeutung für Sibirien und das östliche Europa.

Erst seit wenigen Jahren ist der Ural auch das größte Goldgebirge von Europa geworden, und dieser Goldreich= thum wurde in der unmittelbaren Nähe von Katharinenburg entdeckt. Die ersten Nachrichten von dem Goldreichthum jener Gegend stammen aus dem Jahre 1744, aber die ersten Gold= gruben wurden erst ein Decennium später im Jahre 1754 er= öffnet [38]). Der Weg dahin führt nordöstlich zuerst über ziemlich flaches Land und Niederungen durch Fichten= und Bir= kenwälder nach dem acht Werste entfernten kleinen See Tscher= tasch, an dessen westlichem Ufer sich ein sehr ansehnliches Dorf gleiches Namens die Straße entlang zieht. Dieser Ort wird von Altgläubigen, den sogenannten Roskolniks, bewohnt, welche

eigene officielle Schrift, Hermann, die Wichtigkeit des russischen Berg= baues. Petersburg 1810. 4. S. 50 bis 59.

[38]) Hermann, mineral. Beschreibung II. S. 107.

zum Theil städtisches Gewerbe treiben und größtentheils wohl=
habend sind. Hinter dem See erhebt sich das Land wieder
allmählig und streicht mit flachen breiten Hügelrücken bis an
die Pyschma. Hier ist die Lagerstätte der edlen Metalle und
mitten auf derselben erblickt man, 15 Werst von Katharinen=
burg entfernt, den Flecken Beresow von sanft ansteigenden,
waldigen Höhen umgeben. Beresow, von Bergofficianten und
1600 Arbeitern bewohnt, ist eine freundliche Kolonie. Der
kleine Bach Beresowka, der aus dem Tschertasch=See kommt,
durchströmt ihn von Süden nach Norden, und bildet in der
Mitte desselben einen länglichten Teich. Rings umher, beson=
ders auf der Morgenseite, breitet sich die wellenförmige Fläche
aus, auf welcher in einem Distrikt von 56 □ Meilen die Gold=
gruben befindlich sind. Auf der Nordseite dieses goldhaltigen
Sandflötzes fließt die Schilowka vorüber, welche sich in die
Pyschma ergießt [39]). Die seit der Mitte des vorigen Jahr=
hunderts dort eröffneten Gruben liegen nicht in beträchtlicher
Tiefe, keine hat mehr als 20 Lachter, aber die Goldadern
setzen weit tiefer fort, obschon sich auch hier bestätigt, daß die
Ausbeute an edlen Metallen in der Tiefe nach und nach ab=
nimmt. Die Konstruktion des Gebirges ist daselbst von eigener
Art und weiset auf drei große Revolutionen hin. Die Erzeu=
gung des Goldes ist aber erst das Resultat der letzten unter
ihnen [40]).

Die dort gewonnenen goldhaltigen Eisenerze sind ein theils
verwitterter, theils krystallinischer Eisenkies in Quarz, der ge=
pocht und gewaschen wird, bis das sichtbare Gold zurückbleibt,
das aber noch immer an 7 bis 8 Proc. Silber enthält. Von
diesem Golde wurden in den drei Decennien vom Jahre 1754
bis 1786 an 110 Pud 32 Pfd. gewonnen, im folgenden Jahre
allein aber schon über 8 Pud, also in 34 Jahren gegen 120 Pud
d. h. über fünftehalb tausend Pfund Gold, die im Werthe auf
1,200,000 Rubel berechnet wurden. Zu jenen Gruben gehörten
drei große Waschwerke an der Pyschma und Beresowka mit

[39]) Erdmann, Reisen II. 2. S. 119.
[40]) Erdmann a. a. O. II. 2. S. 121.

860 Waſchheerden, welche über 2000 Menſchen beſchäftigten [41]). Aehnliche Goldminen fand man im Jahre 1803 auch auf der Weſtſeite des Ural an der Tſchuſſowaja, und der jährliche Ertrag aus ihnen zuſammen belief ſich zu dieſer Zeit ſchon auf 15 bis 16 Pud, und im folgenden Jahre auf 19 Pud 30 Pfd. Gold [42]). Demnach betrug die Ausbeute an edlen Metallen in dem Zeitraume von einem halben Jahrhundert von 1754 bis 1804 (mit Einſchluß des in den beiden letzten Jahren aus den neuen Gruben gewonnenen Goldes) an 326 Pud 21 Pfd. bergfeines Gold, das jedoch noch 21 Pud 22 Pfd. Silber enthielt, und beide Metalle beliefen ſich auf einen Werth von fünf Millionen Rubel. Die Zahl der Arbeiter war daher auch in Verbindung mit den neu angelegten Poch= und Waſchwerken an der Bereſow, am Iſet und Uktus bis zum Jahre 1805 auf 7000 Menſchen geſtiegen.

Aber aller dieſer Gewinn war noch unbedeutend gegen das, was man in den beiden jetzt verfloſſenen Decennien daſelbſt aufgefunden hat. Denn erſt ſeit dem Jahre 1814 wurde man auf das goldhaltige Sandflötz aufmerkſam, welches ſeitdem die Pforte zu einem neuen Peru in Sibirien geworden iſt, und die Theilnahme von ganz Europa erregte. Es liegt am linken Ufer der Bereſowka. Es iſt dieſes Flötz mit einer röthlichen Lehmerde von einer halben bis zwei Arſchinen (1 Arſchin gleich 28 engl. Zoll) Dicke bedeckt; unmittelbar darunter findet ſich eine Schicht feinen Sandes, der wenig Goldgehalt hat. Aber tiefer abwärts wird der Sand gröber, und 3 bis 4 Fuß tiefer liegt eine noch gröbere mit Kieſel= und Quarzſtücken vermiſchte Schicht, ein halb bis $2\frac{1}{2}$ Arſchinen mächtig. Dieſe iſt die reichſte an Gold, denn es zeigt ſich hier in größern Körnern und auch häufiger, während es höher meiſtens nur als Staub ſparſam eingeſtreut erſcheint. Das ganze Flötz überſteigt nirgends die Dicke von $4\frac{1}{2}$ Faden,

---

[41]) Hermann, ſtatiſt. Schilderung S. 317, 318.

[42]) Erdmann, Reiſen II. 2. S. 123. Vergl. beſonders Hermann's Nachrichten von dem gegenwärtigen Zuſtande der Goldbergwerke im uraliſchen Erzgebirge bei Storch, Rußland, hiſtor. Zeitſchrift VI. S. 378 bis 387.

und ruht auf einer blauen Schieferart. Ein ähnliches Flöz
wurde im Jahre 1817 auf dem rechten Ufer der Melkowka
auf der Ostseite von Katharinenburg aufgefunden, und fast
um dieselbe Zeit fand sich eine dritte goldhaltige Lagerstätte
von gleichem Gehalte zehn Werst östlich von Beresow an dem
Ufer der Tscheremschanka [43]. Diese Goldsandlager haben,
wie Erdmann meint, ihren Ursprung einer großen Ueberschwem=
mung zu verdanken. Aber noch ist es zweifelhaft, ob das
Material derselben von dieser Ueberschwemmung aus den be=
nachbarten Bergen losgerissen, oder aus der Ferne herbeige=
führt und an dem Gebirgszuge wie an einem großen Damme
abgesetzt worden sei. Für das letztere sprechen die in der Tiefe
von drei Faden gefundenen Knochen großer Landthiere aus den
südlichen Zonen, so wie die Verschiedenheit des Goldes aus
dem Sande und den benachbarten Bergwerken. Das erstere
enthält nehmlich ein Zwanzigstel Silber, das letztere dagegen
ein Zehntel [44].

Es zeigt sich dieser goldhaltige Sand vorzüglich auf
der Ostseite des uralischen Gebirges in der ungeheuren Strecke
von der obern Soswa und Tura bis zum Ural=Flusse auf
eine Ausdehnung von über 1000 Werst, so daß man wohl
hier nebst dem großen Goldlager in Sudan die reichsten
Goldreviere der alten Welt anzunehmen hat. Man findet
hier den erwähnten Sand zu beiden Seiten der Bäche, welche
aus den uralischen Wäldern hervorfließen in einer Breite von
mehrern Wersten. Die jüngsten und nördlichsten Niederlassun=
gen des bergmännischen Betriebes am Ural, wo unter andern
Metallen auch die reichsten Goldgruben sich finden, sind die
von Bogoslowsk an der obern Soswa im Südosten vom
Konschekowskoi Kamen gelegen [45]. Am reichsten scheint aber
die Gegend zwischen Nischnei Tagilskoi und Kuschtyms=
koi in einer Ausdehnung von 300 Werst damit ausgestattet

---

[43] Erdmann a. a. O. II. 2. S. 127 bis 129. Vergl. die Bei=
lage No. 8.

[44] Erdmann a. a. O. II. 2. S. 129.

[45] Erman, Reise durch Nord=Asien I. S. 376 bis 381.

zu sein, so daß 100 Pud Sand an 1½ Pfd. Gold, zum Theil in Klumpen von 6 Mark Gewicht, enthalten. Ueber dem Sande liegt hier ganz oben eine Torfschicht und dann schwarze Erde, anderthalb Arschinen stark, der Goldsand liegt gewöhnlich ein bis zwei Arschinen tief, selten über fünf Arschinen. Die Erlaubniß, welche auch Privatpersonen durch einen eigenen Ukas vom Jahre 1822 erhielten, Goldbergwerke im Ural anzulegen, zeigte sich bald von den größten Folgen für die Erweiterung der Industrie in jener Gegend. Denn während man noch in demselben Jahre nur an 28 Pud 29 Pfd. Gold erbeutete [46]), wurde der Gewinn im folgenden Jahre schon vervierfacht, und man gewann an 112 Pud 23 Pfd. oder 4500 Pfd. Gold, welche aus 23 Mill. Pud Sand längs der ganzen Ural-Kette ausgewaschen wurden. Bis dahin arbeiteten gegen 8000 Menschen in diesen Sandschichten, dann aber wurden noch an 11,500 Arbeiter, größtentheils Kinder, angestellt, so daß an 20,000 Menschen mit dieser Goldwäsche beschäftigt waren. Im Jahre 1824 wurden schon an 206 Pud 31 Pfd. oder über 8000 Pfd. Gold gewonnen.

Rußland liefert jetzt schon so viel Gold als die halbe Ausbeute des reichen Brasiliens beträgt; in wenig Jahren ist der Gewinn bis über das zehnfache gestiegen. Einzelne in neuern Zeiten gefundene Goldmassen setzen wirklich in Erstaunen. Als der Kaiser Alexander im Jahre 1824 die Hüttenwerke im Gouvernement Orenburg besuchte, wurde ihm unter andern ein Klumpen Gold von 8 Pfd. überreicht. Noch merkwürdiger aber war der Fund in dem Kronbergwerk von Slatoust im Jahre 1825, denn man förderte in 24 Stunden eine Reihe ausgezeichneter Stücke zu Tage, die zusammen ein Gewicht von 1 Pud 18 Pfd. hatten, unter denen sich eins von über 16 Pfd. befand, während die mittlern alle zwischen 5 bis 9 Pfd. wogen [47]). Im Jahre 1830 belief sich die Ausbeute an Gold

[46]) Nach Schubert gegen Oldekops Angabe wären im Jahre 1822 schon 74 Pud 7 Pfd. gewonnen worden. Vergl. Statistik des russischen Reichs S. 219.

[47]) Erdmann, Reisen im Innern Rußlands II. 2. S. 130 bis 133.

in dem uralischen Gebirge auf die bedeutende Summe von 355 Pud oder von 14,200 Pfd. Die Gesammtausbeute aber während des merkwürdigen Decenniums von 1821 bis 1830 wurde auf 2054 Pud oder auf 82,160 Pfd. Gold berechnet [48]). Doch scheint das Jahr 1830 bis jetzt das gewinnreichste gewesen zu sein, da wenigstens nach neuern Zeitungsnachrichten in den folgenden vier Jahren von 1831 bis 1834 nur an 1373 Pud 24 Pfd. gewonnen sein sollen, was im Durchschnitt eine etwas geringere Summe geben würde. Es bringt dieses sibirische Eldorado den übrigen Bergwerken des Ural auch schon Nachtheil, die Eisen= und Kupferwerke werden verlassen, alles wendet sich zu den Goldwäschereien, und dadurch muß nothwendig die Industrie jener Gegend gestört und gehemmt werden.

Bei diesen Goldwäschereien ist seit dem Jahre 1823 ein neuer Fund gemacht worden, denn man entdeckte auch Platina [49]), welches man bisher nur als ein Erzeugniß der neuen Welt ansah, und welches man bisher in Amerika nur in Quito gefunden hatte vergesellschaftet mit den Goldmassen. Es zeigt sich das Platina in eben diesen goldhaltigen Sandflötzen. Schon im folgenden Jahre wurde eine Ausbeute von 73 Pfd. gemacht, welche sich im Jahre 1825 verzehnfachte. Im Jahre 1830 entdeckte man drei Platinalagen auf dem Hüttenwerke von Nischnei Tagilskoi [50]), den Erben Demidows gehörig; auf 100 Pud Sand gewann man gegen 48 Solotnik (ein Solotnik gleich ⅛ Loth) Platina, und erlangte so in diesem goldreichen Jahre eine Ausbeute von 105 Pud Platina. In den sieben Jahren von 1824 bis 1830 hatte man 330 Pud 14 Pfd. oder 13,214 Pfd. Platina gewonnen, und dieser Gewinn wurde noch gesteigert in den folgenden vier Jahren von 1831 bis 1834, in welchen nach Zeitungsnachrichten an 450 Pud 35 Pfd. oder im Durchschnitt jährlich gegen 113 Pud

[48]) Oldekop, russ. Merkur. Petersburg 1831. 8. Th. II. S. 67.
[49]) Erdmann, Reisen II. 2. S. 133.
[50]) Oldekop, russ. Merkur. Petersburg 1831. Th. I. S. 42.

gewonnen sein sollen [51]). Ja um das Maaß dieser Schätze an aller Art vollständig zu machen, hat man in den letzten Jahren in der Nähe von Katharinenburg auch Diamanten gefunden, wodurch dieser sibirische Norden die Schätze der Eldorados der alten und neuen Welt, Indiens und Brasiliens in sich vereinigt, und mit den ihm allein eigenthümlichen Vorzügen, vornehmlich dem jugrischen Pelzreichthum, verbindet.

Unter allen Provinzen des russischen Reiches ist das Gouvernement Perm dasjenige, wo der bergmännische Betrieb sich zu seiner größten Bedeutsamkeit emporgeschwungen hat, und von dem man am besten den Maaßstab entlehnen kann zur Beurtheilung des Reichthums der im Ural gewonnenen Schätze. In den Berg= und Hüttenwerken sind hier an 180,000 Menschen beschäftigt, die Provinz zählt an 200 Eisenwerke mit mehr als 1200 Eisenhämmern, dazu an 27 Kupferhütten mit 200 Oefen, und zwar auf einem Areal von ungefähr 6000 ☐ Meilen, das von noch nicht einer Million Menschen bewohnt wird [52]). Nach neuern Berichten aus Rußland wurde der in der Landschaft Perm gewonnene Reichthum an Metallen für die letzten Jahre im Durchschnitt folgendermaßen angegeben.

---

[51]) Uebersichtlich giebt folgende von Oldekop in Th. II. S. 66. des russ. Merkur mitgetheilte Tabelle, welche unbedeutend nur zum Theil von Erdmann's Angaben abweicht, die Ausbeute an Gold und Platina im Ural während des letzten Decenniums bis 1830.

	Gold.			Platina.		
1821.	27	Pud	3	Pfd.	— Pud	— Pfd.
1822.	28	=	29	=	— =	— =
1823.	105	=	38	=	— =	— =
1824.	206	=	31	=	1 =	33 =
1825.	237	=	22	=	11 =	24 =
1826.	231	=	39	=	13 =	20 =
1827.	282	=	—	=	25 =	30 =
1828.	291	=	3	=	93 =	33 =
1829.	287	=	30	=	78 =	31 =
1830.	355	=	—	=	105 =	1 =
	2054 Pud — Pfd.			330 Pud 14 Pfd.		

[52]) Schubert, Statistik des russ. Reiches S. 132, 218.

In den Kronbergwerken gewann man jährlich an 41,000 Pud Kupfer, 100,325 Pud Eisen und 1,050,000 Pud Gußeisen, und gegen 80 Pud Gold und 4 Pud Platina. In den Privat=sawoden gewann man dagegen jährlich an 90,000 Pud Kupfer, 3½ bis 4 Millionen Pud Gußeisen, ferner gegen 190 Pud Gold und an 100 Pud Platina [53]). Von dem sonst noch eigen=thümlichen Reichthum der Landschaft Perm an Salz, das einen Hauptschatz der westlichen Ural=Gehänge bildet, wird weiter unten die Rede sein.

Dagegen kommt hier noch der Waldreichthum des Ural in Betracht. Denn noch an neun Zehntheile der Ober=fläche des uralischen Gebirgssystemes sind mit Waldungen be=deckt, und schon dadurch unterscheidet es sich von allen andern Gebirgen Europas. Die mehrsten Berg= und Hüttenwerke liegen in schwer zugänglichen Waldrevieren, und bei der gro=ßen Menge des von ihnen verbrauchten Holzes und Kohlen macht sich an manchen Stellen der Holzmangel schon geltend, so daß deshalb die Industrie von einer Stelle zur ändern wird wandern müssen. Der mittlere Ural ist auf seinen Höhen mit den mächtigsten Nadelholzwaldungen bedeckt und unter diesen gehören Tannen, Fichten, Kiefern zu den gemeinsten und ver=breitetsten Arten. Letztere sind überall die häufigsten [54]), und liefern das meiste Bau=, Brenn= und Kohlenholz. Dann findet sich hier vornehmlich die sibirische Ceder oder Zirbelfichte (pinus cembra), die Zierde des gesammten sibirischen Nor=dens. Sie fehlt noch dem ganzen südlichen Ural, und beginnt erst am Tagil und zwar auf der Ostseite des Ural; in einer Höhe von 800 Fuß über d. M. zeigt sich da der Baum, welcher in den Schweizer=Alpen nur in einer Höhe von 4 bis 7000 F. oder an der äußersten Grenze der Waldregion gefun=den wird [55]). Dieser schöne, starke und hochstämmige Baum wird aber meistens nur wie die Fichte benutzt; er liefert treff=liche Nüsse, welche außer der angenehmen Speise auch ein

[53]) Dorpater Jahrbücher. Leipzig 1834. 8. Th. V. Heft 4. S. 320.
[54]) Storch, Gemälde des russ. Reiches II. S. 440.
[55]) Erman, Reise durch Nord=Asien I. S. 331.

gutes Oel geben. Zu Samarowsk am Jrtisch bei seiner Vereinigung mit dem Obi gewinnt man jährlich gegen 10,000 Pud
Cedernüsse, die in der billigsten Zeit nicht unter zwei Rubel
das Pud an Ort und Stelle verkauft werden [56]). Außerdem
ist auf dem Ural besonders der Lerchenbaum (pinus larix)
zu Hause, dessen nutzbare Holzart wegen ihrer harzigen Beschaffenheit zum Schiffbau, so wie auch in vielen Gegenden
zum Wasserbau angewendet wird [57]).

Unter den Laubhölzern kommt vornehmlich die Birke in
Betracht, da dieser Baum am meisten gegen Norden fort-
kommt, und also auf dem Ural seine rechte Heimath findet.
Sie reicht in den westlich angelagerten Ebenen bis zum 69°
N. Br., noch an ein bis zwei Grad über die Grenze der Nadelholzwaldungen hinaus [58]). Die Birke ist unter allen Laubhölzern die gemeinste Holzart, die auch durch ihre ökonomische
Benutzung auf mannigfache Weise brauchbar wird. Die Rinde
des Baumes, seine Blätter, sein Holz, sein Saft gewähren
für alle Völker am Ural und an der Wolga die wichtigsten
Hülfsmittel für das häusliche Leben [59]). Nächst der Birke
findet sich die Linde am häufigsten in Verbindung mit Eichen
und Ulmen, aber nur auf den wärmern Vorbergen des südlichen Ural, die sich nun von diesem Gebirge aus durch das
ganze mittlere Europa verbreiten. Die Birke ausgenommen
steigt die Linde am weitesten in die kalte Region empor, da sie
sich bis 63° N. Br. findet, und auch sie gewährt den Völkern
Rußlands mehr Vortheile als irgend sonst wo [60]). Der Bast
giebt das Material für eine sehr ausgebreitete Bastmattenwe-
berei, und die Rinde der jungen Lindenbäume dient den zahlreichen tschudischen Völkern an der Wolga zu Bastschuhen.
Aus den Lindenblüthen der ausgebreiteten Waldungen dieser

---

[56]) Bielsawsky, Reise von Tobolsk nach dem Eismeer. Moskau
1833. 8. in den Dorpat. Jahrbüchern. Riga 1834. 8. Th. II. S. 339.

[57]) Hermann, statistische Schilderung S. 219.

[58]) Schouw, Naturgemälde von Europa, aus dem Dän. Kiel
1833. 8. S. 57.

[59]) Hermann, statistische Schilderung S. 221.

[60]) Hermann a. a. O. S. 223.

Baumart am baſchkiriſchen Ural ziehen die Bienen eine herr=
liche Nahrung. Von der Eiche iſt ſchon oben erwähnt, daß
ihre erſten Spuren auf den Weſtgehängen des ſüdlichen Ural
vorkommen, daß aber dieſer königliche Baum in ſeiner wah=
ren Natur, in der er dem germaniſchen Abendlande ſo eigen=
thümlich iſt, nur erſt an der Wolga und am obern Don auf=
trete [61]).

Obſtwaldungen fehlen dem Ural gänzlich, und alle
Verſuche ſie anzupflanzen ſind durch die kalten Winter daſelbſt
vereitelt worden. Denn der Ural hat zwar an vielen Theilen
im Sommer eine große Hitze, welche durch die Dürre Aſiens
geſteigert wird, aber im Winter tritt auch eine ſehr ſtrenge
polariſche Kälte ein, und dieſer große Kontraſt läßt die Obſt=
baumzucht nicht gedeihen. Selbſt die Thalebenen von Oren=
burg am Südfuße des Ural ſind für die Obſtkultur nicht ge=
eignet, obſchon die Landſchaften weiter weſtwärts an der mitt=
lern Wolga durch ihren Obſtreichthum [62]) berühmt ſind. Um
ſo weniger kann von der Rebe hier die Rede ſein und der
Ural beweiſet darin am beſten ſeinen Charakter als eines nor=
diſchen Gebirges. Die Weinkultur, welche ſich im Wolga=
Delta findet und bis nach Sarepta und Zarizyn hinaufreicht,
berührt durchaus nicht die ſüdlichen Vorhöhen des uraliſchen
Gebirgsſyſtemes [63]).

4) Der Gegenſatz der cisuraliſchen und transura=
liſchen Ebenen, und die große Naturgrenze in der
kaspiſchen Steppenniederung, der Obſtſchei=Syrt.

Schon oben iſt im Allgemeinen hingewieſen auf den eigen=
thümlichen Unterſchied der weiten Flachebenen auf der öſtlichen
und weſtlichen Seite des Ural, und es iſt derſelbe hier näher
zu beſtimmen als Grundlage für die weitern Unterſuchungen
über die Natur der Länderräume in dem Wolga=Gebiete auf
der einen, und dem Obi= und Irtiſch=Gebiete auf der andern

---

[61]) Pallas, Reiſe durch Süd=Rußland I. S. 13, 15.
[62]) Storch, Gemälde des ruſſ. Reiches II. S. 402 bis 404.
[63]) Storch a. a. O. II. S. 428.

13 *

Seite. So viele von den ältern russischen Akademikern die
Landschaften auf der Ostseite des uralischen Gebirgszuges besucht und beschrieben haben und alle neuern Reisenden stimmen
darin überein, daß vom Ural an bis zum obern Irtisch und
Obi die größte Einförmigkeit und Dürftigkeit der Naturverhältnisse herrsche, und daß es ein Gebiet sei, welches nicht
von je an zur Wohnung und zum Aufenthalte von Menschen
bestimmt gewesen, sondern wohl in einer Zeit, wo schon die
meisten andern Theile der Erdoberfläche bevölkert waren, noch
die Heimath der Meeresbewohner gewesen sei. Ganz vorzüglich trägt diesen Charakter der südliche Theil dieses Gebietes
gegen das kaspische Meer zu. So weit die Geschichte reicht,
kennen wir diese Landschaft nie als den Aufenthalt ansäßiger
Kulturvölker, sondern stets als den Tummelplatz unstäter Nomadenvölker, wo seit den ersten Jahrhunderten unserer Zeitrechnung bis jetzt türkische, mongolische und turktatarische
Stämme in stetem Kampfe mit sich und mit der Armuth der
Natur gelebt haben. Doch geht dies vornehmlich nur auf die
der Südostseite des Ural angelagerten Gebiete, da die mehr
nördlichen Landschaften durch die größere Bewässerung und
durch die größere Annäherung an die polarische Zone einen
schon mehr verschiedenartigen Charakter haben. Pallas und
Falk sind aus der frühern Zeit noch immer die Hauptführer
in diesen Gebieten, und es ist um so auffallender, wenn sie
selbst in diesen, nach ihrer Ansicht erst spät aus dem Meeres-
grunde hervorgetretenen, öden Steppen uns von so vielen
Denkmalen einer Vorzeit berichten, in merkwürdigen kolossalen
Grabhügeln und verschiedenartigen Architekturwerken bestehend,
welche unmöglich von den Raubhorden herrühren können, die
jetzt diese Steppen durchschwärmen.

Die ganze Kirgisen-Steppe vom Ural bis zum obern Irtisch besteht nach Pallas [1]) aus salzigem Boden und ist
erfüllt mit Salzseen und Salzpflanzen. Nach Falk [2])

---

[1]) Pallas, Reisen durch verschied. Provinzen II. S. 386, 393,
396, 398.

[2]) Falk, topogr. Beiträge I. S. 387. Vergl. Eversmann, Reise
von Orenburg nach Buchara. Berlin 1823. 4. S. 65.

beſtehen die kirgiſiſchen Steppen aus trocknem, ſandigen Thonboden, der zum Theil mit Salzmoräſten bedeckt iſt, erfüllt
mit größern und kleinern Sandſchollen und Sandhügel-
ſtrichen, beſetzt mit mancherlei Geſtripp von Steppenkräutern
und ſparſam mit kleinen Waldungen. Dieſelbe Natur hält an
von dem Oſtfuße des Ural bis zum Weſtfuße des Altai und
vom Südfuße des Ural bis zu dem obern Stufenlande des
Oxus oberhalb Bochara. Daher ſagt auch ein neuerer Reiſender, das ganze jetzt von den Kirgiſen bewohnte Flachland
trage überall die Spuren eines ſpäten Bedecktſeins vom
Meereswaſſer an ſich, den Boden bilde ein ſalzreicher Thon
mit kieſeligem Geröll, und auch an den häufigen Seen der
Steppe ſehe man deutliche Spuren einer ſpät erſt verminderten
Ausdehnung ihres Waſſers. Ganz ähnliche Verhältniſſe zeigen
ſich ſchon am Oſtrande des ſüdlichen Ural am Ui um Troizk.
Auch dort hält man die vollkommen ebenen Flächen, welche
die häufigen Seebecken umgeben, für das ehemalige Bett einer
ungleich ausgedehntern Waſſermaſſe, und alle zum Theil trocken
gelegte ſüduraliſche Waſſerbecken und die in der Kirgiſen-
Steppe liegenden Seen muß man ihrem Urſprunge nach für
verwandt mit dem kaspiſchen Meere und dem Aral See
halten [3]).

Wenden wir uns dagegen zu den Ebenen auf der Weſtſeite des Ural, ſo iſt auch hier wieder nur Eine Stimme aller
Berichterſtatter und Reiſenden über die Fruchtbarkeit und
Trefflichkeit jener Kulturlandſchaften, welche ſo weit
die Geſchichte reicht auch immer der Sitz von Völkern in einem
eigenthümlichen Kulturzuſtande geweſen ſind. Das ganze Gebiet von Kaſan um die mittlere Wolga und Kama iſt faſt
größtentheils mit einem fruchtbaren, ſchwarzen Erd-
reiche bedeckt [4]). Die Gegend um die Samara und Wolga
bildet das herrlichſte Ackerland; ſie iſt mit mächtigen Lehm-
und Thonſchichten und mit einer ſchwarzen Gartenerde be-

---

[3]) Erman, Reiſe durch Nord-Aſien I. S. 406. Vergl. Lenz,
über die Veränderungen der Höhe des kaspiſchen Meeres. Petersburg
1831. 4. S. 11, 12, 19, 30, 38.

[4]) Erdmann, Reiſen im Innern Rußlands I. S. 4.

deckt [5]). Vornehmlich das Ostufer der Wolga, der Stadt
Simbirsk gegenüber, wird von allen Augenzeugen wegen der
außerordentlichen Fruchtbarkeit und als der trefflichste Korn=
boden [6]) gepriesen. Eben so liegt auf der Westseite der Wolga
an der Sura entlang das fruchtbarste Ackerland [7]). Pallas
rühmt alle Gebiete zwischen der Kama und Samara als das
reichste und fruchtbarste Kornland [8]). Grade dort war das
alte Bulgaren Land, welches gleich dem Lande Aegypten im
Alterthum bei allen umwohnenden Völkern, vornehmlich bei den
Russen für die wichtigste Kornkammer galt [9]). Der Theil der
Ebenen des europäischen Rußlands, sagt ein russischer Schrift=
steller, welcher an der Wolga liegt und sich bis gegen die kaspi=
schen und asowschen Steppen hin ausbreitet, bildet den schön=
sten Theil von Rußland; er ist im Allgemeinen sehr reich und
fruchtbar, und hat mehr kulturbares Land und Wiesen als
Wälder, Sümpfe und dürre Steppen. Aber der durch seine
Fruchtbarkeit und durch die edelsten Erzeugnisse berühmteste
Theil ist das Gebiet von Woronesch, Tambow, Pensa und
Simbirsk bis gegen die Steppe hin. Dort zeigt sich überall
ein außerordentlich fruchtbarer Boden, der aus schwarzer Gar=
tenerde besteht und reich mit Salpeter geschwängert ist [10]).

Der Grund dieser merkwürdigen Erscheinung scheint nicht
schwer aufzufinden zu sein. Denn so wie die transuralischen
Ebenen ehemals vom Meere bedeckt gewesen sein müssen, so
zeigen sich auch mancherlei Spuren in den cisuralischen Ebenen,
daß auch hier einst Wassergewalten thätig waren, welche den
Hauptantheil an der Bildung der jetzt bestehenden Erdober=
fläche haben. Die ganze Direktion des Wolga=Stromsystemes,
den großen Stromläufen des bucharischen Tieflandes zuge=

---

[5]) Hermann, mineral. Beschreibung I. S. 26.   Rytschkow,
Orenburg. Topographie VI. S. 510.

[6]) Erdmann, Reisen II. 1. S. 43. Rytschkow, Tagebuch S. 5,
26, 34, 117.

[7]) Georgi, Reisen II. S. 825.

[8]) Pallas, Reisen durch verschied. Prov. III. S. 506.

[9]) Karamsin, russische Geschichte II. S. 17. III. S. 218.

[10]) Plescheef, survey of the Russ. empire p. 6.

wandt, der Parallelismus aller auch nach entgegengesetzten
Seiten laufenden Stromrinnen in den weiten Ebenen vom
kaspischen bis zum baltischen Meere, ferner die große Salz-
ablagerung in der mächtigen Bank am Nordfuße der Karpathen (f. oben S. 56.) und viele andere Umstände weisen bestimmt genug darauf hin. Gab es nun eine Zeit, wo von
dem gebirgigen Isthmus des indischen Kaukasus auf der Berührung der Hochländer von Iran und Turan sich ununterbrochen gegen Nordwest ein Meeresspiegel bis zum skandinavischen Alpengebirgslande hin ausbreitete, so mußte dieses
selbst, so wie der langgestreckte uralische Bergrücken nebst dem
gesammten gebirgigen West-Europa als Inseln mitten im
weiten Ocean erscheinen [11]). Und so wie es der große Naturforscher Humboldt an der Bildung und Entstehung des
mächtig ausgebreiteten nordafrikanischen Tieflandes [12]) nachzuweisen versucht hat, so konnte auch hier von den später sich
verlaufenden und sinkenden Meeresfluthen der Boden aufge-
wühlt, und alles dort befindliche zum Wachsthum geeignete
Erdreich fortgeschwemmt und in den fernsten Gegenden abgelagert werden. Nun ist unläugbar das ganze weite Gebiet
der cisuralischen Ebenen bis gegen die baltischen Gestade hin
mit einer mächtigen Schicht jüngerer Erdarten überlagert, die sich überall mehrere hundert Fuß über den Spiegel
des Meeres erhebt, und es können diese flötzartigen Schichten
kaum aus einer andern Gegend herrühren als aus den transuralischen Ebenen, welche von den neptunischen Gewalten
überall ihrer fruchtbaren Erdhülle beraubt wurden, die sodann
hinter dem langen Damme des uralischen Bergzuges, an welchem sich die Fluthen brechen mochten, aufgehäuft wurde.
Denn daß der größere Theil jener osturalischen Ebenen bedeutend tiefer liege als die westuralischen ist allgemein anerkannt,
so streitig auch noch immer das eigentliche Niveau des kaspi-

---

[11]) Larmann, physikal. Reise durch einige nordische Statthalterschaften des russischen Reiches bei Pallas, neue nordische Beiträge.
Petersburg 1782. 8. Th. III. S. 164.

[12]) Alex. v. Humboldt, über die Steppen und Wüsten, in den
Ansichten der Natur. Stuttgardt 1826. 12. Th. I. S. 20.

schen Meeres im Verhältnisse zum Ocean sein möge. Auch trägt, wie Georgi sagt, das ganze uralische Gebirgssystem mit seinen Gehängen im Osten und Westen noch genug Spuren davon, daß eine große von Osten herkommende Wasserfluth auf seine jetzige Gestaltung den größten Einfluß ausgeübt habe [13]).

Aber ein Hauptbeweis für diese große durch Wassergewalten bewirkte Revolution in der Umgestaltung der Erdoberfläche auf der europäisch-asiatischen Grenzmark liegt wohl in den merkwürdigen sogenannten vorweltlichen Trümmern einer andern als uns jetzt bekannten animalischen Organisation, welche über jene weiten Ebenen bis zum Eismeer hin zerstreut meist nur wenig unter der Erdoberfläche begraben liegen. Und wenn auch viele dieser Ueberreste auf noch jetzt vorhandene thierische Organismen hinweisen, so finden sich diese doch nur in ganz andern, vornehmlich südlichern Zonen wieder [14]). Im Allgemeinen hat man dergleichen Ueberreste auf beiden Seiten des Ural in großer Menge aufgefunden, doch scheint es, als sei der hauptsächlichste Theil derselben in Schutt-, Trümmer- und Schlammmassen eingehüllt auf der Westseite jenes Gebirgszuges abgelagert worden, wo besonders an den hohen Uferwänden der Ströme viele Reste dieser Vorzeit von den Fluthen derselben losgewaschen und ausgespült wurden. So ist die ganze Fläche auf der Ostseite des Ural zwischen dem Iset und der Pyschma [15]) bis zum Tobol hin erfüllt mit Elephantengebeinen und Zähnen dieser Thiere, und wie Pallas sagt [16]), ist die Lage, worin diese Knochen gefunden werden, ein thoniger Seegrund, über welchem die obern Lagen durch die vom Gebirge herabgeführten Erdarten entstanden sind. Nördlicher finden sich dergleichen Gebeine an der Tura um

[13]) Georgi, Reisen II. S. 745.

[14]) Am ausführlichsten hat sich hierüber zuerst der ältere Gmelin geäußert, den man wohl den eigentlichen Entdecker Sibiriens in wissenschaftlicher Beziehung nennen kann, in seinen Reisen durch Sibirien Th. III. S. 147 bis 160.

[15]) Hermann, mineral. Beschreibung I. S. 182, 184.

[16]) Pallas, Reisen durch versch. Prov. II. S. 282 bis 284.

Werchoturie und Turinsk [17]). Diese Ueberreste der Vorwelt
ziehen sich auch weit nach Osten in die Steppe hinein, denn
dergleichen Elephantenzähne und Gebeine werden häufig an den
steilen Wänden der hohen Steppenufer der Flüsse Ischim und
Jrtisch [18]) gefunden. Nicht minder zeigen sich diese Ueberreste
in den sibirischen Tundras an den Mündungen des Obi, wo
es nach Pallas Angabe nicht selten ist, daß gute Elephantenzähne von den Samojeden als Tribut an die Russen gezahlt
werden [19]). Auch hat man dort einen Rhinoceros-Schädel
gefunden. Von den sogenannten Mammuthsknochen, welche
in den arktischen Regionen an den Mündungen des Obi, Jenisei und der Lena ausgewaschen werden, und welche bei den
Russen den Namen Mamatowa-Kost führen, sah Strahlenberg [20]) einige von vier Ellen Länge.

Weit reichlicher sind aber auf der Westseite des Ural
die fruchtbaren Landschaften an der Wolga und Kama mit
Elephantengebeinen und ähnlichen thierischen Fragmenten erfüllt [21]). Gebeine, Schädel und Zähne von Elephanten fand
Pallas [22]) in dem hohen Wolga Ufer bei Simbirsk und an
den Ufern der benachbarten Swiaga, überdies mancherlei versteinerte Holzmassen und Bäume, deren Rinde in Kupfererz [23])
verwandelt war. An den Ufern der untern Kama entdeckte
Rytschkow versteinerte Fische und Figuren von versteinerten
Schlangen [24]). Vorzüglich scheinen die Kama Zuflüsse in
ihren Uferwänden viele dieser Trümmer zu beherbergen. So

---

[17]) Hermann, mineral. Beschreibung I. S. 211. II. S. 379, 380.
Pallas, Reisen durch versch. Prov. II. S. 266.
[18]) Pallas a. a. O. II. S. 430, 446.
[19]) Pallas a. a. O. III. S. 34 bis 35.
[20]) Strahlenberg, der. N. und O. Theil von Europa S. 393
bis 396.
[21]) Erdmann, Reisen im Innern Rußl. I. S. 4.
[22]) Pallas, Reisen durch verschied. Provinz. I. S. 140. Georgi,
Reisen II. S. 822.
[23]) Pallas a. a. O. I. S. 248.
[24]) Rytschkow, Tagebuch S. 194.

sind die Ufer des Jk und besonders der Bjelaja [25]) darin bekannt, und an den Ufern der Tschelna, die auch zur Kama
geht, fand man den vollständigen Kopf eines Rhinoceros [26]).
Aehnliche Elephanten= und Büffelknochen wurden in der kas=
pischen Steppe bei Kalmykowa an dem hohen Ufer des Ural=
Flusses [27]) entdeckt, und selbst in dem untern Wolga=Delta
bei Astrachan am Rande des kaspischen Meeres wurden beim
Ausgraben von Salpetererde Elephantenzähne [28]) gefunden,
welche theils weiß, theils braun von Farbe waren. Weiter
im Westen bemerkte Gmelin zahlreiche Fragmente von Ele=
phantengerippen in den kreidigen Ufern des Don [29]). Schon
die wißbegierigen Araber hatten viel vernommen von den zahl=
reichen großen, riesenartigen Gebeinen, welche in den Wolga=
Gegenden ausgegraben und ausgewaschen wurden, und das
hat bei ihnen Veranlassung gegeben zu der Sage von den
Riesen im Bulgaren Lande [30]) an der mittlern Wolga.
Man hat nun zwar gemeint, daß die Gebeine jener Riesen=
thiere nicht durch mächtige Naturrevolutionen auf der Erd=
oberfläche in alle diese Gegenden hingekommen seien, sondern
erst in Kriegen, und daß sie dort bestattet erst seit einigen
Jahrhunderten ruheten [31]), aber gegen diese Annahme spricht
doch von allen Seiten so viel, daß selbst, wenn man die Au=
torität eines Pallas [32]), der sich dagegen erklärt, nicht aner=
kennen wollte, man dieselbe doch sogleich aufgeben müßte.

Dazu kommen noch manche andere merkwürdige Um=
stände, welche nicht daran zweifeln lassen, daß diese organi=

---

[25]) Hermann, mineral. Beschreibung I. S. 77. Pallas, a. a.
O. II. S. 9.

[26]) Hermann, mineral. Beschreibung I. S. 224.

[27]) Erdmann, Reisen II. 1. S. 218. Pallas, Reisen durch
versch. Provinzen I. S. 378, 401, 417.

[28]) Schober, russ. Denkwürdigkeiten bei Müller, Sammlung
russ. Gesch. VII. S. 77.

[29]) Gmelin der j., Reise durch Rußland I. S. 35, 79.

[30]) Frähn, Ebn Foslan und anderer Araber Berichte über die
Russen älterer Zeit. Petersburg 1824. 4. S. 228, 237.

[31]) Lepechin, Tagebuch I. S. 184.

[32]) Pallas, Reisen durch verschied. Prov. I. S. 141.

schen Fragmente in der Urzeit durch eine aufgeregte Meeres-
fluth hier abgesetzt wurden. Denn als man im vorigen Jahrhundert in Moskau den Grund zum Soltikowschen Pallast
legte [33]), fand man über acht Fuß tief in der Erde einige
hundert Belemniten; sie lagen in grader Linie, völlig regelmäßig neben und übereinander, so daß ihre Enden genau zu-
sammenpaßten. Es war dies aber nur der Anfang einer
merkwürdigen Bank versteinerter Seethiere, welche von
Pallas später genauer untersucht und verfolgt wurde. Nach
ihm findet man in der Gegend von Moskau in einer gewissen
Tiefe überall eine Menge versteinerter Seekörper auf einem
grauen Thonlager, es sind Belemniten, Ammonshörner mit
goldglänzenden Schaalen, Ammoniten, Chamiten, Gryphiten,
Telliniten u. a.; die ganze Lage, sagt er, gleicht einem natürlichen Seegrunde. Pallas verfolgte die Spuren dieser Versteinerungen ostwärts bis Wladimir, von dort bis Murom an
der Oka, und noch weiter ostwärts über die Sura hinaus bis
nach Simbirsk an dem hohen Ufer der Wolga [34]), wo auch
Lepechin auf diese Petrefakten außer mancherlei versteinerten
Holzmassen aufmerksam macht [35]). Es erstreckt sich demnach
diese Petrefaktenbank mindestens auf eine Strecke von hundert
Meilen grade unter dem 55° N. Br., und was um so auffallender erscheint, grade am Südrande des großen nordrussischen
Uwalli, der sich an fünf Breitengrade weiter nordwärts von
Osten nach Westen durch Rußland hindurchzieht. Hier scheint
in der That am Rande jenes erhabenen Landrückens ein eigenthümlicher Niederschlag der von Südosten her anstürmenden
Meereswogen statt gefunden zu haben, zu vergleichen mit der
großen Salzbank am Südfuße des Ural, und neben dieser an
versteinerten Körpern so reichen Region zieht die obere Hälfte
der mittlern Wolga-Thalsenkung von Westen nach Osten hin.
Noch ist uns bis jetzt der weiteste Umfang dieses Gebietes
nicht bekannt, aber eine ähnliche Region versteinerter Seekör-

---

[33]) Schober, russ. Denkwürdigkeiten a. a. O. VII. S. 14.]

[34]) Pallas, Reisen durch versch. Prov. I. S. 13, 14, 18, 19, 32,
60, 83.

[35]) Lepechin, Tagebuch I. S. 148, 149.

per auf der Oberfläche der Erde zieht sich nach Westen oder
Nordwesten zu fort bis in das Quellgebiet der Wolga auf
den Waldai=Höhen [36]).

Die Thätigkeit früherer Meeresgewalten in den dem Ural
angelagerten Landschaften läßt sich aber noch am besten erken=
nen in dem Gebiete am Südfuße des Ural, und dies führt
uns zur nähern Bestimmung der Naturgrenze zwischen
Asien und Europa in der kaspischen Steppenniede=
rung, wo wir oben die große Lücke in dem uralischen Völ=
kerthore kennen gelernt haben. Der so sorgfältige und feine
Naturbeobachter Pallas, dem wir die meisten Nachweisungen
über alle diese Naturverhältnisse verdanken, wird auch hier
unser Führer sein. Wenn man von der Samara, welche im
Nordwesten von Orenburg sich in eben dieser Richtung zur
Wolga hinabergießt, gegen Süden nach Uralsk am Jaik reiset,
so steigen allmählig flache dürre Hügel auf, die sich gegen den
Jaik zu immer mehr erheben. Da findet man keine alten
Grabhügel mehr, mit welchen die ganze Gegend an der untern
Samara und nordwärts bis zur Bjelaja hin erfüllt ist, aber
dieses Gebiet ist dagegen mit zahllosen kleinern, von Murmel=
thieren aufgeworfenen Erdhaufen [37]) überlagert. Die Decke
dieser Landschaft besteht aus einem röthlichen Lehmboden, der
mit einer Salzflora bedeckt ist, und gegen den Jaik zu mit
Grus und Kieseln vermischt; das Innere besteht aus Sand=
stein= und Kalksteinmassen [38]). Dieser hoch aufsteigende Land=
rücken zwischen der Samara und dem Jaik, gewöhnlich ein
Steppengebirge genannt, obschon er äußerlich der Gebirgs=
natur völlig entbehrt, führt den Namen Obstschei Syrt
oder Gemeingebirge, denn die Baschkiren bezeichnen mit dem
Worte Syrt im Gegensatz gegen Tau jeden langgestreckten
Bergrücken ohne eigentliche Gebirgsnatur. Südwärts von
diesem Steppengebirge zeigt sich plötzlich eine bedeutende Ver=

---

[36]) Pallas, Reisen durch verschied. Prov. I. S. 10.

[37]) Falk, topogr. Beiträge III. S. 302.

[38]) Pallas, Reisen durch verschied. Provinzen II. S. 225. Her=
mann, mineral. Beschreibung I. S. 37. Falk, topogr. Beiträge II.
S. 19, 25.

änderung des Erdreichs und der Pflanzenwelt. Die
Steppe, welche hier ganz offen, und je weiter, deſto ebener
wird, hat außer in einigen Gründen und in der kräuterreichen
und meiſt buſchigen Niederung des Jaik keine Oberlage von
ſchwarzem Erdreich mehr, man ſieht hier, ſagt Pallas, nichts
als einen gelblichen, mit Sand vermiſchten trockenen Lehm, in
welchem man nicht den geringſten Kieſel oder Stein finden
kann. Dieſe Erdart herrſcht durch die ganze ſüdliche Ebene
zu beiden Seiten des Jaik, auch trifft man auf viele Faden
tief beim Graben kein anderes Erdreich an. Freilich wird
auch zuweilen von den zerſtreut wachſenden Kräutern etwas
ſchwarze Erde erzeugt, aber da die Sommerſtürme den Staub
beſonders aus den mehr ſandigen Gegenden ſtets über dieſe
Ebene führen, ſo wird dieſe ſchwarze Erde mit der Zeit verweht, und man ſieht zerſtreute dünne Lagen davon an den
abgeriſſenen Ufern der Flüſſe bis faſt auf einen Faden unter
der Oberfläche. Die ganze brennende Steppe, welche überall
drei bis vier Faden über dem Jaik erhöht iſt, hat eine ſalzige
Beſchaffenheit. Dies und die hier durch die Farbe des Erdreiches vermehrte Hitze hat einen weſentlichen Einfluß auf die
Vegetation, denn hier beginnt eine Salzflora [39]). Demnach
ſcheidet dieſes Steppengebirge des Obſtſchei Syrt zwiſchen der
Samara und dem Jaik den nördlichen, hüglichen, fruchtbaren
Boden [40]) mit den europäiſchen Pflanzen von der aſiatiſchen
Steppe durch einen Abſatz ganz natürlich ab. Auf der Süd-
oſtſeite dieſes Obſtſchei Syrt iſt überall Holzmangel vorherrſchend, was um ſo mehr contraſtirt gegen den Waldreichthum,
in Eichen, Birken und Linden beſtehend, auf der Nordweſtſeite
dieſes Landrückens an den Zuflüſſen zur Kama und mittlern
Wolga [41]). Der Gegenſatz beider Gebiete iſt auf der Nordweſtſeite des mittlern Ural Fluſſes von der Natur ſcharf genug bezeichnet, wenn ſchon es ſich damit verträgt, daß die
aſiatiſche Steppennatur ſporadiſch auch noch in das europäi-

[39]) Pallas, Reiſen durch verſch. Prov. I. S. 364 und 365. III.
S. 513.
[40]) Hermann, mineral. Beſchreibung I. S. 3, 8.
[41]) Rytſchkow, Tagebuch S. 124, 126.

per auf der Oberfläche der Erde zieht ſich nach Weſten oder
Nordweſten zu fort bis in das Quellgebiet der Wolga auf
den Waldai=Höhen [36]).

Die Thätigkeit früherer Meeresgewalten in den dem Ural
angelagerten Landſchaften läßt ſich aber noch am beſten erken=
nen in dem Gebiete am Südfuße des Ural, und dies führt
uns zur nähern Beſtimmung der Naturgrenze zwiſchen
Aſien und Europa in der kaſpiſchen Steppenniede=
rung, wo wir oben die große Lücke in dem uraliſchen Völ=
kerthore kennen gelernt haben. Der ſo ſorgfältige und feine
Naturbeobachter Pallas, dem wir die meiſten Nachweiſungen
über alle dieſe Naturverhältniſſe verdanken, wird auch hier
unſer Führer ſein. Wenn man von der Samara, welche im
Nordweſten von Orenburg ſich in eben dieſer Richtung zur
Wolga hinabergießt, gegen Süden nach Uralſk am Jaik reiſet,
ſo ſteigen allmählig flache dürre Hügel auf, die ſich gegen den
Jaik zu immer mehr erheben. Da findet man keine alten
Grabhügel mehr, mit welchen die ganze Gegend an der untern
Samara und nordwärts bis zur Bjelaja hin erfüllt iſt, aber
dieſes Gebiet iſt dagegen mit zahlloſen kleinern, von Murmel=
thieren aufgeworfenen Erdhaufen [37]) überlagert. Die Decke
dieſer Landſchaft beſteht aus einem röthlichen Lehmboden, der
mit einer Salzflora bedeckt iſt, und gegen den Jaik zu mit
Grus und Kieſeln vermiſcht; das Innere beſteht aus Sand=
ſtein= und Kalkſteinmaſſen [38]). Dieſer hoch aufſteigende Land=
rücken zwiſchen der Samara und dem Jaik, gewöhnlich ein
Steppengebirge genannt, obſchon er äußerlich der Gebirgs=
natur völlig entbehrt, führt den Namen Obſtſchei Syrt
oder Gemeingebirge, denn die Baſchkiren bezeichnen mit dem
Worte Syrt im Gegenſatz gegen Tau jeden langgeſtreckten
Bergrücken ohne eigentliche Gebirgsnatur. Südwärts von
dieſem Steppengebirge zeigt ſich plötzlich eine bedeutende Ver=

---

[36]) Pallas, Reiſen durch verſchied. Prov. I. S. 10.
[37]) Falk, topogr. Beiträge III. S. 302.
[38]) Pallas, Reiſen durch verſchied. Provinzen II. S. 225. Her=
mann, mineral. Beſchreibung I. S. 37. Falk, topogr. Beiträge II.
S. 19, 25.

änderung des Erdreichs und der Pflanzenwelt. Die
Steppe, welche hier ganz offen, und je weiter, deſto ebener
wird, hat außer in einigen Gründen und in der kräuterreichen
und meiſt buſchigen Niederung des Jaik keine Oberlage von
ſchwarzem Erdreich mehr, man ſieht hier, ſagt Pallas, nichts
als einen gelblichen, mit Sand vermiſchten trockenen Lehm, in
welchem man nicht den geringſten Kieſel oder Stein finden
kann. Dieſe Erdart herrſcht durch die ganze ſüdliche Ebene
zu beiden Seiten des Jaik, auch trifft man auf viele Faden
tief beim Graben kein anderes Erdreich an. Freilich wird
auch zuweilen von den zerſtreut wachſenden Kräutern etwas
ſchwarze Erde erzeugt, aber da die Sommerſtürme den Staub
beſonders aus den mehr ſandigen Gegenden ſtets über dieſe
Ebene führen, ſo wird dieſe ſchwarze Erde mit der Zeit verweht, und man ſieht zerſtreute dünne Lagen davon an den
abgeriſſenen Ufern der Flüſſe bis faſt auf einen Faden unter
der Oberfläche. Die ganze brennende Steppe, welche überall
drei bis vier Faden über dem Jaik erhöht iſt, hat eine ſalzige
Beſchaffenheit. Dies und die hier durch die Farbe des Erdreiches vermehrte Hitze hat einen weſentlichen Einfluß auf die
Vegetation, denn hier beginnt eine Salzflora [39]). Demnach
ſcheidet dieſes Steppengebirge des Obſtſchei Syrt zwiſchen der
Samara und dem Jaik den nördlichen, hügligen, fruchtbaren
Boden [40]) mit den europäiſchen Pflanzen von der aſiatiſchen
Steppe durch einen Abſatz ganz natürlich ab. Auf der Süd-
oſtſeite dieſes Obſtſchei Syrt iſt überall Holzmangel vorherrſchend, was um ſo mehr contraſtirt gegen den Waldreichthum,
in Eichen, Birken und Linden beſtehend, auf der Nordweſtſeite
dieſes Landrückens an den Zuflüſſen zur Kama und mittlern
Wolga [41]). Der Gegenſatz beider Gebiete iſt auf der Nordweſtſeite des mittlern Ural Fluſſes von der Natur ſcharf genug bezeichnet, wenn ſchon es ſich damit verträgt, daß die
aſiatiſche Steppennatur ſporadiſch auch noch in das europäi-

---

[39]) Pallas, Reiſen durch verſch. Prov. I. S. 364 und 365. III.
S. 513.

[40]) Hermann, mineral. Beſchreibung I. S. 3, 8.

[41]) Rytſchkow, Tagebuch S. 124, 126.

sche Gebiet übergreift, wie sich denn auch an der obern Sa=
mara an ihrem nordöstlichen Zuflusse dem Tok noch ein salziger
Steppenboden zeigt, der durch den atmosphärischen Nieder=
schlag noch nicht ausgelaugt ist[42]).

Der aus jüngern Flötzformationen bestehende Landrücken
des Obstschei Syrt bildet eine unmittelbare Fortsetzung
des südlichen, sich zertheilenden Ural, aber wie Pallas ausdrück=
lich bemerkt, ist er nur ein Zweig des uralischen Gangge=
birges, nicht des eigentlichen Ural oder Ural=Tau. Er be=
ginnt im Norden von Orenburg an dem Sakmara Plateau[43]),
und dort an der Quelle der Sakmara erhebt er sich zu seinen
größten Höhen in breiten Bergrücken und einzelnen Kuppen,
aber auch dort gleicht er nur einer bergigen, waldlosen
Steppe ohne die äußerliche Gestalt eines Gebirges zu haben.
Die Sandsteinmassen, aus denen er dort besteht, sind erfüllt
mit Baumstämmen mit und ohne Zweige und mit vielen klei=
nern petrificirten Holztrümmern[44]). Von dort zieht er sich
westwärts oder in mehr südwestlicher Richtung fort zwischen
Samara und Jaik bis zur Wolga bei Dimitrewsk, jetzt Ka=
myschin genannt, auf eine Strecke von 90 bis 100 Meilen.
Zwischen Saratow und Kampschin übersetzt er die Wolga,
oder wird vielmehr von der Wolga durchbrochen unter 51° N.
Br. An seiner Nordwestseite strömt von ihm der kleine Fluß
Irgis hinab, der sich westwärts zur Wolga ergießt, und dessen
Quellen auf seinem erhabenen Steppenrücken dicht neben Uralsk
liegen. An seiner Südostseite entspringt der kleine Steppenfluß
Jeruslan, der ihn an seinem Rande begleitet, und sich gegen
Südwest zur Wolga ergießt, die er bei Kampschin erreicht.
So bildet der Obstschei Syrt, wie Pallas bemerkt, am Kas=
pischen Meere, dessen nördliche und nordwestliche Gestade
er in einer Entfernung von 70 bis 80 Meilen vollkommen
parallel begleitet, die Grenze zwischen Europa und
Asien, und vollendet so die Grenzlinie von dem Eismeere

---

[42]) Pallas, Reisen durch verschied. Prov. II. S. 216.
[43]) Hermann, mineral. Beschreibung I. S. 229.
[44]) Georgi, Reisen II. S. 764 und 765.

und von der Mündung des Obi an bis zum kaspiſchen Meere [45]).

Auf der Weſtſeite der Wolga ſetzt der Obſtſchei Syrt weiter fort nur in mehr ſüdlicher Richtung, indem er zunächſt das rechte, hohe Bergufer der Wolga bilden hilft, und dann am linken Ufer der Sarpa, an welchem er ſich in gra= der Richtung nach Süden zu fortzieht. In welchem Verhält= niſſe zu dieſem Obſtſchei Syrt an dem Wolga=Durchbruche bei Kampſchin, unter 50° N. Br., die an ſechs Werſt weſt= wärts davon liegenden ſogenannten Uſchi Gori d. h. Ohren= berge ſtehen, iſt uns nicht bekannt. Nach Lepechin ſind es drei Berge, welche von der Kette des wolgiſchen Uferbergzuges ziemlich entfernt ſind, den Wolga=Bergen aber an Höhe nichts nachgeben [46]). Erdmann rechnet ſie aber mit zu der wolgi= ſchen Uferbergkette, und giebt ihre Höhe auf 500 F. an. Der erſte ſteht ganz einzeln und iſt der Wolga am nächſten, die beiden andern ſich benachbarten Berge liegen an 500 Faden von dem erſten entfernt. Sie beſtehen aus weißem dürren Quarz, der von der Luft an manchen Stellen zu weißem Sand verwittert iſt. Reibt man Stücke davon an einander, ſo geben ſie einen ſtarken Schwefelgeruch. Die Berge ſind von tiefen Erdklüften durchſchnitten, mit zahlreichen Höhlen erfüllt, die alle enge Eingänge haben; auf den Seiten liegen mächtige Steinklumpen. Nach Lepechin ſollen ſie durch vulkaniſche Ge= walt entſtanden ſein [47]).

Dieſer Obſtſchei Syrt, deſſen Ausdehnung man in einem großen Bogen um die Nordweſtſeite des kaspiſchen Meeres auf eine Strecke von über anderthalb hundert Meilen von den Quellen der Sarpa im S. W. bis zu denen der Sakmara im N. O. verfolgen kann, iſt nicht blos wichtig als die Grenz= ſcheide zwiſchen dem Kulturboden und Steppenboden in der kaspiſchen Niederung, ſondern auch durch ſein Verhältniß zum kaspiſchen Meere ſelbſt. Der ſcharfſichtige und ſorg=

---

[45]) Pallas, Reiſen durch verſchied. Prov. II. S. 312.
[46]) Erdmann, Reiſen II. 1. S. 120.
[47]) Lepechin, Tagebuch I. S. 247 bis 248.

fältige Naturforscher Pallas hat uns hiermit am besten bekannt
gemacht. Die Sarpa kommt nehmlich aus der zwischen dem
Don und der Wolga südwärts sich ausbreitenden trockenen
und salzreichen Steppe, und macht wie viele andere Steppen=
bäche von ihrem Ursprunge an viele tiefe und schilfreiche Teiche,
zwischen denen sich seichte Vereinigungskanäle befinden. An
der linken oder westlichen Seite der Sarpa streicht längs der=
selben mit vielen Buchten und Vorgebirgen in die Steppe süd=
wärts ein hohes Land, welches von der niedrigen Steppe her
einem hüglichten Flötzgebirge ähnlich sieht. Es ist dies der
Absatz des von Norden her ganz eben liegenden höhern
und etwas hüglichten Landes, welches gegen die salzige,
trockene wolgische und kumanische Steppe auf einmal abfällt,
und ein Ufer bildet, das von Quellen, Schneegerinnen und
breitern Thälern durchschnitten ist, aus welchen die Sarpa ihr
meistes Wasser erhält. Die Anzahl dieser Thäler und Erd=
brüche wird längs der Sarpa hin von den Kalmücken auf
einige sechszig angegeben, zwischen denen eben so viele Land=
ecken und Vorgebirge vorragen sollen, die wie die Thäler mit
besondern Namen unterschieden sind⁴⁸). Grade bei der Ko=
lonie Sarepta, an der Einmündung der Sarpa in die Wolga
an dem Winkel dieses Stromes in der Nähe von Zarizyn,
macht dieses hohe Land ein sehr bedeutendes, von Sandhöhen
aufgeschüttetes Vorgebirge, welches bei den Kalmücken
Moo=chammur d. h. kahle Nase oder Landecke (bei Berg=
mann, nomadische Streifereien unter den Kalmücken, Moo=
khamar d. h. böse Nase; nach J. J. Schmidt⁴⁹), dem Kenner
der mongolischen Sprache und Litteratur, heißt es aber Mong=
Khamar d. i. das stolze, erhabene Vorgebirge, weil es weit
über die Steppe ragt und den wandernden Stämmen der Kal=
mücken als Führer dient) genannt wird. Von demselben wen=
det sich das Ufer des höhern Landes längs der Wolga hinauf
nach Norden, und läßt bis an die mittlere Elschanka, die
zwölf Werst oberhalb der Kolonie zur Wolga geht, einen meist

---

⁴⁸) Pallas, Reise durch versch. Prov. III. S. 568.
⁴⁹) Journal asiatique. Paris 1823. 8. Tom. III. p. 110.

über zwei Werst breiten ebenen Absatz vor sich, der wie alle
südwärts gelegenen Steppen meistens zehn volle Klafter über
das hohe Wasserzeichen und noch mehr über die Wolga=Nie=
derung erhöht ist. Bei der Elschanka breitet sich das hohe
Land mit einer flachen Böschung bis an die Niederung aus,
erhebt sich aber immer mehr gegen Zarizyn und westwärts
gegen den Don, so daß es das ganze Land zwischen beiden Flüssen
erfüllt, an dem rechten Ufer der Wolga aber genau absetzt.

Diese schleunige Erhebung des Bodens, die sandige, steile
Böschung des höhern Landes gegen die Steppe, die Buchten
und Vorgebirge, und noch mehr die Salzhaftigkeit der niedern
mit Muscheln reichlich versehenen Steppe lassen sowohl auf
den vorigen Zustand der kumanischen, wolgischen und jaißchen
Steppe schließen, die sich überall gleichen, als auch auf die
frühere Ausbreitung des kaspischen Meeres und die
einstige Gemeinschaft desselben mit dem pontischen
Meere, worauf auch schon die Alten [50]) aufmerksam
machten.

Die vielen Muscheln in diesen Steppen, welche mit denen
in dem kaspischen Meere ganz übereinstimmen, und in den
Flüssen nicht anzutreffen sind, die Einförmigkeit des Bodens
dieser Steppen, der aus Meersand ohne alle Rasendecke und
ohne mineralische Lage besteht, die allgemeine Salzhaftigkeit
des Bodens, die vielen Salzgründe und Seen und auch die
ganz ebene Beschaffenheit dieser weiten Wüsten sind Beweise,
daß sie ehemals von den Gewässern des kaspischen Meeres
bedeckt gewesen sind, und obschon diese Ebenen schon seit vielen
Jahrhunderten von der See verlassen sind, so haben sie doch
wegen ihrer Lage unter einem heißen Himmelsstriche und wegen
der Salzhaftigkeit, die von der thonigen Unterlage erhalten
wird, und wegen der Salzflora, die wenig Erde giebt, sich

---

[50]) Strabo IX, 7. Εἰς ἓν οὖν συνῆγον τήν τε Μαιῶτιν λίμνην
καὶ τὴν Κασπίαν θάλασσαν, λίμνην καὶ ταύτην καλοῦντες, καὶ συν-
τετρῆσθαι φάσκοντες πρὸς ἀλλήλας ἀμφοτέρας, ἑκατέραν δὲ εἶναι
μέρος τῆς ἑτέρας. Auch weisen die merkwürdigen Angaben bei Plinius
über die Entfernung beider Meere von einander auf eine einst größere
Annäherung derselben hin. Plinius, hist. nat. VI, 12.

I. 1.　　　　　　　　　　　　　　　　　　　14

noch nicht mit schwarzem Erdreich oder Rasen bedecken kön=
nen und auch nicht die geringste Holzung hervorgebracht. Auch
erhellt, daß zwischen dem Don und der Wolga das hohe Land
längs der Sarpa, so wie zwischen der Wolga und dem Jaik
der im engern Sinne sogenannte Obstschei Syrt das alte
Ufer des weit ausgebreiteten hyrkanischen Meeres
gewesen ist. Denn in diesem hohen Lande fangen an sich die
Flötzlager zu zeigen, die allgemeine Salzhaftigkeit hört auf,
die Oberfläche ist mit einem starken Rasen bedeckt, und zeigt
eine ziemlich mächtige Decke von schwarzem Erdreich, auch
findet man hier die kaspischen Seemuscheln nicht mehr. Man
findet zwar höher hinauf an der Wolga, wo das Land ber=
giger wird, ganze Bänke von Muscheln und Korallen, aber
dies rührt, wie Pallas hinzufügt, von einer viel ältern
und mächtigern Ueberströmung des Erdballes her,
und die Seeprodukte dieser Flötze sind alle von solcher Gat=
tung, die man im kaspischen und pontischen Meere gar nicht,
sondern nur in der Tiefe des Oceans findet [51]).

Da fragt es sich, durch welche Revolution das kaspische
Meer bei immer gleichem Zufluß von Wasser, da man auch
jetzt keine gesteigerte Abnahme des Wassers seit vielen Jahren
bemerkt hat, so viel Wasser hat verlieren können, daß die
weiten an funfzehn Klafter über dem Seespiegel erhabenen
Wüsteneien von dem untern Don bis zum Jaik und dem Aral=
See haben trocken gelegt werden können. Nach des französi=
schen Reisenden Tourneforts Meinung [52]) existirte früher
die Straße des thracischen Bosporus nicht, und der durch so
viele wasserreiche Ströme bereicherte Pontus bildete einen
mächtigen weit über dem Spiegel des Mittelmeeres erhabenen
Landsee. Der spätere Durchbruch des Pontus nach Südwest
veranlaßte nun die in der alten griechischen Sagengeschichte so
berühmte große Fluth in Hellas [53]) und das große nordi=

---

[51]) Pallas, Reisen durch versch. Prov. III. S. 570.
[52]) Tournefort, relation d'un voyage du Lévant. Paris 1717.
4. Tome I. p. 211. Tome II. lettr. 15.
[53]) Diodorus V, 47.

dische Binnenmeer soll dadurch in zwei besondere ge=
schieden sein⁵⁴). Es endigt nehmlich das hohe Land, welches
als ein Ufer die niedere Salzebene an der Sarpa begrenzt, an
dem Ursprung des Manitsch mit einer abgebrochenen Land=
ecke ungefähr 40 Meilen im Westen von Astrachan. Daselbst
nimmt dieser Fluß ungefähr 180 Werst vom Ursprung der
Sarpa in einer niedrigen mehr als zwanzig Werst breiten,
überaus salzigen und dabei feuchten, auch mit einigen Kochsalz=
pfützen bedeckten Ebene seinen Anfang, richtet seinen Lauf durch
eine weite Vertiefung gegen Westen und kommt nach ungefähr
hundert Wersten in eine weite dürre Fläche, die sich gegen den
Don ausbreitet, und gleich bei ihrem Beginn zwei beträchtliche
Kochsalzseen hat, die bei den donischen Kosacken Swätie
Osera (die heiligen Seen) heißen⁵⁵). Diesem erhabenen Vor=
gebirge an dem niedrigen Steppenboden gegenüber erhebt sich
auf der Südseite des Manitsch ein anderes hohes Land, welches
als ein Vorgebirge des Kaukasus von der obern Kuma her
vorspringt⁵⁶). Hier hat also die östliche kaspische Steppe
mit der westlichen pontischen Steppe durch die niedere Thal=
senkung des Manitsch eine offene Verbindung und beide
Steppen auf der Ostseite und Westseite haben dieselbe Beschaf=
fenheit. Wenn nun das schwarze Meer vor seiner Ergießung
durch den Bosporus um mehrere Klafter höher stand, so ist
die ganze krimsche, kumanische, wolgische und jaiksche Steppe
nebst den Steppenländern der Kirgisen und Usbecken am Aral=
See nur ein allgemeines großes Meer gewesen, das
durch einen schmalen und seichten Kanal, dessen Spuren der
Manitsch zeigt, den nördlichen Vorsprung des Kaukasus um=

----

⁵⁴) Die Sagen und die ältern und neuern Berichte über die einst=
malige größere Ausbreitung des kaspischen Meeres, über seinen Zusam=
menhang mit dem pontischen Meere und ihre Entladung durch den Bos=
porus sind am sorgfältigsten behandelt von K. E. A. v. Hoff, Geschichte
der durch Ueberlieferung nachgewiesenen natürlichen Veränderungen der
Erdoberfläche. Gotha 1822. 8. Th. I. S. 105 bis 144.

⁵⁵) Pallas, Reisen durch versch. Prov. III. S. 571.

⁵⁶) Pallas, Reise durch Süd=Rußland I. S. 290, 293.

14 *

floß, und an dem jetzigen pontischen und kaspischen Meere zwei mächtige und tiefe Busen hatte [57]).

Zwischen den Quellen des Manitsch und dem kaspischen Meere liegen nur Dünenhaufen von Flugsand, und bei einem etwas höhern Stande des kaspischen Meeres würde dieses sich noch jetzt einen Weg zum asowschen Meere bahnen müssen [58]). Die Niederungen von Ulagan Terni, Alabuga und Bieloe Osero zwischen den Mündungen der Wolga und Kuma, durch welche das kaspische Meer bei Anwachs des Wassers durch Seestürme sich so gern landeinwärts ergießt, bezeichnen nach Pallas Meinung das alte Bett der Meerenge, die vormals das kaspische mit dem asowschen Meere verband. Dann müßte der wilde kaukasische Strom Terek damals auch seine Mündung grade gegen Norden in das Meer gehabt haben, und von dem von ihm mitgebrachten Quarzsande scheinen die Flugsandstrecken herzurühren, welche die Steppe zwischen dem Terek bis zur Kuma erfüllen [59]). Zu jener Zeit der Gemeinschaft beider Meere haben die Seehunde, die Störarten und andere Fische des schwarzen Meeres, der Silberfisch, der Nadelfisch und die Kammmuscheln in das kaspische Meer gelangen können, das nach seiner jetzigen Lage zu weit von allen Meeren entfernt ist, als daß sie in dasselbe kommen konnten. Sobald sich aber das schwarze Meer durch den Bosporus entlastete, wurde gleich bei dem ersten Fall der Gewässer ein großer Theil seiner flachen Ufer zur Salzsteppe, das kaspische Meer, welches nur durch eine untiefe Meerenge mit dem Pontus zusammenhing, ward jetzt davon abgerissen und zu einem eingeschlossenen Landsee, und weil das Wasser in dem Pontus sogleich niedriger sank als der Boden dieser Meerenge lag, und weil das kaspische Meer an sich nicht so viele und wasserreiche Ströme aufnimmt, als der Pontus, so ward durch die Verdünstung und Zurückziehung des Wassers von der flachen Küste noch mehr Land entblößt, und dieses Meer in noch

---

[57]) Pallas, Reisen durch versch. Prov. III. S. 572.
[58]) Pallas, Reise durch Süd-Rußland I. S. 267, 274.
[59]) Pallas a. a. O. I. S. 273, 280 bis 283, 356.

engere Schranken gesetzt. Vielleicht wurde auch erst damals
die Gemeinschaft mit dem Aral-See aufgehoben [60]). Die
vormaligen Sandbänke wurden zu Flugsand, der sich zu Hügeln anhäufte, wie man sie in der Sandstrecke Naryn und an
der untern Wolga findet; vormalige Inseln zeigten sich auf
dem abgetrockneten Meeresboden wie kleine Bergzüge, wie die
inderskischen und andere. Viele Vertiefungen blieben, nachdem sich das Seewasser von den flachen Gründen verlaufen
hatte, als Seen oder Salzgründe stehen, wie sie sich noch jetzt
so häufig in der Steppe finden [61]).

Besonders die Gegenden um den nördlichen Theil des
kaspischen Meeres zeigen, daß dieses weit stärker als das
Mittelmeer und andere abgenommen habe und noch abnehme.
Möglich ist es auch, daß ohne den angenommenen Durchbruch
des Pontus blos durch die fast allgemein angenommene Abnahme des Seewassers in allen Meeren die Trennung des
kaspischen und pontischen Meeres und die Austrocknung der
Meerenge ganz allmählig und in weit spätern Zeiten erfolgt
wäre. Denn merkwürdig ist die Angabe der byzantinischen
Historiker, daß die Niederung am Nordfuße des Kaukasus im vierten und fünften Jahrhundert n. Chr. Geb. noch
nicht ganz ausgetrocknet gewesen, sondern noch eine Sumpf-
region gebildet habe. Priscus, der Abgeordnete des Kaisers
Theodosius II. an Attila berichtet über einen Weg, welchen
die Hunnen zu nehmen pflegten, um in Persien Einfälle zu
machen [62]), und giebt an, daß sie zuerst durch eine wüste
Gegend oder Steppe zögen, dann über einen Sumpf setzten
(wobei aber wohl schwerlich, wie Priscus meint, an den mäo-

---

[60]) v. Hoff, Geschichte der natürlichen Veränderungen der Erdoberfläche I. S. 117, 118.

[61]) Pallas, Reisen durch versch. Prov. III. S. 573.

[62]) Priscus, excerpt. de legat. ed. Bekker. Bonn. 1829. 8.
p. 200. Καὶ τοὺς διαβεβηκότας λέγειν, ὡς ἔρημον ἐπελθόντες χώραν
καὶ λίμνην τινὰ περαιωθέντες, ἣν ὁ Ῥωμύλος τὴν Μαιῶτιν εἶναι
ᾤετο, πέντε καὶ δέκα διαγενομένων ἡμερῶν ὄρη τινὰ ὑπερβάντες ἐς
τὴν Μηδικὴν ἐσέβαλον.

tischen Sumpf zu denken ist), sodann über ein Gebirge, und so in funfzehn Tagen nach Medien gelangten.

Eine Folge dieser Abnahme der Gewässer des kaspischen Meeres ist sein bekanntlich sehr tief liegendes Niveau, welches durch das Verhältniß des Wasserpasses der Ströme Don und Wolga, wo sie sich am meisten nähern, klar dargethan wird. Der Don fließt um zehn und mehrere Klafter höher als die Wolga, die auffallend hohen Ufer des Ural-Flusses und der Wolga in einer sonst ganz flachen Ebene sind eine andere Folge und zugleich ein Beweis von der Abnahme des kaspischen Meeres, und dessen niedrige Lage läßt sich noch aus dem weiten Laufe des Wolga-Stromes beurtheilen, in sofern derselbe in einer wenig erhabenen Gegend entspringt und dennoch keine träge Strömung hat. Aus der gegenwärtigen Lage des höhern Landes sieht man, daß auch bei der vormaligen Gemeinschaft beider Meere der Don und die Wolga ganz verschiedene Mündungen, ersterer in der Gegend seiner Vereinigung mit dem Donez, letztere bei Kamyschin gehabt haben müsse. Der Manitsch zeigt die Spur der sich gegen das schwarze Meer schleuniger zurückziehenden Gewässer, und die nördlichen Gestade des Pontus sind auch vielfach mit ähnlichen Spuren gezeichnet. Auch um das kaspische Meer sind die Steppen nicht ohne solche Spuren, obgleich hier die allmählige Abnahme der Gewässer viel schwächer gewirkt hat [63].

---

[63] Pallas, Reisen durch versch. Prov. III. S. 575. Durch eine genaue Aufnahme der Lage und Grenzen des höhern Landes, meint Pallas, von Zarizyn durch die kalmückische Steppe gegen Osten und von der Sarpa westwärts zum Don würde man den Zusammenhang der vormaligen Ufer des pontischen und kaspischen Meeres zu der Zeit, da sie noch ein gemeinsames Meer bildeten, bestimmen können. Auch bezeichnet Pallas auf seiner Charte das Ufer des kaspischen Meeres durch eine Linie, welche von den Quellen des Manitsch und der Sarpa nordwärts bis etwas oberhalb von Kamyschin zieht, dort gegen N. O. über die Wolga setzt auf der Nordseite des kleinen Flusses Ulustan, dann den Jaik von Norden nach S. zwischen Uralsk und Jlezk durchsetzt und sich gegen S. O. in die Kirgisen-Steppe hineinzieht.

Auch noch folgende Umstände beweisen, daß der Rand des höhern Landes das alte Meeresufer gewesen sei. An der Böschung der ersten Ecken des sandigen Vorgebirges Moochammur bei Sarepta findet man ein mit kalkigen Stoffen verbundenes Sandconcret, das von der Wirkung des salzigen Seewassers und seiner kalkigen Bestandtheile bei abwechselnder Benetzung und Austrocknung am Strande erzeugt ist, und dies kann sogar dienen, die vormalige Höhe des Meeres zu bestimmen. Denn etwas unterhalb des obersten Rückens der Sandhöhe liegt an der Mittagsseite ein schmaler Rand oder Kranz von verhärtetem, kandirten weißem Sande. Dieser Kranz ist nicht über eine Elle breit und noch weniger tief in den Berg hinein, welcher übrigens innerhalb und unter diesem Rande aus mürbem Flugsande besteht. Dieser Kranz liegt ungefähr an vierzig Faden senkrecht über der Steppe des ebenen Landes an der Wolga. Ferner zeugen für den ehemaligen Meeresstand an diesem Landrücken die vitriolreichen Schlammlager mit Schilf und Seemoor, die an der mittlern Elschanka zu Tage stehen, wo sich das hohe Land der Wolga nähert. Diese Lagen von Vitriolerde sind als die Ueberbleibsel von einem schilfigen Seemorast zu betrachten [64]).

Zweiter Abschnitt.

Der alginskische Bergzug und die Kirgisen Steppe.

Die weiten Ebenen, welche sich auf der Ostseite des Ural-Gebirges ausbreiten und von dem Nordabfall des persischen Hochlandes nordwärts bis zum Polarmeere hin über ein halbes Tausend Meilen erstrecken, gegen Südost aber tief in das Innere des asiatischen Erdtheils hineinreichen, und mehr nördlich sich an die große sibirische Niederung anschließen, zeigen

[64]) Pallas a. a. O. III. S. 576.

doch bei ihrer gemeinsamen Natur als eines großen Tieflandes
wesentliche Unterschiede in ihrer Oberflächenbildung. Erwarten
muß man im Allgemeinen, auch ohne sonstige Angaben über
die nähern Naturverhältnisse jener ziemlich einförmigen Steppen=
flächen, doch eine Veränderung derselben durch diejenige Linie,
welche ungefähr unter dem 50° N. Br. als eine Wasser=
scheide zwischen dem kesselartigen Becken des kaspi=
schen Meeres und dem nördlichen Eismeer hervor=
springt, und vom westlichen Ende des Altai bis zum Südende
des Ural reicht. Man würde aber irren, wenn man nach der
Weise der frühern Theorie von dem Zusammenfallen der Wasser=
scheidelinien mit Gebirgserhebungen, auch hier an einen wirk=
lichen Gebirgszug denken wollte. Schon die Geschichte zeugt
dagegen, hier ein, wenn auch dem Ural an unbedeutender Er=
hebung und Durchbrochenheit ähnliches Gebirge anzunehmen.
Dazu bemerkt Al. v. Humboldt, der große Naturforscher der
alten und neuen Welt, ausdrücklich, zwischen dem Altai und
Ural finde sich keine zusammenhängende Gebirgskette,
aber das Westende des Altai bei den Städten Ustkamenogorsk
und Semipalatinsk am obern Irtisch verlängere sich westlich
in dem Parallel von 49 bis 50° N. Br. durch die Steppe
der Kirgisen der mittlern Horde auf eine Strecke von 160
Meilen; doch sei diese Verlängerung nach Breite und Erhe=
bung sehr unbedeutend, und durchaus nicht eine Fortsetzung
des Altai zu nennen. Es sind isolirte Berge von 5 bis 600 F.
Höhe, und Gruppen kleinerer Berge, die sich nur selten, wie
der Semitau bei Semipalatinsk bis fast zu einer doppelten
Höhe erheben. Dennoch bilden sie die Wasserscheide zwischen
den südlichen Steppenflüssen des Sarasu und den nördlichen
Abflüssen zum Irtisch, und merkwürdig ist es, daß sie auf
einem Erdspalt hervorgetrieben wurden, welcher auf der gro=
ßen Ausdehnung von sechszehn Längengraden immer dieselbe
Richtung behält. Humboldt [1]) nennt es einen Versuch der
unterirdischen Kräfte der Natur eine Gebirgskette hervorzuhe=

---

[1]) Al. de Humboldt, fragmens de géologie et de climato-
logie asiatiques. Paris 1831. 8. Tome I. p. 36 — 40.

ben, was ihn an manche ähnliche Erscheinungen im südlichen Amerika erinnerte.

Auf jeden Fall muß man aber diese Bergreihe wegen ihres geognostischen Gehaltes an Granit, Thonschiefer, Grün= stein, Porphyr und Kalksteinmassen, die mit denselben metalli= schen Substanzen wie das östlich davon liegende eigentliche Gebirge versehen sind, als eine Erweiterung des sogenannten kleinen Altai betrachten. Es erscheint dieser vielfach durch= brochene Höhenzug bei den Russen unter verschiedenen Namen. Er wird bald Algidin Schano [2]) genannt, bald Algins= koi Syrt oder Chrebet [3]), bald auch Ajaginskoi Chre= bet, und er soll bei den dort einheimischen Kirgisen Dalai Kamtschat heißen. Der Höhenzug ist im Allgemeinen plateau= artig gestaltet, zeigt keine Spuren von großen terrestrischen Revolutionen, und breitet sich vornehmlich an den Tobol= Quellen zu wellenförmigen breiten Rücken aus, die mit ihren Gipfelerhebungen von den Anwohnern Ulu=Tau, das große Gebirge, genannt werden. Der Ulu=tagh in der Mitte der Kirgisen=Steppen, sagt Meyendorff [4]), beherrscht durch seine Höhe alle Bergketten dieser Wüsten. Aber die unzusammen= hängende Reihe von Bergen erreicht nicht das südliche Ende des Ural, sie endet plötzlich in dem Meridian von Swerina= golowskoi; da beginnt eine merkwürdige Region von Seen, und diese Unterbrechung dauert fort bis zum Meridian von Miask, wo der südliche Ural aus der mugofarischen Kette die Hügelmasse Buklanbitau ostwärts unter 49° N. Br. in die Kirgisen=Steppe sendet, dort wo uns Pallas den Oktoka= ragai als einen gegen Südost zwischen dem Jaik und Tobol in die Kirgisen=Steppe sich erstreckenden Landrücken [5]) nennt. Diese Region von kleinen Seen, wie Balekul, Kumkul u. a.

---

[2]) Rytschkow, Orenburg. Topogr. VII. S. 17.

[3]) Falk, topogr. Beiträge I. S. 380.

[4]) Meyendorff, voyage d'Orenbourg à Boukhara. p. 95.

[5]) Pallas, Reisen durch versch. Prov. II. S. 312. Von den Fich= tenwaldungen, womit dieser Landrücken bedeckt ist, führt derselbe bei den Baschkiren den Namen Okto=Karagai d. h. Pfeil=Fichtenwald. Gmelin, Reise durch Sibirien IV. S. 328.

deutet auf eine alte Waſſer=Verbindung mit dem Ak=
ſakul im Süden und mit dem Aral=See; es iſt eine Furche,
welche man nordöſtlich über Omsk zwiſchen dem Iſchim und
dem Irtiſch durch die ſeenreiche Steppe der Barabinzen, und
dann nordwärts über den Obi bei Surgut und durch das
Oſtjaken=Land bei Bereſow bis nach den ſumpfigen Küſten
des Eismeeres verfolgen kann [6]).   Die alten Nachrichten,
welche die Chineſen von einem großen bittern Meere im
Innern von Sibirien, welches der untere Jeniſei durchflieſe,
aufbewahren, deuten vielleicht auf die Reſte eines frühern
Abfluſſes des Aral=Sees und des kaspiſchen Meeres gegen
Nordoſten [7]).

Höchſt auffallend iſt der Unterſchied der Erhebung der
dieſem kirgiſiſchen Bergzuge, den wir im Allgemeinen mit dem
bei den Ruſſen üblichſten Namen des Alginskiſchen bezeich=
nen wollen, gegen Norden und Süden angelagerten Steppen=
flächen über den Spiegel des Oceans.   Denn die Kirgiſen=
Steppen an dem obern Irtiſch auf der Nordoſtſeite jenes Berg=
zuges liegen zwar nur im Durchſchnitt in einer Höhe von
200 bis 250 Toiſ. oder von 1200 bis 1800 Par. F. über
dem Meere [8]), bilden alſo faſt nur eine Niederung im Ver=
hältniß zu der großen Gebirgs=Erhebung des Altai=Syſtems,
überragen aber doch an abſ. Erhebung die weiten Flächen ſo=
wohl ſüdwärts gegen das kaspiſche Meer zu, als auch die
auf der Weſtſeite des Ural=Gebirges, und nur weiter abwärts
am Irtiſch und Obi=Strom hinunter ſenken ſie ſich bald, und
gehen in die weiten Flachebenen über, welche nur eine geringe
Erhebung über den Spiegel des Eismeeres zeigen.   Dagegen
findet ſich ſogleich ſüdwärts von dem alginskiſchen Bergzuge
die größte continentale Depreſſion der alten Welt in
dem Herzen von Aſien rings um die Geſtade des kaspiſchen

---

[6]) Humboldt, fragmens asiatiques I. p. 44 — 46.

[7]) Klaproth, Asia polyglotta p. 232. tableaux histor. p. 175.

[8]) Humboldt, fragm. asiat. II. p. 320. Vergl. C. Fr. v. Le=
debour, Reiſe durch das altaiſche Gebirge.   Berlin 1829. 8. Th. I
S. 402 bis 410.

Meeres herum, welche nach dem Spiegel dieses Meeres zu
urtheilen, eine Einsenkung von 300 F. unter dem Niveau des
Oceans bildet [9]), denn der Spiegel des Aral-Sees liegt etwas
über hundert Fuß höher als der des kaspischen Meeres. Diese
große Depression ist um so merkwürdiger, als sie rings von
den bedeutendsten Erhebungen des Landes umgeben wird, von
dem kaukasischen Hochgebirge und von den Hochländern von
Jran und Turan. Auch mag diese Einsenkung der Erdoberfläche mit der Emportreibung jener Höhen wohl zusammenhängen.

In dieser negativen Niederung des centralen Asien, die
jedoch dem europäischen Abendlande nahe benachbart ist, herrscht
nun zwar im Allgemeinen die Natur vor, welche wir oben
am Südfuße des Ural und am südöstlichen Rande des Obstschei Syrt als die eines alten Meeresbodens bezeichnet haben,
doch ist dabei nicht an eine vollkommene Horizontalfläche zu
denken. Vielmehr finden sich auch hier in der verschiedensten
Richtung mancherlei Berghöhen und Bergzüge von nicht unbedeutender relat. Erhebung, welche aber alle mit den dazwischen ausgebreiteten Senkungen ihre Bildung oder einstige Bedeckung von mächtigen Wasserfluthen beurkunden. Alle Berge
und Bergketten der Kirgisen-Steppe, sagen Eversmann und
Meyendorff [10]), welche in der neuesten Zeit diese Gebiete auf ihren
Reisen von Orenburg nach Bochara durchwandert haben, sind
nur niedrige, unansehnliche, nackte Erhöhungen, die nur Berg-
hügel zu nennen sind, alle von gleichem Ausfehn und von
gleichem innern Gehalt. Die von jenen Reisenden genommene
Karavanenstraße um die Gestade des Aral-Sees herum macht
uns am besten mit der Natur der südwestlichsten Theile der
Kirgisen-Steppe bekannt. Die Karavanenstraße von Orenburg
nach Bochara beträgt gegen 200 Meilen, und wird von den
Karavanen bei einem täglichen Marsche von 25 bis 30 Werst

---

[9]) Humboldt, fragmens asiatiques I. p. 10, 91—93. II.
p. 323—326.

[10]) Eversmann, Reise von Orenburg nach Bochara. Berlin 1824.
4. S. 67. Meyendorff, voyage p. 96.

in 44 Tagen zurückgelegt, nehmlich 30 Tagereisen bis Chiwa, und von Chiwa bis Bochara noch 14 Tagereisen [11]).

Alle Hügelreihen in der Steppe am Südfuße des Ural bestehen aus Kalkstein, Sandstein und Mergelflötzen, welche zahlreiche Versteinerungen wie Belemniten, Ammoniten u. a. enthalten. Je mehr man sich von Orenburg aus gegen Süd-osten der eigentlichen Kirgisen-Steppe nähert, desto mehr stirbt die Natur ab, bis sie in der Gegend von Bochara selbst den höchsten Grad der Unfruchtbarkeit erreicht [12]). Erst auf der Nordostseite des kaspischen Meeres hat man den ersten bedeu-tenden Bergzug zu übersetzen, der sich von Norden nach Sü-den bis zu dem kaspischen Meere hinzieht. Es ist eine Flötz-ablagerung, ganz aus Versteinerungen von Seethieren bestehend, auf dem Rücken mit einer weiten Fläche, Buffaga d. h. Thürschwelle genannt, weil es von Orenburg aus der am höchsten aufsteigende Punkt ist. Die Umgegend ist unfrucht-barer Lehm- und Sandboden, ohne allen Graswuchs [13]). Ostwärts folgt der große Steppenfluß Emba, bei den Kirgi-sen Dschem genannt, der sich in das kaspische Meer ergießt, und ihn übersetzend erreicht man auf seiner Ostseite einen neuen Bergrücken, Mugosar-Táu genannt. Die Berge sind nackt und kahl, in den Schluchten zwischen ihnen finden sich kleine Birken und Weiden; sie bestehen aus Sandstein, Quarz und Grünsteinformationen und haben eine relat. Höhe von 800 Fuß [14]). Man betrachtet sie als eine südliche Erweiterung des Ural nach Art des Obtschei Syrt, auf ihnen entspringen die beiden Steppenflüsse Or und Jemba. Sie sollen sich süd-wärts in die Steppe zwischen dem kaspischen Meere und dem Aral-See hineinziehen, wo sie bei Falk unter dem Namen der Mangislawskie Gori vorkommen, oder auch Magaldier Tau bei Kirgisen und Kalmücken genannt; sie sind nirgends hoch, überall ist Mangel an Waldung vorherrschend, dagegen

---

[11]) Falk, topogr. Beiträge I. S. 393.
[12]) Eversmann, Reise S. 17, 18.
[13]) Eversmann, Reise S. 20, 25.
[14]) Eversmann, Reise S. 26 bis 28. Meyendorff, voyage p. 25—26.

zeigen sich Spuren ehemaliger vulkanischer Thätigkeit [15]). Auf der Ostseite der mugosarischen Berghöhen breitet sich eine große Flugsandwüste mit Sandhügeln aus; sie ist bedeckt mit Salzmassen von ausgetrockneten Salzseen und mit unzähligen Muscheln, aus deren Conglomeraten auch viele Hügel daselbst bestehen. Schon die einheimischen Namen jener Gegenden Karakum und Sapak=kum (das Wort kum bedeutet im türkischen Sand) weisen auf die Naturbeschaffenheit jener abgestorbenen Steppen hin, und diese Natur zieht sich rings um den Aral=See herum bis zur Mündung des großen Sir Darja (Sihon, Jaxartes) [16]). Diese Niederungen werden von vielen größern und kleinern Steppen= und Korallenflüßchen durchsetzt, die im Sommer stellenweise austrocknen, sich in sandiger Steppe verlieren oder in kleine Seen auslaufen, die theils salzig, theils süß sind, aber doch immer schlechtes Wasser und keine Fische enthalten. Sie fließen immer in einer schmälern oder breitern Niederung, die an zwei bis drei Fuß tiefer als die Steppe liegt, und auf dem mulmigen Boden etwas Gras, Gebüsch, Pappeln und Weiden hat. Der Sarasu, einer der größten Steppenflüsse jener Gegend, ist im Sommer fast ganz stehend mit brakigem Wasser, und ergießt sich nur in der nassen Jahreszeit in den Telekul auf der Ostseite des Aral=Sees [17]).

Mit wie vielen Beschwerden demnach die Karavanen in diesen an aller Vegetation so außerordentlich armen Gebieten zu kämpfen haben, auch abgesehen von den Gefahren, welche von den räuberischen Stämmen der Usbecken und Kirgisen drohen, erhellt von selbst, und doch war diese Straße, die jetzt von Bochara nach Orenburg führt, durch fast alle Zeiten der Geschichte hindurch ein Hauptweg [18]) für den Handelsverkehr von Indien nach dem europäischen Abendlande,

---

[15]) Falk, topogr. Beiträge I. S. 381.

[16]) Eversmann, Reise S. 32 bis 40. Meyendorff, voyage p. 31—41, 94.

[17]) Falk, topogr. Beiträge I. S. 386, 387.

[18]) Meyendorff, voyage d'Orenbourg à Boukhara p. 227 —232.

von Bactra oder Balkh nach dem Wolga=Delta. Vermehrt
werden jene Beschwerden überdies noch durch die eigenthüm=
lichen Kontraste des Klimas, wie man sie hier in einer so
südlichen Breite zwischen dem 40 bis 50° N.Br. kaum erwar=
ten sollte, die jedoch durch die Natur des Steppenbodens be=
dingt werden. Denn während in der Sommerzeit eine glühende
Hitze herrscht, welche die schon an sich so dürftige Steppen=
vegetation versengt, stellt sich auch ein so strenger Winter ein,
daß sich die beiden Flüsse Amu und Sir häufig mit so dickem
Eise überbrücken, daß große Karavanen mit belasteten Kamelen
und mit Kanonen versehen, über sie hinwegsetzen können [19]).
Daß diese Gegenden aber nicht immer so öde an Bewohnern
waren wie jetzt, oder daß wenigstens ihre frühern Bewohner
einen höhern Bildungsgrad als die sie jetzt durchschweifenden
Stämme erreicht hatten, lehren die vielen Ueberreste des Alter=
thums. Zahlreiche Grabhügel finden sich hier, wenn auch
nicht aus den frühern Zeiten des Alterthums, sie liegen immer
auf den höchsten Theilen der Steppe, und erscheinen öfter in
ziemlich langen erhabenen Hügelreihen. Auch große gemauerte
tatarische Begräbnißstätten trifft man hier an [20]).

Von einer andern Seite her, von Nordosten, haben wir
in der neuesten Zeit diese Gebiete kennen gelernt durch Meyer's
Reisen durch die songarische Kirgisen=Steppe. Durch
ihn werden wir bestimmter mit mehrern einzelnen Gruppen und
Gliedern des alginskischen Bergzuges bekannt, vornehmlich in
der Osthälfte. Dort liegen die kleinen Steppengebirge Arkat,
Dschigilen, Tschingistau, ersteres mit einer Erhebung von 4
bis 500 Fuß; es zeigt nackte, öde, steile Felswände, die
nur sparsam mit Gebüsch bewachsen sind [21]). Bedeutender ist
aber das sogenannte Kar=Karaly=Gebirge, welches aus röth=
lichem Granit bestehend, sich an 3000 F. erhebt; auch dieses
ist nackt und dürr, zeigt überall steile Felsabhänge, doch zwi=

---

[19]) Meyendorff, voyage p. 55, 106, 107.
[20]) Eversmann, S. 13, 17 bis 20, 29. Falk, topogr. Beiträge
I. S. 394.
[21]) Meyer bei Ledebour, Reise in den Altai II. S. 371, 383, 399.

fchen den Felswänden viele fchöne, hohe Fichten, und ift ausgezeichnet durch feinen Wafferreichthum [22]), daher ein wichtiger Aufenthaltsort der Kirgifen Stämme und merkwürdig durch
die in der letztern Zeit dort veranlaßte ruffifche Kolonifa-
tion innerhalb des Kirgifen Landes.   Zwifchen diefen Bergketten und Berggruppen breiten fich immer falzige, thonige
oder fandige Steppenebenen aus [23]).   Alle Flüffe dafelbft haben
nur ftellenweife Waffer, und diefe Wafferftellen find durch
trockene, oft einige hundert Schritt lange Strecken unterbrochen; fie find theils fließend, theils ftehend und fcheinen durch
unterirdifche Zuflüffe zufammenzuhängen.   Ihr Flußbette befteht aus grobem Sande, tiefer liegt überall eine Thonfchicht,
wo das Waffer nicht durchdringen kann, und daher an mehr
vertieften Stellen wieder hervorfließen muß [24]).   Aehnliche
Nachrichten über diefe Gebiete haben wir fchon früher von
einer dritten Seite her erhalten von Nordweften, theils
durch Falk, der diefelben berührte; theils durch die Begleiter
der ruffifchen Expeditionen (Bardanes [25]) und den jüngern
Rytfchkow), welche von der ruffifchen Regierung beauftragt
auf Veranlaffung der Kalmücken Flucht von der untern
Wolga [26]) nach den Steppen der Songarei am obern Irtifch
auf dem chinefifchen Gebiete im Jahre 1771 diefe Einöden
durchftreiften, um wo möglich die Kalmücken einzuholen, und
fie zur Rückkehr in die von ihnen verlaffenen Sitze zu nöthigen.   Dies gelang jedoch nicht, und die ruffifchen Truppen
entgingen nur mit großer Mühe dem gänzlichen Untergange
durch Hunger und Mangel aller Art.   Denn überall traf man,
von Orenburg aus grade oftwärts in die Steppen eindringend,
öde und trockene Wüften, aus fandigem und thonigem Boden
beftehend von Sandhügelftrichen durchzogen, mit Salzfeen,

---

[22]) Meyer bei Ledebour, Reife II. S. 416.

[23]) Pander bei Meyendorff, voyage p. 362—368.

[24]) Meyer bei Ledebour, Reife II. S. 388.

[25]) Bardanes, Reife in die Kirgifen-Steppe bei Falk, topogr.
Beiträge I. S. 361 bis 376.

[26]) Nicol. Rytfchkow, Tagebuch einer Reife durch die Steppen
der Kirgis-Kaifäcken bei Büfching, Magazin VII. S. 419 bis 477.

Salzmorästen und Salzplätzen bedeckt; zwar zeigte sich man=
cherlei Gestripp von Steppenkräutern, aber nur sparsam kleine
Waldungen. Die Vorgebirge der alginskischen Berghöhen,
welche man erreichte, zeigten Zertrümmerungen von Kalk und
Sandschiefer, von Gips, Alabaster und Thonstein [27]).

Das gesammte von Meyer durchforschte Steppengebiet ist
erfüllt mit zahlreichen Monumenten der Vergangenheit. Be=
sonders häufig finden sich alte Gräber, welche gewöhnlich
immer gruppenweise beisammen liegen und in verschiedener
Form, theils viereckig, theils rund, theils erheben sie sich nur
wenig über den Boden, theils sind sie durch hohe Steinhügel
bezeichnet. Schon die verschiedene Form der Gräber spricht
dafür, daß sie von verschiedenen Nationen herrühren. Vor=
züglich ausgezeichnet sind die hohen Gräber an dem Steppen=
flusse Nura im Norden des Kar=Karaly=Gebirges, welche
wie manche Ueberreste von Bauwerken daselbst von den No=
gaiern herrühren sollen. Die jüngern kirgisischen Gräber
lassen sich auch leicht durch ihr unscheinbares Aeußere von den
ältern Gräbern unterscheiden, sie finden sich besonders in den
dürren holz= und wasserarmen Gegenden der Steppe, während
in der Nähe des fruchtbarern und holzreichern Gebirges Kar=
Karaly Gräber von sehr verschiedener Form vorkommen. Schon
der ältere Gmelin unterschied bei seinen Wanderungen durch
die altaischen Gebiete am obern Jenisei an fünferlei verschie=
artige Gräber, von welchen schon oben die beiden ersten Arten,
die sogenannten Majaki und Slanzi, angeführt sind. Ne=
ben ihnen sind durch die Art ihrer Errichtung und durch ihre
Ausstattung an Schätzen und Alterthümern von gleicher Wich=
tigkeit die sogenannten Semljanie Kurgani und Tworil=
nie Kurgani, während die fünfte Art, Kirgiskie Mogili
bei den Russen genannt, sowohl durch ihr Aeußeres wie durch
die darin enthaltenen Sachen am dürftigsten und unbedeutend=
sten sind [28]). Die Kirgisen belegen alle alten Gräber, die nicht
von ihnen herstammen, besonders aber die hohen sehr hervor=

---

[27]) Falk, topogr. Beiträge I. S. 364, 387.
[28]) Scherer, nordische Nebenstunden I. S. 172 bis 177.

ragenden mit dem Namen Uba, dagegen nennen sie ihre eigenen Gräber Moly. Zwar wissen die Kirgisen durchaus nichts
über den Ursprung jener alten Gräber anzugeben, doch hat
sich bei ihnen die Tradition erhalten, daß jene hohen Grabhügel die Ueberbleibsel von einem Volke seien, das sie Myk
nennen, und das noch vor der Ankunft der Mongolen diese
Gegenden bewohnt haben soll [29]). Auf jeden Fall wird man
jene Grabmäler nicht zu den tatarischen sondern zu den tschudischen Denkmalen zählen müssen, von welchem Volke sie auch
immer herrühren mögen, und im Allgemeinen pflegen die Kirgisen, aus Ehrfurcht vor diesen alten Denkmalen der Vorzeit
in ihrem jetzigen Heimathslande, sich gern in der Nähe von
tschudischen Gräbern auch ihre Grabstätten zu wählen [30]).

Die Grabhügel an der Nura sind im Umkreise mit
vertikal eingefügten, nicht hervorragenden Steinfliesen eingefaßt, sie haben einen Durchmesser von 25 bis 35 Fuß und
eine Höhe von 6 Fuß und darüber. Sie bestehen aus mächtigen Schieferplatten, die horizontal über einander geschichtet
sind, und laufen nach oben kegelförmig zu. Bisweilen sind
zwei bis drei Grabhügel von einem großen gemeinschaftlichen
Kreise vertikal eingefügter Steine eingeschlossen. Mehrere dort
angestellte Nachgrabungen haben aber außer Knochenfragmenten
nichts gegeben, und es scheinen die ehemaligen Bewohner dieser Gegenden nicht die Reichthümer der frühern Bewohner der
altaischen Gebirge besessen zu haben [31]). An dem Kent oder
Ken Kaslyk-Gebirge, welches, dem Kar Karaly benachbart,
mit demselben eine ganz gleiche Naturbeschaffenheit theilt, aber
minder erhaben und weniger ausgedehnt ist, finden sich andere
zahlreiche Gräber, die nicht kirgisischen Ursprungs zu sein
scheinen, aber auch nicht das Ansehn der alten Gräber anderer Gegenden haben; denn sie bestehen aus kleinen Steinhaufen ohne mit Steinen eingefaßt zu sein. Daneben zeigt sich

---

[29]) Meyer bei Ledebour, Reise in den Altai II. S. 417 bis 419.
[30]) Sievers, sibirische Briefe bei Pallas, N. Nord. Beiträge.
Petersburg 1796. 8. Th. VII. S. 276.
[31]) Meyer bei Ledebour, Reise II. S. 432.

ein merkwürdiges altes Gebäude, welches jedoch nicht auf ein sehr hohes Alter zurückweiset. Die wohlerhaltenen Mauern des Hauptgebäudes, das an 28 F. Länge hat und ein Quadrat bildet, bestehen aus roh behauenen Granitplatten, die mit Lehm verbunden sind. Es scheint von den Songaren oder von den Nogaiern herzurühren, also erst aus der tatarischen Zeit; die Kirgisen betrachten es als ein Heiligthum, und sie pflegen hier Opfer darzubringen in Roßhaaren, Schaafwolle und allerlei Lumpen bestehend [32]). Demnach darf es nicht befremden, daß auch die andern von Falk, Bardanes und Rytschkow durchstreiften Theile dieser Steppen viele für die Geschichte der Völkeransiedlungen und ihrer Kultur nicht unwichtige Monumente enthalten, sie fanden überall in der Steppe die Ueberreste von Städten, Ortschaften und riesenhafte Grabhügel aus den verschiedensten Zeiten stammend [33]).

Von unzähligen Völkerstämmen sind diese dem alginskischen Bergzuge angelagerten Steppenflächen seit der Urzeit an durchzogen worden. Denn es war hier der nächste Pfad und Völkersteig, der von den Flächen des mongolischen Hochlandes durch die songarische Steppensenke am Nordfuße des Thian-schan abwärts nach Westen zum uralischen Völkerthore führte, auf der größtmöglichen Annäherung dreier Welten, des östlichen und westlichen Orients, Turan und Iran mit dem europäischen Abendlande. Darum pflegte sich auch hier auf dem großen Kreuzwege innerhalb der gesammten alten Welt nicht selten die Völkerfluth zu brechen und zu theilen, und noch ehe das europäische Völkerthor am Ural erreicht wurde, waren meistens schon große Theile derselben nach Norden in die Gegend des untern Irtisch und Obi, und nach Süden in die Gegend nach dem reichen Iran abgelenkt worden, gleichsam um Europa mit dem mächtigen Andrange der wilden Völkerschaaren nicht ganz zu überfluthen. Was für Völker von den Zeiten der Scythen und Massageten an

---

[32]) Meyer a. a. O. II. S. 478 bis 480.
[33]) Falk, topogr. Beiträge I. S. 394. Rytschkow bei Büsching a. a. O. VII. S. 450, 453, 462.

bis auf die neuere Zeit, wo die Kirgisen hier ihre Haupthei=
math gefunden haben, sich hier herumgetummelt haben mögen,
wird im weitern Verfolg dieser Untersuchungen noch zu berüh=
ren sein, hier genügt es vorläufig darauf hinzuweisen, daß
auch auf diesem Gebiete bestimmte Spuren von der Thätigkeit
der alten Tschuden, ähnlich wie am Ural, sich auffinden
lassen. Denn die Berghöhen im Süden des Nura=Flusses sind
reich an Kupfersmaragd, der sich in den Kalksteinmassen da=
selbst findet, und auch der Thonschiefer enthält Anzeichen von
Kupfer. Seit alten Zeiten ist hier Bergbau betrieben worden,
und die russischen bergwerkskundigen Reisenden Schangin und
Wjätkin haben zahlreiche alte Grubenwerke angetroffen, welche
sie als Tschuden Gruben glaubten bezeichnen zu müssen [34]).
Nun wissen wir auch bestimmt, daß Völker eben desselben
Stammes, welchen wir oben die alten Halden am Ural haben
zuschreiben müssen, lange Zeit in dieser Gegend ihren Aufent=
halt hatten, denn noch im sechsten Jahrhundert spielen grade
hier die hunnischen oder ugrischen Hajatheleten (Neph=
thaliten), welche als die furchtbarsten Feinde der Sassaniden [35])
bekannt sind, eine große Rolle, wenn schon sie auch bald nach=
her aus dieser Gegend sich verloren zu haben scheinen. Nach
dem Aufhören der großen Völkerbewegungen durch die mon=
golischen und turktatarischen Stämme finden wir hier als In=
sassen das Volk der Kirgisen oder Kirgis=Kaisacken.

Die bei den Abendländern sogenannten Kirgisen geben sich
nicht selbst diesen Namen, sondern nennen sich Kasak, ein
Name, der seit den Zeiten des Kaisers Constantinus Porphy=
rogenneta, bei welchem er zuerst im zehnten Jahrhundert am
Kaukasus [36]) vorkommt, in den weiten Ländergebieten auf der
Grenzmark von Asia und Europa von so großer Bedeutung
ist, und auf die verschiedenartigsten Völker übergegangen ist.
Der Name Kasak soll in der türkischen Sprache einen Reiter
oder Krieger bezeichnen [37]); und dann auch einen Freibeu=

---

[34]) Meyer bei Ledebour, Reise in den Altai II. S. 430.
[35]) Agathias ed. Niebuhr. Bonn. 1828. 8. IV, 27. p. 266.
[36]) Schlözer, allg. nordische Geschichte S. 521.
[37]) Meyendorff, voyage p. 53.

ter, der auf Raubzüge umherzieht [38]), und so scheint der Name von den turktatarischen Völkern gegen das Ende des Mittelalters auf die slavischen Kosacken an den Gestaden des Pontus übertragen worden zu sein. Wie dieser Name an jene slavischen Stämme übergegangen, und in welchem Verhältniß der von Constantin angegebene Name der kaukasischen Kasachen zu dem der Kosacken stehe, ist weiter unten zu berühren. Die Kirgisen sollen sich auch Sara Kaisaki d. h. Steppen-Kaisacken nennen, und sie gebrauchen nicht minder zuweilen den Namen Kirgisi, den sie jedoch nur den Nomaden der großen Horde geben. Denn nach Abulgasi [39]) sind sie Abkömmlinge der ältesten Mongolen, und Kirgis, ein Enkel des fabelhaften Heros bei allen türkischen und turktatarischen Völkern, des Ogus Chan, soll ihr Stammvater sein. Damit stimmt freilich nicht eine andere Angabe, wonach das Wort Kirgis als Appellativ im Turktatarischen einen niedrigen, rohen Menschen bezeichne, der sich zu jeder Sache gebrauchen lasse [40]). Zur Unterscheidung von andern gleichnamigen Völkern nennt man sie auf jeden Fall am besten Kirgisen oder Kirgis-Kasacken (Kaisacken); sie sind die sogenannte Kasatschja Orda bei den Russen [41]).

Diese Kirgisen sind, wie ihre leibliche Bildung zeigt, stark vermischt mit Mongolen, aber dennoch ist ihre Sprache einer der reinsten türkischen Dialekte, sie sind also unstreitig von türkischer Abstammung, und man muß sie demnach als einen Haupttheil der turktatarischen Völkerschaften [42]) betrachten. Noch jetzt erkennt man leicht, daß die heutigen Kirgisen aus einem Zusammenfluß verschiedenartiger Stämme entstanden sind, aus mehreren Stämmen der goldenen Horde oder des tatarischen Reiches Kaptschak, aus Usbecken, aus

---

[38]) Alexei Lewschin, Beschreibung der Horden und Steppen der Kirgis-Kaisacken. Petersburg 1832. III. 8. in den Dorpater Jahrb. Riga 1834. 8. Th. II. S. 194 und 195.

[39]) Abulgasi, hist. généal. des Tatars p. 68, 99.

[40]) Fischer, recherches historiques p. 134.

[41]) Schlözer, allg. nordische Geschichte S. 414.

[42]) Klaproth, Asia polyglotta p. 231.

verſchiedenen Stämmen von Turkeſtan u. a., und dies wird auch
beſtätigt durch die Sagen der Kirgiſen über ihren eigentlichen
Urſprung, den ſie auf verſchiedene Art angeben. Die Stammväter der urſprünglichen Kirgiſen ſollen ſchon in frühen Zeiten
unter dem Namen der Hakiaszü (Hakas) als Anwohner des
Altai zwiſchen dem obern Jeniſei und Obi den Chineſen bekannt geweſen ſein, wo ſie ſodann in der Zeit von Dſchingischan unter dem Namen Kirkis (Ki-li-ki-ſſe bei den Chineſen)
hervortreten [43]), und von wo ſie ſich in Folge der mongoliſchen Wanderungen mehr nach Weſten gezogen haben. Genannt werden dieſe Kirgiſen in Europa unſtreitig ſchon zu
Anfang des ſechszehnten Jahrhunderts, indem die von Herber-
ſtein [44]) erwähnten ſchibanskiſchen und koſatzkiſchen Tataren, welche auf der Oſtſeite des Ural wohnen ſollten, nur die
ſibiriſchen Tataren am Tobol und Irtiſch und die Kirgiſen
bezeichnen können. Auch Jenkinſon traf bei ſeiner Reiſe in der
Bucharei in den Jahren 1558 und 1559 den Herrſcher von
Taſchkend mit den Kaſacken in Krieg verwickelt, und die Ruſſen mußten mit ihnen bei der Eroberung von Sibirien ſeit
1580 bald in feindſelige Berührung treten. Doch waren zu
jener Zeit ihre Sitze noch ziemlich beſchränkt, ſie ſelbſt waren
noch bedroht durch die Uebermacht der Songaren von weſt-
mongoliſchem Stamme, dazu kamen innere Zwiſtigkeiten zwiſchen den einzelnen Stämmen, Feindſeligkeiten mit den wolgiſchen Kalmücken und Baſchkiren, und die Kämpfe mit den
ſibiriſchen Koſacken. Schon damals ſollen ſie daran gedacht
haben ſich dem Schutze Rußlands zu unterwerfen zu Anfang
des achtzehnten Jahrhunderts, aber die bald mehr glücklichen
Kämpfe gegen die Songaren hielten ſie davon noch ab, und
ſie konnten bald durch die Zurückdrängung der Baſchkiren und
wolgiſchen Kalmücken nach Norden und Weſten auch nach

---

[43]) Klaproth, Mémoires relatifs à l'Asie. Paris 1826. 8.
Tome I. p. 160—170. Tome III. p. 332—369.

[44]) Herberstein, rer. Moscovit. comment. p. 100. Ultra
Cazan ad Permiae viciniam Tartari habitant, qui Schibanskii et
Cosatzkii vocantur.

jener Seite sich mehr ausdehnen[45]), so daß sie erst seitdem in den Sitzen erscheinen, die noch jetzt ihr Gebiet ausmachen.

Seit alter Zeit zerfallen die Kirgisen in drei für sich ge= sonderte Horden, die sogenannte große, mittlere und kleine Horde, was auf die ursprüngliche, verschiedenartige Zusam= mensetzung der Bestandtheile dieses Volkes hinzuweisen scheint. Die große Horde wohnt im Osten an den Grenzen von Taschkend und Kokan, sie ist nur wenig bekannt, wird aber mehr gefürchtet als die beiden andern, und die zu ihr gehö= rigen Kirgisen sollen sich durch ihre Raubsucht, Grausamkeit, Wildheit und Tapferkeit vor allen übrigen Kirgisen auszeichnen. Selten kann eine Handelskaravane durch ihr Gebiet ziehen, ohne ihr entweder Tribut zu entrichten oder wenn dies nicht geschieht, von ihnen angefallen und geplündert zu werden. Man hält diese Horde für das eigentliche Stammvolk der Kirgisen[46]).   Die mittlere, zugleich die zahlreichste Horde, wohnt im Norden bis zum obern Irtisch und südwärts bis zu den aralischen Steppen. Viele von ihnen, wie der Haupt= stamm der Naimanen, sind zwar von den Chinesen abhängig, aber im Allgemeinen stehen sie am meisten mit den Russen in Verbindung, und haben am meisten die russische Oberhoheit anerkannt. Sie sind auch an Wildheit mit ihren südöstlichen Nachbarn nicht zu vergleichen. Die kleine Horde wohnt im Westen am Aral=See und am kaspischen Meere bis zum Jaik, sie sollen den wilden oder den auch sogenannten schwar= zen Kirgisen an Wildheit und Raubsucht nur wenig nach= stehen, auf jeden Fall sind sie bei weitem schwerer zu bändigen als die Kirgisen der mittlern Horde[47]).

Die innern Zerrüttungen bei den Kirgisen zu Anfang des achtzehnten Jahrhunderts und die noch immer fortdauernden Kämpfe mit den Songaten auf der einen und den Baschkiren auf der andern Seite bewogen den Fürsten Abulchair, den

---

[45]) Alex. Lewschin a. a. O. II. S. 196 und 197.
[46]) Georgi, Beschreibung aller Nationen des russischen Reiches I. S. 198.
[47]) Meyer bei Ledebour, Reise II. S. 450.

Chan des größten Theiles der kleinen Horde, und einige Ge=
schlechter der mittlern Horde sich der russischen Herrschaft
zu unterwerfen, wobei ersterer seine eigene Herrschermacht zu
erweitern hoffte, im J. 1730. Zwei Jahre später leisteten
auch wirklich jener Abulchair und der Fürst Schemjaka; ein
Chan der mittlern Horde, den Huldigungseid an Rußland,
aber dies hinderte sie keineswegs ihre Raubzüge in das russi=
sche Gebiet, besonders gegen die Baschkiren und wolgischen
Kalmücken fortzusetzen, und beide Umstände zusammen beschleu=
nigten damals die Anlegung der orenburgischen Linie⁴⁸). Die
Hoffnung der russischen Regierung auf die Begründung eines
ruhigen, friedlichen Verhältnisses an dem uralischen Völker=
thore war, wie die Ausplünderung mehrerer nach der Bucharei
gehenden russischen Karavanen bewies, vergeblich, und die
überdies in der kleinen Horde ausbrechenden Spaltungen bei
der streitigen Wahl eines neuen Chanes nach Abulchairs Tode,
so wie der Einfluß der Chinesen nach der Besiegung der Son=
garen auf diese Stämme vermehrten die Verwirrung, so wie die
Gefahr und Unsicherheit an der orenburgischen Linie. Dagegen
suchte nun der Baron v. Igelström als Befehlshaber in jener
Festungslinie seit 1785 als Mittel, die Errichtung einer Volks=
regierung bei den Kirgisen der kleinen Horde einzuführen,
indem mit Aufhebung der Würde eines Chanes die Verwaltung
mehreren vom Volke gewählten Aeltesten übertragen wurde.
Dies half auf einige Zeit, aber den Kirgisen war der turbu=
lente Zustand verbunden mit den Raubzügen lieber, und die
darauf erfolgende Verwirrung wurde so arg, daß die Horde
sich zum Theil auflöste. Denn viele Stämme schlossen sich an
die mittlere Horde an, andere wanderten aus nach Süden in
die von den Usbecken beherrschten Länder, und einer ihrer be=
deutendsten Häuptlinge Bukei, Sohn des Nurali und Enkel
des Abulchair, unterwarf sich mit 10,000 Kibitken völlig der
russischen Herrschaft, und nahm die seit der Flucht der Kal=
mücken unbewohnten Steppen am linken Ufer der Wolga ein.
Diese Kirgisen werden jetzt unter dem Namen der bukeischen

---

⁴⁸) Storch, Gemälde des russischen Reiches V. S. 326.

Horde begriffen. Bukei ward 1812 zum Chan derselben er‐
nannt, und jetzt bekleidet sein Sohn Dschangir dieselbe Würde[49]).
Die übrigen Stämme der kleinen Horde stehen zwar jetzt wie‐
der unter einem Chan, aber in ziemlich loser Verbindung unter
sich und auch in ähnlicher Abhängigkeit von Rußland. Sie
soll aus drei Hauptstämmen bestehen, die vom Volk erwähl‐
ten Chane sollen nach der gegenseitigen Uebereinkunft von dem
russischen Kaiser erst ihre Bestätigung erhalten. Seit 1806
ist auch diesem Chan der kleinen Horde ein eigener Rath zu‐
geordnet, dessen Mitglieder so wie der Chan selbst Jahrgelder
empfangen. Der Chan hat zwar die höchste Gewalt in seinen
Händen, aber ohne nach Willkühr über Leben, Eigenthum
und Freiheit seiner Unterthanen entscheiden zu können[50]).

Da die Kirgisen der mittlern Horde nicht die un‐
bändige Wildheit wie die der kleinen Horde zeigten, so war
die russische Grenzlinie am Irtisch immer weniger gefährdet
als die am Jaik. Aber auch in dieser Horde herrschten häu‐
fige Unruhen, viele innere und äußere Fehden, welche sie zu‐
letzt demselben Schicksal zuführten, dem die kleine Horde un‐
terlag. Zwar fuhren Schemjakas Nachfolger fort der russischen
Regierung den Eid der Treue zu leisten, so wie der Chan
Ablai, aber dieser huldigte auch zugleich den Mantschu Kai‐
sern in China nach der Unterjochung der Songaren durch die
Chinesen im J. 1756. Durch diese eigenthümliche Politik ge‐
dachte Ablai sich selbst vermittelst jener beiden Mächte zu heben,
und größern Einfluß in seiner Horde zu erlangen, um sodann
ganz unabhängig aufzutreten. Aber diese politische Bedeutsam‐
keit der mittlern Kirgisen‐Horde dauerte nicht lange, denn schon
unter seinem Sohne Wali seit 1782 löste sich diese Macht
wieder auf, da dieser Fürst nicht das Talent seines Vaters
besaß; die innern Partheikämpfe nöthigten auch hier viele
Häuptlinge zur Auswanderung, und schon 1795 wollten über
100,000 Kirgisen sich auf russischem Gebiete am obern Irtisch

---

[49]) Aler. Lewschin a. a. O. II. S. 198 bis 200.
[50]) Hermann bei Oldekop, Petersburger Zeitschrift 1822. 8.
Th. IV. S. 153, 154.

niederlaſſen. Dies konnte jedoch nicht geſtattet werden, und
da der innere Zwieſpalt immer mehr zunahm, ſo erlangte Ruß=
land hier immer größern Einfluß, ſo daß dieſe Kirgiſen am
meiſten von ihm in Abhängigkeit gebracht wurden [51]). Daher
haben ſie ſich auch ſchon ſeit einem halben Jahrhundert mehr
an ein ruhiges Verhältniß zu dem ruſſiſchen Gebiete gewöhnt,
welches ſie nicht mehr ſo durch Streifzüge heimſuchen wie
ihre ſüdweſtlichen Stammgenoſſen. Auch bei ihnen müſſen die
Chane in ihrer Würde von der ruſſiſchen Regierung beſtätigt
werden, die auf ihre Ernennung einen großen Einfluß ausübt,
und ſie dann den Huldigungseid leiſten läßt [52]). Die Namen
zweier Hauptſtämme dieſer nördlichen Kirgiſen, die **Naiman**
und die **Kiptſchak** [53]) erinnern auf eine auffallende Weiſe
an mehrere andere benachbarte Völker und Staaten, aus deren
Trümmern dieſe Kirgiſen=Macht erwachſen ſein muß. Denn
die Naiman erſcheinen ſchon frühzeitig in der Geſchichte als
ein mächtiger, unſtreitig türkiſcher Volksſtamm in dem Lande
Kara=Katai, mit welchem Dſchingischan [54]) lange vor ſeinem
Einbruch in Weſt=Aſien heftige Kriege führte, und ſie zuletzt
ſeiner Herrſchaft unterwarf. Im Gefolge der Mongolen=Heere
haben ſich die Naimanen erſt nach den Steppenländern der
niedern Bucharei hinab verbreitet, und ſind dort theils zu
Turktataren, wie unter den Kirgiſen, geworden, theils haben
ſie ſich unvermiſcht erhalten, und bilden noch jetzt einen der
vier Hauptſtämme der echt=türkiſchen Usbecken in Chiwa,
ſo wie einen der usbeckiſchen Stämme [55]) in dem Chanate
Bochara. Aber ſchon zu Timurs Zeit in der Mitte des vier=
zehnten Jahrhunderts finden wir ſie als Bewohner des bocha=
riſchen Tieflandes [56]). Der Name der Kiptſchak, am meiſten

---

[51]) **Lewſchin** a. a. O. II. S. 201.

[52]) **Meyendorff**, voyage p. 52.

[53]) **Georgi**, Beſchreibung aller Nationen I. S. 200.

[54]) **Petis de la Croix**, histoire de Genghizcan, empereur
des anciens Mongols et Tartares. Paris 1710. 8. p. 82.

[55]) **Mouraviev**, voyage en Turcomanie et à Khiwa p. 269.
Meyendorff, voyage p. 190.

[56]) **Cherifeddin Ali**, histoire de Timur Bec. I. p. 23, 114.

bekannt in dem großen mongolischen Chanate an der Wolga, möchte auch wohl ursprünglich von türkischen Völkern ausgegangen sein, da er sich auch jetzt noch als Bezeichnung eines der wichtigsten der Usbecken-Stämme sowohl in Chiwa als Bochara erhalten hat.

Die Kirgisen der großen Horde standen lange unter der Oberhoheit der Songaren, und sie nahmen stets bei deren innern Unruhen so wie bei ihren Kämpfen gegen China lebhaften Antheil an den Fehden. Nach dem Falle des Songaren-Reiches geriethen sie größtentheils unter chinesische Oberhoheit. Auch hier entstanden wie bei ihren Stammgenossen vielfache Zerrüttungen, die durch die Kämpfe mit ihren Nachbarn, den Usbecken in Taschkend und Kokan, und mit den von der Wolga zurückflüchtenden Kalmücken vermehrt wurden, und den Ueberrest der politischen Bedeutsamkeit dieser Horde zerstören halfen. Diese Kirgisen haben kein gemeinsames, höheres Oberhaupt, sondern stehen unter der Leitung verschiedener Sultane, welche meistens die chinesische Oberhoheit anerkennen; ein anderer Theil steht unter dem Chan von Kokan im Lande Ferghana am obern Sir, und noch ein anderer Theil von ungefähr einigen tausend Kibitken unterwarf sich im J. 1819 unter dem Chan Sjuka, einem Sohne des Ablai, der russischen Oberhoheit [57]). Die unter den Mantschu Kaisern stehenden östlichen Kirgisen fürchten, wie Meyendorff berichtet [58]), die Chinesen wegen ihrer strengen und selbst grausamen, aber meistens gerechtfertigten Politik, da auch in der That der Hof zu Peking grade auf diesen nordwestlichsten Winkel seines weiten Reiches zur Aufrechterhaltung der bestehenden Herrschaft, wie die Songaren-Kriege lehren, mit der größten Aufmerksamkeit zu achten hat.

Nach den Angaben Lewschin's, der sich in officieller Rücksicht lange unter und in der Nähe der Kirgisen aufhielt, beläuft sich die Anzahl der Kibitken der großen Horde, welche die schwächste ist, ungefähr auf 100,000, die der kleinen Horde

---

[57]) Lewschin a. a. O. II. S. 202.
[58]) Meyendorff, voyage p. 53.

auf 190,000, und die der mittlern Horde, welche jetzt die
stärkste ist, auf 210,000, also zusammen an 500,000 Kibitken,
und dies giebt eine Bevölkerung von drittehalb bis drei
Millionen Kirgisen [59]). Es bilden aber die Kirgisen von allen
drei Horden heut zu Tage ein gemeinsames Volk, und sie sind
sich im Allgemeinen in Sitten, Gebräuchen und Lebens=
art ziemlich gleich, nur daß der Einfluß der chinesischen und
russischen Regierung auch auf sie eingewirkt hat, und dadurch
einige Verschiedenheit in ihrem sittlichen Zustande hervorbringt.
Sie führen, sagt Lewschin [60]), während der schönen Jahres=
zeit ein wahrhaft idyllisches Leben, denn nicht an einen Flecken
gebunden, ziehen sie im Sommer in ihrem Gebiet umher, und
überlassen sich ganz dem Eindruck der lebendigen immer wech=
selnden Natur, die über ihr Leben einen eigenen Reiz und einen
eigenthümlichen Zauber verbreitet. Aber die Schattenseite ihres
genußreichen Sommerlebens bildet der traurige Winter. Nur
schlecht und kümmerlich in ihren luftigen Filzzelten gegen die
grimmige Kälte, gegen die heftigen Winde und gegen den ein=
dringenden Schnee gesichert, genöthigt ihre Kinder in heißer
Asche gegen das Erfrieren zu schützen, die Heerden, ihr Haupt=
reichthum und fast ihre einzige Nahrungsquelle, dem Verderben
preisgegeben, führen die Kirgisen während dieser Jahreszeit
ein trauriges Leben. Aber mit dem beginnenden Frühlinge hat
der sorglose Kirgise auch alle Noth vergessen, und er rüstet
sich wieder zum neu beginnenden fröhlichen Nomadenleben.

Die Kirgisen sind meistens von mehr als mittlerer Statur,
zum Theil Männer von riesenhaftem Wuchse, von muskulösem
und kräftigem Bau. Ihre Gesichtszüge stehen in der Mitte
zwischen den kalmückischen und denen der sogenannten Ta=
taren in Rußland von turktatarischem Stamme, wozu sie
auch selbst gehören, doch sind die chinesischen Kirgisen den Kal=
mücken in ihrer Gesichtsbildung verwandter als die mehr west=
lichen, welche aus bedeutendern Bestandtheilen türkischer Völ=
kerstämme erwachsen zu sein scheinen. Bei den Weibern zeigen

---

[59]) Lewschin a. a. O. II. S. 202.
[60]) Lewschin a. a. O. II. S. 203.

sich meistens kalmückische Züge, auch heirathen sie häufig kalmückische Mädchen. Ihre Hautfarbe ist meistens stark ge-
bräunt, woran jedoch vornehmlich ihre Unsauberkeit schuld ist,
bei der heftigen Sonnengluth im Sommer und bei den Rauch-
wolken in ihren Winterhütten; denn bei den kleinen Kindern
findet sich nicht selten eine sehr weiße Haut [61]. Sollen doch
selbst die die russischen Märkte besuchenden und der Reinlichkeit mehr beflissenen Bucharen von persischer Abstammung eine
so dunkle Hautfarbe zeigen, daß sie dadurch den Negermesti-
zen ähnlich werden [62]. Die Augen der Kirgisen sind fast
ohne Ausnahme schwarz, ihr Haar ist auch in der Regel
schwarz, höchst selten braun oder röthlich. Nach ihrem Charakter sind die Kirgisen leichtsinnig, wortbrüchig und zu Unruhen geneigt, und diese Schattenseite zeigte sich besonders in
den Zeiten des siebzehnten Jahrhunderts, wo sie durch ihre
stets wechselnden Verbindungen mit den Nachbarvölkern, durch
ihre Unterwerfungen unter die Russen und Songaren, durch
ihre Empörungen und ihre Treulosigkeit gegen Freunde und
Bundesgenossen berüchtigt genug wurden; so wie nicht minder
in der Zeit des achtzehnten Jahrhunderts, als sie bei dem
Emporkommen der beiden großen asiatischen Weltmächte des
Nordens und Ostens durch eine zweideutige und treulose Politik gegen die Höfe von Petersburg und Peking auf der
Grenzmark ihrer Reiche selbst eine politisch wichtige Rolle
spielen wollten. Die innere Zerrüttung und ihre Einschrän-
kung und Bändigung durch Chinesen und Russen erfolgten als
eine gerechte Strafe.

Die Kirgisen sind im Allgemeinen träge, sie verbringen
ihre Zeit am liebsten in ihren Filzzelten mit Tabackrauchen und
Erzählen. Gilt es aber einen Raubzug auszuführen, so
trotzen sie allen Beschwerden und entwickeln dabei eine ungemeine List und Verschlagenheit. Sie sind mäßig, dem Trunke
nicht ergeben, zwar reinlicher als die Kalmücken, ihre westlichen Nachbarn, aber auch noch sehr schmutzig. Im Som-

---

[61] Meyer bei Ledebour, Reise in den Altai II. S. 451, 452.
[62] Erman, Reise durch Nord-Asien I. S. 195.

mer leben sie fast nur von Milchspeisen, nur selten wird ein Stück Vieh geschlachtet, gewöhnlich verzehren sie das Fleisch der erlegten Thiere der Steppe oder auch das von den gefallenen Thieren ihrer Heerden. Ausgezeichnet sind sie durch ihre Gastfreundschaft, denn befindet man sich in einem Aul, so ist man sicher von den Bewohnern desselben weder beraubt noch bestohlen zu werden, aber dieselben Kirgisen machen sich kein Gewissen daraus, den Reisenden zu berauben, wenn er nur einige Werst vom Aul entfernt ist [63]). Sie sind weniger diebisch als raubsüchtig zu nennen, und in dieser Beziehung gleichen sie vollkommen den Söhnen der Wüste des südwestlichen Asiens, den arabischen Beduinen [64]).

Die Kirgisen sind übrigens weder blutdürstig noch auch grausam, und bei ihren Ueberfällen wird höchst selten jemand getödtet. Der sibirische Reisende Sievers [65]) nennt sie gutmüthige Naturmenschen, Furchtsamkeit sei ein Hauptzug ihres Charakters, wild und unbändig seien sie nur gegen Unbewehrte, aber feig gegen tapfere und bewaffnete Leute. Vornehmlich wenn ihre Gegner mit Feuergewehr versehen sind, wagen sie keinen Angriff, wenn sie an Anzahl auch noch so überlegen sein sollten. Daher suchen sie die Russen plötzlich und unvorbereitet zu überfallen, gelingt ihnen das nicht, so entfliehen sie. Nachricht von durchreisenden Karavanen erhalten sie bald, da sie von Natur sehr neugierig sind, und das Gerücht davon verbreitet sich immer mit der größten Schnelligkeit durch die weiten, öden Steppen des Kirgisen-Landes. So roh und ungebildet sie auch sind, so haben sie doch eine eigenthümliche Bildsamkeit und Auffassungskraft, und es ist bekannt, daß sie in den russischen Kolonien sehr leicht mancherlei mechanische Arbeit kennen lernen, und darin zum Theil die Russen übertreffen. Auch in ihrer Heimath beschäftigen sie sich außer der Bewachung ihrer Heerden mit dem

---

[63]) Meyer bei Ledebour a. a. O. II. S. 456, 457.

[64]) Arvieux, die Sitten der Beduinen-Araber, aus dem Franz. von Rosenmüller. Leipzig 1789. 8. S. 30, 82.

[65]) Sievers, sibirische Briefe bei Pallas, N. Nord. Beiträge VII. S. 291.

Schnitzen von Holzwaaren und mit Schmieden, besonders aber mit Räubereien. Alle häuslichen Arbeiten müssen von den Weibern verrichtet werden, diese müssen die Jurten abbrechen und aufbauen, das Vieh melken, Speisen und Getränke zube= reiten und für die Kleidung sorgen[66]).

Die Kirgisen zerfallen in drei Stände, die Fürsten, die gemeinen Freien und die Sklaven, und sie haben in ihren Stämmen und Geschlechtern, in welche sie sorgfältig gesondert sind, eine vollkommen patriarchalische Verfassung. Ihre Häupt= linge führen die verschiedenen Namen Scheich, Beg', Behader, Sultan und Chan. Die Scheichs sind die Familienhäupter, die Behader[67]) die Kriegshelden, welche bei allgemeinerer An= erkennung Begs und Sultane genannt werden. Auch bezeichnet man mit dem Namen Sultan die Verwandten des Chans, sie bilden sämmtlich den fürstlichen Stand, und heißen daher Tura. (Herren). Der Chan hat zwar ein Recht über Leben und Tod, aber seine Macht ist auch beschränkt durch die untergeordneten Oberhäupter und vornehmlich abhängig von der öffentlichen Meinung[68]). Die Häuptlinge werden im Allgemeinen mit großer Ehrerbietung behandelt, und die gemeinen freien Kirgisen sind als Vasallen derselben zu betrach= ten, aber sonst herrscht zwischen ihnen ein sehr loses Verhält= niß, indem letztere weder eine besondere Unterwürfigkeit zeigen, noch auch irgend wie eine besondere Abgabe leisten. Selbst die Sklaven oder Leibeigenen stehen in einem familienartigen Verhältniß zu den Herren, um so mehr als ihre Zahl häufig durch verarmte Kirgisen vermehrt wird, die in die Dienste anderer treten müssen. Das ganze Gemeinwesen ist nur eine Vereinigung von einzelnen Wolosten und Aimaks, die

---

[66]) Meyer a. a. O. II. S. 458, 472.

[67]) Schon in den Heeren Timur's erscheint dieser sonst weniger übliche Name (wohl türkischen Ursprungs wie Chan, Beg) als Titel der Befehlshaber der größern Heeresabtheilungen, wie in der merkwürdigen Schlacht Timur's gegen Toktamisch, Chan von Kaptschak, am Nordfuß des Kaukasus im Jahre 1395. Cherifeddin Ali, hist. de Timur Bec. II. p. 346.

[68]) Meyendorff, voyage p. 47, 48.

durch kein höheres allgemeines Band vereinigt werden, und
nur diejenigen Chane und Sultane finden allgemeinere Aner=
kennung, die ſich durch ihr Talent und ihre Macht auszeich=
nen, und ſich ſo eine Ueberlegenheit erringen. Somit findet
hier eigentlich ein reiner Naturzuſtand ſtatt, und dieſer ver=
bunden mit der natürlichen Raubſucht der Kirgiſen iſt die
Urſache des ſogenannten Baranta d. h. Repreſſalien, oder daß
jeder mit gewaffneter Hand ſich ſelbſt ſein Recht verſchaffen
muß. Dieſe Baranta hat ſeit den letzten Zeiten vornehmlich
beigetragen zur Verarmung und Schwächung der Kirgiſen,
und ſie muß dazu führen, ſie immer mehr in Abhängigkeit
von der ruſſiſchen Regierung zu bringen. Es iſt ein Kampf
aller gegen alle, und den Kirgiſen geht durch dieſe Raubſucht
ihrer eigenen Landsleute alle Ruhe des Lebens und Sicherheit
des Eigenthums verloren 69).

Die Viehzucht iſt die Hauptbeſchäftigung der Kir=
giſen, die Viehweiden bilden ihren häuptſächlichſten Reichthum,
ſie halten große Heerden von Pferden und Schaafen, weniger
Rindvieh, Kamele und Ziegen. Die Pferde werden nur zum
Reiten gebraucht, nie zum Laſttragen, dazu dienen die Kamele.
Aber die Zucht der letztern iſt in dieſer Gegend bei der Rau=
higkeit der Winter mit einiger Schwierigkeit verbunden, denn
gegen den Winter muß man die Kamele in Filz einnähen und
zwiſchen den Jurten große Filze ausſpannen, unter denen ſich
dieſe Thiere bei der ſtrengen Kälte verſammeln. Doch gedeihen
ſie im Allgemeinen gut, und man findet bei jedem Aul ziemlich
zahlreiche Heerden derſelben. Als ein nomadiſirendes Rei=
tervolk ſetzen ſie ihren Hauptreichthum in Pferde, beſonders
Stuten wegen des beliebten Kumis, viele reiche Kirgiſen haben
mächtige Pferdeheerden von 4 bis 5000 Stück und mehr; ſie
bringen ihr ganzes Leben auch faſt nur auf dem Pferde zu,
haben daher durchgängig krumme Beine und ſind ſchlechte Fuß=
gänger. Alle die zahlreichen Heerden der Kirgiſen halten ſich
das ganze Jahr hindurch im Freien auf, und müſſen ſich ſelbſt
ihr Futter ſuchen, denn die Trägheit erlaubt es nicht den

---

69) Meyer a. a. O. II. S. 461 bis 465.

Kirgisen Heuvorrath einzusammeln, sondern sie begnügen sich zum Winter gewisse Gegenden aufzusparen, die im Sommer nicht besucht werden. Als eine Art Baranta muß man die Gewaltthätigkeit betrachten, die sich bisweilen feindselig gesinnte Kirgisen erlauben, indem sie ihre Heerden nach solchem Winteraufenthalt hintreiben, und so den Besitzern des Ortes das Futter für die Heerde rauben. Denn obgleich die Kirgisen den Sommer hindurch weit umherziehen, so hat doch jeder Aimak, jeder Wolost und fast jeder Aul, ja fast jede Jurte eine bestimmte Stelle für den Winter, die die Kirgisen nur höchst selten ändern.

In Hinsicht des Nomadenlebens unterscheiden sich die östlichen und westlichen Kirgisen auf eine bestimmte Art, was zum Theil durch die Beschaffenheit des Landes bedingt wird. Die Kirgisen im Osten in der Nähe hoher Gebirge überwintern in den Steppen an den Ufern der Flüsse und Seen und in den Schluchten der niedrigen Steppengebirge. Im April ziehen sie dagegen mit ihren Heerden in das Gebirge, wo sie die heiße Jahreszeit zubringen und dann allmählig wieder hinabsteigen, um in den geschonten Steppen zu überwintern. Das entgegengesetzte Verfahren findet bei den westlichen Kirgisen statt. Diese durchziehen den ganzen Sommer hindurch die öden dürren Steppen, und entfernen sich oft viele hundert Werst von ihren Winterlagern; sie überwintern dagegen in den Schluchten der Gebirgszüge, theils auch am Irtisch und den andern Steppenflüssen. Den Heerden der östlichen Kirgisen mangelt es im Sommer nie an gutem Futter und Wasser, sie leiden weder an Hitze noch an Ungeziefer, auch sind dort Viehseuchen selten. Dagegen sollen die Winter in der Nähe jener Gebirge strenger und besonders schneereicher sein. Im Westen finden die Kirgisen während des Sommers lange nicht so reichliches Futter, und der sparsame Kräuterwuchs auf der dürren Steppe ist bald abgeweidet; und da das Wasser in jenen Gegenden selten ist, so weiden die Heerden dort oft viele Wersten weit von den Wasserstellen entfernt, und darum leiden sie oft Wassermangel. Auch werden ihre Pferde und Kamele häufig von Viehseuchen heimgesucht. Dagegen sollen die Winter in den westlichen Gegenden weniger hart und weniger schneereich sein, und die Heerden leiden dann in dieser Jahreszeit hier weniger als im Osten. Tiefer Schneefall ist vornehmlich den Schaafheerden sehr verderblich, da die Pferde sich das Futter auch unter dem Schnee hervorzuscharren wissen. Nächst der Viehzucht ist die Jagd eine Hauptbeschäftigung der Kirgisen, die sie besonders im Winter auf die Pelzthiere betreiben, im Sommer dagegen auf die Antilopenheerden. Der Ackerbau ist bei den Kirgisen höchst unbedeutend, sie bauen etwas Gerste, weniger Waizen und Hirse [70]).

Durch ihren Tauschhandel sind die Kirgisen und besonders die von der mittlern Horde sehr wichtig für Rußland. Aber wie viel bedeutender und wichtiger dieser Tauschhandel für die Russen und Kirgisen bei größerer Thätigkeit und Sorgfalt der letztern sein könnte, zeigt der lebhafte Verkehr mit der kleinen bukeischen Horde, die durch die dreißigjährige Ruhe in einen sehr blühenden Zustand gekommen ist [71]). Der Viehreichthum der Kirgisen, vornehmlich an Schaafheerden, wovon manche reiche Kirgisen über 20,000 Schaafe besitzen, bildet einen Hauptgegenstand des Handels, der so viele nordische Provinzen des russischen Reiches mit so wichtigen Hülfsmitteln versorgt, und der in den Städten Orenburg, Troizk, Petropawlowsk, Semipalatinsk und Ustkamenogorsk betrieben wird, wo die Kirgisen die nöthigen Bedürfnisse des gewöhnlichen Lebens eintauschen. Sie sind übrigens im Handel sehr eigennützig, und suchen ihre Waaren so hoch als möglich abzusetzen, ein Umstand, der den Tauschhandel mit den Kirgisen so langweilig und unangenehm macht [72]).

Die Kirgisen sind Muhamedaner, aber in ihren religiösen Gebräuchen eben so unwissend als lau in der Ausübung derselben. Ihr ganzer Kultus besteht fast nur in der Beschneidung und in dem Hersagen kurzer Gebete nebst dem Hände-

---

[70]) Meyer a. a. O. II. S. 465 bis 470.

[71]) Lewschin a. a. O. II. S. 216.

[72]) Meyer bei Ledebour a. a. O. II. S. 471.

I. 1.

waschen vor und nach dem Essen. Die östlichen Kirgisen haben
nur sehr wenige Mullahs, die meistens aus Taschkend sind,
die westlichen Stämme werden dagegen von Rußland aus mit
tatarischen Mullahs versehen. Doch haben sie dabei auch
noch Zauberer und Wahrsager. Die Kaiserin Katharina II.
befahl die Anlegung von Moscheen und Schulen in der Nähe
von Orenburg und Troizk zur Bildung von muhamedanischen
Geistlichen, und im J. 1819 erhielt die kleine Horde auf die
Verwendung einiger vornehmen Kirgisen in einem der kirgisischen
Aeltesten einen eigenen Mufti oder Kadi als erste geistliche Per-
son in dem Hoflager des Chans. Die schottischen Missionare,
welche sich vor einigen Jahren in Orenburg zur Verbreitung
der Bibel unter ihnen niedergelassen haben, sind noch ohne
sichtbare Wirkung auf dieses Volk geblieben [73]). Die Kirgisen
haben einen eigenthümlichen Todtenkultus, indem sie ihre
Todte gern in der Nähe anderer Gräber oder Ruinen alter
von ihnen für heilig gehaltenen Gebäude beerdigen. Besonders
sind ihnen mehrere Orte in der Gegend von Taschkend heilig
und die Leichen reicher Sultane werden häufig dahin abgeführt [74]).

In den neuesten Zeiten hat die russische Regierung versucht den rohen Zustand der Kirgisen durch eine geregelte
Verwaltung zu mildern und zu verbessern. Die Stämme
und Geschlechter der Kirgisen, welche die Herrschaft der russischen Regierung anerkennen, sind in Aule, Wolosten und Kreise
(Okrugi) getheilt. Die Aule werden von Aeltesten, die Wolosten von Sultanen verwaltet, die Verwaltung der Kreise
aber wird von einem Prikas, oder Diwan bei den Kirgisen
genannt, besorgt, der unter dem Vorsitz eines ältesten Sul-
tans aus zwei russischen und zwei kirgisischen Beisitzern besteht.
So ist seit dem Jahre 1823 die große Kirgisen Kolonie Kat
Karaly in dem Lande der mittlern Horde auf den Wunsch
mehrerer kirgisischen Sultane unter dem Schutz der russischen
Regierung angelegt worden, die anfangs keine Abgabe zahlte,

---

[73]) Hermann bei Oldekop, Petersburger Zeitschrift IV. S. 210.
[74]) Meyer bei Ledebour. a. a. O. II. S. 459, 460.

ſich aber verpflichtete ſpäter eine jährliche Abgabe von ihren Heerden zu entrichten. Der Präſident des Prikas, ein Kirgiſen Chan, wird von den Kirgiſen ſelbſt auf drei Jahre gewählt, und von der ruſſiſchen Regierung beſoldet. Zum Schutz des Prikas und zur Aufrechterhaltung ſeiner Autorität hat der Ort Kar Karaly eine Beſatzung von 200 Koſacken und 40 Mann Infanterie mit Kanonen. Dieſer Ort iſt die einzige ruſſiſche Anſiedlung in der Kirgiſen-Steppe in einer der beſten Gegenden des Landes, und iſt uns beſonders bekannt worden durch den Beſuch Meyer's, des Reiſegefährten v. Ledebour's, im Jahre 1826. Kar Karaly iſt zum Getreidebau und Viehzucht gleich trefflich gelegen, in einer Entfernung von 250 Werſt von Semijarsk, mit welchem die Verbindung durch 5 Koſackenpikets unterhalten wird. Den Einfluß dieſer merkwürdigen ruſſiſchen Kolonie auf die Geſittung und Civiliſirung der Kirgiſen kann erſt die Zukunft lehren, da der hier angepflanzte Saame einer langen Pflege bedarf, um ſelbſt nur erſt Wurzel zu ſchlagen in dieſem Lande der Verwilderung [75]).

Dritter Abſchnitt.

Das Stromſyſtem des Irtiſch und Obi.

Unter den drei großen Stromſyſtemen, welche den weiten ſibiriſchen Norden des aſiatiſchen Erdtheiles bewäſſern, iſt leicht das Doppelſyſtem des Irtiſch und Obi für das in hiſtoriſcher und ethnographiſcher Beziehung wichtigſte Syſtem zu halten, wenigſtens hat es durch ſeine Weltſtellung, durch die Mannigfaltigkeit ſeiner Völkerverhältniſſe und durch die früher an ihm ſtattfindende hiſtoriſche Entwickelung unläugbar einen weit größern Einfluß auf das europäiſche Abendland ausgeübt als

---

[75]) Meyer bei Ledebour a. a. O. II. S. 438, 444.

die beiden andern Ströme des Jenisei und der Lena. Alle drei
bilden aber eine gemeinsame große Stromgruppe, die sibirische, welche nach dem Umfange des unter ihrem Einfluß
stehenden Areals die kolossalste Stromgruppe der Erde zu nennen ist. Denn alle drei entspringen gewissermaßen auf gemeinsamen Quellhöhen, der mittlern Gruppe des altaischen Gebirgssystemes, dem mongolischen Altai, und indem sie von
dort zu der großen polarischen Niederung Asiens hinabführen,
gehen sie in ihrem mittlern Laufe weit divergirend aus einander, um in ihrem Mündungslande an den Küsten des Eismeeres sich wiederum auf höchstens dreihundert Meilen zu
nähern. Das Jrtisch- und Obi-System theilt mit den beiden
andern die eigenthümliche Natur eines jedoch nur halb ausge-
bildeten Doppelstromsystemes, es ist gleichsam der unvollendete
Versuch der Natur, Zwillingsstrompaare hervorzubringen,
wie wir sie auf die vollendetste Weise in den chinesischen, indischen und aramäischen Zwillingsströmen in dem übrigen Asien
wahrnehmen, die grade dadurch so einflußreich auf die Entwickelung ihrer Anwohner gewesen sind.

Aber was dem Stromsystem des Jrtisch und Obi an
vollendeter Naturbildung abging, das ist ihm reichlich ersetzt
durch die merkwürdige Weltstellung, wodurch dieses System
ganz einzig in Asien dasteht, und nur auf gewisse Weise mit
dem Indus-Systeme zu vergleichen ist, welches unter demselben Meridian, 90° O.L., nur mehr südwärts die Grenzmark
zwischen dem östlichen und westlichen Asien bildet. Denn das
Jrtisch-Obi-System steht in Beziehung zu zwei ganz verschiedenartigen Gebirgssystemen, zu dem des Altai, aus welchem es
herkömmt, und dem des Ural, dessen Ostseite es mit seinen
westlichen Zuflüssen von Süden nach Norden begleitet. Dadurch verknüpfen der Jrtisch und Obi eine dreifache Welt,
zunächst den asiatischen Osten mit dem asiatischen Norden, und beide wieder mit dem europäischen Abendlande
jenseit des Ural. In dem Gebiete des Jrtisch und Obi sind
sich der Osten, Norden und Westen der alten Welt am meisten nahe gerückt, und der Einfluß, der sich daraus auf die
Völkerzüge und Völkerberührungen ergiebt, erhellt von selbst.

Der Doppelstrom des Irtisch und Obi hat dadurch sein histo-
risches Gepräge erhalten, und seine größere historische Würde
vor den beiden andern sibirischen Strömen läßt sich schon daraus erkennen, daß der Name Sibirien, der jetzt den gesammten Norden des asiatischen Erdtheiles bezeichnet, sich von
den Ufern des Irtisch aus bis zum Meere von Ochozk hat
verbreiten können. Alle drei sibirischen Wassersysteme gehören
zu den Riesenströmen der Erde, denn der Irtisch=Obi=Strom
hat eine Länge von 460 Meilen, und er bewässert dabei ein
Gebiet von ungefähr 64,000 ☐ Meilen. Von den beiden großen Quellströmen dieses Systemes ist der Irtisch offenbar der
bedeutendere, obschon er später seinen Namen an seinen minder
großen und wichtigen Nebenstrom abgiebt; wir bezeichnen daher dies System richtiger immer mit dem Doppelnamen.

Der Irtisch=Fluß.

1) **Der obere Lauf.** Erst seit der Zeit der Wanderungen der Mongolen und turktatarischen Völker ist der Irtisch
in Europa bekannt geworden, und wir kennen ihn daher nur
bei seinem bei den Tataren üblichen Namen [1]), von denen er
Irtys Jelga oder Ertschis genannt wird. Seine Quellen
hat der Irtisch denen des eigentlichen Obi nahe benachbart,
sie entspringen beide auf dem westlichen oder türkischen Altai,
aber dort, wo sich derselbe dem mittlern oder mongolischen
Altai anschließt; ihre Quellströme laufen dort nach entgegen=
gesetzten Richtungen ab, die des Irtisch nach Süden, die des
Obi nach Norden. Die Quellen des Irtisch liegen auf dem
Theile des türkischen Altai, welcher im engern Sinne der
große Altai oder Ektagh genannt wird, wo im sechsten
Jahrhundert die mächtige Türken=Herrschaft [2]) aufblühete,
welche durch die Verbindung mit den byzantinischen Kaisern
zum erstenmale den Einfluß des türkischen Volkes auf
das europäische Abendland geltend machte. Dort unter dem
48° N. Br. fließt der Irtisch aus sieben Quellbächen zusam-

---

[1]) **Falk**, topogr. Beiträge I. S. 258.
[2]) **Klaproth**, tableaux historiques de l'Asie p. 115.

men, welche alle besondere Namen führen, weshalb es eine irrthümliche Angabe der frühern Berichterstatter [3]) ist, daß der Irtisch aus vier Quellbächen entstehe, die alle den Namen Irtisch führten. Dieser Name wird dem mächtigen Strome erst unterhalb der Vereinigung jener sieben Quellen beigelegt [4]). In einem erhabenen Steppenthale zieht sich der obere Quell=strom des Irtisch am Südfuße des Ektagh von Osten nach Westen hin noch innerhalb des chinesischen Gebietes, von wel=chem jener Ektagh hier den großen nordwestlichen Grenzstein bildet, und erreicht bald den großen Steppensee, den Saisan Nor. Dies ganze Hochthal des Irtisch nebst der flachen Ge=gend um den Saisan=See, und noch mehr die südwärts gele=genen Steppen um den Balkasch=See, schätzt Humboldt [5]) höchstens 300 Toisen oder 1800 F. über dem Spiegel des Oceans. Also von so geringen Höhen hat der gewaltige Strom noch einen Lauf von fünftehalb hundert Meilen zurückzulegen, und wohl nur durch die Schnellkraft, welche er bei seinem Durch=bruch durch die vorgelagerten altaischen Gebirgsketten empfängt, ist es zu erklären, daß er bei seinem weiten Laufe durch die flachen Niederungen noch diese schnelle, rasche Strömung hat. Der Saisan Nor ist nichts als eine mächtige Erweiterung des Irtisch in einer Ausdehnung von 200 Werst Länge und 50 W. Breite [6]); seine Ufer sind fast überall flach, zuweilen hüglig, aber nirgends über 20 Fuß hoch. Bei dem Ausfluß des Irtisch und an den meisten andern Stellen sind die Ufer sumpfig, mit Rohr dicht bewachsen und von wilden Schweinen bevölkert. Die ganze Umgebung ist thoniger Steppenboden [7]). Gegen Norden strömt der Irtisch aus dem Saisan=See wieder her=vor unter 48° N. Br. und 102° O. L., und fließt an den westlichen Vorgebirgen des Ektagh vorüber bei der Fischerei Alexejew noch auf chinesischem Gebiete, in einer langsamen Strömung mit einem sehr gewundenen Laufe und viele große

---

[3]) Falk, topogr. Beiträge I. S. 384.
[4]) Meyer bei Ledebour, Reise II. S. 251.
[5]) Humboldt, fragmens asiatiques I. p. 27.
[6]) Rußlands Wasserverbindungen S. 253.
[7]) Meyer bei Ledebour, Reise II. S. 250.

flache Inseln bildend. Er hat da viele seichte Stellen, so daß manche Arme gar nicht zu beschiffen sind. Die Ufer der Inseln und der Gestade sind fast ganz baumlos, nur sparsam zeigen sich Weiden, dagegen sind sie dicht bewachsen mit hohem Rohr, dem Aufenthalt von zahlreichen Wasservögeln und Ebern. Die Thalrinne des Irtisch bildet eine ausgedehnte Niederung zwischen der etwas höhern Thonsteppe. Erst bei der Einmündung des kleinen Steppenflüßchens Kurtschum, der von Osten von den Vorgebirgen des Ektagh herabkommt, wird seine Strömung schneller, die Ufer erheben sich mehr, doch setzt das dürre Steppenland fort bis nach Baty, wo die beiden letzten chinesischen Wachtposten stehen, denen gegenüber mehr abwärts ein russischer Wachtposten sich befindet[8]). So weit das Steppengebiet am obern Irtisch reicht, so weit reicht auch das chinesische Gebiet, denn gleich unterhalb Baty an der Einmündung des kleinen Flusses Narym beginnt das Gebirgsland, die nordwestlichsten Ketten des Altai, die nun der Strom durchbrechen muß, um die weiten Steppenebenen an seinem mittlern Laufe zu erreichen. Doch ist der Strom dort noch so seicht, daß ihn die Karavanen daselbst zu durchsetzen pflegen, die von dem chinesischen nach dem russischen Gebiete gehen, und dem linken Ufer des Flusses auf der Straße nach Ustkamenogorsk und Semipalatinsk folgen[9]).

Gleich bei dem Eintritt in das Gebirgsland auf russischem Gebiete wird der Irtisch unter rechtem Winkel nach Westen hinübergeworfen unter 49¼° N. Br., und er behält nun diese westliche Richtung bis nach Semipalatinsk und Semijarsk auf einer Strecke von sechs Längengraden von 102 bis 96° O.L., wo mit dem Verschwinden der letzten Vorhöhen des Altai der mittlere Stromlauf in der Richtung nach Nordwest beginnt. Mit dem Kurtschum und Narym-Gebirge auf der Ostseite des Irtisch fangen die altaischen Kettenzüge an, welche der Strom als einen großen ihm vorgeschobenen Riegel zu durchbrechen hat, und welche vor ihrer Spaltung das ganze

---

[8]) Meyer a. a. O. II. S. 283, 286.
[9]) Meyer a. a. O. II. S. 294 bis 296.

obere Hochthal des Irtisch zu einem gemeinsamen großen Binnensee machen mußten. Jene beiden kleinern Gebirge werden
auf der Nordseite umströmt von dem Gebirgsflusse Buchtarma, dem ersten bedeutenden Zustrom des Irtisch, der eine
Länge von 200 Werst hat, und aus dem Quellgebiet des Obi
kommt. An der Einmündung der Buchtarma in den Irtisch
liegt die erste russische Stadt Buchtarminsk auf dem rechten, steilen Ufer der Buchtarma auf einem nackten Granitfelsen, der nur eine Werst von der Stadt schroff zum Irtisch
abstürzt. Die kleine die Stadt umgebende Ebene ist überall
von Bergen umsäumt, welche nordwärts sich zu der bedeutenden Höhe von 6630 F. erheben [10]). Buchtarminsk ist erst
seit 1791 angelegt und zum Waffenplatz bestimmt für die nach
Entdeckung der reichen Erzgrube Syrjanowsk an der untern
Buchtarma östlich verlängerte irtischische Linie [11]). Schon im
Alterthum war die Umgegend von den fleißigen Tschuden bergmännisch bearbeitet, denn man findet noch jetzt dort viele
Tschuden Gruben, vornehmlich da, wo heut zu Tage Kupfergruben vorhanden sind [12]).

Von dem Einfluß der Buchtarma wird die Strömung des
Irtisch viel schneller und oft reißend. Diese schnellere Strömung wird hauptsächlich durch die einengenden Gebirgsmassen
und den stärkern Fall bedingt, denn letzterer beträgt von Buchtarminsk nach Ustkamenogorsk, der nächsten Stadt, auf eine
Entfernung von ungefähr 18 Meilen an 374 par. Fuß. Die
Gebirgsabhänge am rechten Ufer sind meistens sehr steil, schroff
und nackt, die des linken Ufers mehr sanft und mit Humus
bedeckt. Doch sind auch bisweilen große Strecken am rechten
Ufer weniger steil und ganz mit Erde bedeckt, so wie auch am
linken Ufer sich oft ungeheure, senkrechte, nackte Wände erheben, von denen besonders eine Stelle durch die senkrechte,
äußerst hohe frei stehende Spitze, von den Kosacken Hahnen

---

[10]) M. v. Engelhardt bei Ledebour, Reise in den Altai I. S. 415.
[11]) Meyer bei Ledebour, Reise II. S. 202.
[12]) Sievers, sibirische Briefe bei Pallas, N. Nord. Beiträge VII.
S. 250.

kamm (Pjetuschji Greben) genannt, sehr auffällt. An vielen Stellen erhebt sich das Ufer so steil aus dem Wasser, daß zu Lande gar nicht fortzukommen ist. An andern Stellen treten große schroffe Felsen in den Fluß hinein, hin und wieder finden sich kleine Wasserfälle, und bisweilen bricht sich der Strom mit Macht gegen die Felsen. Dies ist besonders da der Fall, wo der Fluß eine wenn auch nur wenig veränderte Richtung annimmt; diese Stellen sind für die Schifffahrt sehr gefährlich, und die gefährlichste Stelle heißt bei den Schiffern die sieben Brüder. Sonst ist die Fahrt stromabwärts weder schwierig noch gefährlich, und Unglücksfälle sind selten, aber mit vielen Schwierigkeiten werden die Fahrzeuge stromaufwärts gebracht. Da die Strömung sehr heftig ist, so ist durch Rudern fast nichts auszurichten, und die Fahrzeuge müssen gezogen werden. Dies verrichten Menschen, und da bald das eine, bald das andere Ufer nicht gangbar ist, so müssen die Arbeiter oft über den Fluß gesetzt werden, was mit Pferden zu schwierig sein würde. An Stellen, wo beide Ufer nicht gangbar sind, werden vermittelst kleiner Böte Anker, an denen lange Seile befestigt sind, aufwärts gebracht und ausgeworfen, und so die Fahrzeuge weiter geschleppt. Stromabwärts legt man die Strecke zwischen Buchtarminsk und Ustkamenogorsk, welche zu Wasser 120 bis 130 Werst beträgt, leicht an einem Tage zurück, stromaufwärts aber in kleinern Böten in 3 bis 5 Tagen, mit größern Fahrzeugen in 8 bis 10 Tagen[13]). Buchtarminsk liegt noch in einer Höhe von 1511 par. F., aber Ustkamenogorsk nur noch in einer Höhe von 1137 par. Fuß[14]).

Die Stadt und Festung Ustkamenogorsk unter 50° N. Br., welche ihren russischen Namen von der Lage an dem großen Felsenthore des Irtisch im westlichen Altai hat, ist die älteste Ansiedlung der Russen in diesem Gebiete. Denn schon Peter der Große hatte, bemüht die reichen altaischen Schätze seinem neu begründeten Staate zuzuwenden, noch während des nordischen Krieges eine große Expedition dorthin ausge-

---

[13]) Meyer a. a. O. II. S. 319 bis 321.
[14]) Ledebour, Reise in den Altai I. S. 403, 409.

sandt, welche von vielen des Bergbaus kundigen Schweden
begleitet, die in russischer Kriegsgefangenschaft waren, von
Tobolsk aus mitten durch wilde Völkerstämme am Irtisch hinauf erobernd vordrang, und zur Sicherung der Kommunikation mit der sibirischen Hauptstadt überall an dem rechten
Stromufer Verschanzungen und Reduten anlegte [15]).   Ustkamenogorsk, der äußerste Punkt, bis wohin die Russen damals
siegreich in den Altai eindringen konnten, wurde als Haupt-
vorwerk der russischen Macht in dieser Gegend von dem General Licharew ums Jahr 1720 angelegt auf einer kleinen
Anhöhe auf dem rechten Ufer des Irtisch.   Die eigentliche
Stadt, welche ziemlich bedeutend ist, liegt in einiger Entfernung von der Festung, und zwar viel tiefer, weshalb sie auch
bisweilen den Ueberschwemmungen des Irtisch ausgesetzt ist [16]).
Ungefähr 12 bis 14 Werst oberhalb Ustkamenogorsk ergießt
sich in die linke Seite des Irtisch grade von Süden nach Norden gehend das zwar nur kleine, aber durch seine Alterthümer
merkwürdige Flüßchen Ablakitka.   Es ist seicht, fließt auf
kiesigem Grunde, hat aber gutes Wasser; sein schmales Thal
wird links von niedrigen, steilen, dürren Schieferfelsen eingeengt, rechts breitet es sich mehr aus.   Mehr südwärts steigt
das Granitgebirge auf, das sich in seinen Spitzen über 3000 F.
erheben soll, von steilem, wilden und zerrissenen Ansehn, mit
Nadelholz bewachsen.   Bei den Russen heißt es das Ablakit
Gebirge.   An beiden Seiten des Flusses finden sich zahlreiche
Tschuden Gräber, hin und wieder ist an einem Ende derselben
eine Schieferplatte aufgerichtet, und an einer der Platten erkannte Meyer noch deutlich die Züge einer grob ausgehauenen
menschlichen Larve.   An verschiedenen Stellen zeigen sich auch
Gruppen von Kirgisen Gräbern.   Die Tschuden Gräber ziehen
sich von hier in großer Anzahl südwärts fort bis zu dem hohen
Tarbagatai auf der russisch-chinesischen Grenze zwischen den
beiden Steppen-Seen Saisan im Nordost und Balkasch im

---

[15]) Müller, Sammlung russ. Gesch. IV. S. 213.
[16]) Meyer bei Ledebour, Reise II. S. 192.

Südwest gelegen [17]). In einer Entfernung von 70 Werft von Uftkamenogorsk erreicht man die fogenannten ablakit=fchen Palaten, die Ueberrefte eines jetzt größtentheils zer=ftörten Tempels, der im Jahre 1654 von dem fongarifchen Fürften Ablai erbaut worden ift, und von welchem fchon Pallas auf feinen frühern Reifen durch die Kirgifen Steppen Nach=richten mittheilte [18]). Die Kirgifen haben die großen feften Backfteine meiftens weggebrochen, um ihren verftorbenen Für=ften Grabmäler zu bauen, fo daß jetzt nur noch die Funda=mente und die den Platz einfchließende Mauer zu fehen ift. Merkwürdig ift, daß die Erbauer diefer Gebäude die Mauern auch bis auf die höchften kaum zugänglichen Spitzen des nach Norden zu liegenden Berges fortgeführt haben; auch finden fich zwei Stellen, wo Riffe in dem Berge offenbar künftlich erweitert worden find um als Ausgänge zu dienen. Auffallend ift dafelbft der kleine etwa 100 Fuß lange und 50 F. breite See, der auf dem Berge nach Nordweften zwifchen zwei ftei=len Felswänden eingepreßt ift; er ift tief, hat braunes aber ziemlich gutes Waffer, und enthält viele fchöne Karaufchen, welche von den Bewohnern von Uftkamenogorsk gefifcht wer=den. Um die Ruinen der Gebäude liegen viele Gräber, die ganz das Anfehn der fogenannten Tfchuden Gräber haben, vielleicht aber nur den kalmückifchen Songaren, welche hier früher herrfchten, ihr Dafein verdanken. Denn nach diefem Volke pflegte man früher in Sibirien alle Gebirgsgruppen und Ketten auf der Weftfeite des obern Irtifch das fongarifche Gebirge zu nennen [19]). Bei früher dort angeftellten Nach=

---

[17]) Sievers, fibirifche Briefe bei Pallas, N. Nord. Beiträge VII. S. 257.

[18]) Pallas, Reifen durch verfch. Prov. II. S. 545. Auch in fofern find diefe Denkmale von hohem Intereffe, als von hier in der erften Hälfte des achtzehnten Jahrhunderts die erften Sanskrit=Schriften nach Europa gebracht wurden, ehe diefelben noch den Engländern in Indien bekannt wurden. Gmelin, Reife durch Sibirien I. S. 235 bis 237. Vergl. Erich Larmann, fibirifche Briefe herausgegeben von Schlözer. Göttingen 1769. 8. S. 14.

[19]) Falk, topogr. Beiträge I. S. 380.

grabungen soll man in jenen Gräbern außer Gebeinen blos noch einen kupfernen Krug gefunden haben [20]), was merkwürdig genug, wenn es nicht ein zufälliger Umstand ist, auf die wirklichen alten Tschuden hinweisen würde.

Bei Ustkamenogorsk ist der Irtisch noch ziemlich reißend, aber von da an bis nach Semipalatinsk wird seine Strömung langsamer, er macht viele große Krümmungen und ausgedehnte Inseln, die für die Anwohner vortreffliche Heuschläge geben. An den meisten Stellen ist der Strom hinreichend tief, doch mangelt es auch nicht an seichten Stellen, die besonders bei niedrigem Wasserstande schwierig zu passiren sind [21]). Bis nach Semipalatinsk hat der Irtisch, obschon in einer doppelten Entfernung von Ustkamenogorsk als letzteres von Buchtarminsk gelegen, nur ungefähr einen Fall von 70 Fuß, da Semipalatinsk eine Höhe von 1080 par. F. über dem Meere hat. Diese Festung wurde erst nach dem Jahre 1772 angelegt, sie liegt an funfzehn Werst östlicher als die alte Festung, die jetzt nur noch eine Redute ist. Diese neue Festung ist auf dem hohen, sehr steilen rechten Ufer des Irtisch angelegt, noch erblickt man bei ihr die Grundlagen von drei alten Gebäuden, und in einiger Entfernung die Spuren von vier andern Palaten, wovon der ganze Ort ursprünglich den Namen der sieben Palaten (Semipalatinsk) erhalten hat [22]). Die Festung ist nicht groß, hat steinerne Wälle, die aber nach Süden hin sehr verfallen sind, und einen trocknen Graben. Die Stadt liegt von der Festung östlich, eine halbe Werst davon, ist ziemlich groß, hat aber nur hölzerne Häuser, und ist von Russen, Tataren und Kirgisen bewohnt, weshalb sich auch vier Moscheen daselbst befinden [23]). Semipalatinsk ist der bedeutendste Handelsort am obern Irtisch, früher war der Handel daselbst noch bedeutender, und hat nur erst jetzt etwas abgenommen seit dem Emporkommen von dem benachbarten Petropaw

---

[20]) Meyer bei Ledebour, Reise in den Altai II. S. 324 bis 328.
[21]) Meyer bei Ledebour, Reise II. S. 343.
[22]) Der ältere Gmelin fand diese Palaten noch in einem ziemlich guten Zustande vor; vergl. Gmelin, Reise durch Sibirien I. S. 216.
[23]) Meyer a. a. O. II. S. 509.

lowsk. Der Handelsverkehr besteht vornehmlich mit den Kirgisen und zwar mit denen der mittlern Horde. Nicht minder bedeutend ist aber der ausländische Handel, der sich bis nach Kokan, Taschkend, Kaschgar, ja bis nach China und bis Kaschmir erstreckt; er wird theils durch russische Tataren besorgt, theils durch ausländische Asiaten, besonders Taschkender, welche sich in Semipalatinsk zahlreich aufhalten und auch die hauptsächlichsten Jahrmärkte Rußlands besuchen [24]).

Der Irtisch tritt bei dieser Stadt aus den letzten altaischen Gebirgsketten heraus, und durchsetzt bis nach Semijarsk unter 51° N. Br. und 96° O. L. nur noch einzelne Vorhöhen, um sodann mit der nach Nordwest veränderten Richtung durch die weiten Steppenebenen seinen mittlern Lauf zu beginnen. Das Kosackenstädtchen Semijarsk ist schon ganz von Steppen umgeben, und der Boden ist dort zur Ackerkultur ganz ungeeignet; denn er ist theils salzhaltige, steinige und thonige Steppe, theils Sandboden [25]). Die Thalrinne des Irtisch ist hier zwei Werst breit, bildet eine Wiesenniederung und ist mit Weidengebüsch bedeckt. Auf beiden Seiten erhebt sich höherer Steppenboden, vornehmlich auf der linken westlichen Seite, wo von Semipalatinsk bis nach Semijarsk an 30 bis 40 Fuß hohe Kalksteinwände den Ufersaum des Irtisch bilden [26]). Schon bei Semipalatinsk macht sich das eigenthümliche Steppenklima geltend, und bei einer ähnlichen Lage mit Orenburg auf dem Grenzsaume des Gebirges gegen die Steppe unter fast gleicher geographischer Breite, und nur an 25 Grad mehr ostwärts gerückt, zeigen sich auch hier ähnliche klimatische Erscheinungen. Die Extreme einer drückenden Hitze in den Sommermonaten, welche schnell mit einer sehr strengen, bis zu 30° gesteigerten Kälte abwechselt, sind jeder feiner organisirten Vegetation, und namentlich aller Obstkultur sehr nachtheilig [27]).

---

[24]) Meyer a. a. O. II. S. 504.

[25]) Meyer a. a. O. II. S. 486, 488.

[26]) Engelhardt bei Ledebour, Reise in den Altai I. S. 418, 421.

[27]) Meyer bei Ledebour, Reise II. S. 510.

Unter den Bewohnern des obern Irtisch=Gebietes sind nächst den Kirgisen die zahlreichsten die Kosacken. Diese Irtisch=Kosacken, ein Zweig der weit verbreiteten sibirischen, stammen von den uralischen oder jaikschen Kosacken ab, und sind ein schön gebildeter, tapferer Menschenschlag. Sie bilden die eigentlichen Wächter der Irtisch=Linie, welche hier seit Peters des Großen Zeit am obern Irtisch zum Schutze des südwest=lichen Sibiriens und vornehmlich der russischen Bergwerksko=lonien im goldreichen Altai gegen die Ueberfälle der Kirgisen errichtet ist; denn sie haben alle Vorposten und Reduten zu bewachen, während die Hauptfestungen an dem obern Irtisch entlang noch von Infanterie und Artillerie besetzt sind. Diese Irtisch=Linie scheidet das Land der europäischen Ansiedlun=gen im westlichen Sibirien auf der Ostseite von den öden Steppen der kirgisischen Nomadenhorden auf der Westseite, und die Irtisch=Kosacken spielen hier eine ähnliche Rolle, wie weiter im Westen die orenburgischen und uralischen Kosacken am Ural=Flusse. Sie sind alle uniformirt, bilden eine treff=liche Reiterei, und sind gut bewaffnet; sie sind von allen Ab=gaben frei, aber sämmtlich zum Militärdienst verpflichtet. Wenn sie zum Dienst nicht mehr fähig sind, so treten sie in die Reserve zur Besorgung des innern Dienstes, wie um Rei=sende, welche in Verwaltungsgeschäften reisen, zu befördern und dergleichen. Der Dienst selbst ist nicht beschwerlich, da diese Gegenden meist einer tiefen Ruhe genießen. Jährlich werden alle dienstthuenden Kosacken im Sommer versammelt, um auf sechs Wochen ein Lager zu beziehen, wo sie Waffen=übungen anstellen, aber während der übrigen Zeit des Jahres sind sie ganz frei, wenn nicht besondere Veranlassungen eintre=ten. Alle zum Dienst eingezeichneten Kosacken erhalten Waffen, Ammunition und ein Pferd. In jeder Redute befehligt ein Pjatidesjatnik (ein Befehlshaber über funfzig Mann), mehrere Reduten zusammen bilden eine Schwadron, die von einem Sotnik (Befehlshaber über hundert Mann) commandirt werden; eine Reihe von Reduten zusammen bildet ein Regiment unter dem Befehl eines Jessaul, drei Regimenter bilden wieder eine Bri=gade unter einem besondern Befehlshaber, und das ganze Corps

steht unter einem Ataman und einer Kriegskanzlei, die ihren
Sitz zu Omsk am mittlern Irtisch hat. Der jeder Redute
zugetheilte Boden wird als Gemeingut benutzt, jeder Kosack
baut so viel Land als er will, auch die Weide wird gemeinschaftlich benutzt, und das Vieh weidet in Heerden unter der
Aufsicht von Leuten, wozu die Kosacken gern Kirgisen nehmen.
Die Wiesen werden zur Heuzeit unter die Kosacken vertheilt,
und jeder mäht so viel als ihm beliebt. Doch ist der Ackerbau und die Viehzucht bei ihnen nur so stark als es das Bedürfniß erfordert, mit der Jagd beschäftigen sich nur wenige,
dagegen bildet die Fischerei einen bedeutenden Nahrungszweig
der Kosacken, ähnlich wie bei denen am Jaik, und im ganzen
sind sie daher auch wohlhabend. Ausgezeichnet sind sie auch
durch ihre Liebe zur Ordnung und Reinlichkeit [28]).

Da die Fischereien am obern Irtisch den dortigen
Kosacken die wichtigste Beschäftigung und Unterhalt gewähren,
so kommen sie hier besonders noch in Betracht. Ehemals er-
streckten sich die Fischereien der Russen den Irtisch hinauf nur
bis Baty, jetzt aber ist die alexejewsche Fischerei oberhalb der
Mündung des Kurtschum die letzte am Irtisch abwärts. Die
übrigen Fischereien sind zwischen dieser und bis gegen 20 Werst
vom Saisan Nor hinauf. Vor einigen Jahren befand sich
nur eine große Fischerei am Irtisch einige Werst vom Saisan
Nor entfernt, diese wurde auf Rechnung der Kriegskasse der
Kosacken unterhalten, und keinem andern dort weiter erlaubt
zu fischen. Die Kosacken waren verpflichtet, Arbeiter zu Fuß
und zu Pferde dazu zu stellen, wogegen sie von dieser Fischerei
für mäßige Preise mit Fischen und Kaviar versorgt wurden.
Später hob man dies auf, weil es für unzweckmäßig befun-
den wurde, und man stellte jedem gegen eine bestimmte Abgabe die Fischerei frei. Doch sind um Unordnungen vorzubeugen eigene Gesetze vorgeschrieben zur Anlage der bestimmten
Fischereien und für die Betreibung derselben, und eigene Beamten zur Aufsicht darüber angestellt [29]). Im Frühjahr,

---

[28]) Meyer a. a. O. II, S. 511 bis 515.
[29]) Meyer a. a. O. II. S. 311, 312.

sobald der Irtisch vom Eise befreit ist, eilen die Fischer zum
Saisan Nor und zum obern Irtisch. Gewöhnlich vereinigen
sich zwei bis sechs Mann und bilden eine Kameradschaft (Artel),
um gemeinschaftlich zu fischen; sie gehen in Böten den Irtisch
hinauf und wählen sich einen günstigen Ort zur Fischerei. Die
meisten bleiben an dem untern Irtisch stehen, nur wenige
durchschneiden den See, um im obern Irtisch zu fischen.
Viele halten sich hier nur einige Monate auf, einige bleiben
bis zum Herbst, nur wenige fischen auch den ganzen Winter
hindurch. Gefangen werden im Irtisch besonders Störe (Os-
setrini, Acipenser Sturio L.) und Sterleden (Sterledi, Acip.
ruthenus L.) [30]), welche zusammen Krasnaja ryba d. h.
rothe oder schöne Fische heißen. Im Saisan Nor und obern
Irtisch fängt man vornehmlich die Lachsarten Njelma (Salmo
Nelma) und Talmeen (Salmo fluviatilis), weniger Quappen
und Hechte, welche auch im untern Irtisch gefangen werden
und mit den beiden andern zusammen den Namen Bjelaja
ryba führen. Die Art der Fischerei ist verschieden, je nachdem die Fischer Störarten oder Weißfische (Bjelaja ryba)
fangen wollen. Zum Störfang ist der Frühling besonders
günstig, dagegen im Sommer fast gar keine, und im Herbst
viel weniger als im Frühlingsanfang gefangen werden. Die
Fischer suchen solche Stellen aus, wo der Hauptarm des
Stromes weniger breit und die Nebenarme sehr seicht sind,
oder auch wo der Strom an beiden Ufern seicht ist und die
Hauptströmung enger wird. Denn da die Störarten ziemlich
tief streichen, so vermeiden sie die seichten Stellen, und drängen sich nach den tiefern Strömungen hin. An den beiden
Seiten dieser tiefern Stellen, und wenn diese sehr breit sind,
auch in der Mitte werden starke Pfähle eingerammt, daran
befestigt man ein starkes Seil quer über den Fluß, und hieran
sind wieder zahlreiche lange Schnüre mit Angelhaken geknüpft.
Die trübe Fluth des Irtisch begünstigt den Fang, indem sie
den Fischen den Haken verbirgt, und nur das daran befestigte
Hölzchen durchschimmern läßt, welches die großen Fische für

---

[30]) Falk, topogr. Beiträge III. S. 414.

kleinere halten und darauf losschießen. In den obern Irtisch
steigen nur selten Sterlede hinauf, Störe fast niemals, daher
beschäftigen sich die dort fischenden Kosacken mit dem Fange
der Weißfische vornehmlich der beiden größern Arten derselben
vermittelst großer langer Wurfnetze. Im Saisan Nor wird
hauptsächlich des Winters unter dem Eise mit Wurfnetzen gefischt, wobei man besonders Weißfische fängt. Die Sterleden
und Störe, welche in der Nähe des Saisan Nor gefangen
werden, sind außerordentlich wohlschmeckend und vornehmlich
die Störe sehr fett. Sterleden von der Länge eines Arschin
sind sehr häufig; die, welche nur dreiviertel Arschin lang sind,
gelten auch nur für einen halben Fisch. Die Störe sind gewöhnlich zwischen zwei bis drei Pud schwer [31]).

Die Zubereitung der Fische ist hier sehr einfach, aber
auch sehr schlecht. Die Rothfische werden durch einen Schlag
auf den Kopf getödtet, dann abgewaschen und der Länge nach
aufgeschnitten, die Rückensehnen, Schwimmblasen und der
Rogen herausgenommen und das streifenweise zerschnittene
Fleisch theils gesalzen, theils getrocknet. Die getrocknete Rücken-
sehne wird unter dem Namen Wesiga meistens an die Mongolen, Mandschuren und Kalmücken verkauft. Kaviar wird
hier nur wenig bereitet; einige Rothfische werden auch frisch
bis nach Buchtarminsk verführt. Auch die Weißfische werden
theils gesalzen, theils getrocknet, und im Winter werden die
Fische gefroren verführt. Von jedem Störe muß eine Abgabe von 250 Kopeken entrichtet werden, von jedem Sterleden
aber nur 25 Kopeken, dagegen sind Kaviar, Wesiga, Fischleim,
Fischfett und alle Arten von Weißfischen von Abgaben frei.
Die jährliche Einnahme beträgt zwar nur 10 bis 12,000 Rubel
B. Ass., aber außer den an Ort und Stelle verzehrten Fischen
und außer demjenigen, was verdorben oder nicht als voll angenommen wird (wozu überdies der chinesischen Wache jährlich
an 500 Sterleden als Abgabe geliefert werden müssen, da die
ganze Fischerei auf chinesischem Gebiete statt findet), berechnet
man den jährlichen Fang doch auf 3000 Störe und 30,000 Ster-

---

[31]) Meyer bei Ledebour, Reise II. S. 313 bis 315.

leben und eine verhältnißmäßige Anzahl von Weißfiſchen. Auf
jeden Fall bildet die Fiſcherei für die Anwohner des Irtiſch
einen nicht unbedeutenden Erwerbzweig, um ſo mehr als die
Zurüſtungen dazu nur wenig koſten, und ſo lange die Fiſche
hier verweilen, ſind Fiſche ihre Hauptnahrung. Doch eſſen
ſie bloß die Rothfiſche, und greifen nur in der höchſten Noth
zu den andern. Auch iſt der Genuß der friſchen Rothfiſche,
wie Meyer aus eigener Erfahrung kennen lernte, durchaus
unſchädlich, nur vermuthete er, daß der Genuß der ſtark ver-
dorbenen, geſalzenen und getrockneten, ranzigen Fiſche die Haupt-
urſache der häufig in Buchtarminsk und Uſtkamenogorsk herr-
ſchenden Wechſelfieber ſeien [32]).

2) Der mittlere Lauf. Mit dem völligen Austritt
des Irtiſch aus dem Gebirgslande bei Semipalatinsk und Semijarsk beginnt auch ſogleich die veränderte Richtung des
Stromes nach Nordweſten, welche er, wenn auch mit vielen Krümmungen, faſt während dieſes ganzen Theiles ſeines
Laufes auf die Strecke von anderthalb hundert Meilen in grader Richtung von 51 bis 58½° N. Br. bis nach Tobolsk beibe-
hält. Denn dort wo er den öſtlichen Ural Begleiter, den Tobol, in ſich aufnimmt, biegt er wieder um, und giebt dem
geſammten, vereinigten Stromſyſtem des Irtiſch und Obi ſeine
Richtung nach Norden. Als ein mächtiger, waſſerreicher
Strom tritt der Irtiſch in die weiten weſtſibiriſchen Steppenebenen ein, die ſich zwar nur wenig über den Spiegel des Meeres erheben, aber doch noch von mancherlei Hügelbildung
durchzogen ſich von der eigentlichen Niederung am Polarmeere
weſentlich unterſcheiden. Es reicht dieſer mittlere Stromlauf
bis dahin, wo die Vereinigung des Irtiſch und Obi unter
61° N. Br. nach der Umbiegung des Irtiſch bei Tobolsk gegen Norden unter 58½° N. Br. den Austritt des Stromſyſtemes aus dem hüglichten Steppenlande bezeichnet. Dieſe Grenzmark zweier verſchiedener Regionen, welche ungefähr
unter dem 60° N. Br. unter gleichem Parallel mit dem merkwürdigen nord-ruſſiſchen Landrücken im Norden der obern

---

[32]) Meyer a. a. O. II. S. 316 bis 318.

Wolga in den cisuralifchen Ebenen liegt, läßt fich von die=
fem Oftfuße des Ural am Jrtifch aus oftmärts durch ganz
Sibirien über die Stromfyfteme des Jenifei und Lena hinaus
immer in gleichem Abftande von dem altaifchen Gebirgsfyftem
bis zum Golf von Ochozk verfolgen, und leicht an der eigen=
thümlichen Umbiegung der Hauptquellftröme jener Stromfyfteme
erkennen. Eben diefe mittelfibirifche Region ift es, welche
eigentlich das ruffifche Kolonialland in Afien bildet, durch
welche fich von dem Ural bis zum äußerften Oftmeere die
Reihe der großen Städte und Anfiedlungen aller Art hindurch=
zieht, und auf die Bildung diefer Landfchaft fcheinen die fibi=
rifchen Riefenftröme nicht wenig eingewirkt zu haben. Denn
ihr unterer Lauf durch die Geftadelandfchaften des Polarmee=
res ift mehr als die Hälfte des Jahres mit Eis belegt, und
daher fchwellen ihre obern Waffer zur Frühlingszeit fehr auf,
weil fie nicht fo fchnell einen Abfluß zum Polarmeere finden;
fie reißen dann die umliegenden Ufer mit Gewalt ein, und
wälzen ungeheure Schuttmaffen von den Höhen nach den Tie=
fen hinunter. Mit diefen eingeriffenen und fortgefchwemmten
Erdmaffen überfchütten fie die Sumpfniederungen und Fels=
platten des Tieflandes, und transportiren alfo ftets das Kul=
turland von Süden gegen Norden, wodurch die nördlichen
Gegenden allmählig fähiger zur Anfiedlung der Menfchen wer=
den. Demnach find diefe Ströme noch ungebändigte Na=
turgewalten zu nennen, die noch kräftiger wirken, als es
einft Herodot vom Nil befchrieb. Sie arbeiten ftets an der
Umgeftaltung der Oberfläche der Erde.

Die Steppen, welche der Jrtifch gleich bei feinem Aus=
tritt aus dem Gebirgslande durchftrömt, führen den Namen
der weftlichen fongarifchen Kirgifen=Steppe im Un=
terfchiede von der öftlichen fongarifchen Kirgifen=Steppe am
obern Jrtifch und am Saifan=See. Beide haben troß aller
Uebereinftimmung ihrer Naturverhältniffe eine ganz verfchie=
dene Vegetation, die fich auch von der in der kaspifchen Kir=
gifen=Steppe im Weften unterfcheidet. Selbft in der erftge=
nannten Steppe am mittlern Jrtifch laffen fich nach der Ve=

getation an sechs besondere Regionen unterscheiden[33]). Durch
eine wenig bewohnte öde Steppe ohne alle Zuflüsse hindurch=
gehend, erreicht der Irtisch an der Mündung des ersten Zu=
stromes, des Om, vier Breitengrade im Norden von Semi=
jarsk, die Stadt Omsk unter 55° N. Br. gelegen. Bei
dieser Stadt, wo er im Sommer auf einer Fähre übersetzt
wird, hat der Strom eine Breite von 170 Faden; er hat
einen thonigen Grund, daher sind seine Wasser gelblich, trübe
und von mäßiger Güte, aber doch sehr fischreich. Sein Lauf
ist noch ziemlich schnell, er macht viele Inseln, theils mit Wal=
dungen besetzt, theils frei; hat im Sommer zwar viele Sand=
bänke, ist aber doch für mäßige Fahrzeuge bis zum Gebirge
hin zu befahren. Sein Thalbett ist bei Omsk nur von der
Breite des Flusses, mehr unterhalb hat es ein bis fünf und
mehr Werste, und ist theils bewaldet, theils bildet es Wiesen.
Im Frühjahr wächst der Strom bei Omsk nur um einen Fa=
den an, und tritt daher wenig aus. Sein hohes Steppen=
ufer, das schon bei Semipalatinsk so bedeutend hervortrat,
zeigt sich hier bald auf der einen, bald auf der andern Seite,
bald auch an beiden, sonst bleibt es gewöhnlich in einer Höhe
von zwei bis fünf Faden[34]). Nur die rechte östliche Seite
des Stromes ist von festen Ansiedlern bewohnt, denn hier zieht
sich die Reihe von russischen Festungen und Verschanzungen
entlang, welche von den Irtisch=Kosacken bewacht, die Ver=
bindung von Omsk mit den drei Hauptorten am obern Ir=
tisch aufrecht erhält, und das Bollwerk des dahinterliegenden
Sibiriens gegen das Land der unstäten Kirgisen bildet.
  Omsk, ungefähr in der Mitte der direkten Entfernung
von Semipalatinsk nach Tobolsk, hat den Namen von seiner
Lage an der Einmündung des aus dem mesopotamischen Lande
zwischen Irtisch und Obi kommenden Zuflusses, des Om; sie
ist die Hauptstadt der Irtisch=Kosacken und die Hauptfestung
der Irtisch=Linie, die sich von hier bis nach Buchtarminsk
am Irtisch hinaufzieht. Im Jahre 1716 erbaut, kurz vor

[33]) Meyer bei Ledebour, Reisen II. S. 492, 495.
[34]) Falk, topogr. Beiträge I. S. 258.

der von Peter dem Großen veranlaßten Expedition in den westlichen Altai, stand sie ursprünglich an der linken Seite des Om, und wurde erst später im Jahre 1768 auf das rechte hohe Ufer des Om, das aus Thon und Sandsteinlagern besteht, verlegt. Sie hat einen mit Rasen bekleideten hohen Erdwall und einen breiten aber trocknen Graben, nebst einer genügenden Garnison von regulären russischen Truppen. Die alte Festung mit der Vorstadt steht noch auf der linken Seite des Om, über den eine hölzerne Brücke führt [35]). Das Klima ist in der Steppe um Omsk, ziemlich in gleicher Breite mit Ufa im Baschkiren-Lande und mit Moskau, sehr strenge. Der Winter ist scharf und anhaltend, der Sommer zeigt größtentheils eine so dunstige Atmosphäre, daß man nur einen kleinen Horizont behält, und die gelblich trübe Sonne mit bloßen Augen wie den Mond ansehen kann. Der Frühling und Herbst sind zwar meistens heiter, haben aber große Abwechselungen von bedeutender Wärme und Kälte. Vom September bis zum Mai finden sich Schneegestöber, und nur der Juli ist frei von Nachtfrösten, daher ist auch Obstkultur hier unmöglich. Im Frühling treibt alles mit außerordentlicher Schnelligkeit, Schneeflächen und mit Blumen geschmückte Gefilde wechseln mit einander in wenigen Tagen. Aber selbst gewöhnliche Gartenfrüchte kommen nicht ohne gute Wartung fort, und nur Ackerbau und Viehzucht sind noch belohnend [36]).

Von Omsk setzt der Irtisch, auf der rechten Seite von einem erhabenen bergigen Steppenufer begleitet, seinen Lauf nach Nordwesten fort, macht aber bald einen großen nach Osten gekrümmten Bogen in die Barabinzen Steppe hinein, wie wenn er sich mit dem Obi vereinigen wollte. Da strömt er an der innersten Biegung dieses Bogens bei der Stadt Tara vorüber. Es gehört dies Tara zu den ältesten russischen Ansiedlungen in Sibirien, indem dieser Ort schon im Jahre 1594 gegründet wurde [37]) um auf dem Wege von

---

[35]) Falk a. a. O. I. S. 263.
[36]) Falk a. a. O. I. S. 259.
[37]) Fischer, sibirische Geschichte I. S. 271.

Tobolsk über den Irtisch und Obi zum Jenisei vordringen zu können. Tara steht wieder auf dem linken hohen Ufer des Irtisch 275 Werst unterhalb Omsk und 353 Werst von To- bolsk entfernt, 20 Werst unter der Einmündung des kleinen Flusses Tara, wonach der Ort benannt ist. Der Strom ge- winnt allmählig eine Breite von gegen 200 Faden mit der Abnahme der Schnelligkeit seiner Gewässer. Deshalb wird er nun auch nutzbarer für die Beschiffung mit größern Fahr- zeugen, denn von Tara an trägt er schon die sogenannten Dos- tschenniki, Fahrzeuge, welche eine Ladung von 15,000 Pud tragen. Im Frühjahr erhebt sich sein Wasserspiegel bis gegen zwei Faden [38]) über den gewöhnlichen Stand, und wo die Ufer niedrig sind, tritt er auf mehrere Werst weit aus; erst Mitte April zerbricht er hier seine winterliche Eisdecke. Die ganze Umgebung von Tara ist flach und eben, theils aus gu- tem Ackerboden bestehend, theils mit Waldungen bedeckt; die Landschaft hat noch Getreide zur Ausfuhr nach Tobolsk und nach der Linie am Irtisch, und auch die Fischerei im Strome und den benachbarten Steppenseen ist so bedeutend, daß Fische von hier ausgeführt werden können [39]). Indem der Irtisch unterhalb Tara allmählig wieder in seine frühere Hauptrichtung nach Nordwesten zurückkehrt, durchströmt er bis nach Tobolsk hin ein wenig bewohntes, ödes Gebiet, das nur am Gestade des Flusses selbst Ansiedlungen zeigt. Die Uferlandschaften sind meistens trockene Flächen, wenig bewal- det und sparsam durch Bäche bewässert. Dennoch nimmt er, ehe er jene sibirische Hauptstadt erreicht, seine beiden bedeu- tendsten Nebenflüsse auf, welche ihm von Südwesten aus der Kirgisen-Steppe zufließen, den Ischim und den Tobol. Er- habenes bergiges Steppenufer zeigt sich abwechselnd auf beiden Seiten des Stromes, und erst unter der Einmündung des Ischim findet sich am rechten Ufer ein bis unterhalb Tobolsk reichender ziemlich hoher Hügelrücken, der bei den anwohnenden Tataren Turbogami Tau, und an einer Stelle, vermuthlich

---

[38]) Rußlands Wasserverbindungen S. 254.
[39]) Falk, topogr. Beiträge I. S. 266, 268, 270.

von dem weißen Mergel, Akkasch (weiße Augenbraunen) genannt wird [40]).

Der Jschim, welcher der gesammten angelagerten Steppe
den Namen giebt, entspringt auf dem kirgisischen Steppengebirge unter 50° N. Br. in der Gegend, welche bei den Kirgisen Kokse-Tau heißen soll, und von wo die Quellbäche des
Sarasu nach Süden hinabströmen. Die beiden Berghöhen,
auf welchen seine Quellen liegen, führen nach Falks Angabe [41])
die Namen Nura-Tau (Lichtberg) und Dipar-Tau. Da sein
ganzer Lauf durch eine sehr ebene Fläche geht, so fließt er
langsam, und nimmt auch nur wenige, träge Steppenbäche in
sich auf. Seine Niederung ist meistens nur schmal und wird
bald an der einen, bald an der andern Seite von einem hohen
oder hügligen Ufer begleitet, das aus Mergel-, Thon- und
Kalklagen besteht. An Fischen ist der Jschim arm, seine Wasser sind von mäßiger Güte, und seine Ufer im' ganzen wenig
bewohnt. Aber daß in frühern Zeiten diese Gegenden sehr
stark bevölkert gewesen sind, zeigen noch jetzt die mancherlei
Ueberreste der Völkeransiedlung. Denn auf dem erhabenen
Steppenboden um den Jschim finden sich nicht nur zahlreiche
größere und kleinere Grabhügel theils einzeln, theils in
großen Gruppen, sondern auch Trümmer von Städten
und Vertheidigungswerken. Welchen Zeiten diese Denkmale angehören, ist noch nicht bestimmt, doch mögen es sowohl tschudische als tatarische sein, gefunden hat man in ihnen
nur einiges Geräth von geringem Werth und angeblich viele
sehr große Menschenknochen [42]). Die Umgegend um den
Jschim, wo sich diese Tumuli befinden, ist auch noch jetzt die
am stärksten bevölkerte, und es heißt, daß der Gewinn bei der
Eröffnung derselben die neuern Bewohner besonders nach dieser Gegend gelockt habe, wo sie zugleich fruchtbares Land,
schöne Viehweiden, fischreiche Seen und Bäche vorfanden. Es
ist auch fast nicht der geringste Grabhügel uneröffnet geblieben.

---

[40]) Falk, topogr. Beiträge I. S. 271.
[41]) Falk a. a. O. I. S. 252.
[42]) Falk a. a. O. I. S. 257.

Pallas ließ einige unberührt scheinende öffnen, und fand darin doch alles zerwühlt und die Gebeine zerstreut. Ehemals soll man aber in diesen Gräbern nicht selten Gold und Silber gefunden haben und zwar in Platten um die Gegend von der Brust oder dem Kopfe[43]. Gleich den Ufern des Ischim sind auch die des Irtisch zwischen Omsk und Tobolsk mit zahlreichen großen und kleinern Grabhügeln, bei den Tataren Lukatai d. h. chinesische Gräber genannt, bedeckt, und dazu kommen viele Ueberreste alter Städte, die nach der Tradition[44] feste Städte des sibirischen Chans Kutschum gewesen sind.

Der Ischim wird in seinem mittlern Laufe durchschnitten von der ischimschen Linie, der Fortsetzung der großen orenburgisch-uralischen Festungskette, so daß die obere Hälfte seines Laufes auf kirgisischem Gebiete, die untere auf russisch-sibirischen Gebiete liegt. Die ischimsche Linie, welche im Jahre 1752 ursprünglich gegen die Einfälle der Kirgisen von der mittlern Horde errichtet ward, beginnt bei Ust Uiskaja am obern Tobol, und reicht von dort ostwärts in grader Linie auf eine Strecke von 350 Werst bis nach Omsk[45], wo die Irtisch-Festungslinie ihren Anfang nimmt, die von dort bis Buchtarminsk hinaufreicht, und so den großen Halbkreis der Vertheidigungslinie um das Kirgisen Land vollendet von Guriew an der Mündung des Jaik bis zum Durchbruch des Irtisch durch den Altai. Die ganze ischimsche Linie, welche aus ungefähr acht Festungen und siebzehn Reduten besteht, ist ungemein merkwürdig wegen der unglaublichen Menge von Seen, welche wie in einer Kette an einander liegen, und wovon die meisten brakes oder bitteres, oder sehr scharf gesalzenes Wasser haben. Wegen dieser Salzhaftigkeit des Bodens findet sich hier ein großer Mangel an frischem Wasser, und die Linie ist, weil sie keine Bedeckung von einem Flusse hat, den Streifereien der Kirgisen am meisten blosgestellt[46]. Der Hauptpunkt dieser

---

[43] Pallas, Reisen durch verschied. Prov. II. S. 431 bis 434.

[44] Falk, topogr. Beiträge I. S. 273.

[45] Falk a. a. O. I. S. 251.

[46] Pallas, Reisen durch versch. Prov. II. S. 405, 406.

Vertheidigungslinie ist Petropaulowskaja auf dem rechten, hohen Ufer des Ischim gelegen, über den hier eine Floßbrücke führt; der Ort hat genügende Befestigungswerke durch einen Erdwall und Graben, und bildet zugleich einen bedeutenden Tauschhandelsplatz mit den Kirgisen der mittlern Horde [47]. Unterhalb Petropaulowsk wird der Ischim auf russischem Gebiete bald bedeutender, er fließt dort in einer niedrigen Thalsenkung von zwei bis fünf Wersten Breite, in welcher er selbst eine Breite von 30 bis 50 Faden hat bei einer Tiefe von gegen zehn Fuß [48]. Die anliegende Steppe, welche sich im Durchschnitt an drei bis vier Klafter über die Niederung erhebt, steigt auf der rechten Uferseite zu einer Höhe von 15 bis 20 Klafter über dem Spiegel des Stromes empor [49]. Der Ischim strömt als ein ziemlich ansehnliches Wasser bei der gleichnamigen, jüngern, erst seit 1782 angelegten Stadt vorüber, und ergießt sich bald darauf nach einem Laufe von 700 Werst in die linke niedrige Seite des Irtisch.

Das zu beiden Seiten des Ischim sich auf eine Strecke von hundert Meilen vom obern Tobol bis zum Irtisch ausbreitende Gebiet, die ischimsche Steppe, gehört größtentheils noch den nördlichen und östlichen Kirgisen an. Diese Steppe ist aber nicht, wie wohl angegeben wird, eine völlig baumlose und horizontale Ebene, sondern sie ist besetzt mit bedeutenden Birkenwaldungen, durchschnitten von tiefen Schluchten, die im Frühjahr von Wassern durchsetzt werden, und von Osten nach Westen von mehrern Höhenrücken durchzogen, welche von Norden nach Süden sehr sanft ansteigen, nach Süden aber ziemlich steil, obschon nicht hoch abfallen [50]. Man theilt die Steppe überhaupt in eine höhere und niedere. Die niedrige Steppe hat eine starke Decke von einem fetten, schwarzen, mulmigen Boden, ist aber doch zur Ackerkultur nicht gut geeignet, weil das Erdreich zu naß und kalt ist. Dort ist besonders die Weißtanne einheimisch. Die hohe,

[47] Falk, topogr. Beiträge I. S. 256.
[48] Rußlands Wasserverbindungen S. 256.
[49] Georgi, Reisen II. S. 518.
[50] Ledebour, Reise in den Altai I. S. 31.

trockene Steppe ist aber der Ackerkultur günstiger, und wo sich
Sandboden findet, ist die Fichte einheimisch [51]). In der südlichen Hälfte der Steppe, sagt Falk [52]), ist meistens trockner,
dürrer Boden vorherrschend, die nördliche Hälfte ist zum Theil
fruchtbar, meistens zeigt sich dort aber salziger Boden mit
Salzplätzen und Salzkräutern. Dort war es, wo Pallas auf
seiner Reise vom Ural zum Irtisch [53]) auf dem weit ausgebreiteten Salzboden die zahllose Menge von Salzseen antraf.
Pallas glaubte die allgemeine Salzhaftigkeit dieser Steppen von benachbarten Flötzgebirgen herleiten zu müssen. Nun
laufen zwar geringe Flötze längs des Iset abwärts bis an den
Tobol, aber durch die ganze übrige Gegend bis zum Irtisch
und einige hundert Werst südlicher in die Kirgisen-Steppen
hinein konnten sich nach seiner Meinung deren Wirkungen nicht
erstrecken, und daher nahm er an, daß die kirgisischen Bergketten zwischen dem Ural und Altai durch ihre weit ausgebreiteten Flötze den anliegenden weiten Ebenen bis zum Irtisch,
so wie der weiter östlich gelegenen Barabinzen-Steppe zwischen
Irtisch und Obi die salzige Natur in den vielen Salzquellen,
Salzseen und Salzplätzen mittheilten [54]).

Unterhalb der Einmündung des Ischim in den Irtisch
ergießt sich in die linke Seite des letztern der kleine, aus der
ischimschen Steppe kommende Fluß Wagai. Ungefähr drei
Werst unter seiner Vereinigung mit dem Irtisch macht er neben
dem linken Ufer des Stromes starke Wirbel, welche Jerma-
kowi Sowodi genannt werden, weil daselbst der berühmte
Eroberer Sibiriens, Jermak Timofejew, in den Fluß stürzte
und ertrank, mitten in seiner Siegeslaufbahn, nur kurze Zeit
nach der Eroberung des sibirischen Chanats [55]) im Jahre
1584. Der Fluß macht bei den Wirbeln durch eine Krüm-
mung eine Halbinsel, welche Jermak der Befestigung wegen
durch einen Kanal vom Lande trennen und durch den Fluß

[51]) Georgi, Reisen II. S. 517.
[52]) Falk, topogr. Beiträge I. S. 250.
[53]) Pallas, Reisen durch versch. Prov. II. S. 366, 393, 396, 398.
[54]) Pallas a. a. O. II. S. 406.
[55]) Fischer, sibirische Geschichte I. S. 237.

umgeben wollte. Schon war das Werk an zweihundert Faden vorgeschritten, als es durch sein Tod unterbrochen wurde. Der angefangene Kanal heißt noch jetzt Jermakowa Pere= kop [56]). Unterhalb des Wagai folgt sodann der zweite große Nebenfluß des Irtisch, der Tobol, zugleich der berühmteste und historisch wichtigste, nach welchem die jüngere Hauptstadt Sibiriens den Namen trägt.

Der Tobol führt bei den anwohnenden Tataren den ähnlichen Namen Tabul, wovon auch die russische Bezeich= nung entnommen zu sein scheint. Denn tatarisch sind unstreitig alle diese Flußnamen, Tobol, Irtisch, Ischim u. a., wenn es auch eben nicht wahrscheinlich ist, wie Remesow behauptet [57]), daß sie nach verschiedenen tatarischen Chanen, welche ehemals an ihnen gehaust haben, benannt worden seien. Schon oben haben wir den Tobol als den östlichen Begleiter des Ural be= zeichnet, und seine eigenthümliche Bedeutung giebt ihm seine Weltstellung als verbindendes Glied zwischen dem uralischen Gebirgssystem und dem Stromsystem des Irtisch und Obi. Die Quellen des Tobol liegen in der Kirgisen=Steppe fast un= ter gleicher Breite mit Orenburg auf einer Berghöhe, die bei den Kirgisen Tetigera=Tau heißt. Das Gebirge ist dort sanft, waldlos, nur eine bergige Fläche, auf welcher nahe an seinen Quellen ein isolirter, kegelförmiger, aus Erdschichten bestehender Berg liegt, den man wegen seiner regelmäßigen Gestalt für ein künstliches Werk halten würde, wenn er nicht eine so bedeutende Höhe hätte. Von dort durchströmt er in einer fast graden Richtung von S.W. nach N.O. auf eine Strecke von 1000 Werst eine weite Steppenebene bis zu seiner Einmündung in den Irtisch bei Tobolsk. Er fließt in einer mit Wiesen erfüllten Niederung zwischen der höhern Steppe von einer Breite von ein bis fünf Werst; in derselben macht er wenig Inseln, hat aber viele blinde Arme und Uferseen. Der Steppenrand erhebt sich meistens nur ein bis fünf Klaf= ter über die Niederung, an seiner rechten Seite breitet sich die

---

[56]) Falk, topogr. Beiträge I. S. 272.
[57]) Falk a. a. O. I. S. 278.

ischimsche Steppe aus, an seiner linken Seite die isetti=
sche Steppe bis nach Katharinenburg hin, doch zieht sich
häufig an dem linken westlichen Ufer ein höherer Flötzhügel=
strich entlang. An der rechten Seite ist der Tobol fast ohne
alle Zuflüsse, aber auf der linken Seite nimmt er die vier
uralischen Gewässer Ui, Iset, Tura und Tauda (Towda)
in sich auf, welche durch die ihm zugeführte Wassermasse sei=
nen sonst ziemlich trägen Lauf beschleunigen [58]). Der Strom
hat zwar keine Fälle oder Klippen, dagegen im Sommer
viele seichte Stellen, weshalb er dann mit befrachteten Barken
auch nicht weiter als bis über der Einmündung des Iset be=
fahren werden kann. Sein Wasser ist nur von mäßiger Güte
und wenig fischreich; anfangs soll es säuerlich sein wegen der
häufigen Alaunerde, worüber er hinwegfließt, und erst nach
der Vereinigung seiner uralischen Nebenflüsse mit ihm wird es
besser [59]). Bei der Festung Ust=Uiskaja an der Einmün=
dung des Ui, tritt der Tobol in das russische Gebiet ein, dies
ist der südlichste Ort am Tobol, und einige Werst weiter un=
terhalb liegt auf der östlichen oder rechten Seite Swerino Go=
lowskaja, der westlichste Punkt der ischimschen Linie. Bis
hierher kann der Fluß beschifft werden, und er trägt bei hohem
Wasserstande, wie im Frühjahr, wo er an ein bis zwei Faden
anschwillt, selbst größere Fahrzeuge, die Dostschenniki, vier=
eckige Barken, welche gegen 15,000 Pud laden, im Sommer
aber nur Bote, die höchstens 1000 bis 2000 Pud führen [60]).
Seine Breite beträgt hier an 30 Klafter.

Weiter unterhalb erreicht der Tobol den Ort Kurgan,
ungefähr in der Mitte seines ganzen Laufes gelegen auf dem
linken hohen Ufer des Flusses. Kurgan wurde in der Mitte
des siebzehnten Jahrhunderts angelegt auf den Trümmern einer
tatarischen Stadt, und weil es damals der äußerste südliche
Ort gegen die Kirgisen=Steppen war und eine gute Umgebung
von fruchtbarem Ackerboden hatte, so wurde Kurgan zur

---

[58]) Falk, topogr. Beiträge I. S. 247.
[59]) Rytschkow, Orenb. Topogr. VII. S. 12.
[60]) Rußlands Wasserverbindungen S. 254.

Grenzfeſtung gemacht. Aber ſeit der Anlegung der orenburgi=
ſchen Linie lag der Ort zu tief im Lande, und ſeit der Verlegung
der Garniſon gerieth er in Verfall. Erſt 1782 ward Kurgan
gleichzeitig mit dem benachbarten, mehr öſtlichen Iſchim aufs
neue begründet. Die Umgebung von Kurgan iſt beſonders
merkwürdig durch die vielen an ſechs bis acht Faden hohen
Grabhügel (Kurgani), von denen der Ort ſelbſt den Namen
führt [61]), und welche beurkunden, daß hier einſt der Sitz an=
geſehener Herrſcher war. Der merkwürdigſte von ihnen liegt
ſechs Werſt von der Stadt bei dem Dorfe Kurgani Derewna.
Es iſt ein ſehr großer von Menſchen aufgeſchütteter Hügel,
ein fürſtliches Mauſoleum, wie ihn Pallas nennt, von 240 El=
len im Umfange mit einem über anderthalb Faden hohen Wall
und einem Graben umgeben, ſo daß der ganze Umfang an
350 Ellen beträgt. Der Hügel iſt von koniſch zugeſpitzter Ge=
ſtalt, und ſoll ehemals noch höher geweſen ſein. Er führt
den Namen Zarew=Kurgan d. h. Fürſten=Tumulus, und
die benachbarte Stadt heißt nach ihm gewöhnlich Zarewo
Kurganskaja oder Zarewo Gorodiſchtſche (die verfallene Fürſten=
ſtadt) [62]). Südlich davon näher am Fluſſe liegen noch einige
kleinere Grabhügel, die zum Theil aufgegraben ſind, und in
denen man Geräthe von edlen Metallen gefunden hat. Der
Tobol hat bei Kurgan ſchon eine Breite von 50 Faden er=
reicht, und dieſe wächſt bei Jalutorsk oder Jalutorowsk,
auch Batſchjamka genannt, unterhalb der Einmündung des
Iſet, wo die ſibiriſche Heerſtraße den Tobol überſchreitet, auf
70 Faden an. Auch hier finden ſich am Ufer des Fluſſes ent=
lang zahlreiche hohe Tumuli [63]) aus der tatariſchen Zeit.
Jenes Jalutorowsk ſoll übrigens unter der Regierung des Za=
ren Alexei Michailowitſch angelegt ſein, und zwar auf der
Stelle einer frühern tatariſchen Feſtung Jawlu=Tura, wovon
der heutige Name abgeleitet wird, während der Name Batſch=
jamka von dem gleichnamigen Flüßchen kommt, das ſich einige

---

[61]) Falk, topogr. Beiträge I. S. 248.
[62]) Pallas, Reiſen durch verſchied. Prov. II. S. 411.
[63]) Pallas a. a. O. II. S. 416, 419.

dreißig Werſt unterhalb von Oſten her in den Tobol ergießt [64]). Noch nimmt der Tobol unterhalb Jalutorſk die beiden uraliſchen Flüſſe Tura und Tauda in ſich auf, und er ergießt ſich ſodann der Stadt Tobolſk gegenüber mit ſeinen reinen und daher ſcheinbar dunkeln Wogen in den dunkelgelben mächtigen Strom des Irtiſch, ſo daß er noch lange nach ſeiner Einmündung in denſelben ſichtbar getrennt bleibt [65]).

Tobolſk, früher die Hauptſtadt von dem geſammten aſiatiſchen Rußland oder Sibirien, jetzt nur von dem weſtlichen Sibirien, ſteht auf dem rechten, bergigen Ufer des Irtiſch, und trägt ihren Namen, wie gewöhnlich in den ruſſiſchen Gebieten, von dem ihr gegenüber ſich einmündenden Fluſſe. Das Ufer des Stromes erhebt ſich hier in einer Höhe von ungefähr vierzig Faden; am Fuße der ſteil abfallenden Anhöhe dehnt ſich eine an zwei Werſt breite Fläche aus, in welcher der Irtiſch allmählig ſeinen Lauf verändert hat, ſich von ſeinem ehemaligen Bette entfernt hat und nach Süden zurückgewichen iſt [66]). Der untere Theil von Tobolſk iſt auf dieſer Fläche erbaut, und Jermak ſoll dort den Tataren die letzte Schlacht geliefert haben. Man unterſcheidet daher die obere und untere Stadt; zur erſtern, dem kleinern Theile, gehört die ehemalige Feſtung, wo ſich auch die Kathedrale und die Wohnung des Erzbiſchofs befindet [67]). Die unabſehbare Fläche rings um den Irtiſch herum, ſagt ein neuerer Reiſender, erſcheint wie vom Strom in zwei Hälften geſpalten, von denen die öſtliche mit dem beſſern Theile der Stadt an vierzig Faden höher liegt als die weſtliche mit dem untern Theile derſelben. Schroff, ſtarr und größtentheils kahl zieht ſich der ſandige, lehmige Saum der erſtern wie eine Wand näher oder entfernter am Ufer hin, und nirgends erblickt das Auge lieblich geformte Bergkuppen oder Thäler, obgleich ſich hin und wieder ſelbſt durch das Stadtgebiet Schluchten durch die Regenwaſſer gebildet haben, ſich nach dem Bett des Fluſſes hinabziehen und

---

[64]) Gmelin, Reiſe durch Sibirien IV. S. 201.
[65]) Erman, Reiſe durch Nord-Aſien I. S. 472.
[66]) Erdmann, Reiſen im Innern Rußlands II. 2. S. 61, 62.
[67]) Ledebour, Reiſe in den Altai I. S. 27.

jene Wand durchschneiden. Von der Höhe genießt man aber eine weite Aussicht über die tiefer gelegene Ebene. Es ist ein einfaches Gemälde, dessen Grundzüge der Irtisch bildet, der sich von Osten her um die Stadt herumschlingt, und sodann gleich nach Norden wendet, und der von Südwest herströmende Tobol, der ebenfalls nach Norden gewandt der Stadt gegen= über unter einem spitzen Winkel in den erstern fällt [68]). Die Umgebung von Tobolsk ist nicht unfruchtbar, aber wenig an= gebaut und meistens mit Waldungen bedeckt. Das Klima ist in dieser sibirischen Hauptstadt ungleich rauher als in Eu= ropa unter gleicher geographischer Breite, so selbst im Ver= hältniß zu Petersburg, obschon Tobolsk an anderthalb Brei= tengrade südlicher als jene Residenzstadt liegt. Die Winter sind lang dauernd und streng; am Tage stellt sich zwar oft eine große Hitze ein, aber des Nachts ist es nicht selten unge= wöhnlich kalt, und daher ist auch das Erdreich in der Tiefe Jahr aus, Jahr ein gewöhnlich nicht ganz aufgethaut. Der Tobol und Irtisch überdecken sich Ende October mit Eis [69]), und gehen vor Ende April oder Anfang Mai nicht auf. Auch mitten im Sommer sind Nachtfröste häufig. Unter der höl= zernen Bedeckung der Straßen thaut das Eis im Sommer nur selten vollkommen auf, und ist selbst noch im August vor= zufinden. Wenn auch zuweilen die Hitze in den Sommermo= naten über 30° Reaum. steigt, so dauert diese nicht lange, und kalte durchdringende Nordwinde erinnern bald wieder an das nordische Klima. Daher gedeihen hier auch nur solche Pro= dukte, welche in kurzer Zeit zur Reife gelangen. Frische Aepfel kommen als Seltenheit aus andern Gouvernements des Reiches [70]).

Tobolsk ist eine der ältesten russischen Ansiedlungen in Sibirien. Die Gegend um die Vereinigung des Tobol und Irtisch war der Mittelpunkt von dem tatarischen Chanat Sibirien, das sich über einen großen Theil des Irtisch=

---

[68]) Erdmann, Reisen II. 2. S. 63.
[69]) Falk, topogr. Beiträge I. S. 248.
[70]) Erdmann, Reisen II. 2. S. 86.

Gebietes ausdehnte, und deſſen Herrſcher, der Chan Kutſchum, von dem Koſacken Häuptling Jermak Timoſejew beſiegt und geſtürzt wurde. Aber Tobolſk war nicht der Sitz dieſes tatariſchen Fürſten, ſondern es lag derſelbe an 16 bis 20 Werſt mehr aufwärts am Irtiſch auf ſeinem öſtlichen erhabenen Ufer, und führte den Namen Isker bei den Tataren und Sibir bei den Ruſſen [71]). Noch jetzt ſind die Ueberbleibſel dieſer tatariſchen Hauptſtadt zu ſehen unter dem Namen Kutſchonowa Gorodiſchtſche d. h. Chan Kutſchums Ruinen [72]). Das Ufer des Fluſſes erhebt ſich dort, wo Isker lag, zu einer ſehr bedeutenden Höhe, und zwar ſehr ſteil und abgeriſſen, daß es unmittelbar über dem Irtiſch emporſteigt. An der obern oder ſüdlichen Seite findet ſich eine tiefe Kluft, in der ein kleiner Bach fließt, Sibirka von den Ruſſen genannt; dieſe Seite iſt auch ſehr ſteil und ohne Zugang. Auf der dritten, öſtlichen Seite findet ſich ein Thal, das ſich allmählig zu der Tiefe der Kluft des Sibirka-Baches ſenkt; hier iſt die Feſtung zu erſteigen, aber nur mit vieler Mühe. Nur nach der nördlichen, untern Seite ſenkt ſich das hohe Geſtade allmählig, hier zeigt ſich allein ein bequemer Zugang. Von dieſer Seite aus erblickt man die Stadt auf einer kleinen runden Anhöhe, die in verſchiedenen Abſätzen mit drei Gräben und Wällen befeſtigt geweſen iſt; ſie umgaben die Feſtung aber nur auf dieſer und der öſtlichen Seite, weil auf den beiden andern die Befeſtigung nicht nöthig war. An einigen Orten ſind die Wälle und Gräben durch den Lauf der Zeit ſo zerſtört, daß wenig mehr davon zu ſehen iſt. Der innere Raum iſt rund, hat funfzig Faden im Durchmeſſer, und iſt alſo unbedeutend um eine große Beſatzung aufzunehmen, doch ſoll er früher bedeutender geweſen ſein, indem an der Flußſeite durch Unterſpülung viel abgeriſſen worden iſt. Von Wohnungen iſt keine Spur mehr daſelbſt zu ſehen, nur tiefe Löcher bemerkt man, die zum Theil von den umherwohnenden Ruſſen aufgegraben worden ſind, welche letztere auch mancherlei Schätze darin gefunden haben

---

[71]) Fiſcher, ſibir. Geſchichte I. S. 155.
[72]) Falk, topogr. Beiträge I. S. 277.

sollen [73]). Nachdem Jermak durch mehrere siegreiche Gefechte auf dem Tobol mit den Tataren sich eine Bahn zum Irtisch eröffnet hatte im Sept. 1581, rüstete er sich von seinem festen Lager aus, in dem Winkel der Vereinigung des Tobol und Irtisch, die Hauptstadt Sibiriens zu erobern. An den Ufern des Irtisch erfocht Jermak seinen letzten großen, entscheidenden Sieg im October, worauf er einige Tage später bei der Flucht des Chanes seinen Einzug in Sibir halten konnte [74]). Zwar gelang es den Tataren bei Jermaks bald darauf erfolgten Tode sich wieder der Stadt Isker zu bemächtigen, und die neu be= gründete russische Herrschaft in Sibirien zu zerstören, aber der von Moskau mit einem neuen Heere ausgesandte Woiwode Wasilei Sukin stellte sie wieder her durch die Gründung der ersten russischen Stadt Tjumen im Jahre 1586. Von dort aus gelang dann auch die Anlegung der zweiten Stadt To= bolsk, welche wegen ihrer trefflichen Lage zur Beherrschung der Länder am Irtisch und Tobol bald zur Hauptstadt des ganzen russischen Sibiriens ernannt wurde, im Jahre 1587. Von Tobolsk aus konnte man sodann die Tataren aus dem benachbarten Isker leichter vertreiben, und diese alte Residenzstadt blieb seit 1588 wüst und unbewohnt, und gerieth in Verfall [75]).

Der Name Sibirien bezeichnete ursprünglich nur die Gegenden am untern Obi=Strome, welche von den Russen schon vor Jermaks Zeit unter dem Zar Iwan I. Wasiljewitsch waren erobert worden. Die Tataren am Irtisch kannten den= selben nicht. Die Russen belegten sodann mit diesem ihnen überlieferten Namen die Hauptstadt des Chans Kutschum, das sogenannte Isker, und durch die Russen verbreitete er sich über alle dem Chan Kutschum unterworfene Länder am Irtisch, Tobol und an der Tura, und wanderte mit ihnen bei ihren weitern Eroberungszügen gegen Osten durch das ganze nörd= liche Asien [76]). Man hat nun den Namen vielfach zu erklä=

---

[73]) Müller, Sammlung russ. Gesch. VI. S. 294 bis 295.
[74]) Fischer, sibirische Geschichte I. S. 200 bis 207.
[75]) Fischer a. a. O. I. S. 257, 260.
[76]) Fischer a. a. O. I. S. 4 und 5.

I. 1.

ren gesucht, sowohl aus dem Russischen als aus dem Türkischen,
was aber schon aus dem Grunde mißlingen mußte, weil ihn
Russen und Tataren erst überkommen haben. Der Name
stammt von den Permiern und Syrjänen her, welche auf
der Westseite des mittlern Ural zu Hause sind, wenigstens kam
er durch sie zu den Russen, da sie schon seit frühern Zeiten
Handelsverkehr nach dem untern Obi hin betrieben. Ob er
nun von jenen beiden ugrischen Stämmen ausgegangen ist,
oder ob sie ihn von den Urbewohnern am untern Obi entlehnt
haben, ist nicht auszumachen, möchte aber um so eher ein beiderlei Völkerschaften gemeinsames Wort sein, als sie von einem
ursprünglich gemeinsamen Stamme einander nahe verwandt
waren. Durch die Eroberung und Kolonisirung Permiens
von Seiten der Russen mußte aber der Name frühzeitig bei
den letztern bekannt werden, noch ehe sie etwas genaueres von
der Lage des Landes wußten, und sie konnten deshalb den
Namen auch einer ganz andern Lokalität beilegen, nehmlich
dem wichtigsten Punkte in den transuralischen Gebieten, als
den Landschaften, wohin er eigentlich gehörte.

So wie jedoch der Name Sibirien eine so große Ausdehnung und Erweiterung nach Osten erhielt, eben so unbestimmt
waren seine Grenzen gegen Westen, wo er auf Kosten des cisuralischen, europäischen Gebietes ausgedehnt wurde. Während
des ganzen sechszehnten Jahrhunderts unter den ersten Roma-
nows bezeichnete der Name Sibirien eins von den vier
großen Nebenländern des eigentlichen Rußlands, und zwar alle
auf der Ostseite des Ural gelegenen, asiatischen Gebiete, westwärts bis zu den östlichsten Vorhöhen dieses Gebirgssystemes.[77]);
dagegen gehörten die auf der Westseite gelegenen Gebiete zu
den Ländern Groß-Permia (Permia Weliki), welches den
größten Theil vom uralischen Gebirgssystem umfaßte, Kasan
und Astrachan. Als sodann bei der neuen Organisation des
russischen Reiches durch Peter den Großen dasselbe in zehn
Gouvernements getheilt wurde, wurde der Umfang des Gouvernements Sibiriens westwärts über einen großen Theil jenes

---

[77]) Strahlenberg, der N. und O. Theil von Europa S. 182.

Permia Weliki erweitert, und durch Hinzuziehung der Landſchaften Perm, Wjätka und Ugoria (oder Wogulitza) faſt der
geſammte Ural zu Sibirien geſchlagen [78]). Dies blieb bis auf
die Zeit Katharina's II, als ſie um das Jahr 1780 alle größern Gouvernements in kleinere auflöſte und durch deren Errichtung die Veranlaſſung gab, daß ſpäter das uraliſche Gebirgsſyſtem wieder mit den weſtlich angelagerten Landſchaften
zum europäiſchen Gebiete gezogen werden konnte. Tobolſk
blieb aber ſtets die Hauptſtadt von Sibirien, und wenn
auch bei der zunehmenden Koloniſirung der oſt-ſibiriſchen Gebiete ſpäter, im Jahre 1822, in der Verwaltung Sibiriens
Abänderungen getroffen und das Land getheilt werden mußte,
blieb doch Tobolſk die Kapitale von Weſt-Sibirien [79]).

Die Urbewohner der Gegenden am Tobol und mittlern
Irtiſch gehörten, ſoweit wir in der Geſchichte zurückgehen können, mit zu den finniſch-ugriſchen oder uraliſchen Völkern, die
ſpäter unter dem Namen der Wogulen und Oſtjaken bekannt ſind. Erſt ſeit den Zeiten der Wanderungen der turktatariſchen und mongoliſchen Völker wurden ſie mehr nach
Norden zurückgedrängt, und es erfolgten hier Einwanderungen
verſchiedener turktatariſcher Stämme, welche man gewöhnlich
die ſibiriſchen Tataren zu nennen pflegt, und die ſich vom
Tobol durch ganz Sibirien bis zur untern Lena in den Jakuten verfolgen laſſen. Doch gehörten die verdrängten Wogulen
und Oſtjaken mit zu den Unterthanen des hier im vierzehnten
und funfzehnten Jahrhundert, anfangs zu Tſchingitura oder
Tjumen, ſpäter zu Jsker, aufblühenden ſibiriſchen Chanates [80]).
Der hier ſeitdem einheimiſche Zweig der ſibiriſchen Tataren
an der Tura und am Tobol heißt Turali bei den uraliſchen
Anwohnern, den Baſchkiren (Turalinzen bei den Ruſſen),
weil ſie ſeit alter Zeit in feſten Ortſchaften im Gegenſatz gegen
das nomadiſche Leben der Baſchkiren wohnen ſollten. Aber
das Wort Tura iſt bei den Tataren in dieſem Sinne nicht

---

[78]) Strahlenberg a. a. O. S. 187.

[79]) Oldekop, Petersburger Zeitſchrift VII. S. 66.

[80]) Lehrberg, Unterſuchungen über die ältere ruſſiſche Geſchichte
S. 72.

recht üblich, eine feste Ortschaft wird lieber von ihnen Challa
genannt. Der tatarische Geschichtschreiber Abulgasi [81]) ge=
braucht für die Gegenden am Irtisch, Tobol und Tura auch
den Namen Turan, obschon etwas ungenau, wenn gleich er
ihn sonst im Gegensatz von Iran, wie bei allen übrigen Orien=
talen, richtig zu gebrauchen pflegt. Der Fluß, an welchem
Tschingi=Tura erbaut wurde, wird bei den Tataren auch
eigentlich nicht Tura, sondern Ture genannt, ein Name, der
unstreitig von den Wogulen, den ältern Bewohnern dieser Ge=
gend, entnommen ist, bei welchen er Tere oder Tereja heißt,
so daß also auch davon die Bezeichnung dieses Zweiges der sibi=
rischen Tataren nicht abzuleiten ist. Man wird demnach bei
dem Namen der Turalinzen nur auf den Namen jener ersten
Hauptstadt dieses Chanats Rücksicht nehmen können, da sich
das Wort Turan von selbst ausschließt. Auch möchte jene
Stelle beim Abulgasi nach Müllers Meinung [82]) wohl noch
eine richtigere Erklärung zulassen, wenn es vom Chan Kut=
schum heißt, daß er im Lande Turan geherrscht habe. Denn
obschon er auch die Länder am Irtisch beherrschte, stammte
er doch von den bucharischen Chanen ab, und daher mochte
Abulgasi bei dem Namen Turan wohl mehr auf das Vater=
land des Kutschum, als auf seine nachmaligen sibirischen Be=
sitzungen hindeuten.

Die Turalinzen sind an Sitten und Gebräuchen den
kasanischen Tataren an der Kama und Wolga ziemlich gleich,
aber in der leiblichen Bildung tritt bei ihnen zum Theil das
mongolischartige sehr bedeutend hervor. Sie treiben Ackerbau,
aber besonders Viehzucht, und beschäftigen sich im Winter
stark mit der Jagd. Im Allgemeinen sind sie roher und un=
gebildeter als die kasanischen Tataren. Ihre Sprache ist sehr
gemischt mit der russischen und wogulischen. Seit dem An=
fange des achtzehnten Jahrhunderts sind sie meistens zum
Christenthume bekehrt, aber dadurch verloren sie noch das,

---

[81]) Abulgasi, histoire généalogique des Tatares p. 486.
Vergl. l. c. p. 328.

[82]) Müller, Sammlung russ. Geschichte VI. S. 175 bis 177.

was sie an muhamedanischer Bildung hatten, und man findet
bei ihnen ein seltsames Gemisch von Islam und Christen=
thum[83]). Zu den Turalinzen gehören auch die sogenannten
tobolskischen Tataren, deren Hauptsitze an dem Flusse
liegen, wonach sie bezeichnet werden. Sie unterscheiden sich
von den Turalinzen nur dadurch, daß sie noch vollkommene
Muhamedaner sind[84]). Beide Stämme bilden die Hauptbe=
völkerung in dem Tobol und mittlern Irtisch=Gebiet, sie sind
zugleich die zahlreichsten unter allen verschiedenen Zweigen der
sibirischen Tataren, mit Ausnahme der Jakuten, da man ihre
Anzahl auf 80,000 Köpfe berechnet. Ueberdies sind alle dor=
tigen Ortschaften mit zahlreichen Kolonien von Bucharen
bevölkert, die des Handels wegen sich schon seit den ältesten
Zeiten daselbst angesiedelt haben, so daß die heutigen Bucha=
ren meistens nur als Abkömmlinge der frühern Sarten[85]) im
alten Lande Jugrien zu betrachten sind. Zu den jüngsten
Kolonisten auf diesem ursprünglichen Gebiet von Sibirien im
Sinne der Russen gehören aber die Russen selbst und die Ko=
sacken, welche die Herrschaft über alle frühern Einwanderer,
mochten sie als Eroberer oder als friedliche Handelsleute kom=
men, seit lange davon getragen haben.

Der Irtisch=Strom, den wir bisher in seinem mittlern
Laufe bis nach Tobolsk begleitet haben, verläßt nun unter
$58\frac{1}{2}°$ N. Br. seine nordwestliche Richtung, und wendet sich un=
ter einem rechten Winkel nach Norden um, gleichsam genö=
thigt durch den ihm entgegenkommenden Wasserzug des Tobol,
und diese nördliche Richtung in seinem mittlern Laufe behält
er auf drittehalb Breitengrade, bis bei der Vereinigung mit
dem Obi unter 61° N. Br. sein unterer Lauf beginnt. Auch
unterhalb Tobolsk behält der Irtisch seine trübe, dunkelgelbe
Farbe; auf der rechten Seite setzt das bergige Ufer fort, mit
Nadelwaldungen von ausgezeichneter Schönheit geschmückt, zur
linken breitet sich eine große Niederung aus, welche bei den

---

[83]) Georgi, Beschreibung aller Nationen des russischen Reiches I.
S. 112, 113.

[84]) Georgi a. a. O. I. S. 115.

[85]) Lehrberg, Untersuchungen S. 38.

jährlichen Ueberſchwemmungen den Anblick eines mächtigen
Landſees darbietet. Flußarme erſtrecken ſich dann landeinwärts,
und die zahlreichen Ortſchaften der Niederung liegen auf Inſeln zwiſchen Gehölzen von Pappeln und Weiden [86]). Noch
nimmt der Irtiſch nicht weit von ſeiner Vereinigung mit ſeinem
Bruderſtrom einen nicht unwichtigen Nebenfluß auf ſeiner linken Seite in ſich auf, die Konda, welche ſich, von den uraliſchen Vorhöhen herabkommend, in einem großen ſüdwärts
gekrümmten Bogen nach einem Laufe von 320 Werſt in den
mächtigen ſibiriſchen Strom ergießt [87]). Man nannte ehemals
dieſe Gegend des jugriſchen Gebietes Kondinien, und dieſer
Name ſo wie der von Obdorien, oder der Gegend in dem
Mündungslande des Obi und Irtiſch, wurde zuerſt von dem
Zar Waſilei Jwanowitſch zu Anfang des ſechszehnten Jahrhunderts in den ruſſiſchen Titel aufgenommen [88]), was die
ſchon früher hier begründete Herrſchaft der Ruſſen auf der
Oſtſeite des nördlichen Ural beurkundet, wenn gleich erſt unter
jenes Waſilei Sohn, dem Zar Jwan II. die Eroberung des
eigentlichen ſibiriſchen Chánates vollbracht wurde.

Der Obi-Fluß.

Der Obi, der kleinere der beiden Ströme des Irtiſch-
und Obi-Syſtemes, entſpringt nordwärts von dem berühmten
Ektag-Altai unter dem 50° N. Br. auf den altaiſchen Gebirgshöhen, welche zwiſchen dem Quellgebiet des Irtiſch und
dem des Jeniſei gelegen den Namen Altai Bjelki führen,
und ſich um die Jeniſei-Quellen an den centralen mongoliſchen
Altai anſchließen. Der Obi entſteht aus den beiden anſehn-
lichen Quellſtrömen Bija und Katunja (Katun-gol), und er
ſoll davon ſeinen Namen Obe, Obi d. h. beide haben [89]).
Doch iſt dabei zu bemerken, daß dieſer Strom auch in ſeinem
untern Laufe nach der Vereinignng mit dem Irtiſch ſeit alten
Zeiten den Namen Ob führt, und daß dieſer Name dort von

---

[86]) Erman, Reiſe durch Nord-Aſien I. S. 476.
[87]) Rußlands Waſſerverbindungen S. 256.
[88]) Müller, Sammlung ruſſ. Geſchichte VI. S. 211, 217.
[89]) Sievers, ſibiriſche Briefe a. a. O. VII. S. 248.

den Permiern und Syrjänen herrührt, die ihn früh genug
kennen lernten, und diesen Namen so wie den von Sibirien
den Russen überlieferten. In der syrjänischen Sprache bedeutet
aber das Wort Ob Großmutter, und es kann wohl, wie
auch Fischer meint [90]), ein Schmeichelwort sein, so wie noch
jetzt die donischen Kosacken den Don Matuschka (Mütterchen)
zu nennen pflegen. Uebrigens sind noch heut zu Tage anerkannt viele syrjänische Namen in der Gegend am untern
Obi herrschend, welche den uralten und bedeutenden Handelsverkehr der Syrjänen nach dem Lande Jugrien bestätigen [91]).
Bei den an seinem mittlern Laufe wohnenden Ostjaken führt
der Fluß den Namen As oder Jag; seine tatarischen Anwohner nennen ihn aber nur Omar oder Umar [92]). Die Katunja, der westliche größere Quellstrom, entspringt in einer
wilden Gebirgsgegend des Altai Bjelki bei den sogenannten
Katunskija Stolby (Katunja Säulen) im Nordosten von Buchtarminsk [93]), und wird gebildet durch die beiden Gebirgsbäche
Uiman und Kokusun. Bei ihrer Vereinigung tritt sogleich eine
Veränderung des klaren Gebirgswassers ein, indem es eine
trübe, weißliche Farbe annimmt, wie es sich auch weiter unten im Obi zeigt, und was vornehmlich von den beiden Zuflüssen Arkut und Kotogorka herrühren soll, deren Wasser so
weiß wie Molken ist [94]). Nachdem die Katunja von der östlichen Seite das große Gebirgswasser Tschuja in sich aufgenommen hat, bricht sie zwischen steilen Felsufern reißend und
wasserreich in grader Richtung nach Norden durch die nördlichsten Vorketten des altaischen Erzgebirges hindurch, um sich
ungefähr unter dem 53° N. Br. bei der Festung Biisk mit
dem östlichen kleinern Quellstrom des Obi zu vereinigen.
Dort bei Biisk beginnt mit dem Austritt der nun gemeinsam
Obi genannten Gewässer aus dem Gebirgslande der mittlere

[90]) Fischer, recherches historiques p. 9.
[91]) Müller, Sammlung russ. Geschichte VI. S. 401 bis 406.
[92]) Falk, topogr. Beiträge I. S. 337.
[93]) v. Bunge bei v. Ledebour, Reise in den Altai II. S. 520.
[94]) Schangin, Reise im Altai bei Pallas, N. Nord. Beitr. VI.
S. 94, 95, 98.

Stromlauf des Obi, der von hier durch acht Breitengrade bis zur Vereinigung mit dem Irtisch reicht.

Schon bei Biisk ist der Obi ein sehr bedeutender Strom, der sich von nun an bis zum Eismeer ohne alle Wasserfälle und Klippen fortzieht; er fließt ruhig, meistens langsam, in einer ähnlichen Geschwindigkeit wie die Wolga. Sein Grund ist stark übersandeter Thonboden, seine Wasser etwas trübe, ins gelbliche spielend, aber sehr fischreich. Auf seinem ganzen Laufe macht er eine Menge niedriger meistens großer bewaldeter Inseln, welche im Frühjahr, wenn er ein bis zwei Faden anschwillt, überschwemmt werden. Seine Niederung hat eine Breite von fünf Wersten in dem mittlern Laufe, die jedoch weiter unterhalb auf zwanzig Wersten anwächst, sie ist theils morastig, theils besteht sie aus Wiesengrund oder Brüchen, und wird im Frühjahr ganz unter Wasser gesetzt. Ein erhabenes Steppenufer begleitet ihn bald auf der einen, bald auf der andern Seite, während gewöhnlich die Steppe sich nur an fünf bis zwanzig Fuß über seine Niederung erhebt [95]). Zwar schon bei Biisk tritt der Strom in die Steppenebene ein, wie der Irtisch unterhalb Semipalatinsk, doch sind ihm noch mehrere Flötzhügelstriche vorgelagert, welche er in dem eigenthümlichen Zickzacklaufe von Biisk bis unterhalb Kolywan durchbrechen muß. Denn bei Barnaul, nicht weit unterhalb Biisk, hat der Spiegel des Obi nur noch eine Höhe von 358 par. F. über dem Ocean [96]), Barnaul selbst liegt 366 par. F. hoch, aber das linke Ufer des Stromes, an welchem Barnaul hinangebaut ist, steigt noch an 50 bis einige 100 F. über dem Spiegel des Flusses empor, und fällt meistens mit steilen senkrechten Wänden zur Niederung ab. Das rechte, östliche Flußufer ist flach, mit Weiden und Pappeln bedeckt, so wie auch die zahlreichen Inseln zwischen seinen Armen [97]). Bei Kolywan, dem ersten großen Mittelpunkte des Berg- und Hüttenwesens der Russen im Altai, früher Berda oder

---

[95]) Falk, topogr. Beiträge I. S. 338.
[96]) Ledebour, Reise in den Altai I. S. 402, 410.
[97]) Meyer bei Ledebour a. a. O. II. S. 194.

Berdskoi Ostrog genannt, ehe es unter dem Namen Kolywan im J. 1782 zur Stadt erhoben wurde, hat der Strom nach Falks Angabe, über dem Eise gemessen, schon eine Breite von 850 Faden, doch wechselt dieselbe, da sie etwas mehr unterhalb bei Tschauskoi an der Ueberfahrt auf der großen sibirischen Heerstraße nur noch 500 Faden hat [98]).

Der erste bedeutende Nebenfluß, den der Obi in sich aufnimmt, ist der Tom von einer Länge von über 500 Wersten. Von Südosten her dem Obi zuströmend kommt er aus der Gegend von Kusnezk, dem zweiten Hauptmittelpunkte des bergmännischen Betriebes der Russen im Altai. Seine hohen Uferwände sind besonders merkwürdig durch die daselbst eingegrabenen Thierbilder [99]) von unbekanntem Ursprunge. An seinem untern Laufe liegt Tomsk oder Tom Tura bei den Tataren genannt, schon seit 1604 von den Russen gegründet, auf dem rechten, erhabenen, aber ebenen Ufer des Flusses, 40 Werst von seiner Mündung [100]). Gleich von der Vereinigung des Obi mit dem Tom an, unter 57° N. Br., verläßt der erstere seine bisherige Richtung nach Norden und wendet sich nach Nordwesten, um sich wieder seinem großen Nebenstrome dem Irtisch zu nähern, nachdem beide zwischen Omsk und Tomsk, auf eine Strecke von 100 Meilen auseinander gelegen, die größte Breite ihres mesopotamischen Landes in ihrem divergirenden Lauf umflossen haben. Nicht weit unterhalb der Einmündung des Tom nimmt der Obi einen zweiten nicht unbedeutenden Nebenfluß in sich auf, den Tschulym, der gleichfalls von Südosten ihm zuströmend, an Größe dem Tom völlig gleich, sich in seine rechte Seite ergießt. Beide großen Zuströme des Obi haben eine Breite von 30 bis 50 Faden, mit einer 5 bis 15 Werst breiten Niederung zwischen dem höhern zu beiden Seiten ausgebreiteten Steppenboden [1]). Die ganze Umgegend des obern Obi nach seinem Austritt aus dem Gebirge um jene Flüsse Tom und Tschulym ist meistens

---

[98]) Falk, topogr. Beiträge I. S. 338.

[99]) Gmelin, Reise durch Sibirien I. S. 304 bis 306.

[100]) Falk, topogr. Beiträge I. S. 341.

[1]) Falk a. a. O. I. S. 342.

offenes Land, das theils aus Steppenboden beſteht, theils aus
trockenem, mulmigem aber fruchtbarem Boden, der zur Acker=
kultur tauglich iſt. Für die Obſtkultur iſt aber auch hier das
Klima viel zu rauh, da meiſtens von Anfang October bis Ende
April ein ſtrenger Winter herrſcht, und der Obi ſich erſt um
jene Zeit des Frühjahrs ſeiner Eisdecke zu entledigen pflegt [2]).

Eine dreifache Bevölkerung der Gebiete am obern
und mittlern Obi läßt ſich hier, wie weſtwärts am Irtiſch,
unterſcheiden, von ſamojediſchem, turktatariſchem und ruſſiſch=
ſlaviſchem Stamme. Die Urbewohner dieſer Gegenden ſind,
ſo weit es ſich noch jetzt erkennen läßt, die Oſtjaken. Der
Name der Oſtjaken ſpielt in der nordaſiatiſchen Ethnographie
eine große Rolle, und da ein großer Theil derſelben durch ſein
ſchon oben berührtes Verhältniß zu dem alten Jugrien und
den Ugern grade für uns von Bedeutung iſt, ſo wird es hier
nöthig und zweckmäßig ſein, dieſe ethnographiſche Bezeichnung
näher zu erläutern und zu beſtimmen. Der Name der Oſt=
jaken, der den Ruſſen erſt bei ihrer Eroberung Sibiriens durch
die dortigen Tataren überkam, wurde von den letztern in eben
dem allgemeinen, ungenauen Sinne gebraucht, als wie ihn die
erſtern nachmals auf eine große Anzahl Völkerſtämme des
weſtlichen Sibiriens der verſchiedenſten Abſtammung ganz un=
beſtimmt übertrugen. Es iſt der Name Oſtjak oder Uſchtak
eigentlich ein Appellativum [3]) bei den Tataren, und bedeutet
einen Ausländer, Fremdling, zum Theil auch einen rohen,
wilden Menſchen, ſo daß er im weſentlichen eine ähnliche Be=
deutung hat wie das Wort Tſchuden bei den ältern Ruſſen.
Auch nennt ſich keins von den Ruſſen und Tataren ſo bezeich=
neten Völker ſelbſt ſo. Daß übrigens auch die Baſchkiren von

---

[2]) Falk a. a. O. I. S. 351, 352.

[3]) Fiſcher, ſibiriſche Geſchichte I. S. 140. Dagegen behauptet
jedoch Klaproth, daß weder dieſes Wort noch ſeine Bedeutung bei den
ſibiriſchen Tataren vorkomme, und daß vielmehr der Name Oſtjak von
der einheimiſchen Bezeichnung der Bewohner des untern Obi=Fluſſes,
die ſich As=jach d. h. Leute am Obi nennen, abzuleiten ſei (ſ. unten).
Indeſſen ließe ſich manches dagegen einwenden, und auf jeden Fall verdie=
nen beide Angaben noch einer genauern Nachforſchung.

den Tataren in Sibirien die Sari Yſchtek d. h. rothhaarige
Barbaren genannt werden, haben wir ſchon oben nach Strahlenbergs Angabe kennen gelernt. Geographiſch verbreitet iſt
der Name der Oftjaken jetzt über einen großen Theil vom weſtlichen Sibirien vom untern Obi bis zu ſeinem Quellgebiet hinauf gegen Süden und bis über den mittlern Jeniſei hinweg
gegen Oſten. Doch ſind es auf dieſem Raume drei der Sprache
nach durchaus verſchiedene Völker, die bei aller möglichen Verwandtſchaft in frühern Zeiten jetzt doch als drei
verſchiedenartige Sprachgebiete von einander geſondert werden
müſſen, nehmlich die Oftjaken am untern Obi, die am mittlern und obern Obi und die am Jeniſei. Die erſten, die ſogenannten ugriſchen Oftjaken, kommen weiter unten in Betracht, die letzten, die am wenigſten bekannten, die ſogenannten jeniſeiſchen Oftjaken, ſind hier nicht von Wichtigkeit,
dafür aber ſind hier die zweiten, die ſamojediſchen Oſtjaken näher zu berühren [4]).

Die Samojeden, deren Sitze jetzt vornehmlich an den Geſtaden des Polarmeeres zu beiden Seiten des nördlichen Ural
bekannt ſind, ſtammen urſprünglich aus den Gebirgsthälern
des Altai, und haben ſich von dort über einen ſo großen Raum
durch das ganze weſtliche Sibirien ausgebreitet. Noch jetzt
ſind die Samojeden die Urbewohner der Gegenden zwiſchen
dem obern Jeniſei- und Obi-Fluß in der Nachbarſchaft der
mongoliſchen Stämme der Buräten und Kalkas, und die jetzt
von ihnen getrennten polariſchen Samojeden müſſen erſt im
Verlauf der Zeit durch uns unbekannte Völkerbewegungen in
jenem Gebiete des aſiatiſchen Nordens von ihren ſüdlichen
Stammgenoſſen abgeſprengt worden ſein. Dieſe ſüdlichen Samojeden, welche ſich am Obi abwärts bis nach Tomsk hin
ausdehnen, heißen eigentlich Uriangchai oder Sojoten, und
beſtehen aus einer großen Anzahl kleinerer Stämme wie die
Koibalen, Motoren, Tubinzen, Kamaſchen, Karakaſſen u. a.,
welche nur als die Ueberreſte eines ehemals mächtigern Volkes

[4]) Georgi, Beſchreibung aller Nationen des ruſſiſchen Reiches
I. S. 71.

zu betrachten sind, und meistens sehr arm und dürftig von
Rennthierviehzucht leben [5]). Seit dem Anfange des siebzehnten Jahrhunderts der russischen Herrschaft unterworfen, wurden sie damals mit dem allgemeinen Namen der Ostjaken
bezeichnet; doch steht auch noch jetzt ein Theil von ihnen, innerhalb des altaischen Gebirges, unter chinesischer Oberhoheit.
Schon Strahlenberg lernte bei seinem Aufenthalte in Sibirien
diese tomskischen Ostjaken als Stammgenossen der polarischen
Samojeden kennen [6]), und da sie nach ihrer eigenen Tradition
aus dem Lande Suomis-sembla, worunter er das finnische
Land verstand, hierher gekommen sein sollten, so hielt er sie
auch für Verwandte der finnisch-uralischen oder ugrischen Völker und besonders der tobolskischen und beresowschen Ostjaken.
Aber abgesehen von der Unsicherheit jener Tradition, bemerkte
schon Müller [7]), daß diese Ostjaken am obern Obi ein beson-
deres Volk bildeten, das von den mit den Permiern verwandten Ostjaken am untern Obi durch seine Sprache gänzlich
verschieden sei, und mit den Samojeden große Verwandtschaft
zeige. Dies wird auch durch die neuern Forschungen bestätigt.
Uebrigens sollen die jeniseischen Ostjaken, welche aus den
verschiedenen Stämmen der Assanen, Arinzen, Kotowzen u. a.
bestehen, den südlichen Samojeden in vieler Beziehung gleichen,
obschon sie eine ganz andere Sprache haben; auch ist merkwürdig, daß sie seit alter Zeit bei ihren Nachbarn als gute
Schmiede [8]) bekannt sind, was auf die Sage von dem Irgonekon zurückweiset und auch diesen Stamm mit der großen
tschudischen, samojedischen, mongolischen, türkischen und tungusischen Völkergruppe im Altai in Verbindung bringt.

Zu diesen Urbewohnern der Landschaften am mittlern Obi
von samojedischem Stamme gesellen sich sodann zahlreiche turktatarische Stämme der sogenannten sibirischen Tataren, welche
hier erst seit den Wanderungen und der Verbreitung der Mongolen über das westliche Asien eingedrungen zu sein scheinen.

---

[5]) **Klaproth**, Asia polyglotta p. 139, 146.
[6]) **Strahlenberg**, der N. und O. Theil von Europa S. 36.
[7]) **Müller**, Sammlung russ. Geschichte VI. S. 161.
[8]) **Klaproth**, Asia polyglotta p. 167.

Der zahlreichste dieser tatarischen Stämme in jener Gegend
sind die Tschulymen, wie sie bei den Russen nach dem Flusse
genannt werden, zwischen dem obern Obi und Jenisei. Nach
ihrer leiblichen Bildung stehen sie den Nord=Mongolen oder
Buräten sehr nahe, ihre Sprache ist auch stark versetzt mit
der burätischen, und nahe verwandt der der Jakuten an der
Lena. Gleich den Baschkiren zeigen sie den Uebergang zwischen
dem nomadischen und ansäßigen Leben, denn sie haben feste
Winterdörfer und bewegliche Sommerjurten. Sie treiben zwar
Ackerbau, doch ist derselbe unbedeutend, eben so auch die Vieh=
zucht, ihr Hauptgewerbe ist Jagd und Fischerei. Zum Theil
sind sie seit dem Anfange des achtzehnten Jahrhunderts zum
Christenthum bekehrt, zeigen aber in ihrer religiösen Denkungs=
art und Kultus meistens ein Gemisch von Heidenthum und
Christenthum [9]). Man berechnet ihre Anzahl auf 15,000 Köpfe.
Ihre nördlichen Nachbarn sind die obischen Tataren, von
ihren Wohnsitzen so genannt, die sich am Obi abwärts bis
nach Narym hinstrecken. Nach Sprache und Bildung stehen
sie den tobolskischen Tataren sehr nahe, leben aber auf gleiche
Weise wie ihre südlichen Nachbarn am Tschulym. Sie sind
auch zum Theil zum Christenthum übergetreten, doch sind
die meisten von ihnen Muhamedaner, indem der Islam von
dem sibirischen Reiche zu Isker sich zu ihnen ausgebreitet
hat [10]).

Das große mesopotamische Land, welches sich zwi=
schen dem Irtisch und Obi vom 52° bis gegen den 60° N. Br.
auf eine Strecke von 600 Werst von N. nach S., und an
400 Werst von O. nach W. erstreckt, ist die Baraba oder
Barabinzen=Steppe. Es ist eine allgemeine Fläche, welche
sich nur wenige hundert Fuß über den Spiegel des Oceans erhebt,
voller Landseen und Sumpfwaldungen, zum Theil mit Bir=
kenwäldern bedeckt. Gegen den Irtisch zu zeigt sich eine etwas
erhabene thonige, trockene Steppe, und ist in den südlichen
Theilen mit reichen Salzseen erfüllt. Die eigentliche Niederung

---

[9]) Georgi, Beschreibung aller Nationen I. S. 227 bis 232.
[10]) Georgi, Beschreibung aller Nationen I. S. 225.

der Baraba ist mit einer mächtigen, nicht unfruchtbaren Mulm-
decke [11]) überlagert; die flachen, sehr zahlreichen Vertiefungen
darin sind größere oder kleinere Seebecken, Moräste und
Brüche, zwischen denen kleine Salzplätze liegen und eine Salzflora sich findet [12]). Die Winter in diesem Steppengebiete
sind streng und anhaltend, und sind furchtbar durch die hier
herrschenden Wirbelstürme (Burani), in welchen die Hütten der
Barabinzen oft ganz vom Schnee verweht werden [13]). Der
Mai ist der einzige Frühlingsmonat mit schönen warmen Tagen
und Regen, der Sommer ist trocken, und die Atmosphäre mit
Rauch ähnlichen Dünsten so angefüllt, daß die Sonne mit
einem trüben Schein zu erblicken ist; im August zeigen sich
schon wieder Nachtfröste, und Anfang October ist der Winter
völlig da [14]). Die Bewohner dieses Steppengebietes, die
Barabinzen, von turktatarischer Abstammung, bilden auch
einen der Hauptzweige der sibirischen Tataren. Sie selbst nennen sich Baraminzen und ihr Land Barama nach der bei den
Orientalen üblichen Vertauschung der Labialen [15]). Zur Zeit
der Eroberung Sibiriens durch die Russen standen sie unter
den Chanen von Isker; durch die Russen wurden sie zwar
von der Abhängigkeit befreit, aber sie gerithen später wieder
unter die Herrschaft der kalmückischen Songaren und der Kirgisen, welche während des siebzehnten Jahrhunderts hier mächtig auftraten. Erst seit dem Anfange des achtzehnten Jahrhunderts drang hier die russische Oberherrschaft durch, und
vor den Raubüberfällen der letztern aus ihren südlichen Steppen wurden sie seit 1730 durch die Anlegung der sibirischen
Linien am Irtisch gesichert. Sie leben in einzelnen Stämmen,
Wolosten, welche nach den kleinen Flüssen und Seen ihrer
Steppe benannt sind. Ihr Gebiet ist aber wenig bevölkert,
da auf einem so ausgedehnten Raume ihre Anzahl sich nur
auf ungefähr 10,000 Köpfe beläuft; auch finden sich hier nur

---

[11]) Gmelin, Reise durch Sibirien IV. S. 115.
[12]) Falk, topogr. Beiträge I. S. 284 bis 287.
[13]) Georgi, geogr. Beschreibung des russ. Reiches II. 4. S. 1007.
[14]) Falk, topogr. Beiträge I. S. 288.
[15]) Fischer, sibirische Geschichte I. S. 127, 281.

wenig russische Kolonisten. Doch beweisen die ehemals bedeutendere Bevölkerung die zahlreichen alten Gräber und die
Ueberreste alter Städte, die man dort aufgefunden hat[16]).
Ihrer leiblichen Bildung nach sind die Barabinzen den mongolischen Stämmen sehr nahe verwandt, was sowohl von der
frühern Vermischung mit jenem Volke während des dreizehnten
Jahrhunderts, als auch von der jüngern Beherrschung durch
die Songaren herrühren mag. Sie sind phlegmatisch und von
bleicher Gesichtsfarbe wegen der beständig dunstvollen Sommer-
luft ihrer Steppen; im ganzen sind sie ein gutmüthiges Naturvolk, aber auch von sehr beschränkten Geistesanlagen. Gleich
den Baschkiren leben sie halb nomadisch. Sie beschäftigen sich
besonders mit Viehzucht und Fischerei, ihr Ackerbau ist unbedeutend, und zur Jagd bietet ihr Land nicht gute Gelegenheit
dar. Die Barabinzen sind erst in neuern Zeiten zum Islam
übergegangen, aber noch findet man viele Reste des Heiden-
thumes bei ihnen[17]).

Unterhalb des Tschulym nimmt der Obi in seinem mittlern Laufe, gleichfalls von Osten her den zwar nicht sehr
großen, aber doch höchst wichtigen Nebenfluß Ket in sich auf.
Der Ket, oder Puni bei den anwohnenden Ostjaken genannt,
entspringt in der Nähe von Jeniseisk am Jenisei-Flusse, und
ergießt sich von dort westwärts mit vielen Krümmungen, unter
gleicher Breite mit Tobolsk, zum Obi, den er bei Narym erreicht. Durch Messerschmidt, welcher ihn auf seiner Reise
durch Sibirien im Jahre 1725 beschiffte und den Obi bis zu
seiner Vereinigung mit dem Irtisch hinabfuhr, haben wir ihn
und jenen Theil des Obi genauer kennen gelernt. Das Quellgebiet des Ket ist von dem Jenisei nur durch einen unbedeutenden Landstrich getrennt, dies ist ein sogenannter Wolok
von der mäßigen Breite von 180 Wersten, der die große
Kaufmannsstraße bildet für den Waarentransport von dem
Jenisei zu dem Obi. Durch eine theils hüglige, theils mora-

---

[16]) Falk, topogr. Beiträge I. S. 292. Gmelin, Reise durch
Sibirien IV. S. 125.
[17]) Georgi, Beschreibung aller Nationen I. S. 188 bis 196.

ſtige Gegend kommt man über den Kem, einen linken Zufluß
des Jeniſei, und über mehrere andere kleinere Kem= und Ket=
Bäche nach Makowſkoi, einem Flecken am obern Ket unter
58° N. Br., wo der Ket ſchiffbar zu werden anfängt [18].
Der Ket durchſtrömt von da eine flache mit Sümpfen und
Waldungen erfüllte Gegend, hat meiſtens niedrige, ſandige
Ufer, die wenig bewohnt ſind, und in ſeinem Bette viele Sand=
bänke. Meſſerſchmidt gebrauchte zur Beſchiffung deſſelben grade
drei Wochen [19]. Durch drei Mündungen ergießt ſich der Ket
in den Obi, ſie heißen Werchnaja Uſtje, Seredni Uſtje und
Niſchnaja Uſtje, nach ihrer Lage benannt; die letztere iſt der
nördliche und vornehmſte Arm, und zwei Werſt davon abwärts
liegt die Stadt Narym. Demnach ſind die Städte Jeniſeiſk
und Narym an dem mittelſibiriſchen und weſtſibiriſchen Strom=
ſyſtem durch eine Waſſerkommunikation verbunden, welche
Sibirien von Oſten nach Weſten durchſetzt, und zugleich die
beiden Hauptſtädte Sibiriens, Irkuzk und Tobolſk, mit einan=
der auf die leichteſte Weiſe verbindet. Von Tobolſk gehen
jetzt jährlich nach Jeniſeiſk an 40 bis 60 Fahrzeuge, welche
an 2000 Pud laden, doch trägt der Ket auch Barken von
ſelbſt 15,000 Pud Ladung [20]. Narym ſteht eine Werſt von
dem Ufer des Obi auf einer hohen mit waldigen Moräſten
umgebenen Fläche, die noch zur Ackerkultur tauglich iſt, und
wenn ſich auch häufig Mißwachs einſtellt, ſo giebt es doch in
guten Jahren einen zehnfältigen Gewinn. Gewöhnliche Küchen=
kräuter und Wurzeln kommen hier noch gut fort. Die Be=
wohner ſind meiſtens Koſacken, die hier zur Einſammlung des
Tributes von den benachbarten Stämmen angeſiedelt ſind.
Der Name des Ortes Narym bezeichnet übrigens in der
Sprache der Oſtjaken am untern Obi ein ſumpfiges Gebiet,
während er in der Sprache der ſamojediſchen Oſtjaken keine
Bedeutung hat [21].

---

[18] Meſſerſchmidt, Reiſe durch Sibirien bei Pallas, N. Nord.
Beitr. III. S. 148.

[19] Meſſerſchmidt a. a. III. S. 152.

[20] Rußlands Waſſerverbindungen S. 257, 270.

[21] Scherer, nordiſche Nebenſtunden I. S. 28.

Von Narym an beginnt immer mehr das Umbiegen des Obi nach Nordwesten, so daß er bald eine völlig westliche Richtung annimmt. Er bezeichnet damit das Heraustreten aus der mittelsibirischen Region des hügligen, trocknern Steppenbodens und den Eintritt in die nasse von Sumpfwaldungen erfüllte nordsibirische Region, die weite polarische Niederung. Die Städte Tobolsk, Narym und Jeniseisk bezeichnen die Grenzmark beider Gebiete für das westliche Sibirien [22]). Bis zur Einmündung des kleinen Nebenflusses Tim wird der Obi von niedrigen, waldigen Bergen umsäumt, dann aber folgt eine flache morastige Waldung und niedrige Ufer, die meistens mit Weidengesträuch bedeckt sind. Der Obi macht hier zahlreiche große Nebenarme (Protok) und hin und wieder Sandbänke. In eilf Tagen erreichte Messerschmidt den Ort Surgut, eine der ältesten russischen Ansiedlungen in Sibirien [23]), schon im Jahre 1593 gegründet, an dem rechten großen Nebenarm des Flusses, der Maloi Obi (der kleine Obi) bei den Russen genannt wird. Hier gedeiht kein Getreide mehr, die Erde verliert hier unter 61° N. Br. nicht vor dem Juni den Frost, und im August tritt schon wieder die Kälte ein, nur knollenartige Gewächse gedeihen noch [24]). Den Irtisch selbst erreichte Messerschmidt nicht, da es Mitte Oktober war, wo der Obi, nachdem er mehrere Tage mit Treibeis gegangen, sich in einer Nacht gleich mit so starkem Eise belegte, daß seine Schiffsmannschaft sicher den Strom überschreiten konnte. An diesem ganzen untern Obi zeigte sich nichts als eine völlig flache Niederung aus Sümpfen mit Waldungen bestehend. Der Fluß hat nur niedrige Ufer und daher so viele Durchbrüche und Nebenarme, selten sind sie über einen Faden hoch, und bestehen meistens aus einer Schicht von moosigem Torf, worunter Schichten von Sand und Thon liegen. Die Anzahl der russischen Bewohner an diesem Theile des Obi ist sehr gering, da Ackerbau und Viehzucht wegfallen, und sie wie die

---

[22]) Georgi, geogr. Beschreibung II. 4. S. 1050.

[23]) Fischer, sibirische Geschichte I. S. 269.

[24]) Messerschmidt a. a. O. III. S. 153 bis 155.

Oſtjaken von Fiſchen und Fleiſch ohne Brod leben müſſen. Die Oſtjaken, ſowohl von ugriſchem als ſamojediſchem Stamme, welche ſich in der Gegend von Narym und Surgut einander berühren, leben trotz ihrer nicht unbeträchtlichen An= zahl in dieſen ungeheuern Wildniſſen ſehr zerſtreut, in kleinen ärmlichen Winterdörfern, ſie beſchäftigen ſich faſt nur mit Fi= ſcherei, wenig mit der Jagd [25]).

3) Der untere Lauf des vereinigten Irtiſch= und Obi=Stromes. Es iſt uns dieſer untere Lauf des großen weſtſibiriſchen Stromſyſtemes beſonders durch Sujew's Reiſe von Tobolſk nach Obdorſk im Jahre 1772 bekannt ge= worden. Die Reiſe nach dem Mündungslande des vereinigten Stromes, der ſeit der Syrjänen Zeit den Namen Obi führt, unabhängig von dem bei den Ruſſen ſogenannten öſtlichen Quellſtrom Obi, weshalb wir ihn von unſerm Standpunkt aus auch eigentlich Irtiſch nennen müßten, geſchieht im Win= ter zu Schlitten auf dem Irtiſch, weil durch die Waldungen keine Landwege führen, und im Sommer in dieſen moraſtigen Gegenden nur zu Waſſer. Der Irtiſch iſt von Tobolſk aus mit vielen tatariſchen und ruſſiſchen, und mehr unterhalb mit oſtjakiſchen Dörfern beſetzt; die tatariſchen Dörfer reichen aber nicht über Demjanskoi Jam, 260 Werſt von Tobolſk noch oberhalb der Einmündung der Konda in den Irtiſch, hinaus, von da an findet man nur oſtjakiſche und ruſſiſche, zum Theil zuſammen, und die dortigen Oſtjaken bis nach Bereſow hin ſind größtentheils wenigſtens dem Schein nach zur chriſtlichen Religion übergetreten [26]). Im Allgemeinen kann man den Anfang der Wohnſitze dieſer ugriſchen Oſtjaken unterhalb To= bolſk in der Nähe der Vereinigung des Obi und Irtiſch unter 60° N. Br. beſtimmen [27]), und von dort erſtrecken ſie ſich bis zum obiſchen Golfe. Bis Demjanskoi Jam iſt überall noch ziemlicher Ackerbau. Der Irtiſch hat auf der rechten Seite hohe Ufer, die aus Sand, Lehm oder ſchwarzer Erde beſtehen,

---

[25]) Meſſerſchmidt a. a. O. III. S. 157.

[26]) Sujew, Reiſe am Irtiſch und Obi bei Pallas, Reiſen durch verſchied. Prov. III. S. 14.

[27]) Erman, Reiſe durch N. Aſien I. S. 545.

und auf diesen Höhen liegen die meisten Dörfer, weil da auf
einige Werst landeinwärts der Boden zur Ackerkultur geeignet
ist; wo sich die Höhen vom Flusse entfernen, da liegen die
Dörfer zur linken, weil dann meistens dies Ufer durch Schwemm=
sand erhöht ist. Nördlicher als Demjansk baut man fast
nichts als Gerste und Hafer, höchstens etwas Sommergetreide
wegen der Kälte und Nässe. Gegen Samarow zu kommen
wenig gute Jahre, und unter dreien gewährt häufig kaum
eins eine erträgliche Erndte. Vom Fluß abwärts ist die Ge=
gend gar nicht bewohnbar, überall ist Wald und Morast.
Die Waldungen bestehen meistens aus Unterholz von Tannen,
Fichten, Birken, Ellern; die Linde verliert sich schon 36 Werst
unter Tobolsk, und wird weiter unten am Irtisch und Obi
nicht gefunden [28]). Von da beginnt die polarische Niederung
Sibiriens.

Samarowskoi Jam, an 550 Werst von Tobolsk, auf
der rechten Seite des Irtisch auf einem niedrigen Ufer, aber
gleich unter einem höhern bergigen Lande und nur 27 Werst
oberhalb der Vereinigung des Irtisch mit dem Obi, ist der
bedeutendste Ort zwischen Tobolsk und Beresow. Die Be=
wohner sind mit denen von Demjansk erst im Jahre 1637
zum Jamschik oder Fuhrmannsdienst hierher versetzt worden.
Hier findet sich kein Ackerbau mehr, so wenig wie ostwärts
am Obi hinauf bis Surgut und Narym. Alles Getreide muß
von Tobolsk oder Tomsk auf dem Irtisch und Obi herabge=
bracht werden, auch für die Pferde ist das Klima zu rauh.
Um so mehr ist die Gegend aber mit Fischen und Feder=
wild gesegnet [29]), wovon auch die russischen Einwohner hier
so wie die Ostjaken hauptsächlich leben. Von Samarow an
hat der vereinigte Strom bis zu seiner Mündung noch an
sechs Breitengrade vom 61 bis 67° N. Br. oder eine Strecke
von 100 Meilen in grader nördlicher Richtung zu durchlau=
fen, und da er nun schon in eine weite Niederung eingetreten
ist, so möchte seine nicht ganz unbedeutende Strömung in die=

---

[28]) Sujew a. a. D. III. S. 15.
[29]) Sujew a. a. D. III. S. 16.

ſem Theile ſeines Laufes eher durch den Druck der gewaltigen
Waſſermaſſe als durch ſein Gefälle zu erklären ſein, welches
hier nur wenig beträchtlich ſein kann. Denn ohne Hülfe des
Windes durchläuft ein Boot in einer Zeit von 190 Stunden
die 926 Werſt lange Strombahn von Tobolſk bis nach Bereſow, und bei der Schnelligkeit dieſer Bewegung iſt die Leichtigkeit der Rückfahrt um ſo mehr auffallend, aber erklärlich
durch die im Sommer vorherrſchenden Nordwinde, und durch
die eigenthümliche Gegenſtrömung im Obi und Irtiſch neben
dem eigentlichen Strome [30]). Vom Ausfluß des Irtiſch an
hat der Obi zur rechten faſt beſtändig bergige Ufer, welche
aus Thonarten, aus Sand- und Schieferflötzen beſtehen, und
mit Cedern, Fichten und Tannen ſchön ewachſen ſind, zur
linken ſind flache mit niedrigem Unterholz bedeckte Ufer. Gegen den Soswa-Fluß, der bei Bereſow in den Obi geht,
theilt ſich der Hauptfluß, deſſen Breite ſchon mehrere Werſte
beträgt, in viele Arme, welche ſich durch große, flache mit
Weiden bewachſene Inſeln ſo weit von einander entfernen, daß
der Abſtand zwiſchen den äußerſten Flußufern oft an 30 bis
40 Werſte beträgt [31]).

Bereſow unter 64° N. Br., faſt unter gleicher Breite
mit Archangel an der Dwina-Mündung, liegt auf dem linken
hohen Ufer der Soswa, die ſich ungefähr 25 Werſt unterhalb
gegen Nordoſt in die linke, weſtliche Seite des Obi ergießt.
Schon vor der Ankunft der Ruſſen in dieſen Gegenden am
Ende des funfzehnten Jahrhunderts war Bereſow ein wogu-
liſcher oder oſtjakiſcher Ort auf einer erhabenen Landecke,
Pudowalnoi-muis genannt, an der Soswa gelegen, wo noch
jetzt die Spuren von zwei befeſtigten Ortſchaften zu ſehen ſind,
von denen es aber ungewiß iſt, ob ſie beide zu gleicher Zeit
oder nach einander bewohnt geweſen ſind. Bei den Oſtjaken
hieß der Ort Sugmutwaſch (Somytwaſch), bei den Wogulen Chaluſch, denn Sugmut und Chal, die mit dem Worte
Uſch (waſch) verbunden ſind, bedeuten in beiden einander ver-

---

[30]) Erman, Reiſe durch N. Aſien I. S. 477.
[31]) Sujew, Reiſe a. a. O. III. S. 17.

wandten Dialekten der Wogulen und Oftjaken [32]) eine Birke,
und dies gab auch Veranlaffung zu dem ruffifchen Namen Be=
refow, als die Ruffen bei Anlegung diefer Kolonie im Jahre
1593 das hohe Ufer der Soswa mit Birken bewachfen fan=
den [33]). Die Landfchaft von Berefow bildet den nördlichften
und größten, aber am wenigften cultivirten Kreis des Gouver=
nements Tobolsk, der größtentheils von Wogulen, Oftjaken
und einem Theile der Samojeden bewohnt wird, doch find
hier auch noch einige Ruffen angefiedelt. Der nördlichfte Theil
des Kreifes ift kahl, fumpfig und nie vom Eife frei, der füd=
liche ift von ungeheuern Waldungen bedeckt, die aus Fichten,
fibirifchen Cedern, Lerchenbäumen, Birken und Weiden beftehen.
Durch diefe Einöden, welche nur von nomadifirenden Jägern
durchzogen werden, bahnt fich der majeftätifche Obi feinen
Weg ins Eismeer und verforgt die Anwohner reichlich mit
Fifchen. Berefow, an 150 Meilen von Tobolsk entfernt, ift
der Hauptfammelplatz der Nomaden zum Austaufch
ihrer Bedürfniffe und der härtefte Verbannungsort der Ver=
brecher; der Ort wird befonders von kofackifchen Abkömmlin=
gen bewohnt, die fich mit Fifcherei und Jagd befchäftigen.
Bis hierher kann der Reifende noch mit Poftpferden gelangen,
nördlicher aber hören die Stationen auf, und er muß, um nach
der Slobode Obdorsk zu gelangen, fich der Rennthiere be=
dienen [34]).

Von hier an ift die Rennthierzucht fchon allgemein,
die Reichften unter den Bewohnern von Berefow halten auch
in den nördlichern Gegenden große Rennthierheerden unter der
Auffficht gemietheter Hirten. Die Rennthiere laufen gleich den
Pferden nicht mehr als acht bis zehn Werft in der Stunde,
dafür aber halten fie im Laufe zehn Stunden ohne Erholung
aus, und nur dann und wann fallen fie auf ihr Knie nieder
und fchnappen etwas Schnee, um nach etwa fünf Minuten
mit neuer Kraft denfelben Lauf wieder fortzufetzen. Doch lau=

---

[32]) Müller, Sammlung ruff. Gefchichte VI. S. 406.
[33]) Fifcher, fibirifche Gefchichte I. S. 264.
[34]) Erdmann, Reifen im Innern Rußlands II. 2. S. 107.

fen sie bei gelinder Witterung schneller als bei sehr strenger
Kälte, und im Fall eines starken Windes bleiben sie gänzlich
stehen [35]). Ackerbau ist hier nicht mehr möglich sowohl wegen der Rauhigkeit des Klimas als auch wegen der Umgebung
der Stadt, die aus niedriger, morastiger Waldung von Birken, Tannen und Cederfichten besteht. Hochstämmiges Holz
findet sich hier nicht mehr, doch gedeihen noch einige Gartengewächse. Selbst Rindvieh und Pferde kommen nicht mehr
fort, dagegen finden sich hier zahlreiche Hunde, die als Zug-
vieh gebraucht werden, und die sich von Fischen und Feder-
wild nähren. Der Fischfang, der vom Frühling bis zum
Herbst dauert, ist außerordentlich reich, und dazu kommt eine
zahllose Menge von großem Wasserwild, von Schwänen,
Gänsen und Enten, welche sich mit dem ersten Thauwetter
einstellen. Beresow versorgt auch die sibirische Hauptstadt und
viele andere am Irtisch und Obi gelegene Städte mit getrockneten und im Winter mit gefrornen Fischen [36]). Der Obi
bedeckt sich hier schon Mitte October mit Eis, und geht vor
Ende Mai nicht auf. Während dieses langen Winters ist hier
die ergiebigste Jagd der schönsten Pelzthiere, vornehmlich von blauen und weißen Eisfüchsen, von Elennthieren, Bären u. a., und wie in den frühern Zeiten der Blüthe Jugriens
gewährt noch jetzt der bedeutende Pelzhandel mit den nomadisirenden Stämmen am Polarmeere den Bewohnern von Beresow eine reiche Quelle des Einkommens [37]).

Weiter am Obi abwärts, schon über den nördlichen Polarkreis hinaus, gelangt man nach Obdorsk oder Obdorskoi
Gorodok, dem äußersten nördlichen Wohnplatz der Russen,
wohin man in der Sommerzeit auch nur zu Wasser kommen
kann. Obdorsk, bei den Ostjaken Pulnowat Wasch genannt und bei den Samojeden Solä Charn, liegt 300 Werst
von Beresow unter dem 67° N. Br. auf der rechten Seite
des Obi in der Nähe seiner Mündung auf einem Berge am

---

[35]) Bieljawsky in den Dorpat. Jahrbüchern II. S. 341.
[36]) Sujew, Reise a. a. O. III. S. 18.
[37]) Erman, Reise durch Nord-Asien I. S. 605 bis 608.

Ufer des kleinen Fluſſes Polui, der ſich ſieben Werſt davon
gegen Südweſt in den Obi ergießt. Das ganze umherliegende
Gebiet führt ſeit der Syrjänen Zeit den bei den Ruſſen auch
frühzeitig bekannt gewordenen Namen Obdorien, ein Name,
der merkwürdiger Weiſe auch in der perſiſchen Sprache von
den Wörtern Ob (Waſſer) und Dor (Pforte) eine paſſende
Erklärung für die Bezeichnung dieſes Mündungslandes
des großen ſibiriſchen Rieſenſtromes zum Polarmeere zuläßt [38]).
Obdorsk hat nur fünf Häuſer, aber eine große Menge Am=
baren oder Vorrathskammern, ſo daß er von weitem einem
großen Dorfe ähnlich ſieht. Die ruſſiſchen Bewohner bleiben
Sommer und Winter daſelbſt, viele Oſtjaken aber, welche im
Sommer mit beweglichen Jurten dem Fiſchfang nachziehen,
laſſen ſich nur zur Winterszeit um Obdorsk nieder. Es wohnt
daſelbſt ein über die benachbarten Oſtjaken und Samojeden ge=
ſetzter Aufſeher (Opekun), der ein Koſack iſt, und einen Ata=
man mit 25 Koſacken unter ſich hat, und den in Pelzwerk
beſtehenden Tribut von jenen Stämmen erhebt. Die Umgegend
iſt etwas bergig aber kahl, nur noch kleine, krüppelhafte Wal=
dung von Cederſichten, Lerchenbäumen, Tannen und Fichten
zeigt ſich, und jenſeit Obdorsk hört der Baumwuchs gänzlich
auf oder man findet nur zwergartig über der Erde ausgebrei=
tete Bäume [39]). Der Sommer, ſo kurz er auch währt, iſt
ſehr angenehm durch die beſtändige Gegenwart der Sonne, ſie
wird in den langen Tagen zur Nachtzeit nur eine Stunde un=
ſichtbar, da ſie ſich hinter nahgelegenen hohen Bergen verbirgt.
Denn nach neuern Angaben ſoll auf der Nordweſtſeite der
Mündung des Obi eine, wie es ſcheint, ganz iſolirte Gebirgs=
gruppe liegen, die ſich zu einer Höhe von über 4500 par. F.
erhebt; nach ihrer Uebereinſtimmung mit dem uraliſchen Ge=
birge in den geognoſtiſchen Verhältniſſen ſollte hier auch der=
ſelbe Metallreichthum wie dort zu erwarten ſein; ſie wird ſchon
von Samojeden bewohnt [40]). Sonſt ſieht man zu Obdorsk

---

[38]) Fiſcher, recherches historiques p. 10.
[39]) Sujew, Reiſe a. a. O. III. S. 21.
[40]) Erman, Reiſe I. S. 702 bis 708.

ſen ſie bei gelinder Witterung ſchneller als bei ſehr ſtrenger
Kälte, und im Fall eines ſtarken Windes bleiben ſie gänzlich
ſtehen[35]). Ackerbau iſt hier nicht mehr möglich ſowohl wegen der Rauhigkeit des Klimas als auch wegen der Umgebung
der Stadt, die aus niedriger, moraſtiger Waldung von Birken, Tannen und Cederſichten beſteht. Hochſtämmiges Holz
findet ſich hier nicht mehr, doch gedeihen noch einige Gartengewächſe. Selbſt Rindvieh und Pferde kommen nicht mehr
fort, dagegen finden ſich hier zahlreiche Hunde, die als Zug-
vieh gebraucht werden, und die ſich von Fiſchen und Feder-
wild nähren. Der Fiſchfang, der vom Frühling bis zum
Herbſt dauert, iſt außerordentlich reich, und dazu kommt eine
zahlloſe Menge von großem Waſſerwild, von Schwänen,
Gänſen und Enten, welche ſich mit dem erſten Thauwetter
einſtellen. Bereſow verſorgt auch die ſibiriſche Hauptſtadt und
viele andere am Irtiſch und Obi gelegene Städte mit getrockneten und im Winter mit gefrornen Fiſchen[36]). Der Obi
bedeckt ſich hier ſchon Mitte October mit Eis, und geht vor
Ende Mai nicht auf. Während dieſes langen Winters iſt hier
die ergiebigſte Jagd der ſchönſten Pelzthiere, vornehmlich von blauen und weißen Eisfüchſen, von Elennthieren, Bären u. a., und wie in den frühern Zeiten der Blüthe Jugriens
gewährt noch jetzt der bedeutende Pelzhandel mit den nomadi-
ſirenden Stämmen am Polarmeere den Bewohnern von Bereſow eine reiche Quelle des Einkommens[37]).

Weiter am Obi abwärts, ſchon über den nördlichen Polarkreis hinaus, gelangt man nach Obdorſk oder Obdorſkoi
Gorodok, dem äußerſten nördlichen Wohnplatz der Ruſſen,
wohin man in der Sommerzeit auch nur zu Waſſer kommen
kann. Obdorſk, bei den Oſtjaken Pulnowat Waſch genannt und bei den Samojeden Solä Charn, liegt 300 Werſt
von Bereſow unter dem 67° N. Br. auf der rechten Seite
des Obi in der Nähe ſeiner Mündung auf einem Berge am

---

[35]) Bieljawsky in den Dorpat. Jahrbüchern II. S. 341.
[36]) Sujew, Reiſe a. a. O. III. S. 18.
[37]) Erman, Reiſe durch Nord-Aſien I. S. 605 bis 608.

Ufer des kleinen Flusses Polui, der sich sieben Werst davon gegen Südwest in den Obi ergießt. Das ganze umherliegende Gebiet führt seit der Syrjänen Zeit den bei den Russen auch frühzeitig bekannt gewordenen Namen Obdorien, ein Name, der merkwürdiger Weise auch in der persischen Sprache von den Wörtern Ob (Wasser) und Dor (Pforte) eine passende Erklärung für die Bezeichnung dieses Mündungslandes des großen sibirischen Riesenstromes zum Polarmeere zuläßt [38]). Obdorsk hat nur fünf Häuser, aber eine große Menge Ambaren oder Vorrathskammern, so daß er von weitem einem großen Dorfe ähnlich sieht. Die russischen Bewohner bleiben Sommer und Winter daselbst, viele Ostjaken aber, welche im Sommer mit beweglichen Jurten dem Fischfang nachziehen, lassen sich nur zur Winterszeit um Obdorsk nieder. Es wohnt daselbst ein über die benachbarten Ostjaken und Samojeden gesetzter Aufseher (Opekun), der ein Kosack ist, und einen Ataman mit 25 Kosacken unter sich hat, und den in Pelzwerk bestehenden Tribut von jenen Stämmen erhebt. Die Umgegend ist etwas bergig aber kahl, nur noch kleine, krüppelhafte Waldung von Cederfichten, Lerchenbäumen, Tannen und Fichten zeigt sich, und jenseit Obdorsk hört der Baumwuchs gänzlich auf oder man findet nur zwergartig über der Erde ausgebreitete Bäume [39]). Der Sommer, so kurz er auch währt, ist sehr angenehm durch die beständige Gegenwart der Sonne, sie wird in den langen Tagen zur Nachtzeit nur eine Stunde unsichtbar, da sie sich hinter nahgelegenen hohen Bergen verbirgt. Denn nach neuern Angaben soll auf der Nordwestseite der Mündung des Obi eine, wie es scheint, ganz isolirte Gebirgsgruppe liegen, die sich zu einer Höhe von über 4500 par. F. erhebt; nach ihrer Uebereinstimmung mit dem uralischen Gebirge in den geognostischen Verhältnissen sollte hier auch derselbe Metallreichthum wie dort zu erwarten sein; sie wird schon von Samojeden bewohnt [40]). Sonst sieht man zu Obdorsk

[38]) Fischer, recherches historiques p. 10.
[39]) Sujew, Reise a. a. O. III. S. 21.
[40]) Erman, Reise I. S. 702 bis 708.

die Sonne im Sommer die ganze Nacht hindurch am
ront hingleiten, aber größer und so matt, daß man sie u
wandt ansehen kann. Ende Juli geht die Sonne zum erstenm
so unter, daß die Sterne sichtbar werden. Dagegen soll
Winter eine oft kaum zwei bis drei Stunden lange Dä
rung sein, wenn nicht die häufigen Nordlichter, welche
dieser nächtlichen Jahreszeit mit voller Pracht erscheinen,
Nächte erleuchten. Daher auch dauern die wenigen Pflan
zen, welche auf der Moosebene kaum in der Mitte Juni zum
Vorschein kommen, nur wenige Wochen, ja die spätern oft
nur wenige Tage, in denen sie blühen und ihren Saamen
bringen. Im Juli sind schon wieder kalte Nordwinde, daß
Reif und Eis sich zeigt. Nur einige Knollengewächse gedeihen
hier noch, denn die Erde thaut nur an der Oberfläche auf,
und auch im Sommer findet man unter der Moosdecke noch
das nackte Eis. Pferde halten hier gar nicht mehr aus. Da
her muß man sich mit Rennthierheerden begnügen, welche
hier in ihrer Heimath sind, und der vielen Krankheiten und
wilden Raubthiere ungeachtet sich stark vermehren. Sie bilden
also auch den Hauptreichthum sowohl der russischen, wie der
ostiakischen und samojedischen Bewohner Obdoriens [41]).

Der nördliche Saum Sibiriens am Eismeere ist auf einige
hundert Werst breit ein wässriger, mit Moos überwachsener,
waldloser Morast, mit dem eigenthümlichen Worte Tundra
bei den Russen genannt, über welchen man im Sommer nicht
reisen könnte, wenn er tiefer als eine Spanne aufthauete.
Aber man findet gleich unter dem Moose gefrornes Erdreich,
worauf die Rennthiere festen Fuß haben, und die leichten Schlit
ten, deren sich die Samojeden zu allen Zeiten bedienen, gleiten
auf der nassen Moosfläche, welche sich wellenartig bewegt,
um so besser. An der Mündung des Obi, welche sich in nord
östlicher Richtung zum obischen Golfe wendet, wird der mäch
tige Strom von einer großen Sandbank, Eschloch genannt,
durchschnitten, die mitten in den Strom wie ein Riff hineinragt, und
thalb Ellen Wasser hat, aber dann mit einmal so

tief abfällt, daß man mit der längsten Leine keinen Grund gefunden haben will. Der Strom hat daselbst ziemlich schroffe
Thon- und Sandufer, die sich aber bald in die niedrige, waldlose Tundra verlieren, seine Mündung ist so breit, daß man
die entgegengesetzten Ufer kaum übersehen kann [42]). Der Obi
ergießt sich nicht unmittelbar in das freie Polarmeer, sondern
bildet vor seiner Mündung eine große mächtige maritime Erweiterung seiner Stromrinne, die sogenannte Obskaja Guba,
den obischen Golf, der sich in einer Breite von über 100 Werst
und in einer Länge von Süden nach Norden an 6 bis 700
Werst [43]) ausdehnt, und dessen nördliche Oeffnung unter 75°
N. Br. der Mündung des Jenisei-Stromes im Osten nahe
benachbart ist. Dieser Golf überbrückt sich schon Ende September mit Eis und geht meistens erst um die Mitte Juni
wieder auf. Die Höhe des Wasserspiegels der Ebbe und Fluth
ist bei stiller Witterung nur um drittehalb Fuß verschieden.
Im Sommer treibt die Fluth Massen von Treibeis und Treibholz ans Ufer [44]). Schon bald nach der Eroberung Sibiriens
ward der untere Obi und der obische Golf von Beresow aus
von den Russen befahren und somit eigentlich entdeckt durch
den Fürsten Schakowskoi [45]) im Jahre 1600.

Besonders wichtig ist der untere Obi für seine Anwohner
durch seine reiche Fischerei. Denn in ganz Rußland und
Sibirien ist fast kein großer Fluß, in den eine solche Menge
der verschiedenartigsten Wanderfischarten aus dem Meere auf-
stiege als in den Obi. Die Ursachen von der Menge und
Verschiedenartigkeit dieser aus dem Eismeere eintretenden Fische
liegt in der Beschaffenheit des Wassers und schlammigen Bodens und in der immer nur langsamen Strömung des Obi.
Es giebt in diesem Flusse nicht nur verschiedene Gattungen
Weißfische, die man sonst nirgends findet, sondern auch überaus viele Störe, Sterlede, Weißlachse, Hechte, Muränen und

---

[42]) Sujew, Reise a. a. O. III. S. 23, 36.
[43]) Rußlands Wasserverbindungen S. 253.
[44]) Georgi, geograph. Beschreibung II. 4. S. 1005.
[45]) Fischer, sibir. Geschichte I. S. 304.

die Sonne im Sommer die ganze Nacht hindurch am Horizont hingleiten, aber größer und so matt, daß man sie unverwandt ansehen kann. Ende Juli geht die Sonne zum erstenmale so unter, daß die Sterne sichtbar werden. Dagegen soll im Winter eine oft kaum zwei bis drei Stunden lange Dämmerung sein, wenn nicht die häufigen Nordlichter, welche zu dieser nächtlichen Jahreszeit mit voller Pracht erscheinen, die Nächte erleuchten. Daher auch dauern die wenigen Pflanzen, welche auf der Moosebene kaum in der Mitte Juni zum Vorschein kommen, nur wenige Wochen, ja die spätern oft nur wenige Tage, in denen sie blühen und ihren Saamen bringen. Im Juli sind schon wieder kalte Nordwinde, daß Reif und Eis sich zeigt. Nur einige Knollengewächse gedeihen hier noch, denn die Erde thaut nur an der Oberfläche auf, und auch im Sommer findet man unter der Moosdecke noch das nackte Eis. Pferde halten hier gar nicht mehr aus. Daher muß man sich mit Rennthierheerden begnügen, welche hier in ihrer Heimath sind, und der vielen Krankheiten und wilden Raubthiere ungeachtet sich stark vermehren. Sie bilden also auch den Hauptreichthum sowohl der russischen, wie der ostjakischen und samojedischen Bewohner Obdoriens [41]).

Der nördliche Saum Sibiriens am Eismeere ist auf einige hundert Werst breit ein wässriger, mit Moos überwachsener, waldloser Morast, mit dem eigenthümlichen Worte Tundra bei den Russen genannt, über welchen man im Sommer nicht reisen könnte, wenn er tiefer als eine Spanne aufthauete. Aber man findet gleich unter dem Moose gefrornes Erdreich, worauf die Rennthiere festen Fuß haben, und die leichten Schlitten, deren sich die Samojeden zu allen Zeiten bedienen, gleiten auf der nassen Moosfläche, welche sich wellenartig bewegt, um so besser. An der Mündung des Obi, welche sich in nordöstlicher Richtung zum obischen Golfe wendet, wird der mächtige Strom von einer großen Sandbank, Eschloch genannt, durchsetzt, die mitten in den Strom wie ein Riff hineinragt, und kaum anderthalb Ellen Wasser hat, aber dann mit einmal so

---

[41]) Sujew, Reise a. a. O. III. S. 22.

tief abfällt, daß man mit der längsten Leine keinen Grund gefunden haben will. Der Strom hat daselbst ziemlich schroffe
Thon= und Sandufer, die sich aber bald in die niedrige, waldlose Tundra verlieren, seine Mündung ist so breit, daß man
die entgegengesetzten Ufer kaum übersehen kann[42]). Der Obi
ergießt sich nicht unmittelbar in das freie Polarmeer, sondern
bildet vor seiner Mündung eine große mächtige maritime Erweiterung seiner Stromrinne, die sogenannte Obskaja Guba,
den obischen Golf, der sich in einer Breite von über 100 Werst
und in einer Länge von Süden nach Norden an 6 bis 700
Werst[43]) ausdehnt, und dessen nördliche Oeffnung unter 75°
N. Br. der Mündung des Jenisei=Stromes im Osten nahe
benachbart ist. Dieser Golf überbrückt sich schon Ende September mit Eis und geht meistens erst um die Mitte Juni
wieder auf. Die Höhe des Wasserspiegels der Ebbe und Fluth
ist bei stiller Witterung nur um drittehalb Fuß verschieden.
Im Sommer treibt die Fluth Massen von Treibeis und Treibholz ans Ufer[44]). Schon bald nach der Eroberung Sibiriens
ward der untere Obi und der obische Golf von Beresow aus
von den Russen befahren und somit eigentlich entdeckt durch
den Fürsten Schakowskoi[45]) im Jahre 1600.

Besonders wichtig ist der untere Obi für seine Anwohner
durch seine reiche Fischerei. Denn in ganz Rußland und
Sibirien ist fast kein großer Fluß, in den eine solche Menge
der verschiedenartigsten Wanderfischarten aus dem Meere auf-
stiege als in den Obi. Die Ursachen von der Menge und
Verschiedenartigkeit dieser aus dem Eismeere eintretenden Fische
liegt in der Beschaffenheit des Wassers und schlammigen Bodens und in der immer nur langsamen Strömung des Obi.
Es giebt in diesem Flusse nicht nur verschiedene Gattungen
Weißfische, die man sonst nirgends findet, sondern auch überaus viele Störe, Sterlede, Weißlachse, Hechte, Muränen und

[42]) Sujew, Reise a. a. O. III. S. 23, 36.
[43]) Rußlands Wasserverbindungen S. 253.
[44]) Georgi, geograph. Beschreibung II. 4. S. 1005.
[45]) Fischer, sibir. Geschichte I. S. 304.

die Sonne im Sommer die ganze Nacht hindurch am Ho-
ront hingleiten, aber größer und so matt, daß man sie unverwandt ansehen kann. Ende Juli geht die Sonne zum erstenmale
so unter, daß die Sterne sichtbar werden. Dagegen soll im
Winter eine oft kaum zwei bis drei Stunden lange Dämmerung sein, wenn nicht die häufigen Nordlichter, welche zu
dieser nächtlichen Jahreszeit mit voller Pracht erscheinen, die
Nächte erleuchten. Daher auch dauern die wenigen Pflanzen, welche auf der Moosebene kaum in der Mitte Juni zum
Vorschein kommen, nur wenige Wochen, ja die spätern oft
nur wenige Tage, in denen sie blühen und ihren Saamen
bringen. Im Juli sind schon wieder kalte Nordwinde, daß
Reif und Eis sich zeigt. Nur einige Knollengewächse gedeihen
hier noch, denn die Erde thaut nur an der Oberfläche auf,
und auch im Sommer findet man unter der Moosdecke noch
das nackte Eis. Pferde halten hier gar nicht mehr aus. Daher muß man sich mit Rennthierheerden begnügen, welche
hier in ihrer Heimath sind, und der vielen Krankheiten und
wilden Raubthiere ungeachtet sich stark vermehren. Sie bilden
also auch den Hauptreichthum sowohl der russischen, wie der
ostjakischen und samojedischen Bewohner Obdoriens [41]).

Der nördliche Saum Sibiriens am Eismeere ist auf einige
hundert Werst breit ein wässriger, mit Moos überwachsener,
waldloser Morast, mit dem eigenthümlichen Worte Tundra
bei den Russen genannt, über welchen man im Sommer nicht
reisen könnte, wenn er tiefer als eine Spanne aufthauete.
Aber man findet gleich unter dem Moose gefrornes Erdreich,
worauf die Rennthiere festen Fuß haben, und die leichten Schlitten, deren sich die Samojeden zu allen Zeiten bedienen, gleiten
auf der nassen Moosfläche, welche sich wellenartig bewegt,
um so besser. An der Mündung des Obi, welche sich in nordöstlicher Richtung zum obischen Golfe wendet, wird der mächtige Strom von einer großen Sandbank, Eschloch genannt,
durchsetzt, die mitten in den Strom wie ein Riff hineinragt, und
kaum anderthalb Ellen Wasser hat, aber dann mit einmal so

---

[41]) Sujew, Reise a. a. O. III. S. 22.

tief abfällt, daß man mit der längsten Leine keinen Grund ge=
funden haben will. Der Strom hat daselbst ziemlich schroffe
Thon= und Sandufer, die sich aber bald in die niedrige, wald=
lose Tundra verlieren, seine Mündung ist so breit, daß man
die entgegengesetzten Ufer kaum übersehen kann [42]). Der Obi
ergießt sich nicht unmittelbar in das freie Polarmeer, sondern
bildet vor seiner Mündung eine große mächtige maritime Er=
weiterung seiner Stromrinne, die sogenannte Obskaja Guba,
den obischen Golf, der sich in einer Breite von über 100 Werst
und in einer Länge von Süden nach Norden an 6 bis 700
Werst [43]) ausdehnt, und dessen nördliche Oeffnung unter 75°
N. Br. der Mündung des Jenisei=Stromes im Osten nahe
benachbart ist. Dieser Golf überbrückt sich schon Ende Sep=
tember mit Eis und geht meistens erst um die Mitte Juni
wieder auf. Die Höhe des Wasserspiegels der Ebbe und Fluth
ist bei stiller Witterung nur um drittehalb Fuß verschieden.
Im Sommer treibt die Fluth Massen von Treibeis und Treib=
holz ans Ufer [44]). Schon bald nach der Eroberung Sibiriens
ward der untere Obi und der obische Golf von Beresow aus
von den Russen befahren und somit eigentlich entdeckt durch
den Fürsten Schakowskoi [45]) im Jahre 1600.

Besonders wichtig ist der untere Obi für seine Anwohner
durch seine reiche Fischerei. Denn in ganz Rußland und
Sibirien ist fast kein großer Fluß, in den eine solche Menge
der verschiedenartigsten Wanderfischarten aus dem Meere auf=
stiege als in den Obi. Die Ursachen von der Menge und
Verschiedenartigkeit dieser aus dem Eismeere eintretenden Fische
liegt in der Beschaffenheit des Wassers und schlammigen Bo=
dens und in der immer nur langsamen Strömung des Obi.
Es giebt in diesem Flusse nicht nur verschiedene Gattungen
Weißfische, die man sonst nirgends findet, sondern auch über=
aus viele Störe, Sterlede, Weißlachse, Hechte, Muränen und

---

[42]) Sujew, Reise a. a. O. III. S. 23, 36.
[43]) Rußlands Wasserverbindungen S. 253.
[44]) Georgi, geograph. Beschreibung II. 4. S. 1005.
[45]) Fischer, sibir. Geschichte I. S. 304.

die Sonne im Sommer die ganze Nacht hindurch am Horizont hingleiten, aber größer und so matt, daß man sie unverwandt ansehen kann. Ende Juli geht die Sonne zum erstenmale so unter, daß die Sterne sichtbar werden. Dagegen soll im Winter eine oft kaum zwei bis drei Stunden lange Dämmerung sein, wenn nicht die häufigen Nordlichter, welche zu dieser nächtlichen Jahreszeit mit voller Pracht erscheinen, die Nächte erleuchten. Daher auch dauern die wenigen Pflanzen, welche auf der Moosebene kaum in der Mitte Juni zum Vorschein kommen, nur wenige Wochen, ja die spätern oft nur wenige Tage, in denen sie blühen und ihren Saamen bringen. Im Juli sind schon wieder kalte Nordwinde, daß Reif und Eis sich zeigt. Nur einige Knollengewächse gedeihen hier noch, denn die Erde thaut nur an der Oberfläche auf, und auch im Sommer findet man unter der Moosdecke noch das nackte Eis. Pferde halten hier gar nicht mehr aus. Daher muß man sich mit Rennthierheerden begnügen, welche hier in ihrer Heimath sind, und der vielen Krankheiten und wilden Raubthiere ungeachtet sich stark vermehren. Sie bilden also auch den Hauptreichthum sowohl der russischen, wie der ostjakischen und samojedischen Bewohner Obdoriens [41]).

Der nördliche Saum Sibiriens am Eismeere ist auf einige hundert Werst breit ein wässriger, mit Moos überwachsener, waldloser Morast, mit dem eigenthümlichen Worte Tundra bei den Russen genannt, über welchen man im Sommer nicht reisen könnte, wenn er tiefer als eine Spanne aufthauete. Aber man findet gleich unter dem Moose gefrornes Erdreich, worauf die Rennthiere festen Fuß haben, und die leichten Schlitten, deren sich die Samojeden zu allen Zeiten bedienen, gleiten auf der nassen Moosfläche, welche sich wellenartig bewegt, um so besser. An der Mündung des Obi, welche sich in nordöstlicher Richtung zum obischen Golfe wendet, wird der mächtige Strom von einer großen Sandbank, Eschloch genannt, durchsetzt, die mitten in den Strom wie ein Riff hineinragt, und kaum anderthalb Ellen Wasser hat, aber dann mit einmal so

---

[41]) Sujew, Reise a. a. O. III. S. 22.

tief abfällt, daß man mit der längsten Leine keinen Grund ge=
funden haben will. Der Strom hat daselbst ziemlich schroffe
Thon= und Sandufer, die sich aber bald in die niedrige, wald=
lose Tundra verlieren, seine Mündung ist so breit, daß man
die entgegengesetzten Ufer kaum übersehen kann [42]). Der Obi
ergießt sich nicht unmittelbar in das freie Polarmeer, sondern
bildet vor seiner Mündung eine große mächtige maritime Er=
weiterung seiner Stromrinne, die sogenannte Obskaja Guba,
den obischen Golf, der sich in einer Breite von über 100 Werst
und in einer Länge von Süden nach Norden an 6 bis 700
Werst [43]) ausdehnt, und dessen nördliche Oeffnung unter 75°
N. Br. der Mündung des Jenisei=Stromes im Osten nahe
benachbart ist. Dieser Golf überbrückt sich schon Ende Sep=
tember mit Eis und geht meistens erst um die Mitte Juni
wieder auf. Die Höhe des Wasserspiegels der Ebbe und Fluth
ist bei stiller Witterung nur um drittehalb Fuß verschieden.
Im Sommer treibt die Fluth Massen von Treibeis und Treib=
holz ans Ufer [44]). Schon bald nach der Eroberung Sibiriens
ward der untere Obi und der obische Golf von Beresow aus
von den Russen befahren und somit eigentlich entdeckt durch
den Fürsten Schakowskoi [45]) im Jahre 1600.

Besonders wichtig ist der untere Obi für seine Anwohner
durch seine reiche Fischerei. Denn in ganz Rußland und
Sibirien ist fast kein großer Fluß, in den eine solche Menge
der verschiedenartigsten Wanderfischarten aus dem Meere auf=
stiege als in den Obi. Die Ursachen von der Menge und
Verschiedenartigkeit dieser aus dem Eismeere eintretenden Fische
liegt in der Beschaffenheit des Wassers und schlammigen Bo=
dens und in der immer nur langsamen Strömung des Obi.
Es giebt in diesem Flusse nicht nur verschiedene Gattungen
Weißfische, die man sonst nirgends findet, sondern auch über=
aus viele Störe, Sterlede, Weißlachse, Hechte, Muränen und

---

[42]) Sujew, Reise a. a. O. III. S. 23, 36.
[43]) Rußlands Wasserverbindungen S. 253.
[44]) Georgi, geograph. Beschreibung II. 4. S. 1005.
[45]) Fischer, sibir. Geschichte I. S. 304.

fen sie bei gelinder Witterung schneller als bei sehr strenger
Kälte, und im Fall eines starken Windes bleiben sie gänzlich
stehen [35]). Ackerbau ist hier nicht mehr möglich sowohl wegen der Rauhigkeit des Klimas als auch wegen der Umgebung
der Stadt, die aus niedriger, morastiger Waldung von Birken, Tannen und Cederfichten besteht. Hochstämmiges Holz
findet sich hier nicht mehr, doch gedeihen noch einige Gartengewächse. Selbst Rindvieh und Pferde kommen nicht mehr
fort, dagegen finden sich hier zahlreiche Hunde, die als Zug-
vieh gebraucht werden, und die sich von Fischen und Feder-
wild nähren. Der Fischfang, der vom Frühling bis zum
Herbst dauert, ist außerordentlich reich, und dazu kommt eine
zahllose Menge von großem Wasserwild, von Schwänen,
Gänsen und Enten, welche sich mit dem ersten Thauwetter
einstellen. Beresow versorgt auch die sibirische Hauptstadt und
viele andere am Irtisch und Obi gelegene Städte mit getrockneten und im Winter mit gefrornen Fischen [36]). Der Obi
bedeckt sich hier schon Mitte October mit Eis, und geht vor
Ende Mai nicht auf. Während dieses langen Winters ist hier
die ergiebigste Jagd der schönsten Pelzthiere, vornehmlich von blauen und weißen Eisfüchsen, von Elennthieren, Bären u. a., und wie in den frühern Zeiten der Blüthe Jugriens
gewährt noch jetzt der bedeutende Pelzhandel mit den nomadisirenden Stämmen am Polarmeere den Bewohnern von Beresow eine reiche Quelle des Einkommens [37]).

Weiter am Obi abwärts, schon über den nördlichen Polarkreis hinaus, gelangt man nach Obdorsk oder Obdorskoi
Gorodok, dem äußersten nördlichen Wohnplatz der Russen,
wohin man in der Sommerzeit auch nur zu Wasser kommen
kann. Obdorsk, bei den Ostjaken Pulnowat Wasch genannt und bei den Samojeden Solä Charn, liegt 300 Werst
von Beresow unter dem 67° N. Br. auf der rechten Seite
des Obi in der Nähe seiner Mündung auf einem Berge an

[35]) Bieljawsky in den Dorpat. Jahrbüchern II. S. 341.
[36]) Sujew, Reise a. a. O. III. S. 18.
[37]) Erman, Reise durch Nord-Asien I. S. 605 bis 608.

Ufer des kleinen Fluſſes Polui, der ſich ſieben Werſt davon
gegen Südweſt in den Obi ergießt. Das ganze umherliegende
Gebiet führt ſeit der Syrjänen Zeit den bei den Ruſſen auch
frühzeitig bekannt gewordenen Namen Obdorien, ein Name,
der merkwürdiger Weiſe auch in der perſiſchen Sprache von
den Wörtern Ob (Waſſer) und Dor (Pforte) eine paſſende
Erklärung für die Bezeichnung dieſes Mündungslandes
des großen ſibiriſchen Rieſenſtromes zum Polarmeere zuläßt [38]).
Obdorſk hat nur fünf Häuſer, aber eine große Menge Am=
baren oder Vorrathskammern, ſo daß er von weitem einem
großen Dorfe ähnlich ſieht. Die ruſſiſchen Bewohner bleiben
Sommer und Winter daſelbſt, viele Oſtjaken aber, welche im
Sommer mit beweglichen Jurten dem Fiſchfang nachziehen,
laſſen ſich nur zur Winterszeit um Obdorſk nieder. Es wohnt
daſelbſt ein über die benachbarten Oſtjaken und Samojeden ge=
ſetzter Aufſeher (Opekun), der ein Koſack iſt, und einen Ata=
man mit 25 Koſacken unter ſich hat, und den in Pelzwerk
beſtehenden Tribut von jenen Stämmen erhebt. Die Umgegend
iſt etwas bergig aber kahl, nur noch kleine, krüppelhafte Wal=
dung von Cederſichten, Lerchenbäumen, Tannen und Fichten
zeigt ſich, und jenſeit Obdorſk hört der Baumwuchs gänzlich
auf oder man findet nur zwergartig über der Erde ausgebrei=
tete Bäume [39]). Der Sommer, ſo kurz er auch währt, iſt
ſehr angenehm durch die beſtändige Gegenwart der Sonne, ſie
wird in den langen Tagen zur Nachtzeit nur eine Stunde un=
ſichtbar, da ſie ſich hinter nahgelegenen hohen Bergen verbirgt.
Denn nach neuern Angaben ſoll auf der Nordweſtſeite der
Mündung des Obi eine, wie es ſcheint, ganz iſolirte Gebirgs=
gruppe liegen, die ſich zu einer Höhe von über 4500 par. F.
erhebt; nach ihrer Uebereinſtimmung mit dem uraliſchen Ge=
birge in den geognoſtiſchen Verhältniſſen ſollte hier auch der=
ſelbe Metallreichthum wie dort zu erwarten ſein; ſie wird ſchon
von Samojeden bewohnt [40]). Sonſt ſieht man zu Obdorſk

[38]) Fiſcher, recherches historiques p. 10.
[39]) Sujew, Reiſe a. a. O. III. S. 21.
[40]) Erman, Reiſe I. S. 702 bis 708.

die Sonne im Sommer die ganze Nacht hindurch am Hori-
ront hingleiten, aber größer und ſo matt, daß man ſie unverwandt anſehen kann. Ende Juli geht die Sonne zum erſtenmale
ſo unter, daß die Sterne ſichtbar werden. Dagegen ſoll im
Winter eine oft kaum zwei bis drei Stunden lange Dämmerung ſein, wenn nicht die häufigen Nordlichter, welche zu
dieſer nächtlichen Jahreszeit mit voller Pracht erſcheinen, die
Nächte erleuchten. Daher auch dauern die wenigen Pflanzen, welche auf der Moosebene kaum in der Mitte Juni zum
Vorſchein kommen, nur wenige Wochen, ja die ſpätern oft
nur wenige Tage, in denen ſie blühen und ihren Saamen
bringen. Im Juli ſind ſchon wieder kalte Nordwinde, daß
Reif und Eis ſich zeigt. Nur einige Knollengewächſe gedeihen
hier noch, denn die Erde thaut nur an der Oberfläche auf,
und auch im Sommer findet man unter der Moosdecke noch
das nackte Eis. Pferde halten hier gar nicht mehr aus. Daher muß man ſich mit Rennthierheerden begnügen, welche
hier in ihrer Heimath ſind, und der vielen Krankheiten und
wilden Raubthiere ungeachtet ſich ſtark vermehren. Sie bilden
alſo auch den Hauptreichthum ſowohl der ruſſiſchen, wie der
oſtjakiſchen und ſamojediſchen Bewohner Obdoriens [41]).

Der nördliche Saum Sibiriens am Eismeere iſt auf einige
hundert Werſt breit ein wäſſriger, mit Moos überwachſener,
waldloſer Moraſt, mit dem eigenthümlichen Worte Tundra
bei den Ruſſen genannt, über welchen man im Sommer nicht
reiſen könnte, wenn er tiefer als eine Spanne aufthauete.
Aber man findet gleich unter dem Mooſe gefrornes Erdreich,
worauf die Rennthiere feſten Fuß haben, und die leichten Schlitten, deren ſich die Samojeden zu allen Zeiten bedienen, gleiten
auf der naſſen Moosfläche, welche ſich wellenartig bewegt,
um ſo beſſer. An der Mündung des Obi, welche ſich in nordöſtlicher Richtung zum obiſchen Golfe wendet, wird der mächtige Strom von einer großen Sandbank, Eſchloch genannt,
durchſetzt, die mitten in den Strom wie ein Riff hineinragt, und
kaum anderthalb Ellen Waſſer hat, aber dann mit einmal ſo

---

[41]) Sujew, Reiſe a. a. O. III. S. 22.

tief abfällt, daß man mit der längsten Leine keinen Grund ge=
funden haben will. Der Strom hat daselbst ziemlich schroffe
Thon= und Sandufer, die sich aber bald in die niedrige, wald=
lose Tundra verlieren, seine Mündung ist so breit, daß man
die entgegengesetzten Ufer kaum übersehen kann [42]). Der Obi
ergießt sich nicht unmittelbar in das freie Polarmeer, sondern
bildet vor seiner Mündung eine große mächtige maritime Er=
weiterung seiner Stromrinne, die sogenannte Obskaja Guba,
den obischen Golf, der sich in einer Breite von über 100 Werst
und in einer Länge von Süden nach Norden an 6 bis 700
Werst [43]) ausdehnt, und dessen nördliche Oeffnung unter 75°
N. Br. der Mündung des Jenisei=Stromes im Osten nahe
benachbart ist. Dieser Golf überbrückt sich schon Ende Sep=
tember mit Eis und geht meistens erst um die Mitte Juni
wieder auf. Die Höhe des Wasserspiegels der Ebbe und Fluth
ist bei stiller Witterung nur um drittehalb Fuß verschieden.
Im Sommer treibt die Fluth Massen von Treibeis und Treib=
holz ans Ufer [44]). Schon bald nach der Eroberung Sibiriens
ward der untere Obi und der obische Golf von Beresow aus
von den Russen befahren und somit eigentlich entdeckt durch
den Fürsten Schakowskoi [45]) im Jahre 1600.

Besonders wichtig ist der untere Obi für seine Anwohner
durch seine reiche Fischerei. Denn in ganz Rußland und
Sibirien ist fast kein großer Fluß, in den eine solche Menge
der verschiedenartigsten Wanderfischarten aus dem Meere auf=
stiege als in den Obi. Die Ursachen von der Menge und
Verschiedenartigkeit dieser aus dem Eismeere eintretenden Fische
liegt in der Beschaffenheit des Wassers und schlammigen Bo=
dens und in der immer nur langsamen Strömung des Obi.
Es giebt in diesem Flusse nicht nur verschiedene Gattungen
Weißfische, die man sonst nirgends findet, sondern auch über=
aus viele Störe, Sterlede, Weißlachse, Hechte, Muränen und

---

[42]) Sujew, Reise a. a. O. III. S. 23, 36.

[43]) Rußlands Wasserverbindungen S. 253.

[44]) Georgi, geograph. Beschreibung II. 4. S. 1005.

[45]) Fischer, sibir. Geschichte I. S. 304.

Quappen und eine Menge anderer Fische, deren russische oder ostjakische Namen ohne Erklärung nicht verständlich sein würden. Die Gangfische kommen ungefähr im Mai bei Beresow an, und gehen dann höher bis in den Irtisch, Tobol und Tom hinauf. Von diesem Zuge, auf welchem die Fische ihren Rogen streichen, kehren die meisten halberwachsenen und die entkräfteten Laicher im September, wenn sich der Eisgang nähert, in die untere Gegend des Obi zurück und begeben sich im Winter größtentheils wieder in den Ocean, ehe die Flüsse unter dem Eise stinkend werden. Diese Fäulniß der fließenden Gewässer unter dem Eise scheint von der morastigen Beschaffenheit des Bodens herzurühren in Verbindung mit der langsamern Strömung und den beigemischten Erdsalzen. Das faule oder todte Wasser frischt sich auch nicht eher wieder auf als im Frühlinge, wenn der schmelzende Schnee die Wassermasse vermehrt [46]). Die Fischerei im Obi wird in den untern Gegenden hauptsächlich von den Ostjaken und Samojeden, in den höhern aber von Jedermann betrieben, der dazu Lust hat. Die Frühlingsfischerei beginnt erst mit dem Juni, wenn das Wasser aufgeht, und die Fische in Menge in die Seen, Arme und Nebenflüsse eintreten; denn in dem Hauptflusse selbst kann wegen seiner Breite und Tiefe gar nicht, oder nur an sehr seichten Stellen gefischt werden. Außer den Zugnetzen, welche vom Juni bis in den October gebräuchlich sind, haben die Ostjaken noch viele andere Arten zu fischen. Die eigenthümlichste ist die mit einem Netze, welches sie Kilidan nennen, und das wie ein Sack gefaltet ist. Mit diesen Sacknetzen werden vom Juni bis zum September Störe, Weißlachse, Quappen und andere Fische gefangen. Es ist natürlich, daß ein Volk, welches die Fischerei zu seinem Hauptgewerbe macht, sehr mannigfaltige und zum Theil künstliche Mittel ausgedacht habe, um mit dem wenigsten Aufwande von Zeit und Mühe dieses Geschäft zu bestreiten. Außer jenen Sacknetzen und den überall gebräuchlichen Fischreusen und Wehren pflegen die Ostjaken und Samojeden an seichten Stellen zur Nachtzeit bei dem

---

[46]) Storch, Gemälde des russischen Reiches II. S. 581.

Schein angezündeter Birkenrinden, die sie an Stangen auf-
stecken, auf den Fang auszugehen. In den nördlichsten Re-
benflüssen machen die Samojeden, sobald das Eis fest wird,
Oeffnungen in dasselbe, über welchen sie Hütten erbauen, und
kleine aus Holz geschnitzte Lockfische an Schnüren mit Steinen
beschwert ins Wasser senken, wobei sie die raubsüchtigen Fische
sehr geschickt mit Gabeln stechen. Auch machen sie kleine Weh-
rungen durch solche Flüsse, lassen durch die Oeffnung weiße,
an Steinen befestigte Rinden auf den Grund, und spießen die
durchstreichenden Fische, welche man alsdann deutlich wahrnehmen kann. Durch alle diese Mittel wissen die Ostjaken
und Samojeden sich und ihre Nachbarn, die Russen, das ganze
Jahr hindurch mit Fischen zu versorgen. Im Sommer haben
sie blos an Stören, die oft einen Faden lang sind und bis
zwei Pud Kaviar geben, einen solchen Ueberfluß, daß sie die
geringern Fischarten wegwerfen [47]). Der Stör galt daher
zu Pallas Zeit in Beresow nie über vierzig Kopeken für das
Pud, und das Fischfett oft kaum funfzig Kopeken und nie
über einen Rubel.

Neben der Fischerei bildet unstreitig in den Gegenden am
untern Obi die Jagd einen Haupttheil der Thätigkeit der
Bewohner, denn es ist grade hier das Land der jugrischen
Pelzmärkte. Auch ist die Jagd in allen nördlich von Beresow gelegenen Gegenden sehr ergiebig. In den nördlichsten
waldlosen Wildnissen am Ocean sind die häufigsten Thiere die
blauen und weißen Eisfüchse (Peszi), rothe Füchse, weiße und
graue Wölfe, Vielfraße und Rennthiere. In den nähern waldigen Gegenden giebt es Elennthiere, Luchse, Zobel, Herme-
line, deren kostbare Felle schön Herberstein [48]) rühmt; an den
Flüssen Ottern, Biber, nur sparsam schwarze Bären und zuweilen auch weiße Bären. Die meisten Arten diese Thiere zu
fangen, deren sich die Ostjaken und Samojeden bedienen, sind
übrigens von den in andern Gegenden Sibiriens üblichen we-

---

[47]) Pallas, Reisen durch verschied. Prov. III. S. 79 bis 84.
[48]) Herberstein, rerum Moscovit. comment. p. 81, 82. cf.
p. 59.

nig verschieden. An den Küsten des Polarmeeres betreiben die Samojeden eine lebhafte Jagd auf die Wallroße und See-kälber, und nicht minder gewährt das auf den dortigen Seen und Strömen in zahllosen Schwärmen sich aufhaltende Wasserwild von Schwänen, Gänsen und Enten den sonst von der Natur so dürftig versorgten Bewohnern dieser Gebiete eine sehr einträgliche Jagd [49]). Obdorsk bildet den Mittelpunkt für die Nomadenvölker am Eismeer in politischer und merkantilischer Beziehung, und ist noch jetzt als ein großer Pelzmarkt berühmt. Man rechnet, daß außer dem an die Regierung zu liefernden Felltribut von den Ostjaken und Samojeden jährlich noch für 150,000 Rubel Pelzwaaren an die Russen daselbst verkauft werden, an Daunen und Bälgen von arktischen Gänsearten an 600 Pud oder die Ausbeute von 48,000 Gänsen [50]).

Die beiden eigenthümlichen Völkerstämme, welche wir als die Bewohner dieses jugrischen Landes am untern Obi antreffen, sind außer den schon oben berührten Wogulen, die mehr im uralischen Gebirgslande einheimisch sind, die Ostjaken im Binnenlande an den Ufern des Obi; und die Samojeden in dem Küstenlande am Eismeer, beide nach Sprache und Abstammung wesentlich von einander verschieden.

1) Die Ostjaken.

So wie wir bisher in den diesen Ostjaken ursprünglich stammverwandten Völkerschaften der Baschkiren und Wogulen die Natur von Hirtenstämmen und Jägerstämmen kennen gelernt haben, so bekommen wir hier den eigenthümlichen Typus eines Fischervolkes, wie er sich selten so bestimmt und vollkommen ausspricht. Auch haben wir schon oben diese jugrischen oder obdorischen Ostjaken, wie sie Pallas mit Recht nennt, als mit den Wogulen gemeinsame Abkömmlinge der alten Jugrier oder Ugrier bezeichnet. Man kann sie im engern Sinne Ostjaken nennen, da durch die sibirischen Tataren dieser Name unstreitig für sie zuerst üblich wurde und sodann durch

---

[49]) Pallas a. a. O. III. S. 87 bis 93.
[50]) Erman, Reise durch Nord-Asien I. S. 651.

die Ruffen sich weiter verpflanzte, und besonders da sie im
Verhältniß zu den südlichen samojedischen Ostjaken und zu den
am Jenisei wohnenden eine bei weitem stärkere Volkszahl ha=
ben. Diese Ostjaken nennen sich selbst Kondycho (Chondi
Chui) d. h. Leute von der Konda, weil dort ihre älteften
Hauptsitze gewesen sein mögen, von wo aus sie sich über das
gesammte untere Obi=Gebiet verbreitet haben, oder Tju Kum
d. h. Morastleute [51]) oder auch As=jach d. h. Leute vom
Obi, woraus nach Klaproth [52]) der Name Ostjak entstanden
sein soll. Bei ihren nördlichen Nachbarn den Samojeden füh=
ren sie den Namen Thahe, was Männer bedeuten soll, wäh=
rend die Wogulen diese ihre östlichen Nachbarn wie auch sich
selbst Manfi nennen [53]). Die Ostjaken am untern Obi sind
eine der erften Nationen Sibiriens, welche die Ruffen schon
am Ende des funfzehnten Jahrhunderts entdeckt und von sich
abhängig gemacht haben [54]), und sie sind zwar wie faft alle
sibirischen Völker seit der Eroberung des Landes durch die
Blattern und andere ihnen zuvor unbekannte Krankheiten sehr
vermindert worden, doch machen sie noch immer eine beträcht=
liche und in dem beresowschen Gebiet die stärkste Völkerschaft
aus. Sie erstrecken sich den Obi=Fluß hinauf bis in das Ge=
biet von Surgut und Narym, und man berechnet ihre Anzahl
auf 100,000 Köpfe [55]), ihre Vermehrung muß aber immer
sehr unbedeutend sein wegen ihrer harten Lebensart und wegen
des rauhen Klimas.

Die Sprache der Ostjaken ist dem Finnischen oder der
tschudischen Sprache und vornehmlich dem Wogulischen nahe
verwandt, und beweiset so die Verwandtschaft der Ostjaken
mit allen den zahlreichen jenseit des Ural wohnenden finnischen
Völkerstämmen. Daher betrachtet sie auch Klaproth [56]) in

---

51) Falk, topogr. Beiträge III. S. 463.
52) Klaproth, Asia polyglotta p. 192.
53) Pallas, Reisen durch verschied. Prov. III. S. 38.
54) Lehrberg, Unterfuchungen S. 26.
55) Schubert, Statistik des ruff. Reiches S. 157.
56) Klaproth, Asia polyglotta p. 188.

Verbindung mit den Wogulen als einen Hauptzweig der östlichen Finnen und sie scheinen in der That die unmittelbaren Abkömmlinge des eigentlichen Stammes dieser großen Völkergruppe zu sein. Aber so sehr sich diese ostjakische Sprache bei aller Uebereinstimmung von der ihrer Stammgenossen an der Wolga unterscheidet, so auch von der der ihnen am nächsten stehenden Wogulen, und nach den verschiedenen Gegenden finden sich auch in ihr selbst verschiedene Mundarten. Besonders unterscheidet man die oberhalb und unterhalb Beresow wohnenden Ostjaken oder die sogenannten werchowischen und nisowischen, indem erstere, viel mit Wogulen gemischt wohnend, eine sehr gemischte Sprache haben, die überdies vielfach mit Tatarischem versetzt ist, weil die Ostjaken von den Tataren erst allmählig aus ihren früher mehr südwärts reichenden Sitzen verdrängt sind. Unter den entferntern finnischen Dialekten ist nach Pallas [57]) besonders der morduanische mit dem ostjakischen zu vergleichen. Die Sprache der nördlichen Ostjaken zeigt wieder manche Verwandtschaft mit der ihrer nördlichen Nachbarn, der Samojeden.

Daß die Ostjaken die Urbewohner der Landschaften auf der Ostseite des nördlichen Ural bis zum Obi sind, erhellt aus ihrer Verwandtschaft mit den Wogulen und ihrer gemeinsamen Abstammung von den Jugriern. Demnach kann die Tradition, welche sich über ihre Abstammung erhalten hat, daß sie eigentlich auf der Westseite des Ural einheimisch gewesen und erst seit der zweiten Hälfte des vierzehnten Jahrhunderts aus dem Lande Biarmien an der Kama ausgewandert seien [58]), um dem Bekehrungseifer des Bischofs Stephan auszuweichen, nicht von einer Uebersiedelung des ganzen Volkes verstanden werden, sondern es kann nur das Faktum zum Grunde liegen, daß die Bevölkerung des ostjakischen Jugriens durch eingewanderte Schaaren von Permiern und Syrjänen, welche die Wege zu ihnen längst kannten und ihnen

---

[57]) Pallas, Reisen durch versch. Prov. III. S. 56. Vergl. das ostjakische, wogulische und morduanische Glossar bei Pallas S. 57 bis 58.
[58]) Müller, Sammlung russ. Gesch. VI. S. 161.

ftammverwandt waren, vermehrt worden ift. Zwar fagt Joh.
Bernh. Müller[59]), ein fchwedifcher Dragoner Officier, welcher
als ruffifcher Kriegsgefangener während des nordifchen Krieges
fich in Sibirien aufhielt, und uns die erften ausführlichern
Nachrichten über dies bis dahin in Europa faft ganz unbe=
kannte und mit den Wogulen für die Ethnographie doch fo
wichtige Volk mitgetheilt hat, daß die aus Permien kommen=
den Oftjaken in ihrer neuen Heimath am Obi ein ganz ver=
fchiedenes Volk vorgefunden hätten, von welchem fie wohl=
wollend aufgenommen wären, welches aber fchon zu feiner
Zeit fo gänzlich ausgegangen fei, daß kaum noch eine Spur
davon vorhanden geblieben fei. Aber er felbft nennt doch jene
frühern Bewohner der Landfchaft Tfchuden, und fchon dar=
aus muß man auf die Stammverwandtfchaft beider Völker
fchließen, da der Name felten anders als von diefer Völker=
gruppe gebraucht vorkommen möchte. Auch fieht man aus
feiner Bemerkung, daß die Sprache der Oftjaken von der der
Wogulen wefentlich verfchieden fei und für einander ganz un=
verftändlich, daß man feinen ethnographifchen Angaben nicht
trauen dürfe.

Von Geftalt find die Oftjaken meiftens mittelmäßig und
kleinlich, fchwach von Kräften, und befonders dünn und mager
von Beinen. Ihre Gefichter find faft durchgängig unangenehm,
bleich und platt, ohne eine charakteriftifche Ausbildung. Das
meiftens röthliche oder ins helle fallende Haar, das den Män=
nern ohne Ordnung um den Kopf hängt, verunftaltet fie noch
mehr. Unter den erwachfenen Weibern befonders in einem
reifern Alter finden fich wenig angenehme Gefichter. Die Oft=
jaken find furchtfam, abergläubifch und einfältig, fonft ziem=
lich gutherzig, in ihrer mühfamen und fchlechten Lebensart von
Jugend auf arbeitfam, aber über die Nothdurft hinaus auch
zu nichts als zum Müßiggange geneigt befonders das männ=
liche Gefchlecht, und in ihrer Haushaltung fehr unfauber und

---

59) Joh. Bernh. Müller, Leben und Gewohnheiten der Oftjaken,
eines Volkes, fo unter dem Polo Arctico wohnet, mit etlichen curieufen
Anmerkungen vom Königreich Siberien. Berlin 1720. 8. S. 22, 23, 42.

unreinlich⁶⁰). Schon vor der russischen Herrschaft, die seit dem Ende des sechszehnten Jahrhunderts bei ihnen begründet wurde, hatten sie kleine Fürsten oder Häuptlinge über sich, welche gleich den wogulischen Häuptlingen den sibirischen Chanen zu Isker unterthänig waren⁶¹). Ihre Unterwerfung verursachte den eroberungssüchtigen Kosacken unter Jermak weit weniger Mühe als die der Tataren unter dem Chan Kutschum, dessen Macht durch ihren Abfall nicht wenig geschwächt wurde. Die Würde jener Fürsten war erblich, und einige von ihrer Nachkommenschaft sollen sich noch bis jetzt erhalten haben, doch stehen sie wenig in Ansehn und müssen sich wie ihre Untergebenen von ihren Mitteln und Gewerbe ernähren. Wenn jene keinen männlichen Erben hinterlassen, so wird ein anderer von den angesehensten und ältesten zum Nachfolger erwählt⁶²). Auffallend ist, daß diese Ostjaken, obschon im Allgemeinen ein unstätes Leben führend, doch bei der Ankunft der Russen zahlreiche kleine feste Ortschaften hatten, welche in Verschanzungen auf den Berghöhen an den Ufern des Irtisch und Obi bestanden. So vornehmlich auf dem Berge, welchen die Russen nach der alten Verschanzung daselbst noch jetzt Zingalskoe Staroe Gorodischtsche nennen, der ganz isolirt am Irtisch-Ufer steht, und erst durch die Gewalt des Stromes von der übrigen Bergkette auf der Ostseite abgesprengt ist, so daß man den frühern Lauf des Irtisch auf der andern westlichen Seite des Berges noch deutlich verfolgen kann⁶³).

Die Fischerei bildet den ganzen Sommer und auch zum Theil im Winter das Hauptgeschäft und die Hauptnahrung der Ostjaken. Jagd und Vogelfang sind nur ihre Nebengeschäfte. Wegen dieser Beschäftigung führen die Ostjaken zwar eine etwas unstäte Lebensart, und ziehen zur Sommerszeit mit beweglichen Jurten fischreichen Gegenden nach, aber sie haben daneben wie die Baschkiren ihre festen Winterwoh-

⁶⁰) Pallas, Reisen durch versch. Prov. III. S. 38 und 39.
⁶¹) Fischer, sibirische Geschichte I. S. 209.
⁶²) Pallas, Reisen durch versch. Prov. III. S. 55.
⁶³) Müller, Sammlung russischer Geschichte VI. S. 323, 328, 335, 347.

nungen, die fie jährlich beziehen, und find an diefe Lebens=
art von jeher gewohnt gewefen. Eine Sommerjurte, Chat
oder bei den Ruffen am Obi mit dem tungufifchen Namen
Tfchum bezeichnet, ift bei den Oftjaken auf pyramidalifch auf=
geftellten Stangen, die mit Birkenrinde bekleidet werden, leicht
errichtet, doch haben die im Süden wohnenden fchon gezim=
merte, und richten fich mehr nach dem Beifpiel der Ruffen.
Für ihre Winterwohnungen fuchen die Oftjaken in der Nach=
barfchaft der Flüffe hohe trockene Stellen, und bauen dort aus
jungem, nicht ftarkem Zimmerholz ordentliche, viereckige Hütten
nach ruffifcher Art, aber niedrig, oft halb in der Erde und
die Decke mit Erde überfchüttet. Die Thür der Hütte ift ge=
wöhnlich gegen Abend gerichtet; vor derfelben ift ein offener
Gang gezimmert, in welchem zu beiden Seiten kleine Kammern
zur Aufbewahrung des überflüffigen Pelzwerkes und Geräthes
angelegt werden. Solche Hütten werden gewöhnlich von mehr
als einer Familie bewohnt, gewöhnlich von drei, vier bis fechs,
ja manchmal von dreißig Hausgefellfchaften, und das fchmuzige,
unordentliche Leben in diefen ftinkenden Höhlen ift uns von
Pallas zur Genüge gefchildert worden. Außer den Winter=
hütten haben fie aber auch noch in den Wäldern kleine Vor=
rathshütten, wo fie überflüffiges Pelzwerk, Rennthierfelle und
dergleichen aufbewahren. Die Weiber werden von den Män=
nern faft wie Sklavinnen behandelt, und erftere find mit aller
Hausarbeit überhäuft. Denn das Weib muß alles in Stand
fetzen, und für Effen, Kleidung und Wohnung forgen, wäh=
rend fich der Mann außer der Jagd und Fifcherei nebft den
dazu erforderlichen Geräthfchaften um nichts bekümmert [64]).
Die Kleidung der Oftjaken hat viel eigenthümliches bei Män=
nern und Frauen, und befteht größtentheils aus Thierhäuten
und Pelzwerk, das fie felbft bereiten. Auch foll zwifchen den
werchowifchen und nifowifchen Oftjaken hierin ein Unterfchied
ftatt finden, indem fie bei den letztern, im Norden, nur aus
Rennthierpelzen befteht, welche als Gegenftand des Handels

---

[64]) Pallas, Reifen durch verfch. Prov. III. S. 42 bis 45.

I. 1. **20**

sich bis nach Tobolsk verbreiten [65]). Ihre Stiefeln, welche
aus riemenweise zusammengesetzten Rennthierpfoten bestehen,
sind sehr dauerhaft und verhindern das Ausgleiten auf dem
Schnee; sie werden daher auch von russischen Kaufleuten verführt und in Sibirien und Rußland auf Winterreisen getragen [66]). Als eine Eigenthümlichkeit der ostjakischen Weiber
betrachtete es schon Bernh. Müller, daß sie sich die Hände
und Arme tatowiren lassen und darin eine große Schönheit
setzen; sie zeigen übrigens eine besondere Schamhaftigkeit [67]),
indem sie sich bei der Ankunft von Fremden verhüllen oder
auch ganz entfernen. Doch üben sie gegen Fremde große Gastfreiheit und wissen nicht genug, wie sie einen Gast bewir-
then sollen. Haben sie Rennthiere, so wird eins geschlachtet,
und dem Gast das Beste davon, als Zunge, Gehirn oder Brust-
stück vorgesetzt; nach der Mahlzeit beschenken sie auch den Gast
nach ihrem Vermögen auf eine sehr freigebige Weise [68]).

Mit der Fischerei beschäftigen sich die Ostjaken den ganzen Sommer, und schon die Kinder werden an die leichtern
Fischfangsarten gewöhnt. Während dieser Jahreszeit haben
sie solchen Ueberfluß von Fischen, daß sie ganz allein davon
leben, sie geben sich dann selten die Mühe sie zu kochen oder
zu braten, sondern verzehren sie gewöhnlich ganz frisch und
roh. Im Winter essen sie eben so begierig die gefrornen Fische roh. Der Ueberfluß an Fischen ist im Sommer so groß,
daß sie weder alles verzehren, noch auch an die Russen vertauschen können, die geringern Arten werden dann weggewor-
fen für die Hunde, deren sie sich in großer Menge zum Ziehen
ihrer Schlitten bedienen, und deren Kraft, Geschicklichkeit und
Schnelligkeit schon Müller [69]) bewunderte. Von den besten
Fischen bereiten die Weiber allerlei Vorrath, jedoch alles ohne
Salz, blos durch Trocknen und Braten. Benutzt werden sie

---

[65]) Erman, Reise durch Nord-Asien I. S. 614.
[66]) Pallas, Reisen durch versch. Prov. III. S. 40.
[67]) Bernh. Müller, Leben und Gewohnheiten der Ostjaken
S. 31, 33.
[68]) Pallas, Reisen durch versch. Prov. III. S. 66.
[69]) Bernh. Müller, Leben und Gewohnheiten der Ostjaken S. 29.

auf gar mannigfache Weise. Mit der Jagd beschäftigen sie
sich besonders im Winter, zwar unterbleibt auch dann nicht
die Fischerei unter dem Eise, aber da es nur durch Reusen
geschieht, so ist es den Kindern überlassen. Im Herbst mit
dem ersten Schneefall ist die rechte Zeit der Jagd der Elenn=
thiere und Rennthiere. Im Winter gehen die Ostjaken in
kleinen Gesellschaften auf Schneeschuhen weit in die wüsten
Gegenden und Wälder, und kommen häufig erst nach einigen
Monaten wieder, den Mundvorrath nimmt jeder auf einem
kleinen Schlitten mit sich. Sie genießen dabei das Fleisch von
Bären, Füchsen, Eichhörnern und selbst von todtem Vieh [70].
Bei dieser Winterbeschäftigung dem größten Ungemach, der
Kälte und dem Hunger ausgesetzt, leistet ihnen der Tabak,
den sie leidenschaftlich gern rauchen und schnupfen, treffliche
Dienste. Besonders lieben sie den chinesischen Tabak (Char),
und sie rauchen ihn nicht wie andere Völker, indem sie den
Rauch von sich blasen, sondern sie schlucken ihn nieder sowohl
Männer als Weiber und Kinder, und dies soll für sie bei
ihrer Lebensweise eine heilsame Wirkung haben, indem er ihnen
bei dem übermäßigen Genuß von Fischfett den thranartigen
Schleim, der sich daraus entwickelt, wieder abtreibt [71]. Da=
her leben die Ostjaken bei ihrer unnatürlichen Nahrung, und
weil ihr Getränk nur aus Wasser besteht, dennoch gesund, und
man hört unter den jüngern von wenig Krankheiten. Aber
wenn sie wegen Alters ihrem Geschäfte nicht mehr nachgehen
können, so verfallen sie in skorbutische, gichtische Krankheiten,
von denen sie sich selten erholen [72]. Wie sehr jene beiden
Erwerbsmittel, Jagd und Fischfang, ihre ganze Lebensthätig=
keit in Anspruch nehmen, glaubte Pallas auch in ihren eigen=
thümlichen Tänzen erkennen zu können, indem die Ostjaken
theils ihr Verfahren bei dem Nachstellen der Bewohner der
Gewässer und der Waldeinöden darin darstellen, theils auch

---

[70] Pallas, Reisen durch versch. Prov. III. S. 46 bis 49.
[71] Bernh. Müller, Leben und Gewohnheiten der Ostjaken S. 27.
[72] Pallas, Reisen durch versch. Prov. III. S. 50.

20 *

die verschiedenen Stellungen und das Benehmen der Thiere gegen ihre Verfolger [73]).

Die heidnischen Ostjaken unterhalb Beresow nehmen so viel Frauen als es ihr Vermögen erlaubt. Sie halten es aber dabei für ein großes Vergehen und Schande aus ihrer Namensverwandtschaft zu heirathen, wobei sie immer nach dem männlichen Stamm rechnen. Denn sie heirathen sogar ihres Bruders Wittwe, ihre Stiefmutter und Stieftochter, am liebsten aber nehmen sie Schwestern aus andern Familien, nur die Väter des Bräutigams und der Braut dürfen nicht von demselben Stamme sein. Wie bei ihren Stammgenossen an der Wolga werden die Frauen von ihnen gekauft um das sogenannte Kalym; bei einem reichen ostjakischen Mädchen beträgt dasselbe über hundert Rennthiere und allerlei Pelzwerk. Die Ehe wird gleich darauf vollzogen, aber die Braut kann erst nach völliger Entrichtung des Kalym von dem Bräutigam mit nach Hause genommen werden. Ihren Sitten gemäß darf sich kein verehelichtes Weib zeitlebens vor ihrem Schwiegervater sehen lassen, und der Mann, so lange er noch keine Erben hat, nicht vor der Schwiegermutter. Obgleich der rohe Ostjake seine Weiber wie Hausthiere behandelt, so wagt doch keiner sein Weib auch wegen der gröbsten Fehler und Verbrechen ohne Einwilligung des Schwiegervaters körperlich zu züchtigen; in solchem Falle würde das gereizte Weib zu ihren Eltern entlaufen und ihren Vater bewegen, daß er dem Schwiegersohne das Kalym zurück und die Tochter einem andern zur Frau gäbe [74]).

Gleich den Wogulen sind auch die Ostjaken noch größtentheils der schamanischen oder magischen Form der Naturreligion ergeben, und wenn auch ein Theil von ihnen zum Christenthum bekehrt worden ist, so haben sie doch ihren frühern Glauben meistens beibehalten und mit dem christlichen Glauben verknüpft, und schon ihre Lebensart erlaubt es ihnen nicht alle Vorschriften der griechischen Kirche genau zu befol-

---

[73]) Pallas a. a. O. III. S. 65.
[74]) Pallas a. a. O. III. S. 51 bis 53.

gen [75]). Schon unter der Regierung des Zaren Alexei Michailowitsch soll die christliche Religion zuerst bis zu ihnen sich
verbreitet haben um die Mitte des siebzehnten Jahrhunderts,
dennoch waren zu Anfange des achtzehnten Jahrhunderts fast
noch gar keine Spuren davon sichtbar, als auf Betrieb des
Fürsten Matfei Petrowitsch Gagarin, des Generalgouverneurs
von Sibirien, der verdienstvolle sibirische Metropolit Philotheus
im Jahre 1712 das Werk unternahm, die Ostjaken durch Bekehrung zur griechischen Kirche zugleich auf eine höhere Stufe
der Gesittung zu erheben. Zwar hatte derselbe viel mit der
Hartnäckigkeit dieses Volkes und der Anhänglichkeit desselben
an seinen frühern Kultus zu kämpfen, aber es gelang ihm
doch in den beiden folgenden Jahren über 5000 Ostjaken zur
Taufe zu bewegen [76]).

Der Kultus der heidnischen Ostjaken findet auf heiligen
Bergen und unter heiligen Bäumen statt. Außer den besondern, von Holz geschnitzten Privatidolen, die jede ostjakische
Familie für sich verehrt und die in dem vornehmsten Winkel
ihrer Jurte aufgestellt sind, genießen die Hauptanbetung auch
gewisse vornehme Idole, welche die Ostjaken ehemals an vielen Orten ihres Landes verehrt haben sollen und deren Ruf
durch die Schamanen begründet wurde. So stand ein be-
rühmtes Götzenbild bei den belogorskischen Jurten, nach
den weißen Uferbergen benannt, etwas unterhalb der Vereinigung des Irtisch mit dem Obi, welches bei der Jagd und
Fischfang Glück verlieh. Der Ort, wo der belogorskische Götze
stand, hieß bei den Ostjaken Konk-pugl (von den Wörtern
Konk ein Idol und Pugl ein Dorf), bei den Russen gewöhnlich
Schaitanskie Jurti genannt. Später, seit der Zeit der Einführung des Christenthums daselbst wurde hier eine Kirche gebaut und der Ort Troizkoi Belogorskoi Pogost genannt. Nach
den Erkundigungen des Staatsrathes Gerh. Fr. Müller bei

---

[75]) Bieljawsky, Reise von Tobolsk nach dem Eismeere, in den
Dorpat. Jahrb. II. S. 343.

[76]) Bernh. Müller, Leben und Gewohnheiten der Ostjaken S. 69
bis 75.

den Ostjaken war es ein kleines männliches, grob aus Holz
gehauenes Bild, dessen Gesicht mit weißem Eisenblech und
Pelzwerk geschmückt und bedeckt war. Neben demselben standen zwei weibliche Figuren von zusammengebundenen Birken-
reisern mit weiblicher Kleidung wie zur Bedienung des männlichen Götzen. Er war in einer besondern mit rothem Tuch
bekleideten Hütte aufgestellt, ein Priester dabei führte die Aufsicht und ertheilte Orakelsprüche, die Opfergaben bestanden
theils in Pelzwerk, theils in geschlachteten Thieren. Das Idol
soll den Namen Ortlonk d. h. Fürst der Idole geführt haben, und soll angeblich von den Ostjaken schon aus Permien
bei ihrer Auswanderung nach Sibirien mitgebracht sein, bis
es bei der Bekehrung dieses Volkes von den Russen zerstört
wurde [77]). Zu Pallas Zeit stand ein von allen Ostjaken und
auch den benachbarten Samojeden vorzüglich verehrter Götze
in der Gegend der woksarskischen Jurten, 70 Werst unterhalb Obdorsk in einem waldigen Thale, wo ihn die Ostjaken
sorgfältig bewachten und alle Zugänge dazu vor den Russen
verbargen. Sie versammelten sich dort oft in großen Schaaren um ihre Opfer darzubringen. Es waren eigentlich zwei
Idole, das eine männlich, das andere weiblich bekleidet [78]),
beide nach ostjakischer Weise so prachtvoll als möglich bekleidet
mit Tuch und Pelzwerk, die Kleider mit Messing und Eisenblech besetzt. Jedes Idol stand an einem ausgesuchten Baume
unter einer besondern Hütte; auch die Bäume waren mit Zeugen und Blech behängt und Glöckchen angebracht, die sich im
Winde bewegten. An dem Baum des männlichen Gottes
waren Köcher und Bogen aufgehängt und an den umherste-
henden Bäumen zahlreiche Rennthierhäute von den dargebrach-
ten Opfern. Die Männer opferten allein dem männlichen

---

[77]) Müller, Sammlung russ. Geschichte VI. S. 337.

[78]) Wahrscheinlich geht hierauf auch die merkwürdige uns von Herberstein mitgetheilte Nachricht von dem an der Mündung des Obi verehrten weiblichen Götzenbilde von Gold, Slataja baba bei den Russen
genannt. Slata baba i. e. aurea anus idolum est ad Obi ostia in
provincia Obdora in ulteriori ripa situm. Rer. Moscovit. comment. p. 82.

Götzen, die Frauen dem weiblichen [79]). Auch an der Konda
soll zur Zeit der Eroberung Sibiriens durch die Kosacken ein
von Gold gegossenes oftjakisches Jdol gewesen sein, welches
der Sage nach aus Rußland gebracht war, wo es unter dem
Namen Christus verehrt worden, also wohl irgend ein Heili-
ligenbild, das durch die Permier oder Syrjänen von den Ruf-
sen zu diesen Bewohnern Sibiriens gekommen war [80]). Alle
Gegenden, deren Umfang einem Götzen geweiht ist, und wovon die Oftjaken die Grenzen genau nach Flüssen, Bächen
und andern Wahrzeichen zu bestimmen wissen, werden, wie
Pallas bemerkt [81]), von ihnen so geschont, daß sie weder Gras
noch Holz darin abhauen, noch jagen und fischen, oder selbst
einen Trunk Wasser schöpfen um nicht die Gottheit zu belei-
digen.　Alle Gegenden, wo ehemals ein Kultus statt fand, sind
noch jetzt der Nachkommenschaft ziemlich genau bekannt, die
Wahl neuer Oerter ist aber abhängig von der Laune ihrer
Schamanen.　Eine Gegend, wo einmal eine treffliche Jagd
gewesen, kann leicht dazu kommen, einem Jdol geweiht zu
werden, und der Baum, wo ein Adler einige Jahre nach einander nistet, wird für heilig gehalten, und der Adler sorgfältig
geschont.

Jhre Schamanen, die sogenannten Toteba, spielen bei
ihrem Kultus eine Hauptrolle, ihre Opfer bestehen theils in
Fischen, theils in Rennthieren, der gesammte Kultus und die
eigenthümlichen Divinationen der Schamanen stimmen mit
denen der übrigen polarischen Völker vollkommen überein, und
werden uns schon eben so von Bernh. Müller [82]) zu seiner
Zeit geschildert, wie von allen jüngern Reisenden und Bericht-
erstattern in jenen nordischen Gegenden.　Auch ihr Todtenkultus hängt mit ihrer übrigen ganzen Lebensart genau zusammen.　Die Verstorbenen werden in ihren besten Kleidern
beerdigt, mit vielen Geräthschaften ausgestattet, und zwar in

---

[79]) Pallas, Reisen durch versch. Prov. III. S. 60.
[80]) Müller, Sammlung russ. Geschichte VI. S. 323.
[81]) Pallas, Reisen durch versch. Prov. III. S. 61.
[82]) Bernh. Müller, Leben und Gewohnheiten der Oftjaken S. 46
bis 56.

einem kleinen Kahn statt eines Sarges. Die besten und liebsten Rennthiere des Verstorbenen werden auf seinem Grabe
getödtet und ein Todtenmahl dabei gehalten. Auch später
werden noch öfter Gedächtnißmahle der Todten gefeiert [83]).

2) Die Samojeden.

In dem Mündungslande des Obi treffen wir aufs neue
den Volksstamm, den wir schon früher in seinen Ursitzen am
obern Obi und Jenisei in den Altaithälern kennen gelernt haben. Jetzt bilden aber die Gestade des Polarmeeres die
Hauptsitze dieses Volkes, welches sich dort zu beiden Seiten
des nördlichen Ural, im Südwesten von finnisch-ugrischen und
im Südosten von tungusischen Stämmen umgeben, in den
ödesten und von der Natur am ärmsten ausgestatteten Gegenden ausbreitet. Westwärts erstrecken sich ihre Sitze über die
Petschora hinaus bis zum Mesen-Flusse, bis zum 60° Ö. L.,
und ostwärts reichen sie bis über den untern Jenisei hinaus
bis zum Cap Taimuras unter 120° Ö. L., und alle die Samojeden Stämme, welche in diesen weitläuftigen Wüsten zerstreut
leben, haben, wie die Gleichförmigkeit ihrer Gesichtsbildung,
ihrer Sitten und Lebensweise und besonders ihre Sprache beweiset, einen gemeinschaftlichen Ursprung [84]). Pallas nennt
daher mit Recht diese nördlichen Samojeden die Jugrischen
oder Obdorischen, welche er noch in sofern wieder unterscheidet, als er unter den letztern die in dem Mündungslande
des Obi wohnenden versteht, welche sich zum Theil mit den
dortigen Ostjaken schon vermischt haben [85]). Denn sie zerfallen auch hier wie ihre südlichen Stammgenossen in verschiedene
Zweige, die sich zum Theil sehr von einander unterscheiden.
Als die beiden Haupttheile nennt Pallas die auf der Westseite
und die auf der Ostseite des obischen Golfes wohnenden, die
erstern bewohnen das sogenannte Kamennaja Gebiet d. h.
die Gebirgslandschaft am jugrischen Gebirge und um die Pe-

---

[83]) Pallas, Reisen durch versch. Prov. III. S. 54.

[84]) v. Klingstädt, historische Nachricht von den Samojeden und
Lappländern. Riga 1769. 8. S. 19.

[85]) Pallas, Reisen durch versch. Prov. III. S. 66, 68.

tschora, die letztern das Nisowaja Gebiet d. h. die niedere Landschaft am obischen Golf und um die Golfenmündung des Jenisei.

Der Ursprung des Namens der Samojeden ist unbekannt, aber er ist nicht blos üblich bei den slavischen Völkern, sondern auch in dem übrigen Asien. Denn sich selbst nennen die Samojeden[86]) Nenetz (Menschen) oder Chasowo (Männer), eine Erscheinung, die sich bei sehr vielen Völkern wiederholt, und keineswegs nach Rommel als eine Eigenthümlichkeit der kaukasischen Völker betrachtet werden darf[87]), um dadurch die so völkerreichen Thäler des Kaukasus auch als die eigentliche Urheimath des samojedischen Völkerstammes darzuthun. Schon bei Plan Carpin werden die Samojeden in der Reihe der von den Mongolen unterworfenen Völker als Samogedi aufgeführt[88]), und vermuthlich erhielt er seine Nachrichten von den Mongolen selbst. Eben so werden sie in den russischen Chroniken vom Jahre 1096 schon erwähnt als im Norden von Jugrien wohnend, und die Nowgoroder waren unstreitig die ersten Russen, welche bei ihren Zügen nach Permien und Jugrien durch die Syrjänen von ihnen etwas vernahmen[89]). Der Name der Samojeden scheint aus dem finnischen Sprachstamm abgeleitet werden zu müssen, und wäre eine Bezeichnung, die durch die finnischen Völker, mit denen sie immer in nachbarschaftlichen und vielleicht auch verwandtschaftlichen Verhältnissen gestanden haben, sich zu den slavischen Völkern Europas wie zu den Bewohnern des asiatischen Ostens verbreitet hätte. Denn Suomen oder Suomalainen bedeutet im Finnischen Bewohner von Sumpflandschaften[90]), ein Name, der uns in den verschiedensten Gestalten in den Gestadeländern des balti-

---

[86]) Georgi, Beschreibung aller Nationen II. S. 276.

[87]) Rommel, in den Allgem. Geograph. Ephemeriden. Weimar 1806. 8. Th. XX. S. 405.

[88]) Sprengel, Geschichte der geograph. Entdeckungen S. 288.

[89]) Klaproth, Asia polyglotta p. 138. Vergl. Karamsin, russische Geschichte II. S. 32. N. 50.

[90]) Klingstädt, histor. Nachricht von den Samojeden und Lappländern S. 43.

schen und polarischen Meeres wieder begegnet, und auf den wir bei Erörterung über die ursprünglichen und eigentlichen Finnen oder Fennen zurückzukommen haben. Wie bei Plan Carpin werden sie auch bei Bernh. Müller [91]) immer nur Samogiten genannt, und gleich wie dieser Name auf das litthauische Samogitien oder Schamaiten hinweiset, so hat unstreitig auch das preußische Samland rücksichtlich des Namens einen gemeinsamen Ursprung mit den Samojeden [92]). Uebrigens heißen sie bei den ihnen anwohnenden Ostjaken Jergan-jach (Jerundscho), bei den Permiern Jarang und bei den Wogulen Joran-kum, worin man leicht bei diesen drei verwandten Völkern dasselbe Stammwort erkennt, während sie bei den tungusischen Stämmen am Jenisei mit dem Namen Dschandal bezeichnet werden [93]).

Durch Kriegsrevolutionen, meint Pallas [94]), möchten die Samojeden-Stämme nach dem äußersten Norden gesprengt sein, und auch schon lange zuvor muß diese Nation in einer kalten gebirgigen Gegend gewohnt und schon da eine wandernde Lebensart geführt haben, weil sie diese sonst unmöglich unter einem so rauhen Himmelsstrich hätten fortsetzen und den Gebrauch beweglicher Hütten hätten beibehalten können. Diese nördlichen Samojeden erinnern sich aber jetzt nichts mehr als daß sie von Osten hergekommen sind, ihre Stammgenossenschaft mit ihren südlichen Brüdern am Altai scheint ihnen selbst unbekannt zu sein. Aber ihre mühselige, gefährliche und harte Lebensart kann solche Erinnerungen in wenig Jahrhunderten aus ihrem Gedächtniß verwischt haben. Nach Ansehn

---

[91]) B. Müller, Leben und Gewohnheiten der Ostjaken S. 13.

[92]) Die früher übliche, sonderbare Ableitung dieses Namens aus dem Russischen, wonach das Wort so viel als einen sich selbst verzehrenden Menschen bedeutete, kennt schon Herberstein, wenn er sagt: Ultra Petzora fluvium ad montem Camenipojas, item mare insulasque vicinas sunt variae et innumerae gentes, quae uno ac communi nomine Samoged (quasi diceres se ipsos comedentes) nuncupantur. Rer. Moscovit. comment. p. 81.

[93]) Klaproth, Asia polyglotta p. 139.

[94]) Pallas, Reisen durch versch. Prov. III. S. 67.

und Sprache sind die Samojeden von den Ostjaken am untern
Obi völlig verschieden, und auch schon Strahlenberg [95]) erkannte bei seiner Eintheilung jener nordischen Völker in sechs
Hauptklassen den Unterschied der von ihm zu den hunnischen
Völkern gerechneten Ostjaken von den Samojeden an. Wenn
jedoch derselbe Autor eine gewisse Verwandtschaft der letztern
mit jener hunnischen Völkergruppe glaubte anerkennen zu müssen, so weiset auch Klaproth eine gewisse Uebereinstimmung der
samojedischen Sprache in den Wurzelwörtern mit den finnischen Dialekten an der Wolga nach [96]). Ob dies nun von
einer ursprünglichen nähern Beziehung beider Völkerklassen zu
einander herrühren oder erst eine Folge späterer Berührung sein
mag, muß unentschieden bleiben, auf jeden Fall bleibt es aber
merkwürdig, daß man beide von den polarischen Küstenland-
schaften bis in die Hochthäler des Altai zurück verfolgen kann,
von wo sie sich durch gleiche Revolutionen bewogen, immer
einander benachbart, bis zu jenem Norden verbreitet zu haben
scheinen. Nach Pallas [97]) gleichen die Samojeden in ihrer
Gesichtsbildung vornehmlich den Tungusen, dem großen
Völkerstamm des nordöstlichen Asien, sie haben runde, breite,
platte Gesichter, welche bei jungen Frauenzimmern sehr angenehm sind, aufgeworfene, breite Lippen, eine breite, offene Nase,
wenig Bart und schwarzes, borstiges Haar. Meistens sind sie
an Größe mehr klein als mittelmäßig, dabei besser proportio-
nirt, untersetzter und fleischiger als die Ostjaken. Aber sie sind
auch viel wilder, ungesitteter und unruhiger in ihren freien
und entfernten Wüsteneien als letztere, welche schon durch den
Umgang mit den Russen gesitteter geworden und völlig unter
den Gehorsam gebracht sind [98]).

Gewöhnlich wird zwar angenommen, daß diese Samojeden
erst unter der Regierung des Zaren Feodor Jwanowitsch,
des letzten Fürsten aus Ruriks Stamme, unter russische Oberhoheit gekommen seien, und es heißt, die Nachrichten durch

---

[95]) Strahlenberg, der N. und O. Theil von Europa S. 36, 165.
[96]) Klaproth, Asia polyglotta p. 140—146.
[97]). Pallas, Reisen durch versch. Prov. III. S. 68.
[98]) Georgi, Beschreibung aller Nationen II. S. 277.

einen gewissen Oneko, der einen sehr einträglichen Handel mit
ihnen betrieb, hätten die Veranlassung zu ihrer Unterwerfung
gegeben, aber aus den Verordnungen, welche in den ersten
Jahren der Regierung Peters des Großen rücksichtlich der
Einrichtungen ergangen sind, welche zum Empfange des Tri-
buts der Samojeden gemacht werden sollten, erhellt, daß schon
unter der Regierung des Großvaters von jenem Fürsten, des
Zaren Wasilei Jwanowitsch, ums Jahr 1525 fürstliche
Handschreiben an jenes Volk erlassen waren, wonach es ihnen
gestattet wurde, ihren in Pelzwerk zu entrichtenden Tribut bei
sich selbst einzusammeln. Denn ihr Tribut, der sogenannte
Jessak, wie bei allen übrigen polarischen Völkern Sibiriens,
bestand von jedem Bogen oder von jedem männlichen Samojeden, der den Bogen zu führen vermochte, in Pelzwerk, dessen
Werth an 25 Kopeken beträgt, und da sie nun später von
den russischen Beamten vielfach bedrückt wurden, besonders die
beiden Stämme Gugorski und Petscherski (am Ural und
an der Petschora wohnend) häufig genöthigt wurden, den
schon entrichteten Tribut noch einmal zu Beresow und Mesen
zu bezahlen, so erfolgte im Jahre 1684 eine von den beiden
Zaren Jwan und Peter Alexiewitsch zu Moskau unterzeich-
nete Verordnung, wonach man sie von dieser Bedrückung be-
freite, und es ihnen überließ den Tribut nur unter sich zu
sammeln, und ihn allein an den russischen Gouverneur zu Pustosersk abzuliefern [99]). Demnach muß man mit Recht voraussetzen, daß schon unter der Regierung des ersten russischen
Zaren, des Jwan I. Wasiljewitsch, bei den Eroberungszügen der
Russen nach Jugrien am Ende des funfzehnten Jahrhunderts
die Samojeden von dem moskowitischen Reiche zinsbar gemacht sind [100]). Und dies wird um so wahrscheinlicher, da
wir die Samojeden schon früher in Abhängigkeit von der mächtigen Republik Nowgorod finden. Denn einer von den drei
Wolosten oder Bezirken, welche als zinsbare Nebenländer von
dem eigentlichen nowgorodischen Gebiete am baltischen Meere

---

[99]) Klingstädt, histor. Nachricht von den Samojeden S. 44 bis 51.
[100]) Lehrberg, Untersuchungen S. 12, 28.

betrachtet wurden [101]), umfaßte den äußersten Nordosten des
europäischen Abendlandes, die Landschaften Perm, Petschora
und Jugra, und dies Petschora ist die Heimath der schon von
Nestor genannten Petscheren oder der Bewohner an der
Petschora. Zwar stellt sie Nestor in seiner Völkertafel [102])
mitten zwischen Permier, Jamen und Ugern, also in die Reihe
der tschudischen Stämme, und auf der einen Seite steht es
allerdings fest, daß unter dem Namen der Petscheren von den
Russen zunächst die den Permiern verwandten Syrjänen als
Bewohner der obern Petschora verstanden wurden [103]), da
sich der letztere Name erst weit später vorfindet; aber auf der
andern Seite konnten die Samojeden mit eben demselben Recht
unter diesem allgemeinen Namen mitbegriffen werden als Anwohner der Petschora, und mit in der Reihe der Tschuden
genannt werden, wie sie mit dem eigentlichen Namen der Lappen bezeichnet und mit ihnen anfangs für ein und dasselbe
Volk gehalten wurden [104]).

In ihrer Kleidung gleichen die Samojeden völlig den
Ostjaken, nur gehen die Weiber außer auf den Winterreisen
immer mit unbedecktem Haupt und Gesicht, und sind auch
ziemlich schamlos. Da die Samojeden Winter und Sommer
eine unstäte Lebensart führen und in ihren mit Rennthierfellen
bedeckten Jurten beständig auf den waldlosen Ebenen, den
Tundras, umherziehen, so ist ihre unreinliche Lebensart nicht
so merklich als wie im Winter bei den stinkenden Ostjaken.
Doch geben sie ihnen an Unreinlichkeit nichts nach [105]). Ihre
Kleidung besteht gänzlich aus Rennthierfellen, welche den dortigen Bedürfnissen so angemessen ist, daß selbst die dort reisenden Russen sich ihrer bedienen müssen, und sie ist bei beiden
Geschlechtern so gleich, daß man diese kaum unterscheiden kann,
wozu noch kommt, daß sich ihre Gesichtsbildung so außeror-

---

[101]) Oldekop, Petersburger Zeitschrift 1824. Th. XIV. S. 113.
[102]) Nestor, russische Annalen II. S. 30, 49.
[103]) Sjögren, in den Mémoires de l'Académie des sciences
de St. Pétersbourg. Sér. VI, Tome I. p. 290, 299.
[104]) Fischer, sibirische Geschichte I. S. 118.
[105]) Pallas, Reisen durch versch. Prov. III. S. 69.

dentlich ähnlich ist, indem sich die Weiber blos durch feinere
Züge und sonst natürlich durch einen schlankern Körperbau
auszeichnen[106]). Das Rennthier bildet den Hauptreich=
thum der Samojeden. Eine jede Familie hat eine Heerde
zahmer Thiere dieser Art und hütet sie selbst, die reichern aus=
genommen, welche sich ärmere dazu miethen. Diese Haus=
thiere dienen aber hauptsächlich nur bei ihren Zügen zur Fort=
bringung der Schlitten. Sie verstehen nicht selbige zu melken,
und um sie zu schlachten sind ihre Heerden theils zu schwach,
theils die Besitzer zu geizig. Ihren Hauptunterhalt gewährt
ihnen wie den Tungusen die Jagd, besonders auf die wilden
Rennthierheerden, welchen sie auf allerlei Art nachzustellen
wissen. Das wilde Rennthier giebt dem Samojeden fast alles,
was er zur Nothdurft und Nahrung gebraucht. Wenn sie
sich nahe an der See befinden, so haben sie an den Seebä=
ren, auch wohl an ausgeworfenen todten Wallfischen und an=
dern Seethieren genug Nahrung, die sie ohne Unterschied und
Ekel benutzen. Gelegentlich beschäftigen sie sich in den Meer=
busen und Seen auch mit Fischfang, und wissen sich dazu
Netze aus Weidenbast und die nöthigen Seile aus Weidenru=
then zu flechten. Im Herbst ist die Jagd der Eisfüchse ihre
beste Beschäftigung, welche alsdann nicht blos von Männern
in Fallen gefangen und verfolgt, sondern auch von Weibern
und Kindern ausgegraben und getödtet werden. Einige reiche
Samojeden haben sich wegen des Fischfanges gewöhnt, den
Sommer über am Obi einen festen Wohnplatz zu wählen und
ihre Heerden durch Kinder und Hirten weiden zu lassen. Aber
wenn die Jagdzeit angeht, so ziehen sie ihrer vorigen Lebens=
art wieder nach[107]).

Die Weiber werden bei ihnen noch unglücklicher und
schlechter gehalten als bei den Ostjaken, sie müssen bei den
steten Wanderungen des Volkes alle Arbeiten übernehmen,
und werden überdies noch als unreine Geschöpfe betrachtet,
die sich vielen Ceremonien unterwerfen müssen, um nicht der

---

[106]) Klingstädt, histor. Nachricht von den Samojeden S. 33.
[107]) Pallas, Reisen durch verschied. Prov. III. S. 69, 70.

Familie ein Unglück zu bereiten. Wie bei fast allen jenen nordischen Völkern werden die Weiber von deren Vätern gekauft, sie können so viele Weiber nehmen als es ihr Vermögen gestattet, doch haben sie selten mehr als fünf, meistens nur zwei, und das Kalym, das in Rennthieren besteht, beläuft sich häufig auf hundert bis anderthalb hundert dieser Thiere [108]). Bei der harten Lebensart dieses Volkes in einer so dürftigen Heimath darf man keine bedeutende Population voraussetzen, die überdies auf die so weiten Räume an den Gestaden des Polarmeeres nur sehr sparsam ausgebreitet ist. Doch zählt man noch an 70,000 Köpfe [109]). Indem sie hier aus Bedürfniß für ihre Rennthierheerden immer nur familienweise zusammen leben, haben sie gar keine andern Bedürfnisse als welche sich auf das unmittelbare Dasein beziehen. Klingstädt, welcher sie lange zu beobachten Gelegenheit hatte, schildert sie als die einfachsten Naturmenschen, die zwar nichts von den Lastern wußten, die sich bei andern civilisirten Völkern zu zeigen pflegen, aber auch die stumpfeste Unempfindlichkeit und Gleichgültigkeit gegen alle Genüsse eines mehr entwickelten Lebens zeigten, so daß sie selbst Tabak und gebrannte Wasser, die sie sehr lieben, mit Gleichmuth entbehren, ohne sich um ihre Gewinnung zu bemühen. Nur dem Müßiggange sind sie leidenschaftlich ergeben, bis sie die Noth ihrer Erhaltung wegen zur Thätigkeit zwingt [110]). Da die Samojeden in dem jetzigen Zustande ungebundener Freiheit ihre vollkommene Glückseligkeit erkennen, so ist bei ihren überdies geringen Verstandesgaben kaum daran zu denken, daß sie jemals zur christlichen Religion werden bekehrt werden können, da diese immer ihrer bisherigen Lebensweise gewisse Schranken setzen würde. Ihr religiöses Bewußtsein gehört in die Sphäre der magischen Naturreligion. Als etwas außerordentliches bei ihren Schamanen bemerkte Pallas eine eigenthümliche Art von Schreckhaftigkeit, die theils von einer übermäßigen Spannung und

---

[108]) Klingstädt, histor. Nachricht von den Samojeden S. 66.

[109]) Schubert, Statistik des russ. Reiches S. 164.

[110]) Klingstädt, histor. Nachricht von den Samojeden S. 57, 11, 67, 68.

Reizbarkeit der Fibern durch die Wirkung des nordischen Kli= mas und die Lebensart, theils durch die vom Aberglauben verderbte Einbildungskraft verursacht zu sein scheint. Das ge= ringste zufällige Ereigniß oder unvermuthete Berührung kann sie so in Wuth bringen, daß sie sich wie Rasende gebehrden. Die Samojeden und Ostjaken haben in solchen Fällen ein un= fehlbares Mittel diese Leute wieder zu sich selbst zu bringen, sie zünden nur ein Stück Rennthierfell oder ein Büschel Renn= thierhaare an und lassen dem Behafteten den Rauch davon in die Nase gehen; davon verfällt er sogleich in eine Mattig= keit und Schlummer, der oft vier und zwanzig Stunden dauert und den Kranken bei völligen Sinnen verläßt. Eine Gene= sungsart, welche, wie Pallas sagt [111]), den Grund des Ue= bels noch deutlicher entdeckt.

Es findet sich übrigens bei den Samojeden ein ganz ähn= licher Todtenkultus wie bei den Ostjaken, nur möchte sich schwerlich aus der Gewohnheit die Todten mit ihren Waffen und sonstigem Eigenthum zu bestatten, der Gedanke an eine Unsterb= lichkeit der Seele oder an eine Art von Seelenwanderung recht= fertigen lassen [112]), da beides dem geistigen Entwickelungsstand= punkt dieses Volkes unendlich fern liegt. Den Namen eines Verstorbenen nennt niemand mehr, sondern wenn man von demselben reden will, muß es durch Umschreibungen geschehen. Wer einen solchen Namen aussprechen würde, wäre der er= klärte Feind der Verwandtschaft des Verstorbenen; aber nach geraumer Zeit pflegen solche Namen wieder den Abkömmlingen im zweiten und dritten Gliede beigelegt zu werden, wodurch ihr Gedächtniß erhalten wird [113]).

---

[111]) Pallas, Reisen durch versch. Prov. III. S. 77.
[112]) Klingstädt a. a. O. S. 56.
[113]) Pallas a. a. O. III. S. 76.

Vierter Abschnitt.

Der nordrussische Uwalli und das Stromsystem der Dwina.

Indem wir uns von dem Mündungslande des Irtisch-
und Obi-Stromes nach der europäischen oder westlichen Seite
des Ural hinüber begeben, kommt hier in Beziehung auf den
von uns darzustellenden Völkerstamm ein großer Theil der
weiten sarmatischen Ebenen in Betracht, die sich vom Polarmeere und vom weißen Meere im Norden bis zum schwarzen
Meere im Süden ausbreiten und vom Ural westwärts bis tief
nach Europa hineinerstrecken. In der Vorzeit wurden sie wohl
vom Meere bedeckt, welches den Fuß der drei erhabenen Grenz-
steine bespülte, die auf drei Seiten um diese Ebenen herumge-
lagert sind, des Ural im Osten, des Kaukasus im Süden und
des Tatra, der centralen Hoch-Karpathen, im Westen. Diese
Meeresbedeckung verschwand aber, und die weiten sarmatischen
Ebenen von Ost-Europa traten als ein trocken gelegter See-
boden hervor gleich einer Sandbank, größtentheils jedoch mit
angeschwemmten Schlamm- und fruchtbaren Erdmassen überzogen. Noch jetzt scheint die ganze Bildung dieser Landschaft
und die Neigung der großen Stromthäler zu beweisen, daß
der Abzug der Gewässer seinen Lauf gegen Nordwesten und
gegen Südosten fand, wie die Stromthäler der Weichsel,
Düna und Dwina auf der einen, und die des Dnepr und der
Wolga auf der andern Seite andeuten. Die jüngsten Lagen
der angeschwemmten Erdschichten sind erfüllt mit Gerippen
von Thieren, mit Pflanzen und Bernsteinmassen, und diese sind
theilweise mit losen Sandmassen und Granittrümmern bedeckt,
während die tiefer liegenden Thon- und Mergelschichten Ab-
drücke von Gewächsen zeigen, die einer Urwelt angehören.

Es wird jedoch die Einartigkeit der weiten Ebenen Ost-
Europas durch zwei verschiedenartige Formen unterbrochen,
welche auf die Individualisirung der verschiedenen Theile dieses

Gebietes von dem größten Einflusse sind. Einmal ist es das zerrissene finnische Land der Granitklippen mit den zahllosen Seen, welche die größte Seegruppe in Europa bilden. Diese Naturform liegt aber im äußersten Nordwesten des flachen Ost-Europa, dem großen Gebirgsdamm der skandinavischen Halbinsel benachbart, und sie ist zugleich inselartig auf drei Seiten von Meerestheilen umschlossen, im Westen vom bottnischen Golfe, im Süden vom finnischen Golfe und im Nordosten vom weißen Meere. Sodann die zweite Form, welche im Südosten von jener mehr in der Mitte der weiten Ebenen gelegen ist, ist der große Wasserscheiderücken von Ost-Europa, welcher unter verschiedenen Namen als Waldai-Höhen, Wolchonski-Wald und andern vorkommt. Dieser Wasserscheidezug scheidet das große Tiefland in seine beiden Haupttheile, in den baltischen oder nordwestlichen und in den pontischen oder südöstlichen Theil. Der nordwestliche Theil ist dem westlichen Europa nach allen seinen physikalischen und historischen Verhältnissen näher verwandt, der südöstliche Theil senkt sich gegen Asien, er bildet das Uebergangsland zwischen beiden Erdtheilen. Das europäische Rußland wird dadurch in zwei große natürliche Provinzen getheilt, die zwar im ganzen analoge Verhältnisse zeigen, aber im besondern auch mannigfache Unterschiede und Gegensätze. Die südöstliche Hälfte, wo die Stromsysteme des Dnepr und der Wolga liegen, ist zugleich die bedeutend größere, und beweiset die wesentlichere Beziehung der sarmatischen Ebenen nebst ihren Bewohnern auf das asiatische Morgenland als auf das europäische Abendland.

Dieser Wasserscheidezug ist aber durchaus kein Gebirge, obschon dadurch gewissermaßen die Höhen der Karpathen im äußersten Westen mit denen des Ural im äußersten Osten verknüpft werden. Denn alle bedeutenden Höhen, die man in enen Ebenen findet, liegen innerhalb dieses Zuges von den Karpathen an durch Galizien und Litthauen hindurch bis zu den Waldai-Höhen und dem Quellgebiet der Wolga, und von dort ostwärts fort bis zu dem Quellgebiet der Kama und Petschora, welche am Westfuße des Ural nach entgegengesetzten

Senkungen ablaufen; es ist eine diagonale Linie, welche sich
zwischen dem 50 bis 60° N. Br. (zwischen welchen mehr west=
wärts die brittischen Inseln ausgebreitet liegen und ostwärts
die mittelsibirischen Regionen) erstreckt und zwischen dem 40
bis 70° O. L. (zwischen welchen mehr südwärts schon die west=
liche Hälfte von West=Asien ausgebreitet liegt). Es ist nur
ein niedriger plateauartiger Höhenzug, dessen Rücken
meistens aus weiten Ebenen besteht, wo sich nirgends bedeu=
tende relative Erhebungen zeigen, höchstens nur Hügelreihen,
die an 3 bis 400 Fuß aufsteigen. Ja an vielen Stellen fällt
dieser erhabene Höhenzug ganz fort, wie in den großen litthaui=
schen Sumpfniederungen [1]) zwischen dem Dnepr und Me=
mel, wo in den sogenannten Landschaften von Schwarz= und
Weiß-Rußland die ausgedehnten Moräste von Pinsk und Minsk
liegen. Dort werden die entgegengesetzten Wasserläufe keines=
wegs durch Berghöhen geschieden [2]), sondern hängen durch
Versumpfungen und Seen zusammen, worauf die leicht in
Kanalbauten umgewandelte Wasserkommunikation zwischen dem
baltischen und pontischen Meere beruht. Nur erst auf der
Nordostseite dieser noch mit Urwaldungen erfüllten Sumpf=
niederung steigen die mehr tafelförmig ausgebreiteten waldai=
schen Höhen in dem Quellgebiet des Dnepr und der Wolga
empor, wenn gleich auch dieses Centralplateau der sarmatischen
Ebenen noch lange nicht so hoch ist als die weiten aber nie=
dern Tafelhöhen des Bayern Landes an der obern Donau.
Die nähern Naturverhältnisse dieses Plateaulandes nach seinem
Umfange, Form und Bildung, nebst seinem Einfluß auf die
umliegenden Landschaften, vornehmlich auf das Stromgebiet
der Wolga, werden weiter unten zu betrachten sein, hier kommt
nur sein Verhältniß zu dem uralischen Gebirgsgürtel in Be=
tracht, in wie fern beide gemeinsam auf die Natur der öst=
lichen Theile der sarmatischen Ebenen einflußreich einwirken.

Die waldaischen Höhen stehen durch einen ununterbrochen

---

[1]) Eichwald, naturhistorische Skizze von Litthauen, Wolhynien und
Podolien. Wilna 1830. 4. S. 97 bis 102.
[2]) Pusch, geognostische Beschreibung von Polen und den Nord=
Karpathenländern. Stuttgardt 1833. 8. Th. I. S. 36, 37.

nach Osten fortziehenden Landrücken mit dem Ural in unmit
telbarer Verbindung. Denn der nördliche Theil des mittle
Ural verflacht sich unter dem 61° N. Br. gegen Nordwest
zwischen den Quellen der Petschora und den nordöstlichsten
Zuströmen der obern Kama in ein vorliegendes Hügelland,
welches ähnlich wie der Obtschei Syrt. als eine Erweiterung
des südlichen Ural gegen Südwest, so hier im Norden weit
das flache Ost-Europa durchsetzt. Dieser erhabene Landrücken,
welcher eine ganz ähnliche Naturbeschaffenheit wie der Obstschei Syrt zeigt, heißt bei den Russen im Allgemeinen der
Landrücken (Owal[3]) oder Uwal), daher gewöhnlich Uwalli
genannt, oder, nach seiner geographischen Lage und vornehmlich im Verhältniß zu jenem südlichen für die anliegenden Gebiete so charakteristischen Landrücken, der nordrussische Uwalli.
Er theilt sich gleich in zwei Arme, in einen westlichen und
nördlichen. Der letztere zieht gegen Nordwest zwischen den
Quellen der Petschora und den östlichen Quellströmen der
Dwina, er scheidet diese beiden Stromgebiete, verliert sich aber
bald in dem vorliegenden polarischen Sumpflande gegen das
Eismeer. An seinen äußersten nördlichen, flachen Erhebungen
liegen die Quellen des unbedeutenden polarischen Flusses Mesen,
der sich bei der gleichnamigen Stadt ungefähr unter dem 66°
N. Br. in die Oeffnung des weißen Meeres zum Polarmeere
ergießt. Der andere, westliche Arm geht zwischen den Quellen der Petschora und der obern Kama hindurch, er scheidet
das Gebiet der Dwina von dem der obern Wolga, und zieht
sich über hundert Meilen westwärts fort zwischen den Städten
Wologda im Norden und Kostroma und Jaroslawl im Süden[4]). Es scheidet dieser große Uwalli ungefähr unter dem
60° N. Br., mit einem nur wenig gegen Süden gekrümmten
Bogen, das nördliche Rußland von dem mittlern Rußland,
er bildet eine merkwürdige Naturgrenze in dem flachen Ost-
Europa gegen den polarischen Norden am Eismeere. Das

---

[3]) N. Rytschkow, Tagebuch einer Reise durch verschied. Prov. des
russischen Reiches S. 27.

[4]) Georgi, Reisen im russischen Reiche II. S. 823. Lepechin,
Tagebuch einer Reise III. S. 142.

nordwärts von ihm liegende Gebiet des Dwina-Stromes bildet den nordöstlichen Theil jener oben erwähnten Nordwesthälfte der sarmatischen Ebenen, welcher jedoch durch seine besondere Weltstellung und sonstigen Naturverhältnisse eigenthümlich individualisirt ist, und überdies durch das Gebiet der finnischen Seegruppe von den eigentlichen baltischen Landschaften im Südwesten getrennt wird.

Dieser Uwalli zieht sich westwärts fort bis zu dem sogenannten weißen See (Bjeloi Osero) im Nordwesten von Wologda und ostwärts von Petersburg unter dem 60° N. Br. und 55° O. L. gelegen. Da wendet sich derselbe in einem mächtigen Bogen gegen Südwest um das Quellgebiet der Wolga herum, und schließt sich im Südosten von dem alten Nowgorod an die Waldai-Höhen an. Nirgends scheint dieser Uwalli die Höhe von 1000 F. über dem Meere in seinen einzelnen Erhebungen zu übersteigen, und da er nur aus Sandsteinmassen und Thonflötzen besteht [5]), so ist er eben so wenig ein Gebirge zu nennen wie der Obstschei Syrt. Von der Bildung dieser beiden eigenthümlichen Landrücken hängt auch die ganze **Bekenbildung** des großen Wolga-Stromsystemes ab, dessen Naturgrenzen auf der Ostseite die Vorhöhen des mittlern und südlichen Ural sind. Im Allgemeinen kann man diesen nordrussischen Uwalli auch als eine große **ethnographische Grenzmark** betrachten, indem er die beiden wichtigsten Völkergruppen in jenen sarmatischen Ebenen, die finnischen Völker im Norden und die slavischen Völker im Süden, in frühern Zeiten wenigstens von einander schied. Denn wenn auch jetzt das russisch-slavische Element das vorherrschende daselbst geworden und das andere größtentheils in sich aufgenommen hat, so war wiederum früher das finnisch-ugrische Element dort das vorherrschende und bis zur obern Wolga hin verbreitete. Noch jetzt aber sind die östlichen Theile dieses Uwalli zwischen der obern Kama und Wjätka auf der einen, und der Wytschegda auf der andern Seite, zwischen dem 65 und dem 75 Meridian, die Hauptsitze des schon vielfach berührten merk-

[5]) Georgi, Reisen II. S. 878, 879.

würdigen Volksstammes der Syrjänen [6]), welche wir weiter
unten in Verbindung mit ihren Stammgenossen, den Permjaken, an der Kama kennen zu lernen haben.

Uebersehen wir die allgemeinen physikalischen Erscheinungen dieses weiten Gebietes der sarmatischen Ebenen, die sich
von Norden nach Süden an 300 bis 350 Meilen weit und
eben so weit von Osten nach Westen ausdehnen, wovon aber
hier nur mehr die östliche Hälfte in Betracht kommt, so ergiebt sich leicht, daß in Beziehung auf jene Erscheinungen bei
einer solchen Ausdehnung von dem wärmern Theile der gemäßigten Zone bis über den nördlichen Polarkreis hinaus oder
vom 45° bis zum 65 und 70° N. Br. die größte Mannigfaltigkeit statt finden muß, wodurch in der That das Leben
des mächtigen Staates, der so verschiedene Räume in sich vereinigt, auf eine eigenthümliche Weise nüancirt wird. Denn
man sieht, welchen Einfluß es auf die vegetativen Verhältnisse haben muß, wenn schon die Mündungen der Wolga und
Dwina soweit auseinander gerückt sind, daß der Tag in den
kürzesten Wintertagen dort um fünf Stunden länger dauert
als hier, indem die Sonne, wenn sie zu Astrachan in jener
Zeit doch schon um 7 Uhr 48 Min. aufgeht, sich für die Bewohner von Archangel erst um 10 Uhr 24 Min. erhebt [7]).
Aus verschiedenen Gründen mußte daher selbst die russische
Regierung bei der neuen Organisation des Reiches unter Katharina II. auf diese von der Natur gegebenen Unterschiede
der Landschaften jenes Gebietes Rücksicht nehmen, und die
Eintheilung des Reiches in drei Landstriche [8]) oder Zonen
(Polossi) vom Jahre 1784 schließt sich im Wesentlichen an
jene großen Naturgrenzen an, welche im Süden durch den
südrussischen Uwalli des Obstschei Syrt und nordwärts noch
weit bestimmter durch den nordrussischen Uwalli gegeben sind.
Nach jener Verordnung reicht der südliche Landstrich (Jusnoi
Polos), in Beziehung auf die westuralischen Gebiete, von den

---

[6]) Müller, Sammlung russ. Geschichte VI. S. 200.
[7]) Hermann, statistische Schilderung von Rußland S. 56.
[8]) Georgi, geographische Beschreibung des russ. Reiches I. S. 84.

pontischen Gestaden bis zum 50 Parallelkreise, unter welchem westwärts Kiew am Dnepr, ostwärts Kamyschin an der Wolga gelegen ist, wo dieser Strom den Landrücken des Obstschei Syrt durchbrochen hat. Der mittlere oder gemäßigte Landstrich (Serednoi Polos) reicht vom 50 bis zum 57 Parallelkreise, welcher freilich nicht ganz den nördlichen Uwalli erreicht, sondern nur das Quellgebiet der Wolga durchschneidet, aber doch nur weniges ausgenommen fast das gesammte Strombecken derselben diesem Gebiete zutheilt. Der nördliche Landstrich (Sewernoi Polos) umfaßt demnach den nordrussischen Uwalli selbst nebst dem ganzen Stromgebiet der Dwina und das Gebiet der finnischen Seegruppe. Hermann, der genaue Beobachter der Naturverhältnisse in jenen Gebieten [9]), unterscheidet daher auch genauer eine vierfache Region, von denen die beiden mittlern ein mehr zusammengehöriges Ganze bilden. 1) Der sehr kalte Landstrich, welcher von den Gestaden des Eismeeres an bis zum 60 Parallelkreise gegen Süden reicht und das gesammte jenseit des nordrussischen Uwalli und im Norden des finnischen Golfes liegende Gebiet umfaßt. 2) Der kalte Landstrich, welcher bis zum 55 Parallelkreise reicht. Indem dieser Breitengrad westwärts über die Städte Wilna und Smolensk hinstreicht, ostwärts aber über die Vereinigung der Kama und Wolga und über die Stadt Ufa am Westfuße des südlichen Ural, umfaßt diese Zone das gesammte Ländergebiet zwischen Petersburg und Moskau oder den größten Theil von dem alten Groß=Rußland, dem Hauptsitze der slavischen Russen. Sie begreift also das ganze Plateaugebiet der Waldai=Höhen mit den ihm gegen Nordwest und West angelagerten baltischen Landschaften Rußlands bis zum finnischen und rigaischen Golfe, und sodann die gesammte obere Hälfte des Wolga=Stromgebietes bis zur Aufnahme der Kama. 3) Der gemäßigte Landstrich, welcher bis zum 50 Parallelkreise reicht und sowohl einen großen Theil des Dnepr=Stromgebietes in den litthauischen Landschaften so wie des Don=Gebietes, als auch die untere Hälfte des Wolga=Stromsystemes umfaßt. Diese Zone

---

[9]) Hermann, statistische Schilderung S. 38 bis 41.

umfaßt das Gebiet zwischen Moskau und Kiew oder einen großen Theil von Groß=Rußland und von Klein=Rußland. 4) Der warme Landstrich an den pontischen Gestaden oder die unteren Stromgebiete des Dnepr, des Don und der Wolga oder ein Theil von Klein=Rußland und die Landschaften von Neu=Rußland.

Es sind jedoch die Unterschiede dieser Zonen in den sarmatischen Ebenen nicht so fest und unwandelbar, daß nicht mancherlei Abweichungen der verschiedenen Landschaften, für welche man gleichartige klimatische und demnach auch vegetative Verhältnisse erwarten sollte, statt fänden, je nachdem die Weltstellung derselben in Beziehung auf ihre Umgebung ist, oder je nachdem sie durch die Senkung der Stromthäler, zu deren Gebieten sie gehören, modificirt werden. Vornehmlich macht sich schon der Unterschied der abnehmenden Rauhigkeit des Klimas bemerkbar bei dem Fortschreiten von Osten nach Westen, wenn schon derselbe nicht die schnellwachsende Steigerung wie von Norden nach Süden zeigen kann. Die zunehmende Entfernung von den großen trocknen Länderräumen Asiens, die größere Annäherung an das maritime, feuchte Klima West=Europas, das sich gegen die Einwirkungen der Hitze und Kälte gleichgültiger zeigt als die trockene Luft Asiens, bewirkt doch schon auf kurze Räume in jenen Ebenen merkwürdige Abweichungen. Denn Moskau mit Kasan unter gleicher Breite, unter dem 56° N. Br. gelegen, aber an hundert Meilen mehr westwärts, hat doch schon eine um ein Drittheil gesteigerte mittlere Temperatur, indem bei gleicher mittlerer Winter=Temperatur, $9\frac{1}{2}$ Grad Kälte, die mittlere Sommer=Temperatur zu Moskau schon 15 Grad Wärme, zu Kasan aber nur $13\frac{1}{2}$ Grad, also die mittlere Jahres=Temperatur dort 3 Grad, hier nur 2 Grad Wärme beträgt [10]. Selbst Petersburg hat bei einer ungleich mehr nördlichen Lage als Kasan, nehmlich unter 60° N. Br., aber dem Einfluß des baltischen Meeres unterworfen und an 150 Meilen mehr westwärts gerückt, doch eine gleiche Sommerwärme und sogar

[10] Schouw, Naturgemälde von Europa S. 55.

ëne geringe winterliche Kälte, die nur 7½ Grad beträgt, also
eine mittlere Jahres-Temperatur von 2½ Grad, oder Petersburg steht rücksichtlich seiner klimatischen Verhältnisse, obschon
vier Breitengrade nördlicher als Moskau liegend, aber mehr
westlich und der Trockenheit der Centraltheile der sarmatischen Ebenen entrückt, doch in der Mitte zwischen Kasan und
Moskau.

Weit auffallender sind natürlich diese Gegensätze bei dem
Fortschreiten von Norden nach Süden, wo die Küstenlandschaf-
ten des pontischen Meeres und die des weißen Meeres die
Kontraste der tropischen und der polarischen Welt darbieten, daß man diese Gebiete mit Recht zwei ganz verschiedenen
Erdtheilen zulegen könnte, wie wenn auf der einen Seite Wein-
bau und Seidenkultur die Landschaft verschönern und ihre Bewohner bereichern, während auf der andern Seite die Natur
schon ganz abgestorben erscheint, keinen Baum und Gesträuch
mehr hervorzutreiben vermag und den größten Theil des Jahres mit gewaltigen Schnee- und Eismassen überlagert ist. Freilich sind auch diese südlichen Theile, wie es schon Herodot
wußte [11]), wegen der Nachbarschaft mit den asiatischen Steppen keineswegs frei von einem, nicht selten sehr strengen, nordischen Winter, aber bekannt ist auch, welches angenehme und
liebliche Klima die taurische Halbinsel den größten Theil des
Jahres hindurch genießt, wo die Natur kaum drei Monate
Zeit gebraucht um sich zu erholen und ihre reichen Gaben, in
tropischen Gewächsen verschiedener Art bestehend, darzureichen [12]).
Welche Mannigfaltigkeit muß demnach von dieser Region der
Tropenfrüchte durch alle Arten europäischer Gewächse und Cerealien so wie der verschiedenen Baumarten hindurch oder der
gesammten Flora und auch der Fauna über diese große Naturform, die nur einem einzigen Staate angehört, ausgebreitet
sein bis zu jenem Norden, wo die Thätigkeit der Natur ganz
abstirbt, und wo nur das an so verschiedenartigen Bewohnern
so reiche Polarmeer die Thätigkeit und den Unternehmungsgeist

---

[11]) Herodot. IV, 28.
[12]) Hermann, statistische Schilderung S. 42.

der Menschen in Anspruch nimmt. Wie mußten aber dies
Gegensätze der Natur zu einer Zeit einwirken auf die Bevölkerung dieser Gebiete, als dieselbe noch gänzlich im Zustande der
Natur und derselben unterworfen lebte, während jetzt doch
schon ein höherer, sittlicher Geist, der sich als der lebendige
Quellpunkt in jenem großen Staate entfaltet hat, diese natürlichen Gegensätze seinen auf ein bestimmtes Ziel geleiteten Zwecken
dienstbar gemacht hat. Um so wunderbarer und auffallender
mußte aber dieser Einfluß in früherer Zeit sich zeigen, wenn
wir unter so verschiedenartigen Naturverhältnissen doch einen
gemeinsamen großen Völkerstamm wiederfinden, den Ugrischen, der in so mannigfaltige Glieder und Zweige gespalten an
denselben diese verschiedenartigen Einflüsse abspiegelte und diese
als gebrochene Strahlen der einen geistigen Thätigkeit unter
ganz heterogenen Naturbedingungen zu erkennen gab. Diese
Gegensätze zwischen dem Norden und Süden in jenen Ebenen,
die von der Natur außerordentlich erleichterte Kommunikation
zwischen den entgegengesetzten Meeren durch diese Ebenen, die
von so vielen schiffbaren Flüssen durchsetzt werden, und die
dadurch sehr bedeutend beförderte Annäherung der reichen indischen Welt an das europäische Abendland haben diese Landschaften von je an zum Passagelande des orientalischen
Welthandels gemacht, an den sich die einheimischen Schätze
dieser Gebiete für die Bewohner des Nordens und Westens
anschlossen, und haben hier einen merkantilischen Verkehr bewirkt, der auf die großartigste Weise in das Leben der verschiedensten ugrischen Völkerstämme wie der Chasaren, Bulgaren,
Bjarmen u. a. mindestens an anderthalb Jahrtausende eingewirkt hat, und dessen Spuren wir weiter unten theils bei der
Betrachtung der Naturformen, in denen sie lebten, theils bei
der Entwickelung ihres historischen Lebens nachzugehen haben.

Für die gesammte Vegetation und somit auch für das
Völkerleben bildet nun der nordrussische Uwalli eine der wesentlichsten Naturgrenzen in den sarmatischen Ebenen. Denn
südwärts von ihm in dem obern und mittlern Wolga-Gebiete
so wie in dem obern und mittlern Dnepr-Gebiete, oder in den
Landschaften von Groß- und Klein-Rußland breiten sich die

kornreichen Gefilde aus, welche eine der wichtigsten Korn=
kammern Europas bilden, und deren Bedeutsamkeit für die
anwohnenden Völkerschaften durch alle Jahrhunderte der Ge=
schichte sich erwiesen hat. Auch die mehr südlichen Regionen
des warmen Landstriches waren in alten Zeiten vornehmlich
für die hellenische Welt als das große Getreidemagazin für
das an Korn arme Griechenland berühmt, aber in Folge der
dort Jahrhunderte lang dauernden Völkerzüge ist die Acker=
kultur vernichtet, und der größere Theil jenes Gebietes besteht
aus Steppenboden, und besonders gegen Südosten greift die
dürre asiatische Steppennatur weit in das Innere dieser euro=
päischen Ebenen ein. Die nördlichen zur Ackerkultur weniger
geeigneten Regionen sind dagegen wieder ausgezeichnet durch
die mächtigen Waldungen, welche den ganzen nordrussischen
Urwall und die ihm nordwärts angelagerten Landschaften be=
decken. Getreide und Holz gehören somit zu den Haupt=
schätzen des russischen Staates, wozu außer dem Reichthum
an edlen und unedlen Metallen, wovon schon beim Ural
die Rede war, noch der an Salz gehört, von welchem weiter
unten zu handeln ist. Diese Naturgaben sind uns hier darum
von Wichtigkeit, weil sie auf die Entwickelung des Völkerle=
bens so bedeutend eingewirkt haben, und noch bis jetzt ein
Hauptmoment der merkantilischen Interessen bilden.

Die wesentlichsten Cerealien jener osteuropäischen Korn=
kammer bestehen in Roggen, Weizen, Hafer und Gerste, wozu
in den mittlern Provinzen die viel verbrauchte Hirse und in
den südlichen auch der Mais kommt. Die Bestimmung der
Grenzgebiete dieser Cerealien gegen den Norden zu gewährt
einen Maaßstab zur Beurtheilung des Bodens dieser Ebenen
und seiner klimatischen Verhältnisse. Wie in dem größern
Theile von West=Europa giebt auch hier der Roggen das
gewöhnliche und wichtigste Nahrungsmittel, die Kultur dieser
Pflanze ist zugleich die ausgebreitetste, da sie, wenn auch be=
sonders einheimisch in den Landschaften von Groß= und Klein=
Rußland, sich doch vom 48 bis 65° N. Br. erstreckt[1d], eine

[1d] Schouw, Naturgemälde von Europa S. 58.

Zone, welche den größten Theil jener Ebenen erfüllt von den
Katarakten des Dnepr in der Ukraine im Süden bis zur
Dwina-Mündung im Norden, oder eine Zone von drittehalb
hundert Meilen Breite. Ueber Archangel hinaus gedeiht der
Roggen nicht mehr, dagegen erstreckt sich die Kultur der
Gerste noch an zwei Grad nördlicher, und erstreckt sich bis
zum 67° N. Br., während dieselben Cerealien mehr westwärts
in Skandinavien im Innern seiner geschützten Fiorden weit
mehr nach Norden bis zum äußersten Nordkap Europas unter
70° N. Br. hinaufsteigen [14]). Die Region des Hafers übersteigt nur weniges jenen Uwalli, indem sie nur bis zur mittlern
Dwina unter 63° N.Br. hinabsteigt, also nur noch der Landschaft Wologda, nicht mehr der von Archangel angehört. Der
Weizen, die Getreideart des Südens, an den pontischen Gestaden vorherrschend, reicht in seiner Kultur nur bis 60° N.
Br. hinauf, geht also über jenen Uwalli nicht hinüber. Eine
noch südlichere Grenzmark hat die Hirse, welche den 55 Parallelkreis nicht überschreitet, also vornehmlich nur noch in
Klein-Rußland zu Hause ist und die beiden alten Herrscher-
städte Moskau und Kasan nicht mehr erreicht. Der Mais
ist auf die südlichste Region beschränkt, da er nur bis zum
48° N. Br. reichend nicht die Region der Dnepr Katarakten
und der untern Wolga überschreitet. Auch für die Kultur der
Obstbäume, welche für die Bewohner mancher Landschaften
des mittlern Rußlands von der größten Wichtigkeit ist, bildet
der nordrussische Uwalli eine wesentliche Naturgrenze. Nur
bei besonderer Pflege reichen die Obstbäume bis zum 60°, im
Allgemeinen gehen sie über den 56° N. Br. oder über Moskau,
Nischnei Nowgorod und Kasan nicht hinaus. Der Apfel-
baum verträgt am meisten das nördliche Klima, sodann der
Kirschenbaum, an welchem jedoch noch die Gegend um
Wladimir zwischen Moskau und Nischegorod sehr reich ist [15]).
Der Birnbaum und der Pflaumenbaum sind die zärtlichsten,
und daher nur mehr in den südlichen Regionen zu Hause.

---

[14]) Schouw a. a. O. S. 12.
[15]) Pallas bei Georgi, geograph. Beschreibung II. 2. S. 338.

Die Weinkultur ist auf dieselbe Region mit dem Mais be=
schränkt [16]).

Mit den Cerealien analoge Verhältnisse zeigen die verschie=
denen wilden Baumarten. Unter den Laubhölzern sind
besonders vorherrschend in diesen Ebenen und zur Charakte=
ristik derselben wichtig die Eiche, Linde, Ulme und Birke; un=
ter den Nadelhölzern aber Fichten und Kiefern, und sie reichen
hier ungeachtet des strengern Klimas eben so hoch gegen Nor=
den hinauf als wie in Skandinavien. Ueberdies findet man
hier den Lerchenbaum (Pinus larix), der in der skandinavi=
schen Halbinsel und in dem übrigen Europa nicht wild gefun=
den wird, besonders in den nordöstlichen Theilen sehr verbreitet.
Der König der europäischen Bäume, die stattliche Eiche, der
Schmuck der Waldungen Germaniens, reicht nur bis zu
dem nordrussischen Uwalli hinauf, übersteigt denselben aber
nicht; wir werden weiter unten in dem mittlern Wolga=Gebiet
die Hauptheimath dieses Baumes und seine Wichtigkeit für die
russische Marine kennen lernen. Die Buche, der Gesellschafter
der Eiche in den germanischen Waldungen, kommt in diesem
strengen Klima nicht mehr fort, sie findet sich nur in Taurien
und in einigen klein=russischen Landschaften wie in Volhynien [17]).
Alle andere Baumarten übersteigen aber mehr und minder jenen
Uwalli, wenn gleich sie auch ihre Hauptheimath auf der Süd=
seite desselben haben mögen. So die Ulme und die Linde.
Die beiden Arten der Ulme, die gemeine breitblättrige Ulme
oder weiße Rüster (Ulmus campestris) und auch die klein=
blättrige Ulme oder rothe Rüster (Ulmus sativa), sind in dem
warmen und gemäßigten Landstriche Rußlands verbreitet, doch
nicht ostwärts über den Ural hinaus in Sibirien, und den nörd=
lichen Uwälli übersteigt diese Ulme nur um ein geringes. Die
nördlichste Grenze ihrer Verbreitungssphäre ist der 62 Parallel=
kreis, bis dahin reicht vornehmlich die sogenannte Zwergulme
(Ulmus pumila), die als weniger empfindlich gegen die Kälte

---

[16]) Schouw, Naturgemälde von Europa S. 59.
[17]) Hermann, statistische Schilderung S. 221.

sich daher auch schon in Sibirien am Irtisch findet [18]). Noch etwas nördlicher reicht die Linde, welcher nützliche Baum in den sarmatischen Ebenen häufiger als sonst irgend wo verbreitet ist, und von dessen vielfacher Benutzung von den russischen Völkern schon oben die Rede war. Ihre Verbreitungssphäre reicht bis zum mittlern Laufe der Dwina unter 63° N. Br. Die Birke überragt aber als Laubholzbaum auf eine merkwürdige Weise alle Nadelholzgattungen; denn während die Kiefer bis zum 67 Parallelkreise, also weit über Archangel hinaus verbreitet erscheint, und die Fichte und der Lerchenbaum bis zum 68 Parallelkreise, findet sich die Birke sogar noch bis zum 69° N. Br., und bezeichnet damit das Ende aller Baumvegetation [19]). Die sogenannte gemeine Birke (Betula alba) bildet nächst der Kiefer die allgemeinste Holzart in Rußland und Sibirien, und sie macht nicht selten fast allein beträchtliche Wälder. Ihr Saft wird im Frühjahr von den Baschkiren gern genossen, und die Rinde so wie das Holz dieses Baumes dient den Völkern Rußlands zu sehr vielfältigem Gebrauch. Ihre Nebenart, die Eller oder Erle (Betula alnus), scheint sich am meisten gegen Norden zu verbreiten, da sie besonders in kalten, morastigen Gegenden einheimisch ist [20]).

Nach diesen allgemeinen die Charakteristik der ost=europäischen Ebenen betreffenden Angaben und ihrer wesentlichen Sonderung durch den erhabenen Landrücken im Norden des obern und mittlern Wolga=Gebietes gehen wir über zur nähern Betrachtung

des Stromgebietes der Dwina.

Die weiten Nordgehänge des europäischen Rußlands von dem nördlichen Uwall an bis zu den Gestaden des weißen Meeres sind zwar die von der Natur am mindesten begabten Gebiete Ost=Europas, sie sind arm an Produkten, da jenseit des 60 und 61 Parallelkreises schon der halbjährige nordische

---

[18]) Hermann, statistische Schilderung S. 222.
[19]) Schouw, Naturgemälde von Europa S. 57.
[20]) Hermann, statistische Schilderung S. 221.

Winter beginnt, und so vortheilhaft der Süden Rußlands an
den pontischen Gestaden gelegen ist, so unvortheilhaft scheint
dieser eigentliche Norden der sarmatischen Ebenen an den Gestaden der Polarsee zu liegen; aber sie haben doch schon seit
der Urzeit der nordischen Geschichte eine eigenthümliche Wichtigkeit und Bedeutung sowohl für das Völkerleben in Ost-
Europa im Allgemeinen, als auch im besondern für das Emporkommen der Staatsmacht, die wir jetzt in jenen Gebieten
ausgebildet finden. Denn so wie das übrige Europa und zumal der skandinavische Norden grade durch diese Landschaften
geraume Zeit hindurch mit dem Innern der sarmatischen Ebenen und seinen Völkern und auch mit dem fernen Süden und
sogar mit dem Osten der indischen Welt in Berührung stand,
so konnte später der junge emporstrebende russische Staat,
nachdem er aus seiner langen mittelaltrigen Lethargie erwacht
und gleichsam erst geworden war, durch eben dieselben mit
der europäischen Kulturwelt, die nun schon eine wirkliche historische Entfaltung ihres geistigen Lebens von einem Jahrtausend
gehabt hatte, in Verbindung treten und selbst erst eine europäische Form annehmen, bis er nach Gewinnung der baltischen
Landschaften einige Jahrhunderte später erst zu der Würde eines
Gliedes des europäischen Staatenlebens sich emporschwingen
konnte. Jene Zeit, die des sechszehnten Jahrhunderts, ist
daher die der Blüthe und der welthistorischen Wichtigkeit dieser sonst so öden und unwirthbaren Gebiete, welcher
Blüthe nur noch einmal eine andere halb verklungene und
aus der Urzeit des Nordens sagenhaft hervorleuchtende vor-
angegangen ist. In einer Breite von hundert Meilen sich von
Süden nach Norden ausdehnend und in einer Länge von ungefähr anderthalb hundert Meilen von Westen nach Osten,
von der großen von Granitklippen umstarrten Seegruppe Finnlands bis zum Westfuße des jugrischen Ural, enthält dieses
Gebiet ein Areal von 12 bis 15,000 ☐ M., welches von dem
mächtigen Dwina-Strom, dem größten Flusse des europäischen Nordens, durchschnitten wird von dem nördlichen
Uwalli bis zum weißen Meere, das sich tief gegen Südwest in
dieses Gebiet eindrängt. Doch fließt die Dwina meistens durch

wenig kultivirtes Land, so daß sie jetzt fast nur durch die a
ihrer Mündung liegende Stadt Archangel, den Hauptse
hafen Rußlands zum Polarmeere, von Wichtigkeit ist.
sind heut zu Tage die beiden russischen Gouvernements W
logda, die südliche Hälfte, und Archangel, die nördliche Hälft
dieses Gebietes und Theile von dem alten berühmten Bjarmie
welche die Dwina in einem Laufe von 160 Meilen, an Größe
also dem Rhein vergleichbar, durchsetzt, doch beträgt der
Flächeninhalt ihres Areals nur die Hälfte dieses Gebietes oder
ungefähr 6000 ☐ M., wenn man die westlichen am Onega=
See liegenden Landschaften, die von dem kleinern, wenig be=
deutenden Onega=Flusse bewässert werden, so wie die östlichen
an der Petschora liegenden Landschaften, die schon einer völlig
polarischen Welt angehören, abrechnet.

Die Dwina, welche bei den Russen die nördliche (Se=
wernaja Dwina) im Unterschiede von der westlichen (Sapadnaja
Dwina), die zum baltischen Meere geht, und sonst gewöhnlich
Düna heißt, genannt wird, entsteht eigentlich aus zwei großen
Quellströmen, dem westlichen, der Suchona, und dem östlichen,
der Wytschegda, woraus auch ihr Name zu erklären sein
soll [21]), wenn gleich derselbe schon vor ihrer Vereinigung
üblich ist nach der Verbindung jener Suchona mit dem von
Süden kommenden kleinern Flusse Jug. Ihr bei den ältern
Skandinaviern üblicher Name Wjena scheint wohl derselbe
mit dem heutigen zu sein [22]). Die Suchona, welche den nord=
russischen Uwalli in der Richtung von Südwest nach Nordost
auf eine Strecke von über 50 Meilen begleitet, wird durch
zwei Quellströme gebildet, die Wologda, den südlichen, und die
Suchona den nördlichen. Die Wologda entspringt ungefähr
100 Werst oberhalb der gleichnamigen Stadt aus einem Mo=
rast auf dem Uwalli, in der Nähe des nördlichsten Wolga=
Knies bei Mologa, und strömt von da gegen Nordost mit
einer Breite, die im Frühjahr an 50 bis 60, und im Sommer
an 30 bis 40 Faden beträgt, und mit einer Tiefe von gegen

---

[21]) Lepechin, Tagebuch einer Reise III. S. 181.
[22]) Schlözer, allgem. nordische Geschichte S. 452.

Die Wologda und Suchona. Wologda.

drei Faden. Ihr linkes Ufer besteht meistens aus Wiesen, ihr rechtes aus Hügelreihen; Wasserfälle und seichte Stellen hat sie nicht, außer in sehr trocknem Sommer, obschon sie auch dann noch für kleine Fahrzeuge schiffbar bleibt. Die eigentliche Schifffahrt beginnt auf ihr aber erst bei der Stadt Wologda, von der sie sich erst 30 Werst weiter unterhalb mit der Suchona vereinigt [23]). Die Stadt Wologda, ungefähr 80 Meilen gegen O. S. O. von Petersburg gelegen, gehört zu den ältesten Städten des russischen Landes und verdankt ihre Entstehung unstreitig dem Handelsverkehr der Nowgoroder nach den Gegenden an der untern Dwina, und damit scheint auch der Name der Stadt zusammenzuhängen, indem er die erste Handelsstation in dem Tschuden Lande jenseit des großen Wolok für die Nowgoroder bezeichnete, wovon weiter unten die Rede sein wird. Um die Mitte des vorigen Jahrhunderts fand Gmelin daselbst noch die Ueberbleibsel einer, steinernen Festung mitten in der Stadt auf dem rechten Ufer der Wologda, nach länge und Breite über anderthalb Werst ausgedehnt, welche der Zar Iwan Wasiljewitsch (wohl der zweite dieses Namens) erbaut haben soll, als er seine Residenz von Moskau hierher zu verlegen beabsichtigte, ein Plan, der wohl mit der Begründung des russisch-englischen Handelsverkehrs an der Mündung der Dwina zusammenhängt [24]). Noch jetzt ist Wologda eine sehr ansehnliche Stadt und der Sitz eines blühenden Handelsverkehrs, indem sie auf dem großen Kreuzwege von den pontischen und baltischen Gestadeländern zum weißen Meere [25]) liegt.

Die Suchona, der nördliche Quellarm, kommt aus dem kubenskischen See (Kubenskoi Osero), im Nordwesten der Stadt Wologda gelegen. Dieser See, der an 60 Werst lang und 8 bis 15 Werst breit ist und durch viele ihm von allen Seiten zufließende Gewässer ernährt wird, steht mit dem ihm gegen Nordwest vorliegenden größern weißen See (Bjeloi Osero) in Verbindung, und vermittelst desselben ist die merkwürdige

---

[23]) Storch, Materialien zur Kenntniß des russischen Reiches. Riga 1796. 8. Th. I. S. 309.

[24]) Gmelin, Reise durch Sibirien IV. S. 621.

[25]) Rußlands Wasserverbindungen S. 244.

I. 1.   22

Wassercommunikation zwischen der obern Wolga und dem Dwina=
Stromsystem zu Stande gebracht. Der kubenskische See wur
von Peter dem Großen in seinen jüngern Jahren vielfach be=
sucht, um Versuche mit Meerfahrzeugen auf ihm anzustellen,
aber wegen der Seichtigkeit des Wassers mußten dieselben bald
aufgegeben werden. Der diesem See gegen Südost entströ=
mende Wasserlauf führt nun den Namen der Rjabanskaja
Suchona, die bei einer Länge von 50 Werst an 50 Faden
breit und 3 bis 4 Faden tief ist, ziemlich reißend aus dem
See heraustritt, aber von Anfang an schiffbar ist. Im Früh=
jahr fließt das Wasser über 12 Tage lang in ihr nach dem
See zurück, obschon man in demselben keinen Zuwachs an
Wasser bemerkt. Es vereinigt sich die Rjabanskaja Suchona
bald mit einem andern gleichnamigen Quellstrom, der Okol=
naja Suchona, welche gleich bei ihrer Entstehung die Wo=
logda, an 30 Werst unterhalb der gleichnamigen Stadt in
sich aufgenommen hat. Erst nach ihrer Vereinigung bilden
die beiden Suchona die eigentliche oder untere Suchona
(Nischnaja Suchona), obschon nach einigen der Theil ihres
Laufes bis nach Totma zunächst noch Werchnaja Suchona ge=
nannt wird, und erst der untere Theil von Totma bis Ustjug
den Namen Nischnaja Suchona führt [26]). Da die Okolnaja
nur eine geringe Tiefe und Breite hat, überdies große Krüm=
mungen macht, so hat man zur größern Bequemlichkeit der
Wasserfahrt einen Kanal gegraben, welcher die Fahrzeuge von
der Wologda aus grade in die Rjabanskaja und Nischnaja
Suchona führt. Aus den Annalen des Kamennoi Monastyr,
eines Klosters, das ehemals auf der Insel Kamennoi im kubens=
kischen See stand, aber später nach der Stadt Wologda ver=
legt wurde, erhellt, daß dies schon zur Zeit des Großfürsten
Iwan Danilowitsch von dem bjeloserskischen Fürsten Gljeb
Wasilkowitsch, einem Enkel des Fürsten Constantin Wsewolo=
dowitsch von Rostow, ums Jahr 1341 ausgeführt wurde.
Auf der Okolnaja Suchona werden blos Flöße mit Holz ge=
trieben [27]).

[26]) Gmelin, Reise durch Sibirien IV. S. 609.
[27]) Storch, Materialien I. S. 310, 316.

Die Niſchnaja Suchona, auch blos Suchona genannt, [flie]ßt nun nach der Vereinigung aller dieſer Gewäſſer in ziem[li]ch grader Direktion gegen Nordoſt bis zur Stadt Weliki [Uſt]jug; ſie hat bei niedrigem Waſſer eine Tiefe von 1 bis 3 Fa[de]n und eine Breite von 90 bis 140 Faden, die ſich aber bei [ho]hem Waſſerſtande bis auf 200 Faden erweitert. Einige [S]trudel, welche die Schifffahrt bei niedrigem Waſſer erſchwer[te]n[28]), ſind in neuern Zeiten fortgeſchafft worden. Die Su[ch]ona, welche in dieſem untern Theile ihres Laufes bei dem [S]tädtchen Totma, ungefähr unter 60° N. Br., vorübergeht, [ni]mmt zwar viele waſſerreiche, doch nur kurze Zuflüſſe in ſich [au]f; ſie verwandelt ihren Namen in den der Dwina nach der [Au]fnahme ihres erſten bedeutenden Nebenfluſſes, des Jug. [F]rüher nannte man das rechte Ufer der Suchona die wilde [S]eite (dikaja storona), weil ſie wenig bewohnt iſt, und auch [al]le die Fahrzeuge auf jener Seite gezogen werden. Das linke [U]fer hingegen hieß die gangbare Seite (pochodjaschtschaja [st]orona)[29]). Der Jug entſpringt grade auf dem Rücken [de]s großen Uwalli auf der ſogenannten wochomſchen Land[zu]nge (Wochomskoi Wolok), ungefähr 50 Meilen im Norden [vo]n Niſchnei-Nowgorod. Er ſtrömt nordwärts ab, und hat [be]i dem Orte Nikolſk, 190 Werſt von ſeinen Quellen, ſchon [ei]ne Breite von 21 Faden, und wird daſelbſt ſchiffbar. Im [F]rühjahr ſchwillt der Fluß bedeutend an, im Sommer wird [er] aber ſeichter, und iſt dann nur für kleinere Fahrzeuge be[n]utzbar. Der Jug nimmt verſchiedene beträchtliche Nebenflüſſe [in] ſich auf, vornehmlich die Luſa von der rechten Seite, wo[du]rch ſich ſein Strombett bis auf 80 Faden erweitert. Er [er]reicht die Suchona ungefähr unter dem 61° N. Br. nach [ei]nem Laufe von 360 Werſt, den er mit vielen Krümmungen [zu]rücklegt, da der Abſtand der Mündung von den Quellen in [glei]chem Meridiane nur einige zwanzig Meilen beträgt[30]). [Di]e Stadt Weliki Uſtjug gehört gleich Wologda, von der

---

[28]) Rußlands Waſſerverbindungen S. 238.
[29]) Gmelin, Reiſe durch Sibirien IV. S. 609.
[30]) Storch, Materialien I. S. 313. Rußlands Waſſerverbindungen 238.

sie an 470 Werst entfernt liegt, zu den ältesten russi
Städten in diesem tschudischen Gebiete, und schon ihr N
bezeichnet sie als die große Stadt an der Einmündung
Jug in die Suchona. Sie stand anfangs auch unmittel
am Zusammenfluß jener beiden Ströme auf dem rechten
der Suchona, drei Werst unterhalb ihrer jetzigen Lage
einem Berge Gleden, wo noch jetzt Ueberbleibsel des al
Walles zu sehen sind. Aber die feindliche Nachbarschaft de
Permier und auch die durch die Suchona drohende Gefahr
deren Gewalt die Ufer alljährlich untergrub, nöthigten zu
Verlegung der Stadt, wo sie zwar sicherer gegen die Feind
aber vor dem Flusse doch noch nicht völlig geschützt war [31]
Weliki Ustjug gehört zu den bedeutendsten Städten von Nord
Rußland, sie ist der Sitz eines blühenden merkantilischen Ver
kehrs zwischen Asien und Europa, und liegt auf dem Kreuz
wege der Handelsstraßen zwischen Petersburg, Archangel und
Tobolsk nebst den uralischen Bergstädten [32]. Gleich unterhalb
der Stadt wendet sich der vereinigte Jug= und Suchona=Fluß
der nun den Namen Dwina empfängt, nach Norden um, und
vereinigt sich bald darauf unter 61½° N. Br. mit der Wyt
schegda, dem zweiten großen, östlichen Quellstrom des Dwina
Systemes.

Die Wytschegda hat gleich allen übrigen Quellströmen
des Dwina=Gebietes ihren Ursprung in einer Morastgegend
Sie entspringt im äußersten Osten des nordrussischen Ural
unter 61° N. Br. in der Nähe der Petschora=Quellen, dort
wo die Quellbäche der Petschora und der Kama nach entge
gengesetzten Seiten und zu den verschiedensten Meeren abfließen
Auch ist das Quellgebiet der Wytschegda und Kama keines
wegs durch Höhen geschieden; eine niedrige, morastige Eben
aus welcher nach beiden Seiten eine nördliche und südlich
Kiltma abfließen, hat seit uralten Zeiten dort eine natürlich
Wasserkommunikation bewirkt, welche den Anwohnen
der Wytschegda den Getreidetransport aus den kornreichen

---

[31]) Lepechin, Tagebuch III. S. 181, 182.
[32]) Georgi, geograph. Beschreibung II. 1. S. 236.

-ma-Landſchaften gewährte [33]), und darauf beruht auch die
-gere Kanalverbindung zwiſchen dem Wolga- und Dwina-
ſyſtem, die wir weiter unten darzulegen haben. Zwei Haupt-
-benflüſſe nimmt die Wytſchegda in ihrem weiten und viel-
-ch gekrümmten, aber immer weſtwärts gerichteten Laufe in
ſich auf, zunächſt die Syſola von Süden her, und dann den
Wym von Norden her. Die Syſola kommt von dem großen Uwalli herab, wo ihre Quellen denen der Kama und
Wjätka nahe benachbart, oberhalb des Ortes Tſchiginſk liegen.
Sie ergießt ſich grade nordwärts hinab, und bei einer Breite
von 100 bis 150 Faden iſt ſie nicht blos ſchiffbar, ſondern
auch im Stande ziemlich ſtark beladene Fahrzeuge zu tragen.
Sie ergießt ſich in ihren Hauptſtrom bei dem nach ihrer Mündung benannten Ort Uſt-Syſolſk. Das Waſſer der Syſola
iſt weit dunkler als das der Wytſchegda, welche aus den kalk-
reichen Gegenden der Petſchora herkommt und daher eine mehr
lichtere Farbe hat, ſo daß man das Waſſer auch noch bei
ihrem Zuſammenfluß lange deutlich unterſcheiden kann [34]).
Der Wym kommt von den niedern Erhebungen herab, welche
das Petſchora- und Wytſchegda-Gebiet ſcheidend auch die
Quellen des Meſen-Fluſſes enthalten; auch er iſt ſchiffbar,
und erreicht mit einem der Syſola entgegengeſetzten Laufe den
Hauptſtrom bei Uſt-Wymskaja, einem der vornehmſten und
älteſten Orte in dem geſammten öſtlichen Dwina-Gebiete. Dort
war es, wo der heilige Stephan, der Apoſtel der Permier, im
vierzehnten Jahrhundert ſeinen Sitz hatte, wo ihm auch eine
Kathedrale geweiht wurde, und von wo aus ſich die chriſtliche
Religion durch ganz Permien verbreitete. In der Nähe von
Uſt-Wymskaja finden ſich reiche Salzwerke, durch welche das
ganze Syrjänen-Land, welches ſich hier vornehmlich ausbreitet,
mit Salz verſorgt wird [35]).

Nach der Aufnahme der Syſola und des Wym iſt die
Wytſchegda ſchon ein ſehr bedeutender Strom, der zwar keine

---

[33]) Storch, Materialien I. S. 315.
[34]) Lepechin, Tagebuch III. S. 168.
[35]) Lepechin a. a. O. III. S. 170.

Klippen und Fälle hat, aber doch ungeſtüm und reißend
und häufig ſeinen Lauf verändert, weshalb auch die Lage
Stadt Jarensk, die weiter unterhalb an ſeinem Nordufer li
wie die von Weliki Uſtjug hat verändert werden müſſen.
einer Tiefe von 1 bis 3 Faden und einer Breite von ge
400 Faden trägt die Wytſchegda Fahrzeuge von einigen T
ſend Pud Ladung. Sie erreicht den Hauptſtrom der Dwi
nach einem Laufe von über 1100 Werſte [36]) unterhalb der
Stadt Sol-Wytſchegodsk, an ihrem rechten, nördlichen
Ufer gelegen. Auch hier iſt ein bedeutender Handelsverkehr,
denn dieſer Ort bildet die große Zwiſchenſtation zwiſchen Permien und den uraliſchen Landſchaften auf der einen und Ar
changel auf der andern Seite, vornehmlich für den Getreide
transport aus den Kornkammern an der Wolga und Kama
nach den kornarmen Gebieten am weißen Meere. Zugleich
enthält die Umgegend, wie ſchon der Name bezeichnet, einen
großen Salzreichthum [37]), wie alle in dieſen Gegenden
mit dem ruſſiſchen Worte Sol (Salz) bezeichneten Lokalitäten,
denn bei den einheimiſchen Syrjänen heißt die Stadt Stollor.
Zu Sol-Wytſchegodsk errichtete die Familie der Stroganows
die erſte Salzſiederei in dieſer Gegend, die in der Folge an
funfzig Koten hatte, und auch noch jetzt, obſchon etwas mehr
eingeſchränkt, im Gange iſt [38]). Die Verbreitung dieſes wichtigen Naturgeſchenkes der verflözten Salzmaſſen in dieſem
äußerſten Norden über das geſammte Wytſchegda- und Su-
chona-Stromgebiet wird weiter unten bei der Betrachtung des
permiſchen Gebietes an der Kama, dem Hauptlande des Salzes,
wonach es bei den Ruſſen auch noch ſpeciell benannt wird, im
Zuſammenhange darzulegen ſein.

Nachdem ſich die Wytſchegda mit der Suchona (Dwina)
vereinigt hat, beginnt nun der eigentliche Dwina-Strom, e
verläßt ſeine nach Norden begonnene Richtung und biegt etwa
nach Nordweſten um, gleichſam abgelenkt durch den Dran

---

[36]) Rußlands Waſſerverbindungen S. 239.
[37]) Lepechin, Tagebuch III. S. 178 bis 180.
[38]) Georgi, geograph. Beſchreibung II. 1. S. 238.

der Wasserfülle der Wytschegda, um sich in den südöstlichen
Golf des weißen Meeres zu ergießen. Hier beginnt der mittlere und untere Theil des Dwina-Stromsystemes.

Der große nordrussische Uwalli, an dessen Nordseite
sich das obere Stromgebiet des Dwina-Systemes auf die große
Strecke von 120 Meilen von S. W. nach N. O. ausbreitet,
spielt in ethnographischer Beziehung in der ältern russischen
Geschichte eine wichtige Rolle. Denn wenn dieses Gebiet auch
größtentheils, wie es zum Theil noch jetzt der Fall ist, von
tschudischen Völkern, den Urbewohnern dieses Nordens, eingenommen war, so bildete es doch zu gleicher Zeit auch eine
natürliche Grenzmark gegen die slavischen Russen-Stämme
der mehr südlichern Gegenden, vornehmlich der slavischen Bewohner zu Nowgorod, von denen die erste Begründung des
russischen Staates ausgeht. Daher darf es nicht befremden
schon frühzeitig eine eigenthümliche Bezeichnung dieser großen
Naturgrenze bei ihnen vorzufinden. Nestor in seinen russischen
Annalen [30]) berichtet, es hätten außer den slavischen Russen
in Ost-Europa noch gewohnt die Tschuden und die Völkerschaften der Meren, Wessen, Tschuden jenseit des Wolok
(Tschudi Sawolotschje), Permier, Petscheren, Jamen, Ugern
u. a. Ihre Sitze liegen alle an und jenseit des Uwalli, und
durch die jüngern Untersuchungen über dieselben durch Lehrberg,
Karamsin und Sjögren sind diese entlegenen und öden Gebiete
in ihrer ethnographischen Wichtigkeit schon weit bestimmter
ans Licht getreten, als man es zur Zeit eines Schlözer, des
ersten nordischen Geschichtschreibers, kaum erwarten durfte.
Der Name Sawolotschje als nähere Bezeichnung eines
Tschuden-Stammes kommt übrigens in den russischen Annalen
schon lange vor Nestors Zeit vor. Um das Jahr 1079 wird
derselbe zum erstenmale erwähnt bei der kriegerischen Unternehmung des Fürsten Gljeb Swaetoslawitsch, auf welcher derselbe sein Leben verlor, indem er von den dortigen Tschuden
erschlagen wurde. Wo nun diese Sawolotscheskaja Tschud,
die auf solche Weise von andern, vornehmlich den Pomors-

---

[30]) Nestor, russische Annalen, bei Schlözer II. S. 30.

kaja Tschud am baltischen Meere, unterschieden werden, ge=
wohnt haben, ist lange streitig gewesen, wenn gleich schon
Tatischtschew [40]) nicht mit Unrecht auf die Gegenden am La=
doga= und Onega=See hinwies.

Es ist übrigens der Name Sawolotschje, wie Tatisch=
tschew richtig bemerkt, appellativisch und hat einen doppelten
Sinn wie das Wort Wolok, von welchem es als ein Com=
positum abzuleiten ist. Einmal bedeutet es einen schmalen Land=
strich zwischen zwei entgegengesetzt laufenden Flüssen, wo die
Fahrzeuge von einem in den andern hinübergezogen zu werden
pflegten [41]), von dem slavischen Worte woloku, verwandt mit
dem griechischen ἕλκω und ἑλκύω, und noch jetzt werden
solche Gegenden auch bei den Finnen Walka und Walkama
genannt. Dann bedeutet es aber auch einen weitläuftigen,
waldigen, unbewohnten Landstrich, ein Name, der so von den
Russen auch mit nach Sibirien verpflanzt wurde. Man hat
daher bei der Nachricht von Sawolotschje keineswegs blos
an den Landstrich zwischen der Onega und Dwina zu denken,
wie Karamsin anfangs geneigt war, sondern wie schon der
russische Geschichtschreiber Schtschekatow bemerkt, hätten die
Nowgoroder die ganze am Meere belegene Küstengegend bis
zum Flusse Petschora mit diesem Namen bezeichnet, weil sie
durch große Waldungen, Wolok genannt, von ihrem Gebiete
abgetrennt war, nehmlich Sawolotschje (Sa=Wolok) d. h.
hinter oder jenseit des Wolok. Daher mußte zunächst beson=
ders auch die Gegend des Quellgebietes der Suchona, oder
die um Wologda, diesen Namen empfangen, durch welche die
Nowgoroder bei ihren Zügen zur untern Dwina zuerst hindurch=
setzten; und ihre ältern Bewohner waren die Sawolotscheskaja
Tschud, die von den Russen dann allmählig mehr gegen Nor=
den gedrängt, dort in dem Stromgebiet der untern Dwina
den bestimmtern Namen der Dwinaenen erhielten [42]). Ka=

---

[40]) Sjögren, in den Mémoires de l'Académie des sciences de
St. Pétersb. 1832. Tome I. p. 268.

[41]) Nestor, russ. Annalen bei Schlözer II. S. 42.

[42]) Sjögren, in den Mémoires de l'Académie 1832. I. p. 269
und 270.

ramsin entscheidet sich demnach dafür anzunehmen, daß der Name Sawolotschje den ganzen Landstrich von Bjelosero bis zur Petschora bezeichnet habe [43]), und dies wird durch die Geschichte auch vollkommen bestätigt. Der Umstand ist jedoch hier vornehmlich wichtig, daß der südliche Anfang von dem Sawolotschje mit dem nordrussischen Uwalli zusammenfällt, der die Nowgoroder von dem Norden trennte, und er umfaßte im eilften Jahrhundert nur die großen Waldungen um Bjelosersk und Wologda oder dieselbe Gegend, die der Schauplatz des kriegerischen Unternehmens vom Jahre 1079 war.

Aber wenn auch der Name der Tschudi Sawolotschje, der eigentlich nur einen topographischen Charakter hat, später einen historisch-ethnographischen Charakter erhalten hat, indem wir so bei dem virgilischen Kommentator Jul. Pomponius Sabinus ums Jahr 1480 in Italien das Volk der Zauolocenses als Nachbarn der Parmii (Permier) erwähnt finden [44]), so ist doch der eigentlich historisch-ethnographische Name jener weiten jenseit des Wolok gelegenen Gebiete Bjarmaland, wie uns derselbe von allen skandinavischen Geschichtschreibern angegeben wird. Dieses tschudische Bjarmaland umfaßte alles Land von dem weißen Meere, die Dwina aufwärts, bis zum großen Uwalli, und erstreckt sich südostwärts noch über ihn hinaus über das Kama-Flußgebiet bis zum Westfuße des mittlern Ural [45]). Es enthielt demnach die beiden heutigen russischen Gouvernements Archangel und Wologda nebst dem Gouvernement Perm, obschon dort, damals so wenig wie heute, der permische oder biarmische Zweig der Tschuden der allein herrschende war, wie man schon aus Nestors Völkertafel ersehen kann. Daß die kühne Handelsrepublik der mächtigen Nowgoroder frühzeitig an Ausbreitung ihrer Herrschaft und an Eroberungen gedacht habe, ist bekannt genug, und schon durch die geographische Stellung ihres Heimathsgebietes war es von selbst gegeben, daß sie sich besonders nordwärts über

---

[43]) **Karamsin**, russische Geschichte II. S. 33.
[44]) **Nestor**, russ. Annalen bei Schlözer II. S. 43.
[45]) **Karamsin**, russische Geschichte I. S. 32.

den Wolok über das Gebiet der eben nicht sehr mächtig
tschubischen Stämme an der Dwina auszubreiten suchten,
so mehr als dort seit uralten Zeiten ein lebhafter Handels-
kehr der Bjarmen mit den Skandinaviern statt fand, und m
sich dadurch den dem Gerücht nach wohl schon bekannten rei
jugrischen Pelzmärkten näherte. Nach den Sagen der Islän-
der [46]) befand sich im eilften Jahrhundert an den Ufern der
Dwina eine Handelsstadt, welche im Sommer von Kaufleuten
aus Skandinavien zur See besucht wurde. Höchst wahrscheinlich waren es aber nicht blos einheimische Erzeugnisse des Landes, wie Salz, Eisen und Pelzwerk, welche die Bjarmen den
Normannen, die seit dem neunten Jahrhundert und wohl schon
früher den Weg zur Dwina aufgefunden hatten, verhandelten,
sondern wohl auch indische Waaren, welche sie auf der uralten großen indischen Handelsstraße durch den Osten
Europas zum Norden vermittelst der Chasaren und Bulgaren
erhalten konnten. Uebrigens mit Fischen und Jagen beschäftigt, wie Karamsin sagt [47]), auf der einen Seite umgeben
vom Eismeere, auf der andern von dichten Waldungen, genossen diese Biarmier ihre Unabhängigkeit und Selbstständigkeit
in Ruhe bis auf die Zeit, wo die kühnen und unternehmenden
Nowgoroder vermittelst des Gebietes von Bjelosero mit ihnen
in Berührung kamen und sie bald in Abhängigkeit brachten.
Der Ort Wologda mußte sich damals als der erste feste Punkt
in dem Lande Sawolotschje erheben.

Schwierig ist jedoch die Zeitbestimmung, wann die siegreiche Ausbreitung der Nowgoroder über jene Gebiete statt
gefunden habe. Durch die nowgorodischen Kolonisten, welche
sich nach und nach über das Land hinter dem Wolok verbreiteten, mußte sich auch die christliche Religion dahin verpflan-
zen, und da historische Zeugnisse dafür sind, daß schon im
zwölften Jahrhundert Klöster an den Ufern der Dwina sich
befanden, so glaubte Karamsin annehmen zu müssen [48]), daß

---

[46]) Schlözer, allgem. nordische Geschichte S. 439.
[47]) Karamsin, russische Geschichte II. S. 33.
[48]) Karamsin, russische Geschichte II. S. 32. Vergl. 1. S. 378.

die Ausbreitung der nowgorodischen Herrschaft über
den Nordosten Europas wohl in die Zeit des Großfürsten
Jaroslaw oder schon seines Vaters Wladimir des Großen, in
die erste Hälfte des eilften Jahrhunderts falle, und daß die
Permier, Petscheren und Jugrier damals ihnen zinspflichtig
geworden seien. Dennoch läßt sich dies keineswegs darthun,
die Beweise, welche derselbe aus Nestors Aufzählung der den
Russen zinsbaren nicht russischen Völker, so wie aus der
fabelhaften Sage des Nowgoroders Jurje Torgowitsch ent-
nimmt, sind nicht haltbar, wie es auch von Sjögren nachge-
wiesen worden ist. Beide Punkte gehen auf spätere Zeiten,
beziehen sich übrigens auch nur auf Petschera (oder Petschora,
das Land und Volk an dem gleichnamigen Flusse) und Perm,
jedoch nicht auf das entfernte Jugra. Denn die Erzählung
des Torgowitsch kann höchstens bestätigen, daß Jugrien von
den Nowgorodern schon am Ende des eilften Jahrhunderts
gekannt und besucht war, von einer Bothmäßigkeit kann, wie
auch Lehrberg sagt [9]), nicht die Rede sein. Dazu fehlt auch
in der andern Stelle Nestors, die sich auf noch spätere Zeiten
bezieht, auf das Jahr 1137, der Name Jugra in allen Hand-
schriften der nestorischen Chronik, und hebt somit die Abhängigkeit Jugriens von Nowgorod nothwendig auf [0]), obschon
Karamsin grade wegen dieser vermeintlichen frühen Abhängigkeit des jugrischen Landes auf die nothwendig ihr vorangehende
Gewinnung der biarmischen Landschaften von Wologda und
Archangel zurückschloß. Dennoch ist es sicher, daß schon zur
Zeit des Großfürsten Jaroslaw Wladimirowitsch in der ersten
Hälfte des eilften Jahrhunderts ein Versuch zur Ausbreitung
der nowgorodischen Herrschaft nach Nordosten gemacht wurde,
wie aus der kurzen, dunkeln Nachricht von dem Zuge eines
gewissen Uleb (Olav) aus Nowgorod nach den eisernen Pforten im Jahre 1032 hervorgeht, wobei es wahrscheinlich darauf abgesehen war, die Syrjänen (Petschera) in den östlichen
Theilen jenes Wolok, wo die ursprünglichen eisernen Pforten

---

[9]) Lehrberg, Untersuchungen S. 97.
[0]) Sjögren, in den Mémoires de l'Académie 1832. I. p. 507.

nach Sjögrens Annahme zu suchen sind, in Abhängigkeit zu bringen. Auch mußten grade diese Syrjänen, wie wir oben gesehen haben, wegen ihrer frühzeitigen Handelszüge über das jugrische Gebirge nach den Pelzmärkten jenes Landes am Obi [51]) den Nowgorodern von besonderer Wichtigkeit sein. Daraus erklärt es sich ferner, daß die Nowgoroder für die nachmals erfolgte Beherrschung des biarmischen Landes an den Gestaden des weißen Meeres den russischen Großfürsten einen Tribut unter dem Namen des Petschorischen entrichteten [52]). Aber während des eilften Jahrhunderts, so lange die russischen Großfürsten zu Kiew noch eine festere Herrschergewalt in Nowgorod behaupteten, muß sich Sawolotschje politisch unabhängig von Nowgorod erhalten haben, um so mehr als auch der mächtige Jaroslaw noch genug im Süden und Osten seines Reiches zu thun hatte, als daß er auf jene entlegenen Gebiete seine Aufmerksamkeit richten konnte. Es kann also die Unterwerfung jener Landschaften nur erst dem Anfange des zwölften Jahrhunderts angehören [53]), und würde mit der größern Entwickelung eines mehr selbstständigen, republikanischen Geistes bei den Nowgorodern, wie wir denselben später wahrnehmen, zusammenhängen.

Die südliche Hälfte dieses Sawolotschje im weitern Sinne bildet jetzt das Gouvernement Wologda, welches bei einer Ausdehnung von 150 Meilen von Westen nach Osten und bei einer Breite von 50 Meilen den größten Theil von dem nordrussischen Uwalli, und außer dem gesammten obern Dwina-System auch die obere, südliche Hälfte des Petschora-Stromgebietes bis zum Ural hin umfaßt. Ehemals ein Theil von dem größern durch Peter den Großen eingerichteten Gouvernement Archangel wurde Wologda erst seit 1796 zu einem besondern Gouvernement gemacht [54]). Im Allgemeinen theilt diese Landschaft mit der benachbarten an den Gestaden des weißen Meeres eine strenge, nordische Natur, wodurch sich

[51]) Sjögren, in den Mémoires de l'Académie 1832. I. p. 516.
[52]) Karamsin, russische Geschichte II. S. 149.
[53]) Sjögren, in den Mémoires de l'Académie 1832. I. p. 523.
[54]) Georgi, geograph. Beschreibung II. 1. S. 218.

beide von den südlichern wolgischen Gebieten wesentlich unter=
scheiden. Doch ist das Klima noch nicht so nordisch, daß die
Ackerkultur sich nicht belohnend zeigen sollte. Nach den
vieljährigen bekannten Beobachtungen von Fries zu Weliki
Ustjug [55]) bedecken sich die obern Dwina=Ströme jährlich
Ende October oder Anfang November mit Eis, und gehen ge=
wöhnlich Mitte April wieder auf. Das Eis erlangt dabei eine
Stärke von über 30 Zoll. Der Frühling ist immer sehr rauh
und hat späte Fröste, die sich nicht selten bis in den Som=
mer hineinziehen. Der Sommer hat dabei viele trübe, neblichte
Tage und häufiges Regenwetter. Der Herbst ist hier die beste
Jahreszeit, obschon auch die Nachtfröste sich frühzeitig ein=
stellen. Schon Ende August entlauben sich die Bäume in
dieser Region Rußlands, die wilden Gänse und andere Zug=
vögel fangen dann an sich zurückzuziehen nach den südlichern
Regionen, und dies dauert den September bis zum Eintritt
der winterlichen Jahreszeit im October. Die Oberfläche dieses
Gebietes auf und an dem großen Uwalli besteht zwar meistens
aus Sümpfen, Brüchen, Morästen und vornehmlich Waldun=
gen, doch ist auch noch ein großer Theil kulturfähigen Landes
da, obschon dasselbe durch Fruchtbarkeit nicht besonders aus=
gezeichnet, vieler Pflege und langer Ruhe bedarf. Winter=
roggen ist die vorzüglichste und gedeihlichste Getreideart, die
fünffältig oder sechsfältig lohnt, aber zuweilen auch noch die
Einfuhr aus den eigentlichen Kornkammern des centralen Ruß=
lands nothwendig macht. Gerste, Hafer und Erbsen geben im
Durchschnitt einen dreifachen, selten einen vierfachen, häufig
auch nur einen doppelten Ertrag. Hanf und Lein werden noch
in diesem ganzen Gebiete cultivirt und kommen gut fort, ge=
währen aber nur eine doppelte oder dreifache Erndte [56]). Der
Hauptreichthum dieser Landschaft besteht jedoch in seinem Holze,
in den Waldungen, da man den nordrussischen Uwalli, der
mit den mächtigsten Holzungen [57]) überdeckt ist, in der That

---

[55]) Georgi, geograph. Beschreibung II. 1. S. 223.

[56]) Georgi a. a. O. II. 1. S. 220, 227.

[57]) Lepechin, Tagebuch III. S. 127, 128.

das große Holzmagazin der ost=europäischen Ebenen nennen muß, und es wird grade hier von Interesse sein diesen natürlichen Reichthum, der zu den vornehmsten Schätzen des russischen Reiches gehört, nach seiner Verbreitung und Ge= sammtumfang und nach seinem Einfluß auf die Entwickelung des Völker= und Staatenlebens in Ost=Europa zu übersehen.

Es gab wohl eine Zeit, wo das ganze heutige Rußland mit Wäldern bedeckt war. Noch jetzt sind die nördlichen Land= schaften bis zu den felsigen moraftigen Ufern des Eismeeres nichts als Wald; die mittlern und südlichen Landschaften wa= ren mit Eichenwäldern bedeckt, wie die traurigen Ueberreste derselben in den Gebieten von Saratow und Orenburg zeigen. Nomaden sind die größten Feinde der Wälder, der Wald hat bei ihrer umherziehenden Lebensart keinen Werth, sondern ist nur ein Hinderniß. Sie treiben ihr Vieh in die Wälder, dieses frißt die Pflanzen der Bäume lieber als das Gras, zer= tritt die jungen Bäume und beschädigt die Rinde der alten; auch ist der Mist mehrern Holzatten schädlich. So sterben im Laufe der Jahrhunderte die alten Bäume ab und die Wälder verschwinden. Ueberdies entsteht dort, wo Hirten in den Wäl= dern ihr Vieh treiben, häufig Brand, um den sich die No= maden wenig bekümmern, und das Feuer geht fort, so weit es Nahrung findet. Dann brennt die Sonne mit solcher Ge= walt den Boden, daß es unmöglich wird einen Baum auf derselben Stelle zu erziehen, wo einst Wälder standen. Die größte Schwierigkeit bei den in den südlichen Provinzen Ruß= lands neu angelegten Baumpflanzungen, wo das Steppenland beginnt, ist immer die erste Reihe junger Bäume zu erhalten, in deren Schatten eine zweite aufwachsen kann. Selbst in den mittlern Gegenden ist es sehr schwer junge Bäume zu erziehen, wo gar keine alten übrig gelassen worden sind. Der junge Anwuchs bedarf Schutz gegen den Brand der Sonne und die Gewalt der Stürme, und den findet er nicht, wo Nomaden die Wälder verwüstet haben [88]). Nun wurden die südlichen

---

[88]) Hermann, Geschichte und gegenwärtiger Zustand des Forst= wesens in Rußland bei Storch, historische Zeitschrift für Rußland Th. IV. S. 186.

andschaften Rußlands Jahrhunderte lang von Nomaden
urchzogen oder von Völkern bewohnt, bei denen der Ackerbau
wenigstens nicht Hauptgeschäft war. Die Horden wilder
Stämme aus Asien, welche im Mittelalter Europa verwüsteten,
zogen zum Theil durch die Gegenden von der Wolga nach der
Donau. Dort wo einst ansäßiges Leben und blühende Acker=
cultur war, wie an den Gestaden des Pontus [59]), machten
sie durch ihre Verwüstungen das herumziehende Leben noth=
wendig. So wurde das südliche Rußland eine waldlose
Ebene, ein Theil des fruchtbaren europäischen Gebietes ver=
wandelte sich in asiatischen Steppenboden zum Aufenthalt von
Nomaden. Man heizt dort jetzt mit Stroh, wo einst Wälder
standen.

Aber auch die Ackerkultur kann zum Theil nachtheilig
auf die Waldungen einwirken. Die wirklichen Verheerungen
der Wälder durch den Ackerbau sieht man vornehmlich in den
mittlern Provinzen Rußlands, wo die Region der Eichenwal=
dungen ist. Sie wachsen grade da, wo das beste Land zum
Ackerbau ist. Daher haben sich die Dörfer unter den Eichen=
wäldern so vermehrt, daß viele nicht Land genug zur Acker=
cultur haben, und vom Holzhandel leben müssen. Während
große und fruchtbare Ebenen in Klein=Rußland am mittlern
Dnepr ostwärts bis über die Wolga hinaus unangebaut liegen,
drängen sich die Dörfer in Kasan. Hier drohen sie den Wäl=
dern den Untergang oder leiden Mangel; dort könnten sie sich
ausbreiten und durch Ackerbau reich werden. Die Kälte und
der unfruchtbare Boden der nördlichen Provinzen verhinderten
die Ausbreitung des Ackerbaues in diesen sumpfigen und steini=
gen Gegenden, und daher haben sich dort die ungeheuern Wäl=
der von Fichten, Tannen und Lerchenbäumen erhalten. Doch
hat der Wald nur unter gewissen Umständen Werth. Wo
nichts ist als Wald, hat das Holz keinen Werth, so in Sibi=
rien um Tobolsk und Irkuzk, wo durch einen Ukas vom Jahre
799 die Ausrottung der Wälder anbefohlen ist, um den Acker=
bau zu befördern. So ist es auch in vielen Theilen von Ar=

---

[59]) Herodot. IV, 17. 18.

Archangel, Olonez, Wologda und Finnland, wo viele Tauſen
Stämme ungenutzt hinfaulen. In dieſen Gegenden herrſa
zugleich Ueberfluß und Mangel an großen Bäumen. So
bald nehmlich das Fichtenholz des nördlichen Rußlands eine
Markt in England fand, ſo wie früher das engliſche Holz i
Holland, entſtanden überall an den Ufern der Flüſſe Säge
mühlen, Maſtbäume wurden gehauen, wo der Transport am
bequemſten war, die Ufer der Flüſſe wurden ausgehauen, ſ
wie die Ufer der Wolga, und die großen Wälder erhielten ſich
blos im Innern des Landes. Daraus erklärt es ſich, daß bei
allem Ueberfluß an Holz in den nördlichen Provinzen nach
officiellen Berichten der Schiffbau zu Archangel ganz aufhören
müſſe, wenn nicht gewiſſen Mißbräuchen geſteuert würde.
Denn der Mangel an Waſſerkommunikation macht es ſchwer
die 24 Millionen Desjätinen Wald in der Landſchaft Wologda
zu nutzen, und ſo auch in andern Provinzen. Man beſchäftigt
ſich daher auch ſchon mit der Ausführung von Mitteln, den
bisher ungenutzten Ueberfluß des Holzes in Umlauf zu bringen.
In der Landſchaft Wjätka, zum Stromgebiet der Kama ge
hörig, iſt dazu die mehrſte Hoffnung, in Finnland iſt es trotz
aller Seen bei dem Mangel an Flüſſen ſchwerer, und in Wo
logda am ſchwerſten. Erſt die Vervielfältigung der Kanäle
kann den natürlichen Reichthum Rußlands in dieſer Beziehung
verdoppeln [60]).

Wo die Zerſtörung der Wälder durch Ackerbau und Vieh
zucht das gehörige Maaß überſchritten hat, da erhält das
übrige Holz einen Werth, der unter gewiſſen Umſtänden
ſo hoch ſteigt, daß das beſte Kornland ihn nicht erreichen
kann. Die jetzt noch übrigen Wälder in Kaſan ſind unbezahl
bare Schätze, da Rußland jetzt nur auf wenige Jahre Eichen
holz für ſeine Flotte hat. Der Kronwald, der ſich an der
Oka durch Tula und Kaluga an 960 Werſt weit ausdehnt
und der tulaiſchen Gewehrfabrik zugeſchrieben iſt, wird in kur
zem das Holzmagazin für alle umliegenden Gouvernements

---

[60]) Hermann, Geſchichte des Forſtweſens in Rußland a. a. O.
IV. S. 187 und 188.

werden, welche schon jetzt Mangel an Holz leiden. In allen
übrigen Ländern von Europa hat man zu spät den Werth der
Waldungen kennen gelernt, und die Abhülfe dieses Mangels
bildet einen wichtigen Zweig der Interessen der Staatshaushal=
ung in jenen Staaten, nur in Rußland ging seit alten Zeiten
die Sage, daß man unermeßliche Wälder habe. Die
nördlichen Provinzen schienen diese Sage auch zu bestätigen,
aber der Zustand der südlichen zeigte bald das Gegentheil.
Auch erregte der hohe Preis des Holzes, der in der zweiten
Hälfte des achtzehnten Jahrhunderts um die Hälfte gestiegen
war [61]), Zweifel an der Wahrheit jener Sage, und die offi=
ciellen Nachrichten darüber vom Jahre 1799 bestätigten diese
Sache [62]).

Wie immer ist die Bildung einer Waldadministration
die Folge eines gefühlten Bedürfnisses bei der Erschöpfung
dieses natürlichen Schatzes, ihr Zweck ist die Wälder zu be=
wahren, und sodann sie gemeinnützig zu machen ohne Ver=
schwendung. Schon ein Jahrhundert früher erkannte dies das
Genie Peters des Großen, der seiner Zeit in so vielfacher Be=
ziehung vorausgeeilt war, leider wurden seine Verordnungen
wenig befolgt, bis die Noth auch hier die geistige Thätigkeit
in Anspruch nahm und hervorrief. Denn selbst die Anpflan=
zung von Wäldern ist bei aller Pflege und Kultur ein vielen
Hemmungen unterworfenes Unternehmen ohne die langwierige
Zeit zu rechnen, die nöthig ist, ehe ein Wald Schiffsbauholz
liefern kann. Es zeigen dies die in der ersten Hälfte des acht=
zehnten Jahrhunderts in Kasan angepflanzten Eichenwälder,
welche wenig Hoffnung für die Zukunft geben, so daß die
natürlichen Eichenwaldungen von Simbirsk noch immer
einen Hauptschatz des Staats bilden. Denn wenn auch andere
Länder, welche weitläuftige Küsten, überdies Vorrath an Stein=
kohlen und Torf besitzen, es für vortheilhaft halten können,
das Bauholz aus fremden Ländern kommen zu lassen, und die
einheimischen Wälder in Aecker und Wiesen zu verwandeln wie

---

[61]) Storch, Gemälde des russischen Reiches II. S. 620.
[62]) Hermann, Geschichte des Forstwesens a. a. O. IV. S. 190.

in England, so ist es in einem Reiche von solcher Ausdehnun
wie Rußland, das die unermeßlichen sarmatischen Ebenen
füllt, unmöglich den Mangel des Holzes durch den Tau
gegen irgend ein anderes Produkt zu ersetzen [63]). Die W
dungen müssen also nothwendig einer der Hauptschätze d
Reiches bleiben, wie sie es bisher gewesen sind.

Die Totalsumme aller Kronwälder im europäisch
Rußland berechnete man zu Anfang dieses Jahrhunderts a
50 Millionen Desjätinen oder (da 5100 Desjätinen auf ei
Geviertmeile kommen) auf 10,000 ☐ Meilen, also ein Areal
von der Größe von Deutschland. Davon kamen auf das Gouvernement Wologda an 24 Millionen, auf Olonez westwärts
davon am Ladoga-See 10 Millionen, auf Wjätka im Südost
davon auch 10 Millionen und auf die wolgischen Gouvernements Kasan, Nischegorod, Simbirsk, Tambow, Pensa und
Orenburg an 800,000 Desjätinen [64]).

Die äußere Gestalt der Bäume, die innere Beschaffenheit
des Holzes und die Art ihrer Fortpflanzung haben zu verschiedenen Eintheilungen der Waldungen Veranlassung gegeben. Nach der Waldordnung der Kaiserinn Katharina vom
Jahre 1786, die auch der neuern Waldordnung vom Jahre
1802 zum Grunde liegt, werden die hochstämmigen, wildwach-
senden Bäume in drei Klassen getheilt. Sie werden mit den
drei bei den Orientalen und Russen üblichen Farbennamen bezeichnet, wonach man ehemals auch die drei Haupttheile des
russischen Gebietes unterschied: 1) schwarzes, hochstämmiges,
hartes Laubholz, als Eichen, Buchen, Ulmen, Eschen (Fraxi-
nus excelsior), Ahorn (Acer pseudoplatanus, der gemeine
weiße Ahorn, und acer platanoides, der Spitzahorn), Erlen
oder Ellern (Betula alnus) und Quitten; 2) weißes, hochstämmiges, weiches Laubholz, als Linden, Pappeln (Populus alba Weiß- oder Silberpappel, populus nigra Schwarz-
pappel, populus tremula Zitterpappel oder Espe), Weiden
(Salix) in ihren verschiedenen Arten, Birken (Betula alba, die

[63]) Hermann a. a. O. IV. S. 192 bis 194.
[64]) Hermann a. a. O. IV. S. 197.

gemeine Birke) und Maßholder (Acer campestre, der kleine Thorn); 3) rothes, hochstämmiges Nadelholz, als Fichten (Pinus abies, rothe Tanne, Harztanne), Tannen (Pinus picea, Edeltanne oder Silbertanne), Kiefern (Pinus sylvestris, Föhre, Kienbaum), Lerchenbäume (Pinus larix) und sibirische Cedern (Pinus cembra, Zirbelnußkiefer) [65]. In den nördlichen Provinzen von 64 bis zum 59° N. Br. sind die Bäume der dritten Klasse die herrschende Holzart, sie werden zwar südwärts bis zum 50° N. Br. gefunden, aber nicht mehr so häufig. In den mittlern Provinzen von 56 bis zum 53° N. Br., also in dem mittlern Wolga-Gebiete sind Eichen die herrschende Holzart, man findet sie zwar bis zum 59 und 60° gegen Norden und bis zum 45° gegen Süden, aber nicht mehr so häufig und nicht so gut. Die Bäume der zweiten Klasse finden sich gleichfalls besonders in den mittlern Gegenden und nehmen gegen Norden und Süden ab [66].

Da nun die nördlichen Provinzen des russischen Reiches die waldreichsten sind, so sieht man leicht, daß der größte Theil der russischen Wälder aus Nadelholz besteht. Wologda hat davon schon an 24 Millionen Desjätinen, Olonez 10 Millionen, Wiborg am finnischen Golfe anderthalb Millionen, Archangel über 16 Millionen und Wjätka mindestens an 9 Millionen, da nur in zwei Kreisen dieser Landschaft Eichen wachsen. Dies macht zusammen über 60 Millionen Desjätinen Nadelholz, und es breitet sich also in dem Länderraum vom weißen Meere bis zum finnischen Golfe im Südwest, und zu beiden Seiten des nordrussischen Uwalli bis zur untern Kama gegen Südost hin oder zwischen Archangel, Wiborg und Kasan das mächtigste Nadelholz-Magazin von ganz Europa aus. Unter diesen Nadelhölzern sind Fichten und Kiefern die gemeinste Holzart, Lerchenwaldungen sind lange nicht so häufig. In den Jahren 1801 und 1802 fand man im Gouvernement Archangel an 240,000 Desjätinen und in Wologda

---

[65] Hermann, statistische Schilderung von Rußland S. 217 bis 227.
[66] Hermann, Geschichte des Forstwesens bei Storch, historische Zeitschrift IV. S. 198.

an 98,000 Desjätinen Lerchenwälder, zusammen also n 338,000 Desjätinen d. h. ungefähr 66 ☐ Meilen. Einzel Wälder finden sich auch noch zerstreut in Wiborg, in Koftro an der obern Wolga und in den Landschaften Perm und Wjät im Kama-Gebiete. Auf den Schiffswerften zu Archangel klagt man schon über Mangel an Lerchenholz und rieth sogar Lerchen bäume aus Perm kommen zu lassen. In den großen Wäldern von Tula und Kaluga rechnet man ein Drittheil hartes Holz, ein Drittheil weiches Holz und ein Drittheil Nadelholz [67]. Im Allgemeinen verhält sich das Nadelholz zum Laubholz in den ost europäischen Ebenen wie 40 zu 1, ein Mißverhältniß, welches nur dadurch erklärlich wird, wenn man berücksichtigt, daß der bei weitem größte Theil der südrussischen Ebenen, der ehemals, wie es aus den Ueberresten an der Wolga noch jetzt sichtbar ist, mit zahlreichen Laubholzwaldungen bedeckt war, jetzt eine baumlose Steppe ist.

Der Umfang der Waldungen der beiden Nadelholzarten von Fichten und Kiefern ist bis jetzt noch außerordentlich groß, und beide Baumarten sind durch das von ihnen gewon nene Bau-, Brenn- und Kohlenholz von der größten Wichtig keit für das Leben vieler Millionen Menschen vornehmlich in den nördlichen Landschaften des russischen Reiches, so wie für die Erhaltung der russischen Marine. Dennoch kann man sagen, ist bei der starken Konsumtion dieser Holzarten für die vierfachen Flotten Rußlands und bei der bis in die neuern Zeiten bis ins unglaubliche gehenden Verschwendung in dieser Beziehung nicht ein so großer Ueberfluß vorhanden, daß man nicht auf eine zweckmäßigere Benutzung dieses natürlichen Schatzes Rücksicht zu nehmen genöthigt sein sollte. Die Kiefer ist unter allen russischen Nadelhölzern der gemeinste Baum und bildet die aller ausgedehntesten Waldungen, die sich besonders zwischen dem 54 bis 66° N. Br. zu beiden Seiten des großen Uwalli ausbreiten [68]. Die Region der großen Fichtenwal dungen fällt in dieselbe Zone, nur etwas südlicher gerückt,

---

[67] Hermann a. a. O. IV. S. 190, 200 und 203.
[68] Hermann, statistische Schilderung S. 218.

hinein, nehmlich zwischen den 50 bis 64° N. Br., aber mächtig
ausgebreitete, zusammenhängende Fichtenwaldungen findet man
nur bis zum 58° N. Br. oder bis zu den Südgehängen des
Uwalli an der obern Wolga durch die Landschaften von Archangel, Wologda, Olonez, Wiburg, Petersburg, Nowgorod,
Jaroslaw, Kostroma und Wjätka. Einzelne zum Theil sehr
ansehnliche Wälder findet man auch noch bis zum 51° in den
baltischen Landschaften wie Esthland, Liefland, Kurland, in
Litthauen, ferner um Kiew am Dnepr, um Tula an der Oka,
und in den wolgischen Gebieten von Kasan, Nischegorod, Simbirsk, Pensa, Orenburg. Jenseit des 50° hören sie ganz auf.
Im Allgemeinen sind aber nur diejenigen Fichtenwaldungen,
welche auf und jenseit des großen Uwalli liegen von der Art,
daß sie tüchtiges Bauholz tragen, bei den südlichern Waldungen ist es nur zum Theil der Fall. Nach den Angaben von
31 Gouvernements, in welchen sich dergleichen finden, zählte
man zu Anfange dieses Jahrhunderts über 8 Millionen Mastbäume von 30 Zoll im Durchmesser und gegen 87 Millionen
zu Bauholz taugliche Fichten [69]).

Für die Staatshaushaltung ist dabei die Frage von großer Wichtigkeit, in welchem Verhältniß dieser Nadelholz-Reich-
thum von Fichten und Kiefern zu den jährlichen Bedürfnissen der russischen Marine auf den vier Rußland
umsäumenden Meeren stehe. Denn die vier Flotten des
baltischen und kaspischen, des weißen und schwarzen Meeres
gebrauchen jährlich an 9675 Mastbäume und dicke Balken und
an 62,278 dünne Balken, also beinahe an 72,000 Fichten-
bäume. Im Verhältniß zu diesen Bedürfnissen fand sich nach
der Angabe der Seeofficiere, welche zur Aufnahme der Wälder
an 33 Gouvernements bereiseten, daß bei der jetzigen Konsumtion dieses Holzes der Vorrath desselben keinesweges ins unendliche gehe. Für die Flotte auf dem baltischen Meere fand
man Mastbäume auf 55 Jahre und Bauholz für immer; für
die Flotte von Archangel aber nur Mastbäume von Fichtenholz

---

[69]) Hermann, Geschichte des Forstwesens bei Storch, historische
Zeitschrift V. S. 55. 56.

auf 15 Jahre und von Lerchenholz selbst nur auf 4 Jahre
nur für die Flotte des Pontus sollte an Mastbäumen un
Bauholz noch großer Ueberfluß sein. Für die baltische u
kaspische Flotte wird das Fichtenholz zubereitet in den Go
vernements Kasan, Wjatka, Orenburg, Simbirsk, Saraton
Tambow, Nischegorod, Pensa und Nowgorod, und es mu
hier also kein Ueberfluß an solchen Bäumen sein, die zu Ma
sten geeignet sind, da der Vorrath nur auf ein halbes Jahr=
hundert reichen soll. Daher hat man auch vorgeschlagen für
die Unterhaltung dieser Flotte neue Quellen zu eröffnen und
Holz zu entnehmen aus Perm, Kostroma, Wladimir, Tula,
Kaluga, Rjaesan, Pskow und Petersburg; aber man erkannte
auch, daß dadurch der pontischen Flotte Abbruch gethan und
man in Noth gerathen würde, wenn auf dem weißen Meere
eine Flotte ausgerüstet werden sollte. Denn wenn auch in
Archangel, Wologda und einem Theile von Kostroma, aus
denen sich Archangel für seinen Schiffsbau versorgt, mächtige
Waldungen enthalten sind, so sind diese doch zum Theil unzu=
gänglich, und man hat deshalb auch schon gerathen, Lerchen=
holz aus Perm nach Archangel kommen zu lassen, und hat
der Flotte des weißen Meeres große Waldungen in Olonez
am Swir=Flusse bestimmt. Die Flotte des schwarzen Meeres
bezieht übrigens ihr Fichtenholz aus den Gouvernements von
Smolensk, Kiew, Orel, Neu=Rußland, Charkow und Wo=
ronesch, aber auch hier hat man sich in den litthauischen Pro=
vinzen neue Quellen eröffnen müssen [70]). Es erhellt also aus
den obigen Angaben, daß wenn Rußland bei allem seinen
Reichthum an diesen beiden Holzarten, den Fichten und Kie=
fern, in seinem großen Holzmagazin dennoch der Marine wegen
zu einer großen Sparsamkeit genöthigt wird, dies bei den ver=
hältnißmäßig nur geringen Eichenwaldungen, welche früher
nur allein die Haupthülfsmittel zum Schiffsbau darboten, und
von welchen weiter unter beim Wolga=System das nähere an
gegeben werden wird, noch weit mehr der Fall sein muß.

Aber auch abgesehen davon, daß es ein Bedürfniß ist

---

[70]) Hermann a. a. O. V. S. 58.

sche Waldungen zu schonen, welche zum Schiffbau taugliches
Holz tragen, hat man auch aus andern Gründen Ursache mit
diesem Schatze haushälterisch umzugehen. Denn nicht blos die
südlichen Landschaften Rußlands müssen von dem Ueberfluß
der nördlichen an gewöhnlichem Bau- und Brennholz versorgt
werden, sondern auch schon in mehrern nördlichen Landschaften,
wo dieselben früher noch im Ueberfluß vorhanden waren, hat
in neuern Zeiten die zunehmende Bevölkerung und Industrie
ihre Abnahme fühlbar gemacht. Der unermeßliche Holzverbrauch in einem Landstrich, wo man sich acht bis zehn
Monate des Jahres hindurch gegen die Kälte schützen muß,
und wo fast alle Wohnungen in den Städten und auf dem
Lande von Holz erbaut werden, steigt in eben dem Verhältniß,
in welchem sich die Menschenmenge vermehrt. Die zahlreichen
Berg- und Hüttenwerke, die vielen Fabriken und Manufaktu-
ren, die mancherlei Bedürfnisse der Haushaltung vermindern
den Reichthum der Wälder, um so mehr als die Industrie,
der Luxus und die Bequemlichkeiten des Lebens einen Zuwachs
erhalten[71]). Aber der ungeheuere Holzverbrauch, den das
Klima und die Lebensarten und Beschäftigungen der Einwohner
nothwendig machten, ward bis auf die Zeiten der zweiten Katharina durch eine fast unglaubliche Verschwendung noch
bei weitem vergrößert. Fast alle Wohnhäuser und Gebäude
in Städten und auf dem flachen Lande wurden aus unbehaue-
nen Balken erbaut, obschon viele Städte die trefflichste Gelegenheit zum Steinbau hatten und ungeachtet der unzähligen
Verwüstungen, welche alljährlich durch das Feuer angerichtet
wurden. Dieser letztere Umstand ist sogar in geschichtlicher
Beziehung sehr nachtheilig gewesen, indem bei den so häufig
erwähnten Feuersbrünsten in den ältern Städten Rußlands
die Archive mit den wichtigsten Dokumenten über die älteste
einheimische Geschichte dieser Orte und ihrer Gebiete ein Raub
der Flammen geworden sind.

Auf ähnliche Weise waren die meisten großen Heerstraßen
angelegt, die fast durchgehends aus neben einander gelegten

---

[71]) Storch, Gemälde des russ. Reiches II. S. 438.

mit Sand überschütteten Balken bestanden, und deren bl
Ausbesserung ganze Wälder erforderte. Dasselbe ist der F
mit dem ältesten in Rußland und nun schon über ein Jah
hundert bestehenden Kanalsystem von Wischnei Wolotscho
welches schon ganze Wälder verschlungen hat und wohl
die Haupturfache ist, daß der waldaische Bergrücken schon f
ganz von Waldungen entblößt ist ⁷²). Brücken, Zäune, G
hege und dergleichen wurden fast überall aus gezimmertem
Holze verfertigt, lebendige Hecken fand man nur da, wo der
Holzmangel den Landmann zur Anpflanzung derselben zwang.
Nach einer alten Gewohnheit wurden die Baumstämme nicht
zu Brettern gesägt, sondern mit Hülfe einer Menge von Keilen
gespalten und statt des Hobels mit der Axt geebnet, wobei
wieder viel Holz in Spänen verloren ging, das man aufzu-
sammeln nur selten der Mühe für Werth hielt. Die landes-
übliche Sitte des warmen Bades verschlingt noch immer eine
unendliche Menge Holz, und da bei keiner Art von Feuerung
irgend eine Sparsamkeit beobachtet oder ein anderes Material
angewendet wird, so ist auch in dieser Beziehung die Konsumtion weit stärker als sie es dem Bedürfniß nach sein darf.
Viele Gegenden besitzen sowohl Torfmoor als Steinkohlen,
aber bis in die neuesten Zeiten war der Gebrauch dieser Feue-
rungsmaterialien so eingeschränkt, daß er der Erwähnung kaum
verdient. Statt der Kerzen oder Lampen bedient sich der Landmann und der Einwohner kleiner Städte des Pergels oder
dünngespaltener, trockner Birkenschindeln, die außer der un-
nützen Waldverwüstung auch den Nachtheil zur Folge haben,
daß sie bei der geringsten Unachtsamkeit Feuersbrünste verursachen und nicht selten ganze Städte und Dörfer in Asche
legen ⁷³). Schon oben ist darauf hingewiesen, wie durch die
Benutzung des Lindenbastes viele der schönsten Lindenwal-
dungen Ost-Europas bis jetzt verheert worden sind. Finnland
ist vornehmlich durch sein sehr festes und grades Fichtenholz
ausgezeichnet, nirgends sollen aber auch größere Verheerungen

---

⁷²) v. Wichmann, Darstellung der russischen Monarchie S. 48.
⁷³) Storch, Gemälde des russ. Reiches II. S. 445 bis 447.

der Waldungen angerichtet worden ſein als wie dort, theils durch die Bauart der finniſchen Wohnungen, theils durch die Viehzucht der Bewohner dieſer Landſchaft, durch ihre Brennereien, durch die Mißbräuche mit den Sägemühlen und durch die Rödungen, wobei immer mehr Wald verbrannt wurde als man wollte, und wobei zuweilen Dorfſchaften in Aſche gelegt wurden. Aehnliche Verwüſtungen haben aber auch die Fichtenwälder in Wjätka nach den am Ende des vorigen Jahrhunderts dort angeſtellten Unterſuchungen erlitten [74]).

Unter ſolchen Umſtänden war natürlich die Berückſichtigung dieſes wichtigen Naturſchatzes von Seiten des Staates ein dringendes Bedürfniß, und der glorreichen Regierung derjenigen Fürſtinn, welche zuerſt wieder in dem Geiſte Peters des Großen die Fortentwickelung des ruſſiſchen Staates leitete, war es vorbehalten die ſchon früher von ihrem Vorgänger angeregten Plane wieder aufzunehmen. Der erſte Gedanke zu einer wiſſenſchaftlichen Forſtpolizei entſtand unter Katharina II, denn im Jahre 1780 erhielt der berühmte Naturforſcher Pallas, dem wir ſo vieles für die Kenntniß der oſt-europäiſchen wie auch der ſibiriſchen Gebiete verdanken, den Auftrag eine ausführliche Forſtinſtruktion auszuarbeiten, von welcher Auszüge angefertigt und in die Gouvernements verſandt wurden. Dieſe Inſtruktion enthielt zugleich in 66 Punkten die Vorſchläge zu einem künftigen Forſtreglement [75]). Später befahl Kaiſer Paul durch einen Ukas vom 9. Nov. 1796 dem Senat, in allen Gouvernements, wo ſich der Krone zugehöriges Schiffsbauholz befände, den Behörden vorzuſchreiben, daß mit dieſen Waldungen nichts ohne Verfügung des Admiralitätskollegiums vorgenommen würde. Durch zwei andere Befehle dieſes Kaiſers in den Jahren 1797 und 1798 wurde das Forſtdepartement ganz abhängig gemacht von dem Admiralitätskollegium, wodurch die Beziehung und Wichtigkeit der Waldungen auf das Marineweſen am beſten ausgeſprochen

---

[74]) Hermann, Geſchichte des Forſtweſens a. a. O. V. S. 59 bis 61.

[75]) Storch, hiſtoriſche Zeitſchrift von Rußland II. S. 426.

wird. Kaiser Alexander Paulowitsch unterwarf zwar gleich beim Antritt seiner Regierung das Forstdepartement dem Finanzministerium, aber durch das Forstreglement vom Nov. 1802 wurde das Forstdepartement an Befugnissen und Vorzügen den übrigen Reichskollegien gleichgestellt, womit dann auch die neue Organisation des Forstwesens zusammenhing, wie sie uns von Storch[76]) mitgetheilt worden ist.

Nur erst seitdem konnte eine zweckmäßige Benutzung der Waldungen in Rußland eintreten, um so mehr als auch durch Alexander zur Beförderung des wissenschaftlichen Forststudiums die erste Forstschule zu Zarskoi Selo bei Petersburg gegründet wurde, und erst seitdem konnte man zu einer genauern Kenntniß des Umfanges und Inhaltes der russischen Waldungen gelangen. Nach den gleich darauf gemachten Aufnahmen betrug der Umfang der Kronforsten im europäischen Rußland im Jahre 1806, also mit Ausschluß der erst nachmals gemachten Erwerbungen in dem Großfürstenthum Finnland, aber mit Einschluß des sogenannten baschkirischen Waldes in Orenburg, der der Krone nicht unmittelbar unterworfen ist, an etwas über 113 Millionen Desjätinen d. h. über 22,000 ☐ Meilen[77]) oder ein doppelt so großes Areal als ganz Deutschland. Davon kommen auf das große Holzmagazin des nördlichen Rußlands an dem großen Uwalli schon an drei Viertel, die zum großen Theile aus Nadelholz bestehen, nehmlich an 90 Millionen Desjätinen oder an 17,600 ☐ Meilen. Denn Wologda enthält schon an 29,558,000 Desjätinen, Archangel an 18,748,000, Perm an 17,143,000, Wjätka 11,564,000, Olonez gegen 9 Millionen Desjätinen Kronwaldungen u. s. w. Wie wichtig die neue Forstverwaltung sowohl für die Waldungen selbst als auch für die Regierung ist, erhellt schon aus der Angabe rücksichtlich der Provinz Wjätka, daß man daselbst an 18 Millionen Balken und 1,600,000 Faden Brennholz wird gewinnen können, wodurch eine jährliche neue Einnahme von mehr als 40,000 Rubel bewirkt wird[78]).

---

[76]) Storch, histor. Zeitschrift II. S. 428 bis 439.

[77]) Wichmann, Darstellung der russ. Monarchie S. 50.

[78]) Storch, histor. Zeitschrift VIII. S. 55.

2) Der mittlere und untere Lauf der Dwina. Von der Vereinigung der Dwina mit der Wytschegda unter 61° N. Br. hat der vereinigte Dwina=Strom in seinem mitt= lern Laufe von Südost nach Nordwest gerichtet noch an 50 Meilen in grader Entfernung bis zur Aufnahme der Pinega in der Nähe von Cholmogory unter 64° N. Br. zu durchströ= men, bis mit der Erweiterung seines Thalbettes und der Strom= spaltung der untere Lauf beginnt. Bei der erst in neuern Zeiten errichteten Stadt Krasnoborsk etwas unterhalb der Einmündung der Wytschegda in die Dwina hat letztere eine im Frühjahr und Sommer wechselnde Breite von 300 bis 500 Faden, und eine Tiefe von 7 bis 8 Faden im Frühjahr, aber nur einen Faden im Sommer [79]). Die Ufer der Dwina sind abwechselnd bald auf der rechten, bald auf der linken Seite erhaben oder niedrig; überall, wo das Ufer auf der rechten Seite aus erhabenen Hügelreihen besteht, ist es aus Thon= schichten gebildet, die reich an Versteinerungen sind [80]). Unter den zahlreichen Zuströmen, welche die Dwina hier in dem was= serreichen Boden, der meistens mit Waldungen und Sümpfen bedeckt ist, empfängt, ist der bedeutendste von der linken Seite die Waga. Sie entspringt fast in der Nähe des kubenski= schen Sees, und fließt mit einer wechselnden Breite von 100 bis 300 Faden und mit einer Tiefe von gegen 3 Faden grade nordwärts zur Dwina, die sie bei Ust=Waga unter 63° N. Br. erreicht [81]). Sie dient vornehmlich im Frühjahr zum Trans= port von Holz nach Archangel, und zu demselben Zwecke dient auch die Pinega, welche sich von der rechten Seite her in die Dwina einmündet. Zur Schifffahrt ist letztere wenig ge= eignet, es wird auch nur Schiffsbauholz, besonders Lerchenholz, für die Werften von Archangel auf ihr hinabgeflößt [82]). Je mehr sich die Dwina den Gestaden des weißen Meeres nähert, desto rauher und unwirthbarer wird die Landschaft, zwar findet hier noch Ackerkultur statt, aber sie nimmt allmählig ab, und

[79]) Storch, Materialien zur Kenntniß des russ. Reiches I. S. 312.
[80]) Lepechin, Tagebuch III. S. 191, 199.
[81]) Storch, Materialien I. S. 313.
[82]) Rußlands Wasserverbindungen S. 240.

die Waldungen und Moräste, zwischen denen dieser große n
dische Strom majestätisch seinen Lauf fortsetzt, nehmen imm
mehr zu [83]).

Ungefähr 72 Werst oberhalb Archangel erreicht die Dwi
die Stadt Cholmogory, auf einer Insel in Strom geleg
der Einmündung der Pinega gegenüber. Aber so ruhmv
auch der Name dieses anscheinend aus dem Deutschen benann
ten Ortes in der ältern russischen Geschichte strahlt, so unbe
deutend ist doch heut zu Tage dieser Flecken. Denn Cholmo
gory bezeichnet wahrscheinlich das bei den Skandinaviern, die
mit diesen Gegenden in einem vielfachen Handelsverkehr standen,
häufig erwähnte Holmgard d. h. Inselstadt, obschon der Name
auch für das große Emporium Nowgorod [84]) in den balti
schen Gestadelandschaften gebraucht wurde. Cholmogory war
geraume Zeit hindurch der merkantilische Mittelpunkt in den
Dwina=Gebieten in dem Lande Biarmien [85]), und noch in
spätern Zeiten erscheint bei den Russen die Landschaft Cholmo
gorod als ein Theil von Groß=Permien [86]). Uebrigens stan
den Cholmogory und Nowgorod in uralter Verbindung mit
einander, was unstreitig mit dem Verkehr der Normannen
nach beiden Lokalitäten hin zusammenhängt, und frühzeitig
gerieth Cholmogory nebst dem größten Theil des biarmischen
Landes in Abhängigkeit von der mächtigen Handelsrepublik
der Nowgoroder. Seit der Gründung von Archangel und dem
Emporkommen dieses großen Emporiums am Polarmeere mußte
Cholmogory nothwendig sinken und zuletzt ganz in Verfall ge
rathen. Der heutige Ort nimmt auch nicht mehr die Stelle
des frühern ein, denn das alte Cholmogory stand dort, wo
jetzt die Slobode Nischnei Posad steht [87]). Mehr unterhalb
wächst die Breite der Dwina bis auf 2 und 4 Werst, und
die Tiefe steigt bis auf 8 Faden. Die Fluth des weißen Mee

---

[83]) Lepechin, Tagebuch III. S. 188.

[84]) Eymundar Saga. Hafniae 1833. 8. in den Dorpat. Jahrb.
1834. Th. II. S. 10.

[85]) Müller, Sammlung russ. Geschichte V. S. 384.

[86]) Strahlenberg, der N. und O. Theil von Europa S. 182.

[87]) Lepechin, Tagebuch III. S. 195, 197.

res dringt bis nach Bobrowskoi Jam vor, wo sich die Ueber=
fahrt über den Strom auf der Straße von Cholmogory nach
Archangel befindet [88]), sie bezeichnet dort den Beginn des un=
tern Stromlaufes.

Bei Archangel auf dem erhabenen rechten Ufer der Dwina,
40 Werst von der Mündung derselben zum weißen Meere,
hat der Strom schon eine Breite von 7 Wersten. Dort theilt
sich aber die Dwina in sehr zahlreiche Arme und bildet ein
ausgedehntes Delta, in dessen Mitte gegen 180 Inseln von
verschiedener Größe liegen, und weiter unterhalb ergießt sie
sich unter 65° N. Br. durch vier Hauptmündungen ins
Meer, welche von Osten nach Westen in folgender Reihe fol=
gen, Beresowskaja, Murmanskaja, Pudoschemskaja und Ni=
kolskaja Ustje. Die erste dieser Mündungen ist tiefer, breiter
und gradliniger als die übrigen und deshalb die wichtigste von
allen. Durch diese laufen alle Kriegs= und Kauffahrtheischiffe
sowohl vom Meere aus nach Archangel als auch rückwärts,
durch die übrigen aber nur kleinere Fahrzeuge. Sie beginnt
bei der Stadt selbst und erstreckt sich von dort gegen Nord=
west, sie fließt längs des sogenannten Solombaler Ufers. Der
murmanskische Mündungsarm trennt sich sechs Werst unter=
halb Solombala, der Vorstadt von Archangel, von der
linken Seite des beresowskischen Mündungsarms, fließt nach
Nordwest, und ergießt sich 20 Werst im Südwest von der
beresowskischen Bank ins Meer. Er hat wegen seiner flachen,
sandigen Ufer nur ein schmales Fahrwasser, dessen größte Tiefe
30 Fuß, die geringste in der eigentlichen Mündungsstelle aber
nur 9 Fuß ist. Durch diesen Arm, der nach der See zu mit
Sandbänken und seichten Inseln endet, ist es unmöglich ohne
einen Lootsen ein Fahrzeug hinaufzuführen. Die Pudoschems=
kaja Ustje beginnt an dem Südostende der Stadt, und hat
18 Werst weit zu ihrer linken das von dem Festlande gebildete
Dwina=Ufer, zur rechten aber zahlreiche Inseln und eben so
auf der linken Seite während der letzten 25 Werste ihres Lau=
fes nach der Absonderung des nikolskischen Armes. Dieser

---

[88]) Lepechin a. a. O. III. S. 199.

dritte Arm endet 20 Werst im Südwest von der Murmanskaja Ustje und 14 Werst im Norden von der Nikolskaja Ustje.
Bei einer wechselnden Tiefe von $8\frac{1}{2}$ bis 35 Fuß hat er eine
eben so schwierige Mündung wie die andern. Der westlichste
Arm, die Nikolskaja Ustje, ist noch seichter und enger als alle
übrigen, er hat zur linken das Dwina-Ufer und eine Tiefe
von 7 bis 8 Fuß. Am linken Ufer der Mündung und 4 Werst
vom Meere steht ein Mönchskloster des heiligen Nikolaus,
berühmt durch den dort zuerst begonnenen Handelsverkehr zwischen England und Rußland [80]).

Außer diesen vier Mündungsarmen ist noch ein fünfter
Seitenarm der Dwina zu berücksichtigen, die Kusnetschicha,
die sich in der Stadt Archangel selbst von dem Hauptstrom
abzweigt, und die Stadt dadurch in zwei Theile sondert. Diese
Kusnetschicha fließt nach Nordost, sie hat bei der Stadt eine
Breite von 230 Faden und eine Tiefe von 6 bis 14 Fuß, die
nachher bis auf 40 Fuß anwächst. Die eigentliche Stadt liegt
auf der Südseite auf dem 3 bis 4 Faden hohen, steilen Ufer
der Dwina, und ihr gegenüber auf der Nordseite der Kusnetschicha liegt die sogenannte Solómbala, eigentlich auf einer
Insel, da sich dieser Seitenarm der Dwina an 25 Werst weiter
unterhalb bei dem Lapominka-Hafen, der für die kaiserlichen
Schiffe bestimmt ist, mit dem Hauptstrom wieder vereinigt.
Dort wo jetzt die eigentliche Stadt steht, war bis zum sechszehnten Jahrhundert nichts als ein Mönchskloster des Erzengels Michael, aber im Jahre 1584 wurde daselbst eine Niederlassung mit einer Pallisadenbefestigung gegründet unter dem
Namen Nowocholmogorskoi. Drei Jahre später wurde
der Handelsverkehr der Russen mit den Engländern, nachdem
derselbe bis dahin an der Nikolskaja und Pudoschemskaja Ustje
geführt worden war, übertragen. Noch bis zum Jahre 1610
wurde diese Niederlassung in officiellen Schriften die Neu-
Cholmogorische genannt, aber bei den Einwohnern kam bald
nach dem Kloster gleiches Namens die Bezeichnung Archangelskoi Gorod in Aufnahme und seitdem auch in officiellen Ge-

---

[80]) Lütke, Reise durch das nördliche Eismeer S. 109, 110.

auch [90]). Der Ort war zu jener Zeit theils von Strelitzen bewohnt, die die Garnison des befestigten Theiles bildeten, theils von verschiedenartigen Völkern aus den umgebenden dwinischen Niederlassungen. Anfangs war derselbe von dem cholmogori= schen Woiwoden abhängig, wurde aber schon 1704 zu einer Kreisstadt und nachmals zu einer Gouvernementsstadt erhoben. In dem südlichen erhabenen Uferwinkel zwischen der Dwina und der Kusnetschicha wurde auf dem steil vorspringenden Vor= gebirge ums Jahr 1670 ein großes steinernes Gebäude mit Thürmen versehen aufgeführt, welches als Festung und Kauf= hof (Gostinoi Dwor) diente, und wo jetzt nur noch die Börse, das Zollamt und der Packhof sich befinden. Am Südende der Stadt nahe am Dwina=Ufer steht das steinerne Kloster des Erzengels Michael, das dort 1673 erbaut wurde, nachdem ein älteres, hölzernes Kloster in der Mitte der Stadt mit einem Theile der letztern abgebrannt war. Der jetzige Gostinoi Dwor, aus einigen steinernen Gebäuden von alterthümlicher Bauart bestehend, liegt am Dwina=Ufer südlicher als die alte Festung, wo an jedem Dienstag ein bedeutender Handelsver= kehr statt findet. Die Solombala entstand gleichzeitig mit der Anlegung der archangelskischen Werften, als man den dabei beschäftigten Beamten und Arbeitern Wohnplätze auf den Solombaler Inseln anwies, welche durch die verschiedenen Flüsse Dwina, Kusnetschicha, Solombalka und Kurja gebildet werden. Anfangs war Solombala ein eigener Ort, bildet aber jetzt nur eine Vorstadt von Archangelsk; dort befindet sich der Sitz der Admiralität vom weißen Meer [91]).

Die Eröffnung der Dwina im Frühjahr, welche meist Ende April oder Anfang Mai statt findet, erwarten die Bewohner von Archangel mit eben so großer Ungeduld und Unruhe, obgleich aus ganz andern Gründen, als die Aegyp= ter den Austritt des Nil. Die Dwina=Ueberschwemmungen werden bisweilen sehr beträchtlich, denn wenn sich die Wärme

---

[90]) Lepechin, Tagebuch III. S. 204.
[91]) Krestinin, Geschichte der Stadt Archangelsk bei Lütke, Reise nach das Eismeer S. 98 bis 100.

plötzlich einstellt, und wenn sich das treibende Eis in den Mǘn=
dungen stopft, so steigt das Wasser oft um 20 Fuß über seinen
gewöhnlichen Spiegel; überschwemmt alle niedern Gegend
und verursacht großen Schaden.   Solombala liegt sehr niedrig
und ist deshalb diesen Ueberschwemmungen im hohen Grade
ausgesetzt, und man trifft allerlei Vorkehrungen um dem Un=
glück vorzubeugen.   An neun Tage vor der Eröffnung des
Flusses soll sein Wasser sich zu trüben beginnen, daß es nicht
getrunken werden kann.   Dies hält man für ein Vorzeichen.
Dann bereitet man sich auf das Eistreiben vor, verlegt die
Wohnstätten in das obere Stockwerk der Häuser, und erwartet
Tag und Nacht, oft auch lange vergeblich, das andringende
Wasser.   Die Stadt selbst liegt hoch und ist der Wassersgefahr
nicht ausgesetzt.   Diese Ueberschwemmungen bewirken übrigens
außer dem augenblicklichen Nachtheil auch einen bleibenden,
indem sie die Ufer untergraben und die Fahrwasser versanden,
wie sich dies in vielen Beispielen nachweisen läßt [92]).

Von der See aus giebt es eigentlich nur einen Ein=
gang in die Dwina hinein durch den beresowschen Arm bei
der Insel Muding und dem Fort Neu=Dwina vorüber nach
Solombala.   Bis gegen die Mündung hat jener Arm eine
Breite von 300 bis 400 Faden und in seinem Fahrwasser eine
Tiefe von 25 bis 40 Fuß, so daß der Strom noch überall
tief genug für Kriegsschiffe ist.   Aber dann wird die Durch=
fahrt beständig seichter und enger, und an der äußersten Spitze
der Insel Muding liegt eine große Sandbank, zwischen welcher
und der Insel nur ein enges Fahrwasser bleibt.   Demnach hat
die Dwina bei allem ihren Wasserreichthum und ihrer viel=
fachen Oeffnung zum Meere doch eine etwas ungünstige Bil=
dung an ihrer Mündung; gleich vielen andern großen Strö=
men ist sie gegen das Meer zu gleichsam durch einen Riegel
verschlossen, wenn gleich derselbe hier nicht von solcher Mäch=
tigkeit ist, daß er die Bedeutung von Archangelsk als eines
großen Seehafens und selbst als eines Kriegshafens von Ruß=
land am weißen Meere aufhöbe.   Jene enge Wasserpforte an

---

[92]) Lütke, Reise durch das nördliche Eismeer S. 114, 115.

Die Beresowskaja Ustje, die Barre.

r Mündung des beresowschen Armes heißt die Barre oder
ch die Birkenbarre (Beresowoi bar), und hieß in frühern
ten das Loch (Jama). Mitten auf der Barre beträgt die
iefe des Fahrwassers nur 12½ Fuß, doch ist die Tiefe einigen
veränderungen unterworfen, und steigt gleich nachher wieder
af 15 und 20 Fuß. Das Flußbette besteht aus Thonboden,
ie Barre aber aus sehr feinem, äußerst festen Sande [93].
Diese geringe Tiefe findet aber nur zur Ebbezeit statt, und da
un Zweidecker, wie man sie bisher zu Archangel baute, durch
ire eigene Schwere ohne allen Ballast schon an 13 Fuß tief
ehen, so würde man sie nicht über diese Barre bringen kön=
en, wenn die Fluth ungeachtet der Weite des Meerbusens
as Wasser nicht merklich erhöhete. Bei voller Fluth ist auf
er Barre an 14½ bis 15 Fuß Wasser und zur Zeit des Neu=
iondes an 17 Fuß. Da indessen die Winde, welche zum Aus=
geln günstig sind, grade der steigenden Fluth entgegen wehen,
ladet man die Kriegsschiffe so, daß sie nicht tiefer als 14 Fuß
id einige Zoll gehen. Fregatten werden ganz bewaffnet,
id erhalten schon von der Barre ihre volle Ladung [94]. Der
ang der Schiffe ist nordwestlich. Die Hafenzeit beträgt auf
er Barre 6 Stunden, zu Archangel hat man erst zwei Stun=
n später Hochwasser. Die Rhede jenseit der Birkenbarre
: gegen Westen und Nordwest völlig offen, dennoch aber
ährend der Sommermonate gefahrlos, weil sich während der=
lben fast nie heftige Stürme ereignen, und man daselbst bei
wöhnlichen starken Winden ohne Beschwerde vor Anker blei=
n kann. Ohne diese Umstände wäre es unmöglich, bei Ar=
angelsk Schiffe ersten Ranges zu bauen, denn diese muß
in fast ganz leer in die See führen, und Stürme würden
ien in diesem Zustande dort sehr gefährlich sein. Ueberall
f der Rhede sind die Ankerplätze vortrefflich, die Tiefe be=
igt an 6 bis 10 Klafter, der Grund ist Thon, an einigen
ellen mit Sand vermischt [95].

---

[93] Lütke, Reise durch das nördliche Eismeer S. 125.
[94] Storch, histor. Zeitschrift von Rußland VII. S. 165, 166.
[95] Lütke a. a. O. S. 127.

1.   24

Die Einmündung der Dwina in den südöstlichsten des weißen Meeres unter 65° N. Br. liegt fast in gleiche Meridian mit dem Quellgebiet ihres westlichen Quellstrom der Suchona, bei Wologda unter 57 bis 58° O. L., nur 80 Meilen weiter gegen Norden gerückt, und auch in gleich Meridian mit der Mündung des Don in seinen Liman, das asowsche Meer. Das weiße Meer bildet eine Art von Propontis für den Seehafen von Archangel zum eigentlichen Polarmeere, und mag wohl seinen Namen davon haben, daß es, zu beiden Seiten des nördlichen Polarkreises ausgebreitet, den größern Theil des Jahres hindurch mit Eismassen überbrückt ist. Eigentlich grade nordwärts zum Polarmeer geöffnet, wird es durch das ihm vorgelagerte Halbinselland Lapplands, das sich an funfzig Meilen weit von Westen nach Osten wie von Norden nach Süden ausbreitet und unter dem Namen von Kola bekannt ist, von jenem Meere größentheils abgesondert, und steht nur gegen Nordost hin durch einen schmalen Sund mit demselben in Verbindung. An 90 Meilen weit setzt das weiße Meer von Nordost gegen Südwest tief in das Innere der ost-europäischen Ebenen ein, und füllt noch immer mit seinen drei tief ausgezackten Golfen einen Flächenraum von ungefähr 2000 ☐ Meilen. Am weitesten dringt gegen Süden der onezkische Golf vor, die Onezkaja Guba, bis zum 64° N. Br., in welche sich der Onega-Fluß einmündet. Gegen Westen dringt in das finnisch-skandinavische Gebiet der schmale kandalskische Golf (Kandalskaja Guba) ein, und gegen Südost der dwinische Golf (Dwinskaja Guba), der den großen nordrussischen Strom in sich aufnimmt. Das weiße Meer ist überall rein und der Schifffahrt günstig bis auf die lange Sandbank, welche der Mündung der Dwina vorliegt. Sie erstreckt sich von Norden nach Süden und nimmt den ganzen Mittelraum ein bis auf zwei Werst vom nördlichen Ufer und fünf Werst vom südlichen. Die Schiffe müssen sich also bei ihrem Auslaufen in der Nähe der Ufer halten. Die Mitte des Meeres ist häufig mit Nebeln bedeckt, sie werden dünner und seltner in der Nähe der Ufer. Diese sind hoch und größtentheils felsig und der Grund so tief, daß man sich ohne Gefahr ihnen nähern

!ann. Selbst in der Nähe der Ufer hat der Ankergrund überall noch an 20 Faden Tiefe, und gewährt auch Kriegsschiffen hinreichendes Fahrwasser. Der Boden des Meeres besteht aus Sand und Muschelgrus[96]). Es öffnet sich diese Propontis des weißen Meeres zum nördlichen Polarmeere unter dem 69° N. Br. in einer an 20 Meilen breiten Straße zwischen dem heiligen Vorgebirge (Swätoi Nos) im Westen und dem Kanin Nos im Osten, ein Sund, welcher troß seiner ungünstigen Lage schon innerhalb der polarischen Region doch Jahrhundertelang zum Abzugskanale der Reichthümer Indiens nach einem großen Theile des europäischen Abendlandes seit den Zeiten der alten Waräger und Normannen bis auf die Zeit der Engländer und Holländer und bis auf die Begründung des jüngsten Emporiums an den Küsten des baltischen Meeres hat dienen müssen.

Das gesammte Küstengebiet zu beiden Seiten der mittlern und untern Dwina am weißen Meere und am Polarmeere, jeßt das Gouvernement Archangel bildend vom nördlichen Ural im Osten bis zu den skandinavischen Gebirgshöhen im Westen, war einst, wie schon oben bemerkt, nebst allen andern Gebieten im Norden des großen Uwalli von tschudischen Völkern, vornehmlich den Dwinaenen, bewohnt und war ein Theil von dem großen biarmischen Lande, nach dessen Besiße schon so frühzeitig die Nowgoroder strebten. Wenn auch jeßt in dem ganzen Gebiete jenseit des großen Uwalli der finnische oder tschudische Völkerstamm bis auf wenige Ueberreste ganz erloschen ist, so war doch hier in frühern Zeiten der Hauptsiß verschiedener Völker dieses Stammes, welche wie die Jemen, Permier und Ugrier in ethnographischer Beziehung zu den wichtigsten Völkern dieses Nordens der alten Welt zu rechnen sind. Durch das Vordringen der Nowgoroder über den Wolok und durch ihre Verbreitung über die untern Dwina=Gebiete wurden jene Stämme frühzeitig zurückgedrängt, und durch das Zunehmen slavischer Kolonisationen bis zum weißen Meere mußte die Kette jener vom Ural bis zum baltischen Meere sich er=

---

96) **Storch**, historische Zeitschrift VII. S. 166.

streckenden Völker zuletzt ganz zersprengt werden, so daß nun allmählig die Scheidung zwischen den baltischen Tschuden im Westen und den uralischen Tschuden im Osten entstehen konnte.

Alle diese jenseit des Wolok gelegenen Gebiete bildeten unter dem Namen der Wolosten (Bezirke) die zinsbaren Nebenländer zu dem eigentlichen, republikanischen Gebiete von Nowgorod, und sie bestanden aus den drei Haupttheilen Sawolotschje (der Gegend um Wologda), Ter (der Gegend an der Westseite des weißen Meeres oder Lappland) und den dwinischen Ländern als Perm, Petschora und Jugra im Osten [97]. Im zwölften Jahrhundert wohnten die nowgorodischen Bojaren, welche das Gebiet an der Dwina verwalteten, zu Matigory und Uchtostrow, und damals soll der ganze Strich Landes von dem Fluß Jemza an, der ungefähr 140 Werst von der Mündung der Dwina auf der linken Seite sich in diesen Fluß ergießt, bis an die See hin von slavischen Kolonisten bewohnt und mit Ortschaften erfüllt gewesen sein. Dies erhellt aus einer von dem nowgorodischen Erzbischof Johann in jenem Jahrhundert an den Vorsteher des Klosters Archangelskoi ausgestellten Urkunde, in welcher übrigens von Cholmogory nichts erwähnt wird. Man kann nun wohl zugeben, daß jene beiden oben genannten Orte, welche noch jetzt als unbedeutende Flecken um Cholmogory herumliegen, älter als Cholmogory selbst gewesen, aber schwerlich läßt sich die Annahme rechtfertigen, daß letzteres damals noch sehr unbedeutend war oder noch gar nicht existirte, da schon der uralte Handelsverkehr der Normannen nach dieser Gegend diese Meinung umstößt, und eben so wenig läßt sich als direkter Beweis dafür anführen, wenn es sich sonst bestätigt, daß die dwinischen Annalen Cholmogory als einen bewohnten Ort nicht vor dem Anfange des funfzehnten Jahrhunderts nennen [98]. Cholmogorys Blüthe fällt grade in die Zeit vor der Ausbreitung der nowgorodischen Herrschaft über diese Gebiete, als die Normannen und Bjar-

---

[97] Oldekop, Petersburger Zeitschrift 1824. XIV. S. 110.
[98] Lepechin, Tagebuch III. S. 200, 201.

mier hier einen ungeftörten Handelsverkehr betrieben, welcher
die Schätze des fernen Südens und Oftens bis zum fernften
Nordweften der alten Welt verbreitete [99]). Des Normannen
Other merkwürdiger uns von dem Könige Aelfred aufbewahrter
Reiſebericht aus dem neunten Jahrhundert, wo wir die Beor=
mas als Nachbarn und Sprachgenoffen der Finnas am weißen
Meere kennen lernen, enthält die Beweiſe dafür [100]).

Die nowgorodiſche Herrſchaft an der Dwina endigte unter
dem ruſſiſchen Großfürften Iwan Waſiljewitſch, dem Be=
gründer des neuern ruſſiſchen Reiches. Durch die Empörung
von Nowgorod wurde der Großfürſt veranlaßt ſeine Kriegs=
macht auch in das dwiniſche Gebiet rücken zu laſſen, die now=
gorodiſchen Befehlshaber wurden an dem kleinen Flüßchen
Schilenga im Jahre 1471 beſiegt, und das Gebiet mit dem
Großfürftenthum Moskau vereinigt. Seitdem wurde daſſelbe
bis zur Begründung der Stadt Archangel von ruſſiſchen Woi=
woden beherrſcht, deren gewöhnlicher Aufenthalt zu Cholmo=
gory war [1]). Dieſer Zuſtand des Landes blieb an zwei Jahr=
hunderte, bis Peter der Große bei der neuen Organiſation
ſeines Reiches zu Anfang des achtzehnten Jahrhunderts das
ganze jenſeit des Wolok gelegene Gebiet zu einem von den
zehn neuen Gouvernements unter dem Namen Archangel
einrichtete [2]). Dieſes große Gouvernement, das heutige Archan=
gel und Wologda umfaſſend, erhielt ſich vom Jahre 1708 bis
1780 bis auf die neuere Organiſation des Reiches und Zer=
theilung der größern Provinzen in kleinere durch Katharina II.
Denn da Archangel als Seehafen zu jener Zeit keineswegs mehr
ſeine frühere Bedeutung hatte, ſo wurde zunächſt jenes ſchon
ziemlich geſchmälerte Gebiet als Gouvernement von Wologda
eingerichtet, welches letztere durch ſeine Beziehung als Stapel=
platz zwiſchen Petersburg und Archangel den Sieg über jenen
Seehafen am weißen Meere davon trug, bis bald darauf im

---

[99]) Storch, Geſchichte des ruſſiſchen Handels in ſ. Gemälde des
ruſſ. Reiches IV. S. 75, 108, 113.
[100]) Forſter, Geſchichte der Entdeckungen im Norden S. 87.
[1]) Karamſin, ruſſiſche Geſchichte VI. S. 38, 76.
[2]) Strahlenberg, der N. und O. Theil von Europa S. 183.

Jahre 1784 die wologdische Landschaft (Oblast) Archangel als ein eigenes Gouvernement neben Wologda organisirt wurde. Und diese seiner natürlichen und politischen Bedeutsamkeit angemessene Stellung wurde für Archangel auch von dem Kaiser Paul Petrowitsch durch einen Ukas gleich im Anfange seiner Regierung im Jahre 1796 bestätigt [3]).

Wenn schon im Allgemeinen das gesammte Gebiet auf der Nordseite des großen Uwalli durch eine große Dürftigkeit der Naturgaben aller Art sich wenig vortheilhaft auszeichnet, so muß dies natürlich in den Gestadelandschaften des weißen Meeres und des Polarmeeres noch weit mehr der Fall sein. Kulturbar und fähig zur Ansiedlung von Menschen in einem civilisirten Zustande ist daher die Landschaft von Archangel auch nur bis zum Parallelkreise der Dwina=Mündung unter 65° N. Br., und wenn diese Grenzlinie auch weiter westwärts in Skandinavien weit mehr nach Norden vorzurücken ist, so ist sie hier weiter ostwärts nach der Petschora und dem Ural zu selbst mehr nach Süden zurückzuziehen. Jenseit jener Linie erstirbt die Natur wegen des Einflusses der polarischen Welt in ihrer produktiven Thätigkeit fast gänzlich. So wichtig für die Belebung dieser Gebiete und für die Völkerentwickelung seit alten Zeiten auch der Seehafen von Archangel und früher von Cholmogory gewesen ist, so hemmend ist doch in dieser Beziehung der nordische Winter, der an drei Viertheile des Jahres hindurch Ruhe auf ihren Gewässern gebietet, und nur den Verkehr gestattet, der auf den Schnee= und Eisfeldern aller nordischen Gegenden und vornehmlich in Rußland so wohl bekannt ist. Alljährlich bedecken sich die Dwina und die andern Gewässer dieser Region in der letzten Hälfte des October mit einer festen Eisbrücke, und zersprengen dieselbe nicht vor Ende April und Anfang Mai [4]), so daß die sichere Schifffahrt zu Archangel nach Ueberwindung der Frühjahrsstürme erst im Juni oder Juli beginnen kann. Das ganze Gebiet bis zum Parallel von Archangel besteht aus niedrigem, nassen, mit

---

[3]) Georgi, geograph. Beschreibung des russ. Reiches II. 1. S. 11.
[4]) Lütke, Reise durch das nördliche Eismeer S. 116.

Sümpfen und Morästen und mit ungeheuren Wal=
dungen erfüllten Boden, der zwar auch manches Ackerland,
aber nur von mäßiger Fruchtbarkeit enthält. Denn von den
12,000 ☐ Meilen oder über 61 Millionen Desjätinen Areal,
welche dieses Gouvernement umfaßt (wozu jedoch auch ein
großer Theil von dem russischen Lappland gehört, das wir
von dem eigentlichen Dwina=Gebiete ausschließen müssen), rechnet
man nur etwas über 170,000 Desjätinen kultivirtes oder kul=
turfähiges Land. Dagegen sind aber an 34½ Mill. Desjät.
Land mit Waldungen erfüllt, also über die Hälfte des Areals,
von welchen, wie schon oben bemerkt, gegen 19 Mill. Desjät.
zu den Kronwaldungen gehören [5]).

Unter den Cerealien ist der Winterroggen die gewöhn=
lichste Getreideart, und lohnt nach Umständen dreifältig, sechs=
fältig und auch wohl zwölffältig, obschon die kalten, nassen
Frühlinge in Verbindung mit den späten und frühen Nacht=
frösten die Ackerkultur sehr beschwerlich machen. Die Gerste,
welche unter den Cerealien diejenige Art ist, welche am weite=
sten gegen Norden hinaufsteigt, wird noch mit gutem Erfolge
auf der Halbinsel Kola, in dem russischen Lappland, gebaut,
und bei den kurzen, heißen Sommern, wo sie im Juni gesäet
und Anfang August schon eingeerndet wird, gewährt sie noch
einen fünfzehnfältigen Ertrag. Ueberhaupt bildet aber für alle
jenseit des 65° N. Br. gelegenen Landschaften der große Golf
des weißen Meeres eine wichtige Naturgrenze, denn wenn
auf der Westseite desselben in dem russischen Lappland noch eine
mildere mehr europäische Natur sich zeigt, welche den Ueber=
gang zu den Naturverhältnissen des schwedischen und norwegi=
schen Lapplands (Finnmarken) im nördlichen Skandinavien
bildet, so findet man auf der Ostseite desselben über den Mesen
und die Petschora hinaus bis zum Ural hin und gegen Südost
bis zu den Quellströmen der Wytschegda schon eine wahrhaft
asiatisch=sibirische Natur. Auch die Waldungen nehmen dort
ab, oder zeigen nur noch einen krüppelhaften Wuchs, es folgt
eine offene, waldlose, niedrige, wüste und morastige Fläche,

---

[5]) Schnitzler, la Russie, la Pologne etc. p. 625.

die bei den Russen sogenannten Tundras. Hier ist der un
wirthbarste Theil von Europa, hier nomadisirt ein Theil d
Samojeden-Stämme, welche früher ihre Streifzüge südw
lich bis nach Archangel hin ausdehnten. Aber wenn die Natur
auch so stiefmütterlich die Bewohner dieser Regionen ausge
stattet zu haben scheint, so hat sie dieselben auf andere Weise
bedacht und beschenkt durch den großen Reichthum und die
Mannigfaltigkeit an den Bewohnern der Meeresfluthen dieser
Gestade, deren Jagd viele Seefahrer reichlich ernährt und ihre
Kraft im Kampfe mit der Natur stählt, so daß dieselben die
anerkannt wichtigste Pflanzschule für die russische Marine ab
geben. Auf gleiche Weise gewährt die Jagd der Pelzthiere
einen einträglichen Gewinn, und die mächtigen Waldungen ge
ben dort, wo wegen des Bodens und Klimas keine Ackerkultur
möglich ist, durch ihre Benutzung zum Bretterschneiden und
zum Theerschwelen für die Marine zu Archangel, so wie durch
ihre Verarbeitung zum Schiffbau und Barkenbau einer zahl
reichen Population den genügenden Unterhalt [6]).

Der Centralpunkt dieses Gebietes, in welchem sich fast das
Gesammtleben desselben vereinigt, ist aber die Stadt Archan
gelsk, deren Entstehung, Blüthe und Bedeutung für die
weiten sarmatischen Ebenen hier noch zum Schluß zu betrach
ten ist. Gleich wie auf dem baltischen Meere waren auch auf
dem weißen Meere die Normannen die ersten uns bekannten
Seefahrer. Schon lange vor Other, dessen berühmte Seezüge
im neunten Jahrhundert stattfanden, pflegten sie in das weiße
Meer an die Dwina zu schiffen und an den Ufern von Bjar
maland, das durch sie zum erstenmale aus dem Dunkel der
Geschichte und Geographie des Nordens hervortritt, Fischerei
und Seejagd zu treiben. Das weiße Meer erscheint in den
ältesten skandinavischen Sagas unter dem Namen Gandwik
und die Dwina unter dem Namen Wjena. Der norwegische
Geschichtschreiber Torfaeus liefert ein langes Verzeichniß von
dergleichen Seefahrten, das mit dem dritten Jahrhundert an
fängt und bis ins dreizehnte fortgeht, also durch die Zeit von

---

[6]) Georgi, geograph. Beschreibung II. 1. S. 13 bis 20.

einem Jahrtaufend [7]). Holmgard oder Cholmogory an der
untern Dwina haben wir schon kennen gelernt als den großen
Stapelplatz für die morgenländischen Waaren, welche dorthin
durch die merkantilische Thätigkeit von drei unter sich nahe
verwandten Völkern, den Chasaren, Bulgaren und Biarmiern,
von dem uralischen Völkerthore die Wolga aufwärts gebracht
wurden und wo ein Austausch der Bedürfnisse statt fand. Die
skandinavischen Geschichtschreiber rühmen uns die vorgefunde=
nen Kostbarkeiten, welche ihr Vaterland in dem fernen Osten
der alten Welt deutlich genug beurkunden [8]). In der That
geht dieser Handel bis in das früheste Alterthum zurück, und
höchst wahrscheinlich muß man ihn schon an den von einem
Strabo und Ptolemaeus berichteten Handelsverkehr bei den
Aorfen anknüpfen, welche wenn auch nicht die Stammväter
doch die Stammgenoffen der bald nach ihnen an der untern
Wolga und am uralischen Völkerthore auftretenden Chasaren
zu sein scheinen [9]). Wie bedeutend der Besuch jener Gegend
durch die Normannen war, bezeugt die noch jetzt bei den Ruffen
für das weiße Meer übliche Bezeichnung als des Murmans=
koje More (normannische Meer).

Mit dem Anfange des dreizehnten Jahrhunderts erlitt
jedoch dieser alte Handelszug sehr bedeutende Störungen, die
mit den Schicksalen jener drei Völker, so wie mit den Bege=
benheiten am uralischen Völkerthore genau zusammenhingen.
Dort war das merkwürdige Kulturvolk der Chasaren schon
lange zu Grunde gegangen, dort haußten schon seit dem zehn=
ten Jahrhundert türkische [10]), dem friedlichen Handelsverkehr
niemals günstige Stämme, die Bulgaren an der mittlern
Wolga erlagen den wiederholten Angriffen der russischen Groß=
fürsten zu Susdal und Wladimir, und die Bjarmen verloren
ihre Selbstständigkeit durch die kühnen Nowgoroder; und die
furchtbaren, gleich darauf erfolgten Völkerstürme der Mon=
golen unter Tschutschichan und Batuchan, welche durch jenes

---

[7]) Schlözer, allgem. nordische Geschichte S. 437, 443, 452.
[8]) Storch, Geschichte des ruffischen Handels IV. S. 113.
[9]) Mannert, Geographie der Griechen und Römer IV. S. 128, 492.
[10]) Klaproth, Asia polyglotta p. 216.

Völkerthor sich verheerend auch über die Russen ergossen und ihre Verwüstungen bis zum äußersten Norden ausdehnten, wo selbst die Samojeden ihrer Zinsbarkeit nicht entgehen konnten [11]), konnten um so weniger die Fäden des einmal abgerissenen merkantilischen Verkehrs wieder anzuknüpfen geeignet sein. Im Jahre 1217 soll das letzte normannische Schiff in Biarmien angekommen sein, so daß damit die Fahrt über das weiße Meer nach der Dwina bis in die Mitte des sechszehnten Jahrhunderts für das übrige Europa gänzlich verloren ging [12]). Indessen war damit die Verbindung zwischen dem Osten und Westen Europas auf diesem Wege doch noch nicht gänzlich aufgehoben; daß auch noch später immer eine gewisse Handelsverbindung zwischen Normannen, Russen und Tschuden statt fand, welche das dwinische Holmgard, wenn auch seine Blüthe längst vorüber war, doch vor einem gänzlichen Verfall bewahrte, erhellt aus den durch Herberstein aufbewahrten Berichten des Gregorius Istoma, des russischen Dollmetschers, von seiner Reise, welche er im Jahre 1496 vor dem von ihm sogenannten russischen Lappland vorbei nach Bergen in Norwegen und von da nach Dänemark machte [13]).

Aber die Kunde vom weißen Meere war doch den übrigen Europäern entschwunden, dies mußte erst ganz von neuem wieder entdeckt werden, und dies ging von den Engländern aus, welche nun auf eine geraume Zeit hier dieselbe Rolle gespielt haben, wie einstmals ihre nahe verwandten Stammgenossen, die Normannen. Die Veranlassung dazu wurde durch das Bestreben der Engländer gegeben eine sogenannte Nordostpassage nach Indien aufzufinden. Es war im Jahre 1553, unter der Regierung König Eduard's VI, als der berühmte Seefahrer Sebastian Cabot den Vorschlag zur Entdeckung eines nordöstlichen Weges nach China und Indien that. Drei Schiffe wurden zu dieser Entdeckungsreise ausgerüstet, und

---

[11]) Sprengel, Geschichte der geograph. Entdeckungen S. 288.

[12]) Schlözer, allgem. nordische Geschichte S. 462.

[13]) Herberstein, rer. Moscovit. comment. p. 117. Ad littus oceani Finnlappiae populi, feris Lappis mansuetiores, Mosco vectigales sunt.

Hugh Willoughby erhielt den Oberbefehl über dieselben. Aber
n dem Polarmeer wurde das kleine Geschwader von einem
furchtbaren Sturme ereilt, ein Schiff ging unter, Willoughby
lief mit dem seinigen in einen Hafen des russischen Lapplands
ein, wo er, wie man später erfuhr, mit seiner ganzen Mann=
schaft erfror, und nur das dritte Schiff, welches den bedeu=
tungsvollen Namen Bonaventura führte, war unter der Leitung
des Richard Chancellor glücklicher. Er gelangte nach
dem Hafen Warddehus in Norwegen, und setzte von dort, nach=
dem er seine Gefährten vergeblich erwartet hatte, seine Reise
fort, bis er in das weiße Meer gelangte. Er lief in die Mün=
dung der Dwina ein, und legte bei dem Kloster St. Nikolas
vor Anker; nach diesem Kloster benannte auch der englische
Seekapitain das Gewässer an der Dwina=Mündung die Bucht
St. Nikolaus [14]). Zwar hatte die englische Expedition ihren
eigentlichen Endzweck verfehlt, aber die zufällige Entdeckung,
welche Chancellor hier machte, schien ihm einen genügenden
Ersatz zu gewähren. Kaum hatte er erfahren, daß die Küste,
an welcher er gelandet war, zu Rußland gehöre, als er auch
sogleich die Vortheile einsah, die dem Handel seiner Nation
aus dieser glücklichen Entdeckung entstehen könnten. Er er=
erklärte dem russischen Woiwoden zu Cholmogory, daß er ge=
kommen sei eine Handelsverbindung mit Rußland anzuknüpfen,
und da er hörte, daß man die Dwina und Suchona strom=
aufwärts und von da über Wologda und Jaroslawl an der
Wolga nach Moskau gelangen könne, so begab er sich der
Hülfe bedürftig mit mehrern seiner Gefährten auf den Weg
und wurde auch von dem Zar Iwan II. Wasiljewitsch sehr
wohlwollend aufgenommen [15]). Denn dem Zaren war diese
Ankunft der Engländer um so willkommener, als er schon
längst nach einer nähern Verbindung mit den west=europäi=
schen Staaten getrachtet hatte, und die Vorherrschaft der
Hansa auf der Ostsee, so wie die Kriege in Liefland den russi=
schen Handel nach jener Seite hin sehr erschwerten und zum

---

[14]) Storch, Geschichte des russischen Handels IV. S. 206.
[15]) Forster, Entdeckungen im Norden S. 315.

Theil auch ganz aufhoben. So aber war für Rußland e'
Handelsweg mit Europa eröffnet und für Engla
mit Asien. Auf das dem Zaren von Chancellor überrei
königliche Schreiben, welches an alle nordische und orient
sche Fürsten gerichtet und in mehrern Sprachen abgefaßt w
erfolgte ein Antwortschreiben an den König von England,
welchem den Engländern alle möglichen Begünstigungen ;
Errichtung ihres Handels in Rußland zugesagt wurden. D
Brief war in russischer Sprache abgefaßt und von einer deu
schen Uebersetzung begleitet. Dieser Erfolg bewirkte in Engla
sogleich die Verwandlung jener Privatgesellschaft, von welch
das Unternehmen zuerst ausgegangen, in eine Handelsko
pagnie durch die damalige Königinn Maria Tudor. Im
Jahre 1555 machte Chancellor in Begleitung einiger Agenten
der Kompagnie seine zweite Reise nach Rußland, und damals
erhielt dieselbe einen Freiheitsbrief, dessen wichtigster Punkt
dieser war, daß ihre Mitglieder sich überall im russischen Reiche
niederlassen und einen völlig zollfreien Handel treiben könnten.
Auch Sebastian Cabot kam im folgenden Jahre nach Moskau,
und zugleich ward ein russischer Gesandter Ossip Nepeja, Statthalter von Wologda, nach England geschickt und daselbst von
der Königinn Maria sehr ehrenvoll aufgenommen.

Da man nun während dessen nach der verunglückten Unternehmung des Stephan Burrough (s. oben S. 119.) vorläufig
den Plan aufgeben mußte in diesem Norden einen Seeweg
nach Indien aufzufinden, kam jene Kompagnie auf den Gedanken, die levantischen Waaren über das kaspische Meer
durch Rußland zu beziehen, und als im Jahre 1557 die vierte
Fahrt nach St. Nikolas veranstaltet ward, sandte man einen
thätigen, unternehmenden Mann, den Anthony Jenkinson,
mit, welcher die Erlaubniß dazu bei dem Zaren auswirken
sollte [16]). Jenkinson reisete wirklich über Moskau nach der
Bucharei, und wiederholte diese Reise später noch dreimal in
den Jahren 1561, 1567 und 1571. Seinen Bemühungen ver-

---

[16]) Hanway, historical account of the british trade over the
Caspian Sea. London 1762. 4. Tome I. p. 4, 5.

anken wir die wichtigsten Berichtigungen über die Geographie
Rußlands so wie die ersten genauern Charten. Auch nach
einer Zeit erfolgte eine ganze Reihe von englischen Gesandt=
schaften in Moskau, welche von der staatsklugen Königinn Eli=
sabeth während der letzten Hälfte des sechszehnten Jahrhun=
derts abgeschickt wurden, so wie von russischen Gesandtschaften
zu London. Seitdem bestand ein ununterbrochener, lebhafter
Seeverkehr zwischen Rußland und England, aber dazu bedurfte
man auch eines bessern Stapelplatzes am weißen Meere, we=
nigstens mußte man die Bucht von St. Nikolas gegen die
Dänen zu sichern suchen, welche als Herren von Norwegen
die Herrschaft über das östliche Lappland in Anspruch nahmen,
und das Aufblühen dieses unmittelbaren Verkehrs zwischen
jenen beiden Staaten mit Rücksicht auf ihr Interesse nicht
gern sehen konnten.

Daher wurde von dem Woiwoiden Naschtschokin von
Cholmogory im Jahre 1584 ein befestigter Seehafen an dem
rechten Ufer der Dwina unter dem Namen Neu=Cholmogory
zu bauen angefangen, und dieser Ort später nach einer gänz=
lichen Einäscherung im Jahre 1637 mit Hülfe von zwei aus=
ländischen Baumeistern von Stein wieder aufgebaut und nach
dem dort befindlichen Kloster des Erzengels Michael Archan=
gelsk benannt [17]). Fortan begründeten die Engländer dort
und in Moskau beständige Faktoreien, und der Handelsverkehr
zwischen Russen und Engländern über Archangel wurde bald
sehr blühend. Die Waarenversendungen zwischen diesem Platze
und Moskau geschahen wie noch jetzt auf der Dwina und
Suchona zu Wasser, und von Wologda [18]) aus ungefähr
0 Meilen zu Lande; im Winter aber, wo die meisten russi=
schen Produkte nach Archangel verladen werden, zu Schlitten.
Der Zar Iwan II. hegte aus manchen Gründen eine große
Vorliebe für die Engländer und begünstigte sie auf alle Weise,
und der wohlthätige Einfluß der Engländer auf die Entwicke=

---

[17]) Storch, Geschichte des russischen Handels IV. S. 218.
[18]) Anderson, Geschichte des Handels. Riga 1773. 8. Th. IV.
S. 117, 125.

lung der ruffifchen Kultur ift auch nicht zu verkennen.
der Nachbarfchaft von Archangel felbft legten fie in B
dung mit andern Ausländern und Ruffen Kupfergruben
Eifenbergwerke an, veranftalteten Theerfchweſereien, Salzſi
reien und mehrere Fabriken, und bewirkten eine größere A
dehnung und Ergiebigkeit des Lachsfanges in den Flüff
Dwina, Jug und Kola, fo wie des Fanges von Thrahische
Seehunden und Wallroffen. Archangel kam daher in kurz
Zeit durch die fich fchnell vermehrende Bevölkerung in Au
nahme, zumal da gegen das Ende des fechszehnten Jahrhu
derts auch die Holländer und Kaufleute in Hamburg, Breme
und Lübeck, gereizt durch den offenbaren Vortheil, den de
Handel nach Rußland über das weiße Meer den Engländer
einbrachte, Schiffe nach Archangel fchickten, und fowohl do
als in Moskau Faktoreien errichteten [19]). Für die befonde
Religionsübung der Ausländer erlaubte die ruffifche Regierun
in beiden Städten Kirchen zu erbauen. Uebrigens ward ftreng
von ihr verboten, damit dem immer mehr fteigenden Flor
von Archangel kein Eintrag gefchähe, an andern Orten a
der Küfte des weißen Meeres Waaren auszuladen und von
da in das Innere Rußlands zu verkaufen.

Indeffen blieben die äußern Umftände und die politifche
Verhältniffe dem Handel des Auslandes, namentlich der En
länder, über Archangel nicht fortdauernd gleich günftig. T
Peft, welche in Rußland unter Jwans Nachfolger, dem Zar
Feodor Jwanowitfch, und noch verheerender unter deffen Nach
folger Boris Godunow wüthete, und deren Mittheilung un
Verbreitung den Ausländern zugefchrieben wurde, bewog d
Ruffen zu einer Sperrung fowohl ihrer Landgrenze als d
Hafens von Archangel, fofern damals von der See
Fremde nur über diefen Ort oder über Riga und Pfkow n
Rußland reifeten [20]). Dazu kamen die Bürgerkriege in Ru
land, nach dem Ausfterben des Herrfcherftammes der

---

[19]) Anderson, Gefchichte des Handels IV. S. 202, 451.
[20]) Buhle bei Erfch und Gruber, allgemeine Encyclopädie. Leipzig
1820. 4. Th. V. S. 131.

gen, zu Anfang des siebzehnten Jahrhunderts, während
aber Zeit Archangel von der russischen Regierung nicht nur
gänzlich vernachläſſigt wurde, ſondern auch die in Moskau
und andern Städten anſäßigen ausländiſchen Kaufleute oft
gewaltſame Mißhandlungen erfuhren. Doch war dieſe Störung des archangelskiſchen Handels nur vorübergehend, um
ſo mehr als der Zar Michael Feodorowitſch mit dem
Könige Jakob Stuart im Jahre 1623 die Freundſchaft und
den Handelstraktat erneuerte, durch welchen er der ruſſiſchen
Kompagnie in England den freien Handel wie ehemals
ohne Zoll und Abgaben geſtattete. Einen empfindlichen Stoß
erlitt jedoch der Handel der Engländer zu Archangel durch den
Unwillen des Zaren Alexei Michailowitſch über die Hinrichtung des engliſchen Königs Karl Stuart, denn obgleich es
ſchon im Jahre 1648 war, daß dieſer Zar zum Wohle ſeines
eigenen Staates die bis dahin übermäßigen Handelsprivilegien
der Engländer beschränken oder ganz aufheben zu müssen
glaubte, ſo diente in der That jener Umſtand zu einem ganz
genügenden Vorwande dazu, um die den Engländern doch immer gebührende Dankbarkeit nicht ganz aus den Augen zu
setzen [21]). Der nachherige engliſche Geſandte in Moskau von
dem Könige Karl II, der Graf von Carlisle, konnte im Jahre
1663 trotz aller ſeiner Bemühungen die Erneuerung der frühern Handelsprivilegien für England in Rußland nicht wieder
erlangen, und als darauf im Jahre 1665 die Peſt abermals
in Rußland ausbrach, wurde die Zulaſſung der Engländer in
den Hafen von Archangel gänzlich unterſagt, andere ankommende Fremde hingegen nur einer vorläufigen gerichtlichen
Unterſuchung unterworfen. Die Engländer erhielten ſpäter
zwar wieder Zutritt zum Hafen von Archangel, aber mit dem
Aufhören ihrer Privilegien daſelbſt war ihnen auch der Handelsverkehr mit Rußland von geringer Wichtigkeit, und ſeitdem
waren während des ſiebzehnten und zu Anfang des achtzehnten
Jahrhunderts wo nicht die einzigen, doch die Hauptintereſſenten
des archangelskiſchen Seehandels die Holländer nebſt den

---

[21]) Storch, Geſchichte des ruſſiſchen Handels IV. S. 265 bis 270.

Kaufleuten aus den deutschen Hansestädten, obschon
Zar Alexei durch seinen Gesandten Potemkin im Jahre 1
außer mit den Generalstaaten in Holland auch mit Frankrei
und Spanien Freundschafts= und Handelstraktate abgeschloß
hatte [22]). Von den 40 bis 50 Schiffen, welche in der zw
ten Hälfte des siebzehnten Jahrhunderts alljährlich in Archang
einzulaufen pflegten, gehörten an 9 bis 10 dem Hamburger
Handlungshause Philipp Verpoorten.

Noch war damals Archangel das einzige große Was=
serthor, durch welches Rußland in einen unmittelbaren und
freien Verkehr mit dem europäischen Abendlande treten konnte,
und daher die große Bedeutung, welche der ausgezeichnete Zar
Alexei, in welchem der neuere europäische Geist mächtig mit
der asiatischen Barbarennatur rang, auf diesen Hafenort legte,
weil leider die baltischen Gestade bei der gewaltigen Ueberle=
genheit Schwedens unter den Wasas und Wittelsbachern im
siebzehnten Jahrhundert noch auf lange Zeit unnahbar blieben.
Wie bedeutend zu jener Zeit das blühende Emporium an den
Ufern des weißen Meeres war, und wie sehr die alten glanz=
vollen Zeiten der merkantilischen Betriebsamkeit der Bjar=
men und Bulgaren, so wie der Syrjänen und Sarten
auf den jugrischen Pelzmärkten sich erneuert hatten, zeigen die
lehrreichen und interessanten Nachrichten• von dem russischen
Handel, welche uns Joh. Phil. Kilburger [23]) als Begleiter
einer schwedischen Gesandtschaft in Moskau ums Jahr 1674
aufbewahrt hat. Wie weit ausgedehnt schon damals der Han=
delsverkehr aus diesem polarischen Seehafen des östlichen Eu=
ropa war, ersieht man aus dem Umstande, daß der Zar
alljährlich ein mit Kaviar beladenes Schiff, welcher von Astra=
chan aus die Wolga hinauf nach Archangel gebracht wurde,
und während des siebzehnten Jahrhunderts noch immer zu den
größten Seltenheiten in Europa gehörte, wovon weiter unten
die Rede sein wird, um ganz Europa herum nach Italien zu

---

[22]) Storch a. a. O. IV. S. 360.
[23]) Kilburger, Nachrichten vom russischen Handel bei Büsching
Magazin für Historie und Geographie III. S. 252 bis 268.

jicken pflegte. Des Zaren Alexei großartiger Sohn und
Nachfolger, Peter, mußte natürlich bei seinen Bestrebungen
für die Erhebung seines Reiches aus den asiatischen Formen
des Lebens sein Augenmerk vornehmlich auf das Emporium
am weißen Meere richten, und ehe er im Besitz der finnischen
Seeküste war, scheint er mit Archangel einen ähnlichen Plan
gehabt zu haben, wie er ihn nachher durch die Erhebung von
St. Petersburg und Kronstadt ausführte. Freilich würde
Archangelsk in dem Falle eine noch weit glanzvollere Rolle
gespielt haben als es je früher der Fall gewesen, doch ist es
auch leicht zu erkennen, daß dieser Ort als Residenzstadt des
Reiches von Peter dem Großen und seiner Nachfolger wegen
der weit minder günstigen Naturverhältnisse nie zu der Bedeu=
tung hätte gelangen können, welche das so trefflich gelegene
Petersburg seit einem Jahrhundert schon gewonnen hat, dessen
Begründung grade an jener Lokalität, die in dem weiten russi=
schen Reiche einzig in ihrer Art ist, und den außerordent=
lichen Geist Peters beurkundet, nur mit der Gründung von
Neu=Rom am Bosporus zu vergleichen ist. Auch soll ja in
der That die Peters Stadt am finnischen Golf die erneuerte
Residenz der oströmischen Cäsaren aus der Constantinus Stadt
am Bosporus sein. Schwerlich würde auch bei der Erhebung
von Archangel zur Residenz und zum politischen und
merkantilischen Centralpunkte des russischen Staates
dieser sich so bald haben heben und die eigenthümliche Rolle
in dem europäischen Staatensystem haben spielen können, welche
er als einer der europäischen Großmächte und als der große
Vermittelungsstaat zwischen dem asiatischen Oriente und dem
europäischen Abendlande einnimmt.

Peter der Große begab sich selbst dreimal nach Archangel
in den Jahren 1692, 1702 und 1703, das zweitemal begleitet
von seinem Sohne Alexei Petrowitsch und mit einem sehr
bedeutenden Gefolge, und er befahl auch die Anlegung einer
Werft zum Bau kleiner Schiffe. Die Bedrückungen und
mancherlei andere Umstände, welche dem russischen Handel in
den Ostseelandschaften sehr nachtheilig waren, trugen von selbst
dazu bei, daß sich der Handelsverkehr, welcher bisher durch

I. 1. 25

die der schwedischen Krone gehörigen baltischen Provinzen zwischen Rußland und dem übrigen Europa geführt war, sich immer mehr nach Archangel hinzog, dessen Blüthe dadurch außerordentlich zunahm. Der Ausbruch des nordischen Krieges mit dem Beginn des achtzehnten Jahrhunderts schien nun dieser Hafenstadt am weißen Meere die glücklichste Entscheidung zu bringen, als Peter durch einen Ukas vom Jahr 1701 die Ausfuhr aus seinem Staate über die schwedische Grenze gänzlich verbot, und den Handel Rußlands mit dem westlichen Europa ausschließlich nach Archangel verlegte [24]. Damals erfolgte auch zur Sicherung des Fahrwassers von Archangel ungefähr 17 Werst unterhalb der Stadt, die Anlegung der Festung Nowo=Dwinsk auf einer Insel, auf der Ostseite der beresowischen Mündung. Sie bildet ein regelmäßiges Viereck mit vier Bastionen. Früher stand dort nur eine einfache Schanze, die aber doch hinreichte um einen Angriff der Schweden auf Archangel im Jahre 1701 zurückzuschlagen. Das neue Fort wurde im Jahre 1705 vollendet. Doch werden zu Kriegszeiten auch an den andern Mündungen, durch welche man nach Archangel gelangen kann, Batterien errichtet [25]. Aber Peters Absicht, welche außer auf den Handel vorzüglich zugleich auf die Begründung einer russischen Seemacht im Verhältniß zu den andern europäischen Seestaaten gerichtet war, entsprach die entfernte Lage von Archangel am weißen Meere nicht. Vermuthlich deshalb ließ er den Plan zur Vergrößerung der Stadt und zur Anlegung eines Kriegshafens daselbst fahren, und nachdem er die Erbauung von St. Petersburg wirklich unternommen hatte, ward ihm jener Seeplatz mehr als gleichgültig, er hielt ihn jetzt zum Handel mit dem nordwestlichen Europa für überflüssig, und noch dazu dem Emporkommen der neuen Handelsstadt an der Newa für hinderlich. Nachdem so Archangel über ein Decennium im Besitz des russischen Handels gewesen war, rief denselben im Jahr 1713 ein neuer Befehl des Kaisers von den Küsten des weißen

---

[24] Storch, Geschichte des russ. Handels IV. S. 291.
[25] Lütke, Reise durch das nördliche Eismeer S. 122.

'eeres nach der verödeten Gegend von Nyenschanz, in deſſen
achbarſchaft die neue Metropole und das wichtigſte Empo:
im des Staates unterdeſſen ſchon entſtanden war. Peter
ſchwerte ſeitdem die Waareneinfuhr in den archangelſchen
afen durch höhere Zölle als in den Oſtſeehäfen, und zwang
gar eine beträchtliche Anzahl ruſſiſcher in Archangel wohnhaf:
r Kaufmannsfamilien ſich in Petersburg nieder zu laſſen [26]).

Durch ſolche Maaßregeln, und weil Archangel ſeit dem
mporkommen von Petersburg für Moskau und das geſammte
nere Rußland das nicht mehr ſein konnte, was es früher
weſen, gerieth die Stadt und ihr Handel ſchnell in großen
erfall. Schon unter der Regierung von Katharina I. und
n folgenden mußte man auf Mittel denken dieſem Verfall
begegnen; die erhöheten Zölle auf die daſelbſt eingehenden
aaren im Verhältniß zu den Oſtſeehäfen wurden aufgehoben,
d man bemühete ſich den Lachsfang, worüber der Baron
eter von Schafirow im Jahre 1726 einen officiellen Bericht
ſtattete [27]), den Wallfiſchfang und andere für die dortige
egend paſſende Erwerbszweige in Aufnahme zu bringen. Doch
r der Erfolg während der erſten Hälfte des achtzehnten
hrhunderts nicht ſonderlich. Denn wenn in den beiden er:
n Decennien des achtzehnten Jahrhunderts jährlich an an:
rthalb Hundert Schiffe in den Hafen von Archangel einliefen,
waren es um die Mitte dieſes Jahrhunderts, oder in den
hren 1761 bis 1763, noch nicht ein Drittheil oder jährlich
r 42 Schiffe [28]). Uebrigens waren es unter den Auswär:
en vornehmlich die Holländer, welche den Handel nach Ar:
ngel betrieben und ihn aufrecht erhielten; das günſtige Vor:
heil, welches ſchon Peter der Große für dieſe Nation gefaßt
te, ging auch auf ſeine Nachfolger über und gewährte den
lländern mancherlei Vortheile [29]). Erſt während der zwei:
Hälfte des vorigen Jahrhunderts iſt der Handel Archangels

---

[26]) Buhle bei Erſch und Gruber, Encyklopädie V. S. 131.
[27]) Schafirow bei Büſching, Magazin für Hiſtorie XV. S. 313
324.
[28]) Storch, Geſchichte des ruſſiſchen Handels V. S. 180.
[29]) Storch a. a. O. V. S. 217.

und mit ihm die Stadt selbst verhältnißmäßig wieder a
geblüht, theils durch die Versendung der Waaren der n
lichen Gegenden Rußlands von dort aus nach Petersb
theils und hauptsächlich durch die größere Ausdehnung
europäischen Schifffahrt, namentlich durch die große Ver
rung der Kriegsmarine der europäischen Seestaaten so wie
Rußland.   Denn damit hat in gleichem Maaße das Bedürf
von Materialien zum Schiffbau und zur Schiffsrüstung z
genommen, welche vorzüglich unmittelbar aus Archangel na
den europäischen Seehäfen verführt werden, und schon f
einem Jahrhundert ist diese Stadt einer der Hauptpunkte f
die Erbauung und Ausrüstung von Schiffen für d
russischen Staat.

Schon am Ende des siebzehnten Jahrhunderts wurde a
Peter des Großen Betrieb der Schiffbau zu Archangel bego
nen.   Denn der Woiwode Apraxin erbaute im Jahre 169
das erste regelmäßige, ziemlich ansehnliche Kauffahrteischif
daselbst, und dies war zugleich das erste russische Fahrzeu
welches auf Rechnung des Kaisers mit russischen Waaren b
frachtet aus diesem Hafen in das Ausland und zwar nac
Holland abging.   Und bald darauf, im Jahre 1698, kam da
erste russische Linienschiff von 60 Kanonen, welches in Zaar
dam in Holland erbaut war, und woran der Kaiser selb
unter dem Namen des Zimmermanns Peter Michailow gear
beitet hatte, im weißen Meere an, wohin es der Kaiser schick
sobald es vom Stapel gelassen war [30]).   Seit dem Jahre 170
begann in Solombala auch der Bau von Kriegsschiffen, u
alle diese Arbeiten geschahen mit außerordentlicher Schnelligke
denn nach einigen Jahren konnte schon ein vollständiges G
schwader das weiße Meer befahren.   Im Jahre 1702 wurd
in Archangel ein Schiff von 26 Kanonen und zwei Fregatt
erbaut, an welchen man statt des Eichenholzes viele Th
von Lerchenholz gemacht hatte, und da der Versuch g
ausfiel, so hat man seitdem diese Holzart mit großem Nu

---

[30]) Schischkow, Geschichte der russischen Marine bei Storch, h
Zeitschrift für Rußland VI. S. 159, 160.

im Schiffbau gebraucht. Ueberhaupt war Archangel während
der Zeit des nordischen Krieges nebst Petersburg, Olonez und
Woga eine der Hauptschiffswerfte Rußlands[31]). Zwar
litt am Ende des nordischen Krieges der Schiffbau zu Archangel einige Unterbrechung, aber im Jahre 1733 wurde auf
Befehl der Kaiserinn Anna Jwanowna die jetzige Admiralität
auf der Insel Solombala gegründet, und daselbst die beiden
Schiffe Archangelsk und Nordstern gebaut, welche im Jahre
1735 vom Stapel gelassen nach Kronstadt abgefertigt wurden[32]). Seitdem ist der Bau von Kriegsschiffen auf den
Werften von Solombala immer fortgesetzt worden, und man
baut jetzt dort schon Linienschiffe von 74 Kanonen[33]).

Das Eichenholz, dessen man sich jetzt zu Archangel
sehr wenig bedient, muß alles aus den Gegenden an der Wolga
gezogen worden, dort wird es zubereitet, und man bringt es
von dort an 400 Werst weit zu Lande bis zum Flusse Jug,
und so die Dwina hinab. Ueberhaupt muß alles Mastholz für
die Marine des weißen Meeres von jenseit des Urwalli aus
dem obern Wolga-System herbeigeschafft werden, von wo es
durch Menschen an 30 bis 70 Werst weit zu Lande bis zur
Ludonga, die sich in den Jug ergießt, geschleppt wird. Schon
frühzeitig bediente man sich, wie bemerkt, des Lerchenholzes
zum Schiffbau, und ehemals herrschte an den Ufern der Dwina,
Pinega und Wytschegda ein großer Ueberfluß an Lerchenholz,
so daß dessen Zubereitung und Herbeischaffung zum Hafen ohne
Schwierigkeit erfolgte, so wie auch an Tannenholz bis jetzt
kein Mangel ist, sondern sich an den Zuflüssen der Dwina
noch ein hinlänglicher Vorrath findet. Aber durch die alljähr-
lichen, nicht zweckmäßig eingerichteten Fällungen ist der Ueberfluß von Lerchenholz so verringert worden, daß man seit den
letzten Decennien an jenen drei Flüssen kein hochstämmiges
Lerchenholz mehr findet. Schöne Bäume giebt es jetzt vorzüg-

---

[31]) Schischkow, Geschichte der russischen Marine a. a. O. VI.
161.
[32]) Lütke, Reise durch das nördliche Eismeer S. 101.
[33]) Ueber die Anzahl der zu Archangel erbauten Kriegsschiffe in dem
Jahrhundert von 1733 bis 1826 vergl. Lütke a. a. O. S. 102.

Theil auch ganz aufhoben. So aber war für Rußland ein Handelsweg mit Europa eröffnet und für England mit Asien. Auf das dem Zaren von Chancellor überreichte königliche Schreiben, welches an alle nordische und orientalische Fürsten gerichtet und in mehrern Sprachen abgefaßt war, erfolgte ein Antwortschreiben an den König von England, in welchem den Engländern alle möglichen Begünstigungen zur Errichtung ihres Handels in Rußland zugesagt wurden. Der Brief war in russischer Sprache abgefaßt und von einer deutschen Uebersetzung begleitet. Dieser Erfolg bewirkte in England sogleich die Verwandlung jener Privatgesellschaft, von welcher das Unternehmen zuerst ausgegangen, in eine Handelskompagnie durch die damalige Königinn Maria Tudor. Im Jahre 1555 machte Chancellor in Begleitung einiger Agenten der Kompagnie seine zweite Reise nach Rußland, und damals erhielt dieselbe einen Freiheitsbrief, dessen wichtigster Punkt dieser war, daß ihre Mitglieder sich überall im russischen Reiche niederlassen und einen völlig zollfreien Handel treiben könnten. Auch Sebastian Cabot kam im folgenden Jahre nach Moskau, und zugleich ward ein russischer Gesandter Ossip Nepeja, Statthalter von Wologda, nach England geschickt und daselbst von der Königinn Maria sehr ehrenvoll aufgenommen.

Da man nun während dessen nach der verunglückten Unternehmung des Stephan Burrough (s. oben S. 119.) vorläufig den Plan aufgeben mußte in diesem Norden einen Seeweg nach Indien aufzufinden, kam jene Kompagnie auf den Gedanken, die levantischen Waaren über das kaspische Meer durch Rußland zu beziehen, und als im Jahre 1557 die vierte Fahrt nach St. Nikolas veranstaltet ward, sandte man einen thätigen, unternehmenden Mann, den Anthony Jenkinson, mit, welcher die Erlaubniß dazu bei dem Zaren auswirken sollte [16]). Jenkinson reisete wirklich über Moskau nach der Bucharei, und wiederholte diese Reise später noch dreimal in den Jahren 1561, 1567 und 1571. Seinen Bemühungen ver-

---

[16]) Hanway, historical account of the british trade over the Caspian Sea. London 1762. 4. Tome I. p. 4, 5.

nken wir die wichtigsten Berichtigungen über die Geographie
ußlands so wie die ersten genauern Charten. Auch nach
ner Zeit erfolgte eine ganze Reihe von englischen Gesandt=
)aften in Moskau, welche von der staatsklugen Königinn Eli=
beth während der letzten Hälfte des sechszehnten Jahrhun=
rts abgeschickt wurden, so wie von russischen Gesandtschaften
l London. Seitdem bestand ein ununterbrochener, lebhafter
Seeverkehr zwischen Rußland und England, aber dazu bedurfte
an auch eines bessern Stapelplatzes am weißen Meere, we=
igstens mußte man die Bucht von St. Nikolas gegen die
)änen zu sichern suchen, welche als Herren von Norwegen
e Herrschaft über das östliche Lappland in Anspruch nahmen,
nd das Aufblühen dieses unmittelbaren Verkehrs zwischen
nen beiden Staaten mit Rücksicht auf ihr Interesse nicht
rn sehen konnten.

Daher wurde von dem Woiwoiden Naschtschokin von
)olmogory im Jahre 1584 ein befestigter Seehafen an dem
chten Ufer der Dwina unter dem Namen Neu=Cholmogory
bauen angefangen, und dieser Ort später nach einer gänz=
hen Einäscherung im Jahre 1637 mit Hülfe von zwei aus=
ndischen Baumeistern von Stein wieder aufgebaut und nach
m dort befindlichen Kloster des Erzengels Michael Archan=
elsk benannt [17]). Fortan begründeten die Engländer dort
id in Moskau beständige Faktoreien, und der Handelsverkehr
uischen Russen und Engländern über Archangel wurde bald
)r blühend. Die Waarenversendungen zwischen diesem Platze
d Moskau geschahen wie noch jetzt auf der Dwina und
uchona zu Wasser, und von Wologda [18]) aus ungefähr
Meilen zu Lande; im Winter aber, wo die meisten russi=
en Produkte nach Archangel verladen werden, zu Schlitten.
r Zar Iwan II. hegte aus manchen Gründen eine große
rliebe für die Engländer und begünstigte sie auf alle Weise,
) der wohlthätige Einfluß der Engländer auf die Entwicke=

---

[17]) Storch, Geschichte des russischen Handels IV. S. 218.
[18]) Anderson, Geschichte des Handels. Riga 1773. 8. Th. IV.
117, 125.

lung der russischen Kultur ist auch nicht zu verkennen.
der Nachbarschaft von Archangel selbst legten sie in Verb
dung mit andern Ausländern und Russen Kupfergruben
Eisenbergwerke an, veranstalteten Theerschwelereien, Salzsie
reien und mehrere Fabriken, und bewirkten eine größere A
dehnung und Ergiebigkeit des Lachsfanges in den Flüss
Dwina, Jug und Kola, so wie des Fanges von Thranfische
Seehunden und Wallrossen. Archangel kam daher in kurze
Zeit durch die sich schnell vermehrende Bevölkerung in Au
nahme, zumal da gegen das Ende des sechszehnten Jahrhu
derts auch die Holländer und Kaufleute in Hamburg, Brem
und Lübeck, gereizt durch den offenbaren Vortheil, den de
Handel nach Rußland über das weiße Meer den Engländer
einbrachte, Schiffe nach Archangel schickten, und sowohl dor
als in Moskau Faktoreien errichteten [19]). Für die besonder
Religionsübung der Ausländer erlaubte die russische Regierun
in beiden Städten Kirchen zu erbauen. Uebrigens ward strenge
von ihr verboten, damit dem immer mehr steigenden Flore
von Archangel kein Eintrag geschähe, an andern Orten an
der Küste des weißen Meeres Waaren auszuladen und von
da in das Innere Rußlands zu verkaufen.

Indessen blieben die äußern Umstände und die politischen
Verhältnisse dem Handel des Auslandes, namentlich der Eng
länder, über Archangel nicht fortdauernd gleich günstig. Die
Pest, welche in Rußland unter Jwans Nachfolger, dem Zaren
Feodor Jwanowitsch, und noch verheerender unter dessen Nach
folger Boris Godunow wüthete, und deren Mittheilung und
Verbreitung den Ausländern zugeschrieben wurde, bewog die
Russen zu einer Sperrung sowohl ihrer Landgrenze als des
Hafens von Archangel, sofern damals von der See her
Fremde nur über diesen Ort oder über Riga und Pskow na
Rußland reiseten [20]). Dazu kamen die Bürgerkriege in Ruß
land, nach dem Aussterben des Herrscherstammes der Rur

---

[19]) Anderson, Geschichte des Handels IV. S. 202, 451.
[20]) Buhle bei Ersch und Gruber, allgemeine Encyclopädie. Leipz
1820. 4. Th. V. S. 131.

hagen, zu Anfang des siebzehnten Jahrhunderts, während welcher Zeit Archangel von der russischen Regierung nicht nur gänzlich vernachlässigt wurde, sondern auch die in Moskau und andern Städten ansässigen ausländischen Kaufleute oft gewaltsame Mißhandlungen erfuhren. Doch war diese Störung des archangelskischen Handels nur vorübergehend, um so mehr als der Zar Michael Feodorowitsch mit dem König Jakob Stuart im Jahre 1623 die Freundschaft und den Handelstraktat erneuerte, durch welchen er der russischen Kompagnie in England den freien Handel wie ehemals ohne Zoll und Abgaben gestattete. Einen empfindlichen Stoß erlitt jedoch der Handel der Engländer zu Archangel durch den Unwillen des Zaren Alexei Michailowitsch über die Hinrichtung des englischen Königs Karl Stuart, denn obgleich es schon im Jahre 1648 war, daß dieser Zar zum Wohle seines eigenen Staates die bis dahin übermäßigen Handelsprivilegien der Engländer beschränken oder ganz aufheben zu müssen glaubte, so diente in der That jener Umstand zu einem ganz genügenden Vorwande dazu, um die den Engländern doch immer gebührende Dankbarkeit nicht ganz aus den Augen zu setzen [21]). Der nachherige englische Gesandte in Moskau von dem Könige Karl II, der Graf von Carlisle, konnte im Jahre 1663 trotz aller seiner Bemühungen die Erneuerung der frühern Handelsprivilegien für England in Rußland nicht wieder erlangen, und als darauf im Jahre 1665 die Pest abermals in Rußland ausbrach, wurde die Zulassung der Engländer in den Hafen von Archangel gänzlich untersagt, andere ankommende Fremde hingegen nur einer vorläufigen gerichtlichen Untersuchung unterworfen. Die Engländer erhielten später zwar wieder Zutritt zum Hafen von Archangel, aber mit dem Aufhören ihrer Privilegien daselbst war ihnen auch der Handelsverkehr mit Rußland von geringer Wichtigkeit, und seitdem waren während des siebzehnten und zu Anfang des achtzehnten Jahrhunderts wo nicht die einzigen, doch die Hauptinteressenten des archangelskischen Seehandels die Holländer nebst den

---

[21]) Storch, Geschichte des russischen Handels IV. S. 265 bis 270.

Kaufleuten aus den deutschen Hansestädten, obschon Zar Alexei durch seinen Gesandten Potemkin im Jahre 16(außer mit den Generalstaaten in Holland auch mit Frankrei und Spanien Freundschafts= und Handelstraktate abgeschloss hatte [22]). Von den 40 bis 50 Schiffen, welche in der zw ten Hälfte des siebzehnten Jahrhunderts alljährlich in Archang einzulaufen pflegten, gehörten an 9 bis 10 dem Hamburge Handlungshause Philipp Verpoorten.

Noch war damals Archangel das einzige große Was= serthor, durch welches Rußland in einen unmittelbaren und freien Verkehr mit dem europäischen Abendlande treten konnte, und daher die große Bedeutung, welche der ausgezeichnete Zar Alexei, in welchem der neuere europäische Geist mächtig mit der asiatischen Barbarennatur rang, auf diesen Hafenort legte, weil leider die baltischen Gestade bei der gewaltigen Ueberle= genheit Schwedens unter den Wasas und Wittelsbachern im siebzehnten Jahrhundert noch auf lange Zeit unnahbar blieben. Wie bedeutend zu jener Zeit das blühende Emporium an den Ufern des weißen Meeres war, und wie sehr die alten glanz= vollen Zeiten der merkantilischen Betriebsamkeit der Bjar= men und Bulgaren, so wie der Syrjänen und Sarten auf den jugrischen Pelzmärkten sich erneuert hatten, zeigen die lehrreichen und interessanten Nachrichten• von dem russischen Handel, welche uns Joh. Phil. Kilburger [23]) als Begleiter einer schwedischen Gesandtschaft in Moskau ums Jahr 1674 aufbewahrt hat. Wie weit ausgedehnt schon damals der Han= delsverkehr aus diesem polarischen Seehafen des östlichen Eu= ropa war, ersieht man aus dem Umstande, daß der Zar alljährlich ein mit Kaviar beladenes Schiff, welcher von Astra= chan aus die Wolga hinauf nach Archangel gebracht wurde, und während des siebzehnten Jahrhunderts noch immer zu den größten Seltenheiten in Europa gehörte, wovon weiter unten die Rede sein wird, um ganz Europa herum nach Italien zu

---

[22]) Storch a. a. O. IV. S. 360.
[23]) Kilburger, Nachrichten vom russischen Handel bei Büsching Magazin für Historie und Geographie III. S. 252 bis 268.

schicken pflegte. Des Zaren Alexei großartiger Sohn und Nachfolger, Peter, mußte natürlich bei seinen Bestrebungen für die Erhebung seines Reiches aus den asiatischen Formen des Lebens sein Augenmerk vornehmlich auf das Emporium am weißen Meere richten, und ehe er im Besitz der finnischen Seeküste war, scheint er mit Archangel einen ähnlichen Plan gehabt zu haben, wie er ihn nachher durch die Erhebung von St. Petersburg und Kronstadt ausführte. Freilich würde Archangelsk in dem Falle eine noch weit glanzvollere Rolle gespielt haben als es je früher der Fall gewesen, doch ist es auch leicht zu erkennen, daß dieser Ort als Residenzstadt des Reiches von Peter dem Großen und seiner Nachfolger wegen der weit minder günstigen Naturverhältnisse nie zu der Bedeutung hätte gelangen können, welche das so trefflich gelegene Petersburg seit einem Jahrhundert schon gewonnen hat, dessen Begründung grade an jener Lokalität, die in dem weiten russischen Reiche einzig in ihrer Art ist, und den außerordentlichen Geist Peters beurkundet, nur mit der Gründung von Neu=Rom am Bosporus zu vergleichen ist. Auch soll ja in der That die Peters Stadt am finnischen Golf die erneuerte Residenz der oströmischen Cäsaren aus der Constantinus Stadt am Bosporus sein. Schwerlich würde auch bei der Erhebung von Archangel zur Residenz und, zum politischen und merkantilischen Centralpunkte des russischen Staates dieser sich so bald haben heben und die eigenthümliche Rolle in dem europäischen Staatensystem haben spielen können, welche es als einer der europäischen Großmächte und als der große Vermittelungsstaat zwischen dem asiatischen Oriente und dem europäischen Abendlande einnimmt.

Peter der Große begab sich selbst dreimal nach Archangel in den Jahren 1692, 1702 und 1703, das zweitemal begleitet von seinem Sohne Alexei Petrowitsch und mit einem sehr bedeutenden Gefolge, und er befahl auch die Anlegung einer Werft zum Bau kleiner Schiffe. Die Bedrückungen und mancherlei andere Umstände, welche dem russischen Handel in den Ostseelandschaften sehr nachtheilig waren, trugen von selbst dazu bei, daß sich der Handelsverkehr, welcher bisher durch

I. 1.   25

die der schwedischen Krone gehörigen baltischen Provinzen ;
schen Rußland und dem übrigen Europa geführt war,
immer mehr nach Archangel hinzog, dessen Blüthe dadu
außerordentlich zunahm. Der Ausbruch des nordischen Krie
mit dem Beginn des achtzehnten Jahrhunderts schien nun
diese Hafenstadt am weißen Meere die glücklichste E
scheidung zu bringen, als Peter durch einen Ukas vom Jah
1701 die Ausfuhr aus seinem Staate über die schwedische Grenz
gänzlich verbot, und den Handel Rußlands mit dem westlichen
Europa ausschließlich nach Archangel verlegte [24]. Damali
erfolgte auch zur Sicherung des Fahrwassers von Archangel
ungefähr 17 Werst unterhalb der Stadt, die Anlegung der
Festung Nowo-Dwinsk auf einer Insel, auf der Ostseite der
beresowischen Mündung. Sie bildet ein regelmäßiges Viered
mit vier Bastionen. Früher stand dort nur eine einfach
Schanze, die aber doch hinreichte um einen Angriff der Schwe
den auf Archangel im Jahre 1701 zurückzuschlagen. Das
neue Fort wurde im Jahre 1705 vollendet. Doch werden zu
Kriegszeiten auch an den andern Mündungen, durch welche
man nach Archangel gelangen kann, Batterien errichtet [25].
Aber Peters Absicht, welche außer auf den Handel vorzüglich
zugleich auf die Begründung einer russischen Seemacht im
Verhältniß zu den andern europäischen Seestaaten gerichtet
war, entsprach die entfernte Lage von Archangel am weißen
Meere nicht. Vermuthlich deshalb ließ er den Plan zur Ver
größerung der Stadt und zur Anlegung eines Kriegshafens
daselbst fahren, und nachdem er die Erbauung von St. Pe
tersburg wirklich unternommen hatte, ward ihm jener Sees
platz mehr als gleichgültig, er hielt ihn jetzt zum Handel mit
dem nordwestlichen Europa für überflüssig, und noch dazu dem
Emporkommen der neuen Handelsstadt an der Newa für hin
derlich. Nachdem so Archangel über ein Decennium im Besit
des russischen Handels gewesen war, rief denselben im Jahr
1713 ein neuer Befehl des Kaisers von den Küsten des weißen

---

[24] Storch, Geschichte des ruff. Handels IV. S. 291.
[25] Lütke, Reise durch das nördliche Eismeer S. 122.

eeres nach der veröbeten Gegend von Nyenschanz, in deffen
chbarschaft die neue Metropole und das wichtigste Empo=
m des Staates unterdeffen schon entstanden war. Peter
schwerte seitdem die Waareneinfuhr in den archangelschen
afen durch höhere Zölle als in den Ostseehäfen, und zwang
gar eine beträchtliche Anzahl russischer in Archangel wohnhaf=
t Kaufmannsfamilien sich in Petersburg nieder zu laffen [26]).

Durch solche Maaßregeln, und weil Archangel seit dem
mporkommen von Petersburg für Moskau und das gesammte
nere Rußland das nicht mehr sein konnte, was es früher
wesen, gerieth die Stadt und ihr Handel schnell in großen
erfall. Schon unter der Regierung von Katharina I. und
n folgenden mußte man auf Mittel denken diesem Verfall
begegnen; die erhöhten Zölle auf die daselbst eingehenden
aaren im Verhältniß zu den Ostseehäfen wurden aufgehoben,
d man bemühte sich den Lachsfang, worüber der Baron
ter von Schafirow im Jahre 1726 einen officiellen Bericht
stattete [27]), den Wallfischfang und andere für die dortige
egend passende Erwerbszweige in Aufnahme zu bringen. Doch
r der Erfolg während der ersten Hälfte des achtzehnten
ihrhunderts nicht sonderlich. Denn wenn in den beiden er=
n Decennien des achtzehnten Jahrhunderts jährlich an an=
rthalb Hundert Schiffe in den Hafen von Archangel einliefen,
waren es um die Mitte dieses Jahrhunderts, oder in den
ihren 1761 bis 1763, noch nicht ein Drittheil oder jährlich
r 42 Schiffe [28]). Uebrigens waren es unter den Auswär=
en vornehmlich die Holländer, welche den Handel nach Ar=
ngel betrieben und ihn aufrecht erhielten; das günstige Vor=
heil, welches schon Peter der Große für diese Nation gefaßt
te, ging auch auf seine Nachfolger über und gewährte den
lländern mancherlei Vortheile [29]). Erst während der zwei=
Hälfte des vorigen Jahrhunderts ist der Handel Archangels

[26]) Buhle bei Ersch und Gruber, Encyklopädie V. S. 131.
[27]) Schafirow bei Büsching, Magazin für Historie XV. S. 313
324.
[28]) Storch, Geschichte des russischen Handels V. S. 180.
[29]) Storch a. a. O. V. S. 217.

die der ſchwediſchen Krone gehörigen baltiſchen Provinzen z
ſchen Rußland und dem übrigen Europa geführt war, ſ
immer mehr nach Archangel hinzog, deſſen Blüthe dadur
außerordentlich zunahm. Der Ausbruch des nordiſchen Krie
mit dem Beginn des achtzehnten Jahrhunderts ſchien nun ſ
dieſe Hafenſtadt am weißen Meere die glücklichſte En
ſcheidung zu bringen, als Peter durch einen Ukas vom Jah
1701 die Ausfuhr aus ſeinem Staate über die ſchwediſche Gren
gänzlich verbot, und den Handel Rußlands mit dem weſtlich
Europa ausſchließlich nach Archangel verlegte [24]). Dama
erfolgte auch zur Sicherung des Fahrwaſſers von Archange
ungefähr 17 Werſt unterhalb der Stadt, die Anlegung de
Feſtung Nowo=Dwinsk auf einer Inſel, auf der Oſtſeite der
bereſowiſchen Mündung. Sie bildet ein regelmäßiges Vierec
mit vier Baſtionen. Früher ſtand dort nur eine einfach
Schanze, die aber doch hinreichte um einen Angriff der Schwe
den auf Archangel im Jahre 1701 zurückzuſchlagen. Da
neue Fort wurde im Jahre 1705 vollendet. Doch werden zu
Kriegszeiten auch an den andern Mündungen, durch welch
man nach Archangel gelangen kann, Batterien errichtet [25])
Aber Peters Abſicht, welche außer auf den Handel vorzügli
zugleich auf die Begründung einer ruſſiſchen Seemacht i
Verhältniß zu den andern europäiſchen Seeſtaaten gericht
war, entſprach die entfernte Lage von Archangel am weiße
Meere nicht. Vermuthlich deshalb ließ er den Plan zur B
größerung der Stadt und zur Anlegung eines Kriegshafen
daſelbſt fahren, und nachdem er die Erbauung von St. Pe
tersburg wirklich unternommen hatte, ward ihm jener Se
platz mehr als gleichgültig, er hielt ihn jetzt zum Handel m
dem nordweſtlichen Europa für überflüſſig, und noch dazu de
Emporkommen der neuen Handelsſtadt an der Newa für hi
derlich. Nachdem ſo Archangel über ein Decennium im Beſ
des ruſſiſchen Handels geweſen war, rief denſelben im Jah
1713 ein neuer Befehl des Kaiſers von den Küſten des weißen

---

[24]) Storch, Geſchichte des ruſſ. Handels IV. S. 291.
[25]) Lütke, Reiſe durch das nördliche Eismeer S. 122.

?eres nach der verödeten Gegend von Nyenschanz, in dessen
ıchbarschaft die neue Metropole und das wichtigste Empo=
m des Staates unterdessen schon entstanden war. Peter
chwerte seitdem die Waareneinfuhr in den archangelschen
ıfen durch höhere Zölle als in den Ostseehäfen, und zwang
zar eine beträchtliche Anzahl russischer in Archangel wohnhaf=
: Kaufmannsfamilien sich in Petersburg nieder zu lassen [26]).

Durch solche Maaßregeln, und weil Archangel seit dem
nporkommen von Petersburg für Moskau und das gesammte
nere Rußland das nicht mehr sein konnte, was es früher
wesen, gerieth die Stadt und ihr Handel schnell in großen
erfall. Schon unter der Regierung von Katharina I. und
n folgenden mußte man auf Mittel denken diesem Verfall
begegnen; die erhöheten Zölle auf die daselbst eingehenden
aaren im Verhältniß zu den Ostseehäfen wurden aufgehoben,
d man bemühete sich den Lachsfang, worüber der Baron
ter von Schafirow im Jahre 1726 einen officiellen Bericht
ftattete [27]), den Wallfischfang und andere für die dortige
egend passende Erwerbszweige in Aufnahme zu bringen. Doch
ır der Erfolg während der ersten Hälfte des achtzehnten
ıhrhunderts nicht sonderlich. Denn wenn in den beiden er=
n Decennien des achtzehnten Jahrhunderts jährlich an an=
:thalb Hundert Schiffe in den Hafen von Archangel einliefen,
waren es um die Mitte dieses Jahrhunderts, oder in den
hren 1761 bis 1763, noch nicht ein Drittheil oder jährlich
r 42 Schiffe [28]). Uebrigens waren es unter den Auswär=
n vornehmlich die Holländer, welche den Handel nach Ar=
ngel betrieben und ihn aufrecht erhielten; das günstige Vor=
heil, welches schon Peter der Große für diese Nation gefaßt
te, ging auch auf seine Nachfolger über und gewährte den
lländern mancherlei Vortheile [29]). Erst während der zwei=
Hälfte des vorigen Jahrhunderts ist der Handel Archangels

[26]) Buhle bei Ersch und Gruber, Encyklopädie V. S. 131.
[27]) Schafirow bei Büsching, Magazin für Historie XV. S. 313
324.
[28]) Storch, Geschichte des russischen Handels V. S. 180.
[29]) Storch a. a. O. V. S. 217.

läng der russischen Kultur ist auch nicht zu verkennen.
der Nachbarschaft von Archangel selbst legten sie in Verb
dung mit andern Ausländern und Russen Kupfergruben u
Eisenbergwerke an, veranstalteten Theerschwelereien, Salzsie
reien und mehrere Fabriken, und bewirkten eine größere A
dehnung und Ergiebigkeit des Lachsfanges in den Flüß
Dwina, Jug und Kola, so wie des Fanges von Thranfischen,
Seehunden und Wallrossen. Archangel kam daher in kurzer
Zeit durch die sich schnell vermehrende Bevölkerung in Auf
nahme, zumal da gegen das Ende des sechszehnten Jahrhun
derts auch die Holländer und Kaufleute in Hamburg, Bremen
und Lübeck, gereizt durch den offenbaren Vortheil, den der
Handel nach Rußland über das weiße Meer den Engländern
einbrachte, Schiffe nach Archangel schickten, und sowohl dort
als in Moskau Faktoreien errichteten [19]). Für die besondere
Religionsübung der Ausländer erlaubte die russische Regierung
in beiden Städten Kirchen zu erbauen. Uebrigens ward strenge
von ihr verboten, damit dem immer mehr steigenden Flore
von Archangel kein Eintrag geschähe, an andern Orten an
der Küste des weißen Meeres Waaren auszuladen und von
da in das Innere Rußlands zu verkaufen.

Indessen blieben die äußern Umstände und die politischen
Verhältnisse dem Handel des Auslandes, namentlich der Eng
länder, über Archangel nicht fortdauernd gleich günstig. Die
Pest, welche in Rußland unter Iwans Nachfolger, dem Zaren
Feodor Iwanowitsch, und noch verheerender unter dessen Nach
folger Boris Godunow wüthete, und deren Mittheilung und
Verbreitung den Ausländern zugeschrieben wurde, bewog die
Russen zu einer Sperrung sowohl ihrer Landgrenze als des
Hafens von Archangel, sofern damals von der See her
Fremde nur über diesen Ort oder über Riga und Pskow nach
Rußland reiseten [20]). Dazu kamen die Bürgerkriege in Ruß
land, nach dem Aussterben des Herrscherstammes der Ruri

---

[19]) Anderson, Geschichte des Handels IV. S. 202, 451.
[20]) Buhle bei Ersch und Gruber, allgemeine Encyclopädie. Leipzig
1820. 4. Th. V. S. 131.

lingen, zu Anfang des siebzehnten Jahrhunderts, während
welcher Zeit Archangel von der russischen Regierung nicht nur
gänzlich vernachlässigt wurde, sondern auch die in Moskau
und andern Städten ansässigen ausländischen Kaufleute oft
gewaltsame Mißhandlungen erfuhren. Doch war diese Störung des archangelskischen Handels nur vorübergehend, um
so mehr als der Zar Michael Feodorowitsch mit dem
König Jakob Stuart im Jahre 1623 die Freundschaft und
den Handelstraktat erneuerte, durch welchen er der russischen
Kompagnie in England den freien Handel wie ehemals
ohne Zoll und Abgaben gestattete. Einen empfindlichen Stoß
erlitt jedoch der Handel der Engländer zu Archangel durch den
Unwillen des Zaren Alexei Michailowitsch über die Hinrichtung des englischen Königs Karl Stuart, denn obgleich es
schon im Jahre 1648 war, daß dieser Zar zum Wohle seines
eigenen Staates die bis dahin übermäßigen Handelsprivilegien
der Engländer beschränken oder ganz aufheben zu müssen
glaubte, so diente in der That jener Umstand zu einem ganz
genügenden Vorwande dazu, um die den Engländern doch immer gebührende Dankbarkeit nicht ganz aus den Augen zu
setzen [21]). Der nachherige englische Gesandte in Moskau von
dem Könige Karl II, der Graf von Carlisle, konnte im Jahre
1663 trotz aller seiner Bemühungen die Erneuerung der frühern Handelsprivilegien für England in Rußland nicht wieder
erlangen, und als darauf im Jahre 1665 die Pest abermals
in Rußland ausbrach, wurde die Zulassung der Engländer in
den Hafen von Archangel gänzlich untersagt, andere ankommende Fremde hingegen nur einer vorläufigen gerichtlichen
Untersuchung unterworfen. Die Engländer erhielten später
zwar wieder Zutritt zum Hafen von Archangel, aber mit dem
Aufhören ihrer Privilegien daselbst war ihnen auch der Handelsverkehr mit Rußland von geringer Wichtigkeit, und seitdem
waren während des siebzehnten und zu Anfang des achtzehnten
Jahrhunderts wo nicht die einzigen, doch die Hauptinteressenten
des archangelskischen Seehandels die Holländer nebst den

---

[21]) Storch, Geschichte des russischen Handels IV. S. 265 bis 270.

Kaufleuten aus den deutschen Hansestädten, obschon der
Zar Alexei durch seinen Gesandten Potemkin im Jahre 1667
außer mit den Generalstaaten in Holland auch mit Frankreich
und Spanien Freundschafts= und Handelstraktate abgeschlossen
hatte [22]). Von den 40 bis 50 Schiffen, welche in der zwei=
ten Hälfte des siebzehnten Jahrhunderts alljährlich in Archangel
einzulaufen pflegten, gehörten an 9 bis 10 dem Hamburger
Handlungshause Philipp Verpoorten.

Noch war damals Archangel das einzige große Was=
serthor, durch welches Rußland in einen unmittelbaren und
freien Verkehr mit dem europäischen Abendlande treten konnte,
und daher die große Bedeutung, welche der ausgezeichnete Zar
Alexei, in welchem der neuere europäische Geist mächtig mit
der asiatischen Barbarennatur rang, auf diesen Hafenort legte,
weil leider die baltischen Gestade bei der gewaltigen Ueberle=
genheit Schwedens unter den Wasas und Wittelsbachern im
siebzehnten Jahrhundert noch auf lange Zeit unnahbar blieben.
Wie bedeutend zu jener Zeit das blühende Emporium an den
Ufern des weißen Meeres war, und wie sehr die alten glanz=
vollen Zeiten der merkantilischen Betriebsamkeit der Bjar=
men und Bulgaren, so wie der Syrjänen und Sarten
auf den jugrischen Pelzmärkten sich erneuert hatten, zeigen die
lehrreichen und interessanten Nachrichten• von dem russischen
Handel, welche uns Joh. Phil. Kilburger [23]) als Begleiter
einer schwedischen Gesandtschaft in Moskau ums Jahr 1674
aufbewahrt hat. Wie weit ausgedehnt schon damals der Han=
delsverkehr aus diesem polarischen Seehafen des östlichen Eu=
ropa war, ersieht man aus dem Umstande, daß der Zar
alljährlich ein mit Kaviar beladenes Schiff, welcher von Astra=
chan aus die Wolga hinauf nach Archangel gebracht wurde,
und während des siebzehnten Jahrhunderts noch immer zu den
größten Seltenheiten in Europa gehörte, wovon weiter unten
die Rede sein wird, um ganz Europa herum nach Italien zu

---

[22]) Storch a. a. O. IV. S. 360.
[23]) Kilburger, Nachrichten vom russischen Handel bei Büsching,
Magazin für Historie und Geographie III. S. 252 bis 268.

:eres nach der veröbeten Gegend von Nyenschanz, in deffen
chbarschaft die neue Metropole und das wichtigste Empo=
m des Staates unterdessen schon entstanden war. Peter
chwerte seitdem die Waareneinfuhr in den archangelschen
fen durch höhere Zölle als in den Ostseehäfen, und zwang
ar eine beträchtliche Anzahl russischer in Archangel wohnhaf=
' Kaufmannsfamilien sich in Petersburg nieder zu lassen [26]).

Durch solche Maaßregeln, und weil Archangel seit dem
nporkommen von Petersburg für Moskau und das gesammte
ere Rußland das nicht mehr sein konnte, was es früher
vesen, gerieth die Stadt und ihr Handel schnell in großen
erfall. Schon unter der Regierung von Katharina I. und
n folgenden mußte man auf Mittel denken diesem Verfall
begegnen; die erhöhten Zölle auf die daselbst eingehenden
aaren im Verhältniß zu den Ostseehäfen wurden aufgehoben,
d man bemühete sich den Lachsfang, worüber der Baron
ter von Schafirow im Jahre 1726 einen officiellen Bericht
stattete [27]), den Wallfischfang und andere für die dortige
gend passende Erwerbszweige in Aufnahme zu bringen. Doch
r der Erfolg während der ersten Hälfte des achtzehnten
hrhunderts nicht sonderlich. Denn wenn in den beiden er=
i Decennien des achtzehnten Jahrhunderts jährlich an an=
thalb Hundert Schiffe in den Hafen von Archangel einliefen,
waren es um die Mitte dieses Jahrhunderts, oder in den
hren 1761 bis 1763, noch nicht ein Drittheil oder jährlich
: 42 Schiffe [28]). Uebrigens waren es unter den Auswär=
n vornehmlich die Holländer, welche den Handel nach Ar=
ngel betrieben und ihn aufrecht erhielten; das günstige Vor=
heil, welches schon Peter der Große für diese Nation gefaßt
te, ging auch auf seine Nachfolger über und gewährte den
lländern mancherlei Vortheile [29]). Erst während der zwei=
Hälfte des vorigen Jahrhunderts ist der Handel Archangels

---

[26]) Buhle bei Ersch und Gruber, Encyklopädie V. S. 131.
[27]) Schafirow bei Büsching, Magazin für Historie XV. S. 313
324.
[28]) Storch, Geschichte des russischen Handels V. S. 180.
[29]) Storch a. a. O. V. S. 217.

25 *

die der schwedischen Krone gehörigen baltischen Provinzen z
schen Rußland und dem übrigen Europa geführt war, ¡
immer mehr nach Archangel hinzog, dessen Blüthe dadu
außerordentlich zunahm. Der Ausbruch des nordischen Krie
mit dem Beginn des achtzehnten Jahrhunderts schien nun
diese Hafenstadt am weißen Meere die glücklichste E
scheidung zu bringen, als Peter durch einen Ukas vom Ja
1701 die Ausfuhr aus seinem Staate über die schwedische Gre
gänzlich verbot, und den Handel Rußlands mit dem westli
Europa ausschließlich nach Archangel verlegte ²⁴). Dam
erfolgte auch zur Sicherung des Fahrwassers von Archange
ungefähr 17 Werst unterhalb der Stadt, die Anlegung der
Festung Nowo-Dwinsk auf einer Insel, auf der Ostseite der
beresowischen Mündung. Sie bildet ein regelmäßiges Viereck
mit vier Bastionen. Früher stand dort nur eine einfache
Schanze, die aber doch hinreichte um einen Angriff der Schwe:
den auf Archangel im Jahre 1701 zurückzuschlagen. Das
neue Fort wurde im Jahre 1705 vollendet. Doch werden zu
Kriegszeiten auch an den andern Mündungen, durch welche
man nach Archangel gelangen kann, Batterien errichtet ²⁵).
Aber Peters Absicht, welche außer auf den Handel vorzüglich
zugleich auf die Begründung einer russischen Seemacht im
Verhältniß zu den andern europäischen Seestaaten gerichtet
war, entsprach die entfernte Lage von Archangel am weißen
Meere nicht. Vermuthlich deshalb ließ er den Plan zur Vergrößerung der Stadt und zur Anlegung eines Kriegshafens
daselbst fahren, und nachdem er die Erbauung von St. Petersburg wirklich unternommen hatte, ward ihm jener Seeplatz mehr als gleichgültig, er hielt ihn jetzt zum Handel mit
dem nordwestlichen Europa für überflüssig, und noch dazu dem
Emporkommen der neuen Handelsstadt an der Newa für hinderlich. Nachdem so Archangel über ein Decennium im Besitz
des russischen Handels gewesen war, rief denselben im Jahre
1713 ein neuer Befehl des Kaisers von den Küsten des weißen

---

²⁴) Storch, Geschichte des russ. Handels IV. S. 291.
²⁵) Lütke, Reise durch das nördliche Eismeer S. 122.

eres nach der verödeten Gegend von Nyenschanz, in deſſen
ıchbarſchaft die neue Metropole und das wichtigſte Empo=
m des Staates unterdeſſen ſchon entſtanden war. Peter
chwerte ſeitdem die Waareneinfuhr in den archangelſchen
afen durch höhere Zölle als in den Oſtſeehäfen, und zwang
zar eine beträchtliche Anzahl ruſſiſcher in Archangel wohnhaf=
e Kaufmannsfamilien ſich in Petersburg nieder zu laſſen ²⁶).

Durch ſolche Maaßregeln, und weil Archangel ſeit dem
mporkommen von Petersburg für Moskau und das geſammte
nere Rußland das nicht mehr ſein konnte, was es früher
weſen, gerieth die Stadt und ihr Handel ſchnell in großen
erfall. Schon unter der Regierung von Katharina I. und
n folgenden mußte man auf Mittel denken dieſem Verfall
ı begegnen; die erhöheten Zölle auf die daſelbſt eingehenden
Baaren im Verhältniß zu den Oſtſeehäfen wurden aufgehoben,
ıd man bemühete ſich den Lachsfang, worüber der Baron
eter von Schafirow im Jahre 1726 einen officiellen Bericht
ıſtattete ²⁷), den Wallfiſchfang und andere für die dortige
Gegend paſſende Erwerbszweige in Aufnahme zu bringen. Doch
ar der Erfolg während der erſten Hälfte des achtzehnten
ahrhunderts nicht ſonderlich. Denn wenn in den beiden er=
en Decennien des achtzehnten Jahrhunderts jährlich an an=
erthalb Hundert Schiffe in den Hafen von Archangel einliefen,
waren es um die Mitte dieſes Jahrhunderts, oder in den
ahren 1761 bis 1763, noch nicht ein Drittheil oder jährlich
ır 42 Schiffe ²⁸). Uebrigens waren es unter den Auswär=
gen vornehmlich die Holländer, welche den Handel nach Ar=
angel betrieben und ihn aufrecht erhielten; das günſtige Vor=
theil, welches ſchon Peter der Große für dieſe Nation gefaßt
tte, ging auch auf ſeine Nachfolger über und gewährte den
olländern mancherlei Vortheile ²⁹). Erſt während der zwei=
n Hälfte des vorigen Jahrhunderts iſt der Handel Archangels

²⁶) Buhle bei Erſch und Gruber, Encyklopädie V. S. 131.
²⁷) Schafirow bei Büſching, Magazin für Hiſtorie XV. S. 313
324.
²⁸) Storch, Geſchichte des ruſſiſchen Handels V. S. 180.
²⁹) Storch a. a. O. V. S. 217.

und mit ihm die Stadt selbst verhältnißmäßig wieder a
geblüht, theils durch die Versendung der Waaren der nö
lichen Gegenden Rußlands von dort aus nach Petersbu
theils und hauptsächlich durch die größere Ausdehnung
europäischen Schifffahrt, namentlich durch die große Verm
rung der Kriegsmarine der europäischen Seestaaten so wie
Rußland. Denn damit hat in gleichem Maaße das Bedürf
von Materialien zum Schiffbau und zur Schiffsrüstung z
genommen, welche vorzüglich unmittelbar aus Archangel na
den europäischen Seehäfen verführt werden, und schon sei
einem Jahrhundert ist diese Stadt einer der Hauptpunkte fü
die Erbauung und Ausrüstung von Schiffen für de
russischen Staat.

Schon am Ende des siebzehnten Jahrhunderts wurde au
Peter des Großen Betrieb der Schiffbau zu Archangel begon
nen. Denn der Woiwode Apraxin erbaute im Jahre 169
das erste regelmäßige, ziemlich ansehnliche Kauffahrteischif
daselbst, und dies war zugleich das erste russische Fahrzeug
welches auf Rechnung des Kaisers mit russischen Waaren be
frachtet aus diesem Hafen in das Ausland und zwar nac
Holland abging. Und bald darauf, im Jahre 1698, kam da
erste russische Linienschiff von 60 Kanonen, welches in Zaar
dam in Holland erbaut war, und woran der Kaiser selbs
unter dem Namen des Zimmermanns Peter Michailow gear
beitet hatte, im weißen Meere an, wohin es der Kaiser schickte
sobald es vom Stapel gelassen war[30]). Seit dem Jahre 170
begann in Solombala auch der Bau von Kriegsschiffen, un
alle diese Arbeiten geschahen mit außerordentlicher Schnelligkeit
denn nach einigen Jahren konnte schon ein vollständiges Ge
schwader das weiße Meer befahren. Im Jahre 1702 wurde
in Archangel ein Schiff von 26 Kanonen und zwei Fregatte
erbaut, an welchen man statt des Eichenholzes viele Theil
von Lerchenholz gemacht hatte, und da der Versuch gu
ausfiel, so hat man seitdem diese Holzart mit großem Nutze

---

[30]) Schischkow, Geschichte der russischen Marine bei Storch, histor
Zeitschrift für Rußland VI. S. 159, 160.

m Schiffbau gebraucht. Ueberhaupt war Archangel während
r Zeit des nordischen Krieges nebst Petersburg, Olonez und
adoga eine der Hauptschiffswerfte Rußlands[31]). Zwar
litt am Ende des nordischen Krieges der Schiffbau zu Ar=
jangel einige Unterbrechung, aber im Jahre 1733 wurde auf
Befehl der Kaiserinn Anna Jwanowna die jetzige Admiralität
auf der Insel Solombala gegründet, und daselbst die beiden
Schiffe Archangelsk und Nordstern gebaut, welche im Jahre
1735 vom Stapel gelassen nach Kronstadt abgefertigt wur=
ven[32]). Seitdem ist der Bau von Kriegsschiffen auf den
Werften von Solombala immer fortgesetzt worden, und man
rbaut jetzt dort schon Linienschiffe von 74 Kanonen[33]).

Das Eichenholz, dessen man sich jetzt zu Archangel
iehr wenig bedient, muß alles aus den Gegenden an der Wolga
jezogen worden, dort wird es zubereitet, und man bringt es
jon dort an 400 Werst weit zu Lande bis zum Flusse Jug,
ind so die Dwina hinab. Ueberhaupt muß alles Mastholz für
die Marine des weißen Meeres von jenseit des Urwalli aus
dem obern Wolga=System herbeigeschafft werden, von wo es
durch Menschen an 30 bis 70 Werst weit zu Lande bis zur
Kudonga, die sich in den Jug ergießt, geschleppt wird. Schon
frühzeitig bediente man sich, wie bemerkt, des Lerchenholzes
jum Schiffbau, und ehemals herrschte an den Ufern der Dwina,
Pinega und Wytschegda ein großer Ueberfluß an Lerchenholz,
io daß dessen Zubereitung und Herbeischaffung zum Hafen ohne
Schwierigkeit erfolgte, so wie auch an Tannenholz bis jetzt
lein Mangel ist, sondern sich an den Zuflüssen der Dwina
noch ein hinlänglicher Vorrath findet. Aber durch die alljähr=
ichen, nicht zweckmäßig eingerichteten Fällungen ist der Ueber=
luß von Lerchenholz so verringert worden, daß man seit den
etzten Decennien an jenen drei Flüssen kein hochstämmiges
Lerchenholz mehr findet. Schöne Bäume giebt es jetzt vorzüg=

---

[31]) Schischkow, Geschichte der russischen Marine a. a. O. VI.
S. 161.

[32]) Lütke, Reise durch das nördliche Eismeer S. 101.

[33]) Ueber die Anzahl der zu Archangel erbauten Kriegsschiffe in dem
Jahrhundert von 1733 bis 1826 vergl. Lütke a. a. O. S. 102.

lich nur noch in den Quellgegenden der kleinen Flüſſe, die ʒ
Wytſchegda und Wym gehen. Aber die bedeutendſte Ge
nung und Zubereitung erfolgt an dem Fluſſe Meſen,
wo das Bauholz freilich nur durch den Wym und die W
ſchegda, alſo auf einem Umwege von zweitauſend Werſt, ʒ
Hafen von Archangel geführt werden kann. Bei dem zun
menden Mangel an gutem Lerchenholz hat man zwar au
an der Petſchora dergleichen aufgefunden, aber der Transpo
deſſelben nach Archangel vermittelſt der Wytſchegda iſt auß
ordentlich beſchwerlich und zeitraubend. Die Herbeiſchaffun
kann nicht unter drei Jahren vollendet werden [34]). Das ganʒ
Flußſyſtem der Petſchora iſt nach ſeinen Holzungen und na
ſeiner innern Verbindung noch ſehr wenig bekannt, und do
verdient, wie Lütke bemerkt, die genauere Unterſuchung deſſelb
bei der Abnahme des Lerchenholzes in andern Gegenden d
Dwina=Gebietes für die Aufrechterhaltung der archangelskiſch
Marine die größte Aufmerkſamkeit. Dennoch koſtet jetzt ʒ
Archangel ein von Lerchenholz erbautes Schiff von 64 Kanone
nur 60,000 Rubel, während ein, nicht viel größeres, vo
Eichenholz erbautes Schiff von 70 Kanonen daſelbſt an 300,
Rubel koſtet. Ein zu Petersburg erbautes Schiff von Eichen=
holz von 64 Kanonen koſtet auch nur 200,000 Rubel, weil
der Transport des Eichenholzes von Kaſan aus nach den bal=
tiſchen Geſtaden leichter iſt als nach dem weißen Meere. Ohne
das Lerchenholz wären alſo die Koſten des Schiffbaues in dem
holzreichen Rußland denen in dem holzarmen Holland gleich,
denn dort koſtet ein Schiff von 70 Kanonen an 6 bis 700,000
holl. Gulden oder etwas über 300,000 Rubel, während die
Koſten in England faſt das Doppelte betragen, indem hier ein
70 Kanonenschiff an 70,000 Pf. oder über 560,000 Rubel
koſtet [35]).

Zu Anfange des neunzehnten Jahrhunderts befand ſich
der Handel von Archangel in Folge der von Kaiſer Peter III.
getroffenen Maaßregeln wieder in einem ziemlich blühenden

---

[34]) Lütke, Reiſe durch das nördliche Eismeer S. 102 bis 104.
[35]) Storch, hiſtoriſche Zeitſchrift für Rußland VII. S. 20, 21.

Juſtande ³⁶), und hat ſeitdem noch bedeutend zugenommen. Er hat ſich in den drei letzten Decennien verdoppelt und ver= dreifacht; denn nach den neueſten Angaben belief ſich im Jahre 1829 der Werth der Waaren und Flöße, welche nach dem archangelſchen Hafen gingen und von dort ausgeführt wurden, auf ungefähr 12 Mill. Rubel ³⁷). Von großer Wichtigkeit für dies erneute Aufblühen des archangelſiſchen Handels war dabei die Errichtung der Kompagnie des weißen Meeres im Jahre 1803 zur Betreibung des reichen Fiſchfanges daſelbſt, wie auf Heringe, Stockfiſche, Robben, Wallfiſche u. a. Dazu wurden vierzehn Meiſter aus dem Auslande gewonnen, welche das Einſalzen der Heringe auf kunſtgemäße und holländiſche Art verſtanden, und holländiſche Fiſchernetze gekauft zum Fange und danach ähnliche angefertigt. Auch erlaubte der Kaiſer die Einfuhr des ſpaniſchen und portugieſiſchen Salzes, das zu die= ſem Behuf unentbehrlich iſt. Die Kompagnie erhielt mancherlei Vergünſtigungen, wenn gleich auch keine ausſchließlichen Vor= rechte. Nach ſpätern Berichten vom Jahre 1808 war ſie in einem blühenden Zuſtande und in großer Thätigkeit, die ſich über das ganze nördliche Polarmeer bis nach Spitzbergen aus= dehnte ³⁸).

Es iſt überhaupt die Thätigkeit der Anwohner dieſer pola= riſchen Geſtade von Oſt=Europa auf dem nördlichen Ocean von großer Wichtigkeit, weil ihr Nutzen ſich über das ganze Reich verbreitet, und weil der Verbrauch der Produkte, die hier gewonnen werden, ſehr allgemein iſt. Die Seejagd und die Fiſcherei bildet für die Bewohner des Mündungslandes der Dwina einen Haupttheil ihres Treibens und ihres Unter= haltes. Denn die arktiſchen Gewäſſer nähren bekanntlich die großen ſchwimmenden Säugethiere wie Wallfiſche, Pottfiſche, Narhwale, Wallroſſe, Delphine u. a., und hier im äußerſten Norden werden die zahlloſen Schaaren von Stockfiſchen, He=

---

³⁶) Vergl. die nähern Angaben bei v. Wichmann, Darſtellung der ruſſiſchen Monarchie S. 159.

³⁷) Rußlands Waſſerverbindungen S. 247 u. 248. cf. Schnitzler, la Russie et la Pologne p. 631.

³⁸) Storch, hiſtoriſche Zeitſchrift für Rußland IX. S. 73 bis 78.

ringen und andern kleinern Fischarten erzeugt, welche ga
Ländern zur Nahrung dienen, und deren Fang mehr als
Nation bereichert hat. Doch so vortheilhaft die Fischerei a
diesen Meeren ist, so viele Beschwerden und Gefahren si
auch mit derselben verknüpft, da der Mensch nicht blos
der Stärke und List der Thiere, auf deren Fang er ausgeht
sondern auch mit den Schrecknissen eines polarischen Himmel
zu kämpfen hat. Da die großen Seethiere im weißen Meere
nur selten angetroffen werden, und die Küsten des nördlichen
Oceans wegen der Unwirthbarkeit dieser Gegenden fast ganz
öde sind, so betreiben die Bewohner von Archangel und einigen
andern Orten am weißen Meere ihren Fang vorzüglich in den
Gewässern von Spitzbergen und Nowaja Semla [39]). Die
Wallfische und Wallrosse bilden das wichtigste Seewild,
dessen gefährliche Jagd uns Storch nach Oserezkowskoi aus-
führlich geschildert hat. Schon der ältere Gmelin machte in
seinem Reisebericht durch Sibirien auf die merkwürdige Verbreitung dieser Wallrosse (Trichechus Rosmarus) [40]), Morsch
bei den Russen genannt, wovon auch schon Herberstein zu berichten wußte, aufmerksam. Sie fangen bei den kurilischen
Inseln im äußersten Osten an, und verbreiten sich von dort
an allen sibirischen Gestaden entlang westwärts über Nowaja
Semla, Spitzbergen, Norwegen bis Island und Grönland.
An dem tschuktschischen Vorgebirge (Tschukotskoi Nos) fand
er eine so gewaltige Menge der größten Wallroßzähne an den
Ufern aufgehäuft, daß er glaubte, daß die Wallrosse sich in
diese wenig besuchten Gegenden zurückzögen, um ihre großen,
ältern Zähne mit neuen zu vertauschen [41]). Am einträglichsten
soll aber die Jagd der Wallrosse um Nowaja Semla und
Spitzbergen sein, weshalb sich die Jäger dorthin am liebsten
begeben, und häufig auch daselbst überwintern. In diesem
Falle kehren sie mit um so reicherer Beute zurück, weil sie
alsdann auf die weißen Bären, Rennthiere und Eisfüchse Jagd

---

[39]) Storch, Gemälde des russ. Reiches II. S. 74 und 75.
[40]) Hermann, statistische Schilderung S. 254.
[41]) Gmelin, Reise durch Sibirien III. S. 165 bis 170.

machen können, während sie sich im Sommer mit dem Ein=
sammeln der Eiderdaunen beschäftigen [42]).

Die Produkte, die durch den Wallroßfang in den Han=
del gebracht werden, sind vorzüglich der Speck und die Häute
dieser Seethiere. Der Wallroßspeck wird von den Jägern nach
der Rückkehr in die Heimath ausgeschmolzen, obschon er da=
durch an seiner Güte viel verliert. Aber der Holzmangel in
den Gegenden des Wallroßfanges gestattet darin keine Aende=
rung. Von diesem Thrane wurden am Ende des vorigen Jahr=
hunderts jährlich aus Archangel an zwei bis zehntausend Ton=
nen, jede Tonne zu sieben Pud, verführt; und er dient zu sehr
mannigfaltigem Gebrauche wie z. B. zur Bereitung des Leders.
Aus den getrockneten Wallroßhäuten macht man Riemen zu
Wagen, Pferdegeschirren und andere Sachen, so wie aus den
Abschnitzeln einen guten Leim zur Papierbereitung. Die Wall=
roßzähne werden theils nach Petersburg und Moskau verführt,
theils auch in Archangel verarbeitet. Man verfertigt daselbst
aus diesen Zähnen allerlei niedliches Schnitzwerk, Kästchen,
Messerstiele, Schachfiguren und dergleichen, und die Türken
benutzten sie, wie Herberstein bemerkt [43]), zur kunstvollen Ver=
arbeitung zu Handgriffen von Dolchen. Die Dichtigkeit dieser
Zähne macht sie so schwer, daß zuweilen fünf der größten
Hauer über ein Pud wiegen; sie sind so weiß wie Elfenbein,
vor welchem sie noch den Vorzug haben, daß sie fester sind
und im Gebrauch nicht so bald gelb werden. Ein Pud der
größten Wallroßzähne galt damals nur zwanzig bis dreißig
Rubel [44]).

Außer jenen beiden Seethieren enthält das Eismeer noch
den Narhwal, den Pottfisch (Physeter Macrocephalus), aus

---

[42]) Storch, Gemälde des russ. Reiches II. S. 79 bis 89.

[43]) Herberstein, rerum Moscovit. comment. p. 58. Merces,
quae in Lithuaniam et Thurciam portantur, sunt corium, pelles et
albi longi dentes animalium, quae ipsi Mors appellant, quaeque
in mari septemtrionali degunt, ex quibus manubria pugionum
Thurci affabre conficere solent. Nostrates piscium dentes esse
putant et nominant.

[44]) Storch, Gemälde des russ. Reiches II. S. 90 bis 92.

deſſen Gehirn der Wallrath bereitet wird, Seehunde, Delphine
Meerschweine, Haifische u. a., welche theils ihrer Häute, theils
ihres Fettes wegen gesucht und gefangen werden.   Die Se
hunde finden ſich im Eismeer ungemein häufig, und tret
auch oft ins weiße Meer; es giebt ſogar mehrere Arten de
ſelben, wenigſtens ſind die, welche man am Obi, Jeniſei u
Lena unter dem ruſſiſchen Namen Morſkoi Saez d. h
Seehaaſe kennt, völlig von der gemeinen Art unterſchieden.
Dieſe haben ein ſilberweißes, glänzendes Fell, und längere
wollige Haare.   Ein anderes merkwürdiges Thier in dieſen
Gewäſſern iſt der Weißfiſch (Physeter Catodon), der bei
den Grönlandsfahrern unter dieſem, bei den Ruſſen aber unter
dem Namen Beluga bekannt iſt, und den Pallas [45]) zum
Unterſchiede die Seebeluga nennt.   Er gehört zum Geſchlecht
der Delphine, obſchon er mit dem eigentlichen Delphin (Del-
phinus) nicht zu verwechſeln iſt [46]); er iſt nicht über drei
Klafter lang und findet ſich im ganzen Eismeer.   Dieſe Thiere
halten ſich in Heerden beiſammen, und werden im weißen
Meere und im obiſchen Meerbuſen von den Samojeden, die
ſich hierzu in zahlreichen Geſellſchaften verſammeln, auf ſeichte
Stellen getrieben und harpunirt.   Ihr Fleiſch iſt ſchwarz, aber
der ganze Körper iſt mit einer weißen Schwarte überzogen,
woraus ein ſehr reines Fett bereitet werden kann, deſſen ſich
die Wallroßfänger zur Verfertigung des Wallroßthranes be=
dienen [47]).

Die eigentliche Fiſcherei an den Küſten des Eismee=
res iſt wegen der größtentheils unzugänglichen Ufer und wegen
des Mangels an Menſchen in dieſen wüſten Gegenden nicht
ſehr beträchtlich.   An vielen Stellen finden ſich nur von Zeit
zu Zeit einzelne Fiſchergeſellſchaften ein, die bei ſteigender Fluth
mit Netzen fiſchen.   Deſto ergiebiger iſt aber die Fiſcherei an
den Küſten des weißen Meeres, und zu den vorzüglichſten
Arten der gefangenen Fiſche gehören die Schellfiſche (Gadus

---

[45]) Pallas, Reiſen durch verſch. Prov. III. S. 84.
[46]) Hermann, ſtatiſtiſche Schilderung S. 255.
[47]) Storch, Gemälde des ruſſ. Reiches II. S. 94.

Aeglefinus), Dorsche (G. Callarias), Stockfische und Kabeljaue (G. Morrhua), Schollen (Pleuronectes glacialis) [48]) und Heringe. Die eigentliche Stelle, wo der Stockfisch und Kabeljau gefangen wird, ist die linke Seite des weißen Meeres von seiner Oeffnung bis an die norwegische Küste. Die Heringsfischerei im weißen Meere und nördlichen Ocean war ehemals ein Monopol der Krone, durch einen Ukas vom Jahre 1776 wurde sie aber jedermann frei gegeben, bis sie wieder in neuerer Zeit der Kompagnie des weißen Meeres übertragen wurde. Doch waren bis dahin die hier gefangenen rücksichtlich ihrer Zubereitung nicht so gut, daß nicht noch eine bedeutende Anzahl eingeführt werden mußte [49]). Und doch besitzt Rußland in seinen dortigen Gewässern noch einen andern Fisch, welcher die Stelle des Herings vollkommen ersetzen kann. Dies ist der Omul (Salmo autumnalus nach Pallas), eine der vielen Forellenarten [50]). Dieser Fisch ist eigentlich nur im Eismeer zu Hause, wo er in ungeheurer Menge angetroffen und auch häufig gefangen wird, und von dort hat er sich durch alle sibirischen Ströme bis in die Seen des altaischen Alpengebirges verbreitet. In allen jenseit des Baikal-Sees gelegenen Gegenden ist dieser Zugfisch berühmt, weil ohne ihn die Einwohner derselben, deren steinige Flüsse nicht sehr fischreich sind, an Fastenspeisen Mangel leiden würden. Auch von den Anwohnern des weißen Meeres wird er für einen Leckerbissen gehalten. Am häufigsten fängt man ihn in den kleinen Seen, die mit den Flüssen Gemeinschaft haben, denn dort treten die Omulen in so großer Menge hinein, daß man sie selbst mit Schöpfeimern herausziehen kann [51]).

Dieser große Reichthum des Polarmeeres an Seethieren und Fischen läßt einen nicht geringern in den Flüssen erwarten, welche sich in den Ocean ergießen, wie wir es auch schon oben an dem Obi kennen gelernt haben. Außer mehrern der genannten Fischarten, haben die Dwina und Petschora vorzüglich

---

[48]) Hermann, statistische Schilderung S. 262, 263.
[49]) Storch, Gemälde des russ. Reiches II. S. 95.
[50]) Hermann, statistische Schilderung S. 264.
[51]) Lepechin, Tagebuch einer Reise III. S. 228.

eine Menge trefflicher Weißfiſche, Sigi bei den Ruſſen, wohl
eine Forellenart, und Lachſe (Salmo Salar), welche letzte
beſonders für die fetteſten und ſchmackhafteſten im ganze
nördlichen Rußland gelten, und deshalb auch gefrorén un
geräuchert weit umher verführt werden [62]). Sie führen
hier vorzugsweiſe den Namen Krasnaja Ryba d. h. rothe oder
ſchöne Fiſche im Gegenſatz gegen die weißen oder geringern,
die Bjelaja Ryba. Merkwürdig ſcheint es noch zu ſein, daß
ſich Aale weder in den Flüſſen Sibiriens, noch in der Wolga,
die doch ſonſt durch den Reichthum und Mannigfaltigkeit ihrer
Fiſcharten ausgezeichnet iſt, vorfinden, dagegen aber in dieſem
Hauptſtrom der nordiſchen Theile Oſt-Europas, in der Dwina
und in den zahlreichen Seen des Gebiets der finniſchen Seegruppe [63]), zu deſſen Betrachtung wir hier zum Schluſſe noch
übergehen.

Fünfter Abſchnitt.

Das Gebiet der finniſchen Seegruppe.

Das finniſche Gebiet, welches wir hier im weitern Umfange
nach ſeinen Naturgrenzen, zwiſchen drei Meeren ausgebreitet
und das eigentliche Finnland nebſt dem ruſſiſchen Lappland
begreifend, als eine gemeinſame große Naturform zuſammen-
faſſen, bildet ſowohl nach ſeiner Weltſtellung wie nach ſeinen
Naturverhältniſſen und in hiſtoriſch-ethnographiſcher Beziehung
die vermittelnde Naturform zwiſchen dem ſkandinaviſchen
Halbinſellande auf der einen Seite und den weiten Flachebenen
Oſt-Europas auf der andern Seite. Durch dieſes Gebiet war
es, daß die ſkandinaviſchen Germanen frühzeitig in die ſarma-

---

[52]) Storch, Gemälde des ruſſ. Reiches II. S. 99.
[53]) Hermann, ſtatiſtiſche Schilderung S. 262.

tischen Ebenen eindrangen und den Ruhm ihrer Tapferkeit bis zum fernsten Süden und Osten verbreiteten. Die ältesten schwedischen Kriegszüge gehen nach Osten. Schon die Könige aus dem mythischen Heldengeschlecht der Ynglinger und die ihnen folgenden Helden wie Iwar Widfamne, Harald Hilde= tand und Ragnar Lodbrok sollen in Osterweg oder in den Ländern östlich vom baltischen Meere Eroberungen gemacht haben [1]). Der Drang der Schweden nach der sagenhaften Urheimath ihrer Väter, nach dem Asa=Lande, von wo Odin gekommen war, zurückzugelangen, trieb sie nach Osten über das baltische Meer nach dem Finnen=Lande, die älteste Sagengeschichte Schwedens ist voll von den Kämpfen der Nor= mannen oder Waräger mit den Finnen, und vermittelst dieser Finnen ging der Name, mit welchem sie die schwedischen Nor= mannen bezeichneten, als die allgemeine Bezeichnung auf die Mehrzahl der slavischen Stämme Ost=Europas über. Durch die schwedischen Normannen treten zuerst in der Dämmerung der nordischen Geschichte die südlichen Theile des finnischen Gebietes hervor, wie durch die Seezüge der norwegischen Nor= mannen nach Biarmaland zuerst die nördlichen an den Küsten des Eismeeres liegenden Theile entdeckt und bekannt wurden. Aber auch in der historischen Zeit Skandinaviens bildet dieses finnische Gebiet eine der frühesten Eroberungen der Schweden und Normannen und das vornehmste Kolonialland der erstern.

Aber wenn in diesem Gebiet auch seit der ältern Zeit der Name Finnland einheimisch ist, und wenn hier auch die im engern Sinne sogenannten Finnen wohnen, so erhellt schon aus den frühern Untersuchungen, daß hier das Stammland der finnischen Völker keineswegs zu suchen ist, und daß sich hier der seit Tacitus bekannte Name der Finnen, wie er bei allen germanischen Völkern zur Bezeichnung jenes weit ver= breiteten Volksstammes üblich war, nur für einen Zweig dieses Stammes durch die Schweden fixirt habe, obschon er bei den Bewohnern dieses Gebietes niemals im Gebrauch gewesen ist.

---

[1]) E. G. Geijer, Geschichte von Schweden. Hamburg 1832. 8. Th. I. S. 35.

Der auf solche Weise hier einheimisch gewordene Name der Finnen und Finnland, der das gesammte von den Schweden seit der Mitte des zwölften Jahrhunderts eroberte Land bis dahin, wo slavische Bevölkerung und das Gebiet der Republik Nowgorod begann, umfaßte, reicht auch noch über das von uns bezeichnete Gebiet hinaus, indem er seit alten Zeiten auch für die nördlichsten Theile des skandinavischen Halbinsellandes üblich ist, in dem sogenannten Finnmarken, welches letztere größtentheils wieder einer ganz andern Naturform angehört, während die nördlichen Theile des von uns als eine gemeinsame Naturform aufzufassenden Gebietes von einem Volksstamme bewohnt werden, der sich doch von den eigentlichen Bewohnern Finnlands, jetzt wenigstens, sehr unterscheidet. Dies sind die Lappen. Demnach wären es zwei Völkerschaften, welche hier noch in Betracht kämen, nämlich die eigentlichen Finnen oder Finnländer und die Lappen (Lappländer), wenn gleich grade die Haupthelmath der letztern schon in ein anderes Naturgebiet, in das nördliche Skandinavien, hineinführt. Denn eben jenes norwegische Finnmarken wird nicht von Finnländern, sondern von Lappen bewohnt und ist nach diesen benannt, da dieselben bei den Normannen in Norwegen nur unter dem Namen der Finnen (Finnar), also im Unterschiede von den Finnen in Finnland oder den Finnländern vorkommen [2]).

Wenn indessen auch die Lappen und Finnen heut zu Tage zwei ganz von einander verschiedene Völkerschaften bilden, so war dies doch ursprünglich gewiß keinesweges der Fall, und nicht weil die Lappen noch jetzt den Namen der Finnen bei den Normannen führen, sondern wegen ihrer anerkannt ursprünglichen Verwandtschaft mit der großen Gruppe der finnischen Völkerschaften dürfen wir sie von dem Bereich unserer Untersuchungen nicht ausschließen, obgleich uns die Betrachtung ihres jetzigen Heimathslandes, und noch vielmehr die des in ältern Zeiten von ihnen bewohnten und bevölkerten Landes in

---

[2]) Leop. v. Buch, Reise durch Norwegen und Lappland. Berlin 1810. 8. Th. I. S. 292, 400.

ıne Region hineinführen würde, welche, soweit die Geschichte
ıcht, stets der Entwickelungsschauplatz der nordischen Germa-
en gewesen ist.   Denn nicht nur bis in spätere Zeiten der
beschichte ist die ganze Nordhälfte des skandinavischen Halb-
ısellandes von finnisch-lappischer Bevölkerung besetzt
ewesen, sondern man hat selbst Spuren von einer wenn auch
poradischen Ausbreitung derselben bis in die südlichsten Theile
Skandinaviens, bis in Schonen vorgefunden[3]).   Erst im Ver-
auf der Zeit ist die finnisch-lappische Bevölkerung in dem
ıittlern Skandinavien durch normännische und schwedische An-
iedelungen in den Gestadelandschaften zurückgedrängt worden,
ınd hat sich nur mehr im Innern an den Abhängen des skan-
ınavischen Alpengebirgslandes erhalten, und will man jetzt
appland oder das Gebiet der Lappen im Allgemeinen be-
ıichnen, so ist es der nördlichste bewohnte Theil von Europa,
ıelcher im Norden des baltischen Meeres sich in der Gestalt
ıner Halbkreisfläche von dem weißen Meere bis zum atlanti-
ben Ocean oder auf eine Strecke von über hundert Meilen
on Osten nach Westen ausdehnt.   In diesem Umfange gehört
ıes Lappland zwei ganz verschiedenen Naturformen an, dem
ınnischen Gebiete im Osten und dem skandinavischen Gebiete
ı Westen.   Ersteres, das finnische Lappland, besteht
us dem alt-russischen Lappland oder der Halbinsel Kola und
ım neu-russischen Lappland oder Kemi-Lappmark; letzteres,
ıs skandinavische Lappland, besteht aus dem norwegi-
ſen Lappland oder Finnmarken und aus den sogenannten
hwedischen Lappmarken, welche sich südwestwärts tief nach
kandinavien hinein bis zum Parallel von Drontheim ziehen.
iese noch jetzt stattfindende Ausdehnung des Volksstammes
r Lappen ist der Grund, daß, wenn wir Skandinavien auch
n unsern Untersuchungen ausschließen, wir doch auf die
rdlichen Theile dieses Gebietes und vornehmlich auf die skan-
ıavisch-finnische Grenzmark Rücksicht zu nehmen haben.

---

[3]) Fr. W. v. Schubert, Reise durch Schweden, Norwegen, Lapp-
ᵇ und Finnland in den Jahren 1817 bis 1820. Leipzig 1823. 8.
II. S. 274.

Der Name der Finnen war, wie der neueste schwedi[4] Geschichtschreiber sagt [4]), von Alters her und ist noch j einem großen Völkergeschlecht im Norden gemeinsam; er u faßte nicht nur mehrere jetzt eigenthümlich sogenannte finni Stämme sondern auch die Lappländer, ungeachtet er beid Völkern, die sich sonst übrigens mit einem gemeinsamen N men bezeichnen, ganz unbekannt ist. Daher ist es sehr schwie sowohl wegen der Unvollständigkeit der Nachrichten als au nach der Natur der Sache, in alten Zeiten Lappen und Fi nen genau zu unterscheiden, wenn nur der letztere allgemei Name gebraucht wird, denn beide Völker haben in der Vorz keine andere Geschichte als die ihrer Nachbarn. Wie groß aber gegenwärtig der Unterschied in leiblicher und geistiger Be ziehung zwischen beiden Völkern ist, davon hat jeder Reisende in dem nördlichen Skandinavien einen lebhaften Eindruck em pfunden. Die Finnen mögen noch jetzt die lappländische Ver wandtschaft nicht anerkennen; während die Lappen sich die finnische zur Ehre anrechnen, und sich gern Finnen nennen lassen [5]). Die Vergleichung beider verschiedenartigen Stämme mit einander ist auch um so leichter, da man sie durch das ganze sogenannte Lappland so wie durch einen großen Theil von Skandinavien, seien es nun Ueberreste früherer Ausbrei tung derselben oder erst jüngere Kolonisationen, fast immer beisammen findet. Aber daß es bis in neuere Zeiten auch mancherlei Uebergänge rücksichtlich der Lebensart und des Stand punktes der Kultur zwischen den Finnen und Lappen gegeben habe, wo es schwankend sein konnte, ob man es mit einem finnischen oder lappischen Elemente zu thun habe, zeigten ein zelne Stämme der anerkannt finnischen Kwänen (Quänen) und Karelen. Und wenn schon von den ältern normännischen Ge schichtschreibern zu den Bewohnern von Finnmarken ausdrücklich mehrere Arten von Finnen und Lappen nebst Karelen gerechnet werden, so erhellt daraus, wie Geijer bemerkt, daß der finni

---

4) Geijer, Geschichte von Schweden I. S. 89, 91.
5) E. M. Arndt, Reise durch Schweden im Jahre 1804. Berlin 1806. 8. Th. III. S. 268.

he Name selbst dort bald in weiterer, bald in engerer Be=
utung gebraucht wird [6]).

Das Gebiet der finnischen Seegruppe, welches sich insel=
rtig zwischen drei oder eigentlich vier Meeren ausbreitet,
streckt sich von Westen nach Osten vom bottnischen Golfe
s zum Onega=See an 100 Meilen weit, und von Süden
ich Norden zu beiden Seiten des Polarkreises vom finnischen
dolfe bis zum weißen Meere und dem nördlichen Eismeer oder
om 60 bis zum 70° N. Br. an 150 Meilen weit. Nur auf
ei Seiten hängt dies Gebiet mit dem übrigen Kontinente
in Europa zusammen und auf beiden Seiten nur durch einen
leich schmalen Isthmus von ungefähr 70 bis 75 Meilen Breite,
hmlich im äußersten Südosten und im äußersten Nordwesten.
der südöstliche Isthmus verknüpft das finnische Gebiet mit den
reiten Flächebenen des Dwina=Stromsystemes und überhaupt
it den Ebenen Ost=Europas, er erstreckt sich vom innersten
Winkel des finnischen Meerbusens oder dem Golf von Kron=
tadt an der Newa=Mündung bis zum südwestlichen Winkel
es weißen Meeres oder der Onezkaja Guba an der Onega=
Mündung vom 60 bis zum 64° N. Br.; wir nennen ihn den
finnisch=slavischen Isthmus. Der nordwestliche Isthmus
rknüpft das finnische Gebiet mit dem skandinavischen Ge=
rgslande, er erstreckt sich von dem innersten Winkel des
ottnischen Meerbusens bis zum sogenannten Tana=fjord, oder
wird gebildet durch eine Linie, welche sich von der Mün=
ung der Torneå=Elf im S. W. bis zur Mündung der Tana=
f im N. O. vom 66 bis 70° N. Br. ziehen läßt; wir nennen
a den finnisch=skandinavischen Isthmus. Das zwi=
en beiden Isthmen und jenen Meeren sich ausbreitende Gebiet
rd aber in seiner Mitte durch die tief einsetzenden Meeresgolfe,
onders von Osten, vom weißen Meere her, wieder in zwei
türliche Hälften geschieden, in eine südliche und eine nörd=
de, indem zwischen dem 65 und 66 Parallelkreise durch die
näherung der Kandalskaja Guba an die Nordostecke des

---

[6]) Geijer, Geschichte von Schweden I. S. 93. Schlözer, allgem.
bische Geschichte S. 439.

bottnischen Golfes selbst wieder ein Isthmus von nur unge
fähr 50 Meilen Breite gebildet wird. Der südwärts dava
liegende größere Theil des finnischen Gebietes bildet den vo
Finnen bewohnten Antheil desselben, der nordwärts liegend
kleinere Theil bildet den von Lappen bewohnten Antheil. So
wie aber das gesammte Gebiet schon nach seinen horizontale
Dimensionen oder rücksichtlich seines Verhältnisses zur flüssige
Form der Erdoberfläche ein Ueberwiegen der letztern durch di
reiche Küstenbildung darstellt, so zeigt sich die Vorherrschaf
der flüssigen Form noch weit bedeutender rücksichtlich de
eigentlichen Oberflächenbildung dieses Gebietes. Denn nich
nur das ganze Innere desselben ist mit zahllosen Seen erfüll
welche die mächtigste Seegruppe Europas bilden, sondern auc
selbst die Isthmen, und grade derjenige Isthmus, welcher die
Gebiet mit der größern Masse des europäischen Kontinents ver
bindet, enthält die größten europäischen Landseen und bewirk
so die eigentliche Inselnatur desselben. Auch scheint das finni
sche Gebiet von je an von allen Einwanderern und eindringen
den Eroberern mehr auf dem Wasserwege als auf dem
Landwege besucht worden zu sein, und so wie es sicher ist
daß die jüngern finnischen Kolonialvölker in Schweden und
die schwedischen Eroberer in Finnland stets das baltische Meer
überschritten, wo schon die Natur durch die Tausende der
Alands Inseln eine Brücke von dem südlichen Finnland nach
den schönsten Gegenden von Skandinavien gebahnt hat, so
scheinen auch die ältesten finnischen Stämme Finnlands, die
Jemen, Kwänen und Karelen mehr zu Wasser als zu Lande
hier eingedrungen zu sein.

Da das Innere des finnischen Gebietes von Reisenden
wenig besucht worden ist, so sind uns genauer und sicherer
nur die Küsten= und Grenzgebiete bekannt. Denn so viele
Reisende auch an den finnischen Gestaden des bottnischen und
finnischen Golfes entlang gereiset sind von Abo nach Torneå
oder von Abo nach Wiborg und Petersburg, so wenige haben
das innere Land gesehen, und doch ist schon die Kenntniß der
continentalen Naturgrenzen dieses Gebietes von großer Wich=
tigkeit für die Kenntniß des dazwischen ausgebreiteten Länder=

:aumes im Gegensaß gegen die angelagerten Raturgebiete.
Für die finnisch=slavische Grenze ist in dieser Beziehung zu
nennen Laxmann's und Oserezkowskoi's Reise an dem Ladoga=
und Onega=See, für die finnisch=skandinavische Grenze die
Reise des Italiäners Joseph Acerbi in Begleitung des schwe=
dischen Obersten Skjöldebrand von Torneå nach Altengaard in
Finnmarken und nach dem Nordkap am Schluß des vorigen
Jahrhunderts, und einige Jahre später das treffliche Werk
von Leop. v. Buch, welcher jene Reise, nachdem er die Nord=
enden des europäischen Kontinents erforscht hatte, in umge=
kehrter Richtung machte.

Der finnisch=slavische Isthmus.

Wenn wir die Landenge, welche durch die größt mögliche
Annäherung des finnischen Golfes und des weißen Meeres an=
einander gebildet wird, mit dem Namen der beiden Haupt=
völkerstämme des europäischen Ostens bezeichnen, so versteht
es sich von selbst, daß dies nur auf die neuern ethnographi=
schen Verhältnisse geht. Denn wenn auch jetzt jenes Gebiet,
welches größtentheils von dem Gouvernement Olonez erfüllt
wird, gleichsam eine Grenzmark zwischen den slavischen und
finnischen Völkerschaften auf der Nordseite des großen Uwalli
und des finnischen Meerbusens bildet, so war doch in ältern
Zeiten der ganze Norden vom nördlichen Ural an über die
Dwina hinaus bis zum baltischen Meere hin von finnisch=urali=
schen Stämmen bevölkert, wo die Bjarmen, die Tschuden jenseit
des Wolok und mehr westwärts die Jemen und Karelen ihre
mehr oder weniger festen Wohnsitze hatten. Seitdem aber,
wie schon oben berührt, durch die Ausbreitung der slavischen
Russen über den Wolok hinaus die Kolonisationen derselben
nach dem Mündungslande der Dwina abwärts bis zum weißen
Meere vordrangen, ward die große Kette der nord=tschudischen
Stämme zersprengt, seitdem erst konnte der jetzt übliche Unter=
schied zwischen den östlichen und westlichen Finnen ein=
treten, und die Karelen mußten hier das östliche Grenzvolk
der westlichen Finnen werden. Noch jetzt bilden einen Haupt=
bestandtheil der Bevölkerung des seit alter Zeit zum russischen

26 *

langen Lauf macht sie einen südlichen Bogen, und fällt soda
in vier Armen, der großen und kleinen Newa und der gro
und kleinen Newka, bei der Kaiserstadt St. Petersburg un
59° 57′ N. Br. in den kronstädtschen Golf des finnischen Me
busens.   Grade vor dem Abfluß der Newa aus dem See i
findet sich eine kleine Insel, auf welcher die Festung Schlüss
burg liegt, welche letztere dadurch die Einfahrt aus dem S
in die Newa beherrscht.   Die sichere Bauart dieser Festun
entspricht ganz ihrer Wichtigkeit.   Die Insel hieß ehema
Orechowoi, und daher wurde auch die unter dem Großfürst
Jurje Danilowitsch im Jahre 1324 daselbst erbaute Stadt
zuerst Orechowetz und nachher Oreschko genannt. Die Schweden, welche die Ausbreitung der Russen nach Karelien höchst
ungern sahen, bemächtigten sich derselben im Jahre 1347 und
gaben ihr den Namen Nötenburg, und sie bildete als solche
eine wichtige Grenzfestung zur Sicherung des schwedischen Finnlands gegen das Vordringen der Russen.   Lange war sie unter
beiden Namen bekannt, je nachdem sie in den Händen der
Schweden und Russen war, bis sich Peter der Große derselben
im J. 1702 bemächtigte, und sie Schlüsselburg nannte.
Er hielt sie für den Schlüssel zu den weitern Erwerbungen an
der Ostsee, und beschenkte sie mit einem Wappen, das einen
Schlüssel unter einer Krone vorstellt.   Die Bewohner des Ortes
beschäftigen sich vornehmlich mit dem Gewinn des Fischreich-
thums des benachbarten Sees [13]).   Die Uferlandschaft der Newa
ist niedrig, sie selbst hat kein eigentliches Gestade, sondern nur
von der höhern Fläche an 3 bis 8 Faden hohe, meistens aus
Thon bestehende Ufer, und zwischen ihnen eine wechselnde Breite
von 100 bis 200 Faden.   Außer der Katharineninsel bei Schlüsselburg und den Mündungsinseln bei Petersburg hat sie keine
Inseln.   Ihr Bett ist übersandeter Thon und gewährt ein
gutes Fahrwasser.   Denn die sogenannten Wasserfälle der Newa
führen nur uneigentlich diesen Namen.   Sie bilden keine besondere Senkung des Flußbettes, sondern nur eine Untiefe mit
einer Menge großer Steine besäet.   Bei Pella, einem ehema-

---

[13]) Oserezkowskoi, Reise a. a. O. I. S. 214, 215.

jen Luſtſchloſſe Potemkins, war dieſe Stromhemmung am
beutendſten, iſt aber jetzt gänzlich beſeitigt worden. Die
ſchifffahrt geht dort größtentheils durch ein gegrabenes Fluß-
tte, der Kanal von Pella genannt[14]). Die Tiefe der Newa
trägt gegen drei Faden, doch ſteigt ihr Spiegel im Früh-
ige um einen halben bis einen ganzen Faden höher, und bei
etersburg bei weſtlichen Stürmen zuweilen um zwei Faden.
hr Waſſer gehört zu dem trefflichſten Flußwaſſer. Von Ende
)ctober bis Ende März iſt ſie gewöhnlich mit Eis bedeckt, und
ewirkt dann den Stillſtand des Seelebens in der Kaiserstadt
n ihrer Mündung[15]).

Der Onega-See, in ziemlich gleicher Entfernung vom
adoga im S. W. und von der Onezkaja Guba im N. O. ge-
:gen, giebt ſeinem Nachbar an Größe nicht viel nach, da er
ei einer Länge von 180 bis 200 Werſt und einer Breite von
0 bis 80 Werſt einen Flächenraum von über 200 ☐ Meilen
innimmt[16]). Das ſüdweſtlichſte Ende dieſes langgeſtreckten
Sees ſteht durch den Swir-Fluß mit dem ſüdöſtlichſten Ende
es Ladoga-Sees in Verbindung, und gewährt dadurch eine
veſentliche Bereicherung für die Waſſerkommunikation zwiſchen
en Stromſyſtemen der Wolga und Dwina mit der Newa.
S bildet der Onega-See viele und große Buſen beſonders
n ſeinem Nordende, was mit der felſigen, gebirgigen Natur
einer Geſtade daſelbſt zuſammenhängt. Er ſoll überall weit
iefer als das weiße Meer ſein, da man ihm im Durchſchnitt
ine Tiefe von 80 bis 100 Faden zuſchreibt[17]). An ſeinen
Ufern iſt er mit zahlreichen Inſeln beſetzt, während er auf der
Höhe einen reinen Spiegel hat. Einige ſeiner nördlichen Inſeln und ſo auch die Ufer und deren Klippen beſtehen aus
Marmor, und wahrſcheinlich iſt das ganze Seebette überſan-
beter Felſengrund[18]). Ueberhaupt beſteht das felſige Land

---

[14]) Rußlands Waſſerverbindungen S. 47.

[15]) Georgi, geograph. Beſchreibung I. S. 324.

[16]) Rußlands Waſſerverbindungen S. 67.

[17]) Laxmann, phyſikal. Reiſe durch einige nordiſche Statthalter-
ſchaften Rußlands bei Pallas, neue nordiſche Beiträge III. S. 168.

[18]) Georgi, geograph. Beſchreibung I. S. 322.

langen Lauf macht sie einen südlichen Bogen, und fällt so
in vier Armen, der großen und kleinen Newa und der gro
und kleinen Newka, bei der Kaiserstadt St. Petersburg un
59° 57′ N. Br. in den kronstädtschen Golf des finnischen Me
busens. Grade vor dem Abfluß der Newa aus dem See
findet sich eine kleine Insel, auf welcher die Festung Schlüß
burg liegt, welche letztere dadurch die Einfahrt aus dem
in die Newa beherrscht. Die sichere Bauart dieser Festu
entspricht ganz ihrer Wichtigkeit. Die Insel hieß ehema
Orechowoi, und daher wurde auch die unter dem Großfürst
Jurje Danilowitsch im Jahre 1324 daselbst erbaute Sta
zuerst Orechowetz und nachher Oreschko genannt. Die Schw
den, welche die Ausbreitung der Russen nach Karelien höch
ungern sahen, bemächtigten sich derselben im Jahre 1347 u
gaben ihr den Namen Nötenburg, und sie bildete als sol
eine wichtige Grenzfestung zur Sicherung des schwedischen Finn
lands gegen das Vordringen der Russen. Lange war sie unter
beiden Namen bekannt, je nachdem sie in den Händen der
Schweden und Russen war, bis sich Peter der Große derselben
im J. 1702 bemächtigte, und sie Schlüsselburg nannte.
Er hielt sie für den Schlüssel zu den weitern Erwerbungen an
der Ostsee, und beschenkte sie mit einem Wappen, das einen
Schlüssel unter einer Krone vorstellt. Die Bewohner des Ortes
beschäftigen sich vornehmlich mit dem Gewinn des Fischreich-
thums des benachbarten Sees [13]). Die Uferlandschaft der Newa
ist niedrig, sie selbst hat kein eigentliches Gestade, sondern nur
von der höhern Fläche an 3 bis 8 Faden hohe, meistens aus
Thon bestehende Ufer, und zwischen ihnen eine wechselnde Breite
von 100 bis 200 Faden. Außer der Katharineninsel bei Schlüsselburg und den Mündungsinseln bei Petersburg hat sie keine
Inseln. Ihr Bett ist übersandeter Thon und gewährt ein
gutes Fahrwasser. Denn die sogenannten Wasserfälle der Newa
führen nur uneigentlich diesen Namen. Sie bilden keine besondere Senkung des Flußbettes, sondern nur eine Untiefe mit
einer Menge großer Steine besäet. Bei Pella, einem ehema-

---

[13]) Oserezkowskoi, Reise a. a. O. I. S. 214, 215.

Petrofawobsk zu einer Kreisstadt der Statthalterschaft Now=
gorod erhoben, sodann 1781 mit den übrigen Städten des
Gebietes von Olonez zu dem Gouvernement von Petersburg
geschlagen, und erst 1784 zu einem eigenen Gouvernement er=
hoben. Die Stadt liegt am Ufer einer Bucht, auf zwei Seiten
von waldigen Bergen umgeben; sie hat eine vortheilhafte Lage
für den Handelsverkehr, und dies ist um so wichtiger, als die
Aderkultur für die Bedürfnisse der Bewohner dieses Gebietes
nicht immer zureichend ist [23]). Dies liegt sowohl an dem
Klima als an der Beschaffenheit des Bodens. Denn es kom=
men zwar alle gewöhnlichen Getreidearten zur Reife, aber sie
haben auch oft Ausfälle. Bis zu den westlichen Ufern der
beiden großen Seen breitet sich der granitische Fels= und Klip=
penboden Finnlands aus, welcher mit zahllosen kleinern Seen,
Sümpfen, Morästen, Waldungen und mächtigen Blöcken zer=
trümmerter Felsmassen überdeckt ist, nur auf der Südostseite
dehnt sich ein ebener, aber magerer, sandiger Boden aus [24]).
Der Boden ist also nur von mäßiger Fruchtbarkeit und erfor=
dert viel Fleiß und Sorgfalt. Dennoch bildet der Ackerbau
eine Hauptthätigkeit der Finnen und Russen in diesem Gebiete,
und er wird hauptsächlich auf alten, beständigen oder soge=
nannten Brustäckern gehandhabt. Zugleich beginnt hier aber
auch schon die eigenthümlich finnische Art der Agrikultur auf
den sogenannten Waldäckern. Sie werden durch das Um=
hauen und Verbrennen der Wälder gewonnen. Fällt und
brennt man alte Waldung, so heißen die Aecker Rädeland;
nimmt man eine junge Waldung, besonders von Laubholz, so
erhält man Buschland. Das auf solchem Platze gefällte
Holz wird, wenn es aufgetrocknet ist, verbrannt, dabei er=
wärmt die Hitze den Boden und die Asche düngt ihn. Solche
Aecker geben, wenn es die Witterung nicht hindert, in dem
ersten Jahre eine sechszehn=, zwanzig= bis dreißigfältige Erndte,
im zweiten Jahre eine acht= bis zwölffältige, im dritten eine

---

[23]) Oserezkowskoi, Reise a. a. O. I. S. 252 bis 255.
[24]) Schnitzler, la Russie, la Pologne etc. p. 633. Lar=
mann, physikal. Reise a. a. O. III. S. 171.

auf der Nord= und Nordwestseite beider großen Seen d[?]
Gebietes aus Granitgeschieben, Kalksteinmassen und Ma[?]
arten, wo schon Laxmann auf die merkwürdigen Kon[?]
der dunkeln Schiefer= und Granitmassen mit den weißen,
moarartigen Kalksteinlagern aufmerksam macht [19]); und wie
Serdobol am Nordende des Ladoga=Sees, so liegen bei d[?]
Dorfe Tiwdia am Nordende des Onega=Sees berühmte M[?]
morbrüche, deren Marmor theils röthlich mit weißen St[?]
fen und Flecken ist, theils ganz weiß [20]). Viele von [?]
Bewohnern jener Gegend arbeiten in den Marmor= und G[?]
nitbrüchen als Steinhauer, und aus diesen Steinbrüchen si[?]
die meisten Palläste und die andern großen Bauwerke der ru[?]
schen Kaiserstadt aufgeführt worden [21]). Der Swir=Flu[?]
der einzige Abzugskanal der Wasserfülle des Onega=Sees zum
Ladoga=See und so zum finnischen Golfe, hat eine Länge von
180 Werst. Die Ufer des Onega=Sees bei seinem Ausflusse
sind zu beiden Seiten niedrig, sandig und mit dicken Waldun[?]
gen umgeben; der Swir selbst fließt auch durch eine niedere,
ebene Gegend, ist nicht unbedeutend, hat zwar Steinblöcke in
seinem Bette, ist aber doch für größere Fahrzeuge schiffbar.
Er erreicht den Ladoga=See nicht weit unterhalb des Ortes
Ladeinojepole, woselbst sich eine Schiffswerft befindet, auf
welcher in dem Beisein Peters des Großen die ersten unter
russischer Flagge auf der Ostsee erscheinenden Fahrzeuge erbaut
wurden [22]).

Petrosawodsk, an der westlichen Küste des Onega=
Sees gelegen, bildet jetzt die Hauptstadt in diesem finnisch=slavi[?]
schen Grenzgebiet oder von dem russischen Gouvernement Olonez,
welches nach der Stadt Olonez an dem kleinen Flusse Olonka
an der östlichen Küste des Ladoga=Sees seinen Namen führt.
Jener Ort Petrosawodsk ist nach dem Kaiser Peter benannt,
welcher ihn im Jahre 1703 durch die Anlegung von zwei Ku[?]
pfer= und Eisenschmelzhütten begründete; im Jahre 1777 wurd[?]

---

[19]) Laxmann, physikal. Reise a. a. O. III. S. 168, 169.
[20]) Oserezkowskoi, Reise a. a. O. I. S 266 bis 271.
[21]) Georgi, geographische Beschreibung II. 1. S. 42, 64.
[22]) Oserezkowskoi, Reise a. a. O. I. S. 250. 261.

Petrosáwodsk zu einer Kreisstadt der Statthalterschaft Nowgorod erhoben, sodann 1781 mit den übrigen Städten des
Gebietes von Olonez zu dem Gouvernement von Petersburg
geschlagen, und erst 1784 zu einem eigenen Gouvernement erhoben. Die Stadt liegt am Ufer einer Bucht, auf zwei Seiten
von waldigen Bergen umgeben; sie hat eine vortheilhafte Lage
für den Handelsverkehr, und dies ist um so wichtiger, als die
Ackerkultur für die Bedürfnisse der Bewohner dieses Gebietes
nicht immer zureichend ist [23]). Dies liegt sowohl an dem
Klima als an der Beschaffenheit des Bodens. Denn es kommen zwar alle gewöhnlichen Getreidearten zur Reife, aber sie
haben auch oft Ausfälle. Bis zu den westlichen Ufern der
beiden großen Seen breitet sich der granitische Fels- und Klip-
penboden Finnlands aus, welcher mit zahllosen kleinern Seen,
Sümpfen, Morästen, Waldungen und mächtigen Blöcken zer-
trümmerter Felsmassen überdeckt ist, nur auf der Südostseite
dehnt sich ein ebener, aber magerer, sandiger Boden aus [24]).
Der Boden ist also nur von mäßiger Fruchtbarkeit und erfordert viel Fleiß und Sorgfalt. Dennoch bildet der Ackerbau
eine Hauptthätigkeit der Finnen und Russen in diesem Gebiete,
und er wird hauptsächlich auf alten, beständigen oder sogenannten Brustäckern gehandhabt. Zugleich beginnt hier aber
auch schon die eigenthümlich finnische Art der Agrikultur auf
den sogenannten Waldäckern. Sie werden durch das Um-
hauen und Verbrennen der Wälder gewonnen. Fällt und
brennt man alte Waldung, so heißen die Aecker Rådeland;
nimmt man eine junge Waldung, besonders von Laubholz, so
erhält man Buschland. Das auf solchem Platze gefällte
Holz wird, wenn es aufgetrocknet ist, verbrannt, dabei er-
wärmt die Hitze den Boden und die Asche düngt ihn. Solche
Aecker geben, wenn es die Witterung nicht hindert, in dem
ersten Jahre eine sechszehn-, zwanzig- bis dreißigfältige Erndte,
im zweiten Jahre eine acht- bis zwölffältige, im dritten eine

---

[23]) Oserezkowskoi, Reise a. a. O. I. S. 252 bis 255.
[24]) Schnitzler, la Russie, la Pologne etc. p. 633. Larmann, physikal. Reise a. a. O. III. S. 171.

vier= bis sechsfältige, und sind dann für die folgenden Erndten
erschöpft, weshalb man sie verläßt, und nach etwa zwanzig
Jahren das aufgewachsene Gebüsch aufs neue fället und ver=
brennt. Aber auch selbst diese für den Waldreichthum so
kostbare Ackerkultur ist sehr den Zufällen der hier schon vor=
herrschenden nordischen Witterung unterworfen, und befriedigt
selbst nicht in guten Jahren alle Bedürfnisse. Der Winter=
roggen bildet die Hauptgetreideart in diesem Gebiete und auch
die ergiebigste, weniger der Sommerroggen und Sommerweizen;
daneben gedeihen noch Buchweizen, Gerste und Hafer, welche
meistens einen sechsfältigen Ertrag geben. Auch die Kultur
des Hanfes und Leins sind noch belohnend [25]).

Noch schwieriger als die Ackerkultur ist die Viehzucht
wegen des Klimas, wenn gleich sie ein allgemeiner Zweig der
Thätigkeit der hiesigen Bevölkerung ist, und dennoch scheinen
die alten finnischen Karelen von ihrer Beschäftigung mit der
Viehzucht ihren Namen zu führen [26]). Daher muß dieselbe
in frühern Zeiten weit bedeutender gewesen sein, als sie jetzt
ist, oder es müssen jene Karelen den Namen im Unterschiede
oder im Gegensatze von andern Stammgenossen empfangen
haben. Die Waldungen beschäftigen aber und ernähren viele
der Bewohner dieses Gebietes durch Zurichtung der Waldäcker,
durch Holzfällen, Einsammeln von Harz und Terpentin, Theer=
schwelen und Kohlenbrennen und durch den Schiffbau auf den
finnischen Binnengewässern [27]).

Wie überall in dem finnischen Gebiete finden sich in dem
felsigen Boden Ablagerungen von Eisenmassen, besonders
von Sumpfeisenstein, welchen die Bewohner selbst zu ihren
Ackergeräthschaften verarbeiten und selbst einen Tauschhandel
für die ihnen fehlenden Lebensbedürfnisse damit betreiben. Außer
diesem Metalle hat man aber seit einem Jahrhundert noch
zwei andere hier aufgefunden und danach zu arbeiten angefan=
gen, welche eben dieselben sind, durch welche sich die ältesten

---

[25]) Georgi, geograph. Beschreibung II. 1. S. 38, 39.
[26]) Lehrberg, Untersuchungen zur älteren Geschichte Rußlands
S. 148.
[27]) Georgi, geograph. Beschreibung II. 1. S. 41.

Anwohner des Altai und Ural nach den Berichten der Alten ausgezeichnet haben, nehmlich Gold und Kupfer. Dieses metallreiche Revier findet sich vornehmlich in dem nordöstlich= sten Theile dieser finnisch=slavischen Grenzmark im Norden des Onega=Sees auf der Wasserscheide zwischen dem finnischen und weißen Meere, wo der felsige Boden des finnischen Gebietes sich ostwärts über den See hinauszieht bis zu dem kleinen Flusse Onega, welcher sich bei der gleichnamigen Stadt in den onegischen Golf des weißen Meeres ergießt, und der gegen das Dwina=Gebiet zu wohl die Grenze des finnischen Gebietes bezeichnen möchte. Dort liegt die berühmte **Woizer Grube.** Sie befindet sich an dem Wig=See und an dem Flusse gleiches Namens, der zum weißen Meere geht. Der Berg, auf dem sie liegt, bildet zwischen diesem Flusse und dem See ein Vor= gebirge oder eine Halbinsel, Wojez (Woiz) genannt [28]), welche auf drei Seiten mit Wasser umgeben ist, nehmlich auf der Westseite vom Flusse Wig und auf der Ost= und Nordseite vom See Wig. Der Berg besteht aus grauem Quarz, in welchem ein Riß ist, der von Osten nach Westen in verschie= denen Krümmungen in den Berg hineingeht; die Oeffnung desselben hat ein bis anderthalb Arschinen im Durchmesser, und die Länge beträgt gegen 40 Faden. Dieser mit Quarz= und Metallsubstanzen angefüllte Riß ist die Erzader, aus welcher man viele Jahre hindurch allerlei Metalle ausgebeutet hat, nehmlich reines Gold in ziemlichen Stücken, Kupfer, auch ge= diegenes Silber und zuweilen Blei.

Diese Ader wurde im Jahre 1737 von einem Bauer Taras Antonow entdeckt, die Regierung ward aber erst seit 1742 darauf aufmerksam, und man fing an daselbst Kupfererz auszubeuten, ohne zu ahnen, daß die Ader auch Gold führe. Dies erfuhr man erst im Jahre 1744, weshalb sie auf Befehl der Kaiserinn Elisabeth Petrowna auf Gold bearbeitet wurde. Doch war der Gewinn gering, und wegen der großen damit verknüpften Unkosten wurde diese Erzgrube auf Befehl der Re= gierung 1770 wieder aufgegeben. Die ganze Ausbeute

---

[28]) Laxmann, physikal. Reise a. a. O. III. S. 141.

während der fünf und zwanzig Jahre der Bearbeitung betrug an gediegenem Golde nur 1 Pud und 22 Pfd., und an Kupfer wurden ausgeschmolzen 4233 Pud [29]). Dennoch wurde nicht lange darauf der Bau in dieser Grube bei der Entdeckung von Goldkörnern wieder aufgenommen, und nach der Ueberwindung des so beschwerlichen Wassers gewann man im Jahre 1772 an 3 Pfd., in den beiden folgenden Jahren jedesmal 10 Pfd., im Jahre 1775 an 16 Pfd., im Jahre 1776 an 18 Pfd. und im Jahre 1777 an 21 Pfd., und darunter zuweilen Stück reines Gold von 1 bis 3 Pfd. Aber seitdem verminderte sich auch der Goldreichthum, denn im folgenden Jahre gewann man nur 7 Pfd., im Jahre 1779 an 14 Pfd., im folgenden Jahre wieder nur 7 Pfd., im Jahre 1781 sogar nur 2 Pfd. und im Jahre 1782 an 14 Pfd., und so wurde der hiesige Bergbau wegen der beschwerlichen, nicht einträglichen Arbeit im Jahre 1783 zum zweitenmal aufgegeben. Also während dieser zweiten Bearbeitung wurden in einem Decennium gewonnen an Gold 2 Pud 39 Pfd., an Kupfer 2379 Pud 27 Pfd., oder der Gesammtertrag von 36 Jahren belief sich auf 4 Pud 21 Pfd. und an Kupfer 6379 Pud 22 Pfd. Aber wenn auch dies nicht belohnend war, so zeigte sich hier ein desto größerer Reichthum an guten Steinarten [30]), als Marmor, Schiefer, Porphyr u. a., aus deren Gewinnung und Bearbeitung den Bewohnern dieses Gebietes kein unerheblicher Nutzen erwachsen ist.

Finnmarken und der finnisch-skandinavische Isthmus.

Bei der Bestimmung der Grenzmarken Finnlands im weitern Sinne gegen Skandinavien, dessen innere Berglandschaften noch bis jetzt zahlreich von finnisch-lappischen Bewohnern bevölkert gewesen sind, während die Küstengebiete im Osten und Westen schon lange dort von Schweden, hier von Normannen kolonisirt worden sind, sind vornehmlich die Naturgrenzen bei-

---

[29]) Oserezkowskoi, Reise a. a. O. I. S. 280 bis 283.
[30]) Oserezkowskoi, Reise a. a. O. I. S. 286.

ver Gebiete zu berücksichtigen oder das Verhältniß des skandinavischen Alpengebirges zu dem Gebiet der finnischen Seegruppe,
und da muß man im Gegensatz gegen die frühern Theorien
von der Verzweigung und dem Zusammenhang aller Gebirgssysteme und Gebirgsketten und von ihrem dammähnlichen Hin-
durchlaufen durch die Ländergebiete zwischen den verschiedenen
Wasserbecken sogleich festhalten, daß sowohl nach dem innern
Bau als nach der äußern Oberflächengestaltung die Naturgrenze zwischen beiden Gebieten scharf genug bestimmt ist. Denn
wie Leop. v. Buch in seinem Reisebericht durch Skandinavien
dargethan hat [31]), ist es durchaus nicht der Fall, daß das
skandinavische Alpengebirge sich durch südöstliche Arme und
Verzweigungen mitten durch das finnische Gebiet hindurch-
ziehe und sich etwa mit dem nordrussischen Uwali oder den
Waldai-Höhen in Verbindung setze, sondern es findet jenes
Gebirge sein ganz bestimmtes Ende in der durch ihre
großen Fiorden ausgezeichneten Küstenlandschaft des nördlichen
Skandinaviens. Dieses nördlichste Skandinavien hieß seit alten
Zeiten Finnmarken, wenn gleich in einem weitern Umfange
als jetzt, wo es nur das norwegische Lappland bezeichnet. In
der That ist auch das heutige Finnmarken die äußerste nordwestliche Grenzmark der Ausbreitung des finnisch-lappischen
Volksstammes gewesen, da sich derselbe niemals weder westwärts nach den Inseln der oceanischen Küste Norwegens noch
südwestwärts nach den Thälern der Landschaft Helgeland ausgebreitet hat.

Finnmarken war nach den alten skandinavischen Sagen
ein gewaltig großes Land, welches gegen Westen, Norden und
Osten an das Meer mit vielen großen Buchten stieß, in dem
Innern weite Gebirgsgegenden und Thäler nebst sehr großen
Gewässern besaß, auch neben den Gewässern ausgedehnte Wal-
dungen, und der Wüste entlang jene großen Gebirge, welche
Kölarne (die Kiele) heißen [32]). Denn im neunten Jahrhun-
dert begann Finnmarken, welches zuweilen auch unter dem

---

[31]) Buch, Reise durch Norwegen und Lappland II. S. 183.
[32]) Geijer, Geschichte von Schweden I. S. 82.

Namen Finnaland vorkommt, gleich oberhalb von dem
wegischen Halogaland und erstreckte sich ostwärts bis an
weiße Meer, gegen Süden und Südwesten aber soweit
Halogaland, so daß es in diesem Umfange dem heutigen Lap
land im weitesten Sinne entspricht [33]). Schon bei den ältest
Sängern der Normannen erscheint dieses Gebiet unter de
Namen Jotunheim als der Aufenthalt herumstreifender wild
Stämme, und stand im Gegensatz gegen das südlicher gelege
Manheim, das Land der Menschen oder der Schweden und
Gothen. Die Dichter nennen jene Stämme Jotun, Riesen
(Jättar), Bergwölfe, die Söhne des Felsens, das Gebirgs
volk, das Volk der Erdhölen, welches feindlich wider die
Asen sich um des alten Fornjoters Altäre sammelte, die der
blitzschleudernde Thor umgestürzt haben soll. Diese Jotun
bezeichnen nun unstreitig eine von der germanischen verschiedene
Bevölkerung, es sind Finnen oder Lappen. Die Anführer der
Jotun heißen Finnenhäuptlinge (Finnehöfdingen), ein König
von Jotunheim heißt ausdrücklich Finn [34]). Dieses finnische
Jotunheim oder Finnmarken oder auch Skritfinnia, wie es
bei den ältern nicht skandinavischen Geschichtschreibern genannt
wird [35]), war also nebst dem finnischen Bjarmaland an der
Dwina das äußerste Gebiet des europäischen Nordens von der
norwegischen See im Westen bis zum Ural im Osten.

Wenn auch bei den frühzeitigen Seezügen der Normannen
nach Bjarmaland am weißen Meere Jotunheim nicht ganz den
Normannen unbekannt bleiben konnte, so mußte doch das
wilde Gebirgsland des nördlichen Skandinaviens ihnen ursprüng
lich weniger zugänglich sein, und es mußte bei seiner mitter
nächtlichen Lage gegen das eigentliche Northmannaland, bei
den rohen Sitten seiner Bewohner und dem eigenthümlichen
religiösen Bewußtsein und Kultus derselben einen mythischen
und magischen Charakter erhalten [36]). Dasselbe was die ältern

---

[33]) Schlözer, allgem. nordische Geschichte S. 440, 448, 452.
[34]) Geijer, Geschichte von Schweden I. S. 30.
[35]) Schlözer, allgem. nordische Geschichte S. 442.
[36]) Mone, Geschichte des Heidenthums im nördlichen Europa.
Leipzig 1822. 8. Th. I. S. 30.

Hellenen auf den äußersten Osten und Westen, die Länder der
Dämmerung, übertrugen, das wurde bei den ältern Normannen
auf den äußersten Norden übertragen, und so war Jotunheim
oder Finnmarken die Heimath der Zauberei. Die Lappen
und Finnen in jenem Gebiet standen seit Alters in dem Ruf
Zauberkünste zu besitzen, und der Ruf davon ist selbst auf
die sich in ihrem Gebiete niederlassenden Normannen überge=
gangen[37]). Aus diesem Grunde scheint auch eben dieses Jo=
tunheim bei den normännischen Autoren unter dem Namen
Risaland, das Riesenland, oder Hundingialand vorzukom=
men, von dessen Bewohnern, die wie Hunde bellten, gar selt=
same Gerüchte verbreitet waren[38]).

Je mehr aber seit dem Zunehmen der Züge der Norman=
nen nach Bjarmien und seit der Kolonisirung der Gestadeland=
schaften des nördlichen Skandinaviens während des neunten
Jahrhunderts das finnisch=skandinavische Gebiet ans Licht trat,
desto mehr verschwand das halbmythische Jotunheim und Ri=
saland aus jener Gegend, und wurde nach Art des Hyperbo=
räer Landes bei den Alten in mehr ferne, nordöstliche Gegenden
verlegt auf die Ostseite des weißen Meeres und in die dem
nördlichen Ural angelagerten Gebiete, welche nach jener Seite
hin stets die Grenzmark der Ausbreitung normännischer Stämme
gewesen zu sein scheinen. Seitdem kennt man in jener Gegend
nur Finnmarken, und dies im weitern Sinne genommen,
gleich dem heutigen Lappland, grenzte nach Schönings Unter=
suchungen über die ältere Geographie des finnischen Nordens
mit Helsingland, den nördlichen Landschaften Schwedens am
bottnischen Golfe, und mit Finnland, auch Kwänland genannt,
zusammen bei dem Uleå=träsk in dem heutigen Osterbottn[39]).
Helgeland (Halogaland) war die nördlichste Landschaft des
Normannen Landes an dem oceanischen Gestade Norwegens.
Von hier aus hatten die Normannen schon früh einzelne Züge
nach Finnmarken hin unternommen und von den wilden Be=

---

[37]) Joh. Scheffer, Beschreibung von Lappland. Frankfurt 1675.
4. S. 133.

[38]) Schlözer, allgem. nordische Geschichte S. 453, 455.

[39]) Gerh. Schöning bei Schlözer, allgem. nord. Geschichte S. 454.

wohnern desselben Steuern erhoben. Das nannte man Finnsk
(Finnschatz), Finnfård (Finnenfahrt) und Finnköp (Finn
kauf) [40]). Schon am Ende des achten Jahrhunderts sche
dieses Abhängigkeitsverhältniß Finnmarkens von den Norm
nen stattgefunden zu haben, doch schreiben sich die ersten fes
normannischen Ansiedlungen im Innern der finnmärkischen Fi
den aus der Mitte des neunten Jahrhunderts oder seit d
Begründung der allgemeinen Königsmacht in dem eigentlich
Normannen Lande durch Harald Haarfagri. Daher drück
sich auch die normannischen Geschichtschreiber, um den wei
sten Umfang des Reiches der Könige von Norwegen, nehmli
nach jenes Haralds Zeit, zu bezeichnen so aus, daß es si
erstrecke von der Götha=Elf im Südwesten bis nach Gandw
(dem weißen Meere) im Nordosten [41]). Von Halogaland a
hatte Finnmarken vornehmlich seine normannische Kolonisation
empfangen, und daher erscheint dies Gebiet in dem merkwür=
digen Reisebericht des Normannen Other, welcher selbst aus
jener norwegischen Landschaft gebürtig war, an den König
Aelfred in der zweiten Hälfte des neunten Jahrhunderts, wo=
durch uns Finnmarken zum erstenmale näher bekannt wird,
gleichfalls unter dem Namen Halogaland, so daß bei ihm
die beiden Namen Halogaland und Bjarmaland, beide mehr
oder weniger von den Normannen abhängig, die äußersten
Länder Europas bezeichneten [42]).

Durch Other lernen wir auch zuerst die Finnen als
Bewohner Finnmarkens und als Nachbarn der ihnen ostwärts
angrenzenden Bjarmen und zwar als der Sprache nach ver=
wandte Völker kennen. Denn er berichtete dem Könige Aelfred,
er sei am nördlichsten unter allen Normannen an dem west=
lichen Meere zu Hause, das Land erstrecke sich aber noch weiter
gegen Norden, obschon da alles wüst sei außer an wenigen
Stellen, wo einige Finnas von der Jagd im Winter und
im Sommer vom Fischen in der See lebten. Einst habe er

---

[40]) Geijer, Geschichte von Schweden I. S. 83.
[41]) Schlözer, allgem. nordische Geschichte S. 456.
[42]) Schlözer a. a. O. S. 447.

ttrsuchen wollen, wie weit das Land sich gegen Norden aus=
jne, und ob nördlich von dieser Wildniß auch Menschen
hnten. Da fuhr er gegen Norden längs der Küste hin, und
tte während des ganzen Weges das wüste Land zur rechten
d das offene Meer zur linken, bis er nach drei Tagen so
it gegen Norden gelangt, als Wallfischfänger je zu fahren
legen. Er sei aber noch drei Tage nördlich gesegelt; da biege
h das Land mit dem Meere gegen Osten, weswegen er hier
dwestlichen Wind habe abwarten müssen, und er sei dann
r Tage östlich an dem Lande hin gesegelt. Alsdann habe
auf völligen Nordwind warten müssen, denn das Land und
er bogen sich hier gegen Süden, und in dieser Richtung
jelte er fünf Tage, bis er und seine Begleiter einen großen
uß erreichten. Jenseit desselben (der Dwina) zeigte sich das
nze Land angebaut, und dies sei das erste bewohnte Land
wesen, das sie seit der Abreise von der Heimath angetroffen,
m die ganze dazwischen liegende Küste sei wüste, und werde
r von einigen Fischern, Voglern und Jägern bewohnt.
iese seien sämmtlich Finnas, und so verhalte es sich auch
t der Wildniß der Terfinna (nehmlich dem Küstengebiet von
m russischen Lappland). An jenem großen Flusse aber be=
hnten die Beormas ein sehr wohl angebautes Land. Diese
ormas berichteten ihm vieles von ihrem eigenen und von
m sie umgebenden Lande, und die Sprache der Beormas
ien ihm beinahe dieselbe mit der der Finnas zu sein [43]).

Die älteste Grenze Finnmarkens gegen Helgeland in der
it vor Harald Haarfagri war das Vorgebirge Raudaberg
öberg) auf der Insel Senjen, und erst seit der nach der
itte des neunten Jahrhunderts erfolgten normännischen Ko=
isirung der Inseln und Küsten am sogenannten Lyngenfjord
de der südwestliche Theil Finnmarkens mit zu Helgeland
ogen und die Grenze beider Gebiete nach dem Vorgebirge
ggen auf der Insel Arende verlegt. Denn die kleine frucht=
e Insel Tromsöe (Thröm, Thrumu) in dem finnmärki=
n Helgeland galt vor jener Zeit bei den Normannen noch

---

[43]) Forster, Geschichte der Entdeckungen im Norden S. 85 bis 88.

1.

als der Sitz von bösen Geistern und Unholden, so daß sich daraus die noch jetzt bei den Dänen übliche Redensart at fare til Thrums d. h. auf den Blocksberg fahren erklärt.   In diesem Umfange nun von Helgeland bis nach Gandwik und Bjarmaland bildet Finnmarken eine von den sechs Landschaften Norwegens, wenn gleich es auch wieder, unstreitig wegen seiner ursprünglich finnischen Bevölkerung, davon unterschieden und getrennt wurde, denn nach den normannischen Sagen heißt Olav Trygwason König über ganz Norwegen von Finnabu (d. i. Finnmark) bis zur Götha=Elf, oder Norwegen erstreckt sich von der Götha=Elf im Süden bis Beggrstafs im Norden. Zuweilen findet man in den historischen Sagen der Normannen auch die Unterscheidung von Noreg, Halogaland und Finnmork [44]).   Die norwegischen Normannen blieben übrigens in diesen nordischen Gebieten das herrschende Volk, so lange sie ihre Züge und Fahrten nach Bjarmaland fortsetzten, und erst das Aufhören derselben, das Emporkommen der Republik Nowgorod und die Ausbreitung der slavischen Russen über Karelien veranlaßten seit dem dreizehnten Jahrhundert den allmähligen Verlust des östlichen Finnmarkens bei Gandwik (des Halbinsellandes Kola) für die Normannen, obschon der noch bis in spätere Zeiten dort übliche slavische Name Murmanskoje Leporie d. h. das normannische Lappland auf die ältern Beherrscher jenes Gebietes hinwies [45]). Aber erst in den neuesten Zeiten ist die Naturgrenze, die Tana=Elf, auch die politische Grenze zwischen dem norwegischen Küstengebiete, wo der Name Finnmarken sich erhalten hat, und dem russischen Küstengebiet am Polarmeere geworden.

Das skandinavische Alpengebirge, welches das gleichnamige Halbinselland von Süden nach Norden durch zwölf Breitengrade vom 58 bis zum 70° N. Br. oder auf eine Strecke von über 200 Meilen durchzieht, und durch sein Anschließen an die westlichen Gestade in der Verbindung der alpinen mit der maritimen Bildungsform der Erdoberfläche die eigenthümliche

---

44) Schlözer, allgem. nordische Geschichte S. 448 bis 451.
45) Schlözer a. a. O. S. 455.

ordenbildung bewirkt, erscheint in seiner größern nördlichen
älfte, wo es mehr als ein Kettengebirge denn als eine pla=
auartige Masse sich ausbreitet, schon in den ältesten Sagen
r Normannen unter dem Namen der Kjölen. Sie haben
nen den Alpen sehr ähnlichen Charakter, denn obgleich nur
alb so hoch, haben sie doch ausgebreitete Gletscher, tiefe Ab=
ünde, Einöden und zahlreiche Gebirgsseen. Ewiger Schnee
ndet sich in den mehr südlichen Theilen in einer Höhe von
bis 6000 Fuß, in den nördlichern Theilen ist seine Grenze
ber schwerer zu bestimmen, da unter der dortigen Breite der
Boden fast das ganze Jahr hindurch mit Schnee erfüllt ist;
e niedern Vorberge der Kjölen sind auch hier wie sonst in
en Alpengebirgen durch ihre Waldungen ausgezeichnet. Das
igentliche erhabene Kjölen=Gebirge erreicht aber nicht die äußer=
en Nordspitzen des Festlandes von Europa, denn die hohen
berge bei dem Orte Talvig am Altenfjord in Finnmarken
nd über Langfjord, einem westlichen Seitenarm des Altenfjord,
ngefähr unter dem 70° N. Br. sind, wie L. v. Buch be=
erkt [46]), schon wirklich der letzte Rest des großen Ge=
irges, welches bis dahin fortdauernd die nordische Halbinsel
rtheilt hat.

Von dort an und im weitern Fortlauf zwischen Finnmar=
en und Schweden und gegen das russische Lappland hin ver=
eren die Berge durchaus die ausgezeichneten Formen, das
ssige und zerrissene Ansehn, das ihnen bisher besonders gegen
as Westmeer so eigen war, und alle Berge im Innern des
andes scheinen nur Hügel zu sein, wenn man sie mit den
elsmassen im norwegischen Helgeland und Nordland ver=
leicht. Einzelne Zweige des Gebirges gehen zwar noch nach dem
orwegischen Ost=Finnmarken jenseit der Alten=Elf hinein, aber
ne Zerspaltung des Gebirges in zwei Arme, wovon der eine
h bei Wadsöe am Warangerfjord an der norwegisch=russischen
renze verliere, der andere aber nach dem russischen Lappland
d Finnland hineinlaufe, findet sich nicht, vielmehr zeigt sich
n dem Kjölen=Gebirge jenseit der Tana=Elf auch nicht

---

[46]) Buch, Reise durch Norwegen und Lappland II. S. 12.

eine Spur. Die Orte Kautokeino und Masi an der ob
und mittlern Alten=Elf und weiter ostwärts die Tana und
Tanafjord bezeichnen bestimmt die südlichen und östlich
Grenzen dieses Gebirges. Nordwärts dieser Linie giebt
noch eine fortlaufende Gebirgskette von mehr als 1000
Höhe, worüber sich selbst Kuppen von doppelter Höhe erhe
aber östlich gegen Wadsöe zu zwischen dem Tanafjord
Warangerfjord wird das Land eine Fläche, und heben
darauf auch einzelne Berge, so scheinen sie ohne Ordnung
streut zu sein und haben keine Spur des Zusammenhan
eines Gebirges. Und gegen Finnland hin sinkt die Wa
scheide beider Meere so tief, daß auf der ebenen, berglos
morastigen Fläche am Jvalojoki im Süden vom Enare S
wo die Wasser sich scheiden, nicht allein Birken fortkomme
sondern daß sich dort auch Fichten und selbst Tannen gege
das Eismeer hinüberziehen. Der Kjölen also zersplittert zw
schen den Fiorden von Finnmarken, und mit Sverholt zw
schen Porsangerfjord und Laxefjord und mit dem Nordk
zwischen dem Laxefjord und Tanafjord versinkt er ins Meer [47]

Das Kjölen=Gebirge wird in Finnmarken mitten durch
brochen und durchsetzt von dem Alten=Strom (Alata=Jo
bei den Finnen genannt) in der Richtung von Süden na
Norden, und so sonderbar diese Erscheinung auch ist, so ste
sie doch nicht einzeln da, sondern findet verwandte Verhältniß
an den verschiedenen Durchbrüchen durch den Jura bei d
Rhone, der Altmühl und dem Rhein. Von Masi aus stür
der Fluß in fortwährenden Fällen, das Thal, in welchem
fortläuft, verengert sich, und die Berge erheben sich als sen
rechte Wände über den Wasserspiegel. Endlich wird das Be
des Flusses zur Kluft, und in den Engen, in welche er s
bei dem Wasserfall von Purforonka drei Meilen oberh
Altengaard hineinstürzt, ist noch Niemand dem Wasser gefolg
Zugleich bildet diese Alten=Elf, zwischen dem 40 bis 41° O.
sich hinziehend, in Verbindung mit dem Altenfjord, in den
sich ergießt, eine natürliche Grenzmark in dem finnmärkisch

---

[47] Buch, Reise II. S. 183, 184.

jölen-Gebirge, und theilt die ganze Landschaft in ein west-
ches und östliches Finnmarken. Sieben große Fiorde
nd es, in welche sich das heutige Finnmarken durch die Zer-
plitterung der Kjölen zerspaltet, und dadurch die ausgezackte
üste bildet, wodurch das nördlichste Ende Europas so charak-
trisirt ist, und welchem Umstande diese nordische Region in
er That einen großen Theil ihrer Wirthbarkeit verdankt.
Denn das Innere der Fiorde ist immer ausgezeichnet durch
ine mildere Temperatur, als man sie unter solcher Breite er-
parten sollte, und durch eine damit zusammenhängende reichere
Begetation. Am ausgezeichnetsten ist unter jenen Fiorden eben
er mittlere, jener Altenfjord, unter dem 70° N. Br. gele-
en, wo unter dieser Breite das berühmte Altengaard an der
Mündung der Alten-Elf in den gleichnamigen Fiord steht.
Ihm westwärts und ostwärts liegen je drei andere Fiorde,
ort die drei kleinern, aber doch kulturfähigern, wenn auch
on den gewaltigsten Gebirgsmassen umsäumt, nehmlich der
Malangerfjord, Lyngenfjord und Quänangerfjord, alle drei
wischen dem 69 bis 70° N. Br. sich ausbreitend, hier die drei
rößern, aber minder kulturfähigen, wenn gleich sie von weniger
edeutenden Gebirgsmassen gebildet werden. Diese drei ost-
innmärkischen Fiorde sind der Porsangerfjord, an dessen Oeffnung zur Seite die Insel Magerde mit dem berühmten
Nordkap Europas liegt, dann der Laxefjord, der in Verbindung mit dem vorigen Golfe das Vorgebirge Sverholt bildet,
und dann der Tanafjord, der wieder in Verbindung mit dem
origen das Nordkyn oder Kynrodden, das nördlichste
Ende des europäischen Kontinents, bildet; diese drei letzten
Fiorde liegen sämmtlich um einen Gräd weiter nach Norden gerückt, nehmlich vom 70 bis 71° N. Br. Denn die sie trennenden
Vorgebirge Sverholt und Nordkyn reichen bis zum 71° N. Br.,
und sind als scharf vorspringende Felsspitzen schon auf eine
Strecke von 12 Meilen von den Berghöhen von Magerde aus
u übersehen [48]).

Aber nicht blos die äußere Gestalt und Erhebung des

---

[48]) Buch, Reise II. S. 72, 75.

Gebirges, ſondern auch die Gebirgsarten und das Innere der Berge bezeichnen, wie Buch bemerkt, den nördlichſten Verlauf des ſkandinaviſchen Alpengebirges und beſtimmen den Strom von Altengaard als die natürliche Grenze innerhalb des finnmärkiſchen Gebietes. Das geſammte Gebirge beſteht nach ſeinen Hauptbeſtandtheilen aus Granit= und Gneusformatio= nen [49]), und dieſe Bildung zieht ſich im weſentlichen nord= wärts hinauf bis zu den mächtigen gletſcherreichen Gebirgs= maſſen am Lyngenfjord unter 69° N. Br. Lyngens Rieſenkette erhebt ſich in ihren höchſten Spitzen bis 4000 Fuß; denn um ſo bedeutende Gletſcher zu bilden, welche Buch hier mit denen im Chamouny Thale am Montblanc vergleicht, müſſen dieſe Felſen weit die ewige Schneegrenze, die hier noch über 3000 Fuß hoch liegt, überragen. Es ſind die höchſten Gebirge, welche man in ſolchen Maſſen und unter ſolcher geographiſchen Breite in der alten Welt findet [50]). Aber in jener Region am Lyngenfjord und Quänangerfjord beginnt ſchon eine andere Formation, hier tritt beſonders der Glimmerſchiefer domi= nirend hervor, und eine Menge anderer Gebirgsarten, welche auf eine Formation hinweiſen, in der alles unkenntlich wird, und welche zwar zu der Uebergangsform hin, aber nicht hin= einführen. Denn ſelbſt in den Geröllblöcken um Altengaard findet man noch kein wirkliches Uebergangsgeſtein [51]). Beſon= ders die letzte Inſel gegen Norden, Mageröe, zeigt die man= nigfaltigſte Zuſammenſetzung ihrer Beſtandtheile in geognoſtiſcher Beziehung im Gegenſatz gegen die mehr einfache Bildung der Nordenden des europäiſchen Feſtlandes [52]). Der Granit iſt zwar, wie Buch bemerkt, der Grund des Kjölen= Gebirges in Finnmarken, und Glimmerſchiefer, Urthonſchiefer nebſt andern Gebirgsarten ſind nur darüber aufgelagert und bilden den eigentlich finnmärkiſchen Theil des Kjölen= Gebirges, aber von Kautokeino aus gegen Finnland zu und jenſeit der Tana= Elf erſcheinen die Geſteine nicht mehr, mit welchen ſich Altengaards

---

[49]) Buch, Reiſe I. S. 272, 284.
[50]) Buch, Reiſe I. S. 463.
[51]) Buch, Reiſe II. S. 26, 34, 137.
[52]) Buch, Reiſe II. S. 86, 97.

Berge und die am Porsangerfjord erheben, und also auch nicht
mehr das Kjölen-Gebirge. Gneus und Granit, welche
vom Eismeere aus gar nicht unter den neuern Gesteinen her-
vordringen konnten, werden von da an für ganze Länderer-
streckungen weit, namentlich für das finnische Gebiet,
herrschend.

Uebrigens ist der Rest des Kjölen-Gebirges zwischen der
Alten-Elf und Tana-Elf nur ein mäßig hohes Gebirge
wie auch alles das, was zwischen Kautokeino und Altengaard
liegt, und es kann sich jener Theil durchaus nicht in Höhe mit
den Gebirgsmassen in dem norwegischen Nordland und Helgeland vergleichen. Da zeigt sich fast keine einzige Erhöhung,
welche die ewige Schneeregion erreicht hätte, wenn nicht vielleicht der einzeln stehende Vorie Duder, an den Quellen der
nordwärts abfließenden kleinen Porsanger-Elf, der höchste dieser
Gegenden und wahrscheinlich nahe an 3400 Fuß hoch. Der
mehr östlich gelegene Rastekaise, im Süden von dem Laxefjord und auf der Westseite der untern Tana-Elf, wird nur
erst im August schneeleer und an seinen Abhängen erhält sich
der Schnee zum Theil das ganze Jahr. Er mag daher wohl
an 3000 Fuß emporsteigen. Aber einen höhern Berg giebt es
nun nicht mehr gegen Osten und gegen Süden hin von hier
aus bis zu den Berghöhen des Ural. In ganz Finnland ist
wahrscheinlich keine Höhe, welche die Vegetation der Birken übersteigt, daher kein Berg von über 2000 Fuß Höhe,
selbst nicht gegen das weiße Meer hin. Kleine Gebirgszüge
von einigen Meilen Ausdehnung stehen hier gewöhnlich ohne
sichtbaren Zusammenhang zerstreut, und was bemerkenswerth
ist, sie stehen durchaus nicht häufiger auf der Scheidung
der Gewässer zwischen dem bottnischen Golfe und dem weißen
Meere als näher gegen die Mündung der Flüsse. Ein solcher
kleiner Gebirgszug ist schon der Peldoivi zwischen der Tana-
Elf und dem Enare-Träsk, nur wenige Meilen vom großen
Gebirge entfernt; deswegen mag er hier noch die Birkenregion
übersteigen, und er scheint sich etwas über die Höhe von 2000
Fuß zu erheben [53]).

[53]) Buch, Reise II. S. 189, 190.

Die Tana=Elf bildet nun in natürlicher wie in politis
Beziehung den Grenzstrom Finnmarkens gegen das finnis
Gebiet im weitern Sinne. Sie entspringt mit ihren bei
Quellströmen dem Karas=joki und Enara=joki auf densel
niedern Berghöhen Lapplands auf der heutigen Grenzmark
norwegischen, schwedischen und russischen Gebietes zwischen d
68 bis 69° N. B., von welchen die Alten=Elf und die Torn
Elf mit ihr selbst nach den entgegengesetztesten Richtungen abla
fen. Die Tana=Elf fließt gegen Nordost zwischen dem Rasteka
und Peldoivi Gebirge hin, und ergießt sich zuletzt nordwär
gewandt in den Tanafjord bei dem kleinen Handelsplatz Gul
holm [54]). Gleich allen übrigen lappländischen Flüssen ist d
Tana=Strom ausgezeichnet durch seinen Lachsreichthu
und die dortigen Fischereien entzweien nicht selten die ihm a
wohnenden Fischer. Der große, fette und sehr vorzügli
Tanalachs war ehemals ein Gegenstand der finnmärkischen Aus=
fuhr nach Holland, und es heißt, die Holländer hätten keinen
Lachs weiter angesehen, sobald die gewöhnliche Lieferung von
Tanalachs bei ihnen angelangt wäre. Jetzt hat der Handel
aber fast ganz aufgehört und die Anwohner bedürfen des Lach=
ses jetzt zu ihrer eigenen Nahrung [55]).

Der Ort Altengaard, am innersten Winkel des Alten=
fjord und fast in der Mitte des gesammten Finnmarken gelegen,
ist durch seine Lage, Klima und Vegetation der merkwürdigste
und interessanteste Punkt in diesem nordischen Gebiete Europas.
Denn in den warmen Sommermonaten wird man durch nichts
an eine so nördliche Breite innerhalb des Polarkreises oder
70° N. Br. erinnert. Ueberhaupt giebt es keinen Theil der
Erdoberfläche, welcher bei einer ähnlichen geographischen Breite
so milde klimatische Verhältnisse und eine ihnen entsprechende
reiche Vegetation darböte, und dies ist ein Vorzug, welcher
dem gesammten Skandinavien eigenthümlich ist [56]). Im Som=
mer steigt die Temperatur bis über 20 Grad, und die Mittel=

---

[54]) Schubert, Reise durch Schweden, Norwegen u. s. w. II.
S. 391.

[55]) Buch, Reise II. S. 181.

[56]) Schubert, Reise durch Schweden II. S. 355.

:emperatur des Juli erhebt sich im Innern der geschützten
Fjorden bis zu 14 Grad, also so hoch wie in den schönsten
Gegenden von Schweden und Norwegen. Diese Sommer-
wärme wirkt mehr als die neunmonatliche Winterkälte zerstören
kann; denn während in Asien und Amerika unter gleichen
Breiten kein Baum mehr gedeiht, finden sich im Thale der
Alten-Elf noch Fichten von 60 Fuß Höhe und sogar schöner
Kornbau. Der Alten-Strom, welcher zwei Meilen oberhalb
seiner Einmündung ins Meer aus den Stromengen heraus in
die Thalebene von Altengaard eintritt, durchströmt gleich eine
Fichtenwaldung am Nordfuße des Gebirges. Da beginnt ein
milderes Klima und die Höfe der Bewohner fangen an. Zugleich zeigen sich auch kleine Kornfelder, von denen fast jeder
Hof umgeben ist. Letztere liegen auf den Hügeln zu beiden
Seiten des Stromes, bis sie sich endlich am Ausfluß des Stromes bei Elvebaken zum Dorfe sammeln. Stolz und groß gleich
dem Main zieht der Alten-Strom durch das schöne Gefilde
hin, an seinen Ufern mit Ellern und Espen geschmückt. Elvebaken selbst, auf der Westseite der Mündung neben Altengaard gelegen, in der Mitte von grünen Aeckern und Wiesen
und von hohen Fichten umgeben, gleicht völlig einem dänischen
Dorfe [57]). Das Thal des untern Alten ist die bewohnteste
und fruchtbarste Gegend in ganz Finnmarken und die, in welcher
der nördlichste Kornbau der Welt getrieben wird. Aber
auch in den Thalebenen der übrigen Fjorde findet man Ackerkultur, denn auf der Insel Tromsöe nennt man das benachbarte Lyngen ein gesegnetes Kornland [58]). Daher wird
letztere Gegend, obschon sie politisch zu Finnmarken gehört,
nach dem gewöhnlichen Sprachgebrauch immer noch zu dem
norwegischen Nordland gerechnet, zu welchem sie früher gehörte. So weit als Nordland geht, glaubt man in einem
viel bessern und mehr begünstigten Lande zu wohnen als Finnmarken ist, und entfernt von den wenig geachteten Finnen

---

[57]) Buch, Reise II. S. 4.
[58]) Buch, Reise II. S. 13. I. S. 450.

(Lappen) [59]). Kornbau reicht alſo hier weit höher nach Nor=
den hinauf, als man erwarten ſollte, doch iſt es auch nur die
Gerſte, welche ſo hoch bis zum 70° N.Br. hinauf geht, wäh=
rend der Roggen nur um weniges den Polarkreis überſchreitet
und die andern Cerealien noch weit mehr zurückbleiben [60]).

Das Thal der Alten=Elf iſt aber im weſentlichen ein
Alpenthal zu nennen, deſſen Inneres, wie bei den Landſchaf=
ten von Hellas, großentheils vom Meere erfüllt iſt, und dieſe
alpiniſche Natur iſt der Grund der ſchnellen Wechſel und Kon=
traſte der Vegetation. So zeigt ſich hier in dieſem Norden
Ackerkultur und der ſchönſte Waldreichthum von Nadel= und
Laubhölzern, wie am Quänanger=Fjord, den Buch mit den
Buchten des Vierwaldſtädter Sees vergleicht [61]), abwechſelnd
mit den nackteſten Felswänden, Schneefeldern und Gletſcher=
maſſen. Denn wenn die Tanne auch nicht mehr die finnmär=
kiſche Region erreicht, ſo geht doch die Fichte hier ſelbſt einige
Grade mehr nach Norden hinauf bis zum Altenfjord, an deſſen
öſtlichem Ufer die letzten Fichten in Europa ſtehen, als wie
an den weſtlichen norwegiſchen Geſtaden, wo ſie nur bis zu
dem mächtigen Vorgebirge Kunnen unter 67° N. Br. reichen,
da jenes Klima ſie mehr begünſtigt als das Küſtenklima. Auch
die Kiefern reichen noch bis zum Altenfjord hin, während die
Birke noch den 70 Parallelkreis überſchreitet und ſich faſt dem
Nordkap nähert [62]). Gleich auf der Weſtſeite des untern
Alten=Stromes erhebt ſich der Skaane=Vara, der zwar
von keiner bedeutenden Höhe, indem er nur 1321 Fuß auf=
ſteigt [63]), doch das ganze an ihm ausgebreitete Thal beherrſcht.
Bedeutender iſt dagegen der ihm benachbarte, nur zwei Meilen
im Südweſten von dem Orte Talvig gelegene Akka=Solki,
welcher mit zu den höchſten Punkten dieſer Gegend gehört,
indem er ſich an 3186 Fuß erhebt, und durch ſeine Erhebung

---

[59]) Buch, Reiſe I. S. 404, 405.

[60]) Schouw, Naturgemälde von Europa S. 12.

[61]) Buch, Reiſe I. S. 466 bis 470.

[62]) Schouw, Naturgemälde von Europa S. 10.

[63]) Buch, Reiſe II. S. 31.

die vegetativen Verhältnisse am besten erkennen läßt. Zuerst
verschwinden beim Emporsteigen die Fichten, dann fallen die
Birken (Betula alba) zusammen und hören bald ganz auf bei
1483 par. Fuß, und zwischen den Büschen von Weiden und
Zwergbirken kann sich nun ungehindert die zahllose Menge
der Beerenkräuter ausbreiten, besonders Heidelbeeren
(Blaabaer, Vaccinium Myrtillus) auf den trockenen Höhen,
und Multebeeren (Rubus chamaemorus) in den morasti=
gen Gründen [64]). Auch über sie erhebt man sich, und die
Heidelbeeren tragen nicht mehr; sie stehen nicht mehr busch=
förmig beisammen, sondern einzeln mit wenig Blättern, und
mit ihnen verschwinden bei ungefähr 2000 Fuß auch bald die
Weidenbüsche. Nur die Zwergbirke (Betula nana) trotzt der
Höhe und Kälte, aber auch sie erliegt, ehe sie die Grenze des
ewigen Schnees erreicht bei 2576 par. F., und es bleibt ein
breiter Rand um diese Grenze zurück, auf welchem sich außer
den Moosen nur wenige Pflanzen mühsam halten. Selbst
Rennthiermoos, das doch in den Wäldern mit den Heidelbee=
ren in Ueppigkeit des Wuchses wetteifert, kommt nur sparsam
bis zu solchen Höhen hinauf. Oben auf dem Gebirge, wo es
fast zur Ebene wird, liegt zwar kein Eis, und Gletscher sind
hier nicht, aber der Schnee verläßt diese Höhen doch nie, und
nur einzelne Spitzen und Flecke über der Fläche sind für we=
nige Wochen schneeleer [65]).

Der Gipfel des zwischen zwei Thälern isolirt liegenden Akka=
Solki bildet eine mächtige Ruine von zahllosen übereinander
aufgethürmten Felsblöcken, beinahe in die ewige Schneeregion
hineinragend, welche hier unter 70° N. Br. an 3300 par. Fuß
aufsteigt. Von seiner todten und öden Kuppe, wo nur noch
einsam Adler nisten, hat man eine weite Aussicht über die Ge=
birge und Fiorde. Alles was in diesem zerschnittenen Lande
sich so schwer übersehen läßt, liegt nun plötzlich ausgebreitet
und ist mit einem Blick zu fassen. Westwärts erhebt sich
Quånangers wunderbare Fjeldspitzenreihe, und durch die Oeff=

---

[64]) Arndt, Reise durch Schweden III. S. 110. 111.
[65]) Buch, Reise II. S. 10, 129.

nungen der Felsen sieht man dahinter die noch höhere Lyngen
Kette. Südwärts gegen die schwedischen Grenzen erscheint das
Gebirge als eine unendliche Ebene, und nur einzelne lange,
charakterlose Berge darauf, die sichtbar weit unter der Höhe
von Talvigs Bergen zurückbleiben. Auch ostwärts gegen den
Porsangerfjord erscheinen höhere Berge, aber nur einzeln, erst
in blauer Ferne und kaum mehr sichtbar. Nur allein gegen
Norden hin wird Talvigs Gebirge von noch höhern Bergen
überragt, wo sich die zerrissene Gebirgsmasse Jöckulsfjeld
als ein mächtiges Vorgebirge zwischen dem Altenfjord und
Quänangerfjord weit in die See hineinerstreckt. Mit ewigen
Schneefeldern bedeckt und mit Gletschern überpanzert,
steigt sie bis gegen 3500 Fuß empor. Von Akka=Solkis Höhen
sieht man deutlich, wie die Gletscher sich aus den Schneefeldern
absondern und sich in die engen, tief einschneidenden Meeres=
arme, die kleinern Seitenfjords, hineinstürzen. Hier zeigt sich
die eigenthümliche Pracht der unmittelbaren Berührung der
alpinischen Gletschermassen mit dem Ocean, und von den steilen
senkrechten Felsen des Jöckulsfjeld stürzen im Sommer oft so
große Eismassen und mit solcher Gewalt in das Meer, daß
die dadurch entstehende heftige Bewegung im Fiord das Wasser
meilenweit viele Fuß über das Land herauftreibt, und dabei
nicht selten die Hütten der Finnen mit sich fortreißt [66]). Daß
diese Höhen die letzten Reste des großen nordischen Kjö=
len=Gebirges sind, daß sich hier zwischen Lyngen= und Al=
tenfjord das Gebirge zersplittert, und daß nach Ost=Finnmarken
kein Gebirge weiter, diesem vergleichbar, fortsetzt, ist wie Buch
bemerkt, von Akka=Solkis Höhe ganz deutlich. Südwärts
von diesen Höhen scheint die Fläche kaum noch ein Gebirge zu
sein, aber nordwärts hin stehen in langer Reihe nur Alpen
und Gletscher [67]).

Nur etwas über einen halben Grad nördlicher gerückt als
Altengaard liegt die Insel Hvalöe d. h. die Wallfischinsel an
der nördlichen Oeffnung des Altenfjord zum Polarmeer, und

----

[66]) Buch, Reise I. S. 472.
[67]) Buch, Reise II. S. 130, 131.

doch zeigt sich hier in der Umgebung der kleinen Stadt Ham=
merfest eine so große Armuth und Dürftigkeit der Natur=
verhältnisse, wie man sie bei dieser kleinen Entfernung kaum
erwarten sollte. Diese Insel producirt nichts, die Natur
bleibt in ewiger Erstarrung oder unter dem Druck der immer=
während Nebel. Hier wächst kein Baum, und bei den Häu=
sern sucht man umsonst einige Gartengewächse zu ziehen. Sie
kommen nicht fort. In den Thälern der Insel ziehen sich
zwar Birkenbüsche hin, dicht genug und voll, aber Bäume
werden sie nicht. Sie streben vergebens an den Abhängen der
Berge hinauf, schon in geringer Höhe schrumpfen sie ein, und
verschwinden, und sie kommen nicht einmal bis in die obern
Thäler. So ist das hohe Alpengebirge oben auf dem St. Gott=
hardt, alles ohne Spur von Kultur oder von Menschen. Zwi=
schen den Felsen liegen zahllose kleinere und größere Seen
zerstreut, und die Bäche daraus stürzen in Katarakten von
einem Thal in das andere. Die letzten Birken von einiger
Bedeutung finden sich in einer Höhe von 620 Fuß, es sind
Büsche nicht über drei Fuß hoch; ist weiter hinauf noch irgend
etwas von Birken sichtbar, so ist es wie ein Kraut auf dem
Boden, aber kein Busch. Hier übersteigt ihre Grenze keine
800 Fuß, während sie auf Skaane Vara bei Altengaard noch
in einer Höhe von 1300 Fuß groß waren. Deshalb beträgt
die mittlere Temperatur von Hammerfest nicht mehr als
1° Reaum. unter dem Gefrierpunkt, also einen halben Grad
unter der Fichtentemperatur. Hammerfest hat selbst noch ein
rauheres Klima als das Hospiz auf dem St. Gotthardt, und
erst dann würde man hier Hammerfests Mitteltemperatur er=
reichen, wenn man sich noch an 3 bis 400 Fuß erhöbe. Altens
mittlere Temperatur beträgt aber einen Grad über dem Ge=
frierpunkt also eine gegen Hammerfest um zwei Grad gesteigerte
Temperatur. So groß ist der Unterschied des Klimas
im Innern der Fiorde und außerhalb derselben gegen
das Meer. Die Sonne zeigt sich auf diesen finnmärkischen
Inseln nur als eine Seltenheit, der Sommer ist ohne Wärme,
und kaum erfreut man sich einiger wenigen heitern Tage. In
wenigen Augenblicken treibt der Nordwest aus dem Meere dicke

Wolken über das Land; Ströme von Regen stürzen dar
hervor, und die Wolken ziehen Tage lang über den Boden hi
Tiefer im Fiorde sind es nur leichte und vorübergehende R
genschauer, und in Alten sieht man dann bei klarer und h
terer Sonne nichts weiter als nur ein schwarzes und dunkl
Wolkenband gegen Norden am Horizont. Auch im Win
ist es vorzüglich und fast nur allein der Nordwest, welcher d
großen Schneemassen nach Hammerfest treibt und fast unau
hörlich. Deshalb ist aber auch der Winter weniger streng a
in Alten. Vom Südost erwartet dagegen Hammerfest heiter
Wetter, und im Winter die härtesten Stürme, so heftige, da
man sich außer den Häusern nicht aufrecht erhalten kann. Es
scheint, daß es die warme Meeresluft ist, welche die kältere
Luft aus den Thälern und aus dem Fiorde mit solcher Wuth
herauszieht [68]).

Noch furchtbarer erscheint die Natur auf der Felseninsel
Magerde, welche aus einem Chaos wild übereinander auf-
gethürmter Felsenblöcke besteht, nach allen Richtungen vom
Meere zerspalten und zerklüftet, wo nordwärts eine schroffe
Felsenreihe, wie spitze Pyramiden an einander gereiht, mit einer
Höhe von 1200 Fuß das Vorgebirge des Nordkap in die See
hineinschießt und der Wuth des ganzen Oceans trotzt [69]).
Und doch ist auch diese Insel noch bewohnt, denn hier liegt
der kleine Ort Kielvig in einer Bucht auf der Ostseite der
Insel unter 71° N. Br., der nördlichste Ort des europäischen
Erdtheiles. Die Elemente scheinen hier in ewiger Bewegung.
Die hohen Wellen und die Stürme von Nord und Nordost
her dringen ungehindert und mit Macht bis in das Innerste
der Bucht, und nur eine kleine Insel, ein Fels wenige hundert
Schritt vom Lande, giebt den Schiffen, welche die Nordenden
Europas umsegeln und hier anzulegen pflegen, einen unsichern
Schutz. Von Westen her stürzt der Wind mit solcher Wuth

---

[68]) Buch, Reise II. S. 41 bis 43.
[69]) Buch, Reise II. S. 76. Vergl. Jos. Acerbi, Reise durch
Schweden und Finnland bis an die äußersten Grenzen von Lappland in
den Jahren 1798 und 1799, aus dem Englischen übersetzt von Weyland.
Berlin 1803. 8. S. 417 bis 421.

wischen den Felsspalten herunter, daß die Schiffe oft eilig
ie Anker aufheben und auslaufen müssen, um nicht an den
Felsen zerstoßen zu werden. Nur bei ruhigem Wetter ankern
ie gut, aber wie selten ist es Ruhe am Nordkap. Dennoch
st auch hier die Vegetation nicht ganz erloschen. Noch zeigen
ich an den Bergabhängen Birken, aber sie sind nicht einmal
mehr Büsche. Sie erheben sich nur wenige Fuß über den
Boden, mit kleinen dürren Aesten, die nur durch ihre Blätter
an Birken erinnern. Sie steigen noch an 400 Fuß empor.
Die Berggipfel selbst, welche sich an 1400 Fuß erheben, also
nicht die ewige Schneelinie erreichen, welche hier in einer Höhe
von 2000 Fuß über der Erdoberfläche hinwegzieht, zeigen keinen
ewigen Schnee und noch weniger Gletscher, aber sie sind nur
wenige Wochen im Jahre vom Schnee entblößt, und sind nur
höchstens mit weißen Moosen, der letzten Spur der Vege=
ation, bedeckt. Dennoch ist der Winter am Nordkap fast
nicht strenger als in Stockholm, dessen mittlere Jahrestem=
eratur doch 10 Grad Wärme beträgt [70]), und niemals friert
er Boden in Finnmarken so durch, als wie es in Sibirien
und dem nördlichen Amerika der Fall ist. Die mittlere Win=
ertemperatur auf den finnmärkischen Inseln scheint nicht über
Grad Kälte zu sinken, während in weit südlichern Regionen
ie schon zu Altengaard und zu Uleåborg in Finnland das
Quecksilber jährlich dem Erfrieren nahe ist. Die Winter sind
emnach weniger gefürchtet wegen der Kälte als wegen der
türme, und deren Wuth geht über alle Beschreibung. Von
esten und von Nordwesten her stürzen sie rasend von den
Berghöhen herunter, alles bewegt sich, kein Laut kann sich
gen das Toben und Brausen erheben, keine menschliche
timme ist hörbar. In dumpfer Erwartung sucht man mit
ppelten Kleidern und Pelzwerk der Kälte zu widerstehen,
n Feuer brennt, und nur mit Mühe erhält sich das zitternde
us. Solcher Zustand hält oft Tage lang an. Dagegen
o die einzig zweckmäßigen Wohnungen Erdhütten, die mit
as bewachsen kleinen Hügeln gleichen, es sind Tungusen

---

[70]) Schouw, Naturgemälde von Europa S. 7.

Wohnungen, wie sie Buch nennt, oder wie die Gammer der Finnen. Die Natur hat hier die Normannen zu diesem troglo= dytischen Leben gezwungen in einem Lande, wo es an aller Feuerung fehlt, und man nur in der Erde gegen die Orkane und die Kälte Schutz findet[71]). Die Stürme erscheinen ge= wöhnlich, wenn die Sonne wieder anfängt sich zu erheben, aber merkwürdigerweise vermindern sie sich stets mit Einbruch der Nacht und sind die Nacht hindurch schwächer, während sie mit Tagesanbruch mit gleicher Furchtbarkeit zurückkehren. Diese gewaltsame Unruhe des Winters ist überall dem Meer um Finnmarken eigen[72]).

Nichts desto weniger sind diese Regionen bewohnt von Normannen und von Finnen und Lappen. Der reiche Fisch= fang der Gestade Finnmarkens hat seit langen Zeiten die Be= völkerung hergezogen, und hat selbst diese Gebiete zu einem Gegenstand des Kampfes zwischen Dänen (Normannen), Schwe= den und Russen seit alter Zeit gemacht. Klar wie Krystall ist hier das Meer und sehr salzig, nur in den innersten Buchten friert es zu, und Eisschollen entdeckt man nur erst viele Meilen nördlich vom Nordkap. In diesem Meere tummeln sich nun eine Menge von Haien und Wallfischen, von Schollen, Dor= schen, Heringen und andern Fischen, während alle ins Eismeer gehenden Flüsse durch ihren Reichthum an Lachsen ausgezeichnet sind. Unter den Fischerplätzen auf den finnmärkischen Inseln erscheint als Hauptmittelpunkt Hammerfest, welches nebst Tromsöe und Warddehus, auf der Insel Wardöe an der Oeff= nung des Warangerfjords gelegen, im Jahre 1787 mit den Vorrechten von Städten und Stapelplätzen ausgestattet wurde. Man bestimmte Hammerfest zum Stapelplatz von West=Finn= marken, und hoffte einen großen Theil des nordrussischen Han= dels besonders von Archangel hierher zu ziehen, da das Meer am Nordkap stets offen bleibt und auch die Fiorde von Finn= marken niemals zufrieren, während sich doch das weiße Meer auf viele Monate mit Eis belegt und den Handel Archangels

---

[71]) Buch, Reise II. S. 69.
[72]) Buch, Reise II. S. 73, 76, 78, 79, 91, 92.

f geraume Zeit unterbricht. Aber um ein ſolches Emporium
werden, müßte der Ort doch mehr Bequemlichkeiten und
ülfsmittel darbieten als blos ein offenes Waſſer. Der Ha=
t iſt zwar nur klein aber gut, er faßt drei bis vier Schiffe
quem und auch ſicher im Winter, und ſie ankern in einer
kfe von 16 bis 18 Klaftern ⁷³).

Unter den Fremden ſind es beſonders die Ruſſen, welche
n Hafen von Hammerfeſt beſuchen zum Ankauf der von den
ewohnern Finnmarkens gefangenen Fiſche, und der Handel
it ihnen iſt eine große Wohlthat und Bereicherung für das
nd. Sie bringen Mehl und andere Lebensbedürfniſſe von
rchangel, und vertauſchen dieſelben gegen die Fiſche, die von
r verſchiedenartig zubereitet bis nach Petersburg verführt
rden. Erſt ſeit dem Jahre 1742 fingen die Ruſſen an, die
nmärkiſchen Küſten zu befahren und in den Fiorden Fiſche
kaufen oder zu fangen, und da nachmals nach Aufhebung
r Handelskompagnie zu Bergen ſeit dem Jahre 1789 der
andel nach Finnmarken ganz frei gegeben wurde, ſo erhielten
n auch die Ruſſen erſt das beſtimmte Recht hier Handel zu
treiben. Seitdem hat ſich ihr Beſuch ſo vermehrt, daß
e Fiorde und Küſten dieſes Meeres im Juli und Auguſt von
hrern Tauſend kleinen ruſſiſchen Fahrzeugen beſetzt ſind. Die
ätigkeit und Betriebſamkeit der Ruſſen in dieſen Gebieten
in der That bewunderungswürdig. Nicht nur Finnmarken
rd von ihnen mit Mehl zur Genüge verſorgt, ſondern es
rd auch ſoviel eingeführt, daß ſelbſt in frühern Zeiten die
niſche Hauptſtadt wieder von dem armen Finnmarken aus
: dieſem ruſſiſchen Produkte verſehen werden konnte. Ueber=
ß kaufen die Ruſſen nicht allein die Fiſche, ſondern fangen
auch ſelbſt, und das mit ganz anderm Erfolge als die Ein=
hner des Landes, ſo daß letztere ſich ſchon über den Fort=
ng der Ruſſen beklagen und ſich in ihrer Thätigkeit und
m Gebiet für beeinträchtigt halten ⁷⁴). Wirklich ſcheint
ganze Küſte von Finnmarken es nur der kleinen Feſtung

---

⁷³) Buch, Reiſe II. S. 38 bis 40.
⁷⁴) Buch, Reiſe II. S. 47 bis 55.

1.   **28**

Warddehus zu verdanken, daß sie noch nicht eine russische Provinz geworden ist, und sie ist durch ihre Weltstellung, wie schon
die ältere Geschichte der Normannen beweiset, auf Archangel
und das Mündungsland der Dwina mehr als auf irgend ein
anderes Gebiet hingewiesen. So wie die Normannen einst die
Gestadelandschaften des weißen Meeres, Kola und Kandalax
verloren, und wie sie in neuern Zeiten die drei Distrikte Reiden
Pasvig und Peise, im Süden des Warangerfjord gelegen und
von dem Ausfluß des Enara=Sees durchströmt, zum Theil
verloren haben, so kann auch einst ganz Finnmarken, und
wohl grade nicht zum Nachtheil des Landes, für Norwegen
verloren gehen.

Hätten die Russen früher bei ihren Einbrüchen in Karelien
Finnland und Finnmarken [75]) während des dreizehnten und
vierzehnten Jahrhunderts, als in den skandinavischen Reichen
Verwirrung herrschte und der schwarze Tod (Diger Död) die
Gebiete von Halogaland und Finnmarken entvölkerte, auf feste
Eroberungen gedacht und Befestigungen dort angelegt wie am
Ladoga=See, so hätten Norwegens Grenzen wohl nie wieder
das Nordkap erreicht. Aber was die Russen versäumten, das
thaten endlich die Normannen selbst. Sie bauten ein kleines
Kastell auf Aarde im Altenfjord und nannten es Altenhus,
und da auch dies nur den westlichen Theil, nicht Ost=Finn-
marken beschützte, so ward endlich Warddehus angelegt und
jener Ort wieder verlassen. Wann dies geschah ist nicht bekannt, doch stand Warddehus schon im funfzehnten Jahrhundert,
denn als der russische Gesandte Gregor Istoma im Jahre 1496
von Moskau aus über Archangel und durch Finnmarken nach
Dänemark reisete [76]), fand er schon auf dem äußersten Vorgebirge das Schloß Barthus mit einer normännischen Besatzung. Noch konnte man also Finnmarken bis nach Sandwär
hin behaupten, aber die Ankunft der Engländer im weißen
Meere und die Gründung Archangels gaben nun jener Gegend

---

[75]) Sim. v. Salingen, Bericht von der Landschaft Lappia vom
Jahre 1591, bei Büsching, Magazin für Historie VII. S. 343.
[76]) Herberstein, rerum Moscovit. comment. p. 118.

ne ganz andere Wichtigkeit. Die bisher nur von den Russen zuberisch durchstreiften Küstengebiete auf der Westseite des weißen Meeres wurden jetzt überall mit russischen Ansiedlungen besetzt, irgends hinderten normännische Ortschaften, und nirgends trat le dänische Regierung in Norwegen den Russen hier in den Weg. So erhob sich Kola als russische Ortschaft am Polarmeere in dem ehemals normännischen Finnmarken, und aus den spätern Grenzstreitigkeiten Rußlands mit der dänischen Regierung erhellt, daß Kola schon im Jahre 1582 zu einem festen Punkt mit einer russischen Besatzung gemacht worden war[77]). Es traten also hier die Normannen zurück, und die abentheuerliche Jugendreise von König Christian IV. von Dänemark und Norwegen im Jahre 1602 nach Wardöehus und den Gewässern von Kola, um die alte normannische Herrschaft über die Gebiete bis zum weißen Meere wieder herzustellen, konnte, da keine andern politischen Unternehmungen damit verbunden waren, zu nichts führen. Die bis in die neuern Zeiten fortgesetzten Protestationen der dänischen Regierung bei den russischen Bojaren in Kola hatten sich gewissermaßen in einen Huldigungsakt verwandelt, und die damit verknüpften Geschenke glichen fast einem Tribute, den das normännische Finnmarken den jüngern Eroberern in jenem Gebiete darbrachte. In Folge der neuesten Staatsveränderungen zwischen dem vereinigten skandinavischen Staate von Schweden und Norwegen und zwischen Rußland scheint auch dies so lange streitige Verhältniß ausgeglichen zu sein[78]).

Durch Leop. v. Buch's Rückreise aus dem hohen Norden Europas werden wir durch die Mitte Lapplands hindurchgeführt, und lernen die Grenzmark des finnischen Gebietes gegen Skandinavien auf der Strecke von Altengaard nach Torneå oder an der Alten-Elf, wo das Kjölen-Gebirge in seiner großartigen Bildung aufhört, und an der Torneå-Elf entlang genauer kennen. Da der Alten-Strom wegen

---

[77]) Archiv-Nachrichten von alten Unterhandlungen, welche zwischen dem russischen und dänischen Hofe von 1554 bis 1677 gepflogen worden sind, bei Büsching, Magazin für Historie VII. S. 299 bis 336.

[78]) Buch, Reise II. S. 61 bis 63.

der Katarakten, welche er bei dem Durchbruch durch das Gebirge macht, nicht gänzlich schiffbar ist und auch wegen de
wilden Gebirgsnatur an seinen Ufern die Reise an ihm entlan
nicht ohne Schwierigkeiten ist, so verläßt man lieber das Alte
Thal mit seinem Waldreichthum bei dem Austritt aus de
Gebirge und steigt gleich westwärts auf die Höhen hinauf, u
die Katarakten=Region zu umgehen. Bald werden die Fichte
kleiner und sparsamer und verschwinden bald ganz, währen
die Birken häufiger werden. So kommt man bei dem kleine
See Gurjajaure vorüber schon in einer Höhe von 844 Fu
über dem Meere, also schon etwas über der Region der Fich
ten liegend [79]). In steilen Felswänden stürzt das Gebirg
nordwärts ab zum Thale von Altengaard und zeigt in de
verheerten Waldungen daselbst die Wuth der winterlichen Or
kane, welche sich in den engen zu den Fiorden führenden Fels
gassen brechen.

Von dem See aus steigt das Gebirge weniger steil empor,
die Thäler erweitern sich, und das Gebirge wird zu einer morastigen Fläche. Nur sparsam zeigen sich nicht hohe Birkenbüsche, auch Rennthiermoos bedeckt hier weniger den Boden,
kahl und traurig zeigt sich die ganze Natur. Zum letztenmale
erblickt man von diesen öden erhabenen Flächen das Nord-
meer, wie einen Lichtstrahl, sagt Buch, der plötzlich in der
Finsterniß aufsteigt. Man überschreitet den kleinen Fluß Ka-
rajoki, einen westlichen Nebenfluß des Alten, in einer Höhe
von 1439 Fuß; die Birkenbüsche werden immer dünner und
kommen, ohne besonders in den Thälern und Klüften geschützt
zu sein, nicht mehr fort. Am zweiten Tage erreichte Buch,
ein ganz flaches und dürres Thal aufwärts steigend, die Höhe
von Ruppi Vara, an 2494 Fuß über dem Meere, zugleich
die größte Höhe des flachen Gebirges, nur an sechs Meilen
in grader Richtung südwärts von Altengaard entfernt. Eine
meilenweite Aussicht im Umkreise eröffnet sich von hier. Lyngens Schneekette zeigt sich, obschon an zehn Meilen entfernt,
in langer Reihe am Fiord hin; am Fuße von Ruppi Vara

---

[79]) Buch, Reise II. S. 142.

eht sich eine lange moorige Fläche gegen Quänangerfjord
in mit vielen kleinen morastigen Seen besetzt. Alles gewährt
nen öden, traurigen Anblick. Zwar war der Schnee damals,
ls Buch diese Gebiete durchwanderte, im September, schon
nge verschwunden, aber doch zeigte sich die Natur todt und
starrt. Die Zwergbirke, die treue Gefährtinn auf diesen
Gebirgen, erhielt sich nur in schwachen, kraftlosen Zweigen;
Multebeeren (Rubus chamaemorus) suchen vergebens Früchte
treiben, sie tragen nur Blätter, und nur hin und wieder
twickelt sich krampfhaft eine Frühlingsblüthe im Herbst; ein-
lne sparsame Büsche von Bergweiden scheinen hier mehr dem
nfreundlichen Klima zum Trotz als zur Bedeckung des Bodens
sein [80]).

Von Nuppi Vara aus gegen das Innere des Landes zu
nkt sich immer mehr das Gebirge, südwärts fällt der Blick
f eine endlose Fläche, auf welcher die einzelnen Berghö-
n mehr Hügel als Berge zu sein scheinen. Aber nordwärts
ch den Fiorden zu erhebt sich die ganze Masse des Ge-
rges und die höchsten Berge sind grade dort, wo sie zwischen
ei Fiorden eingeengt sind. Dort weiden die Rennthiere der
r im Sommer nomadisirenden Lappen in einer Höhe von
00 bis 2800 Fuß, und nur selten auf einer Meereshöhe von
00 Fuß. Dagegen stehen die Wintergammen der Lappen
ht über 700 Fuß hoch über dem Meeresspiegel. Es ist dem-
ch eine große Eigenthümlichkeit dieses skandinavischen Gebir-
s, daß die Lappen, je mehr sie sich der See nähern, auch
so höher ihre Heerden an den Bergen herauftreiben können.
idwärts gelangt man weiter zu dem langen und schmalen
olmijäure (Jaure oder Järwi bedeutet in der finnisch-
pischen Sprache einen See wie Joki einen Fluß), schon ein
bes Tausend Fuß unter jener Höhe, nur noch 2100 Fuß
r dem Meere. Seine kahlen Ufer tragen noch keine Spur
Birken, nur Zwergbirken und Bergweiden findet man hier
zwei bis drei Fuß hohe Sträuche, die sich am Rande der
nen Bäche hinziehen und den Lappen kaum ein dürftiges

---

[80]) Buch, Reise II. S. 142 bis 141.

Brennmaterial gewähren. Der Sommer ist auf solchen Höhen
nur sehr kurz, es ist, als wohnte man noch über dem Kloster
des großen Bernhard hinaus, und schon Anfang September
untersagen die sich einstellenden Schneemassen das fernere Hervorsprossen der Kräuter und Blumen [81]).

Der Zjolmijaure ergießt sich südwärts in eine Reihe lang
gestreckter schmaler Seen, welche flußähnlich unter 69° N. Br.
nach Osten umbiegt, um die gesammte Wassermasse aller dieser
mit besondern Namen bezeichneten Seen durch einen gemeinsamen Kanal, Siaberdasjoki genannt, zum Alten=Strom
zu führen. Alle diese Seen sind außerordentlich fischreich
und sie werden deshalb nicht blos von den Lappen, sondern
auch von den Finnen von Kautokeino fleißig besucht. Merkwürdig bleibt es immer, daß da, wo kaum ein Reis zur Feuerung gedeiht, wo Wölfe und Bären nur der Rennthiere wegen
hinkommen, wo fast die ganze vegetative Natur erstarrt ist,
doch zwei ganz verschiedene Völker die Mittel ihrer Erhaltung
und auf so verschiedenen Wegen finden. Die Rennthiere haben
Nomaden, die Lappen, in diese Berge gezogen, die unendliche
Menge von fischreichen Seen aber feste Ansiedler, die Finnen.
Die ganze Umgebung dieser Seenreihe bildet ein weites flaches
Gebirgsthal, welches ohne die geringste Felsenbildung zu
zeigen mit Morästen und unzähligen kleinen Seen bedeckt ist,
und sich südostwärts zum Alten=Strom zu einer weiten horizontalen Ebene ausbreitet, vielleicht der ersten und einzigen
dieser Art vom Nordmeere aus. Es liegt dieselbe noch in einer
Höhe von 1550 Fuß über dem Meere, und doch zeigen sich
hier schon wieder Birken obwohl nur in kleinen Büschen.
Demnach scheint die Birkengrenze in der Nähe von Kautokeino an 1600 ja bis nahe an 1700 Fuß emporzusteigen, und
es hat also diese Gegend, einen Grad südlicher als Altengaard
gerückt, schon um etwas an Milde des Klimas gewonnen.
Die inselartigen Berghöhen, welche auf der Ostseite jener Seenreihe sich entlang ziehen, haben nur eine relative Höhe von

------

[81]) Buch, Reise II. S. 154, 155.

0 Fuß, also höchstens eine Erhebung von 2000 Fuß über
m Meeresspiegel [82]).

Je mehr man nach Südosten hinabsteigt, desto mehr
nmt die Birkenvegetation zu, und bald zeigen sich ganze
aldungen von Birken und die Hügelreihen mit hohem
ennthiermoose und Bergweiden bedeckt. So erreicht man
n Siaberdasjoki, dessen Breite, Tiefe und große Schnelligkeit
weisen, daß der Strom schon einen weiten Weg gemacht
ben müsse, daher ist er im Frühjahr und Herbst auch nur
it Mühe zu durchsetzen. Er bildet die Hauptquelle des
oßen Alten = Stromes, mit der Freiberger Mulde zu ver=
eichen, und merkwürdig ist es, daß die Quellen dieses Stromes
n Südfuße von Ruppi Vara dem Nordmeere bei Altengaard
äher liegen als dem Orte Kautokeino, wohin er sich erst
endet, um von da wieder in entgegengesetzter Richtung von
üden nach Norden neben seinem Quellgebiet vorbei sich in
m Altenfjord zu ergießen. Diese sonderbare Theilung der
ewässer zwischen Altengaard und Kautokeino zeigt vornehm=
h, wo der weitere Verlauf des Kjölen = Gebirges zu suchen
t, indem dieses unmittelbar an den Gestaden des Eismeeres
on der Alten = Elf unterhalb Masi in seiner ganzen Breite
urchbrochen wird, und es erhellt hier ganz deutlich, daß wie
äufig die Wasserscheidelinie keineswegs auf dem Rücken
es Gebirges entlang ziehe, sondern selbst unmittelbar an
inem Fuße liegen könne. Von den Ufern des Siaber=
asjoki liegt Kautokeino, wo sich die übrigen Quellströme des
lten=Flusses mit jenem unter 69° N. Br. vereinigen und nun
rst den Namen Alten=Elf empfangen, nicht mehr fern. Alle
pur von Gebirge ist hier verschwunden, ein offenes flaches
ügelland breitet sich aus, erfüllt mit bewachsenen Morästen
nd zahlreichen kleinen Seen. Hier überrascht wieder der An=
lick schöner Wiesen und weidender Kühe, es erscheint wieder
ine Häuserreihe mit einer Kirche versehen, und man glaubt

---

[82]) Buch, Reise II. S. 166 bis 168.

aus dem öden lappischen Gebirgslande wieder in ein Kult
land zurückgelangt zu sein [83]).

Der Alten-Strom, dessen Laufe durch das Gebir
Acerbi auf seiner Reise von Kautokeino nach Altengaard folg
ist wie dieser Reisende sagt, einer der schönsten Flüsse, wel
er angetroffen habe. Seine Ufer nach der Vereinigung t
verschiedenen Quellströme unterhalb Kautokeino sind hier u
da mit Bäumen eingefaßt, zuweilen bestehen sie aus Felse
zuweilen aus dürrem Sande. Den Eintritt in das eigentli
Gebirgsland bezeichnet ein prachtvoller Katarakt, inde
sich der Fluß plötzlich zwischen zwei Felsen von einer Höhe vo
40 Fuß senkrecht hinabstürzt, wodurch die Schifffahrt au
dem Flusse unterbrochen wird. Da müssen die Fahrzeuge übe
eine halbe Stunde Weges an den Ufern zu Lande fortgezog
werden, bis man die Stelle unter dem Katarakt erreicht,
der Fluß wieder schiffbar wird. Reißend schnell setzt der Alt
von dort seinen Lauf fort bis nach Masi, einer kleinen Kirch
welche im Altenthale ostwärts von der Höhe von Ruppi Var
mitten zwischen dichtem Buschwerk liegt [84]). Unterhalb d
einst für eine Lappen Mission errichteten Kirche von Masi be
ginnt der eigentliche Durchbruch des Alten durch das Ge
birge in zahlreichen Krümmungen und mit einer Menge furcht
barer Katarakten, so daß hier der Fluß wieder unschiffbar
wird, und die Reisenden nöthigt den Weg zu Lande an seinen
Ufern fortzusetzen. Der sehr beschwerliche Weg über die Ge
birgshöhen führt durch Dickichte von Birkenbäumen und Zwerg
birken und über Moorgründe, welche mit dickem Moose bedeckt
sind. Die Fläche des Gebirges fand Acerbi ganz nackt ohne
Baumwuchs, die weite Ebene auf demselben auf eine Strecke
von drei Meilen bildete einen weiten Teppich von Renn
thiermoos, unterbrochen von Sümpfen, Morästen und Teichen
und zum Theil noch im Juli bedeckt mit Schneemassen und
Wolkennebeln. Die Uebersteigung des Gebirges verursachte große
Beschwerde, aber um so überraschender war auch der Anblick

---

[83]) Buch, Reise II. S. 170, 171.
[84]) Acerbi, Reise durch Schweden und Finnland S. 390.

uf die Landschaft· am Nordfuße des Gebirges.   Dort zeigte
ch eine reiche schöne Vegetation, stattliche Bäume und üppiger
Graswuchs, durch welchen der krystallhelle Alten seine Fluth
dahin wälzte, und dessen Laufe Acerbi weiter nach Altengaard
olgte [85]).

Kautokeino an der Kautokeino=Elf bei ihrer Verbindung
mit dem Siaberdasjoki liegt nur noch in einer Höhe von 784 F.
über dem Meere und schon am südöstlichen Abhange des Kjö=
m=Gebirges.   Denn wenn auch die Gewässer nach dem Eis=
meere und nicht nach Schweden herunterlaufen, so kann man
noch die baltischen Gestade erreichen ohne über das kleinste Ge=
birge zu kommen, während nach Norden zu grade das entgegen=
gesetzte sich zeigt.   Kautokeino, von mehrern ansäßigen Familien
der finnländischen Kwänen bewohnt und temporär auch von
Lappen, ist ein wichtiger Punkt in diesem Norden.   Besonders
im Winter ist der Ort und die Umgegend sehr belebt, im Som=
mer öde und wüst.   Denn zu jener Zeit halten sich die Finnen
und Lappen hier auf, welche im Sommer theils dem Fischfang
in den benachbarten Seen nachgehen, theils mit ihren Heerden
nomadisiren.   Die Jagd auf großen Schneeschuhen gewährt
im Winter viele Beschäftigung und dem geschickten Jäger reich=
lichen Gewinn an wilden Rennthieren oder an Vögeln, und
die Lappen haben hier zahlreiche Vorrathshäuser für ihre Pelze,
Kleider und Wintergeräthschaften [86]).   Alljährlich im Februar
ist hier ein lebhafter Markt, wo die Kaufleute aus Torneå
und Finnmarken sich einfinden und gegen die bei ihnen einhei=
mischen Produkte die Rennthierhäute und das Pelzwerk der
Lappländer eintauschen.   Fischfang und Jagd ist aber nicht die
einzige Beschäftigung der Bewohner Kautokeinos, denn die
finnischen Kwänen haben auch einiges urbares Land, wo
Hafer und Gerste gebaut wird [87]).   Zwar hört eigentlich
schon im südlichen Lappland mit dem 67° N. Br. der Kornbau
bei 800 Fuß Meereshöhe auf, doch wird selbst noch zu Enon=

[85]) Acerbi, Reise S. 393 bis 400.
[86]) Buch, Reise II. S. 172, 183.
[87]) Acerbi, Reise S. 385.

tekis am Muonio Fluß, zwar einen halben Grad südlicher als
Kautokeino, dagegen aber in einer Höhe von 1400 Fuß gelegen,
noch etwas Korn gebaut, wenn gleich man nur jedes dritte
Jahr daselbst auf reifes Getreide rechnen kann. Indessen bleibt
es immer auffallend, daß hier noch Kornbau zu finden ist,
wo die mittlere Jahrestemperatur an anderthalb Grad unter
dem Gefrierpunkt steht, während in den Schweizer Alpen der
Kornbau schon bei 4 und in den süd=amerikanischen Gebirgen
schon bei 10 Grad mittlerer Wärme aufhört [88]).

Von Kautokeino aus folgt man der Kautokeino=Elf auf=
wärts über eine ziemlich ausgedehnte nur von mäßigen Hügeln
durchsetzte Ebene. Sie ist mit einer unendlichen Menge klei=
ner Seen besetzt, welche so aneinander gereiht liegen, als
wäre dies Land nicht durch Thäler, sondern durch flache Trich=
ter zerschnitten, deren Boden die Seen jetzt einnehmen. Diese
Seen, aus welchen die meisten Quellbäche des Alten ihren Ur=
sprung nehmen, sind außerordentlich reich an Fischen, und
deshalb haben sich auch bis hierher die zahlreichen finnischen
Kolonisationen verbreitet. Der Hauptfang ist immer auf
den Sick (Salmo lavaretus) gerichtet, welcher alle diese Seen
belebt, und die Hauptnahrung der finnischen Kwänen bildet.
Auch stehen die Fische der Seen in dem Rufe fetter und schmack=
hafter zu sein als die, welche man aus den Flüssen erhält. Nur
erlauben die Flüsse im Frühjahr einen zeitigern Fang als die
höher liegenden und später aufgehenden Seen [89]). Südwärts
der allmählig aufsteigenden Bergebene folgend erreicht man den
Aibijaure, aus welchem der Bojaweckiejoki, oder Pepojovaivi
bei Acerbi genannt [90]), als eine der Hauptquellen vom Kauto=
keino=Flusse sich zur Alten=Elf hinabzieht, und eine halbe Meile
weiter gelangt man über einige mit weißem Rennthiermoose
bedeckte Hügel zum Jedekejaure, dessen Gewässer einstmals
die alte Reichsgrenze zwischen Schweden und Norwegen
bezeichneten. Es war eine schöne September Nacht, welche

---

[88]) Schouw, Naturgemälde von Europa S. 11, 12.
[89]) Buch, Reise II. S. 195 bis 197.
[90]) Acerbi, Reise S. 368.

auch dort verbrachte, der helle Vollmond spiegelte sich in dem
ruhigen Waſſer des Sees, deſſen Ufer mit Birkengebüſch um-
ſetzt waren. Die Landſchaft erinnerte ihn an die ſchönen Seen
in Holſtein, und ließ ihn vergeſſen, daß er ſich auf der Waſſerſcheidelinie von Lappland befand. Die heitere Sonne des
folgenden Morgens bedeckte das Moos nur für einen Augenblick mit leichtem Reif, der bald verſchwand. Die Nacht hindurch hatte es gar nicht gefroren. Solches Klima in der Mitte
des September und in ſolcher Breite entfernt den Gedanken
an ewigen Schnee dieſer Flächen und an nie unterbrochenen
Winter. Auf den Hügeln rings umher zeigte ſich nirgends
eine Spur von Schneeflecken, die Birken zogen ſich überall
wie kleine Büſche bis auf die Gipfel und ihr Grün wechſelte
überall mit der Weiße des Rennthiermooſes darunter [91]). Auch
Acerbi glaubte bei ſeiner Reiſe durch dieſe Gegend im Juli die
Milde des ſommerlichen Klimas mit der von Italien vergleichen
zu müſſen [92]).

Der Jedeke-See bezeichnet die größte Höhe der
Waſſerſcheidelinie zwiſchen dem Polarmeere und dem baltiſchen Meere, grade unter dem 68½ N. Br., oder ein Drittheil
der Erſtreckung zwiſchen Altengaard und Torneå von dem erſtern Meere und zwei Drittheile von dem letztern entfernt.
Denn er liegt in einer Höhe von 1295 Fuß über dem Meere
und zwar in einer weiten Ebene, in welcher ſich einzelne Höhen wie Jeaurisvara und Salvasvaddo nur mit einer relativen
Höhe von 4 bis 500 Fuß mehr als Hügel denn als Berge
erheben [93]). Dieſe mäßig erhabene Waſſerſcheidelinie, zwiſchen
welcher und dem Kjölen-Gebirge Kautokeino wie in einer mul-
denförmigen Einſenkung gelegen iſt, bezeichnete nach dem jüngſten Grenztraktat zwiſchen der däniſchen und ſchwediſchen Krone
vom Jahre 1751 bis auf die neuern Zeiten die Grenze zwiſchen Norwegen und Schweden; das ehemals zwiſchen
Dänen und Schweden ſtreitige Kautokeino wurde zu Norwegen

---

[91]) Buch, Reiſe II. S. 198 bis 200.
[92]) Acerbi, Reiſe S. 388.
[93]) Buch, Reiſe II. S. 201.

geschlagen, und die Grenze nach der Wasserscheidelin
und nicht nach dem Gebirgsrücken gezogen[94]). Aber seit d
Frieden von Fredrikshamn vom Jahre 1809 wurde Norwe
hier der Nachbar Rußlands, dessen Gebiet sich seitdem
einem schmalen Streifen Landes zwischen Norwegen und Sch
den westwärts hineindrängt, weil gegen Norwegen die Wass
scheidelinie als Grenzmark beibehalten, gegen Schweden ab
der Lauf der Torneå=Elf und des Enontekis=Joki als Gren
festgestellt worden ist[95]).

Der Pala=See (Palajaure), der südliche Grenznachba
des Jedeke, aus dessen Wassern der nach Süden fließende Pa
lajoki seinen Ursprung nimmt, liegt schon auf dem einstmalige
schwedischen Gebiete. Er ist ausgezeichnet durch seinen Fisch=
reichthum und wird daher viel von den schwedischen Finnen
besucht, welche hier und in den benachbarten norwegischen
Seen den Sommer hindurch fischen und mit dem Eintritt des
Winters in ihre Heimath zurückkehren. Zugleich finden sich
hier zahlreiche Schaaren kleiner Seeschwalben (Sterna hirundo
L.), welche sich von Fischen nähren und durch ihre eigene Jagd
die fischreichsten Orte den Fischern anzeigen[96]). Das gesammte
Wasserscheidegebiet zwischen beiden Meeren, wo die Quellen der
Alten=Elf und Torneå=Elf nebst denen der Tana=Elf einan=
der nahe benachbart liegen, bildet eine weite, flache Hoch=
ebene von einer seereichen, sumpfigen und moorigen Oberfläche.
Die Moore sind mit Moos bedeckt, welches die Hauptnahrung
des Rennthieres bildet; es ist von blaßgelber Farbe, die, je
trockner es wird, desto mehr ins Weiße übergeht. Die Regel=
mäßigkeit seiner Bildung und die Gleichförmigkeit, womit die
ganze Oberfläche der Erde bedeckt ist, gewähren einen sehr
auffallenden, sonderbaren Anblick; es hat das Ansehn als sei
sie mit einem prächtigen Teppich oder mit einer Schneedecke
überzogen. Nirgends fanden die Reisenden das Moos in so
ungeheurer Menge als wie hier, es war das einzige Pro=

---

[94]) Acerbi, Reise S. 377.

[95]) Jul. v. Hagemeister, Rußlands Territorialvergrößerung von
Peter dem Großen bis auf Alexander. Riga 1834. 8. S. 41,

[96]) Acerbi, Reise S. 345.

uft, welches die Natur mit Vorliebe hervorzubringen schien;
: schien hier der König der Gewächse zu sein und unum=
hränkt über das Pflanzenreich zu herrschen. Unwillführlich
wet es den Wanderer zur Ruhe ein, man geht auf demselben
vie auf Wolle, und nur die vielen von den wilden Rennthieren
emachten Fußsteige gewähren einen festern Pfad. Bald zeigen
ich wieder, je mehr man der sanft geneigten Ebene abwärts
olgt, die ersten vertrockneten Fichten, die durch einige warme
Sommer verleitet, sich zu hoch hinauf gewagt haben, und nir=
ends zeigt sich in diesen Regionen das Moos üppiger, größer
md dichter als da, wo die Kälte den Fichten das weitere Auf=
teigen verbietet! Diese Kraft und Fülle erhält sich ungefähr
is zur obern Birkenregion, etwa 300 Fuß in senkrechter Höhe;
veiter hinauf wird das Moos wieder dünner und schwächer,
ind von Ferne gesehen scheinen die nackten Steine der Hügel
nehr durch als die weiße Moosdecke ⁹⁷).

Die eigenthümliche Verbreitung der Moosvegeta=
ion in diesen Theilen Lapplands ist von großem Einfluß auf
ie Wanderungen der Lappen. Denn in Schweden hebt sich
as Land so sanft von den bottnischen Gestaden, daß man das
nsteigen oft nur durch den Lauf der Flüsse erkennt. Die
läche verbreitet sich daher viele Meilen weit, ehe sie von der
bern Fichtenregion die obere Birkengrenze erreicht hat, und
aher sind auch viele Meilen mit diesem Moosreichthum be=
ckt. In Norwegen dagegen erheben sich die Berge so schnell,
iß sie bald auf sehr kurzen Grundflächen sich bis über die
aumvegetation emporschwingen. Dem Moose bleibt zur Aus=
eitung in dem ihm eigenthümlichen Klima nicht Raum genug,
id statt wie in Schweden ganze Quadratmeilen zu bedecken,
idet es hier oft nicht halbe Meilen zwischen den Fichten und
rken, und auch dann nur in eng umschlossenen Thälern.
:shalb können sich Rennthier=Lappen niemals in Norwegen
)alten, sie würden aber auch in Schweden allein nicht ge=
hen, könnten sie nicht jährlich die Berge an der norwegi=
en Seeküste besuchen. Denn in Schweden ist selten die

---

⁹⁷) Buch, Reise II. S. 211, 212. Acerbi, Reise S. 338, 339.

Fläche hoch genug, um die Rennthiere gegen die Wärme
gegen die Inſektenplage des Sommers zu ſchützen, mit
auch alle Reiſenden ſo viel zu kämpfen haben. Die T
würden verkommen, wenn die Berghöhen Norwegens ih
nicht Gelegenheit gäben, ſelbſt in den wärmſten Monaten
Jahres Schnee zu erreichen. Das Rennthiermoos iſt aber
ſeiner Natur unendlich viel biegſamer als das Rennthier,
es ernährt. Verliert es auch in den Fichtenwaldungen et
von dem frohen Wuchs zwiſchen den Birkbüſchen der Hö
ſo bleibt es doch immer noch, und ſelbſt ſehr weit ſüdwä
die vornehmſte und auffallendſte Bedeckung des Bodens. Ma
hat in dem ſchwediſchen Weſterbottn und in Jemtland ſcho
lange das Gebiet der Rennthiere verlaſſen, wenn noch imme
Rennthiermoos die nackten Klippen in den Wäldern überzieh
Ja es verbreitet ſich bis nach Stockholm hin und es iſt ſelb
den Felshöhen von Schonen nicht fremd, wo ein Rennthie
kaum einige Jahre aushalten würde °°). Neben dieſem Renn
thiermooſe zeigt ſich hier aber auch noch die Angelikapflanze
oder Engelswurzel, eines der vorzüglichſten und leckerſten Pro
dukte des Nordens, welches gleich dem Löffelkraut (Cochlearia)
an den Seegeſtaden Finnmarkens für das vorzüglichſte antiſkor
butiſche Mittel gehalten wird; es iſt eine Lieblingsſpeiſe der
Lappen, dem ſie auch vornehmlich ihre Geſundheit verdan
ken °°).

Um den nächſten Ort auf der Südſeite der Waſſerſcheide,
Lippajärfwi, zu erreichen, muß man den Palajoki durchſetzen
welcher zur Muonio⸗Elf hinabführt. Buch fand ihn, da e
eben durch Regen angeſchwellt war, an zehn Klafter breit be
einer mittlern Tiefe von acht Fuß, ſo daß er nur auf eine
Floſſe überſchritten werden konnte. Seine Ufer ſind ziemli
hoch, nicht felſig, von Weiden, Birken und Rennthiermoo
verſteckt, und nirgends zeigt ſich Gebirgsbildung. Von m
an ſtanden die Fichten dichter und wurden bald zum Walde
und ſo gelangt man zu dem kleinen von Ackerfeldern umgeb

°°) Buch, Reiſe II. S. 213, 214.
°°) Acerbi, Reiſe S. 356.

m Ort Lippajärfwi. Zu seiner Seite erheben sich die
uschigen Abhänge des Lippivara, des höchsten Berges der
Gegend, der den Wanderern durch die weiten Moor= und
Roosflächen als Wegweiser dient; er ist am Fuß mit Fichten
nd bis zum Gipfel hinauf mit Birken bedeckt, und erhebt
ich auf der Ebene von Lippajärfwi, die eine Meereshöhe von
200 Fuß hat, mit einer relat. Höhe von 600 Fuß. Die hier
eginnende Fichtenwaldung verräth aber auch durch ihr
ränkliches, trauriges Aussehn deutlich genug die Mühe sich
uf dieser Höhe und in diesem Klima zu erhalten. Dennoch
vird hier Ackerbau getrieben, obgleich der Hafer nicht immer
eräth und fast nur versuchsweise angepflanzt wird. Lippa=
ärfwi, eine finnische Ansiedlung, jetzt auf russischem Gebiete
elegen, ist neben dem benachbarten Enontekis wohl die höchste
ste Wohnung in diesen Breiten und der höchste Ort, wo
och Hafer angebaut wird [100]). Nur allmählig senkt sich die
andschaft südwärts und man erreicht, dem Palajoki folgend,
er durch Wiesen von Birken und Ellern umsäumt dahin fließt
nd einige kleine Fälle bildet, wenige Meilen unterhalb den
)rt Palajoensuu an der Einmündung des Palajoki in den von
Rordwest kommenden Enontekisjoki, wonach der Ort auch
enannt ist, denn Suu bedeutet in der finnisch=lappischen Sprache
ne Mündung. Palajoensuu liegt nur noch in einer Höhe
on 1000 Fuß über dem Meere, und von hier aus folgt man
r heutigen russisch=schwedischen Grenze an der Muonio=Elf,
ie der vereinigte Pala= und Enontekis=Fluß genannt wird, und
r Torneå=Elf abwärts bis zum Meere noch auf eine Strecke
n 40 Meilen. Die Fichtenwälder sind hier schon völlig
Flor und vermögen schon gutes Brennholz zu liefern. Hier
igt sich wieder Altens Klima, und was Palajoensuu an Wärme
rch seine hohe Lage verliert, das hat es durch die südlichere
reite gewonnen [1]). Von hier an rechnete auch Acerbi bei
ner Reise von Süden nach Norden den Anfang Lapp=
nds, bis hierher traf er überall dieselben Naturverhältnisse

---

[100]) Buch, Reise II. S. 216, 217.
  [1]) Buch, Reise II. S. 221.

in kataraktenreichen Flüssen, in Seen, Sümpfen und Wäldern bestehend, jenseits aber begann mit dem Nomadenleben der Lappen das Gebiet der waldlosen, aber moosreichen Hoch flächen [2]).

Ueber eine Menge kleiner Katarakten stürzt sich die Muo nio=Elf hinab und einige Meilen abwärts erreicht man bei dem Orte Songa Muotka die ersten Tannen in einer Meeres höhe von 800 Fuß, und zwar in einer senkrechten Höhe von 448 Fuß unter den ersten Fichten, wenn gleich in dieser süd lichern Breite die Fichten noch volle 728 Fuß aufsteigen könn ten ehe sie verschwänden. Es zeigt sich hier eine schnelle Zu nahme der mittlern Temperatur, obschon sich dieselbe südwärts nicht steigert, da die Kälte der Winter mit der Entfernung von großen Ocean sich vermehrt und fast in gleichem Verhältniß als die Sommer durch die südliche Breite zunehmen. Zwei Meilen unterhalb gelangt man nach Oevre Muonioniska, einem großen Dorf am Hügelufer des Flusses, von Kornfeldern umgeben, der erste bedeutende Ort, den man aus den obern Wüsten erreicht, und eine volle Meile tiefer liegt Neder Muo nioniska, durch eine lange Reihe von Wasserfällen von dem erstern getrennt. Sie liegen einen Breitengrad südlicher als Kautokeino und zwei als Altengaard, oder unter dem 68° N. Br. und zwar in einer Meereshöhe von ungefähr 700 Fuß [3]). Die Bewohner beider Ortschaften, welche sämmtlich Finnen sind, nähren sich meistens vom Fischfang und der Jagd, da die Fischerei sehr ergiebig ist und der Ackerbau noch nicht sehr bedeutend. Einige halten sich auch Rennthiere, die sie den Sommer hindurch den Lappen anvertrauen, welche mit ihnen die höhern Bergweiden besuchen. Im August findet hier eine sehr ergiebige Jagd auf Wasserwild statt. Von den niedern Berghöhen auf dem Ostufer neben Muonioniska zeigt sich eine weite Aussicht über die südwärts ausgebreiteten Sumpf= und Moorflächen [4]), durch welche der Strom in zahlreichen Kata

---

[2]) Acerbi, Reise S. 335.

[3]) Buch, Reise II. S. 224.

[4]) Acerbi, Reise S. 322 bis 330.

!ten über die Gneus= und Granittafeln hinweg seinen Lauf
'tfetzt um fich mit der Torneå=Elf zu vereinigen.

Denn gleich unterhalb Muonioniska folgt ein gewaltiger,
:chtbarer Katarakt, wo das von den Felsen eingeschnürte
asser fich schäumend hinabstürzt. Es ist der berühmte Cian=
ika Fall. Die kühnen Finnen wagen nichts desto weniger
f ihren stark gebauten Booten im Kampfe mit der reißenden
trömung und der Gewalt der tobenden Wellen auf diesem
ege hinabzufahren, um die Produkte des Nordens nach Torneå
führen. Am Fuße des Falles liegt der einsame Hof Muo=
'alufta, schon an 173 Fuß unter Muonioniska und nur eine
iertelmeile von demselben entfernt. Von da ab sind die Ufer
r Muonio=Elf schon mit zahlreichen L a u b h o l z w a l d u n g e n
beckt, aus Birken, Weiden, Ellern und Vogelbeerbäumen
tehend, hinter deren dichten Laube die dunkeln Tannen wie
ipreffen emporsteigen. Hier zeigt fich eine reiche Vegetation,
s weiße Rennthiermoos verschwindet. In einer reißenden
trömung fließt der Muonio dahin in e i n e r steten K a t a=
fktenbildung, gleich den Porogen des Dnepr, also mei=
ns mehr Stromschnellen als wirkliche Wafferfälle[5]). Dennoch
der Strom sehr gefährlich zu befahren, und die Auffahrt
iftens so schwierig, daß selbst die Finnen, welche durch alle
iffende durch diese Gebiete als treffliche und unerschrockene
iotsfahrer berühmt geworden sind, an vielen Punkten die
hrzeuge zu Lande durch die Sümpfe und durch die Dickichte
i Tannen und Fichten hinaufschleppen, um den Katarakten
zzuweichen[6]). Der bedeutende Fall des Stromes zeigt
darin, daß der etwas oberhalb Kolare gelegene Ort Houkt
:er 67½° N. Br. schon über 300 Fuß unter Muonioniska
r in einer Meereshöhe von nur 390 Fuß liegt, und diese
ehmende Senkung des Bodens gegen den Meeresspiegel be=
'undet fich auch durch eine größere Milde des Klimas
) eine weit reichere Vegetation im Verhältniß zu dem

---

[5]) Buch, Reise II. S. 232.
[6]) Acerbi, Reise S. 312 bis 317.
1.

nur einen halben Breitengrad nördlicher gelegenen Muonis
niska [7]).

Ueber das finnische Dorf Kolare hinaus folgt eine Reih
kleinerer Stromschnellen, die Uferlandschaften sind vollkomme
eben und reich besetzt mit Birken und andern Laubhölzer
welche mit Tannen= und Fichtenwaldungen abwechseln, un
der Landschaft ein gefälliges Ansehn geben. Plötzlich stür;
dann von Westen her aus dem finstern Walde die große Tor
neå=Elf schäumend über Felsen und Klippen hervor. Sie i
durch die Felsen so zusammengedrängt, daß sie gegen die Muo
nio=Elf nur wie ein Bach erscheint, aber reißend stürzt sie su
in die letztere hinein und verschlingt diesen Muonio bis au
den Namen, obschon doch unterhalb nicht der Muonio, son
dern der Torneå=Fluß seine Richtung verändert. Die Vere
nigung beider Ströme ist bei dem Eisenwerke Kengis unt
67° 10' N. Br., und schon die Anlagen um Kengis beweise
daß man Lappland verlassen und das schwedische Kulturlan
betreten hat. Denn wenn auch Lappland in alten Zeiten bi
zur Mündung der Torneå=Elf hinabreichte, so sind doch scho
seit der Mitte des vorigen Jahrhunderts alle Gegenden an
untern Torneå=Strome angebaut worden, und wo vormal
durch die Wüsten nur einzelne lappische Familien umherzoge
da sind jetzt fleißige Finnen mit ihren Haushaltungen angesi
delt. Lapplands Grenzen haben sich nordwärts immerme
zurückgezogen und sind endlich bei Muonioniska stehen geblieb
Aber es hätte nicht viel gefehlt, daß sie auch noch weiter nor
wärts gedrängt wären, wenn nicht die vielen Auswanderung
der Finnen nach Norwegen einen momentanen Stillstand i
den Anbau des schwedischen Lappland gebracht hätten [8]). Ke
gis Eisenwerke sind sehr alt, obgleich sie sich nie zu eim
bedeutenden Höhe haben erheben können. Die Gruben d
Werkes liegen acht Meilen höher am Torneå=Flusse herm
bei Junos Suvando an den Grenzen von Westerbottn u
Lappland, dort steht auch ein Hohofen unter $67\frac{1}{2}$° N. Br., M

---

[7]) Buch, Reise II. S. 234.
[8]) Buch, Reise II. S. 236, 225.

nördlichste Hohofen der Welt. Einige Meilen tiefer abwärts
an der Torneå-Elf steht noch ein anderer Hohofen bei Tor-
neåfors, der aber nicht immer im Gange ist. Beide wurden
schon in der Mitte des siebzehnten Jahrhunderts gebaut, nachdem man den reichen Schatz von Eisenerzen in diesen Gegenden
entdeckt hatte. Nur hemmt der schöne und große Wasserfall der Torneå-Elf unmittelbar über Kengis Werk, der auf
eine Strecke von 150 Faden mehr denn 60 Fuß beträgt bei
einer Breite von 100 Faden, alle Wasserverbindung zwischen
den obern und untern Gegenden [9]). Denn es finden sich hier
an den schwedisch-lappländischen Grenzen die mächtigsten Ablagerungen von Eisenerzen, die sich zum Theil selbst
über die Oberfläche der Erde als Eisenberge erheben, nur ist
das dort gewonnene Eisen nicht von vorzüglicher Güte und
die weitere Bearbeitung dieser Eisengruben schwierig wegen
Holzmangel, und der Transport kaum möglich wegen der reißenden Gewässer jener Gegend [10]).

Das gesammte Gebiet um den untern Torneå-Fluß bis
zu den Gestaden der Ostsee, welches meistens aus niedrigen
sich nur wenig über den Spiegel des Meeres erhebenden und
mit Sümpfen und Waldungen bedeckten Felsplatten besteht,
führt seit ältern Zeiten den schwedischen Namen Bottn oder
das Bottenland d. h. die Niederung, denn das Wort Bottn
entspricht dem deutschen Worte Boden, und bezeichnete daher
auch bei den ältern Skandinaviern die beiden großen flachen
Golfen des baltischen Meeres gegen Osten und gegen Norden,
für welchen letztern sich der Name bis jetzt erhalten hat [11]).
Dieses Bottnien bestand aus Osterbottn auf der Ostseite des
bottnischen Golfes in Finnland, aus Westerbottn im Westen
in Schweden und aus Norrbottn zu beiden Seiten des untern
Torneå-Flusses bis gegen Lappland hin, und führte nach seiner
ältesten Bevölkerung auch den Namen Kwänland, nach dem
westfinnischen Stamme der Kwänen, die sich selbst Kainu-

---

[9]) Schubert, Reise durch Schweden, Norwegen u. s. w. II.
S. 150, 369.

[10]) Buch, Reise II. S. 240 bis 245, 283.

[11]) Schlözer, allgem. nordische Geschichte S. 444.

laiset und ihr Land Kainun=maa d. h. das Land der
derländer nennen [12]).   Reißend durchsetzt die Torneä=Elf unt
beständigen Stürzen und Stromschnellen dieses Gebiet, u
man gelangt auf ihr abwärts, schon jenseit des 67° N. B
nach dem durch zwei Gradmessungen klassisch gewordenen B
den von dem kleinen Orte Pello, wo sich auf der Ostsei
des Stromes der Kittisvara erhebt, bis wohin Maupertu
im Jahre 1736 seine Messungen ausdehnte [13]).   Doch ist dies
Berg nur eine unbedeutende Höhe, und weit mehr erhebt si
etwas mehr abwärts am Strom auf dessen westlichem Ufer
neben dem Eisenwerke Svanstein der hohe kegelartig empor=
steigende Pullingi in einer Höhe von 932 par. F. über dem
Meere oder in einer Höhe von 800 Fuß über Svanstein, wo
der Spiegel des Stromes noch an 130 Fuß über dem Niveau
seiner Mündung liegt.   Er ist gänzlich mit Tannen= und Fich=
tenwaldungen bedeckt, und diente auch zu einer Station der
Gradmessungen [14]).   Hier beginnt auch schon wieder das Ge=
biet der Gartengewächse wie Erbsen, gelbe Rüben, Ertof=
feln u. a., die in Kengis nur mit Mühe, in Alten gar nicht
gedeihen.   Als ein stolzer Strom durchschneidet die Torneä=
Elf weiter abwärts unter $66\frac{1}{2}$° N. Br. den Polarkreis
bei dem Dorfe Jurengi; ihre Ufer sind überall stark bewohnt,
nur mehr abwärts vom Flusse besteht das Land aus dichten
Waldungen.   Zugleich bezeichnet aber den Eintritt des Stro=
mes in die gemäßigte Zone wieder eine lange Reihe von Ka=
tarakten, welche durch große Steine auf dem Bette des Flusses,
theils auch durch zahlreiche Klippen, welche über die Oberfläche
des Wassers hervorragen, gebildet werden und nicht minder
wie mehr oberhalb im Strom eine gefährliche Passage darbie=
ten.   Bei den Finnen heißt diese Kataraktenreihe, in deren
Beschiffung sie eine große Gewandtheit zeigen, Kattila=Koski [15]).
    Bald erreicht man das große Dorf Matarenge mit

[12]) Lehrberg, Untersuchungen über die ältere russische Geschichte
S. 149 bis 153.
[13]) Acerbi, Reise S. 298 bis 300.
[14]) Buch, Reise II. S. 249, 250.
[15]) Acerbi, Reise S. 295 bis 297.

der Kirche von Oefver Torneå am rechten Ufer des Stro=
mes in einer sehr reichen Gegend, wo Kornfelder mit Wiesen
und Gebüschen abwechseln, und rings umgeben von einem Kranz
von Waldbergen. Hier findet sich schon Ueberfluß an Ge=
treide, daß noch etwas nach den mehr nördlichen Gegenden
ausgeführt werden kann, doch wird mehr Gerste als Roggen
gebaut, und zuweilen vernichten Nachtfröste die reiche Erndte.
Ganz vornehmlich wichtig ist aber die Viehzucht, denn die
Finnen, welche am ganzen untern Torneå=Strom die Haupt=
bevölkerung bilden, verstehen sich meisterhaft auf die Behand=
lung des Viehs ähnlich wie die schwedischen Dalekarlier [16]).
Daneben kommt hier noch der bedeutende Lachsfang im
Torneå=Flusse in Betracht, zu welchem Behufe bei Ruskola
gleich unterhalb Matarenge große Vorkehrungen getroffen sind.
Die Fischer rammeln von dem einen Ufer des Flusses bis weit
in die Mitte und häufig bis an das andere Ufer ein Pfahl=
werk und füllen die Zwischenräume der Pfähle mit Baumzwei=
gen und Netzen, wodurch der Fisch verhindert wird den Strom
hinaufzugehen; vor die einzige Oeffnung, die ihm gelassen
wird, legen die Fischer ein großes Netz, in welchem er, wenn
er hindurchschwimmt, gefangen wird. Sie dürfen jedoch ihr
Lax=pata, d. h. Pfahlwerk im Finnischen, nicht länger in den
Fluß hineinreichen lassen, als ihnen verstattet ist; denn die Ab=
gabe, die sie davon bezahlen, richtet sich nach dieser Länge so
wie auch nach der größern oder geringern Entfernung desselben
von der Mündung des Flusses. Denn wer ein solches Pfahl=
werk sehr weit oben im Flusse hat, kann natürlich nur dieje=
nigen Lachse fangen, die allen den weiter unterhalb aufgestellten
entgangen sind. Dergleichen Pfahlwerke werden immer nur
an solchen Orten angelegt, wo der Fluß am unruhigsten und
geräuschvollsten ist, und besonders wo er einen Fall bildet.
Die Anwohner besitzen eine große Geschicklichkeit, auf diesen
Pfahlwerken, welche durch die Gewalt des Stromes beständig

---

[16]) Schubert, Reise durch Schweden, Norwegen u. s. w. II.
S. 132, 133, 146.

heftig erschüttert werden, hin und her zu gehen[17]). Die Torneå-
Elf ist sehr reich an Lachsen und gehört zu den fischreichsten
Flüssen Schwedens. Denn man fängt zu Ruskola täglich
an 2 bis 300 Lachse[18]), und bei allen diesen Anstalten zum Fange
dieses Fisches in den untern Stromgegenden ist es merkwürdig,
wie derselbe doch noch durchschlüpfen kann und in großen
Schaaren die Quellströme des Torneå-Flusses bis nach Lappland hinein besucht, wo uns schon Buch das interessante Schauspiel einer nächtlichen Lachsjagd bei dem Schein brennender
Fackeln auf den Gewässern der Muonio-Elf bei Palajoensuu
schildert[19]).

Der Kirche von Oefver Torneå gegenüber erhebt sich am
russischen Ufer des Flusses der Berg Avasaxa, wo Mauper-
tuis mit den andern französischen Astronomen in den Jahren
1736 und 1737 die berühmte Gradmessung zwischen hier und
Pello anstellte. Es ist eine aus wilden Felsmassen aufge-
häufte Berghöhe, rings von Birken- und Tannenwaldungen
umgeben, aber mit einem platten und kahlen Gipfel, weshalb
er auf die umherliegende große Niederung eine außerordentlich
schöne Aussicht gewährt[20]). Er erhebt sich nur an 679 Fuß
über den Spiegel des Meeres, aber die Thalebene an seinem
Fuße hat selbst nur eine Höhe von 90 Fuß über dem Niveau
der Ostsee[21]). Er eignet sich ganz vorzüglich zur Beobachtung
der Mitternachtssonne, welches merkwürdige Schauspiel
hier am Rande der polarischen Zone der nördlichen Erdhalb-
kugel von je an so viele Reisende nach der Mündung des
Torneå-Stromes geführt hat. Auf Avasaxa ist die Sonne
etwa vierzehn Tage lang um die Zeit des Johannis Tages
ohne die mindeste Unterbrechung sichtbar, während sie am Fuße
des Berges und in Matarenge schon auf einige Minuten und
in der Stadt Torneå, welche um einen halben Grad südlicher
liegt, fast eine Viertelstunde verschwindet. Westwärts über-

---

[17]) Acerbi, Reise S. 282.
[18]) Schubert, Reise II. S. 151.
[19]) Buch, Reise II. S. 219.
[20]) Acerbi, Reise S. 291.
[21]) Buch, Reise II. S. 256.

haut man das schöne angebaute Thal des Torneå-Flusses, ordwärts soll der Blick auf eine Strecke von 12 bis 15 Stunden Weges reichen, wo eine Reihe niedriger Berghöhen den Horizont begrenzt, gegen Süden folgt das Auge dem Torneå-Strom abwärts in seinem Laufe bis zum Meere über üppige Thäler, Waldberge und Dörfer, und bei klarer Luft erkennt man die sieben Meilen entfernte Kirche von Neder Torneå am bottnischen Golfe. Die Feier der Johannis Nacht auf dem Avasaxa lockt von weit und breit die finnischen Bewohner dieser Gegenden hierher, um die schöne von der Sonne erleuchtete Nacht unter Musik, Tanz und Spiel zu verbringen; auch wird der Johannis Tag von den Finnen und Schweden kirchlich gefeiert [22]).

Das gesammte Gebiet am untern Torneå-Strom von Oefver Torneå an bis zum Meere hin ist eine der fruchtbarsten, anmuthigsten und bevölkertsten Gegenden Schwedens. Kornfelder wechseln mit lieblichen Wiesen, welche die reichste Vegetation, selbst ellenhohes dichtstehendes Gras schmückt; ein großes Dorf reihet sich an das andere, alle sind von Finnen bewohnt. Diese bilden überhaupt die eigentliche Bevölkerung von Norrbottn und erstrecken sich vom untern Torneå-Flusse noch an fünf Meilen westwärts, von wo an die schwedische Bevölkerung beginnt [23]), wenn gleich auch noch Westerbottn zahlreiche finnische Kolonisationen enthält. Der treffliche Anbau dieser Polargegenden ist eine Folge der Einwanderungen aus dem eigentlichen Finnland. Seit jener französischen Gradmessung und noch mehr seit den letzten Jahrzehnten hat die Kultur unglaubliche Fortschritte gemacht [24]). Da wo noch vor einem Jahrhundert Wüsten und Waldeinöden waren und wo nur wenige Lappen nomadisirend umherstreiften, da sind zahlreiche fleißige Finnländer aus Kajaneborg und Osterbottn eingewandert und haben das Land bebaut. Dies sind die schönsten Eroberungen, welche Schweden auf seinem eigenen Gebiete hat

---

[22]) Schubert, Reise durch Schweden u. s. w. II. S. 133 bis 138.
[23]) Buch, Reise II. S. 279.
[24]) Schubert, Reise durch Schweden II. S. 129.

machen können, und welche dieser Krone einen Ersatz für die verlornen baltischen Landschaften gewähren. Und es sind grade diese Eroberungen für Schweden durch ein Volk gemacht worden, um welches es sich seit mehrern Jahrhunderten die größten Verdienste erworben hatte, durch die Finnländer, die jetzt freilich in ihrem Stammlande von Schweden getrennt und zu dem großen Staate geschlagen worden sind, welche die zahlreichen andern an der Wolga und am Ural hausenden Stammgenossen dieses Volkes in sich umfaßt[25]). Durch eben dieses Gebiet führt an dem Westufer des Torneå=Strome entlang von der Stadt Torneå nach Oefver Torneå die seit 1780 angelegte fahrbare Straße, welche nicht nur die einzige in diesem hohen Norden ist, sondern sich auch mit den trefflichsten Chausseen Deutschlands vergleichen kann. Weiter westwärts und nordwärts kann man nur zu Fuß, zu Pferd oder auf Booten fortkommen[26]).

Der Torneå=Fluß, der vom Fuß des Avafaxa auf die Strecke von sieben Meilen bis zum Meere noch ein Gefälle von 90 Fuß hat, bildet daher auch noch in diesem kurzen Laufe mehrere Katarakten. Ungefähr drei Meilen unter Matarenge folgt bei dem Dorfe Korpikyla der erste Fall, wo der Strom sich zwischen schwarzen Felsenplatten auf eine Strecke von 600 Ellen über mehrere Schwellen hinabstürzt. Dieser malerisch gelegene Fall, von Wiesen, Kornfeldern und Waldschluchten umsäumt, führt bei den Finnen den Namen Matkikoski[27]). Nur zwei Meilen unterhalb folgt dann bei dem Dorfe Kuckola, grade unter dem 66° N. Br. gelegen, der letzte Fall nicht weit von der Mündung des Stromes, ein Fall, der nicht sowohl durch seine Höhe als durch die Wassermasse beträchtlich ist und daher ein furchtbares Getöse macht[28]). Der Torneå=Strom, welcher durch seine Länge und Wasserfülle zu den bedeutendsten Strömen des europäischen Nordens gehört

---

[25]) Buch, Reise II. S. 259 bis 265.
[26]) Schubert, Reise durch Schweden II. S. 132. Acerbi, Reise S. 285.
[27]) Schubert, Reise II. S. 130, 131.
[28]) Schubert a. a. O. II. S. 126.

bildet heut zu Tage zugleich die Grenzmark zwischen dem schwedischen und russischen Gebiete, wie die große Naturgrenze
zwischen Skandinavien und Finnland im weitern Sinne. Ausgezeichnet durch seinen Lachsreichthum und pittoresk durch seine
zahlreichen Katarakten und durch seine Umgebung ist er doch
eben wegen jenes Umstandes minder nutzbar für seine Anwohner als er sonst sein würde. Dreimal im Jahre tritt er aus
seinen Ufern, nehmlich im Frühjahr bei der Schneeschmelze, im
Sommer, wenn heftige und plötzliche Regengüsse eintreten, und
noch einmal im Herbst, ehe er zufriert. Auf diese drei Ueberschwemmungen können die Anwohner sicher rechnen. Die größte
Breite des Flusses bei einem mittlern Wasserstande beträgt an
900 Ellen vornehmlich von dem Dorfe Wojackala, zwei Meilen
von der Mündung gelegen, an, woselbst er sich golfenartig
erweitert; gewöhnlich beträgt seine Breite aber nicht mehr als
500 Ellen, und er enthält in seinem untern Laufe viele Inseln,
welche den Anwohnern gute Heuschläge gewähren. Seine größte
Tiefe ist zehn Ellen und seine geringste, wo er am seichtesten
ist, zwei bis fünf Fuß Wasser. Im Winter ist er seiner ganzen
Länge nach von den Quellen bis zur Mündung zugefroren, und
die Dicke des Eises beträgt fünf, zuweilen auch acht Fuß. Er
belegt sich erst im October oder November, und geht im Mai
wieder auf [29]).

Die Stadt Torneå an der Mündung des gleichnamigen
Flusses ist erst seit der Expedition der französischen Akademiker
nach Lappland, um einen Grad der Erde zu messen und danach die wahre Gestalt derselben zu bestimmen, aus ihrer
vorigen Dunkelheit hervorgetreten und eine berühmte Stadt
geworden. Aber die schreckliche Schilderung, welche sie von
dem winterlichen Klima dieser Stadt machten und sie dadurch
selbst in Verruf brachten, ist durch die neuern Reisenden sehr
gemäßigt worden, und sie haben durch den Sommeraufenthalt
daselbst, besonders wegen der Johannis-Sonne von Torneå,
das Gegenstück dazu geliefert. Torneå, unter 65° 50′ N. Br.
gelegen, ward wie alle Städte in Westerbottn und wie so

---

[29]) Acerbi, Reise S. 308.

viele in Finnland erst 1620 durch König Gustav Adolph angelegt. Eine Kirche und Wohnungen standen aber hier schon
seit 1350, denn in diesem Jahre ward die Kirche vom Erz-
bischofe von Upsala eingeweiht. Wahrscheinlich war es auch
ungefähr die Zeit der ersten Ankunft der Schweden in diesem
hohen Norden. Der Anbau des Landes scheint ihnen nur
langsam geglückt zu sein. Die Finnen kamen ihnen zuvor und
mit so viel Thätigkeit, daß es noch jetzt am ganzen Torneå-
Flusse nicht einen einzigen schwedischen Bauer giebt. Alles
sind Finnen, und die Schweden sind auf die Stadt allein beschränkt [30]). Die Stadt liegt auf einer kleinen Insel mitten
im Strom, der sich an anderthalb Meilen von der Stadt in
den bottnischen Golf ergießt. Die Insel, oder wie man wegen
der Geringfügigkeit des Baches, der sie nach der schwedischen
Seite zu begrenzt, ehemals aber ein ansehnlicher Arm des
Stromes war, gewöhnlich spricht, die Halbinsel, heißt Sven-
sarde [31]). Die Gegenufer des majestätischen Stromes sind
mit zahlreichen Landhäusern und Bauerhöfen bedeckt. Gegen
Norden erblickt man eine kleine Anhöhe, auf welcher mehrere
Windmühlen stehen und gegen Nordost Wiesengründe und
fruchtbare Felder. Von einer dieser Windmühlen pflegen gewöhnlich die Reisenden im Monat Juni die Sonne um Mit-
ternacht zu sehen, aber der Ort, wo man das Schauspiel am
besten genießen kann, ist die Kirche von Neder Torneå, die
eine Meile von der Stadt auf der Insel Björkhön liegt.
Von hier übersieht man die ganze Umgegend von Torneå und
die Stadt selbst, gleichsam auf den Gewässern des Stromes
schwimmend [32]). Noch bis gegen Ende September fand Buch
hier bei seiner Anwesenheit mildes schönes Herbstwetter, es
fror zwar in der Nacht, aber nur wenig, und die ersten Vor-
mittagsstrahlen der Sonne hatten das Eis bald wieder vernichtet. Die Mittagswärme stieg immer bis zu 8 Grad und
sank dann allmählig. Die Bäume standen noch in voller Pracht

---

[30]) Buch, Reise II. S. 274.
[31]) Schubert, Reise II. S. 156.
[32]) Acerbi, Reise S. 269.

b hatten nirgends ihre Blätter verloren. Feste Schneebahn
tt erst Ende October ein. Der September in Torneå ist
18 der October im nördlichen Deutschland, und nur erst seit
m Ende des November behauptet hier die Polargegend ihre
r störenden Rechte[33].

Torneå treibt verhältnißmäßig noch immer einen nicht
nbedeutenden Handelsverkehr mit den Produkten des Nordens
ie besonders mit Lachs, Rennthierfleisch und Pelzwerk, wo-
egen andere Lebensbedürfnisse größtentheils aus Stockholm
ngeführt werden müssen. Im Winter fahren die Kaufleute
1 ihren Schlitten auf mehrere finnländische Märkte, wo sie
en Lappen ihre kostbaren Pelzwerke abkaufen und ihnen statt
er Bezahlung Lebensbedürfnisse geben. Mehrere von ihnen
gehen bis nach Archangel und bis nach Altengaard[34]. Die
Kauffahrteischiffe, die den bottnischen Golf hinaufsegeln, können bis dicht an die Stadt hinanfahren, und vor Alters war
Torneå wegen seines trefflichen Hafens berühmt. Aber der
Sand, den die See in die nördlichen Gegenden hineintreibt,
scheint dem Handel dieser Landschaft sehr nachtheilig zu werden, und es ist Thatsache, daß der Hafen von Torneå wie
der von Uleåborg mit jedem Jahre an Tiefe des Wassers ab-
nehmen, so wie man ein Verseichten aller Busen des
bottnischen Golfes und eine Verwandlung derselben in
Sümpfe und Wiesen seit einem Jahrhundert wahrgenommen
hat[35].

Das finnische Gebiet.

Die besondern Naturverhältnisse des finnischen Gebietes,
dessen Grenzmarken wir bisher kennen gelernt haben, werden
aus den obigen Angaben sich wohl bestimmter ergeben als aus
allen allgemeinen Beschreibungen dieses Landes, über dessen
Inneres uns noch so wenig genügende, speciellere Nachrichten
zu Theil geworden sind, und welches noch Schlözer zu seiner

[33] Buch, Reise II. S. 276.
[34] Acerbi, Reise S. 270.
[35] ~~Schubert~~, Reise durch Schweden II. S. 148.

Zeit, und wohl nicht mit Unrecht, das europäische Cana
nennen konnte [36]). Ganz Finnland im weitern Sinne be
aus einer mächtigen, aber nur niedrige, flache Granitpl
ten und Granitgeschiebe bildenden Gebirgsmasse, wel
mit zahlreichen Seebecken erfüllt und mit ausgedehn
Sumpf= und Schlammmassen überlagert ist [37]).
die Hälfte dieses Gebietes besteht aus Wasser, denn der Anbl
der Oberfläche desselben zeigt auf diesem wild zerrissenen Bod
ein wunderbares Netz von größern und kleinern Seen, wel
in der buntesten Gruppirung größtentheils im Zusamme
hange mit einander stehen, und welche wieder durch unnahba
Granitklippen und ungeheure Granittrümmerblöcke vo
einander geschieden sind [38]). Nirgends zeigt sich aber eine be=
stimmte Gebirgsbildung in Ketten und einzelnen Verzweigungen
trotz aller Felsenbildung, so wenig wie es hier wahrhafte Fluß=
bildung giebt bei allem Reichthum an Gewässern und Seen.
Nirgends sollen die Felsklippen Finnlands die Höhe von 1200
Fuß überschreiten [39]), während ihre Basis ein niedriges Gra=
nitplateau von 3, 4 bis 600 Fuß Höhe zu bilden scheint [40]);
und so wenig der unter dem Namen Masielka bekannte
Bergrücken, welcher sich im Nordosten dieses Gebietes an den
Gestaden des weißen Meeres als eine Wasserscheide entlang
zieht, als eine Gebirgskette zu betrachten ist, welche dies Ge=
biet dammartig durchsetzte, so wenig auch die an dem Gestade
des bottnischen Golfes oder nach andern Richtungen hindurch=
ziehenden Bergrücken. Denn jener Masielka, dessen Name in
der Sprache der finnischen Karelen, seiner Anwohner, einen
Gürtel bezeichnet, ist nur ein schmaler, wenig erhabener und

---

[36]) Schlözer, Briefwechsel historischen und politischen Inhalte.
Göttingen 1780. 8. Th. V. Heft 28. S. 228.

[37]) Pallas, neue nordische Beiträge. Petersburg 1781. 8. Th. 1
S. 133, 136, 144.

[38]) Storch, historische Zeitschrift für Rußland V. S. 109.

[39]) Schouw, Naturgemälde von Europa S. 17.

[40]) Maltebrun, précis de la géographie universelle VI
p. 478, 506.

t Sümpfen bedeckter Landrücken [41]), mit dem nord=
fifchen Uwalli vergleichbar. Zuweilen beftehen die die Ge=
iffer fcheidenden Höhen aus Sandrücken mit Sandhügeln
fetzt, welche in langen Ketten fortftreichen, fich hin und wie=
r zu Heiden ausdehnen oder an andern Stellen hoch, fchmal
id fo fteil werden, daß kaum ein Reiter darauf fortkommen
nn [42]).

Rings umher an den umfäumenden Meeren zeigt fich
iteilküftenbildung oder fchroffer Abfall der Felsplatten
ıb Klippen zum Meere, und nur hin und wieder findet fich
n aus Sandheiden beftehendes Ufer. Befonders fchroff und
eil ift der Abfall füdwärts zum finnischen Golfe, wo das zer=
iffene klippige Geftade mit feiner Schärenbildung [43]) zwar
em Seefahrer gefährlich ift, aber auch die treffliche Hafen=
üfte bildet. Hier bricht die finnische Gebirgsmaffe fteil ab,
iährend fie fich zum bottnischen Golfe allmähliger fenkt [44].
Rach Weften liegt daher auch das finnische Bottenland,
ıas Ofterbottn, das Land der Kajanen oder Kwänen. Außer
ıem allgemeinen Namen Bottn führte aber jener nördliche
Zolf des baltischen Meeres den befondern Namen Helfingia=
Bottn nach dem fchwedischen Helfingeland, welches das ganze
ıördliche Schweden auf der Weftfeite diefes Golfes umfaßte,
ınd von dort ift der Name Helfinge auf fo viele Lokalitäten
ıes finnischen Gebietes übertragen worden. Und der öftliche
Zolf des baltischen Meeres, jetzt nach den finnischen Anwoh=
nern im Allgemeinen benannt, führte bei den ältern Schweden
ıen Namen Kyriala=Bottn nach dem oft=finnischen Stamme
ıer Karelen, deren Sitze fich einft bis zur Newa ausdehn=
ten [45].

Vornehmlich die füdöftlichfte Seite des finnischen Gebietes
oder das eigentliche Finnland wird von unzähligen meift fehr

[41]) Larmann, phyfikal. Reife durch einige norb. Statthalterschaften
Rußlands bei Pallas, neue nordische Beiträge III. S. 140.

[42]) Rühs, Finnland und feine Bewohner S. 253.

[43]) Maltebrun, précis de la géogr. univ. VI. p. 507.

[44]) Schouw, Naturgemälde von Europa S. 17.

[45]) Schlözer, allgem. nordische Geschichte S. 444.

großen Seen durchschnitten, die bald durch einen schmal
Sund, bald durch einen Wasserfall und bald durch einen gr
ßern Fluß mit einander in Verbindung stehen; zum Theil si
sie mit Inseln übersäet, und oft glaubt man sich mitten i
Lande in eine Küstengegend versetzt. Ueberall bilden die Se
und die mannigfaltigen Krümmungen der Ufer, die bald eb
bald mit Wäldern besetzt sind, die schönsten und malerisch
Aussichten. Aber diese Seen sind in Verbindung mit d
Sümpfen und Mooren auch für die Kultur des Landes u
namentlich für den Ackerbau sehr nachtheilig, denn
verderben und verschlimmern das Klima durch ihre kalten u
ungesunden Ausdünstungen und verwandeln oft die tragbarst
Felder in die gefährlichsten Frostbehälter⁴⁶). Während t
ununterbrochenen Winters, der in einigen Gegenden Finnlan
zwei Drittheile des Jahres dauert, bleibt aller atmosphä
scher Niederschlag im Lande. Die Ströme hören auf zu fließe
und frieren nicht selten bis auf den Grund. Der plötzlich ei
fallende Sommer schmelzt das Eis und den Schnee in groß
Schnelligkeit, eine ungeheure Wassermasse entsteht und dring
mit Gewalt hervor. Die gewöhnlichen Ableitungskanäle, d
großen und kleinen Ströme, Flüsse und Bäche, reichen nic
hin sie fortzuführen. Das Wasser überschwemmt dann d
Ufer, macht Durchschnitte und nimmt Bäume, Erdmassen un
Steinhaufen mit fort, die entweder gleich niederfallen oder d
Abzugskanäle verstopfen und die Ueberschwemmung v
mehren, die sich oft weiter als eine Viertelmeile zu beiden Se
ten des Wasserzuges erstreckt. Das Land ist glücklich und h
selbst Vortheil, wenn solche Ueberschwemmung zeitig eintr
und bald vorübergeht; kommt aber der Frühling spät od
bleibt das hohe Wasser mehrere Wochen, vielleicht den ganz
Sommer, so ist nicht nur die Erndte und der Jahrwuchs a
den überschwemmten Feldern verloren, sondern der Boden wi
auch so ausgesogen, daß er in vielen Jahren nicht wieder
einem ergiebigen Ertrage gebracht werden kann. Durch ei
Aufräumung der Flüsse und durch eine Verbindung dieser gr

---

⁴⁶) Schubert, Reise durch Schweden und Finnland III. S. 44

m Wasserzüge würde das Land außerordentlich gewinnen, aber
ie Ausführung ist auch äußerst schwierig und kostbar. Kost=
are Schleusen und Kanaleinrichtungen sind nicht für Finnland
eignet; die Beschaffenheit der Wasserzüge und Flüsse, welche
tztere aus ununterbrochenen Katarakten bestehen, der kurze
Sommer, der lange Winter und die starke Kälte sind für
lche Anlagen allzu ungünstig ⁴⁷).

Nach den vier großen Senkungen des finnischen Gebietes
ach Osten zum Ladoga=See, nach Nordost zum weißen Meere,
ach Süden zum finnischen Golfe und nach Westen zum bott=
ischen Golfe kann man, um sich in dem Labyrinthe von Seen
u orientiren, auch vier große Wasserzüge unterscheiden,
vorunter die gegen Osten und Süden, die Wasserzüge des
Saimen=Sees und Paijäne=Sees, am wichtigsten sind.

Der Wasserzug des Saimen=Sees entsteht aus einer
Menge von Seen, Sümpfen und Zuströmen grade in der Mitte
Finnlands bei der Stadt Kuopio unter dem 63° N. Br., und
iese Wassermasse vereinigt sich mit einer andern von Nordosten
erkommenden bei der Stadt Nyslot unter 62° N. Br., wo
as gesammte Seebecken den Namen Saima führt. Das
Niveau desselben liegt noch in einer Höhe von 50 Klafter über
em Spiegel der Ostsee ⁴⁸). Die ganze Verkettung von Ge=
wässern, welche sich südwärts bis nach Wilmanstrand unter
1° N. Br. ausdehnt, beträgt über 40 Meilen; sie ergießt sich
ber nicht südwärts bei Wiborg in den finnischen Golf, von
elchem sie nur durch einen schmalen Isthmus geschieden ist,
ndern ostwärts in den Ladoga=See. Es haben hier zur
:ößern Bequemlichkeit der Verbindung mehrere Durchschnitte
:macht werden können, die Kanäle heißen, aber ohne Schleu=
n und hydrotechnische Bauten ausgeführt sind. Die wichtig=
n sind die vier Kanäle von Kutwelentaipol, Kiafen, Kuken=
aipol und Telaitaipol, und sie dienen besonders zur Verbindung
wischen Wilmanstrand und Nyslot, welche beide Städte
e Pole dieses Systemes bilden. Die Seen selbst, die dabei

---

⁴⁷) Rühs, Finnland und seine Bewohner S. 256 bis 258.
⁴⁸) Storch, Materialien zur Kenntniß des russ. Reiches I. S. 495.

benutzt werden, sind voller kleiner Inseln und erfordern weg
der klippigen Gestade erfahrene Bootsleute. Die hier gebräu
lichen Fahrzeuge sind zwei bis fünf Faden lang, gehen geg
drei Fuß tief, und tragen eine Last von 300 Pud⁴⁹). Ab
leider hat dies System des Saimen=Sees keine schiffbare Wasse
verbindung mit dem Ladoga=See, da der Abzugskanal desse
ben, der Woxa= oder Wuoxen=Fluß, allzu sehr mit Fäll
überladen ist, um befahren werden zu können. Der meeräh
liche Saimen=See ist übrigens sehr fischreich, besonde
reich an Lachsen, Forellen und dem sogenannten Mufku (Sal
albula), dessen Rogen eingesalzen und als Kaviar verkau
wird. Seine Umgebung besteht aus zahlreichen verwitternde
Granitblöcken, welche sich meistens senkrecht von einand
spalten und deren zahllose Trümmer die Gegend von Kareli
auf der Ostseite des Saimen=Systems recht charakterisir
während sie auf der Westseite nicht so häufig gefunden we
den⁵⁰).

Der unschiffbare Woxa=Fluß bildet aber nicht fern vo
seinem Austritt aus dem Saimen=See gegen Südost bei de
Dorfe Sitola den prachtvollsten und mächtigsten Wasserfa
in ganz Finnland, unter dem Namen des Imatra Falle
bekannt, dessen ungestümes Wasser niemals von einer Eisdeck
gebändigt wird. Er liegt vier Meilen im Osten von Wilman
strand auf dem Wege nach Kexholm, wohin sich der Strö
weiter unterhalb wieder gegen Nordost umwendet um sich i
den Ladoga=See einzumünden. Er bildet mitten in einem Bir
kenwalde eine mächtige in Schaum aufgelöste Wassermasse
welche sich bei einer Breite von 150 bis 200 Faden in eine
ununterbrochenen Länge von etwa 300 Ellen in mehrern ni
sehr hohen Absätzen, von welchen besonders drei zu untersche
den sind, mit einem furchtbaren Krachen und einer solche
Gewalt in die Tiefe stürzt, daß am untern Absatz das Wasser
hoch in die Lüfte zurückgeworfen wird. Die umherliegende
aus Granit bestehenden Felsplatten zeigen mehrere runde Aus

---

⁴⁹) Rußlands Wasserverbindungen S. 233.
⁵⁰) Schubert, Reise durch Schweden und Finnland III. S. 529, 53?.

hlungen, die sich zum Theil zu Cisternen gebildet haben und
Spuren früherer Fluthen verrathen[51]). An der Mündung
Wuoxen in den Ladoga=See liegt Kexholm, ehemals
rela genannt oder Karelgorod d. h. die Festung Kareliens.
n dem See aus nach der Stadt muß man anderthalb Werst
f dem Wuoxen herauffahren, aber unterhalb der Wasser=
lle müssen die Fahrzeuge halten, und noch eine Werst hat
n auf dem Lande zurückzulegen. Der Strom theilt sich hier
mehrere Arme und bildet zwei Inseln, auf deren einer die
stung und auf der andern die Stadt liegt. Die Umgegend
ziemlich öde, es zeigt sich nichts als wildes Gehölz, Sand=
gel und Steinhaufen[52]).

Das gesammte Gebiet am Woxa=Flusse entlang, in neuern
iten das russische Karelien oder das Gouvernement Wi=
rg genannt, bildet nur einen kleinen Theil von dem ursprüng=
hen und eigentlichen Karelien, welches selbst im weitern Um=
nge als das ältere schwedische Karelien alles Land umfaßte,
lches von den finnischen Karelen bewohnt sich von dem
Saimen=See bis zum Ladoga=See und von dem innern Winkel
s finnischen Golfes bis zum weißen Meere ausdehnte. Doch
ingen schon frühzeitig, ehe noch die Schweden in den Besitz
ses Kareliens oder Ost=Finnlands gelangten, die Küsten=
andschaften am weißen Meere an die Russen seit deren Aus=
reitung über die untern Dwina Gegenden verloren[53]), und
s noch übrige Karelien wurde bald ein Zankapfel zwischen
Russen und Schweden, um den an viele Jahrhunderte gestritten
orden, und dessen Schicksal erst mit der Entscheidung über
anz Finnland entschieden worden ist. Bei den Einwohnern
eißt das Land Karjala oder Karjalanmaa, höchst wahr=
heinlich abzuleiten von den finnischen Wörtern Karja (Vieh)
nd Maa (Land), also ein Land von Hirtenstämmen. Davon
eißt aber seit alten Zeiten der westliche Theil am obern Saimen=
See Sawolax bei den Schweden oder Sawonmaa bei den

---

[51]) Schubert a. a. O. III. S. 530.
[52]) Oserezkowskoi bei Storch, Materialien I. S. 228.
[53]) Schlözer, allgem. nordische Geschichte S. 462.

Karelen [54]), ein Name, den man auf verſchiedene jedoch
genügende Weiſe erklärt hat, und der nach einigen ſogar
dem ſlaviſchen Namen Sawolotſchje zuſammenhängen ſoll

　Die Stadt Wiborg, oder Somenlinna d. h. die Fin
Burg bei den Einheimiſchen genannt, iſt ſeit alten Zeiten
Hauptſtadt des Landes Karelien. Sie liegt an einer Bucht
finniſchen Golfes, deren Ufer aus kahlen Stein- und S
hügeln beſtehen, iſt von zwei Seiten mit Waſſer umfloſſen
auf der Landſeite von ſandigen Ebenen, kleinen Hügeln
Granitfelſen umgeben, die von Bäumen entblößt einen ö
Anblick gewähren. Sie liegt nur 140 Werſt von der Mündun
der Newa entfernt [55]). Die Erbauung Wiborgs durch d
Schweden bildet den Schlußſtein der Begründung ſchwediſch
Herrſchaft in Finnland am Schluſſe des dreizehnten Jahrhun
derts. Denn das Schloß Wiborg wurde im Jahre 1293 wäh
rend der Minderjährigkeit des ſchwediſchen Königs Birger vo
dem Reichsvorſteher Thorkel Knutſon gegründet und bal
darauf auch die Stadt angelegt. Die Veranlaſſung dazu gabe
die verheerenden Einbrüche der von den Ruſſen zum Theil auf
geregten Karelen in die ſchwediſchen Beſitzungen am bottniſchen
Golfe, und zugleich bemächtigte ſich der ſchwediſche Major
Domus des am Ladoga-See gelegenen Ortes Kexholm, deſſen
nur ſcheinbar ſchwediſch klingender Name wohl aus dem fin
niſchen Käkiſſalmi d. h. Kukkucksſund entſtanden iſt, und
befeſtigte denſelben [57]). So wurden Wiborg und Kexholm die
beiden Bollwerke und Vormauern der ſchwediſchen Macht in
den baltiſchen Geſtadeländern gegen Rußland, und an vier
Jahrhunderte lang haben ſie auch Schwedens Herrſchaft in
Finnland geſichert. Die Gegend zwiſchen beiden Orten war der
Schauplatz unzähliger Fehden zwiſchen Schweden und Ruſſen,
bei welchen beide ein wechſelndes Geſchick hatten, aber doch
immer den Schweden verblieben. Das Emporkommen Ruß-

---

[54]) Rühs, Finnland und ſeine Bewohner S. 374, 369.

[55]) Strahl, Geſchichte von Rußland. Hamburg 1832. 8. Th. I
S. 37.

[56]) Storch, Materialien I. S. 505.

[57]) Rühs, Finnland S. 42, 43.

lands am Ende des funfzehnten Jahrhunderts unter Jwan I.
Basiljewitsch veranlaßte daher auch die Errichtung eines neuen
Bollwerkes der schwedischen Herrschaft in Karelien durch die
Festung Nyslot, anfangs St. Olofsburg genannt [58]), im
Mittelpunkte des Saimen=Systemes im Jahre 1477. Auch
erhielt der Friede von Stolbowa im Jahre 1617 noch ganz
Karelien mit Ausnahme der Küstenstriche am weißen Meere
der schwedischen Krone, und erst der nordische Krieg begründete
hier Rußlands Ueberlegenheit über Schweden. Denn Wiborg
und Kexholm wurden durch Peter den Großen im Jahre 1710
eingenommen und Nyslot 1714, und wenn letzteres in dem
Frieden von Nystad im Jahre 1721 auch wieder an Schweden
zurückgegeben ward, so wurde doch Schweden von den Ufern
der Newa und von den Gestaden des Ladoga= und Onega=Sees,
bis wohin es sich so lange ausgedehnt hatte, zurückgedrängt,
und Wiborg und Kexholm fielen an Rußland. So hatten die
Russen zuerst festen Fuß in Karelien gefaßt, und schon zwei
Decennien später fiel ihnen der größere Theil des noch übrigen
Landes zu. In dem für Schweden so nachtheiligen Frieden
zu Abo im Jahre 1743 ging auch Nyslot mit den karelischen
Städten Wilmanstrand und Friedrichsham an dem Kymmene=
fluß verloren, und erst seitdem erhob sich das im Jahre 1776
begründete Kuopio in dem noch schwedisch gebliebenen kareli=
schen Sawolax, dessen Hauptstadt dieser Ort zugleich wurde [59]).
Dieser letzte Ueberrest von Karelien fiel erst im Jahre 1809
durch den Frieden von Friedrichsham an das russische
Reich.

Der Boden von Karelien mit Einschluß von Sawolax
besteht zwar meistens aus Sandheiden und Felsmassen, doch
sind diese im Allgemeinen mit guter Dammerde überlagert und
daher der Ackerkultur günstig, oder sie sind mit Grasteppichen
und schönen Laubholzwaldungen bedeckt. Ackerbau und
Biehzucht bilden auch die Hauptbeschäftigung der Karelier,
und aus Sawolax wird selbst eine beträchtliche Menge Ge=

[58]) Storch, Materialien I. S. 514.
[59]) Rühs, Finnland S. 372.

treibe nach Osterbottn und Tawastland ausgeführt; doch bild
grade letzteres das finnische Ackerbauland, wie ersteres das La
der finnischen Viehzucht. Dazu gewährt der Fischfang i
den fischreichen Seen den Kareliern reichliche Nahrung, un
da in der winterlichen Jahreszeit große Schaaren von wilde
Rennthieren aus dem russischen Lappland nach Süden wandern und sich auf den Seen im nördlichen Sawolax zerstreuen,
so gewähren diese so nutzbaren Thiere eine sehr einträgliche
Jagd [60]).

Der Wasserzug des Paijäne-Sees, welcher einen
großen Theil der finnischen Gewässer unmittelbar gegen Süden
zum gleichnamigen Golf führt, entsteht wie der ihm im Osten
benachbarte Wasserzug des Saimen aus zahlreichen Seen,
Sümpfen und Zuströmen unter 63° N. Br. zwischen den Städten Kuopio im Osten und Wasa an der bottnischen Küste im
Westen, und er zieht sich im Parallelismus mit dem vorigen
gegen Süden oder Südost hinab. Der gemeinsame Abzugskanal der Gewässer dieses Seensystemes unter 61° N. Br., also
im Parallel der Woxa-Mündung bei Kexholm, ist der Kym-
mene-Fluß, welcher anfangs den Namen Keltis führt, und
nach einem Laufe von 200 Werst sich durch sechs verschiedene
Ausflüsse in den finnischen Golf ergießt. Der Kymmene hat
meistens eine Breite von 40 bis 50 Faden und im Durchschnitt
eine Tiefe von 8 bis 10 Klafter, an den tiefsten Stellen aber
20 bis 25 Faden [61]). Dennoch ist der Strom nicht schiffbar
wegen mehrerer in ihm befindlicher Wasserfälle. Darunter ist
am ausgezeichnetsten der bei Högfors, wo man den östlichsten Hauptarm des Stromes auf der Straße von Lovisa nach
Friedrichsham überschreitet. Dort stürzt sich der Kymmene
von einer Höhe von zehn Ellen in zwei Hauptabsätzen herab [62]).
An seiner Mündung gewährt er einen sehr reichen Lachsfang
und hat überdies Ueberfluß an Fischen aller Art. Der Kymmene scheidet die beiden Landschaften Karelien im Osten und

---

[60]) Rühs a. a. O. S. 370, 375.
[61]) Storch, Materialien I. S. 496.
[62]) Schubert, Reise durch Schweden und Finnland III. S. 491.

awaftland. im Weften, welches letztere ſich um ſeine Quellſeen,
as Paijäne-Syſtem, ausbreitet. Oſtwärts von ſeiner Mün=
ung auf der kareliſchen Seite liegt Fredrikshamn (Fried=
chsham), eine Hafenſtadt, benannt nach dem ſchwediſchen
önige Friedrich, welcher ſie nach ihrer Zerſtörung im nordi=
en Kriege wieder erbaute, denn früher hieß ſie Weckela
ach dem Golfe Wehka-Lachti, an welchem ſie liegt [63]). · Der
ier geſchloſſene Friede war es, welcher der ſchwediſchen Krone
ihr älteſtes Kolonialland raubte.

Weſtwärts vom Paijäne-See liegt noch eine dritte klei=
nere Gruppe von Seen bei den Städten Tammerfors und
Tawaſtehus; durch verſchiedene engere und weitere natürliche
Kanäle ſtehen ſie mit einander in Verbindung, durchbrechen
in mehrern Katarakten den ſchmalen weſtwärts vorgelagerten
Landrücken, und ergießen ihre Gewäſſer durch den nicht bedeu=
tenden Kumo-Fluß bei Björneborg in den bottniſchen Golf [64]).
Sonſt findet ſich von Abo bis nach Waſa oder vom 61 bis
63° N. Br. nur eine Reihe kleiner Küſtenflüſſe. Das um die
Seegruppe des Paijäne herumgelagerte Gebiet iſt das ſoge=
nannte Tawaſtaland, welches im weitern Sinne die ge=
ſammte Südweſtecke Finnlands umfaſſend im Gegenſatz von
Karelien als Weſt-Finnland bezeichnet werden muß. Bei
den einheimiſchen Finnen führt das Land den Namen Hämeh
oder Hämenmaa d. h. das Land der Hämen (Jemen oder
Jamen bei Neſtor), und ſie ſelbſt nennen ſich Hämelaiſet,
während ſie von den Schweden Tawaſten genannt werden [65]).
Von dieſem Tawaſtaland wurden aber frühzeitig ſeit dem Ein=
dringen der Schweden und ſeit ihren Eroberungsverſuchen in
Finnland das weſtliche und ſüdliche Küſtengebiet getrennt. Er=
ſteres, eine vielfach zerriſſene klippige und ſchärenreiche Geſtade=
landſchaft und der ſchwediſchen Küſte am meiſten benachbart,
von wo die vielen Alands Inſeln einen leichten Uebergang ge=
währen, war die erſte Eroberung der Schweden in Finnland,

---

[63]) Storch, Materialien I. S. 519.
[64]) Rühs, Finnland und ſeine Bewohner S. 254.
[65]) Lehrberg, Unterſuchungen S. 153, 154.

es blieb auch das im engsten Sinne sogenannte Finnland; bei
den Finnen selbst war hier der Name Satakunda üblich.
Das südliche Küstengebiet von Tawastland, die nächste Eroberung der Schweden, erhielt gleichfalls den besondern Namen
Nyland, ostwärts bis zur Kymmene-Elf ausgedehnt, und wurde
seitdem auf eine entsprechende Weise von den einheimischen Bewohnern Uusimaa d. h. das neue Land genannt [66]).   Die
beiden Landschaften Satakunda und Uusimaa bilden auch die
ältesten Kolonialländer der Schweden in Tawastland, dort sind
die einheimischen Tawasten theils zurückgedrängt, theils in die
Schweden aufgegangen und schwedische Bevölkerung ist noch
jetzt die vorherrschende an dem gesammten südwestlichen Küstengebiete Finnlands von Alt-Karleby am bottnischen Golf, im
Norden von Wasa, bis zur Mündung des Kymmene am finnischen Golf. Selbst zahlreiche deutsche Familien leben daselbst
vornehmlich in Abo, und noch pflegt man zum Beweise der
frühern Handelsthätigkeit der norddeutschen Seestädte nach dem
schwedischen Koloniallande in Finnland die Deutschen Saxa-
laiset und jeden Großhändler Sax zu bezeichnen [67]).

Die Stadt Abo, an der Südwestecke Finnlands in
dem eigentlichen Finnland gelegen, ist zugleich die Hauptstadt
von dem gesammten ehemals den Schweden gehörigen finnischen Gebiete. Abo, oder Turku bei den Finnen genannt, vermuthlich von dem schwedischen Worte Torg d. h. ein Markt,
liegt an einer Landspitze, die von dem bottnischen und finnischen Golf gebildet wird, an dem kleinen Küstenflusse Aura
(Aurajoki), der in einer Breite von 60 bis 100 Ellen durch
die Stadt fließt. Sie ist fast auf allen Seiten von hohen
Bergen und Anhöhen umgeben, und die Ufer bestehen zum
Theil aus nackten Felsen, wo aber doch einige Gartenanlagen
angebracht sind [68]). Das Schloß Abo oder Abohus liegt am
Ausfluß des Aurajoki ins Meer auf einer Landspitze und ist
auf drei Seiten vom Wasser umgeben; es ist die älteste Festung

[66]) Rühs, Finnland und seine Bewohner S. 381, 389.
[67]) Schlözer, Briefwechsel V. S. 239.
[68]) Schubert, Reise durch Schweden und Finnland III. S. 432.

des Landes, auch befindet ſich daſelbſt ein Hafen für eine Ab=
theilung der Schärenflotte [69]). Die Gründung des Schloſſes
von Abo fällt in die Zeit der erſten großen Unternehmung der
Schweden nach Finnland, als König Erich der Heilige im
Jahre 1156 ſeinen Kreuzzug zur Bekehrung und Unterwerfung
der heidniſchen Finnen, beſonders der Tawaſten, unternahm.
Die Ueberfälle und Verheerungen der Karelen und Tawaſten
in Verbindung mit den ihnen ſtammverwandten Ingern und
Eſthen auf der Südſeite des finniſchen Golfes, welche ſie
gegen die ſchwediſchen Kolonien in Nyland anrichteten, veran=
laßten ein Jahrhundert ſpäter neue kriegeriſche Unternehmungen
der Schweden, um den frühern Beſitzungen einen größern Um=
fang und dadurch höhere Sicherheit zu geben. Der ſchwediſche
Major Domus (Jarl) Birger beſiegte die Tawaſten, zwang
ſie zur Taufe und unterwarf alles Land bis zum Paijäne=See.
Zugleich erfolgte damals, im Jahre 1250, zur Sicherung des
eroberten Gebietes die Anlegung des Schloſſes Tawaſtehus
oder Tawaſteborg auch Kroneborg genannt, bei den Tawaſten
ſelbſt Hämelinna [70]). Neben dieſem noch jetzt in ziemlich
gutem Zuſtande befindlichen feſten Schloſſe erhob ſich grade
vier Jahrhunderte ſpäter die Stadt Tawaſtehus, Hämen=
kaupungi bei den Finnen genannt, 22 Meilen von Abo, in
einer ſehr angenehmen Lage an einem See. Doch wurde ſie
nachmals, im Jahre 1778, nach einer andern Stelle, einige
tauſend Schritt ſüdlicher von dem Schloſſe verlegt und ſehr
ſchön und regelmäßig aufgeführt [71]).

Aber weder Abo noch Tawaſtehus haben die Rolle einer
Hauptſtadt in dem finniſchen Gebiete oder auch in Tawaſtaland
im weitern Sinne behaupten können, und wenn auch Abo als
Seeſtadt und bei ſeiner Lage gegen Schweden bis auf die
neueſte Zeit der politiſche Mittelpunkt des Landes blieb, ſo
mußte ſeit der Vereinigung Finnlands mit Rußland die Stadt
Helſingfors den Preis davon tragen, welche mit dem benach=

[69]) Rühs, Finnland und ſeine Bewohner S. 390, 395.

[70]) Geijer, Geſchichte von Schweden I. S. 142, 152. Vergl.
Rühs, Finnland S. 33, 40.

[71]) Schubert, Reiſe durch Schweden und Finnland III. S. 537.

barten Sveaborg schon früher der Hauptwaffenplatz für Finn=
land war[72]). Helsingfors, schon durch seinen Namen auf
eine altschwedische Kolonie aus Helsingeland in Schweden hin=
weisend, obschon erst durch Gustav Wasa begründet, liegt in
einer der fruchtbarsten Gegenden von Nyland auf einer ziemlich
breiten Landspitze, wodurch sie zwei tiefe und sichere Hafen
erhält, und diese werden geschützt durch das Kastell Svea=
borg, welches im Jahr 1749 erbaut und auf sieben meistens
mit einander verbundenen, ehemals Wargskär genannten In=
seln, eine halbe Meile südlich von der Stadt liegt. Sveaborg
war der große Kriegshafen Schwedens in Finnland und das
Hauptbollwerk dieses Landes nach dem Frieden von Abo, dessen
Bedeutung jedoch in neuern Zeiten unter russischer Herrschaft
nicht mehr dieselbe sein konnte[73]).

Tawastland im engern Sinne oder das binnenländische
West=Finnland ist nach dem Laufe der Gewässer zu schließen
die erhabenste Mitte des finnischen Gebietes und ist
um den obern Paijäne=See von erhabenen Berggruppen er=
füllt; nur nach Süden zu ist es mehr eben und flach, obschon
auch noch die Küstengebiete von Satakunda und Uusimaa von
niedern Berghöhen und Klippenzügen durchsetzt sind. Das in=
nere Tawastland ist sehr fruchtbar, und so schlecht der
Ackerbau auch betrieben wird, so wird doch so viel Getreide
gewonnen als die Bewohner gebrauchen, und es kann noch
ein ansehnlicher Ueberschuß ausgeführt werden. Auch die Ge=
gend um die alte Hauptstadt Abo ist sehr fruchtbar und gut
angebaut. Vornehmlich ist aber schon seit alter Zeit die Land=
schaft Nyland trefflich bebaut und die Kornkammer Finn=
lands zu nennen[74]). Auch die Weide ist gut im innern
Tawastland, und die Viehzucht gehört zu den hauptsächlich=
sten Nahrungszweigen der Tawasten wie der Karelen. Ueber=
dies gewährt die Jagd wie die fischreichen Seen und dann der
Waldreichthum, der sich um den Paijäne=See findet, den Be=

---

[72]) Rühs, Finnland S. 386.
[73]) Schubert, Reise III. S. 456 bis 461.
[74]) Rühs, Finnland S. 377, 381. Schubert, Reise durch
Schweden und Finnland III. S. 455, 533, 534.

wohnern mancherlei Mittel der Thätigkeit, und ſie bilden durch den daraus gewonnenen Nutzen eine reichliche Quelle des Unterhaltes.

Der dritte große Waſſerzug des finniſchen Gebietes, welcher zugleich mehr die Natur eines Fluſſes hat, iſt der der zum bottniſchen Golfe gerichteten Uleå-Elf, des Hauptſtromes der Landſchaft Oſterbotten. Dieſer Uleå-Strom hat ein mit den beiden andern Waſſerzügen gemeinſames Quellgebiet, denn er entſteht aus der erhabenen ſumpf- und ſeenreichen Gegend im Nordoſten von Kuopio unter 64° N. Br., und er durchſetzt von dort in nordweſtlicher Richtung die flachen oſterbottniſchen Felsniederungen bis zu ſeiner Ausmündung in jenen Golf bei der nach ihm benannten Stadt. In ſeinem mittlern Laufe geht er bei der Stadt Kajana vorüber, welche gleichzeitig mit der Stadt Tawaſtehus erſt im Jahre 1650 gegründet wurde, nachdem ſchon ein halbes Jahrhundert früher daſelbſt das Schloß Kajanaborg angelegt war, welches aber im nordiſchen Kriege größtentheils zerſtört und ſeitdem nicht wieder hergeſtellt worden iſt. Gleich unterhalb Kajana ergießt ſich der Strom in den großen Uleå-träsk oder Uleå-See, welcher der bedeutendſte und mit Felsinſeln erfüllte See von Oſterbottn iſt. So wichtig die Uleå-Elf auch den Bewohnern von Kajana für den Waarentransport zum Meere iſt, ſo iſt ſie doch ſehr beſchwerlich wegen mehrerer Katarakten, worunter beſonders der Pyhäkoſki ausgezeichnet iſt, indem ſich hier der Strom auf eine Strecke von über zwei Meilen zwiſchen ſchroffen Felsufern hinabſtürzt [75]). Als ein ſehr reißender Strom erreicht daher auch die Uleå-Elf ihre Mündung unter 65° N. Br. bei dem Hafenorte Uleåborg.

Es liegt Uleåborg zwar in einer niedern von Mooren und Sümpfen erfüllten, aber doch nicht ungeſunden Gegend. Die Stadt wurde wie faſt alle oſterbottniſchen Küſtenſtädte erſt im ſiebzehnten Jahrhundert von den ſchwediſchen Waſas angelegt, nehmlich durch König Karl IX. im Jahre 1605. Der Hafen, eine halbe Meile von der Stadt gelegen, iſt aber ver-

---

[75]) Rühs, Finnland S. 360, 364.

sandet, und um die Stadt zu erreichen müssen die ankommenden Schiffe sich erst eines Theils ihrer Ladung entledigen [76]). Dennoch treibt Uleåborg nächst Abo unter allen finnländischen Städten den ausgebreitetsten Handel vornehmlich mit Stockholm, wohin die aus den Waldungen und aus der Viehzucht und Fischfang Finnlands gewonnenen Produkte abgesetzt werden. Bei dem hier lange dauernden nordischen Winter rechnet man, daß vom December bis zum Mai täglich an 200 befrachtete Schlitten zur Stadt geführt werden [77]).

Die Landschaft, welche sich um den Uleå-Strom ausbreitet, führt bei den einheimischen Bewohnern den Namen Pohjanmaa d. h. Nordland, oder Kainu und Kainunmaa d. h. Niederland, es ist das eigentliche Bottn bei den Schweden oder Osterbottn, die Heimath der in dem skandinavischen Alterthum so berühmten finnischen Kajanen oder Kwänen, und nach der hier einheimischen Bezeichnung von Pohjanmaa können wir dies finnische Kajanaland im Gegensatz gegen Karelien (auch Kyrialand bei den ältern Skandinaviern genannt) und Tawastaland als Nord-Finnland bezeichnen [78]). Noch jetzt scheint das Land größtentheils Meeresboden zu sein, von dem das Wasser nach und nach zurückgetreten ist, und noch jährlich setzt die bottnische Bucht Land ab. Die Abdachung des Landes ist fast unmerklich, und selbst unter dem Wasser senkt sich der Boden nur sehr allmählig, so daß die See erst an der Westseite eine bedeutende Tiefe erhält. Im nördlichen Theile gleicht Osterbottn fast einem ungeheuern Morast, dessen Gewässer durch zahlreiche kleine, sämmtlich parallellaufende Flüsse in der Richtung von Südost nach Nordwest abgeführt werden. Sie führen alle auch nur die finnisch-lappische Bezeichnung Joki (Jog, Jug) im Gegensatz gegen die schwedischen Elfen, deren germanische Bezeichnung neben der andern nur für die bedeutendern Flüsse üblich ist. Die ersten Bewohner der bottnischen Ortschaften haben sich der Fischerei wegen an den Flüssen nie-

---

[76]) Acerbi, Reise durch Schweden und Finnland S. 195.
[77]) Rühs, Finnland S. 362.
[78]) Lehrberg, Untersuchungen S. 149.

vergelassen, die Mutterkirchen liegen daher auch fast immer an
den Mündungen, und erst allmählig haben sich die Ansiedler
seitwärts obschon nicht in zu großen Entfernungen ausgebrei=
tet [79]). Wenn gleich der Boden Kajanalands zur Ackerkultur
nicht recht geeignet ist, so wissen doch die im ganzen nördlichen
Skandinavien rühmlichst bekannten Kwänen [80]) alle von der
Natur entgegengesetzten Schwierigkeiten durch Fleiß und Ar=
beitsamkeit zu überwinden, und aus den südlichen Theilen wer=
den in guten Jahren noch ansehnliche Getreidevorräthe nach
Schweden ausgeführt. Besonders wird daselbst der sogenannte
Wasa=Roggen als zur Aussaat zweckmäßig gesucht [81]). Dazu
hat Kajanaland vortreffliche Weiden, und die Viehzucht wird
mit Vortheil betrieben; auch sollen die Ostbottnier alle übrigen
Finnländer in der Viehzucht übertreffen [82]).

Uebersehen wir im Allgemeinen die klimatischen und die
damit zusammenhängenden vegetativen Verhältnisse der
drei Haupttheile des eigentlichen Finnlands oder von Karelien,
Tawastaland und Kajanaland, so erhellt, daß dies Gebiet auch
in dieser Beziehung wie nach seiner Weltstellung den Uebergang
bilde zwischen den nordischen Ebenen des Dwina=Gebietes
und dem nördlichen Skandinavien. Auch würde die mildere
mittlere Jahrestemperatur noch bemerkbarer hervortreten, wenn
nicht die zahlreichen Sümpfe dazu beitrügen die Atmosphäre
kälter zu erhalten und die sommerliche Wärme zu verdrängen.
Mit dieser Natur des Bodens und seiner Kultur hängt auch
wohl der bedeutende Unterschied des Klimas von der Gegend
von Abo und Helsingfors und von der um Uleåborg zusammen.
Denn obgleich selbst das südliche Finnland einen siebenmonat=
lichen Winter hat von der Mitte October bis Mitte Mai, wo
die Kälte meistens bis zu 26 Grad sich steigert [83]), findet sich
hier doch noch Obstkultur von Kirschen, Birnen und Aepfeln,
und reifes Obst gewinnt man noch in Jacobstadt, 50 Meilen

---

[79]) Rühs, Finnland S. 357.
[80]) Buch, Reise II. S. 13.
[81]) Rühs, Finnland S. 359.
[82]) Schlözer, Briefwechsel V. S. 256.
[83]) Rühs, Finnland S. 259.

von Abo gelegen unter faſt 64° N. Br., und dazu mancherlei andere Gartengewächſe [84]). Doch erblicken die Waldgegende den Frühling eher als die ſchärenreichen Küſten, Nachtfröſt dauern daſelbſt, was man dem Treibeiſe zuſchreibt, oft bis i den Sommer fort; aber es zeitigen wegen der größern Feuch tigkeit in den Schären alle Gewächſe früher, und der Herb erhält ſich dort länger als in den innern Gegenden. Um ſo auffallender ſtellt ſich dagegen das polariſche Klima von Uleåborg, da die mittlere Jahrestemperatur hier nicht mehr als einen halben Grad Wärme beträgt [85]), oder nach andern auf dem Gefrierpunkt ſteht. Denn erſt gegen Ende des Mai löſen ſich die Flüſſe, das Frühlingsgetreide kommt zum Vor= ſchein und Birken fangen an Laub zu treiben, aber ſchon Mitte Auguſt treten harte Nachtfröſte ein, zuweilen ſchon Ende Juli, und häufig wird das Getreide innerhalb ſechs Wochen geſäet und ſchon vollkommen reif eingefahren [86]).

Der Ackerbau bildet einen der hauptſächlichſten Zweige der Thätigkeit der Finnen, und an den meiſten Stellen Finn= lands iſt der Boden auch gut und ergiebig; eine Menge Sümpfe und Moräſte können angebaut und zum Ertrage gebracht wer= den. Am fruchtbarſten ſind das eigentliche Finnland, Nyland und das ſüdliche Oſterbottn, ſodann Tawaſtland mit Aus= nahme des nördlichen Theiles; Sawolax und Karelien hat ſchlechtern Boden und noch ſchlechter iſt er im größten Theile des nördlichen und öſtlichen Oſterbottn, wo Sandheiden mit niedrigen Moräſten und Sümpfen abwechſeln. Hier muß man, um dem Getreidemangel abzuhelfen, zu allerlei Surrogaten ſeine Zuflucht nehmen, und man bedient ſich hier der Baum= rinde, einiger Wurzeln und verſchiedener Moosarten, aus wel= chen man ein Mehl bereitet, das, wie beſonders von den letz tern, noch ein geſundes und wohlſchmeckendes Brod giebt [87]). Die Finnländer haben eine ganz eigenthümliche Art des Acker= baues, welche anfangs überall gebraucht ward, jetzt aber nur

[84]) Schlözer, Briefwechſel V. S. 233.
[85]) Schouw, Naturgemälde von Europa S. 18.
[86]) Acerbi, Reiſe durch Schweden und Finnland S. 198 bis 203.
[87]) Rühs, Finnland S. 262 bis 267.

noch in einzelnen Gegenden besonders in Osterbottn, Sawolax und Karelien vorkommt; die Schweden nennen sie Svedjen (d. h. Absengen [88]), die Finnländer selbst aber haben dafür verschiedene Namen, da die Operation verschieden ist. Diese Art von Agrikultur besteht darin, daß man sich in der Wald=gegend ein Stück auswählt, die Bäume und Sträuche fällt, und höchstens hier und da einige hohe Stämme stehen läßt. Dieses Fällen geschieht im Herbst und Winter, und im Som=mer, wenn die Stämme trocken sind, zündet man sie an und zerstört sie so viel als möglich; die größern räumt man zum Theil weg, und wirft sie als einen Verhau rund um den ab=gebrannten Bezirk; sobald die Asche abgekühlt ist, streut man Roggen hinein, und gewinnt oft eine sehr reiche Erndte. Diese Bezwingung des wilden Erdreiches durch Feuer ist der Anfang der Urbarmachung des Bodens. Nach einigen Erndten wird der Boden wieder der Wildheit übergeben, er giebt dann noch zuerst einige Jahre frischern Graswuchs und schönere Wald=beeren, und bedeckt sich allmählig wieder mit Wald. Ein solcher gefällter Bezirk heißt Svedjefall, und wenn er be=reitet ist Svedjeland. Doch ist dies Verfahren nicht ganz allein in Finnland üblich, sondern auch auf den Alpen von Krain und Steiermark [89].

Die Finnen unterscheiden an fünf verschiedene Arten Wäl=der und Brüche in Aecker zu verwandeln, welche meistens sehr verheerend für die Waldungen sind, indem große Waldbrände daraus entstehen und das schönste Nutz= und Bauholz verdor=ben wird. Daher hat man in neuern Zeiten dies Svedjen auch blos auf die Theile Finnlands einzuschränken gesucht, welche kein besonders brauchbares Holz tragen. Die vornehm=sten Cerealien, welche man hier baut, sind Gerste und Rog=gen, daneben auch Buchweizen, weniger jedoch Weizen und Hafer. Der Roggen giebt im südlichen Finnland im Durch=schnitt einen achtfältigen Gewinn, im nördlichen einen fünf= oder

---

[88] Das schwedische Stammwort Sveda heißt brennen oder Schmerz machen, und mit einem kleinen Umlaut Svedja wird es blos vom Aus=brennen des Waldes gebraucht.

[89] Arndt, Reise durch Schweden I. S. 180. 181.

sechsfachen, die Gerste giebt dort einen siebenfältigen Gewinn, hier einen vier= bis fünffachen[90]). Außerdem findet sich in Tawastland und Nyland ein bedeutender Flachsbau, und der finnländische Flachs zeigt dieselbe treffliche Beschaffenheit wie der russische.

Die Waldungen bilden zwar noch einen Hauptreichthum Finnlands und einen Haupterwerb für seine Bewohner, aber wie verschwenderisch hier mit dem Holze umgegangen wird, haben wir schon oben kennen gelernt, und schwerlich braucht irgend ein anderes Volk zu seiner Oekonomie so viel Holz als wie die Finnländer. Das Theerbrennen ist ein Hauptzweig in der Benutzung der finnischen Waldungen, so verderblich es auch für dieselben ist. Ungefähr drei Meilen von der Küste fängt dasselbe an, und erstreckt sich gewöhnlich an acht bis zwölf Meilen ins Land hinein, bis der schwere Waarentrans= port dem Gewerbe Hindernisse entgegensetzt. Schon zu Anfang dieses Jahrhunderts sollen jährlich an 100,000 Tonnen Theer ausgeführt worden sein, zu deren Bereitung wenigstens an sieben Millionen dreißigjähriger Fichten und Föhren erforderlich sind[91]). Die finnischen Waldungen sind zugleich reich an verschiedenen Pelzthieren; die durch das Klima begünstigte Jagd ist daher sehr ergiebig, der lang dauernde Schnee er= leichtert das Aufspüren, und setzt den Jäger in den Stand selbst das flüchtigste Thier auf seinen Schneeschuhen einzuholen. Leider tragen aber diese vielen Raubthiere dazu bei, daß die Viehzucht, für welche sich die Natur Finnlands zum Theil trefflich eignet, keineswegs so bedeutend ist, als man es er= warten könnte[92]). Die zahlreichen Gewässer Finnlands sind mit Fischen allerlei Art angefüllt und auch die Fischerei ist als ein Hauptzweig der Thätigkeit der Bewohner dieses Landes zu nennen, sie ist sogar die einzige Beschäftigung aller der zahlreichen finnischen Kolonien, welche sich in jüngern Zeiten über die mehr nördlichen Gegenden des finnischen Lapplands

---

[90]) Rühs, Finnland S. 264, 268.
[91]) Rühs a. a. O. S. 276 bis 279.
[92]) Rühs a. a. O. S. 280 bis 286.

nach Finnmarken hin ausgebreitet haben. Dort ist der
chsfang ein Hauptgewerbe, auch findet sich der Lachs in
en finnischen Gewässern, obschon der aus Norrbottn bedeu=
b besser als der finnländische ist [93]). Diese erwähnten fin=
chen Kolonien führen uns noch in unserer übersichtlichen
arstellung der Naturverhältnisse des finnischen Gebietes zu
n nördlichen, schon von Lappen bevölkerten, Theilen desselben.
Dieselbe Natur, welche wir bisher in der südlichen Hälfte
s finnischen Gebietes, in dem eigentlichen Finnland, kennen
lernt haben, wiederholt sich auch in der nördlichen Hälfte
sselben in dem finnischen Lappland oder in dem doppelten
ssischen Lappland, in den Landschaften von Kemi=Lappmark
b von Kola. Nur zeigt sich in beiden eine nach Norden zu
mer mehr gesteigerte Armuth der Naturverhältnisse, da beide
on fast ganz innerhalb der eigentlichen Polarwelt oder jen=
t des **66** Parallelkreises liegen. Das Gebiet von Kemi=
appmark umfaßt den südwestlichen Theil, ehemals eine von
n sieben schwedischen Lappmarken, welche sich in einem großen
ogen rings um die Gestade des bottnischen Golfes, aber im
ücken der von den Schweden und Finnen kolonisirten Küsten=
ndschaften ausbreiten. Sie ist benannt nach dem Flusse Kem,
m größten Flusse des finnischen Gebietes, welcher aus zahl=
ichen Quellströmen auf dem niedern Wasserscheiderücken unter
8° N. Br. entsteht, wo die Gewässer zum baltischen, weißen
b polarischen Meere abfließen. Gegen Südwest ergießt sich
r Kemijoki zum bottnischen Golfe hinab, welcher die radien=
rmig aus den verschiedenen Lappmarken ihm zuströmenden
üsse in sich aufnimmt, und welchen er bei dem gleichnamigen
rte Kemi in der Nähe der Torneå=Mündung erreicht. Welche
:deutung aber dem Namen Kem (Kemi) zum Grunde liege,
ein gleichbenannter Strom sich ostwärts bei dem Orte Kemi
ter 65° N. Br. in das weiße Meer ergießt, und ob dieser
ame auf die oben genannten Jemen hinweise, wie Oferez=
wskoi meint, indem er dieselben mit den bei den Russen vor=
nmenden Sumen verwechselt [94]), ist uns unbekannt und

[93]) Rühs a. a. O. S. 287.
[94]) Oferezkowskoi bei Storch, Materialien I. S. 260.

nicht recht wahrscheinlich, da man hier eher die Sitze der K
relen und Kwänen als die der Jemen erwarten° könnte.
umfaßt dies Gebiet übrigens die drei Pastorate Sodankylä i
Westen am Kemijoki, dann Kusamo im Osten, und Utsjoki a
Enaraträsk und am Polarmeere im Norden.

In dem südlichen Theile ist Viehzucht der vornehm
und sicherste Nahrungszweig der hier angesiedelten festen fin
schen Bewohner, da die einheimischen Lappen nicht von ihre
Nomadenleben lassen. Der Ackerbau ist in diesen weite
öden und von Sümpfen erfüllten kalten Regionen Nebensac
und lohnt wenig. Schon Anfang October überbrücken f
die Gewässer mit einer Eisdecke, und erst Ende Mai verli
sich der Winter, dann säet man Gerste und Roggen, die beid
einzigen Cerealien, welche hier kultivirt werden. Mitte Aug
oder Anfang September ist die Erndte, so rasch treibt
zwar nur kurze aber außerordentlich heftige Sommerhitze.
Gerste gewährt einen vierfältigen Ertrag, der Roggen, we
er reif wird, einen achtzehnfältigen. Auch gedeihen hier no
verschiedene Gartengewächse. In dem nördlichen Theile u
den großen Enara=See, wo eine noch kürzere Sommerze
eintritt, wo unter dem 69° N. Br. nur noch etwas Gerf
gebaut werden kann und erst Anfang Juni der Boden f
von der winterlichen Schnee= und Eisdecke befreit, bildet d
Fischfang und vornehmlich der Lachsfang in den fischreich
Gewässern daselbst· die Beschäftigung und den Unterhalt d
Bewohner sowohl lappischen als finnischen Stammes, wel
beide hier fast ganz in einander aufgehen [95]).

Gleich dem Gebiet von Kemi=Lappmark besteht das
biet des weit ausgedehnten Halbinsellandes Kola a
niedern Felsmassen, deren Oberfläche mit kleinen Seen, Sü
pfen, Morästen und weiten Moosteppichen überdeckt ist u
nur wenige krüppelige Waldung zeigt. Trotz aller Rauhig
des Klimas, da die Landschaft, obschon nur zwischen dem
und 69° N. Br. gelegen, durchaus nicht mit den innern Th

---

[95]) Schubert, Reise durch Schweden und Finnland II. S.
bis 400.

r mehr westwärts gelegenen finnmärkischen Fjorden zu ver-
reichen ist, baut man doch noch Gerste und Roggen, welche
zwar häufig ausfallen, aber zuweilen doch einen zwanzigfälti-
gen Gewinn gewähren. Eben so schwierig ist die Viehzucht,
welche bei dem Mangel an Grase mit Moosen und Flechten
unterstützt werden muß. Dafür treiben die hier angesiedelten
russischen Bewohner eine um so vortheilhaftere Jagd auf die
Pelzthiere und auf die Meeresbewohner, welche in zahlreichen
Schaaren diese öden Felsgestade umschwärmen. Auch sammeln
sie Eiderdaunen an den Klippen auf dem Meeresufer, und
mehrere, wie besonders die Bewohner des Seehafens Kola,
an einem flußähnlichen Golfe am Polarmeere gelegen, nehmen
Antheil an den Jagdreisen nach Nowaja Semla und Spitzbergen [96]).

Die Bewohner des finnischen Gebietes.

Die beiden Stämme der Finnen (Finnländer) und Lappen,
welche die heutigen Bewohner des finnischen Gebietes im weitern Sinne bilden, wurden ungeachtet ihrer jetzt so verschiedenartigen Natur, wie oben bemerkt, von den ältern Skandinaviern
immer nur unter dem gemeinsamen Namen der Finnen zusammen begriffen, und schon dies müßte abgesehen von allen
andern Umständen auf eine einst nähere Stammgenossenschaft
beider Völker hinweisen, deren Verwandtschaft in der Annäherung und Uebereinstimmung ihrer Sprachen mit einander noch
jetzt einen hinreichenden Beweis zu finden scheint. Aber auch
fast alle neuern Reisenden können nicht umhin trotz der großen
Abweichung beider Völker von einander sie doch nur als verschieden entfaltete Zweige einer gemeinsamen Wurzel an-
zuerkennen [97]), obschon es grade nicht wahrscheinlich ist, daß,
wie Georgi meint, die Finnen sich von den ihnen an Charakter
und Sprache verwandten Lappen erst im dreizehnten Jahrhundert bei der Einführung des Christenthums getrennt haben,

---

[96]) Georgi, geograph. Beschreibung II. 1. S. 26, 27.

[97]) Buch, Reise durch Norwegen und Lappland II. S. 226. Schubert, Reise durch Schweden III. S. 453. Vergl. Scheffer, Beschreibung von Lappland S. 47.

indem sie beständige Sitze nahmen, während letztere beim noma
disirenden Leben verharrten [98]). Denn daß die Trennung beide
Völker von einander weit ältern Zeiten angehöre, erhellt scho
daraus, daß beide auch gar keine gemeinschaftliche Nationa
physiognomie mehr haben. Die Lappen sind durchaus klei
von Natur, und große Menschen sind bei ihnen sehr selte
Aber die Finnen mögen Jahrhunderte in derselben Gegen
wohnen, es scheint nicht, daß sie deswegen kleiner sind a
irgendwo die Normannen oder Schweden. Die Ursache davo
liegt, wie Buch bemerkt, nur in der Kultur. Polarvölker si
klein wie die Thiere und wie die ganze sie umgebende organi
sche Schöpfung, weil sie dem zusammenschrumpfenden Einflu
des rauhen Klimas völlig ausgesetzt sind und ihm nicht zu ent
gehen gelernt haben. Dagegen erzeugt der Finne in sein
Pörte eine tropische Wärme und was die Kälte zusammen
zieht, wird hier wieder ausgedehnt, in Thätigkeit und neu
Spannung gesetzt. Der Lappe erhält sich fast niemals in eine
Temperatur, selbst in seiner Wintergamme nicht, wie sie di
Natur dem physischen Menschen zum Fortgang und zur Er
höhung der Lebensfunktionen angewiesen hat, und wenn auc
seine Nerven nicht, so muß es doch seine Konstitution un
seine Bildung empfinden. Der Finne dagegen compensirt un
erhörte Kältegrade mit eben so unerhörten Hitzbädern, un
wie wohl er daran thut, zeigt die Erfahrung in Lappland [99])

Die Verwandtschaft der finnischen und lappischen Sprach
ist übrigens zu groß, als daß dies blos aus gegenseitiger Be
rührung oder durch einen Austausch des Sprachmaterials z
erklären sein könnte, weshalb sich auch schon Klingstädt z
der Annahme bewogen fühlte die Lappen für Abkömmling
der Finnen zu halten [100]), und demnach müssen wir di
Lappen in Verbindung mit den finnländischen Stämmen d
Kwänen, Tawasten, Karelen und mit den im Süden des fin
nischen Golfes wohnenden Stämmen der Ingern, Esthen un

[98]) Georgi, Beschreibung aller Nationen I. S. 15.
[99]) Buch, Reise II. S. 227.
[100]) Klingstädt, histor. Nachricht von den Samojeden und Lapp
ländern S. 37.

Liwen als eine gemeinſame Sprach= und Völkergruppe unter
dem Namen der **baltiſchen** oder weſtlichen Finnen be=
trachten[1]) und als einen Haupttheil der großen finniſch=urali=
ſchen oder ugriſchen Völkerklaſſe, deren zerſprengte Glieder ſich
von dieſem ſkandinaviſchen Finnmarken an bis zu den Gebirgs=
thälern des Kaukaſus und Altai verfolgen laſſen[2]).   Daß
beide Völker die bei uns üblichen Namen Finnen und Lappen
nicht gebrauchen, iſt bekannt genug, beide bezeichnen ſich viel=
mehr mit einem gemeinſchaftlichen Namen, welcher auf die
Natur ihres jetzigen Heimathslandes ſehr beſtimmt hinweiſet.
Sie nennen ſich noch jetzt mit dem nationellen Namen Suome,
Same, Sabme, woran ſich der bei den ältern Ruſſen vor=
kommende Name der Sumen anſchließt, und der dieſelbe
Bedeutung hat wie bei den deutſchen Völkern der Name der
Finnen oder Fennen, oder der Finnar bei den Skandinaviern.
Denn Suomaa bedeutet im Finniſchen ein **Sumpfland,** und
Suomi (wovon das lappiſche Same) als Abkürzung von Suo=
menmaa bedeutet das Land der Sumpfbewohner[3]).   Daher
nennen ſich Finnlands Finnen Suomalainen (in der Mehr=
zahl Suomalaiſet), die Eſthen ſich Somelaſſed, die Lappen
ſich Sabmelads, und dieſelben Begriffe liegen in Kainulaiſet,
wie ſich die Kwänen, und in Hämelaiſet, wie ſich die Ta=
waſten nennen.   Ja ſelbſt die Karelen, eigentlich Karjalaiſet
genannt, geben ſich einen entſprechenden Namen Somae=
mejet, und unſtreitig rührt von dem Stammwort Suomaa
auch der Name der Samojeden her[4]), welcher erſt nach dem
Verſchwinden des Namens der Petſcheren auftritt.

Aber je beſtimmter heut zu Tage die beiden Namen der
Finnen und Lappen in dem finniſchen Gebiete im weitern Sinne
hier für den anſäßigen Theil der Bewohner, dort für den noma=
diſirenden Theil derſelben gebraucht werden, deſto auffallender

---

[1]) **Klaproth,** Asia polyglotta p. 184.
[2]) **Alex. Murray,** history of the European languages. Edin-
burgh 1823. 8. Tome I. p. 12. II. p. 450.
[3]) **Lehrberg,** Unterſuchungen zur ältern Geſchichte Rußlands
S. 210 bis 213.
[4]) **Klingſtädt,** hiſtoriſche Nachricht S. 43, 44.

ist es, daß man doch in ganz Norwegen von Lappen nichts
weiß. Denn das Volk, welches man sonst mit diesem Namen
belegt, wird von den Normannen Finnar genannt, und nicht
etwa blos in einem kleinen Distrikte, sondern von Röraas bei
Drontheim an (der südlichsten Gegend, die von Lappen bewohnt wird) bis zum Nordkap hinauf. Und so weit die ältesten Nachrichten reichen, hat man immer diese Gewohnheit
gehabt, und die Bewohner der Nordwestseite des Kjölen-Gebirges
vom Polarmeere bis nach Drontheim hin sind noch niemals
von einem einheimischen oder auswärtigen Schriftsteller Lappen
genannt worden. Nur die über das Gebirge alljährlich nach
der Seeküste zu hinüberziehenden Nomaden nennt man auch
in Norwegen Lappen, vermuthlich weil sie in Schweden diesen
Namen führen. Dennoch ist der schwedische Name keineswegs
neu, sondern schon seit ziemlich alten Zeiten üblich; auch ist
es ein Irrthum, wenn man gemeint hat, daß in Norwegen
nur die an der See wohnenden Theile dieses Volksstammes
Finnen genannt werden, Lappen hingegen alle, welche auf den
Gebirgen umherziehen. Denn die, welche auf Drontheims
Bergen bei Röraas und nordwärts in der Landschaft Numme-
dalen leben, heißen nicht Lappen sondern Finnen, wenn gleich
sie auch nie an die See herabkommen; alle Finnen sind norwegische Unterthanen, alle Lappen gehören zu Schweden [5]),
und die beiden norwegischen Finnmarken sind dasselbe, was die
sechs (oder früher sieben) schwedischen Lappmarken.

Die Benennung Lappen hört man in Skandinavien erst
seit dem zwölften Jahrhundert, sie scheint von den Finnen selbst
ausgegangen zu sein und ist wahrscheinlich jenseit der Ostsee
am ältesten. Lappen als Grenzvolk, was dieses Wort eben
bedeuten soll, hat es unter und neben den Finnen fast überall
an den baltischen Gestaden gegeben in Esthland, in Finnland
und bis zum Eismeer hin. Schon zu Anfang des dreizehnten
Jahrhunderts erwähnen rigische Missionarien einer Landschaft
Lappegunda in Esthland, und in Finnland hört man noch
jetzt den lappischen Namen in unzähligen Ortsbenennungen.

_____

[5]) Buch, Reise durch Norwegen I. S. 400 bis 402.

Von dem obern Tawastland an und immer mehr nordwärts sind Ueberbleibsel und Denkmale ehemaligen Daseins der Lappen, besonders die sogenannten Lappringarne d. h. Lappkreise oder in einen Kreis gebrachte bewegliche Steine außerordentlich zahlreich. Ihre Verdrängung aus Finnland durch die Tawasten ist den Lappen noch jetzt erinnerlich [6]). Im Unterschiede nun von diesen Lappalaiset, den Sumen bei den ältern Russen, ist es nun nicht mehr erlaubt die bei den Schweden sogenannten Finnen in Finnland mit diesem Namen zu bezeichnen, da außer der möglichen Verwechselung dieses thätigen und fleißigen Volkes der Suomalaiset mit den rohen norwegischen Finnen diese Bezeichnung auch zu umfassend ist und als allgemeiner Name der weit verbreiteten uralischen oder ugrischen Völkergruppe gebraucht wird. Richtiger werden demnach die Bewohner des heutigen Großfürstenthums Finnland oder die Stämme der Karelen, Tawasten und Kwänen, welche sich unter den baltischen Tschuden noch allein in einer nationellen Selbstständigkeit erhalten haben, mit dem Namen der Finnländer benannt, so wie sie von den Russen jetzt auch richtig mit dem germanischen Worte Finlanzi bezeichnet werden [7]).

Beide Völkerschaften, die Finnen (Finnländer) und Lappen, haben, wie der Schwede Geijer bemerkt, einen sehr verschiedenartigen Charakter. Eine sonderbare Mischung von Eigensinn, Mißtrauen und kindischen Affekten bezeichnet den Lappen, ein bestimmtes, kraftvolles Wesen, ein oft düsterer Ernst den Finnen. „Der Mann bei seinem Wort, und der Ochs bei seinem Horn" heißt es im finnischen Sprüchwort. Die Kraft des Finnländers hat die Kultur angenommen. Das Schwenden, die eigenthümliche Art des nomadischen Ackerbaues, scheint von Alters her bei ihm einheimisch. Der Gebirgslappe hingegen ist so tief in der uralten Wildheit eingewurzelt, daß er der Fürsorge des Christenthums und einer väterlichen Regierung ungeachtet ein der Kultur absterbendes Volk darstellt. Merkwürdig sind dabei die Uebergänge zwischen den beiderseiti-

---

[6]) Geijer, Geschichte von Schweden I. S. 92.
[7]) Lehrberg, Untersuchungen S. 235.

gen Zuständen. Denn die alten Kwänen und Karelen lebten in den Waldungen ebenfalls auf lappische Weise meistens von der Jagd, weswegen Raha d. h. Fell noch jetzt in der lappischen und finnischen Sprache Geld bedeutet. Noch vor anderthalb hundert Jahren führten manche Finnländer im Innern von Osterbottn mit ihren Rennthieren eine fast lappische Lebensweise, und sogenannte Fischerlappen, nicht selten finnischer Herkunft, giebt es noch in Kemi-Lappmark [8]). Doch zeigt sich diese von den Naturverhältnissen gebotene Annäherung beider Völker an einander mehr auf Seiten der Finnländer als auf der der Lappen, denn letztere haben, wie schon Schlözer bemerkte, einen echten Beduinenstolz und lassen sich nie in Bauern verwandeln [9]). Grade dieser Umstand ist es auch, welcher beide Stämme in ein so verschiedenartiges Verhältniß zu ihren skandinavischen Nachbarn und Beherrschern setzt, und dieses Beharren in der rein natürlichen Freiheit und Ungebundenheit muß früher oder später die Lappen dem völligen Untergange entgegen führen.

Denn während die finnländischen Kolonisationen durch ganz Lappland bis nach Finnmarken hinein zum großen Vortheil jener Gebiete gereicht haben, und die finnischen Kwänen durch die Verbreitung der Ackerkultur überall die Wohlthäter derselben geworden und von den Normannen stets gern gesehen und auf alle Weise begünstigt worden sind, stehen die Lappen fast überall in einem ziemlich feindseligen Verhältniß zu den Normannen. Denn in der Nähe eines kultivirten Eigenthums sind die Lappen sehr unbequeme und schädliche Gäste, und im nördlichen Norwegen sieht man ihrer Ankunft über das Gebirge immer mit Besorgniß entgegen. Sie haben wenig Achtung für Eigenthum des Bodens, sie durchbrechen die Zäune der Wiesen und Aecker, und lassen die Rennthiere dort weiden, wo man eben Gras für das Vieh zu sammeln hoffte. Fressen auch diese Rennthiere das Gras nicht, so ist nur ein einziger Gang der Heerde über diese Wiese hinreichend, sie für das

---

[8]) Geijer, Geschichte von Schweden I. S. 91.
[9]) Schlözer, Briefwechsel V. S. 231.

ganze Jahr unbrauchbar zu machen. Denn die Kühe berühren durchaus kein Gras, auf welchem selbst vor Monaten der Fuß eines Rennthieres gestanden hat. Das ist die einstimmige Aussage aller Normannen, welche die Küste bewohnen [10]), und dasselbe behaupten auch die schwedischen Bauern in den schwedischen Lappmarken[11]). Damit hängt auch die außerordentliche Verachtung zusammen, mit welcher die Normannen ihre lappischen Nachbarn behandeln, um so mehr als diese bei ihrer leiblichen und geistigen Schwäche im Verhältniß zu den Normannen nie den Eingriffen der letztern zu widerstehen vermocht haben. Nicht leicht werden ihnen die Normannen erlauben einen Fuß in ihre Häuser zu setzen, und auch in der fernsten Gemeinschaft mit ihnen zu stehen, suchen sie gern zu vermeiden. Schon in Helgeland gilt als ein Ausdruck der tiefsten Verachtung „ich achte ihn nicht mehr als einen Finn‟ und nicht selten hört man in Norwegen, daß ein Finne nicht mehr werth sei als ein Hund [12]).

1) Die Finnländer.

Von den drei finnischen Stämmen, welche man als die Bewohner des finnischen Gebietes im engern Sinne unter dem Namen der Finnländer (-Finlanzi) zu begreifen pflegt, werden die beiden westlichen am bottnischen Golfe wohnenden Stämme der Tawasten und Kwänen wegen der ihnen gemeinschaftlichen finnischen Mundart im Gegensatz gegen die Karelen im Osten vorzugsweise mit dem Namen der Finnländer bezeichnet [13]); sie waren zugleich die frühesten und längsten Unterthanen der schwedischen Krone und von ihnen aus verbreitete sich der durch die Schweden hier fixirte Namen der Finnen über alle ihnen näher oder ferner stehenden Stammgenossen bis zur Wolga und zum Ural. In Hinsicht der Bildung und des Charakters finden sich bei den Bewohnern des finnischen Gebietes in den verschiedenen Landschaften große Ab=

---

[10]) Buch, Reise durch Norwegen I. S. 454, 455.
[11]) Arndt, Reise durch Schweden III. S. 115.
[12]) Buch, Reise I. S. 416.
[13]) Lehrberg, Untersuchungen S. 147.

weichungen. An den Seeküsten, wo sich viele Schweden niedergelassen haben, ist der ursprüngliche Stamm schon sehr
ausgeartet. Die Finnländer haben eine dunkle Farbe, ein
ernstes düsteres Ansehn, eine grobe Stimme, eine langsame
Rede, starke Glieder und einen festen Gang. Das Haar ist
gelblich, bisweilen röthlich oder weiß, auch dunkelgelb. Das
schon oben erwähnte alte finnländische Sprüchwort, welches
den Nationalcharakter schön bezeichnet, ist besonders für die
Bewohner der innern Gegenden, wo er sich in seiner Reinheit
erhalten hat, anwendbar, es ist aber darum auch der finnländische Eigensinn in Schweden zum Sprüchwort geworden. Dem
Fremden nähert sich der Finnländer nicht leicht, obschon er
ihn mit großer Gastfreiheit aufnimmt; aber es ist der Mühe
werth ihm entgegen zu kommen. Ueberhaupt ist der Finne
von Neuerungen kein Freund, und es hält schwer ihn zu Aen-
derungen in seiner Lebensart oder seinem Ackerbau zu bewegen [14]). Doch stimmen alle Reisende darin überein, daß die
Finnländer ein sehr mäßiges, starkes, fleißiges und thätiges
Volk seien [15]).

Die Nordfinnländer werden einer gewissen Arglist be-
schuldigt, die sie besonders auf ihren Reisen in Tawastland
ausüben sollen, wo sie Landhandel hauptsächlich mit Lachs
und Fellen treiben, die sie gegen Leinwand, Hopfen und andere Sachen absetzen. Ihre Schlauheit wird noch furchtbarer
durch die Kraft und Kühnheit, womit sie gepaart ist. In Süd-
Finnland fürchtet man sich überhaupt sehr vor den Nord-
Finnländern, vornehmlich als großen Zauberern, und diese
unterlassen nicht sich dieses Aberglaubens zu ihrem Nutzen und
Vortheil zu bedienen. Diese abergläubische Einfalt ist ohne
Zweifel Ursache an der Verachtung, womit die Nordbewohner
die südlichen Finnländer, besonders die Tawasten, betrachten.
Im Mittelalter war der Name Fenne eben soviel als Zauberer,
die Finnen sollten nach der allgemeinen Annahme in einem

---

[14]) Rühs, Finnland und seine Bewohner S. 294.
[15]) Acerbi, Reise durch Schweden und Finnland S. 353. Schubert, Reise durch Schweden und Finnland III. S. 474, 475.

besondern Verkehr mit den bösen Geistern stehen. Und troß
dem daß die evangelische Religion sich von Schweden aus seit
dem sechszehnten Jahrhundert über ganz Finnland verbreitet
hat, giebt es auch jeßt noch daselbst Zauberer; doch auch selbst
die berühmtesten unter ihnen glauben, daß ihnen die Lappen
darin weit überlegen sind. Von einem wohl erfahrnen Zaube=
rer pflegen sie zu sagen, „das ist ein ganzer Lappe," ja sie
unternehmen auch wohl heimlich Reisen in die Lappmarken, um
sich recht darin einweihen zu lassen [16]).

Die finnischen Thaumaturgen, deren Hülfe die große
Masse des Volkes in allen geistigen und leiblichen Nöthen in
Anspruch zu nehmen pflegt, führen den Namen Kuckaromies
d. h. Sackmänner, weil sie die Geräthschaften für ihre Be=
schwörungen und magischen Operationen in einem Sacke mit
sich führen, und sie haben ganz denselben Charakter wie die
Schamanen ihrer zum Theil noch dem Heidenthum ergebenen
wolgischen und uralischen Stammgenossen und der meisten
sibirischen Völker. Merkwürdig bleibt es immer, wie hier in
Finnland so sehr viele Ueberreste der magischen Form der Na=
turreligion sich haben erhalten und selbst mit der christlichen
Religion haben verbinden können, und wenn, wie es scheint,
diese niedrigste Stufe der religiösen Entwickelung oder die
Religion der Zauberei an das eigenthümliche Naturleben
der polarischen Welt geknüpft ist und darin wurzelt, wie
in dem Leben der tropischen Welt, wo doch schon mehr
und mehr diese magische Religion dem Islam hat weichen müssen,
dessen Verständigkeit diese Gefühlseinheit des geistig=religiösen
und des natürlichen überall untergräbt und zerstört, so möchte
es wohl noch lange währen, ehe auch in diesem Lande der
Dämmerung für die alten Normannen das volle Licht der Re=
ligion des Geistes aufgehen könnte. Daß diese finnischen Zau=
berer ganz durchdrungen sind von dem religiösen Naturleben
ohne ein Arges an der Wahrheit desselben zu haben, so wie
auch überhaupt eine gewisse schwärmerische Richtung bei den

---

[16]) Rühs, Finnland S. 296, 297.

Finnländern vielen Anklang findet, erhellt aus mancherlei Bei=
spielen selbst der neuern Zeit [17]).

Jene von ihren eigenen Stammgenossen gefürchteten Nord=
finnländer, die Kajanen oder Kwänen, bilden den in jeder
Beziehung merkwürdigsten Stamm dieses finnischen Gebietes.
Ihre einstmals größere politische Bedeutsamkeit in dem alten
Bottenlande, ehe sie unter schwedische Hoheit kamen, erhellt
schon daraus, daß ihr Name zur allgemeinen Bezeichnung für
die Finnen diente [18]). Als fleißige Agrikultoren haben
sie sich von Kajanaland aus weit nach Norden verbreitet bis
nach Finnmarken, und überall verbreitete sich durch ihre An=
siedelungen in den öden lappischen Gebieten zwischen dem balti=
schen und weißen Meer Kultur und Anbau des Landes. Nur
mit dem Namen der Kwänen werden daher auch in Finnmarken
die finnischen Kolonisten im Unterschiede von den nomadisirenden
Finnen (Lappen) von den Normannen bezeichnet [19]). So wie
sich die Verdrängung der Lappen von Finnland aus nach Norden
hin mit der Verbreitung der Ackerkultur durch die Kwänen
schon von Tawastland an geschichtlich verfolgen läßt [20]), so
auch die kolonisirende Ausbreitung dieser finnischen
Kwänen seit dem Ende des siebzehnten Jahrhunderts über
Torneä=Lappmark und Kemi=Lappmark. Die merkwürdigen
Kolonisationen in diesem östlichen oder finnischen Lappland, wo
noch vor einem Jahrhundert die Lappen nur öde Wüsteneien
durchstreiften, lehren, wie Buch mit Recht bemerkt, daß Emi=
grationen ein Land nicht entvölkern, denn grade die Landschaf=
ten, aus welchen jene Kolonisten ausgezogen sind, weit ent=
fernt an Menschenzahl zu verlieren, haben fast wie die neu
angebauten Landschaften gewonnen [21]). Ueberall sind die Lap=
pen auf der Flucht vor den finnischen Ansiedlungen. Dies
unglückliche Volk wird aus den Thälern heraus immer höher
auf die Berge getrieben, vereinzelt und gewissermaßen durch

---

[17]) Rühs, Finnland S. 300 bis 317.
[18]) Schlözer, allgem. nordische Geschichte S. 444.
[19]) Buch, Reise durch Norwegen II. S. 13, 15.
[20]) Geijer, Geschichte von Schweden I. S. 89. Anmerk. 5.
[21]) Buch, Reise II. S. 259 bis 265.

Auszehrung vernichtet. Es erliegt dem Schicksal aller Völker, welche der Kultur widerstreben und von einem der Ausbildung entgegen eilenden Volke beschränkt werden.

Die Verwüstungsscenen des nordischen Krieges in Finnland haben unstreitig einen großen Antheil an der Beförderung der Richtung der finnischen Kwänen sich nordwärts kolonisirend zu verbreiten, und seitdem haben die Einwanderungen in Lappland bis zu den finnmärkischen Golfen fast immer fortgewährt, so daß selbst auch die Lappen nicht ohne Grund fürchten, die Kwänen werden endlich ihr ganzes Land besetzen und sie gänzlich vertreiben. So blühete seit dem Jahre 1708 die finnische Kolonie Kautokeino auf dem damals noch schwedischen Gebiete auf, welche erst im J. 1751 mit der ganzen umgebenden Landschaft bis zum Wasserscheiderücken am Jedekejaure an Norwegen abgetreten wurde [22]). Um dieselbe Zeit mit dem Emporkommen von Kautokeino verbreiteten sich die Finnen an der Tana-Elf abwärts und an der Alten-Elf abwärts bis zum Altenfjord. Der Kornbau in dem fruchtbaren Alpenthale von Altengaard ist ein Verdienst dieser Kwänen, und mit ihnen kehrten Fleiß und Betriebsamkeit in Finnmarken ein. Sie sind noch jetzt ihren Vorfahren ähnlich, und folgen immer derselben Lebensart und denselben Gewohnheiten. Ihre Häuser sind größtentheils ganz eingerichtet wie überall in Finnland und wie sie die Normannen nicht bauen; es sind die sogenannten Pörten. Nur in der Kleidung unterscheiden sich die Kwänen nicht von den Lappen, aber um so mehr in ihren Sitten. Sie sind die kultivirtesten Bewohner in Finnmarken, selbst die Normannen nicht ausgenommen. Sie sind ausgezeichnet durch natürlichen Verstand, sie fassen schnell und leicht und scheuen die Arbeit nicht [23]). Es wohnen die finnischen Kolonisten in Finnmarken vornehmlich im Innern der geschützten, kulturbaren Fiorde, dagegen haben die Normannen wenig das Innere des Landes besetzt, diese hielten sich vielmehr stets seit ihrer Ansiedlung in diesem Gebiete auf den äußersten Inseln gegen

---

[22]) Buch, Reise II. S. 175 bis 180.
[23]) Buch, Reise II. S. 13 bis 15.

das Meer, um den Fischen dort leichter nachgehen zu können. So finden sich diese finnischen Ackerbau treibenden Kolonien am Porsangerfjord [24]) im Osten des Altenfjord, und westwärts an dem berühmten Lyngenfjord und an dem benachbarten kleinern Reißfjord [25]).

Fast überall haben die Finnen ihre nationellen Wohnungen mit sich genommen, die Pörten (Pirti); sie bieten dem Fremden einen abscheulichen Anblick dar, besonders zur Nachtzeit im Winter, und es bedarf einer festen Gesundheit wie sie die Finnen haben, um in ihnen wohnen zu können ohne zu erkranken. Es sind sogenannte Schwarz- oder Rauchstuben, aus Balken erbaute Wohnungen, an deren einer Seite ein gewaltiger Ofen ohne Schornstein steht, der den größten Theil der Wand einnimmt. Der Rauch aus dem Ofen hebt sich bis unter das Dach, steigt an den Wänden nieder, und zieht durch einige viereckige Oeffnungen an den übrigen Wänden und etwa drei Fuß vom Boden ins Freie. Die Wandlöcher aber verursachen selbst geschlossen einen steten Zug, und den ganzen Vormittag, so oft der Ofen geheizt wird, sind Wandlöcher und Thüren geöffnet, um den Rauch auszulassen. Der Fußboden ist selten mit Brettern belegt, sondern ist feuchte, unbedeckte Erde, worin sich häufig eine mit Holzspänen angefüllte Grube befindet, in welche sich die Feuchtigkeit hineinzieht und von deren Fäulniß sich ein widriger Geruch verbreitet. Das Bett der Finnen besteht gewöhnlich aus ein wenig Stroh und Heu auf kalter Erde und einer dünnen Decke oder Schaaffell. Gegen dies eiskalte Lager bildet die syrische Hitze in der geheizten Pörte einen gefährlichen Kontrast. Nur die Größe der Pörte verbessert einigermaßen die darin herrschende böse Luft, die Länge beträgt meistens 10 bis 18, die Breite 10 bis 15 und die Höhe 5 bis 9 Ellen. Im Sommer zieht man an manchen Orten die Schlafstätten in kleinen Nebengebäuden vor [26]).

---

[24]) Buch, Reise II. S. 113.
[25]) Buch, Reise II. S. 449, 466.
[26]) Schubert, Reise durch Schweden II. S. 122.

Daß die Wärme und der Rauch in diesen dumpfen Ge=
mächern auch auf die menschliche Seele einwirke, erhellt von
selbst, und wohl mag damit die eigenthümliche religiöse Rich=
tung der Finnländer zusammenhängen. Auch bemerkt man in
den Gegenden, wo die Pörten abgeschafft sind, eine weit grö=
ßere Industrie. Uebrigens herrscht in den verschiedenen Pro=
vinzen auch unter den Rauchhütten eine große Verschiedenheit;
in Karelien und Sawolax sind sie nett und reinlich, oft mit
Glasfenstern versehen, und die Tische und Bänke so wie der
untere Theil der Wand werden sauber gewaschen; dagegen lebt
der Tawaste, der überhaupt auffallend feiger, ärmer und
schmutziger ist, höchst unreinlich. Man hat schon angefangen
bessere Wohnungen bei den Finnländern einzuführen, obschon
diese Pörten erst seit einem halben Jahrhundert aus der Stadt
Torneå verschwunden sind, und in den Seelandschaften Finn=
lands trifft der Reisende schon überall reinliche bequemere
Wohnungen [27]). Der obere Theil des Ofens in den Pörten
dient zu den in Finnland und Rußland überall gebräuchlichen
Schwitzbädern; denn das Baden gehört zu den charakteristi=
schen Nationalsitten, das vielleicht von den Finnen zu den
russischen Slaven übergegangen ist und bereits in den ältesten
Zeiten gebräuchlich war. Meistens hat auch jeder Bauer neben
seinem Hause noch eine besondere Badestube, die inwendig mit
Steinen ausgesetzt ist und wo durch das Erhitzen derselben ein
Dampfbad bereitet wird. Die eigenthümliche Art und Weise
dieses Bades, bei welchem nach alter einheimischer Sitte, die
recht das einfache und unschuldige Naturleben der Finnländer
beurkundet, die Männer von Weibern bedient werden, ist uns
von neuern Reisenden zur Genüge geschildert worden [28]).

Allgemein bekannt ist es, daß die Finnen eine große An=
lage für Musik und Poesie zeigen, und wenn sie in der
letztern weit ausgezeichneter sind und weit bedeutenderes ge=
leistet haben, so liegt dies hauptsächlich an der Unvollkommen=

---

[27]) Rühs, Finnland S. 319.
[28]) Schubert, Reise durch Schweden II. S. 123. Vergl. Rühs
a. a. O. S. 320.

heit ihres Nationalinstrumentes, welches Harpu genannt wird und aus fünf Saiten besteht [29]). Die Neigung zur Dichtkunst war ehemals über das ganze Volk verbreitet; die Bauern verfertigten Lieder und Gesänge, und auch das weibliche Geschlecht übte diese Kunst. In den Küstengegenden ist die Dichtkunst jetzt fast ganz verschwunden, zum Theil ist der mißverstandene Eifer der Geistlichen daran Schuld, welche die ganze Poesie für einen Ueberrest des heidnischen Geistes halten. In den innern Gegenden besonders in Sawolax und Karelien findet man noch häufig solche Naturdichter, obschon auch hier die Liebe zur Poesie in dem Maaße aufhört, als der Kreis der landwirthschaftlichen Beschäftigungen sich erweitert, oder die Entfaltung des sinnlichen Lebens zunimmt. Diese Liebe zur Poesie haben die Finnländer mit ihren nahen Stammgenossen, den Esthen, gemein, deren Dichtkunst auch in Hinsicht des technischen der ihrigen völlig gleich ist. Vorzügliche Dichter führen den Ehrennamen Runo-Niekat d. h. Liederkünstler, und sie genießen ein vorzügliches Ansehn. Die Finnländer haben ein feines poetisches Gefühl und ein gutes Gedächtniß, wodurch es ihnen leicht wird die jährlich unter ihnen entstehende Menge von Liedern zu behalten und fortzupflanzen [30]).

Die finnische Sprache ist sehr melodisch und zum Gesange geschickt, weil die Wörter sich meistens auf Vokale endigen und selten mehrere Konsonanten zusammenstoßen, und wenn sie gut gesprochen wird, ist ihr eine gewisse feierliche Fülle eigen. Uebrigens ist sie nicht sehr ausgebildet, da sie zu schriftlichen Darstellungen wenig benutzt wird. Sie zerfällt in verschiedene Dialekte, doch unterscheidet man besonders den gewöhnlichen und den von Sawolax. Ersterer herrscht in ganz West-Finnland und wird am meisten in Schriften und Religionsvorträgen gebraucht. Er hat viele Ausdrücke aus dem Schwedischen entlehnt, so wie der in Sawolax und Karelien herrschende aus dem Russischen. Sawolax ist aber das rechte Mutterland der finnischen Poesie, und seine Mundart

---

[29]) Acerbi, Reise durch Schweden und Finnland S. 214, 231.
[30]) Rühs, Finnland S. 325 bis 330.

irb daher hauptsächlich in den Liedern und Gedichten ange=
andt; sie hat eine Menge eigenthümlicher Ausdrücke, die
par zum Theil auch in den andern Dialekt übergegangen sind,
ver der bei weitem größern Anzahl nach nur hier recht ein=
imisch sind [31]).

Unter den zahlreichen noch jetzt vorhandenen finnischen
der ugrischen Völkerschaften bilden die Finnländer die bei
eitem größte Masse. Man berechnet überhaupt die Ge=
ammtmasse jener Völkergruppe in ihren dreizehn übrig
bliebenen Hauptzweigen nur auf etwa drei Millionen, und
enn diese Anzahl bei der so großen Ausbreitung dieses Stam=
es und bei der großen Bedeutsamkeit, welche einzelne Glieder
sselben in den verschiedenen Jahrhunderten der Geschichte ge=
abt haben, so außerordentlich gering erscheint vornehmlich im
erhältniß zu den slavischen Völkern Ost=Europas, welche
ne an sechszehnmal stärkere Population darbieten, so ist dabei
rnehmlich zu berücksichtigen, daß ein großer Theil der finnisch=
grischen Stämme schon seit mehrern Jahrhunderten grade in
iesen slavischen Völkerstamm aufgegangen und von demselben
bsorbirt worden ist. Außerdem ist ein Theil, wie in allen
altischen Gestadeländern, in den germanischen Volksstamm
bergegangen, und ein anderer Theil, wie in den wolgisch=ura=
schen Gebieten, ist dem türkischen und turktatarischen Volks=
amm anheimgefallen, während im äußersten Süden am Kau=
sus und an den pontischen Gestaden zahlreiche finnische
ölkerschaften theils spurlos verschwunden sind bei den Jahr=
nderte lang dort fortdauernden Völkerbewegungen, theils in
n Alpenthälern jenes Gebirges zu ganz eigenthümlichen Völ=
rn erwachsen sind, die man jetzt als eine besondere Klasse
nfassen muß. Die Finnländer bilden jetzt fast noch die
älfte von der Gesammtanzahl ihres Volksstammes, da sich
re Anzahl auf ungefähr 1,300,000 Köpfe beläuft [32]).

---

[31]) Rühs a. a. O. S. 342, 345. Vergl. Sjögren, über die
nische Sprache und ihre Litteratur. Petersburg 1821. 8. S. 13 bis 44.
[32]) Schubert, Statistik des russ. Reiches S. 156.

2) Die Lappen.

Wenn man auch im Allgemeinen die alte Behauptung anerkennen muß, daß die Lappen von Gestalt klein und häßlich und von schmutzig gelber Farbe seien [33]), so ist dies doch immer nur mit gewissen Beschränkungen zu verstehen. Daß die Lappen neben den hohen Normannen meistens wie Zwerge aussehen [34]), davon macht man bald die Erfahrung in Skandinavien, aber viele Lappen vornehmlich in den nördlichen Lappmarken sollen die gewöhnliche mittlere menschliche Größe haben. Auch ist die schmutzig gelbe Farbe bei ihnen nur die Folge von dem Aufenthalt in den räucherigen Hütten, weshalb auch die Alpenlappen, welche meistens unter freiem Himmel zubringen, wenig gelb sind, und manche lappische Frauen zeigen die schönste weiße Gesichtsfarbe [35]). Der Missionär Knud Leem, welcher sich unter der Regierung des Königs Christian VI. in der ersten Hälfte des achtzehnten Jahrhunderts lange unter diesem Volke aufhielt, schildert sie als von schwarzbrauner dunkler Gesichtsfarbe; sie hätten schwarze kurze Haare, einen großen Mund, hohle Backen und ein etwas langes spitziges Kinn. Ihre Augen seien meistens schwach und thränend, was zum Theil von dem beständigen Rauch her kommt, dem sie in den Hütten ausgesetzt sind, zum Theil von den blendend weißen Schneegefilden, so daß Leute, welche im Gebirge auf der Jagd gewesen sind, bei der Rückkehr oft mehrere Tage lang sich in einem Zustande von völliger Blindheit befinden [36]).

Der Kopf bei den Lappen tritt, wie es Arndt bei seinem Aufenthalt unter diesem Volke in dem schwedischen Jemtland kennen lernte, oben an beiden Seiten meistens eckicht hervor, ist oben flach und nach hinten nicht gewölbt, sondern gerade die Stirn ist breit und hat ein Paar kleine trübe Augen unter sich, die Nase ist bei den meisten wohlgestaltet und geht

33) Scheffer, Beschreibung von Lappland. S. 31 bis 33.
34) Arndt, Reise durch Schweden III. S. 253.
35) Schubert, Reise durch Schweden II. S. 274.
36) Knud Leem bei Acerbi, Reise durch Schweden S. 439.

len echt römisch ohne Einsenkung an der Stirn fort, nur wenigen ist sie mongolisch platt und breit; hoch stehen die ckenknochen hervor, und von ihnen laufen die Wangen und s Kinn in den spitzesten Winkel aus, und hier und an dem erkopfe findet sich eigentlich das Charakteristische der ppischen Gesichter. Diese eingefallenen Bäcken, der ine kümmerlich und scharf geschnittene Mund, bei vielen fast ne Lefzen, das lange, krumme Kinn, welches ganz spitz zu= ift und wenig Bart hat, finden sich bei allen Individuen D sind echt lappisch; sie zeichnen den Naturmangel und die hwäche des Volkes am sichtbarsten ³⁷). Nichts desto weni= : soll man, wie Klingstädt bemerkt ³⁸), auch in leiblicher ziehung eine gewisse Verwandtschaft dieses Volkes t den Finnen erkennen, und keinesweges, wie früher oft für gehalten, eine Verwandtschaft mit den Samojeden, welche s Anwohner der polarischen Gestade Europas häufig mit den ppen verwechselt worden sind.

Die Lappen besitzen einen ziemlichen Grad körperlicher tärke, und sind ein sehr festes und hartes Volk, welches die ößte Noth und Rauhigkeit seines Heimathlandes mit Geduld rägt. Dabei haben sie eine außerordentliche Leichtigkeit, Ge= ndtheit und Gelenkigkeit des Körpers; daher können auch mit einer Behendigkeit springen und klettern, und mit er katzenartigen Zusammenrollung sich schmiegen, die jeden Erstaunen setzt. Für kurze Anstrengungen im Laufen, Sprin= i und Gehen hält es kein Schwede und Normanne mit en aus, aber die Stärke und Ausdauer fehlt ihnen ³⁹). ist unglaublich, wie viele von ihnen im Stande sind, sich einen Raum hineinzulegen oder vielmehr einzupacken, der im die Hälfte dieser Anzahl fassen könnte. Sie sitzen dann mer dicht zusammengedrängt mit untergeschlagenen Beinen, daß das ganze Gewicht des Körpers auf den Zehen ruht. enn die Gebirge mit Schnee und Eis bedeckt sind, können

---

³⁷) Arndt, Reise durch Schweden III. S. 255, 256.

³⁸) Klingstädt, histor. Nachricht von den Samojeden und Lapp=
dern S. 35, 36.

³⁹) Arndt, Reise III. S. 257.

die Lappen doch auf den steilsten Seiten derselben mit gro[ßer]
Sicherheit hinauf= und hinabsteigen, und auf seinen Sch[nee]
schuhen gleitet der Lappe so schnell und so geschickt auf [den]
Schneeflächen hin, daß er im schnellsten Laufe im Stande [ist]
etwas vom Boden aufzuheben. Die beständige Uebung [von]
Jugend auf, das Leben in ihren engen Zelten und beson[ders]
die Jagd giebt ihrem Körper die eigenthümliche Gewandt[heit]
und Kraft⁴⁰).

Als das am meisten charakteristische bei den Lappen gla[ubt]
Arndt aber wahrzunehmen ihre Haltung und Miene. [Sie]
stehen am liebsten auf etwas gestützt oder gelehnt mit ge[beug]
tem Leibe und sehen mit geneigtem Kopfe und offenen A[ugen]
starr vor sich hin mit einer Mischung von Aufmerksamkeit [und]
Gleichgültigkeit. In der Spannung ihrer Mienen liegt [et]
etwas wildes, unstätes und thierartiges. Dabei hat das [ge]
staltlose und zerfließende in ihrem Aeußern ohne den Ausd[ruck]
von Kraft etwas trauriges, eine gewisse Melancholie [liegt]
als ein Schatten auf der Physiognomie dieses Volkes, [und]
man bemerkt eine hohe Empfänglichkeit für einen trüben [fin]
stern Aberglauben, der der Grundzug ihres frühern religiö[sen]
Bewußtseins war, und sie in ihrem jetzigen Heimathslande [die]
jetzt bei ihnen herrschende christliche Religion nie von der s[chö]
nern, lichten Seite wird erkennen lassen⁴¹). Wie sehr a[ber]
die Lappen in ihrer geistigen Entwickelung noch auf der St[ufe]
der Kindheit des Menschengeschlechtes stehen, möchte sich dar[aus]
entnehmen lassen, daß sie, wie andere Reisende an ihnen
merkten, einen unerschöpflichen Frohsinn haben, so [daß]
nichts ihren heitern Sinn stören kann, denn fast niemals [sieht]
man sie traurig sehen⁴²). Selten macht bei den Reise[nden]
das erste Begegnen dieser Lappen in dem nördlichen Ska[ndi]
navien einen angenehmen Eindruck. Acerbi, welcher die e[rsten]
Lappen auf seiner Reise nach dem Nordkap am Pallaj[oki]
antraf, fand sie äußerst klein, und die auffallendsten Züg[e]

---

⁴⁰) Leem bei Acerbi a. a. O. S. 440, 441.
⁴¹) Arndt, Reise III. S. 258 bis 261.
⁴²) Schubert, Reise II. S. 109, 275.

ren Gesichtern waren dürre Backen, ein spitzes Kinn und
hr hervorragende Backenknochen; das bei ihnen befindliche
Mädchen hatte schöne lichtbraune Haare, die der Männer waren
ganz schwarz, wodurch sie sich vornehmlich von den Finnen
unterschieden. Sie waren äußerst schmutzig und ekelhaft und
selbst etwas stumpfsinnig, da sie die doch ungewöhnliche Er=
scheinung der Fremden ganz ohne Erstaunen ließ, und sie sich
nur um die Zubereitung ihrer Mahlzeit bekümmerten, welche
in Fischen bestand, die sie am Feuer auf Stöcken rösteten.
Sie sollten Acerbis Reisebegleiter sein, zeigten sich aber dabei
sehr träge und begierig nach berauschenden Getränken, ganz
das Gegenstück zu den mäßigen und fleißigen Finnen, welche
ihn bisher begleitet hatten [43]). Sonst sind die Lappen ein
gutmüthiges Naturvolk, dessen gute Eigenschaften, wie
besonders Redlichkeit und Treue und Gastfreundschaft gegen
Fremde, die Reisenden bei längerm Aufenthalt unter ihnen zur
Genüge kennen gelernt haben [44]). Doch wird von manchen
Reisenden ein weniger günstiges Urtheil auch in dieser Bezie=
hung über sie gefällt und namentlich bemerkt, daß sie nicht
eine so uneigennützige Gastfreiheit bewiesen als wie die Araber [45]).

In Hinsicht der Lebensart unterscheidet man bei den
Lappen vornehmlich eine doppelte Art, die Berg=Lappen
und die See=Lappen, wozu man sonst auch noch einige an=
dere Arten zu rechnen pflegt. Die erste Art ist die bei weitem
wichtigste. Man nennt sie auch Rennthierlappen oder Alpen=
lappen (Fjälllappar) von ihrem Aufenthalt auf den skandi=
navischen Alpen (Fjäll oder Fjeld), und die Schweden nennen
sie im Umgange mit ihnen Fjällmän und Fjällfolk. Sie
sollen den echten Grundstamm und die größte Anzahl des Volkes
ausmachen [46]). Die von Herberstein [47]) uns genannten Finn=
lappen, welche milder als die rohen eigentlichen Lappen sein
sollten, sind wahrscheinlich die an den Meeresküsten sich auf=

---

[43]) Acerbi, Reise S. 348 bis 353.
[44]) Schubert, Reise II. S. 275.
[45]) Buch, Reise II. S. 146.
[46]) Arndt, Reise III. S. 268, 270.
[47]) Herberstein, rerum Moscovit. comment. p. 117.

haltenden und schon mehr in festern Sitzen lebenden Lap
da man wohl schwerlich an finnische Kolonisten, welche
wöhnlich Lappfinnen (Lappfinnar) genannt werden [48]),
denken hat, welche sich schon damals so weit nach No
hin verbreitet haben sollten.

Die Alpenlappen leben fast ausschließlich von dem Ertra
ihrer Rennthierheerden, sie haben ihr eigenes Weidela
wofür sie an die Krone Schatz erlegen. Im Sommer zieh
sie auf den Alpen, im Winter in dem niedern Lande der Lap
marken umher; auf jeder Stelle bleiben sie je nach der B
schaffenheit des Bodens einige Wochen und schlagen für di
Zeit ihre Hütten auf, zu denen sie die Materialien mit f
führen. Das Rennthier ist dem Fjälllappen Alles. Mit ein
Heerde von 3 bis 400 Thieren dieser Art ist eine Familie i
mäßigen Wohlstande. Sie kann so viele Rennthiere schlacht
als sie zur Nahrung und Kleidung braucht, sie kann au
einige Rennthierfelle, Häute oder Hörner den Kaufleuten geg
Mehl, wollene Zeuge und berauschende Getränke verkaufe
Mit nur hundert Thieren lebt eine Familie nur kümmerli
und ist vor dem Verhungern nicht sicher. Auch muß sie m
stens in dem Falle das freie Hirtenleben auf den Bergen au
geben, nach dem Meere herunterziehen und als Seelappen da
von dem Meere zu gewinnen suchen, was sie auf dem Gebirg
nicht mehr findet. Aber die Sehnsucht des Lappen bleibt do
immer nach den Bergen gerichtet, und gern und schnell tausc
ein jeder Seelappe seine Hütte und seinen Gewinn mit d
Heerde des Fjeldlappen. Der Reiz des freien Lebens auf da
Gebirge und der Unabhängigkeit mag, wie Buch bemerkt, a
diese Neigung weniger wirken als die gute Nahrung des Fjell
lappen bei seinem Hirtenleben [49]).

So mühselig auch das Leben der Lappen auf dem Gebirg
ist, da das an das Rennthier geknüpfte Nomadenl
ben offenbar das beschwerlichste und dürftigste ist, so s
hängen doch daran die Lappen, fühlen sich darin allein glü

---

[48]) Schubert, Reise II. S. 273.
[49]) Buch, Reise II. S. 161, 162.

, und sind kaum zu bewegen es mit einem bequemern Leben
einer von der Natur reicher ausgestatteten Gegend zu ver=
sschen [50]). Sobald der Frühling beginnt, tritt in die Heerde
st der Wanderungstrieb ein und oft so stark, daß sie
s selbst aufbrechen und die Hirten nur zu folgen haben.
gen Ende April ziehen sie gewöhnlich die Alpen hinauf nach
rwegen und zwar zuerst zu den Stellen, wo die Thiere zu
ben gewohnt sind, welches um die Mitte des Maimonats
chieht [51]). Haben sie das Gebirge überstiegen und sind sie
n Meeresufer nahe, so laufen und drängen sich die Renn=
re mit Macht um recht bald den Fiord zu erreichen, und
m saufen sie begierig und fast unmäßig von dem gesalze=
n Wasser. Das soll nach der Meinung der Lappen den
nnthieren zum Gedeihen nothwendig sein. Dennoch saufen
s Thiere das Seewasser nicht mehr als einmal. Die Lappen
sben sie dann wieder aufwärts nach dem Fjeld, und je nach=
n der Sommer eintritt und der Schnee schmilzt, ziehen sie
her und höher am Gebirge hinauf und finden in den obern
zälern reiche Alpentriften. Auf St. Olofstag in der Mitte
s August verlassen sie diese Gegenden wieder, schwärmen
ch einige Wochen auf der schwedisch=norwegischen Grenze
sher, und verstecken sich endlich im Herbst in den Wäldern,
slche die Kirchen der Pastorate umgeben, zu denen sie gehören.
bo ihr Wintersitz ist, da verwahren sie auch den vorzüglichsten
seil ihres Eigenthums; im Winter ist es bequemer sich und
n Gepäck auf Schneeschuhen und Schlitten fortzubewegen,
snn Thäler und Hügel geebnet und Seen und Moräste mit
ser Eisdecke überzogen sind. Deshalb besitzt jeder Hausvater
wöhnlich ein kleines Gebäude in der Nähe der Kirche, in
slchem er während des Sommers seine Kostbarkeiten und
Wintergeräthschaften niederlegt. Daraus erklärt es sich auch,
s sie ihre Züge über das Gebirge als wirkliche Entfernungen

---

[50]) Leem bei Acerbi a. a. O. S. 499.
[51]) Arndt, Reise durch Schweden III. S. 238. Vergl. Höch=
röm, Beschreibung des schwedischen Lappland, aus dem Schwedischen
n Templin. Stockholm 1748. 8. S. 132.

von ihrer Heimath ansehen und sich nur da einheimisch glau
wo sie den Winter zubringen ⁵²).

Die Seelappen haben zwar keine Ursache wie i
Stammgenossen auf dem Gebirge Nomaden zu sein, da sie
wenigen Rennthiere, welche sie besitzen, doch andern zur A
sicht überlassen müssen, dennoch haben sie nur selten fest
Wohnungen und führen noch ein halb nomadisches Leben. J
Wintersitze liegen tiefer im Fiorde in der Nähe von Wäld
und im Sommer ziehen sie gegen das Meer hinaus, um
Fischerplätzen näher zu sein. Auch verändern sie häufig n
im Herbst ihren Aufenthalt um das wenige Vieh, welches
haben, wie Schaafe und Rinder auf neue Weiden zu bring
Die Wohnhäuser oder die Gammer dieser Seelappen s
daher auch immer nur sehr leicht, für eine kurze Zeit erbaut
Doch haben sie auch aus Balken erbaute Wohnungen, die
Birkenrinde und Rasen bedeckt, inwendig aber durch Birk
stämme abgetheilt sind, und wovon ein Theil zum Aufenth
des Viehes dient. Daneben haben sie aber Behälter zur A
bewahrung des Heues. Noch leichter erbaut sind die Hütt
der Berglappen, denn diese bestehen blos aus pyramidal au
gerichteten Stangen, welche mit Leinwand oder Tuch bede
werden, und kaum einen nothdürftigen Schutz gegen die Witt
rung gewähren ⁵⁴).

Das Rennthier gewährt dem nomadisirenden Lapp
die wesentlichsten Hülfsmittel zur Nahrung und zur Bekle
dung. Täglich haben sie den ganzen Winter hindurch frisch
Fleisch von jungen Reenkälbern, welches in großen eisern
Kesseln gekocht wird, während die Fleischbrühe mit Rennthi
milch und Mehl, aber selten mit etwas Salz zubereitet, e
wohlschmeckende und kräftige Nahrung giebt, wie sie sich
Lappe an der Meeresküste von den Fischen nicht verschaff
kann, und wie sie selbst zahlreiche Volksklassen in andern Lä

---

⁵²) Buch, Reise I. S. 398, 399.
⁵³) Buch, Reise II. S. 102.
⁵⁴) Leem bei Acerbi a. a. O. S. 451 bis 455. Höchström,
schreibung von Lappland S. 133 bis 136.

n Europas nicht haben 55). Auch räuchern sie im Winter
3 Rennthierfleisch. Dazu haben sie zu jener Jahreszeit eine
>ße Menge von Schneehühnern, Auerhähnen und viele an-
e wilde Vögel. Auch schießen sie nicht selten einen Bären,
ò verzehren ihn so gut wie es die norwegischen Bauern
m. Im Sommer tödten sie aber kein Rennthier, sondern
en dann größtentheils von Rennthiermilch, welche auf
r verschiedene Weise zubereitet wird 56). Diese außerordent-
ò fette Milch, welche die der Kühe an Trefflichkeit bei weitem
ertrifft, wird von ihnen im Herbst auch in gefrornen Stücken
e Käse aufbewahrt, und selbst nach einigen Monaten am
:uer geschmolzen ist diese Milch noch wie frisch und eben so
ohlschmeckend. Nicht selten bringen die Lappen solche Milch-
icken nach Altengaard und verkaufen sie dort mit Vortheil.
ie Milchzeit dauert übrigens von Mitte Juni bis Mitte Oc-
ber, und der meiste Gewinn findet Ende Juli statt. Nach
r Milchzeit im October und November sind die Thiere am
ttesten, dann ist die Schlachtzeit 57). Diese Zeit fällt schon
 ihre Rückwanderungen vom Gebirge nach der Winterheimath.
uf dem Wege dahin haben sie an verschiedenen Orten kleine
Vorrathshäuser, wo sie den geschlachteten Ueberfluß nie-
erlegen, um bei ihren Frühlingswanderungen nach dem Meere
u ihrem Unterhalt davon zu entnehmen 58). Weit ärmlicher
eben aber die Seelappen und die lappischen Bewohner in dem
nnischen Lappland, wo wegen des Mangels an eigentlichem
Gebirgslande das an das Rennthier geknüpfte Nomadenleben
weniger stattfinden kann. Sie nähren sich dort meist vom
Fischfang, im Sommer von frischen Fischen, welche sie am
Feuer rösten, und im Winter von getrockneten Fischen und
inem aus Fichtenrinde bereiteten Brei 59). Außerdem gewährt
hnen wie den nomadisirenden Lappen die Angelika-Wur-
el, welche sie theils roh, theils in Milch gekocht essen, nebst

---

55) Buch, Reise II. S. 162.
56) Leem a. a. O. S. 458 bis 460.
57) Schubert, Reise durch Schweden II. S. 282, 283.
58) Leem a. a. O. S. 476.
59) Buch, Reise II. S. 165.

den zahlreichen Beeren, welche gleich nach dem Schneeschmelze gefunden werden, eine angenehme heilsame Speise [60]).

Die zahmen Rennthiere bilden den Hauptreichthum der Lappen, sie werden das ganze Jahr hindurch in keine Ställe gebracht, im Sommer finden sie überall Ueberfluß an Gras, und im Winter leben sie hauptsächlich von dem weißen Moose, welches sie sich unter dem Schnee hervorscharren. Ihr größter Feind ist der Wolf, welcher oft große Verheerungen unter ihnen anrichtet. Auch verwildern die Heerden leicht, wenn, wie es nicht selten geschieht, sich ein wilder Bock unter sie mischt, den daher die Lappen gern zu erlegen suchen, obschon die Erneuerung der zahmen Zucht durch die wilde oft nicht unvortheilhaft ist. Denn die wilden Rennthiere sind größer und stärker als die zahmen, und nicht so vielen Krankheiten wie jene unterworfen [61]). Das Geschäft der Bewachung der Heerden wechselt bei Männern, Frauen und Kindern täglich zwei oder dreimal, und jeder zieht mit mehrern Hunden aus, welche ihm eigenthümlich gehören und die nur seinen Worten allein folgen. Die vorigen Wächter kommen dann mit den hungrigen Hunden zurück, und es ist nicht selten, daß acht, zehn oder zwölf Hunde in der Gamme über die Köpfe der Ruhenden wegsteigen, um sich selbst bequeme Ruhestellen zu suchen. Mit Recht liebt der Lappe seinen Hund, denn auf ihm beruht das Heil und die Sicherheit seiner Heerde, da das schüchterne, furchtsame Rennthier bei dem Angriff der Wölfe meist der Gefahr entgegenläuft und nur durch die Tüchtigkeit der Hunde gerettet wird. Welch ein schöner Anblick es ist, wenn sich des Abends eine zahlreiche Heerde von leicht schwebenden, reinlichen Rennthieren mit ihren großen stolzen Geweihen des Melkens wegen um die Gamme versammelt, hat uns L. v. Buch nach eigener Erfahrung unter dem merkwürdigen Nomadenvolk des europäischen Nordens lehrreich geschildert, die Hirtenwirthschaft erinnerte ihn mit Recht an die

---

[60]) Leem a. a. O. S. 463.
[61]) Schubert, Reise durch Schweden II. S. 278 bis 280.

atriarchalischen Verhältnisse des ältesten Orients [62]). Die ielen sauber gearbeiteten und schön geformten Milchgefäße, elche die Lappen selbst verfertigen, sind zugleich ein Beweis on der eigenthümlichen Geschicklichkeit derselben in der Verarbeitung von Holz und Horn zu allerlei Geräthschaften, zu sie sich keiner andern Instrumente als der Messer bedienen [63]).

Mit großer Leichtigkeit übersehen die Lappen ihre Heerde und bemerken gleich einen Verlust, wenn sie auch an Tausend bis Zweitausend dieser Thiere haben, so daß schon Höchström sie als die trefflichsten Hirten glaubte rühmen zu müssen [64]). Die verschnittenen Rennthiere übertreffen alle andern an Größe und Fleischigkeit und haben einen besondern Werth für die Lappen, so daß bei ihnen ein solches Thier den Maaßstab für alle Dinge abgiebt, die einen Werth haben. Es wird für die größte Schmeichelei gehalten, wenn man Jemandem versichert, daß man ihn so hoch schätze wie ein verschnittenes Rennthier. Die reichen Lappen bedienen sich blos der verschnittenen Rennthiere zum Ziehen ihrer Schlitten, die minder begüterten spannen Rennthierkühe davor. Zur Genüge bekannt ist es übrigens, daß es viel Mühe kostet, die Thiere zu gewöhnen sich anschirren zu lassen; manche können nie dazu gebraucht werden, und bei den übrigen erreicht man seinen Zweck nur durch große Beharrlichkeit und Länge der Zeit. Die Form der Schlitten gleicht vollkommen einem Boote mit einem abgestumpften Hintertheil; sie haben einen förmlichen Kiel und Querleisten, doch unterscheidet man vier Arten von Schlitten. Darin fahren die Lappen mit großer Schnelligkeit, aber der Lauf des Thieres ist auch äußerst unregelmäßig, und geht immer in Krümmungen fort. Der Führer kann es nur dadurch regieren, daß er den Zügel auf die Seite hinwirft, nach welcher das Thier hingehen soll. Diese Schlitten werden auch gebraucht zum Transport von Gütern in kleinen Karavanen, so daß

---

[62]) Buch, Reise II. S. 146 bis 150.

[63]) Arndt, Reise durch Schweden III. S. 205, 206.

[64]) Höchström, Beschreibung von Lappland S. 110.

fünf und mehrere Schlitten hinter einander zusammenhängen und an einander befestigt sind, indem zwar jeder Schlitten von seinem eigenen Rennthiere gezogen wird, aber durch den unmittelbar vorhergehenden im richtigen Geleise geführt wird. Bewunderungswürdig ist es übrigens, daß die Lappen im Stande sind in den Winternächten so gut wie am hellen Tage zu reisen, da die einförmige Schneedecke alle Merkmale ver= wischt und die Schneewolken auch häufig alle Aussicht beneh= men. Dennoch erreichen sie immer ohne Mühe und Unfälle ihr Ziel, indem sie sich nach dem Winde und nach den Sternen richten, und nur höchst selten hört man von einem ihnen zu= gestoßenen Unglück [65]).

So weit ausgedehnt auch das von den Lappen bevölkerte und durchstreifte Gebiet ist, eine so geringe Population bietet dies Volk doch nur dar, da in den weiten öden Land= schaften von Lappland skandinavischen und finnischen Antheils oder unter norwegischer, schwedischer und russischer Oberhoheit ihre Anzahl sich doch nur auf ungefähr 10,000 Köpfe beläuft [66]), und bei der früher vermuthlich stärkern Volksmasse möchte nur der Umstand die Lappen vor einem gänzlichen Untergange ihres Stammes retten, daß in neuern Zeiten, wie es heißt, immer mehrere von ihnen feste Wohnplätze erwählen und selbst Ackerbau zu treiben anfangen, wenn dabei auch die Vieh= zucht noch die überwiegende Beschäftigung sein sollte [67]).

Die Sprache der Lappen ist sehr weich und hat unver= kennbar große Aehnlichkeit mit dem Finnischen, doch wie Leem behauptet, nicht so viel wie das Dänische mit dem Deutschen. Sie ist ausgezeichnet durch eine zierliche Kürze, vermittelst deren man etwas mit einem Worte ausdrücken kann, wozu in andern Sprachen mehrere Wörter erfordert werden. Merk= würdig ist auch, daß alle Gattungsnamen, wie Metalle, Mi= neralien, Getreidearten, Pflanzen immer in der Mehrzahl ausgedrückt werden. Sie ist dabei sehr reich an Deminutiven,

---

[65]) Leem a. a. O. S. 470 bis 477. Arndt, Reise III. S. 249 bis 251.

[66]) Buch, Reise II. S. 227.

[67]) Schubert, Reise durch Schweden II. S. 277.

welche ihr viel Anmuth und Kraft des Ausdrucks geben[68]). Die lappische Sprache hat mehrere Dialekte, welche theils durch Veränderung einzelner Buchstaben, theils durch größere oder geringere Vermischung mit finnischen, schwedischen und norwegischen Wörtern entstehen; die im Sommer in Norwegen weidenden Lappen mischen manches Norwegische darunter, die Aussprache ist aber überall ziemlich gleich[69]). Daß die Sprache der Lappen nebst der der Finnen eine gewisse Verwandtschaft mit der der Ungarn zeige, ist schon häufig bemerkt worden und hat auch abgesehen von den historisch-ethnographischen Verhältnissen dieser beiden jetzt so weit auseinander wohnenden Völkerschaften zu der Annahme einer ursprünglichen Verwandtschaft derselben geführt, wenn gleich auch manche Stimmen wie von Sjögren[70]) und Kanka[71]) sich dagegen erhoben haben, indem sie diese sprachliche Verwandtschaft beider Völker aus der gegenseitigen Berührung ihrer Stammväter an den asiatisch-europäischen Grenzen während des siebenten und achten Jahrhunderts glaubten erklären zu müssen. Die Erledigung dieser Streitfrage kann aber nur durch historische Untersuchungen über die alten Ugern am Ural statt finden, und wird später bei der Untersuchung über die Urgeschichte der Ungarn von uns wieder aufgenommen werden.

Wenn es schon bei den Finnländern noch der Fall ist, daß sich eine Menge von Ueberresten aus dem frühern religiösen Bewußtsein in mancherlei Formen erhalten haben, so darf dies bei den Lappen, welche noch so tief in dem alten Naturleben wurzeln, gewiß um so weniger befremden, obschon auch diese, wenn gleich weit später als ihre Stammgenossen auf dem finnischen Gebiete, nun seit geraumer Zeit sämmtlich zur christlichen Religion bekehrt worden sind. Denn nur in dem alt-russischen Lappland möchten noch einige heidnische

---

[68]) Leem a. a. O. S. 438.

[69]) Schubert, Reise II. S. 260. Höchström, Beschreibung von Lappland S. 88 bis 106.

[70]) Sjögren, über die finnische Sprache und ihre Litteratur S. 45.

[71]) Kanka, in den Wiener Jahrb. der Litteratur 1826. 8. Th. XXXVI. Beilage S. 7 bis 10.

Lappen sich aufhalten; die in jener Gegend bekehrten Lappe bekennen sich zur griechischen Kirche, während die größe Masse des Volkes der in Skandinavien herrschenden nor deutschen Kirche angehört [72]). Die besondern Modifika tionen des frühern religiösen Bewußtseins der Lappen, welche mit zur Sphäre der magischen Form der Naturreligion ge hörte, und die eigenthümliche Art des Kultus sind uns vo dem sorgfältigen Joh. Scheffer genugsam geschildert worden [73]) so wie von den beiden Missionarien Knud Leem von norwegi scher Seite aus und von Peter Höchström von schwedischer Seite aus, welche außer dem, was sie aus eigener Erfahrung kennen lernten, den von ihrem Vorgänger gesammelten man nigfaltigen Angaben folgten. Die Grundzüge des religiösen Bewußtseins und Kultus bei den frühern Lappen sind unstreitig dieselben, wie wir sie schon oben zum Theil bei ihren uralischen Stammgenossen kennen gelernt haben und wie sie zum Theil später bei ihren noch heidnischen Stammgenossen an der mittlern Wolga in dem alten Bulgaren Lande zu berühren sind; nur tritt hier in der Polarwelt das Zauberhafte auf eine sehr charakteristische Weise hervor, dessen weitere Ausbildung viel leicht in der Berührung mit den nordischen Germanen begründet sein mag, obschon es sonst als die Substanz der niedrigsten Stufe der Naturreligion aufzufassen ist [74]). Der prachtvolle Kultus des Gottes Jumala an der untern Dwina bei den Biarmiern, wovon die ältern Normannen so viel zu berichten wissen, vereinigte wohl außer den Biarmiern auch die Vorfah ren der heutigen Lappen und Finnen; aber so wenig wie es dort eine bedeutende Priesterschaft gegeben zu haben scheint, so wenig auch später bei jenen beiden Stämmen. Ueberall erscheinen nachmals bei dem Mängel eines allgemeinen politi schen Bandes auch nur einzelne Schamanen, der Kultus er scheint vertheilt an unzählige heilige Berge und Felsen durch ganz Finnland und Lappland, wo noch jetzt die häufig aufge-

---

[72]) Schubert, Reise II. S. 245, 246.
[73]) Scheffer, Beschreibung von Lappland S. 63 bis 70. 106 bis 167.
[74]) Mone, Geschichte des Heidenthums im nördlichen Europa I. S. 21 bis 42.

ndenen Steindenkmale und Rennthierhörner auf die alten
pferstätten hinweisen [75]).

Schon seit der Mitte des dreizehnten Jahrhunderts soll
is Christenthum von Norwegen aus sich zu den dortigen
appen ausgebreitet haben [76]), und von Schweden aus zu den
dlichen Lappen durch die sogenannten Birkarlar, die be=
hmten mächtigen Kaufleute. Doch waren alle Bemühungen
er römisch=katholischen Geistlichkeit ohne bedeutende Folgen.
rst seit der Begründung der evangelischen Kirche in Schweden
gann auf des großen Königs Gustav Wasa Betrieb ein glück=
cherer Erfolg in der Bekehrung der in den schwedischen
lpenlandschaften nomadisirenden Lappen. Die innern Unruhen
Schweden während des sechszehnten Jahrhunderts mußten
es Werk aber etwas hemmen, und erst der ruhmvollen Re=
erung der letzten Wasas und der Wittelsbacher in Schweden
ährend des siebzehnten Jahrhunderts, als auch zu gleicher
eit die Kolonisirung der westerbottnischen Landschaften und die
egründung der vielen Städte an den Westgestaden des bott=
ischen Golfes vorgenommen wurde, war es vorbehalten feste
appische Missionen in Pastorate zu begründen [77]). So
nnte dann dies Missionswerk bei den Lappen durch den schwe=
schen König Friedrich, welcher bei den meisten Mutterkirchen
chulen stiftete, um die Mitte des achtzehnten Jahrhunderts
llendet und die christliche Kirche in dem großen nördlichsten
nde Europas festgestellt werden [78]).

3) Die finnisch=lappischen Kolonisationen in Skandinavien.

Die noch jetzt in Skandinavien vorhandene finnische und
ppische Bevölkerung hat, wie es in der Natur der Sache
gt, ihre vornehmsten Sitze in dem ost=skandinavischen Lande
er Schweden, welches sich bei der eigenthümlichen Lage des
andinavischen Alpengebirges in größern Berg= und Thalland=

---

[75]) Leem a. a. O. S. 491 bis 496.
[76]) Buch, Reise I. S. 435.
[77]) Höchström, Beschreibung von Lappland S. 266 bis 288.
[78]) Schubert, Reise durch Schweden II. S. 247 bis 259.

schaften ostwärts bis zum baltischen Meere ausbreiten kann,
als es in Norwegen nach Westen zu möglich ist. Die Finnen
bilden noch jetzt, sei es aus urältesten oder erst aus jüngern
Zeiten, ein ansehnliches Kolonialvolk in Schweden, ihre Sitze
breiten sich besonders aus in dem westlichen Svealand
westwärts bis nach Norwegen hinein, südwärts bis zu den
Grenzmarken von Svealand und Göthaland am Wener=See
und gegen Nordosten erstrecken sie sich durch die Grenzland=
schaften von Svealand und dem schwedischen Nordland. Die
Finnen verbreiten sich also durch die Landschaften von Werme=
land und Dalarne im innern Lande des eigentlichen Schweden
und durch die drei ostwärts von Dalarne liegenden Küstenland=
schaften Gestrikland, Helsingland und Medelpad; dort haben
sie in den entlegensten Waldgegenden ihre Wohnplätze, welche
noch jetzt Finnmarken genannt zu werden pflegen. Und
ehemals sollen diese Finnen daselbst noch weit zahlreicher und
ausgebreiteter gewesen sein, indem sie sich auch bis nach Wester
gothland hineinerstreckten, wo sie aber theils verdrängt, theils
durch Verschmelzung mit ihren schwedischen Nachbarn ihre
Sprache und Sitten verloren haben [79]).

Daß diese zahlreiche finnische Bevölkerung im mittlern
Schweden keinesweges, wie man gemeint hat, erst aus neuern
Zeiten seit dem sechszehnten Jahrhundert hier heimisch sein
könne, sondern auf eine weit ältere Ansiedlung hinweise, erhelle
aus den bestimmtesten historischen Zeugnissen, und wenn wir
auch von den durch die Wasas hier veranlaßten finnischen Ko=
lonisationen wissen, so kann dies nur eine Erneuerung und
Vermehrung des finnischen Elementes, aber durchaus nicht
die erste Begründung desselben sein. Schon in den ältesten
Zeiten der nordischen Geschichte erscheint finnisch=lappische Be=
völkerung diesseit und jenseit des bottnischen Golfes,
und die Alands Inseln enthalten noch jetzt zahlreiche Spuren,
aus denen erhellt, daß sie die Brücke zur Verbindung des zu
beiden Seiten jenes Meeresarmes wohnenden Doppelvolksstammes

[79]) Rühs, Finnland und seine Bewohner S. 407.

»aren⁸⁰). Und daher möchte sich die doppelte Kolonisirung
'nes schwedischen Gebietes durch die Finnen, wobei man die
rsten Kolonisten zugleich als die Urfassen betrachten muß,
ur mit der doppelten Kolonisirung der Karpathen durch ger=
ianisch=deutsche Stämme sowohl in den Zeiten der Völker=
»anderung durch Gothen und Gepiden, als später im Mittelalter
urch Sachsen unter der Herrschaft der ungarischen Arpaden
ergleichen lassen⁸¹). Denn noch im eilften und zwölften
Jahrhundert finden wir nach Adams von Bremen Angabe in
em schwedischen Wermeland als Bewohner die Finweden
nd Skritefinnen, welche Murray nicht mit Unrecht für
Finnen und Lappen hält und beide Stämme mit zu den ältesten
Bewohnern Skandinaviens zählt, aus deren Sprache noch
iele Namen in diesem Lande zu erklären sind⁸²). Auch ist
ie Sage, welche die Entdeckung der vorzüglichsten Erzgruben
es mittlern Schwedens den Finnen beilegt, in der That ein
Beweis für das Vorhandensein dieses Volkes im innern Lande
während des Mittelalters. Ihre Lebensweise in den Wäldern,
wo später die schwedischen Bergbaubezirke entstanden, gab dazu
Veranlassung, und die Bereitung des Sumpfeisens war seit
Alters bei den Finnen bekannt. Selbst in Göthaland giebt
s noch an verschiedenen Orten Finnheiden und Finnwäl=
'er (Finnskogar), wo sich einzelne Ueberbleibsel von finnisch=
appischer Bevölkerung aus der ältesten Zeit bis in späte Jahr=
hunderte erhalten haben. Diese Ueberreste der ältern Zeit
esonders in dem Gebirgslande sind dann die Jotun (Jotnar)
er heidnischen Skalden, deren Heimathsland bei der zuneh=
menden Ausbreitung der Schweden und Normannen immer
mehr beschränkt und dessen Name, Jotunheim, dann auf den
äußersten Norden übertragen wurde⁸³).

---

⁸⁰) Geijer, Geschichte von Schweden I. S. 94.

⁸¹) Schlözer, kritische Sammlung zur Geschichte der Deutschen
in Siebenbürgen. Göttingen 1797. 8.

⁸²) J. P. Murray, descriptio terrarum septemtr. saeculis IX,
X et XI, ex idea Adami Brem., in den Nov. Comment. Gotting.
1771. 4. Tom. I. p. 155, 162.

⁸³) Geijer, Geschichte von Schweden I. S. 95 bis 98.

Sicher ist es nach Geijers Behauptung, daß die beiden Wasas Gustav I. und Karl IX. finnländische Familien aus ihrem Mutterlande herbeiriefen, um verschiedene große und entlegene Waldgegenden anzubauen und zu bevölkern. König Karls Andenken ist noch in dankbarer Erinnerung bei ihnen, auch die schriftlichen Urkunden über ihr Besitzungsrecht sind alle aus diesen Zeiten, und manche Familien wissen ihre Vorfahren bis auf den ersten anzugeben, welcher Finnland verließ. Diese jüngern in Wermeland und Dalarne angesiedelten finnischen Kolonisten in Schweden stammen sämmtlich aus Sawolax, wie es ihre Sprache und manche andere Umstände noch hinlänglich bezeugen. Das ganze nördliche Wermeland war damals noch eine Waldeinöde und sollte durch die eigenthümliche Ackerkultur der Finnen erst kulturbar werden, und anfangs genossen sie auch viele Freiheiten, weshalb sie sich bald ansehnlich vermehrten und ausbreiteten[84]). Aber diese gute Zeit dauerte nicht lange. Seitdem die vielen Bruk (Eisenwerke) angelegt wurden, galten die Finnen mit ihrem Svedjen für Waldverderber, sie wurden verhaßt und man bewirkte bei Hofe strenge Maaßregeln gegen sie. So besonders unter der Königinn Christine. Die unglücklichen Kolonisten wurden überall eingeschränkt, bedrückt und in die Waldeinöden zurückgetrieben, nur hier und da ließ man einige als Köhler bei den neu angelegten Bruks. Erst die mildern Verordnungen späterer Zeiten wie von Karl XI. vom Jahre 1680 befreiten sie von diesen Bedrückungen[85]).

Die Finnen Wermelands unterscheiden sich durch Gestalt, Sitte und Sprache von den schwedischen Bewohnern dieser Landschaft. Ihr Land heißt Finnskog d. h. Finnenwald, denn es ist Berg= und Waldland. Der Ackerbau bei ihnen ist geringe wegen der steinigen felsigen Natur des Bodens. Desto vorzüglicher ist die Weide, und daher ist Viehzucht ihr Hauptnahrungszweig, auch sind die davon gewonnenen Produkte in

---

[84]) Rühs, Finnland S. 408, 409.
[85]) Arndt, Reise durch Schweden II. S. 139 bis 142. Rühs a. a. O. S. 410.

chweden sehr berühmt. Von Natur sind diese Finnen lang
ıd stark, wie sie sich überhaupt durch Körper- und Seelenkraft
ıszeichnen. Sie sind sehr abgehärtet, dabei von rauhen Sit-
ı, aber einfach und von mildem Charakter. Sie sind sehr
ligiös, gastfrei und menschenfreundlich und unverdorbener als
: übrigen Wermeländer. Wie überall haben sie auch hierher
re Pörten mitgenommen, obschon sie auch schwedische Bauern-
ıuser mit Fenstern haben. Dabei haben sie eben so ihre nach
nischer Weise eingerichteten Badestuben. Zum Theil verhei-
then sie sich mit Schweden, und daher ist die Kenntniß der
ıwedischen Sprache etwas bei ihnen verbreitet[86]). Als flei-
ze, thätige Kolonisten, von denen die Urbarmachung des Lan-
s ausgeht, haben sich diese wermeländischen Finnen auch
estwärts nach der norwegischen Landschaft Sollör im Nor-
n von Christiania verbreitet, seitdem sie in Schweden ver-
lgt wurden; auch dort hin haben sie ihre Nationalsitten
ıtgenommen und sich daselbst die dänische Sprache ange-
znet[87]).

Die Finnen Dalekarliens haben mit denen in Wer-
eland gleichen Ursprung und Schicksale gehabt. Sie sollen
rmals weit zahlreicher gewesen sein, sind aber durch Heira-
en und durch das Aufgeben und Vergessen ihrer Mutter-
rache mit den Schweden allmählig verschmolzen. Auch die
berreste verstehen schwedisch, wenn gleich sie unter einander
nisch reden. Sie sind ein starkes, tüchtiges und tapferes
olk gleich den schwedischen Dalekarlen[88]). Auch sie treiben
zgen des Klimas wenig Ackerbau, vornehmlich Fischerei und
ıgd auf wilde Rennthiere; sie theilen alle Tugenden ihrer
lekarlischen Nachbarn[89]). Bei den übrigen kleinern Schaa-
n der finnischen Kolonisten in Schweden, wie in den Land-
ıaften Medelpad, Helfingland und auch Westmann-
nd[90]), verschwindet immer mehr die finnische Sprache,

---

[86]) Schubert, Reise durch Schweden III. S. 113, 114.
[87]) Rühs, Finnland S. 417 bis 420.
[88]) Arndt, Reise II. S. 287.
[89]) Schubert, Reise. II. S. 588. III. S. 85.
[90]) Schubert, Reise. II. S. 478. III. S. 5, 93.

wenn sie nicht ganz isolirt wohnen und sich von der Verbindung mit ihren Nachbarn abschließen, ähnlich wie es der wendischen Sprache in Niederdeutschland ergangen ist. Man berechnet übrigens die Anzahl der heut zu Tage in Schweden und Norwegen zerstreut wohnenden Finnen auf 11,000 Köpfe [91]).

Merkwürdig scheinen hier noch die in allen waldreichen und gebirgigen Gegenden Schwedens herumstreifenden Bettler familien zu sein. Man pflegt sie wohl Tataren oder Zigeuner zu nennen, und einige halten sie für echte Zigeunersprößlinge nach andern aber, was am wahrscheinlichsten ist, sind es nicht als Reste einiger unglücklichen finnischen Familien, welche theils in ihren Waldsitzen und Kolonien verarmt, theils wirklich aus getrieben sind, so von Geschlecht zu Geschlecht vagabundisch geworden, auch bei ihrer Absonderung und ihrem Vagabun denleben manche besondere Sitten und selbst eigenthümliche Ausdrücke angenommen haben, die weder der finnischen noch schwedischen Sprache angehören. Ihre leibliche Bildung unter scheidet sie bestimmt von den Schweden, während sie nicht vom finnischen Volksstamm ausschließt. Daß das Volk solche herumstreifenden Bettler gewöhnlich Finnar nennt, kann jedoch nichts über das Herkommen derselben entscheiden [92]).

Gleich den Finnen breiten sich die Lappen als Urbewoh ner des innern Skandinavien über die Berglandschaften der schwedischen Nordland und Bottenland aus, und auffallend ist es, daß heut zu Tage grade so weit gegen Süden das No madenland der Lappen reicht, nehmlich bis zum 63° N. Br. oder bis zum Parallel von Drontheim, bis wie weit nordwärts jetzt die finnische Population in Schweden sich ausgebreitet findet. Von dort an erstreckt sich das von den Lappen bevölkerte Ge biet ununterbrochen gegen Norden längs der Berggehänge der Kjölen hin bis nach Finnmarken zu. Dieses gesammte Land zerfällt bei den Schweden in sogenannte Lappmarker d. h. Lappen=Gebiete, denn mit dem Namen Lappland bezeichnet man dort nur das zur Weide für Rennthiere geeignete Land,

---

[91]) Schubert, Reise III. S. 138.
[92]) Arndt, Reise III. S. 31.

:lches die Eigner gegen den Lappenschatz an die Krone be=
tzen⁹³). Demnach giebt es von Dalarnes nördlichsten Grenzen
: gerechnet an sechs schwedische Lappmarker, welche sich jetzt
3 zur Torneå=Elf hinziehen, da die ostwärts dieses Flusses
gende siebente schwedische Lappmark, Kemi=Lappmark, nebst
iem Theile von Torneå=Lappmark seit dem Frieden von Fre=
ikshamn an Rußland abgetreten wurde.

Jemtelands = Lappmark ist das südlichste Lappen=
ebiet, welches sich durch die beiden Landschaften Jemteland
id Herjedalen im Osten von Drontheim und im Norden von
alarne ausbreitet, und welches ostwärts durch die Landschaften
elsingland, Medelpåd und Angermannland von dem bottni=
 en Golfe abgeschnitten wird. Alles nordwärts um die Ge=
ide des bottnischen Golfes herumliegende Land, welches sich
:raffenförmig gegen Osten und Süden abdacht, wird von
hlreichen entweder parallel fließenden oder radienförmig zu=
mmenlaufenden Gebirgswassern durchfurcht, welche das Land
eben so viele natürliche Gaue zertheilen und die politische
:rtheilung der verschiedenen Lappen=Gebiete bedingen. So
lgen im Norden von Jemteland die drei schwedischen Alpen=
ue Asele=Lappmark, Umeå=Lappmark und Piteå=
ippmark bis zum Polarkreise hin, welche sich sämmtlich in
r Richtung der sie durchsetzenden Ströme von Nordwest nach
üdost hinabziehen. Sie werden bewässert von den drei großen
üssen, der Angermannlands=Elf, einem der schönsten Ströme
hwedens, der Umeå=Elf und Piteå=Elf. Die sie von dem
'eere abscheidenden Landschaften sind die jüngern schwedischen
loniallånder Angermannland und Westerbottn, und man
nnt sie die westerbottnischen Lappmarken⁹⁴). Die beiden
rdlichsten, schon ganz innerhalb der Polarwelt liegenden Lapp=
rker sind Luleå=Lappmark und Torneå=Lappmark,
:lche gleichfalls nach den sie bewässernden Flüssen benannt
d, an deren Mündungen dann immer die gleichnamigen Städte
: schwedische Kolonien aufgeblüht sind, und wo die bei ihnen

---

⁹³) Schubert, Reise II. S. 298.
⁹⁴) Schubert, Reise II. S. 299 bis 343.

die Verwaltung führenden schwedischen Beamten wohnen
Beide gehören schon zum sogenannten Norrbottn und sie hei
die norrbottnischen Lappmarken. In allen diesen Gebieten wu
derholt sich mit unbedeutenden Abweichungen die schon obe
geschilderte Natur und Lebensart der Lappen. Nur die dial
tische Verschiedenheit der lappischen Sprache macht sich hi
am meisten geltend, und zumal soll der Dialekt der Lappen
ganz Torneå=Lappmark von dem Lappischen der niedern Lap
marken abweichen, wogegen die Kenntniß des Finnischen un
ihnen sehr verbreitet ist[95]).

Aus diesen öden Gebieten des polarischen Nordens keh
wir nun aber zurück zu den schönen fruchtbaren sarmatisch
Ebenen, aus deren Mitte uns die großen wasserreichen Strö
zu den pontischen und kaspischen Gestaden führen und so
die Thäler des alpinischen Hochgebirges des Kaukasus geleit
werden, um bei der Betrachtung des Entwickelungsschauplatz
des ugrischen Volksstammes auch dort seine ehemalige und no
jetzige Heimath kennen zu lernen.

Nachtrag zu Seite 73, 260 und 264.

Nach der Angabe eines der neuern Blätter der russische
Handelszeitung beginnt die Zoll=Linie des sibirischen Bezirkes ode
die Grenze an der Kirgisen=Steppe von der sibirischen Redut
der ersten vom orenburgischen Bezirke an, und endigt mit de
Dorfe Finalka in dem altaischen Gebirge am Flüßchen Finalk
Sie schließt 84 Reduten und Dörfer, 15 Vorposten, 11 Festung
und 4 Städte in einer Ausdehnung von 1707 Werst in sich. D
Grenzen der sibirischen Zoll=Linie liegen zwischen dem 54 und 4
Parallelkreise. Von der sibirischen Redute bis zur Stadt Oms
unter 54° N.Br. (oder richtiger unter 55° N.Br. nach Ritter
Atlas von Asien), neigt sich die Linie von Westen nach Südos
von da nach Semipalatinsk nach Süd=Südost, und dann geg
Ost=Südost bis zum Dorfe Finalka, unter 49° N.Br., de
letzten Punkt der Zoll=Linie.

---

[95]) Schubert, Reise II. S. 370.

Gedruckt bei den Gebr. Unger

Lightning Source UK Ltd.
Milton Keynes UK
UKHW021328100219
336936UK00006B/510/P